Portable Japanese - Thai - English Dictionary

ポータブル

日タイ英 タイ日英 辞典

川村よし子 総監修
タサニー・メーターピスィット 監修
三修社編集部 編

三修社

©SANSHUSHA Publishing Co., Ltd. 2015

Printed in Japan

まえがき

　人と人が顔をあわせてことばを交わすこと、それは世界がボーダレスにつながるようになった現代においても、コミュニケーションにとって何よりも大切なものです。

　ことばを交わすためには、ネットに頼っているわけにはいきません。単語一つでもいいので、お互いに相手の言葉を理解しようとすること、相手の言語であいさつを声に出してみること、そんな小さな歩み寄りがコミュニケーションのきっかけを作ってくれるはずです。出会った相手が片言であっても、自らの母語を話してくれた時のうれしさや安心感、それは何物にもかえがたいものです。旅行やビジネスで訪れた異国の地で、自ら進んでコミュニケーションをとりたいと思った時に役立つ辞書を、そんな思いで作られたのが、この『ポータブル』辞書シリーズです。

　このシリーズの基本理念は、1999 年に Web 上で公開を始めた、日本語学習者向けの読解支援システム『リーディング・チュウ太』にあります。このシステムは Web 上の学習支援ツールとして先駆的な役割を果たしてきました。さらに 2003 年には世界各国の学習者からの「母語で書かれた辞書が欲しい」という強い要望を受け、多言語版日本語辞書の開発に着手しました。各国の協力者によって作成された辞書は、『チュウ太のWeb 辞書』として公開しています。ただ、いずれも日本語の文章を読むためのもので、それぞれの言語から日本語を引くことはできませんでした。また、持ち歩けるハンディな辞書が欲しいという声も寄せられていました。こうした期待に応えるためにできあがったのがこのシリーズです。

　この辞書の作成には、チュウ太の多言語辞書の編集に協力してくれた世界各国のプロジェクトメンバーの支援が不可欠でした。いろいろな形でチュウ太を支えてくださっている皆様にこの場を借りて感謝の意を表します。また、それぞれの言語版の辞書は、各国語の監修者、編集協力者、さらに三修社編集部とのコラボレーションによって完成したものです。この辞書を手に、一人でも多くの方が、日本語と現地語を媒介にして、人と人とのコミュニケーションの楽しさを味わっていただけることを願っています。

2015 年 8 月

総監修　川村よし子

本辞典の使い方

本辞典は「日本語・タイ語・英語」「タイ語・日本語・英語」から構成されている。

日タイ英
日本語見出し語約 9,200 語を収録。五十音順に配列し、すべての漢字にふりがなを付けた。外来語、外国の地名などはカタカナ書きとした。タイ語にはカタカナで発音を示した。訳語が複数ある場合は、「/」で区切り、列挙した。右欄に対応する英語を添えた。

タイ日英
タイ語約 8,800 語を収録。[ ] にカタカナで発音を示した。（ ）に対応する英語を示し、次に日本語訳を掲載した。訳語が複数ある場合は、「/」で区切り、列挙した。

付録
・タイ語のしくみ
・タイ語の語順
・タイ語の発音
・タイ文字
・あいさつ
・疑問文
・よく使う日常会話集（巻末）

1　タイ語のしくみ

タイ語について

タイ語は、タイ王国の公用語となっている言葉です。一口にタイ語といっても、タイ国内でも様々な方言がありますが、一般的にタイ語と呼ばれる共通語は、バンコク地方の方言がもとになっているものです。タイ国民の全員がタイ語を母国者としている訳ではありませんが(※)、約 6,600 万人のタイ国民の大多数がタイ語を理解し、話すことが可能です。

(※) タイ王国国民の中には、イサーン（タイの東北地方）語、中国語、山岳民族の言葉などを日常的に使用としている人もいます。

タイ語のしくみ

タイ語の発音は、「音節」という単位で音が構成されています。

タイ語の音節	子音＋母音（＋末子音）＋声調

このことは、タイ語の発音はもとより、タイ文字を理解していく上での、非常に重要な点となりますので、念頭に置いておいてください。

ขอบคุณค่ะ [khɔ̀ɔp khun khâʔ]
「ありがとうございます。(女性言葉)」

この文での音節の構成要素を見ると、以下の通りです。

	ขอบ [khɔ̀ɔp]		คุณ [khun]		ค่ะ [khâʔ]	
子音	ข	[kh]	ค	[kh]	ค	[kh]
母音	อ	[ɔɔ]	◌ุ	[u]	◌ะ	[a]
末子音	บ	[-p]	ณ	[-n]		[-ʔ]
声調		低声		平声	◌่	下声

(注) ◌は子音字の位置を示しています。

ちなみに、日本語は「拍」という単位で構成されています。拍とは「仮名 1 文字」といったものです。例えば、以下の言葉を日本人とタイ人が聞いたら、同じ言葉でも音の切れ目が異なってきます。

「せんえん（千円）」
【拍】①「せ」+②「ん」+③「え」+④「ん」= 4拍
【音節】① [seŋ] +② [en] = 2音節

2　タイ語の語順

タイ語の基本的な語順は、**「主語＋動詞＋目的語」**となります。

　　私は服を買う：di-chán（私）súɯ（買う）sɯ̂a（服）　ดิฉันซื้อเสื้อ

修飾語は、修飾する単語の後にきます。

　　タイ人　：khon（人）　　　　　thay（タイ）　　　คนไทย
　　日本語　：phaa-sǎa（言葉）　　yîi-pùn（日本）　　ภาษาญี่ปุ่น
　　美人　　：khon（人）　　　　　sǔay（美しい）　　คนสวย

タイ語には動詞の活用はありません。以下のような言葉を動詞と組み合わせ、時制等のニュアンスを表します。

　（例）กิน[kin] =食べる

càʔ +動詞	未来 / 意思など	càʔ kin	จะกิน	（これから）食べます
動詞+ lɛ́ɛw	現在完了	kin lɛ́ɛw	กินแล้ว	食べました
動詞+ dây	可能 / 許可	kin dây	กินได้	食べられる、食べてもいい
動詞+ mây dây	不可能	kin mây dây	กินไม่ได้	食べられない
mây dây +動詞	過去の否定 / 状態など	mây dây kin	ไม่ได้กิน	食べなかった、食べていない

3 タイ語の発音

母音

タイ語の母音は、基本となるのは９つの音です。日本語よりも音の種類が多いので、日本人には最初は聞き取り難い／発音し難い音もあるかと思いますが、タイ人は明確にそれらの音を使い分けています。９つの母音には、短く発音する「短母音」と長く発音する「長母音」があります。日本語で説明をするなら、「ア」と「アー」の違いということになりますが、タイ語ではそれぞれ異なる文字を使用しており、異なる母音として扱われています。発音の際は音の種類だけではなく、「長さ」にも注意が必要となります。短母音は短く発音し、長母音は長めに発音することを心がけましょう。

短母音と長母音以外にも、２つの母音を連続して発音する「二重母音」が３つ（[ia][ua] [ɯa]）あります。発音のポイントは、前の母音が長めに発音され、後ろの母音は添えるように発音します。

発音記号		発音のしかた
短母音	長母音	
a	aa	・日本語の「ア」とほぼ同じ発音。
i	ii	・日本語で意識的にゆっくりと「イ」を発音する場合と近い音。 ・口の両端を横に引くことを意識する。
ɯ	ɯɯ	・日本語で意識せずに「ウ」を言う時に発音されている音に近い。 ・口の両端を横に引くことを意識することで、[u] との違いを出す。
u	uu	・日本語で意識的にゆっくりと「ウ」を発音する場合と近い音。 ・口を丸めることを意識することで、[ɯ] との違いを出す。
e	ee	・日本語で意識的にゆっくりと「エ」を発音する場合と近い音。 ・口の両端を少し横に引くことを意識することで、[ɛ] との違いを出す。
ɛ	ɛɛ	・「ア」を言う時の口の形で、「エ」と発音。 ・口の開きを若干大きくすることを意識することで、[e] との違いを出す。
o	oo	・日本語で意識的にゆっくりと「オ」を発音する場合と近い音。 ・口を丸めることを意識することで、[ɔ] との違いを出す。
ɔ	ɔɔ	・[o] の発音時よりも下顎を少し下げ、かつ口を少し横に広げた形で、「オ」と発音。
ə	əə	・[ɯ] の発音よりも下顎を少し下げ、口を半開きにした口の形で、「オ」と発音。 ・「ウ」と「オ」の中間のような音。

子音

タイ語には21の子音があり、日本語にはない音が多数あります。

発音記号	発音のしかた
k	・無気音であるため、息を出さずに、喉の奥から「コー」と発音。 ・「ガ行」にならないように注意。 ・日本語で単語の中に「カ行」の音がある場合などに発音されている音。 　例）冷蔵庫 [reezooko]
kh	・有気音であるため、必ず息を出しながら発音することを意識。 ・日本語の「カ行」を意識的にゆっくりと発音した時と、ほぼ同じ音。
ŋ	・「番号」を発音する時のように、鼻に少しかけて「ンゴ」と発音。
c	・無気音であるため、息を出さずに、喉の奥から「チョー」と「ジョー」の間のような音を出すようにして発音。
ch	・有気音であるため、必ず息を出して発音することを意識し、「ショー」と「チョー」の間のような音を出すようにして発音。
d	・日本語の「ダ行」と、ほぼ同じ発音。
t	・無気音であるため、息を出さずに、喉の奥から「トー」と発音。 ・日本語で単語の中に「タ行」の音がある場合などに発音されている音。 　例）汚い [kitanai]
th	・有気音であるため、必ず息を出して発音することを意識。 ・日本語の「タ行」を意識的にゆっくりと発音した時と、ほぼ同じ音。
n	・日本語の「ナ行」と、ほぼ同じ発音。
b	・日本語の「バ行」と、ほぼ同じ発音。
p	・無気音であるため、息を出さずに、喉の奥から「パー」と発音。 ・日本語で単語の中に「パ行」の音がある場合などに発音されている音。 　例）やっぱり [yappari]
ph	・有気音であるため、必ず息を出して発音することを意識。 ・日本語の「パ行」を意識的にゆっくりと発音した時と、ほぼ同じ音。
f	・英語の「f」のように、唇と歯で音を発生。
m	・日本語の「マ行」と、ほぼ同じ発音。
r	・巻き舌で舌を震わせて発音。
l	・日本語の「ラ行」に近い音だが、舌先を上の前歯の歯茎辺りに付けることを意識。
y	・日本語の「ヤ行」に近い音だが、日本語よりも子音の音 [y] を若干強くするイメージで発音。 ・日本語にはない母音との組み合わせでは発音が難しい場合があるので、要注意。

w	・日本語の「ワ行」に近い音だが、日本語よりも子音の音 [w] を若干強くするイメージで発音。 ・日本語にはない母音との組み合わせでは発音が難しい場合があるので、要注意。
s	・日本語の「サ行」と、ほぼ同じ発音。
h	・日本語の「ハ行」と、ほぼ同じ発音。
ʔ	・他の頭子音が母音の前にない場合に発音される音で、喉を締めて音を出す。(声門閉鎖音) ・これにより、タイ語の音節は母音から始まるものはなく、必ず子音から始まるものとなっており、音節の切れ目を作っていく上で、重要な役割。

二重子音

母音を挟まずに、2つの子音を連続して発音する二重子音が 11 あります（[pl] [pr] [phl] [phr] [tr] [kl] [kr] [kw] [khl] [khr] [khw]）。

末子音

タイ語の末子音は 9 音あります。末子音は日本語では意識されていない要素であるため、日本人には聞き取り難い / 発音し難い音です。しかし、タイ語の発音では、非常に重要な役割を果たしています。
なお、違いは意識されていないものの、実際には日本語でもこれらの音は使われています。

発音記号	発音のしかた	
-m	「乾杯」[kampai] と言う時に、[kam] で止めた時の [-m] の音。 ・[-n] [-ŋ] との違いを出すため、唇を閉じて、息を止めることを意識。	平音節
-n	・「みんな」[minna] と言う時に、[min] で止めた時の [-n] の音。 ・[-m] [-ŋ] との違いを出すため、舌先を上の歯茎に付けて、息を鼻から抜いて止めることを意識。	
-ŋ	・「マンガ」[maŋga] と言う時に、[maŋ] で止めた時の [-ŋ] の音。 ・[-m] [-n] との違いを出すため、舌先をどこにも付けずに、息を鼻から抜いて止めることを意識。	
-w	・「ウ」と「オ」の中間にあるような音を、弱く添えるように発音。	
-y	・「イ」を弱く添えるように発音。	

-p	・「やっぱり」[yappari] と言う時に、[yap] で止めた時の [-p] の音。 ・[-t] [-k] [-ʔ] との違いを出すため、唇を閉じて、息を止めることを意識。	促音節
-t	・「やっと」[yatto] と言う時に、[yat] で止めた時の [-t] の音。 ・[-p] [-k] [-ʔ] との違いを出すため、舌の先を歯茎の裏に付いた時に息を止めることを意識。	
-k	・「はっきり」[hakkiri] と言う時に、[hak] で止めた時の [-k] の音。 ・[-ʔ] との違いを出すため、舌を固定することにより息を止めることを意識。	
-ʔ	・「あっ！」[aʔ] と言う時の音となり、短母音の後にのみ来る末子音。 ・[-k] との違いを出すため、声門を閉めることにより息を止めることを意識。	

声調

声調とは、音節ごとに備わった音の高低であり、タイ語の音を構成する上で非常に重要な要素です。タイ語の他にも、中国語やベトナム語などにも見られる特徴です。

タイ語には、5つの声調があります。

(1) 平声（発音記号：無 ）：　普通の声の高さで平らに発音

(2) 低声（発音記号：` ）：　低い声で平らに発音

(3) 下声（発音記号：^ ）：　高いところから下降しながら発音

(4) 高声（発音記号：´ ）：　高い声で平らに発音

(5) 上声（発音記号：ˇ ）：　低いところから上昇させて発音

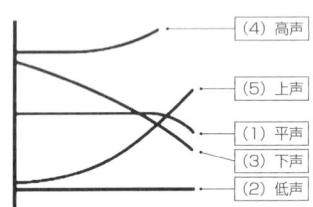

以下は、母音と子音が同じで、声調だけが異なる単語の一例です。

(1) 平声	(2) 低声	(3) 下声	(4) 高声	(5) 上声
maa（来る）	-	-	máa（馬）	mǎa（犬）
-	mày（新しい）	mây（～ではない / 燃える）	máy（～ですか？）	mǎy（絹）
-	sùa（ござ）	sûa（服）	-	sǔa（虎）
naa（田）	-	nâa（顔）	náa（叔母）	nǎa（厚い）
klay（遠い）	-	klây（近い）	-	-

4　タイ文字

丸みを帯びたタイ文字は、文字というよりも記号やデザインされた図形のように見えて、難しいと思われるかもしれせんが、基本ルールさえ覚えれば、きちんと読み書き出来るものなので、ご安心ください。

文字の書き方
英語などのアルファベットと同じ表音文字で、横書きで左から読み書きする形になります。日本語と同じように単語と単語の間にスペースを設けません。また、原則、ピリオドやコンマの類は用いず、スペースで文の区切りを示すことになります。

文字の構成要素
タイ文字を構成する要素は、「母音字」、「子音字」、「声調符号」が主なものとなります。日本語では、大部分のひらがなやカタカナでは、「さ⇒s（子音）＋a（母音）」といったように、一文字だけで「子音＋母音」を表しますが、タイ文字では母音字と子音字は、分かれた文字となっています。母音字の位置も、タイ文字の特長の1つです。タイ語では、母音字が子音字の上下左右に来ますので、慣れるまでは少し大変かもしれません。タイ文字を読む際は、「タイ語のしくみ」で見てきた通り、「音節＝子音＋母音（＋末子音）＋声調」を一塊として捉えることが必要です。

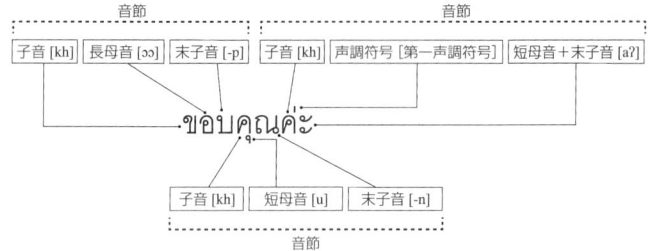

ขอบคุณค่ะ [khɔ̀ɔp khun khâʔ]「ありがとうございます。(女性言葉)」
で、タイ文字のしくみを詳しく見ていきましょう。

	意味 / 役割
ข	子音 [kh] の音
อ	長母音 [ɔɔ] の音
บ	末子音 [-p] の音
ค	子音 [kh] の音
◌ุ	短母音 [u] の音
ณ	末子音 [-n] の音
ค	子音 [kh] の音
◌ะ	短母音 [a] の音
◌่	声調符号（声調を変える役割）

(注) ◌は子音字の位置を示しています。

タイ文字での「声調」の表し方ですが、声調要素は、子音文字自体で決定される場合もあれば、声調符号といった記号を追加することで、声調を変化させることもあります。詳しくは「声調規則」をご覧ください。

少々複雑に思われるかもしれませんが、文字数自体は少ないので、1つずつルールを習得さえすれば、基本的なタイ文字の読み書きは出来

xii

ることになります。また、文字のルールには、声調の要素が大きく影響していますので、タイ語における声調の重要性について、文字を通してもご理解頂けるかと思います。

母音字

前述の通り、母音字は、子音文字の上下左右に来ます。同じ文字のパーツ（例：「ะ」、「า」、「อ」、「เ」、「โ」など）が複数の文字で使用されているので、母音字を覚える際には、それらをセットで覚える必要があります。また、母音字が省略されていることもあります。

短母音	タイ文字	長母音	タイ文字
a	◌ะ	aa	◌า
i	◌ิ	ii	◌ี
ɯ	◌ึ	ɯɯ	◌ือ
u	◌ุ	uu	◌ู
e	เ◌ะ	ee	เ◌
ɛ	แ◌ะ	ɛɛ	แ◌
ɔ	เ◌าะ	ɔɔ	◌อ
o	โ◌อะ	oo	โ◌
ə	เ◌อะ	əə	เ◌อ

二重母音などを表す文字

ia	เ◌ีย	ua	◌ัว	ɯa	เ◌ือ
ay	ไ◌/ใ◌	am	◌ำ	aw	เ◌า

（注）◌は子音字の位置を示しています。
母音を表す文字は他にもあり、ここで紹介しているのは使用頻度が高い文字を中心としたものとなります。

【文字の呼び方】
[sa-ràʔ]（「母音」の意）＋母音字の発音
◌ี ⇒ [sa-ràʔ ii]

子音字

タイ文字で子音を表す文字は下の表の通りです。

【文字の呼び方】
母音 [ɔɔ] とともに発音します。加えて、その子音字が使われている決められた単語も一緒に言います。
ก[k] ⇒　[kɔɔ] – [kày]（鶏の意味）

【子音と末子音】
子音と末子音は共通の文字を使用しますが、同じ文字でも、子音と末子音では異なる発音となる場合があります。

子音を表す文字

中子音		k / -k ก kɔɔ kày 鶏	c / -t จ cɔɔ caan 皿	d / -t ด dɔɔ dèk 子ども	d / -t ฎ dɔɔ cha-daa 冠	t / -t ต tɔɔ tàw 亀	t / -t ฏ tɔɔ pa-tàk 棒	b / -p บ bɔɔ bay-máay 葉
高子音	対応字	kh / -k ข khɔ̌ɔ khày 卵		ch ฉ chɔ̌ɔ chìŋ 小シンバル		th / -t ถ thɔ̌ɔ thǔŋ 袋	th / -t ฐ thɔ̌ɔ thǎan 台座	
低子音	対応字	kh / -k ค khɔɔ khwaay 水牛	kh / -k ฆ khɔɔ ra-khaŋ 鐘	ch / -t ช chɔɔ cháaŋ 象	ch / -t ฌ chɔɔ ka-chəə 樹	th / -t ท thɔɔ thá-hǎan 兵士	th / -t ธ thɔɔ thoŋ 旗	th / -t ฑ thɔɔ mon-thoo モントー夫人
低子音	単独字	ŋ / -ŋ ง ŋɔɔ ŋuu 蛇	n / -n น nɔɔ nǔu 鼠	n / -n ณ nɔɔ neen 少年僧	m / -m ม mɔɔ máa 馬	y / -y ย yɔɔ yák 鬼	y / -y ญ yɔɔ yǐŋ 女性	r / -n ร rɔɔ rɯa 船

【3つのグループ】
子音字は全て、中子音、高子音、低子音という3つのグループのいずれかに属しています。この子音グループ毎に、声調のルールが設けられています。声調のルールについては、「声調規則」を参照。

【対応字】
高子音と低子音には、同じ音ではあるものの、属するグループが異なっているため、声調のルールが異なっている文字があります。これらの文字は、「対応字」と呼ばれています。一方で、同じ音が高子音にない文字は「単独字」と呼ばれています。

p / -p	ʔ / -						
ป	อ	← 子音での発音 / 末子音での発音					
pɔɔ	ʔɔɔ	← タイ文字					
plaa	àaŋ	← 子音字の読み方（注）高子音の場合のみト声（ˇ）					
魚	洗面器	← その文字を含む代表単語					

	ph		f	s / -t	s / -t	s / -t	h / -
	ผ		ฝ	ส	ศ	ษ	ห
	phɔ̌ɔ		fɔ̌ɔ	sɔ̌ɔ	sɔ̌ɔ	sɔ̌ɔ	hɔ̌ɔ
	phʉ̂ŋ		fǎa	sʉ̌a	sǎa-laa	rɯɯ-sǐi	hìip
	蜂		フタ	虎	あずまや	仙人	箱

th / -t	ph / -p	ph / -p	f / -p	s / -t			h / -
ฒ	พ	ภ	ฟ	ซ			ฮ
thɔɔ	phɔɔ	phɔɔ	fɔɔ	sɔɔ			hɔɔ
phûu-thâw	phaan	sǎm-phaw	fan	sôo			nók-hûuk
年長者	食台	ジャンク船	歯	鎖			フクロウ

l / -n	l / -n	w / -w
ล	ฬ	ว
lɔɔ	lɔɔ	wɔɔ
liŋ	cùlaa	wɛ̌ɛn
猿	凧	指輪

対応字

声調符号

声調の変化を表す声調符号は、４つあります。これらの記号がどういった影響を及ぼすかは、子音文字のグループ（中子音、高子音、低子音）によって異なりますので、「声調規則表」でご確認ください。

◌่　第１声調符号 [máy ʔèek]
◌้　第２声調符号 [máy thoo]
◌๊　第３声調符号 [máy trii]
◌๋　第４声調符号 [máy càt-tawaa]

声調規則

<table>
<tr><td>末子音</td><td colspan="5">平音節
[-m] [-n] [-ŋ] [-y] [-w] もしくは長母音</td><td colspan="2" rowspan="2">促音節
[-p] [-t] [-k]
[-ʔ]（＝短母音）</td></tr>
<tr><td>声調符号
子音</td><td>無</td><td>第１（◌่）</td><td>第２（◌้）</td><td>第３（◌๊）</td><td>第４（◌๋）</td></tr>
<tr><td>中子音</td><td>平声</td><td>ˋ低声</td><td>ˆ下声</td><td>ˊ高声</td><td>ˇ上声</td><td colspan="2">ˋ低声</td></tr>
<tr><td>高子音</td><td>ˇ上声</td><td>ˋ低声</td><td>ˆ下声</td><td></td><td></td><td colspan="2">ˋ低声</td></tr>
<tr><td rowspan="2">低子音</td><td rowspan="2">平声</td><td rowspan="2">ˆ下声</td><td rowspan="2">ˊ高声</td><td rowspan="2"></td><td rowspan="2"></td><td>短母音</td><td>長母音</td></tr>
<tr><td>ˊ高声</td><td>ˆ下声</td></tr>
</table>

（注）◌は子音文字の位置を示しています。

【声調確認手順】
（1）子音字のグループを確認（中子音 or 高子音 or 低子音）
（2）声調符号の有無を確認
（3）声調符号がない場合は、末子音を確認（平音節 or 促音節）
　注）声調符号があれば、促音節でも、上記「声調規則」の平音節ルールに従う。

よく使われる記号等

以下の記号は、タイ語の文章の中でよく使われます。

◌์　この記号が付いた文字は発音しない。
ๆ　語句の反復を意味する記号。
ฯ　長い言葉を略した時に用いる記号。

タイ数字

タイ文字には、数字を表す独自の文字があります。

๐ = 0	๑ = 1	๒ = 2	๓ = 3	๔ = 4
๕ = 5	๖ = 6	๗ = 7	๘ = 8	๙ = 9

注）実際のタイ語では、タイ文字の規則による本来の発音から、母音の長短や声調などが変化した発音が一般的になっているもの（慣用発音）もあります。本書の発音記号の表記は、一部慣用発音を採用しています。

5　あいさつ

タイ語のあいさつや便利な表現をいくつかご紹介します。

ポイント！　男性なら ครับ [khráp]、女性なら ค่ะ [khâʔ] / คะ [kháʔ]（疑問詞）を文末に付けると丁寧な表現となります。

สวัสดี	sa-wàt-dii	おはよう / こんにちは / こんばんは / さようなら
หวัดดี	wàt-dii	おはよう / こんにちは / こんばんは / さようなら（友達同士や立場が下の人に対して）
สบายดีไหม	sa-baay-dii máy	元気ですか？
สบายดี	sa-baay-dii	元気です
ขอบคุณ	khɔ̀ɔp-khun	ありがとう
ขอบใจ	khɔ̀ɔp-cay	ありがとう（友達同士や立場が下の人に対して）
ยินดี	yin-dii	喜んで / どういたしまして
ขอโทษ	khɔ̌ɔ-thôot	すみません（謝罪）
โทษนะ	thôot náʔ	すみません（呼びかけ）

ไม่เป็นไร	mây-pen-ray	気にしないで / 大丈夫
กลับก่อนนะ	klàp-kɔ̀ɔn-náʔ	お先に失礼します
แล้วเจอกันใหม่	lɛ́ɛw-cəə-kan-mày	それでは、また会いましょう
เชิญ	chəən	どうぞ
โชคดีนะ	chôok-dii náʔ	幸運を、お元気で

6　疑問文

以下の言葉を文末に付けることで、疑問文になります。

1　A + chây máy　[A + ใช่ไหม]

確認の質問（A= 語句、名詞文、動詞文、形容詞文）

khun pen khon yîi-pùn chây-máy

คุณเป็นคนญี่ปุ่นใช่ไหม

あなたは日本人ですか？

chây
ใช่
そうです。

mây chây
ไม่ใช่
そうではありません。

2　A + rɯ́-plàw　[A + หรือเปล่า]

A かそうでないかを聞く質問（A= 語句、名詞文、動詞文、形容詞文）

khun chɔ̂ɔp kháw rɯ́-plàw

คุณชอบเขาหรือเปล่า

あなたは彼が好きですか？

（注）หรือ[rɯ̌ɯ] は口語では短く [rɯ́] と発音することがあります。

chɔ̂ɔp
ชอบ
好きです。

mây chɔ̂ɔp
ไม่ชอบ
好きではないです。

3 A + máy [A + ไหม]

「A + rú-plàw」と同じ用法に加え、勧誘表現としても使用
(A =名詞文 / 否定文 / 現在進行形文では使用不可)

sǔay máy

สวยไหม
きれいですか？

 sǔay   mây sǔay

 สวย   **ไม่สวย**
 きれいです。   きれいではないです。

4 A + rǒə(口) / A + rǔɯ(文) [A + เหรอ(口) / A + หรือ(文)]

驚きと疑いのニュアンスの疑問文 (語句、名詞文、動詞文、形容詞文)

khun pen khon thai rǒə

คุณเป็นคนไทยเหรอ
あなたはタイ人なですか？

 khráp   chây

 ครับ   **ใช่**
 はい。   そうです。

(注) 疑問文によって、他にも様々な答え方があります。

5W1H

何？ What?	ʔa-ray	อะไร	これは何ですか？ nîi ʔa-ray นี่อะไร
いつ？ When?	mʉ̂a-rày	เมื่อไร	いつ行きますか？ pay mʉ̂a-rày ไปเมื่อไร
どこ？ Where?	thîi-nǎy	ที่ไหน	トイレはどこですか？ hɔ̂ŋ-náam yùu thîi-nǎy ห้องน้ำอยู่ที่ไหน
何故？ Why?	tham-may	ทำไม	何故、日本語を勉強するのですか？ tham-may rian phaa-sǎa yîi-pùn ทำไมเรียนภาษาญี่ปุ่น
誰？ Who?	khray	ใคร	あの人は誰ですか？ khon nán khray คนนั้นใคร
どのように？ How?	yaŋ-ŋay	ยังไง	どうやって行くのですか？ pay yaŋ-ŋay ไปยังไง
いくら？ How much?	thâw-rày	เท่าไร	これはいくらですか？ nîi thâw-rày นี่เท่าไร

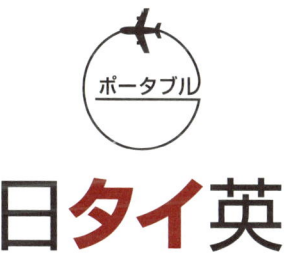

ポータブル

日タイ英

日	タイ	英

あ

▼ あ，ア

あい 愛	ความรัก クワームラク	love / affection
あいか 相変わらず	เช่นเคย / เหมือนเดิม チェンクーイ / ムアンドゥーム	as before / as usual
アイコン	ไอคอน アイコーン	icon
あいさつ 挨拶	การทักทาย カーンタクターイ	greeting
あいしょう 相性	การถูกโฉลก / เข้ากันได้ カーントゥークチャローク / カウカンダイ	affinity / compatibility / (personal) chemistry
あいしょう 愛称	ชื่อเล่น チューレン	nickname
あいじょう 愛情	ความรัก クワームラク	affection
あいじん 愛人	คู่รัก クーラク	lover
あいず 合図	สัญญาณ サンヤーン	sign / signal
アイスクリーム	ไอศกรีม アイサクリーム	ice cream
あい 愛する	รัก ラク	love
あいそ 愛想	ท่าทีเป็นมิตร ターティーペンミッ	amiable / sociable
あいだ 間	ระหว่าง ラワーング	between

002 愛 ➡ 間

日	タイ	英
あいだがら 間柄	การเกี่ยวดองกัน / สายสัมพันธ์ カーンキアゥドーングカン / サーィサムパン	relationship
あいつ 相次ぐ	ตามมาเป็นลำดับ タームマーペンラムダプ	continue
あいて 相手	อีกฝ่ายหนึ่ง / คู่กรณี イークファーイヌング / クーカラニー	partner / opponent
アイデア	ไอเดีย アイディア	idea
アイディー ID	รหัสประจำตัว ラハップラチャムトゥア	ID / identification
アイドル	ไอดอล / บุคคลที่ชื่นชอบ アイドーン / ブクコンティーチューンチョーブ	idol
あいにく	โชคร้าย チョークラーイ	unfortunately
あいま 合間	ช่วงระหว่าง / ช่วงเว้นว่าง(จากงาน) チュアングラワーング / チュアングウェンワーング(チャークンガーン)	interval
あいまい 曖昧	กำกวม カムクアム	vague
あい 相まって	อีกทั้ง / ผนวกกับ イークタング / パヌアクカブ	together with
アイロン	เตารีด タウリーッ	iron
あ 会う	พบ / เจอ ポブ / チュウ	meet / come across
あ 合う	เข้ากัน / เหมาะกัน カウカン / モカン	fit / match
あ 遭う	ประสบ(อุบัติเหตุ) プラソプ(ウバッティヘーッ)	come across

あ

あ

日	タイ	英
アウト	ออก オーク	fail / out
喘ぐ (あえ)	หายใจหอบ ハーイチャイホープ	gasp / pant / suffer from
あえて	เสี่ยง / ฝืนทำ スィアング / フーンタム	dare to
青 (あお)	สีน้ำเงิน / สีเขียว スィーナムングン / スィーキアゥ	blue
青い (あお)	น้ำเงิน / เขียว ナムングン / キアゥ	blue
仰ぐ (あお)	แหงนมอง ンゲーンモーング	look up
扇ぐ (あお)	โบกพัด ボークパッ	fan
青白い (あおじろ)	ซีดเผือด スィーップアッ	pale
仰向け (あおむ)	หงาย / แหงน ンガーイ / ンゲーン	on one's back / face up
垢 (あか)	ขี้ไคล キークライ	dirt / grime
赤 (あか)	สีแดง スィーデーング	red
赤い (あか)	แดง デーング	red
証し (あか)	เครื่องพิสูจน์ クルアングピスーッ	proof
赤字 (あかじ)	ขาดทุน カーットゥン	in the red

日	タイ	英
明(あ)かす	ตีแผ่ / ทำให้กระจ่าง ティーペー / タムハイクラチャーング	disclose / explain
赤(あか)ちゃん	เด็กทารก デクターロク	baby
赤(あか)らむ	แดงขึ้น / เป็นสีแดงเรื่อ デーングクン / ペンスィーデーングルア	turn red / blush
明(あか)り	แสงสว่าง セーングサワーング	light
上(あ)がる	สูงขึ้น スーングクン	rise
明(あか)るい	สว่าง / แจ่มใส / ร่าเริง サワーング / チェームサイ / ラールーング	bright / clear
空(あ)き	ที่ว่าง / ช่วงว่าง ティーワーング / チュアングワーング	empty / free time
秋(あき)	ฤดูใบไม้ร่วง ルドゥーバイマイルアング	fall / autumn
空(あ)き缶(かん)	กระป๋องเปล่า クラーポングプラウ	empty can
明(あき)らか	แจ่มแจ้ง / ชัดเจน チェームチェーング / チャッチェン	clear
諦(あきら)め	การยอมแพ้ / การตัดใจ カーンヨームペー / カーンタッチャイ	give up / abandonment
諦(あきら)める	ยอมแพ้ / ตัดใจ ヨームペー / タッチャイ	give up
飽(あ)きる	เบื่อหน่าย ブーアナーイ	be tired of
呆(あき)れる	ระอา / ละเหี่ยใจ ラアー / ラヒアチャイ	be shocked

あ

明かす ➡ 呆れる 005

日	タイ	英
悪（あく）	ความชั่ว クワームチュア	evil
開く（あく）	เปิดออก プーッオーク	open
空く（あく）	ว่างลง ワーングロング	empty
悪影響（あくえいきょう）	ผลกระทบทางลบ ポンクラトプターングロブ	bad influence[effects]
握手（あくしゅ）	การจับมือทักทาย カーンチャブムータクターイ	handshake
悪臭（あくしゅう）	กลิ่นเหม็น クリンメン	bad smell
悪性（あくせい）	ที่เป็นโรคร้าย ティーペンロークラーイ	malignancy
アクセサリー	เครื่องประดับ クルアングプラダブ	accessory
アクセル	คันเร่ง(รถยนต์) カンレング（ロッヨン）	gas pedal
あくどい	เลวทราม レウサーム	excessive / gaudy / showy
欠伸（あくび）	หาว ハーウ	yawn
悪魔（あくま）	ปีศาจ / ซาตาน ピーサーッ / サーターン	devil
あくまでも	จนถึงที่สุด チョントゥングティースッ	to the last / persistently
明け方（あけがた）	รุ่งสาง / เช้ามืด ルングサーング / チャウムーッ	dawn / daybreak

日	タイ	英
挙(あ)げ句(く)	ในท้ายที่สุด ナイターイティースッ	in the end
揚(あ)げた	ทอด トーッ	deep-fry[fried]
明(あ)ける	รุ่งสาง ルングサーング	break (of the day)
開(あ)ける	เปิด プーッ	open
上(あ)げる	ยกขึ้น ヨククン	raise
揚(あ)げる	ทอด(อาหาร) トーッ（アーハーン）	deep-fry
あご	คาง カーング	chin
憧(あこが)れ	ความหลงใหล クワームロングライ	admiration
憧(あこが)れる	หลงใหล ロングライ	be attracted to
朝(あさ)	เช้า チャウ	morning
麻(あさ)	ป่าน / ปอ パーン / ポー	hemp
あざ	แผลฟกช้ำ / ห้อเลือด プレーフォクチャム / ホールアッ	bruise
浅(あさ)い	ตื้น トゥーン	shallow
朝(あさ)ごはん	อาหารเช้า [illegible]	breakfast

あ

挙げ句 ➡ 朝ごはん 007

日	タイ	英
明後日（あさって）	วันมะรืน ワンマルーン	day after tomorrow
あさましい	ไร้ยางอาย / น่ารังเกียจ ライヤーングアーイ / ナーランクキアッ	shameless / ignoble
欺く（あざむく）	หลอกลวง / ตบตา ロークルアング / トブター	fool / cheat
鮮やか（あざやか）	สดใส ソッサイ	bright / clear
あさり	หอยลาย ホーイラーイ	Japanese littleneck clam / asari clam
嘲笑う（あざわらう）	หยอกล้อ ヨークロー	make fun of
足（あし）	เท้า / ขา ターウ / カー	foot / leg
味（あじ）	รสชาติ ロッチャーッ	taste
アジア	เอเชีย エーチア	Asia / Asiatic
アジア人（じん）	ชาวเอเชีย チャーウエーチア	Asian
足跡（あしあと）	รอยเท้า ローイタウ	footprint
あしからず	ขออย่าได้เสียใจ コーヤーダイスィアチャイ	please do not feel bad
アシスタント	ผู้ช่วย プーチュアイ	assistant
明日（あした）	พรุ่งนี้ プルンクニー	tomorrow

日	タイ	英
味見（あじみ）	การชิมรส カーンチムロッ	tasting
足元（あしもと）	บริเวณเท้า ボーリウェーンタゥ	underfoot / at one's feet
味わい（あじわい）	รสชาติ ロッチャーッ	flavor
味わう（あじわう）	ชิม / ลิ้มรส / ดื่มด่ำ チム / リムロッ / ドゥームダム	get a taste / savor
預かる（あずかる）	รับฝาก ラプファーク	keep
預ける（あずける）	ฝากให้คนอื่นดูแล ファークハイコンウーンドゥーレー	leave *sth* with *sb*
アスパラガス	หน่อไม้ฝรั่ง ノーマイファラング	asparagus
汗（あせ）	เหงื่อ ングァ	sweat
ASEAN（アセアン）	อาเซียน アースィアン	ASEAN(Association of Southeast Asian Nations)
褪せる（あせる）	ซีดจาง スィーッチャーング	fade
焦る（あせる）	รีบร้อน / ลนลาน リーブローン / ロンラーン	be in hurry
あそこ	ที่โน่น ティーノーン	there / over there
遊び（あそび）	การละเล่น / เกม カーンラレン / ゲーム	play / a game
遊ぶ（あそぶ）	เที่ยว / เล่น ティアゥ / レン	play

日	タイ	英
値（あたい）する	มีค่าควรแก่... ミーカークアンケー ...	have value
与（あた）える	ให้ ハイ	give
暖（あたた）かい	อุ่น ウン	warm
暖（あたた）まる	อบอุ่นขึ้น オブウンクン	warm up
暖（あたた）める	ทำให้อุ่น タムハイウン	warm / heat
頭（あたま）	ศีรษะ / หัว スィーサ / フア	head
頭金（あたまきん）	เงินดาวน์ ングンダーウ	deposit / down payment
新（あたら）しい	ใหม่ マイ	new
当（あ）たり	การถูก(รางวัล / แดด) カーントゥーク (ラーングワン / デーッ)	hit
辺（あた）り	แถว ๆ / บริเวณ テーゥテーゥ / ボーリウェーン	surroundings / around
当（あ）たり前（まえ）	เป็นเรื่องปกติ ペンルアングパカティ	of course
当（あ）たる	โดน / กระทบ ドーン / クラトプ	hit *sth*
あちら	ที่โน่น ティーノーン	that
厚（あつ）い	หนา ナー	thick

日	タイ	英
暑い	(อากาศ)ร้อน (アーカーツ) ローン	hot
熱い	(สิ่งของ)ร้อน (スィングコーング) ローン	hot / burning hot
悪化	เลวร้ายลง / แย่ลง レゥラーイロング / イェーロング	worsening
扱い	การปฏิบัติ カーンパティバッ	treatment
扱う	ปฏิบัติ パティバッ	treat
厚かましい	หน้าหนา / ไม่รู้จักอาย ナーナー / マイルーチャックアーイ	shameless / impudent
あっけない	ห้วน / ดื้อ ๆ / ไม่มีปี่มีขลุ่ย ファン / ドゥードゥー / マイミーピーミークルイ	short lived / all too soon
あっさり	ง่าย ๆ / รสชาติอ่อน ๆ ンガーインガーイ / ロッチャーッオーンオーン	simply / lightly-seasoned
圧縮	การอัดแน่น カーンアッネン	compression
斡旋	การเป็นตัวกลาง / การไกล่เกลี่ย カーンペントゥアグラーング / カーンクライクリア	mediation / conciliation
あっという間	ในชั่วพริบตา ナイチュアプリプター	instant
圧倒	การมีกำลังเหนือกว่า カーンミーガムランクヌアクワー	overpower
圧迫	กดดัน / คุกคาม コッダン / クッカーム	pressure
アップ	การเพิ่ม カーンプーム	raise / increase

暑い ➡ アップ　011

日	タイ	英
<ruby>集<rt>あつ</rt></ruby>まり	การชุมนุม / รวมกลุ่ม カーンチュムヌム / ルアムクルム	meeting
<ruby>集<rt>あつ</rt></ruby>まる	รวมตัว / รวมพล ルアムトゥア / ルアムポン	get together
<ruby>集<rt>あつ</rt></ruby>める	สะสม / รวบรวม サソム / ルアブルアム	collect / gather
あつらえる	สั่งทำ サングタム	place an order
<ruby>圧力<rt>あつりょく</rt></ruby>	แรงดัน レーングダン	pressure
<ruby>宛<rt>あ</rt></ruby>て	ที่อยู่ ティーユー	address
<ruby>当<rt>あ</rt></ruby>て	เป้าหมาย / จุดหมาย パウマーイ / チュッマーイ	aim / goal
<ruby>宛先<rt>あてさき</rt></ruby>	ที่อยู่ ティーユー	address
<ruby>宛名<rt>あてな</rt></ruby>	ชื่อที่อยู่ผู้รับ チューティーユープーラプ	address
あてはまる	เข้าข่าย / เทียบเท่า カゥカーイ / ティアプタウ	fit / be true
あてはめる	จัด / ปรับให้เหมาะสม チャッ / プラプハイモソム	fit / apply
<ruby>宛<rt>あ</rt></ruby>てる	เขียนที่อยู่ キアンティーユー	address
<ruby>当<rt>あ</rt></ruby>てる	จับให้ถูก / นำมาใช้กับ... チャプハイトゥーク / ナムマーチャイカプ…	hit / apply
<ruby>跡<rt>あと</rt></ruby>	ร่องรอย ローングローイ	track / ruins

012　集まり ➡ 跡

日	タイ	英
後（あと）	ข้างหลัง / ส่วนท้าย カーングラング / スァンターイ	back / after
跡継ぎ（あとつぎ）	ผู้สืบตำแหน่ง プースープタムネング	successor / an heir[heiress]
アドバイス	คำแนะนำ カムネナム	advice
後払い（あとばらい）	การจ่ายเงินทีหลัง カーンチャーイングンティーラング	deferred payment
後回し（あとまわし）	เลื่อนออกไปก่อน ルアンオークパイコーン	postponement
アドレス	ที่อยู่ ティーユー	address
穴（あな）	รู / หลุม ルー / ルム	hole
アナウンサー	ผู้ประกาศ / โฆษก プープラカーッ / コーソク	announcer
あなた	คุณ クン	you
兄（あに）	พี่ชาย ピーチャーイ	brother
アニメ	การ์ตูนอนิเมชั่น カートゥーンアニメーチャン	animation
姉（あね）	พี่สาว ピーサーゥ	elder sister
あの方（かた）	คุณคนนั้น / โน้น クンコンナン / ノーン	that person
アパート	อพาร์ตเมนต์ アパーッメン	apartment

日	タイ	英
暴れる	อาละวาด / คลั่ง アーラワーッ / クラング	act violently
浴びる	อาบ(น้ำ) アープ (ナム)	over / be covered / shower / bathe
アフターサービス	บริการหลังการขาย ボーリカーンラングカーンカーイ	after-sales service
危ない	อันตราย アンタラーイ	dangerous / unsafe
脂	ไขมัน カイマン	lard
油	น้ำมัน ナムマン	oil
油絵	ภาพสีน้ำมัน パープスィーナムマン	oil painting
脂身	เนื้อติดมัน ヌアティッマン	fat / fatty meat
アプリ	แอปพลิเคชัน エープブリケーチャン	app
アフリカ	แอฟริกา エッファリカー	Africa
炙る	ปิ้ง / ย่าง ピング / ヤーング	grill
溢れる	ท่วม / ล้น トゥアム / ロン	overflow
アプローチ	การเข้าไปใกล้ カーンカウパイクライ	approach
アポイントメント	การนัดหมาย カーンナッマーイ	appointment

014 　暴れる ➡ アポイントメント

日	タイ	英
甘い	หวาน ワーン	sweet
甘える	อ้อน オーン	depend on
雨具	อุปกรณ์กันฝน ウパコーンカンフォン	rain wear
甘口	รสออกหวาน / ปากหวาน ロッオークワーン / パークワーン	mild / sweet
アマチュア	มือสมัครเล่น ムーサマクレン	amateur
甘やかす	เลี้ยงดูแบบตามใจ リアングドゥーベープタームチャイ	indulge / pamper
余り	ของเหลือ コーングルア	left over / remainder
余る	เหลืออยู่ ルアユー	remain
甘んじる	ชะล่าใจ チャラーチャイ	content oneself with / accept
網	ตาข่าย ターカーイ	net
編み物	งานถักไหมพรม ンガーンタクマイプロム	knitting
編む	ถัก タク	knit
飴	ลูกกวาด / ลูกอม ルーククワーッ / ルークオム	candy
雨	ฝน フォン	rain

甘い ➡ 雨　　015

あ

日	タイ	英
アメリカ	อเมริกา アメーリカー	America
アメリカ人(じん)	ชาวอเมริกัน チャーゥアメーリカン	American
危(あや)うい	อันตราย アンタラーイ	dangerous / unsafe
怪(あや)しい	น่าสงสัย / มีพิรุธ ナーソンㇰサイ / ミーピルッ	strange
操(あやつ)る	บงการอยู่เบื้องหลัง ボンㇰカーンユーブァンㇰランㇰ	manage / control
危(あや)ぶむ	หวาดวิตก / ติดใจสงสัย ワーッウィトㇰ / ティッチャイソンㇰサイ	be afraid of
あやふや	คลุมเครือ クルムクルァ	uncertain
過(あやま)ち	ความผิดพลาด クワームピップラーッ	mistake
誤(あやま)り	ข้อผิดพลาด コーピップラーッ	mistake
誤(あやま)る	ทำผิด タムピッ	make a mistake
謝(あやま)る	ขอโทษ コートーッ	apologize
歩(あゆ)み	ย่างก้าว / ความเป็นไป ヤーンㇰカーゥ / クワームペンパイ	step / walk
歩(あゆ)み寄(よ)る	ประนีประนอม プラニープラノーム	compromise with
歩(あゆ)む	ก้าวเดิน カーゥドゥーン	step / walk

日	タイ	英
荒い	หยาบ / หยาบคาย ヤープ / ヤープカーイ	violent / harsh
粗い	คร่าว ๆ / โดยสังเขป クラーゥクラーゥ / ドーイサングケープ	rough / coarse
洗う	ล้าง ラーング	wash
予め	ทำไว้ล่วงหน้า タムワイルァンノゥ	ahead / already
嵐	พายุ パーユ	storm
荒らす	ทำให้ปั่นป่วน/เสียหาย タムハイパンプァン / スィアハーイ	ravage / damage
あらすじ	เค้าโครงเรื่อง カゥクローングルァング	outline
争い	การต่อสู้ カーントースー	battle
争う	ต่อสู้ / โต้แย้ง トースー / トーイェーング	fight / dispute
新た	ใหม่ マイ	new
改まる	เปลี่ยนใหม่ プリアンマイ	be renewed
改めて	อีกครั้งหนึ่ง イーククラングヌング	over again
改める	ทำใหม่ タムマイ	renew
荒っぽい	หยาบ / ลวก ๆ ヤープ / ルアクルアク	rough

荒い ➡ 荒っぽい　017

あ

日	タイ	英
アラビア語(ご)	ภาษาอาหรับ パーサーアーラプ	Arabic
アラブ	อาหรับ アーラップ	Arab
アラブ人(じん)	ชาวอาหรับ チャーゥアーラプ	Arabian
あらゆる	ทั้งมวล タングムアン	every
霰(あられ)	ลูกเห็บ ルークヘップ	hail
表(あらわ)す	แสดงออกมา(โดยคำพูดหรือท่าทาง) サデーングオークマー(ドーイカムプーッルーターターング)	indicate
現(あらわ)す	ทำให้ปรากฏ タムハイプラーコッ	show / display
著(あらわ)す	แต่ง(หนังสือ) テング(ナングスー)	write
現(あらわ)れ	เครื่องแสดง クルアングサデーング	indication
現(あらわ)れる	ปรากฏขึ้น プラーコックン	appear
ありえない	เป็นไปไม่ได้ ペンパイマイダイ	impossible
ありがたい	รู้สึกซาบซึ้ง ルースクサーブスング	appreciate
ありがとう〈挨拶〉	ขอบคุณ コープクン	Thank you.
ありさま	สภาพที่ปรากฏ サパーブティープラーコッ	condition

日	タイ	英
ありのまま	ตามตรง タームトロング	honestly / as it is / frankly
ありふれる	ธรรมดา タムマダー	be common
或る	บาง / มีอยู่...หนึ่ง バーング / ミーユー ... ヌング	some / certain
ある	มีอยู่ ミーユー	exist
あるいは	หรือว่า ルーワー	or
アルカリ	เป็นด่าง ペンダーング	alkali
歩く	เดิน ドゥーン	walk
アルコール	แอลกอฮอล์ エルコーホー	alcohol
アルバイト	งานพิเศษ ンガーンピセーッ	part-time job
アルバム	อัลบั้ม / สมุดภาพ アラバム / サムッパープ	album
アルファベット	ตัวอักษร トゥアアクソーン	alphabet
アルミニウム	อลูมิเนียม アルミーニアム	aluminum
アルミホイル	กระดาษอลูมิเนียมฟอยล์ クラダーッアルミニアムムフォーイ	aluminum foil
あれ	สิ่งนั้น スィングナン	that

ありのまま ➡ あれ　019

日	タイ	英
あれこれ	โน่นบ้างนี่บ้าง ノーンバーングニーバーング	one or another
荒れる	ไม่สงบ / ปั่นป่วน マイサンゴブ / パンプァン	get rough / go wild
アレルギー	ภูมิแพ้ プームペー	allergy
泡	ฟอง / โฟม フォーング / フォーム	bubble / foam
合わせる	รวม / ประสาน ルァム / プラサーン	adjust / synchronize / bring together
慌ただしい	ท่าทางลนลาน / รีบร้อน ターターングロンラーン / リープローン	busy / rushed
慌てる	ลนลาน / รีบร้อน ロンラーン / リープローン	be panicked / be hurried
鮑	หอยเป๋าฮื้อ ホーイパウフー	abalone
哀れ	น่าสมเพช / น่าเวทนา ナーソムペーッ / ナーウェータナー	pity / sad
案	ร่าง / ข้อเสนอ ラーング / コーサヌー	idea
安易	ง่าย ๆ ンガーィンガーィ	easygoing
案外	เกินคาด クーンカーッ	unexpectedly
暗記	การท่องจำ カーントングチャム	memorization
アンケート	แบบสอบถาม ベープソープターム	questionnaire

日	タイ	英
アンコール	การเรียกร้องให้แสดงอีก カーンリアクローンクハイサデーングイーク	encore
暗殺 (あんさつ)	การลอบฆ่า カーンロープカー	assassination
暗算 (あんざん)	คิดเลขในใจ キッレークナイチャイ	mental arithmetic
暗示 (あんじ)	การบอกเป็นนัย カーンボークペンナイ	suggest / intimate
暗証番号 (あんしょうばんごう)	รหัสลับ ラハッラブ	password / PIN number
案じる (あんじる)	กังวล / หนักใจ カングウォン / ナクチャイ	worry about / be concerned
安心 (あんしん)	สบายใจ / หมดห่วง サバーイチャイ / モッファング	relief
安静 (あんせい)	สงบนิ่ง サンゴブニング	quiet / rest
安全 (あんぜん)	ปลอดภัย プロードパイ	safety / security
安定 (あんてい)	มั่นคง / เสถียร マンコング / サティアン	stability / equilibrium
安定した (あんていした)	มั่นคง マンコング	stable / steady
アンテナ	เสาอากาศ サウアーカーッ	antenna
あんな	เช่นนั้น チェンナン	like that / sort of
案内 (あんない)	นำทาง / พาเที่ยว ナムターング / パーティアウ	guide

アンコール ➡ 案内　　021

日	タイ	英
あんなに	ขนาดนั้น カナーッナン	so much / that much
案の定	อย่างที่คิด ヤーングティーキッ	as expected
あんまり	เกินไป / แย่มาก クーンパイ / イェーマーク	too much / too bad

▼ い, イ

日	タイ	英
意	ความตั้งใจ クワームタングチャイ	mind / heart
胃	ท้อง / กระเพาะ トーング / クラポ	stomach
位	อันดับที่ アンダブティー	rank
言い争う	มีปากเสียงกัน ミーパークスィアングカン	argue[quarrel] with
いいえ〈感動詞〉	ไม่ใช่ / เปล่า マイチャイ / プラウ	no
言いがかり	การกล่าวหา カーンクラーゥハー	false charge[accusation]
いい加減	มักง่าย マクンガーイ	careless
言い出す	เอ่ยปาก ウーイパーク	say first
言い付ける	สั่ง / ฟ้อง サング / フォーング	order / instruct
E メール	อีเมล イーメーン	e-mail

日	タイ	英
言い訳	คำแก้ตัว カムゲートゥア	excuse
委員	กรรมการ カムマカーン	committee
医院	คลินิก クリニク	doctor's clinic
言う	พูด プーッ	say
家	บ้าน バーン	home
家出	การหนีออกจากบ้าน カーンニーオークチャークバーン	runaway
(〜と) いえども	กระนั้นก็ตาม クラナンコーターム	even though
以下	น้อยกว่า ノーイクワー	below
烏賊	ปลาหมึก プラームク	squid
以外	นอกเหนือจาก ノークスアチャーク	other than / except
意外	ผิดคาด ピッカーッ	unexpected
いかが	เป็นอย่างไรบ้าง ペンヤーングライバーング	how
医学	แพทยศาสตร์ ペーッタヤサーッ	medicine / medical science
生かす	ใช้ให้เป็นประโยชน์ チャイハイペンプラヨーッ	bring out / make the most of

日	タイ	英
いかに	อย่างไร ヤーングライ	in what way / how
いかにも	ดูราวกับ ドゥーラーウカプ	just / as if
怒り（いか）	ความโกรธ クワームクローッ	anger
粋（いき）	งดงาม / เก๋ไก๋ ンゴッンガーム / ケーカイ	stylish / chic
息（いき）	ลมหายใจ ロムハーイチャイ	breath
意義（いぎ）	ความหมาย クワームマーイ	meaning / value
異議（いぎ）	ข้อโต้แย้ง コートーイェーング	objection / dissent / protest
生き生き（い い）	มีชีวิตชีวา ミーチーウィッチーワー	full of life
勢い（いきお）	ทรงพลัง ソングパラング	force / energy
生きがい（い）	คุณค่าในการมีชีวิตอยู่ クンカーナイカーンミーチーウィッユー	reason for living
意気込む（い き ご）	ทุ่มเทอย่างเต็มที่ トゥムテーヤーングテムティー	be enthusiastic about
行き先（い さき）	จุดหมายปลายทาง チュッマーイプラーイターング	destination
行き違い（い ちが）	ความไม่เข้าใจกัน クワームマイカウチャイカン	misunderstanding / disagreement
行き詰る（い づま）	ทางตัน ターングタン	get stuck / reach the limits

日	タイ	英
いきなり	จู่ ๆ / ผลุนผลัน チューチュー / プルンプラン	suddenly
生き物	สิ่งมีชีวิต スィングミーチーウィッ	living thing
イギリス	ประเทศอังกฤษ プラテーッアングクリッ	the United Kingdom
イギリス人	ชาวอังกฤษ チャーウアングクリッ	British
生きる	มีชีวิต / ดำรงชีวิต ミーチーウィッ / ダムロングチーウィッ	live / exist
行く	ไป パイ	go
育児	การเลี้ยงดูลูก カーンリアングドゥールーク	childcare
育児休暇	ลาคลอด ラークローッ	[maternity, paternity] leave
意気地なし	ขี้ขลาด キークラーッ	coward / weak-minded
育成	การเลี้ยงดูอบรม カーンリアングドゥーオブロム	rearing
幾多	จำนวนมาก チャムヌアンマーク	many
いくつ	กี่ชิ้น / กี่อัน / อายุเท่าไร キーチン / キーアン / アーユタゥライ	how many
幾分	ส่วนหนึ่ง / บางส่วน スアンヌング / バーングスアン	part
いくら	เท่าไร タゥライ	how much

いきなり ➡ いくら 025

日	タイ	英
いけ 池	บ่อน้ำ / สระ ボーナム / サ	pond
い ばな 生け花	การจัดดอกไม้แบบญี่ปุ่น カーンチャッドークマイベープイープン	Japanese flower arrangement
(〜しては) いけません	ไม่ควรทำ / ห้ามทำ マイクァンタム / ハームタム	must not / do not
い 活ける	จัด(ดอกไม้) チャッ(ドークマイ)	arrange flowers
い けん 意見	ความคิดเห็น クワームキッヘン	opinion
い けん 異見	ความคิดต่าง クワームキッターング	different view
い けんこうかん 意見交換	แลกเปลี่ยนความคิดเห็น レークプリアンクワームキッヘン	exchange of opinions
い ご 以後	หลังจากนี้ ラングチャークニー	after this / from now on
い こう 以降	ตั้งแต่ タングテー	since
い こう 意向	ความประสงค์ クワームプラソング	intention / inclination
い こう 移行	การเคลื่อนย้าย カーンクルアンヤーイ	transition
イコール	เท่ากับ タゥカブ	equal
いざ	ถึงคราว... トゥングクラーウ...	now then / come now
い ざかや 居酒屋	ร้านเหล้าแบบญี่ปุ่น ラーンラゥベープイープン	Japanese-style bar

026　池 ➡ 居酒屋

日	タイ	英
勇(いさ)ましい	กล้าหาญ クラーハーン	brave
遺産(いさん)	มรดก モーラドク	legacy / inheritance
意思(いし)	ความคิดเห็น クワームキッヘン	mind / intention
意志(いし)	ความมุ่งมั่น クワームムングマン	determination
医師(いし)	หมอ / แพทย์ モー / ペーッ	doctor
石(いし)	ก้อนหิน コーンヒン	stone
意地(いじ)	ทิฐิ / ดื้อดึง ティティ / ドゥードゥング	obstinate
維持(いじ)	รักษาไว้ให้คงอยู่ ラクサーワイハイコングユー	keep / maintain
意識(いしき)	การตระหนักรู้ カーントラナクルー	awareness
いじめる	แกล้ง クレーング	be hard on / tease / bully
医者(いしゃ)	หมอ / แพทย์ モー / ペーッ	doctor
移住(いじゅう)	การย้ายถิ่นที่อยู่ カーンヤーイティンティーユー	immigration / move
衣装(いしょう)	เครื่องแต่งกาย / เสื้อผ้า クルアングテングカーイ / スアパー	clothes
以上(いじょう)	มากกว่า [illegible]	more than

日	タイ	英
異常(いじょう)	ผิดปกติ / วิปริต ピッパカティ / ウィパリッ	unusual / uncommon
移植(いしょく)	การปลูกถ่าย(อวัยวะ) カーンプルークターイ (アワイヤワ)	transplant / transplantation
意地悪(いじわる)	ใจร้าย / ชอบกลั่นแกล้ง チャイラーイ / チョープクランクレーング	spiteful / mean
椅子(いす)	เก้าอี้ カウイー	chair
泉(いずみ)	น้ำพุ ナムプ	fountain
イスラム教(きょう)	ศาสนาอิสลาม サーッサナーイッサラーム	Islam
イスラム教徒(きょうと)	ชาวมุสลิม チャーウムッサリム	Muslim
いずれ	อันใดอันหนึ่ง / ทั้งคู่ / ทั้งหมด アンダイアンヌング / タングクー / タングモッ	in any case / anyway / anyhow
異性(いせい)	เพศตรงข้าม ペートトロングカーム	opposite sex
遺跡(いせき)	ซากโบราณสถาน サークボーラーンサターン	remains
以前(いぜん)	ก่อนหน้านี้ / แต่ก่อน コーンナーニー / テーコーン	before
依然(いぜん)	เช่นเคย / เหมือนเดิม チェンクーイ / ムアンドゥーム	still
忙しい(いそがしい)	ยุ่ง ユング	busy
急ぐ(いそぐ)	เร่งรีบ レングリープ	hurry / be quick

い

日	タイ	英
依存（いぞん）	การพึ่งพา カーンプングパー	dependence
板（いた）	แผ่นกระดาน ペンクラダーン	board
痛い（いたい）	เจ็บ / ปวด チェプ / プァッ	sore / painful
偉大（いだい）	ยิ่งใหญ่ イングヤイ	great / grand
委託（いたく）	การฝากขาย カーンファークカーイ	commission
抱く（いだく）	อุ้ม ウム	hold
致す（いたす）	ทำ(รูปถ่อมตัว) タム（ループトームトゥア）	do
いたずら	ซุกซน / เกเร スクソン / ケーレー	joke / trick
頂（いただき）	ยอด / จุดสูงสุด ヨーッ / チュッスーングスッ	summit
いただく	ได้รับ ダイラプ	get / have
至って（いたって）	อย่างมาก / สุด ๆ ヤーングマーク / スッスッ	extremely
痛み（いたみ）	ความเจ็บปวด クワームチェププァッ	pain / ache
傷める（いためる）	บาดเจ็บ / ทำให้เป็นแผล バーッチェプ / タムハイペンプレー	hurt / injure
炒める（いためる）	ผัด パッ	stir-fry

日	タイ	英
至り (いた)	อย่างมาก/อย่างถึงที่สุด ヤーングマーク / ヤーングトゥングティースッ	extreme
イタリア	ประเทศอิตาลี プラテーッイターリー	Italy
イタリア語 (ご)	ภาษาอิตาเลียน パーサーイターリアン	Italian
イタリア人 (じん)	ชาวอิตาลี チャーゥイーターリー	Italian
至る (いた)	ถึง / ไปสู่ トゥング / パイスー	reach / lead
いたわる	ดูแลเอาใจใส่ ドゥーレーアゥチャイサイ	take care of / treat with
位置 (いち)	ตำแหน่ง タムネング	position
1	หนึ่ง ヌング	one
市 (いち)	ตลาด タラーッ	market
一々 (いちいち)	แต่ละอัน テーラアン	one by one
一応 (いちおう)	เผื่อไว้ / คร่าว ๆ プァワイ / クラーゥクラーゥ	more or less / pretty much
一概に (いちがい)	เหมาว่า...ทั้งหมด(ไม่ได้) モワータングモッ（マイダイ）	unconditionally / wholesale
一月 (いちがつ)	เดือนมกราคม ドゥアンモクカラーコム	January
苺 (いちご)	สตรอเบอรี่ ストローベリー	strawberry

日	タイ	英
いちじ 一時	1 นาฬิกา ヌングナーリカー	one o'clock
いちじてき 一時的	ชั่วคราว チュアクラーゥ	temporary
いちじる 著しい	อย่างเห็นได้ชัด ヤーングヘンダイチャッ	considerable
いちだんと 一段と	ยิ่งขึ้นไปอีก イングクンパイイーク	even more
いちど 一度	หนึ่งครั้ง ヌングクラング	once
いちどう 一同	ทุกคน トゥックコン	all the persons
いちどに 一度に	ในคราวเดียวกัน ナイクラーゥディアゥカン	at the same time
いちにち 一日	หนึ่งวัน ヌングワン	a[one] day
いちば 市場	ตลาด タラーッ	market place
いちばん 一番	อันดับที่ 1 / หมายเลข 1 アンダップティヌング / マーイレークヌング	the first / No.1
いちぶ 一部	ส่วนหนึ่ง スアンヌング	part
いちぶぶん 一部分	บางส่วน バーングスアン	small part
いちめん 一面	ด้านหนึ่ง ダーンヌング	one side
いちもく 一目	แวบเดียว ウェープディアゥ	look / glance

一時 ➡ 一目　031

日	タイ	英
いちよう 一様	แบบเดียวกัน ベープディアゥカン	uniformity
いちょうやく 胃腸薬	ยาช่วยย่อยอาหาร ヤーチュァイヨーイアーハーン	digestive medicine
いちりつ 一律	เท่า ๆ กัน タゥタゥカン	uniformity / equality
いちりゅう 一流	ชั้นนำ チャンナム	top-ranking / first-class
いちれん 一連	เป็นชุด / ซีรีส์ ペンチュッ / スィーリー	series
いつ	เมื่อไร ムァライ	when
いつう 胃痛	ปวดท้อง プァットーング	stomachache / stomach pains
いっか 一家	ครอบครัว / ทั้งครอบครัว クロープクルァ / タングクロープクルァ	family
いつか	สักวันหนึ่ง サッワンヌング	sometime
いつか 五日	วันที่ห้า ワンティハー	fifth of the month
いっかつ 一括	รวบยอด ルァプヨーッ	one lump sum / collectively
いっき 一気	รวดเดียว ルァッディアゥ	without stopping
いっきょ 一挙	ในคราวเดียว ナイクラーゥディアゥ	at once / in one effort
いっけん 一見	ดูเผิน ๆ ドゥープーンプーン	one look

日	タイ	英
いっさい 一切	ทั้งหมด / ทุกอย่าง タングモッ / トゥクヤーング	everything / all
いっさくじつ 一昨日	เมื่อวานซืน ムァワーンスーン	the day before yesterday
いっさくねん 一昨年	สองปีที่แล้ว ソーングピーティレーゥ	the year before last
いっしゅ 一種	ประเภทหนึ่ง プラペーッヌング	kind / sort / type of
いっしゅうかん 一週間	หนึ่งสัปดาห์ / อาทิตย์ ヌングサッダー / アーティッ	a week
いっしゅん 一瞬	ชั่วพริบตาเดียว チュアプリプターディアゥ	moment
いっしょ 一緒	ด้วยกัน ドゥアイカン	together
いっしょう 一生	ชั่วชีวิต チュアチーウィッ	lifetime
いっしょうけんめい 一生懸命	พยายามอย่างเต็มที่ パヤーヤームヤーングテムティー	dedicated
いっしん 一心	จิตใจมุ่งมั่น チッチャイムングマン	wholeheartedness / one's whole heart
いっせい 一斉	พร้อมเพรียงกัน プロームプリアングカン	all together
いっそ	(ทำ)ดีกว่า (タム) ディークワー	rather / preferably
いっそう 一層	ยิ่งขึ้น インクン	much more
いったい 一体	เป็นหนึ่งเดียว ペンヌングディアゥ	one body / unity

一切 ➡ 一体　033

日	タイ	英
いったい 一帯	พื้นที่ทั้งหมด / ทั่วบริเวณ プーンティータングモッ / トゥアボーリウェーン	whole place / belt
いったん 一旦	(ทำ)ไว้ก่อน (タム) ワイコーン	once
いっち 一致	เห็นพ้อง / เป็นเอกฉันท์ ヘンポーング / ペンエークカチャン	agreement
5つ	5 อัน ハーアン	five
いってい 一定	กำหนดไว้แน่นอน / คงที่ カムノッワイネーノーン / コングティー	fixed / uniform
いつですか?	เมื่อไร ムァライ	When is it?
いつでも	ทุกเมื่อ トゥクムァ	anytime
いつの間にか	เมื่อไรก็ไม่รู้ ムァライコーマイルー	unnoticed
いっぱい 一杯	1 แก้ว ヌングゲーウ	cup of / glass of
いっぱい	อิ่ม イム	fill up
いっぱん 一般	ทั่วไป トゥアパイ	general
いっぱんてき 一般的	โดยทั่วไป ドーイトゥアパイ	generality / universality
いっぽう 一方	ในอีกด้านหนึ่ง ナイイークダーンヌング	one part / one side
いっぽうつうこう 一方通行	วิ่งทางเดียว / วันเวย์ ウィングターングディアゥ / ワンウェー	one-way traffic

日	タイ	英
いっぽうてき 一方的	ฝ่ายเดียว / ด้านเดียว ファーイディアウ / ダーンディアウ	one-side[way]
いつまでも	ตลอดไป トローッパイ	forever
いつも	เสมอ サムー	all the time / always
いてん 移転	การย้ายสถานที่ カーンヤーイサターンティー	change of address
いでん 遺伝	พันธุกรรม パントゥカム	heredity
いと 意図	ความตั้งใจ クワームタングチャイ	intent / purpose
いと 糸	ด้าย ダーイ	yarn / thread
いど 緯度	ละติจูด / เส้นรุ้ง ラティチューッ / センルング	latitude
いど 井戸	บ่อน้ำ ボーナム	water well
いどう 異動	การโยกย้ายตำแหน่ง カーンヨークヤーイタムネング	personnel changing
いどう 移動	การเคลื่อนย้าย カーンクルアンヤーイ	movement / transfer
いとこ	ลูกพี่ลูกน้อง ルークピールークノーング	cousin
いとな 営む	ดำเนิน(ธุรกิจ) ダムヌーン(トゥラキッ)	carry on[out]
いど 挑む	เสี่ยง スィアング	challenge / defy

一方的 ➡ 挑む 035

日	タイ	英
以内（いない）	ภายใน パーィナイ	within
田舎（いなか）	ชนบท チョンナボッ	the country[countryside]
稲作（いなさく）	การปลูกข้าว カーンプルークカーゥ	rice cultivation[crop]
稲光（いなびかり）	สายฟ้าแลบ サーィファーレープ	flash of lightning
犬（いぬ）	สุนัข スナク	dog
稲（いね）	รวงข้าว ルゥワングカーゥ	rice
居眠り（いねむり）	การสัปหงก カーンサプパンゴク	nap / doze
命（いのち）	ชีวิต チーウィッ	life
イノベーション	นวัตกรรม ナワッタカム	innovation
祈り（いのり）	การอธิษฐาน カーンアティッターン	prayer
祈る（いのる）	อธิษฐาน アティッターン	pray
威張る（いばる）	หยิ่งยโส / ทะนงตัว イングヤソー / タノングトゥア	be proud
違反（いはん）	ผิดกฎ / ฝ่าฝืน ピッコッ / ファーフーン	breach / violation
いびき	กรน クロン	snore

日	タイ	英
衣服(いふく)	เสื้อผ้า スァパー	clothes
イベント	การจัดงานกิจกรรม カーンチャッンガーンキッチャカム	event
居間(いま)	ห้องนั่งเล่น ホングナングレン	living room
今(いま)	ตอนนี้ トーンニー	now
忌々しい(いまいましい)	น่าเจ็บใจ / น่ารังเกียจ ナーチェプチャイ / ナーラングキアッ	disgusting / irritating / annoying
今頃(いまごろ)	ป่านนี้ / เวลานี้ パーンニー / ウェーラーニー	now / by now
今さら(いまさら)	ป่านนี้แล้ว パーンニーレーゥ	at this late date
いまだ	ยังเหมือนเดิม ヤングムァンドゥーム	still / yet
今に(いまに)	อีกไม่นาน / ในไม่ช้า イークマイナーン / ナイマイチャー	soon
今にも(いまにも)	เร็ว ๆ นี้ レゥレゥニー	any moment
今まで(いままで)	จนถึงตอนนี้ / ที่ผ่านมา チョントゥングトーンニー / ティーパーンマー	until now
意味(いみ)	ความหมาย クワームマーィ	sense / meaning
移民(いみん)	ผู้อพยพ プーオプパヨプ	emigrant / immigrant
イメージ	ภาพลักษณ์ パープラゥ	image

日	タイ	英
妹（いもうと）	น้องสาว ノーングサーゥ	younger sister
嫌（いや）	น่ารังเกียจ / ไม่เอา ナーランゲキアッ / マイアゥ	do not want / dislike
いや〈感動詞〉	ไม่ マイ	no
嫌々（いやいや）	ท่าทางไม่เต็มใจ ターターングマイテムチャイ	a sign of disapproval
嫌がる（いやがる）	รังเกียจ / ไม่ชอบ ランゲキアッ / マイチョープ	dislike / hate
医薬品（いやくひん）	เวชภัณฑ์ ウェーチャパン	medicine / medicament
卑しい（いやしい）	ต่ำ / ทราม タム / サーム	cheap / mean / vulgar
いやに	มากผิดปกติ マークピッパカティ	oddly / awfully
いやらしい	ทะลึ่ง / ลามก タルング / ラーモク	obscene / nasty
イヤリング	ต่างหูแบบหนีบ ターングフーベープニープ	earring
いよいよ	ในที่สุด / ได้เวลา ナイティースッ / ダイウェーラー	at last / finally
意欲（いよく）	ความกระตือรือร้น クワームクラトゥールーロン	desire / eager
以来（いらい）	นับตั้งแต่ / หลังจากนั้นมา ナプタングテー / ラングチャークナンマー	since then / after that
依頼（いらい）	การขอร้อง / ไหว้วาน カーンコーローング / ワイワーン	ask / request

日	タイ	英
いらいら	กระสับกระส่าย クラサプクラサーィ	irritated
イラスト	ภาพประกอบ パーププラコープ	illustration
いらっしゃい〈挨拶〉	ยินดีต้อนรับ インディートーンラプ	come in / welcome
入口 (いりぐち)	ทางเข้า タ-ングカゥ	entrance
衣料 (いりょう)	เสื้อผ้า スァパー	clothing
医療 (いりょう)	การรักษาพยาบาล カーンラクサーパヤーバーン	heal / medical care
威力 (いりょく)	อิทธิพล / อำนาจ イッティポン / アムナーツ	influence / powerful
居る (いる)	มี / อยู่ ミー / ユー	be / exist
煎る (いる)	คั่ว クァ	parch / roast
要る (いる)	ต้องการ トーングカーン	need / want / necessary
衣類 (いるい)	เสื้อผ้า スァパー	clothing
刺青 (いれずみ)	รอยสัก ローイサッ	tattoo
入れ歯 (いれば)	ฟันปลอม ファンプローム	false teeth / dentures
入れ物 (いれもの)	ภาชนะ / ที่ใส่ パーチャナ / ティーサイ	case / container

いらいら ➡ 入れ物　039

日	タイ	英
入れる	ใส่ サイ	put into / let in
色	สี スィー	color
色々	หลากหลาย ラークラーイ	various / several
異論	ความเห็นต่าง クワームヘンターング	objection
岩	โขดหิน コーッヒン	rock / crag
祝う	ฉลอง チャローング	celebrate
鰯	ปลาซาร์ดีน プラーサーディーン	sardine
言わば	ว่าไปแล้วก็ / อาจเรียกได้ว่า ワーパイレーゥコー / アーッリアクダイワー	as it were / so to speak
いわゆる	ที่เรียกกันว่า ティーリアッカンワー	what is called / what we call
印鑑	ตราประทับ トラープラタプ	signature stamp / seal
陰気	อึมครึม / ขมุกขมัว / ไม่สดใส ウムクルム / カムックカムア / マイソッサイ	gloom / depression
隠居	ปลดเกษียณ / ออกจากราชการ プロッカスィアン / オークチャークラーッチャカーン	retiree / retirement
インク	หมึก ムク	ink
印刷	พิมพ์ / ตีพิมพ์ ピム / ティーピム	print / put to press

日	タイ	英
いんさつぶつ 印刷物	สิ่งพิมพ์ スィングピム	printed matter
いんし 印紙	อากรแสตมป์ アーコーンステーム	stamp
いんしょう 印象	ความประทับใจ クワームプラタプチャイ	impression
インスタント	ทันทีทันใด タンティータンダイ	instant
インスタント ラーメン	บะหมี่กึ่งสำเร็จรูป バミークングサムレッルーブ	instant ramen noodles
インストール	การติดตั้ง カーンティッタング	installation
いんそつ 引率	การนำทาง カーンナムターング	leading / commanding
インターチェンジ	จุดเชื่อมต่อการเดินทาง チュッチュアムトーカーンドゥーンターング	interchange
インターナショナル	นานาชาติ / สากล ナーナーチャーッ / サーコン	international
インターネット	อินเทอร์เน็ต インターネッ	Internet
インターネット カフェ	ร้านอินเทอร์เน็ตคาเฟ่ ラーンインターネッカフェー	Internet café
インターホン	อุปกรณ์สื่อสารภายใน ウプパコーンスーサーンパーイナイ	interphone
いんたい 引退	การออกจากวงการ カーンオークチャークウォングカーン	leave / retirement
インタビュー	สัมภาษณ์ サムパーッ	interview

い

印刷物 ➡ インタビュー 041

い

日	タイ	英
インテリ	มีสติปัญญา ミーサティパンヤー	intellectual
インテリア	การตกแต่งภายใน カーントㇰテンㇰ゙パーイナイ	interior
インド	อินเดีย インディア	India
インドシナ半島(はんとう)	คาบสมุทรอินโดจีน カーㇷ゚サムッインドーチーン	the Indochina Peninsula
インド人(じん)	ชาวอินเดีย チャーウインディア	Indian
インドネシア	อินโดนีเซีย インドーニースィア	Indonesia
インドネシア語(ご)	ภาษาอินโดนีเซีย パーサーインドーニースィア	Indonesian
インドネシア人(じん)	ชาวอินโดนีเซีย チャーウインドーニースィア	Indonesian
インド洋(よう)	มหาสมุทรอินเดีย マハーサムッインディア	the Indian Ocean
因縁(いんねん)	พรหมลิขิต プロムリキッ	fate / connection
インフォメーション	ข้อมูลข่าวสาร コームーンカーウサーン	information
インフルエンザ	ไข้หวัดใหญ่ カイワッヤイ	influenza / flu
インフレーション	เงินเฟ้อ ングンフー	inflation
陰謀(いんぼう)	การวางแผนชั่วร้าย / สมคบคิด カーンワーンㇰ゙ペーンチュアラーイ / ソムコㇷ゚キッ	plot / conspiracy

日	タイ	英
いんよう 引用	การอ้างอิงคำพูดหรือข้อเขียน カーンアーングイングカムプーッルーコーキーアン	cite / quotation
いんりょうすい 飲料水	น้ำดื่ม ナムドゥーム	drinking[portable] water
いんりょく 引力	แรงดึงดูด レーングドゥングドゥーッ	gravitation / attractive force

▼ う, ウ

ウイスキー	วิสกี้ ウィサキー	whisky
ウイルス	ไวรัส ワイラッ	virus
ウール	ขนสัตว์ コンサッ	wool / woolens
うえ 上	บน ボン	upper / top / superior / excellent
ウエイター	พนักงานเสิร์ฟ パナクンガーンスープ	waiter
ウエイトレス	สาวเสิร์ฟ サーウスーフ	waitress
うえき 植木	ต้นไม้กระถาง トンマイクラターング	garden plant[tree] / potted plant
ウェブサイト	เว็บไซต์ ウェブサイ	website
う 飢える	อดอยาก / กระหาย オッヤーク / クラハーイ	starve / be hungry
う 植える	ปลูก(ต้นไม้) プルーク(トンマイ)	set / plant

引用 ➡ 植える　　043

日	タイ	英
う かい 迂回	ทางอ้อม ターングオーム	detour
うがい	กลั้วคอ / บ้วนปาก クルァコー / ブァンパーク	gargling
うがい 薬	ยากลั้วคอ ヤークルァコー	mouth wash / throat washing
うかが 伺う	เยี่ยม / ถาม / ไปพบ イアム / ターム / パイポブ	visit / ask / tell
うか 浮ぶ	ลอย / ผุดขึ้น ローイ / プッグン	float / come to mind
う 受かる	สอบผ่าน ソーブパーン	get through / pass
う き 雨季	ฤดูฝน ルドゥーフォン	the rainy season
う 浮く	ลอย / เผยอ ローイ / パユアー	float
う い 受け入れ	การรับเข้ามา カーンラブカゥマー	receipt / taking in
う い 受け入れる	รับเข้ามา ラブカゥマー	accept / take
う つ 受け継ぐ	รับช่วงต่อ ラブチュアングトー	take over / inherit / succeed
うけつけ 受付	โต๊ะประชาสัมพันธ์ トプラチャーサムパン	reception / reception[information] desk
う つ 受け付ける	รับสมัคร / รับเข้ามา ラブサマク / ラブカゥマー	accept / receipt
う と 受け止める	น้อมรับ ノームラブ	grasp / handle

044　迂回 ➡ 受け止める

日	タイ	英
受取（うけとり）	ได้รับ ダイラプ	receipt
受け身（うけみ）	เป็นฝ่ายตั้งรับ ペンファーイタングラプ	defensive fall / passiveness
受け持ち（うけもち）	การรับหน้าที่ カーンラプナーティー	in one's charge
受け持つ（うけもつ）	รับหน้าที่ ラプナーティー	manipulate / take charge of
受ける（うける）	รับ ラプ	catch / accept
動かす（うごかす）	เคลื่อนย้าย クルアンヤーイ	move / swing / operate
動き（うごき）	การเคลื่อนย้าย / การเคลื่อนไหว カーンクルアンヤーイ / カーンクルアンワイ	movement / action
動く（うごく）	เคลื่อนไหว / เคลื่อนที่ クルアンワイ / クルアンティー	move / operate
兎（うさぎ）	กระต่าย クラターイ	rabbit
胡散臭い（うさんくさい）	ไม่น่าไว้ใจ マイナーワイチャイ	suspicious
失う（うしなう）	สูญเสีย スーンスィア	lose / miss
後ろ（うしろ）	ข้างหลัง カーングラング	the back / the rear
渦（うず）	น้ำวน ナムウォン	whirlpool / swirl / spiral
薄い（うすい）	บาง / อ่อน バーング / オーン	thin / weak

う

日	タイ	英
薄暗い（うすぐらい）	ทึม ๆ / มืด ๆ トゥムトゥム / ムートムート	dim / dark / gloomy
薄める（うすめる）	ทำให้เจือจาง タムハイチュアチャーング	water down / dilute
埋める（うめる）	ฝัง / กลบ ファング / クロプ	cover / bury
嘘（うそ）	เรื่องโกหก ルアングコーホク	lie / untruth
嘘つき（うそつき）	คนโกหก / ขี้โกหก コンコーホク / キーコーホク	liar
歌（うた）	เพลง プレーング	song
歌う（うたう）	ร้อง(เพลง) ローング(プレーング)	sing
疑う（うたがう）	กังขา / สงสัย カングカー / ソンサイ	doubt / suspect / question / wonder
うたた寝（うたたね）	งีบหลับ / หลับนก ンギープラプ / ラプノク	nap / doze
内（うち）	ภายใน / ข้างใน パーイナイ / カーングナイ	inside / interior
打ち明ける（うちあける）	เผยความลับในใจ プーイクワームラプナイチャイ	confide / confess / profess / disclose
打ち合わせ（うちあわせ）	การประชุมเตรียมงาน カーンプラチュムトリアムンガーン	discussions / prior arrangements
打ち合わせる（うちあわせる）	หารือกันล่วงหน้า ハールーカンルアングナー	arrange beforehand
内側（うちがわ）	ภายใน / ข้างใน パーイナイ / カーングナイ	the inside

日	タイ	英
打ち切る	ล้มเลิกกลางคัน ロムルーックグラーングカン	finish / break off
打ち消し	การปฏิเสธ / โต้แย้ง カーンパティセーッ / トーイェーング	denial / negation
打ち消す	ปฏิเสธ / โต้แย้ง パティセーッ / トーイェーング	deny / contradict
打ち込む	ทุ่มเท トゥムテー	drive in / throw oneself into (work)
宇宙	อวกาศ アワカーッ	universe / space
うちわ	พัด(แบบไม่คลี่) パッ (ベープマイクリー)	fan / Japanese paper fan
内訳	การแจกแจงบัญชี カーンチェークチェーングバンチー	breakdown / the details
打つ	ตอก / พิมพ์ トーク / ピム	hit / beat / type
討つ	ปราบ / ทำลาย プラープ / タムラーイ	attack / assault / defeat / destroy / strike
撃つ	ยิง イング	shoot / take a shot
うっかり	เผลอ / ไม่ทันระวัง プルー / マイタンラワング	carelessly / thoughtlessly / in spite of oneself
美しい	สวย スアイ	beautiful / attractive
写し	สำเนา サムナウ	copy / transcript
移す	ย้ายไป / โอนไป ヤーイパイ / オーンパイ	move / transfer

打ち切る ➡ 移す　047

日	タイ	英
うつ 写す	ถ่าย ターイ	copy / make[take] a copy / duplicate
うつ 映す	ฉายให้ปรากฏ チャーイハイプラーコッ	reflect / mirror / project
うった 訴える	ฟ้องร้อง フォーングローング	appeal / claim
うっとうしい	หดหู่ / ห่อเหี่ยว ホッフー / ホーヒアゥ	gloomy / depressing / irritating
ぶ うつ伏せ	นอนคว่ำ ノーンクワム	face down / lie on one's stomach[face]
うつむく	ก้มหน้า コムナー	look down / hang one's head
うつ 移る	ย้าย ヤーイ	move / transfer
うつ 写る	(ภาพ)ถ่ายออกมา (パープ) ターイオークマー	be taken / come out
うつ 映る	สะท้อนให้เห็น サトーンハイヘン	be reflected / be mirrored
うつろ	หลุม / โพรง ルム / プローング	vacant / hollow / cavity
うつわ 器	ชาม / ภาชนะ チャーム / パーチャナ	bowl / container
うで 腕	แขน ケーン	arm
うで ど けい 腕時計	นาฬิกาข้อมือ ナーリカーコームー	watch
うでまえ 腕前	ฝีมือ フィームー	ability / skill

う

日	タイ	英
雨天 (うてん)	ฟ้าฝน / ฝนตก ファーフォン / フォントク	rainy weather / rain
うどん	อุด้ง ウドング	udon / thick white noodles
促す (うながす)	กระตุ้น / เสนอแนะ クラトゥン / サヌーネ	urge / call upon
鰻 (うなぎ)	ปลาไหล プラーライ	eel
頷く (うなずく)	พยักหน้า / รับทราบ パヤクナー / ラプサーブ	nod / approval
唸る (うなる)	คำราม カムラーム	groan / buzz / howl
うぬぼれ	การหลงตัวเอง カーンロングトゥアエーング	self-conceit / vanity
奪う (うばう)	แย่งเอาไป / ช่วงชิง イェーングアウパイ / チュアングチング	snatch / steal on the sly
馬 (うま)	ม้า マー	horse
埋まる (うまる)	ฝัง / จม / กลบ ファング / チョム / クロブ	be filled up[packed, buried]
生まれ (うまれ)	การเกิด / ต้นกำเนิด カーンクーッ / トンガムヌーッ	birth / origin
生まれつき (うまれつき)	บุคลิกติดตัวมาแต่เกิด ブッカリクティットゥアマーテークーッ	one's nature / by nature
生まれる (うまれる)	เกิด クーッ	be born
海 (うみ)	ทะเล / มหาสมุทร タレー / マハーサムッ	sea / ocean

雨天 ➡ 海　049

日	タイ	英
産む（う）	ให้กำเนิด ハイカㇺヌーッ	give birth to
有無（うむ）	มีหรือไม่มี ミールーマイミー	presence or absence
梅（うめ）	ต้นบ๊วย トンブァイ	Japanese apricot or plum / ume tree
埋め込む（うめこ）	ปักลงไป / ฝังเข้าไป パㇰロングパイ / ファングカゥパイ	fill up / implant
梅干し（うめぼ）	บ๊วยเค็ม / บ๊วยดอง ブァイケㇺ / ブァイドーング	pickled ume[plum]
埋める（う）	ฝัง ファング	bury / plant
敬う（うやま）	เคารพนับถือ カゥロㇷ゚ナㇷ゚トゥー	show respect / esteem
裏（うら）	ด้านหลัง ダーンラング	the reverse side
裏返し（うらがえ）	การพลิกด้าน/กลับด้าน カーンプリㇰダーン / クラㇷ゚ダーン	inside out / upside down
裏返す（うらがえ）	พลิกด้าน / กลับด้าน プリㇰダーン / クラㇷ゚ダーン	turn over / turn inside out
裏切る（うらぎ）	หักหลัง / ทรยศ ハㇰラング / トーラヨッ	betray / let *sb* down
裏口（うらぐち）	ทางออกด้านหลัง / ทุจริต ターングオーㇰダーンラング / トゥチャリッ	back door / back entrance
占い（うらな）	การทำนาย カーンタㇺナーイ	fortune-telling
占う（うらな）	ทำนาย タㇺナーイ	tell *sb's* fortune

日	タイ	英
恨(うら)み	ความเจ็บแค้น / ชิงชัง クワームチェㇷ゚ケーン / チンㇰ゙チャンㇰ゙	bitter feeling / hate / enmity
恨(うら)む	เจ็บแค้น / ชิงชัง チェㇷ゚ケーン / チンㇰ゙チャンㇰ゙	have a grudge (against) / resent
裏面(うらめん)	ด้านหลัง ダーンランㇰ゙	the back / the reverse
羨(うらや)ましい	น่าอิจฉา ナーイッチャー	envious / enviable
羨(うらや)む	รู้สึกอิจฉา ルースㇰイッチャー	envy / feel envy
売(う)り上(あ)げ	ยอดขาย ヨーㇳカーィ	proceeds
売(う)り切(き)れ	การขายหมด / ของหมด カーンカーィモッ / コーンㇰ゙モッ	sold out
売(う)り切(き)れる	ขายหมด カーィモッ	be sold out / be out of stock
売(う)り出(だ)し	การวางขาย / ขายลดราคา カーンワーンㇰ゙カーィ / カーィロッラーカー	bargain sale / (put) on the market
売(う)り出(だ)す	วางขาย / ขายถูกในโอกาสพิเศษ ワーンㇰ゙カーィ / カーィトゥーㇰナイオーカーッピセーッ	put *sth* on the market
売(う)り手(て)	ผู้ขาย プーカーィ	seller
売(う)り場(ば)	สถานที่ขายสินค้า サターンティーカーィスィンカー	selling place / counter / shop
売(う)る	ขาย カーィ	sale / trade
潤(うるお)う	ชุ่มชื้น チュムチューン	become wet / be moistened / get moisted

う

日	タイ	英
うるさい	หนวกหู / น่ารำคาญ ヌアクフー / ナーラムカーン	noisy / troublesome / annoying
うれ 嬉しい	ดีใจ / มีความสุข / ยินดี ディーチャイ / ミークワームスク / インディー	joy / glad / happy
う ゆ 売れ行き	การค้า カーンカー	sales
う 売れる	ขายออก / ขายได้ カーイオーク / カーイダイ	become famous / be in demand
うろうろ	ป้วนเปี้ยน / ด้อม ๆ มอง ๆ プアンピアン / ドムドムモーングモーング	go[hang] around / wander
うわ き 浮気	นอกใจ / เจ้าชู้ ノークチャイ / チャウチュー	capriciousness / fickleness
うわ ぎ 上着	เสื้อโค้ท / เสื้อนอก スアコーッ / スアノーク	coat / jacket
うわさ 噂	เสียงเล่าลือ / ข่าวลือ スィアングラウルー / カーウルー	rumor / gossip
うわまわ 上回る	เกิน / มากกว่า / เหนือกว่า クーン / マーククワー / ヌアクワー	exceed / surpass
う 植わる	มีปลูกไว้ / ถูกปลูก ミープルークワイ / トゥークプルーク	be planted
うん 運	โชคชะตา チョークチャター	fortune / luck
うんえい 運営	การจัดการ カーンチャッカーン	operate / management
うん が 運河	คลอง / ทางน้ำ クローング / ターングナム	canal / waterway
うんざり	เอือมระอา / เหนื่อยหน่าย ウァムラアー / ヌァイナーイ	be sick of / fatigue / feel disgusted

052 うるさい ➡ うんざり

日	タイ	英
運送(うんそう)	การขนส่ง(สินค้า) カーンコンソング（スインカー）	transport / ship / convey
運送会社(うんそうがいしゃ)	บริษัทขนส่ง ボーリサッコンソング	transportation company
運賃(うんちん)	ค่าโดยสาร / ค่าขนส่ง カードーイサーン / カーコンソング	fare
運転(うんてん)	การขับรถ カーンカプロッ	drive / run / operate
運転手(うんてんしゅ)	คนขับรถ コンカプロッ	driver / motorist
運転免許証(うんてんめんきょしょう)	ใบขับขี่ バイカプキー	driver's license
運動(うんどう)	การออกกำลังกาย カーンオークカムラングカーイ	work out / exercise / physical training
運搬(うんぱん)	การขนย้าย カーンコンヤーイ	transport(ation) / conveyance
運命(うんめい)	วาสนา / โชคชะตา ワーッサナー / チョークチャター	destiny / fortune
運輸(うんゆ)	การขนส่ง カーンコンソング	transportation / traffic
運用(うんよう)	การนำมาใช้ในทางปฏิบัติ カーンナムマーチャイナイターングパティバッ	management / practiced use

▼え，エ

絵(え)	รูปวาด ルーブワーッ	picture / painting / drawing
エアコン	เครื่องปรับอากาศ クルアングプラブアーカーッ	air conditioner

日	タイ	英
エアメール	ไปรษณีย์อากาศ プライサニーアーカーツ	airmail
えいえん 永遠	นิรันดร์ / ตลอดกาล ニランツ / トローッカーン	eternity / forever
えいが 映画	ภาพยนตร์ パープパヨン	movie / film
えいがかん 映画館	โรงภาพยนตร์ ローンケパープパヨン	cinema / movie theater
えいきゅう 永久	ถาวร / ตลอดกาล ターウォン / トローッカーン	eternal / eternity
えいきょう 影響	อิทธิพล イッティポン	influence
えいぎょう 営業	การดำเนินธุรกิจ / การค้า カーンダムヌーントゥラキッ / カーンカー	business / sales
えいぎょうちゅう 営業中	เปิดทำการ プーッタムカーン	be open
えいぎょうび 営業日	วันทำการ ワンタムカーン	business[work] day
えいご 英語	ภาษาอังกฤษ パーサーアングクリッ	English
えいじ 英字	ตัวอักษรภาษาอังกฤษ トゥアアクソーンパーサーアングクリッ	English letter
えいじしんぶん 英字新聞	หนังสือพิมพ์ภาษาอังกฤษ ナングスーピムパーサーアングクリッ	English newspaper
えいしゃ 映写	การฉายภาพยนตร์ カーンチャーイパープパヨン	projection / screening
エイズ	โรคเอดส์ ロークエーッ	AIDS

日	タイ	英
えいせい 衛星	ดาวเทียม ダーウティアム	satellite
えいせい 衛生	อนามัย アナーマイ	sterile / hygiene
えいせいほうそう 衛星放送	การถ่ายทอดผ่านดาวเทียม カーンターイトーッパーンダーウティアム	satellite broadcasting
えいぞう 映像	ภาพ / ฉาก パーブ / チャーク	image / screen
えいぶん 英文	วรรณคดีอังกฤษ / (เขียนเป็น)ภาษาอังกฤษ ワンナカディーアングクリッ / (キャンペン) パーサーアングクリッ	English literature / (write in) English
えいゆう 英雄	วีรบุรุษ ウィーラブルッ	hero
えいよう 栄養	คุณค่าทางโภชนาการ クンカーターングポーチャナカーン	food / nutrition
えいわ 英和	อังกฤษ-ญี่ปุ่น アングクリッ - イーブン	English to Japanese
えがお 笑顔	ใบหน้ายิ้มแย้ม バイナーイムイエーム	smiling face / smile
えがく 描く	วาด(รูป) ワーッ (ループ)	draw / paint
えき 駅	สถานี サターニー	station / terminal
エキス	สารสกัด サーンサカッ	extract
エキストラベッド	เตียงเสริม ティアングサーム	extra bed
えきたい 液体	ของเหลว コーングレウ	fluid / liquid

衛星 ➡ 液体　055

日	タイ	英
エゴイスト	ผู้เห็นแก่ตัว / ผู้ทะนงตัว プーヘンケートゥア / プータノングトゥア	egoist
エコノミークラス	ชั้นประหยัด チャンプラヤッ	economy class
エコロジー	นิเวศวิทยา ニウェーッウイッタヤー	ecology
餌	อาหารสัตว์ / เหยื่อล่อ アーハーンサッ / ユアロー	feed
エスカレーター	บันไดเลื่อน バンダイルアン	escalator
エステサロン	ร้านเสริมสวย ラーンスームスアイ	beauty salon
エステティシャン	ช่างเสริมสวย チャーングスームスアイ	aesthetician
枝	กิ่ง / ก้าน キング / カーン	branch
エチケット	กิริยามารยาท キリヤーマーラヤーッ	manners / etiquette
えっ〈感動詞〉	หือ? フー	what / huh
閲覧	การอ่านค้นคว้า カーンアーンコンクワー	reading
エネルギー	พลังงาน パラングンガーン	energy / power
絵の具	สีวาดเขียน スィーワーッキアン	paint / colors
絵はがき	โปสการ์ดภาพ ポーッスカーッパープ	picture postcard

日	タイ	英
海老（えび）	กุ้ง クング	shrimp / lobster
エプロン	ผ้ากันเปื้อน パーカンプァン	apron
絵本（えほん）	หนังสือรูปภาพ ナングスールーブパーブ	picture book
獲物（えもの）	สัตว์ที่ล่าได้ / สิ่งที่ปล้นมา サッティーラーダイ / スィングティーブロンマー	spoils / trophy
偉い（えらい）	ยิ่งใหญ่ イングヤイ	excellent / great
選ぶ（えらぶ）	เลือก ルアク	select / choose
襟（えり）	คอปกเสื้อ コーポクスア	collar / neck
エリート	ปัญญาชน パンヤーチョン	the elite
得る（える）	ได้รับ ダイラブ	get / gain / obtain
エレガント	สง่างาม サガーンガーム	elegant / decent
エレベーター	ลิฟต์ リブ	lift / elevator
円（えん）	เงินเยน / วงกลม ングンイェン / ウォングクロム	yen / round / circle
園（えん）	สวน スァン	plantation / garden
縁（えん）	สายสัมพันธ์ / โชควาสนา サーイサムパン / チョークワーッサナー	relationship / destiny

海老 ➡ 縁　　057

日	タイ	英
えんかい 宴会	งานเลี้ยง ンガーンリアング	feast / dinner party
えんかつ 円滑	ราบรื่น / ปรองดอง ラープルーン / プローングドーング	smoothly / peaceful
えんがわ 縁側	เฉลียงไม้กระดานบ้านแบบญี่ปุ่น チャリアングマイクラダーンバーンベープイープン	porch / veranda
えんがん 沿岸	ชายฝั่ง チャーイファング	shore / coast
えんぎ 演技	ฝีมือการแสดง / เสแสร้ง フィームーカーンサデーング / セーセーング	act / stage / pretend
えんきょく 婉曲	การพูดอ้อม ๆ / เลี่ยงไปใช้คำอื่น カーンプーッオームオーム / リアングパイチャイカムウーン	indirectly / roundabout
えんげい 園芸	การปลูกต้นไม้ カーンプルークトンマイ	gardening
えんげき 演劇	การแสดงละคร カーンサデーングラコーン	performance / drama / play
えんし 遠視	สายตายาว サーイターヤーウ	farsightedness / long-sightedness
エンジニア	วิศวกร ウィッサワコーン	engineer
えんしゅう 円周	เส้นรอบวง センロープウォング	circumference
えんしゅう 演習	การฝึกซ้อม / สัมมนา カーンフクソーム / サンマナー	exercise / seminar
えんしゅつ 演出	การอำนวยการสร้าง カーンアムヌアイカーンサーング	direction / production
えんじょ 援助	ความช่วยเหลือ クワームチュアイルア	assistance / support

日	タイ	英
炎症 (えんしょう)	การอักเสบ / การติดเชื้อ カーンアクセープ / カーンティッチュア	inflammation
演じる (えんじる)	แสดงละคร サデーングラコーン	act / play / perform
エンジン	เครื่องยนต์ クルアングヨン	motor / engine
演説 (えんぜつ)	การปราศรัย / การแสดงปาฐกถา カーンプラーサイ / カーンサデーングパートゥクター	speech / public lecture
演奏 (えんそう)	การบรรเลงดนตรี カーンバンレングドントゥリー	performance / recital
遠足 (えんそく)	การไปทัศนศึกษา カーンパイタサナスックサー	field trip
縁談 (えんだん)	การทาบทามสู่ขอ カーンタープタームスーコー	a marriage proposal
延長 (えんちょう)	การต่อ(เวลา) / ขยาย カーントー (ウェーラー) / カヤーイ	extension / continuation
えんどう豆 (えんどうまめ)	ถั่วลันเตา トゥアランタウ	pea / green pea
煙突 (えんとつ)	ปล่องไฟ プロングファイ	chimney / smokestack
鉛筆 (えんぴつ)	ดินสอ ディンソー	pencil
遠方 (えんぽう)	แดนไกล デーンクライ	faraway / distance
円満 (えんまん)	ความกลมเกลียว / ปรองดอง クワームクロムクリアウ / プロングドング	harmonious / peaceful
遠慮 (えんりょ)	ความเกรงใจ クワームクレーングチャイ	reserve / consideration

| 日 | タイ | 英 |

▼ お，オ

尾	หาง ハーング	tail
甥	หลานชาย(ลูกพี่ / ลูกน้อง) ラーンチャイ (ルークピー / ルークノーング)	nephew
追い掛ける	ไล่กวด / ไล่ตามกัน ライクワッ / ライタームカン	pursue / follow
追い越す	แซงขึ้นหน้า セーングクンナー	outrun / surpass
追い込む	ไล่ต้อนเข้าไป / ไล่ให้จนตรอก ライトーンカゥパイ / ライハイチョントローク	corner / drive into
おいしい	อร่อย アロイ	delicious / tasty / good
追い出す	ไล่ออก / ขับออก ライオーク / カブオーク	expel / get rid of
追い付く	ไล่ทัน / กวดทัน ライタン / クアッタン	catch up with
お出で	มานี่(สุภาพ) マーニー (スパープ)	an honorific word for come
オイル	น้ำมัน ナムマン	oil / petroleum
老いる	แก่ตัวลง / แก่เฒ่า ケートゥアロング / ケータゥ	grow old / dote
王	พระราชา / เจ้า プララーチャー / チャゥ	king / royal
追う	ไล่ตาม / ไล่กวด ライターム / ライクワッ	follow / pursue

日	タイ	英
負う	แบกรับภาระ ベークラプパーラ	bear / carry *sth* on one's back
応援	การให้กำลังใจ / เชียร์ カーンハイカムランクチャイ / チア	aid / assistance / support
応急	เป็นการฉุกเฉิน ペンカーンチュクチューン	emergency provisions
王宮	พระราชวัง プララーッチャワング	royal palace
応急手当	การปฐมพยาบาล カーンパトムパヤーバーン	first aid
黄金	ทองคำ トーングカム	gold
応札	การเสนอซื้อ カーンサヌースー	bid
王様	ราชา / กษัตริย์ ラーチャー / カサッ	king / magnate
王子	เจ้าชาย チャウチャーイ	prince
王女	เจ้าหญิง チャウイング	princess
応じる	ตอบรับ トーラプ	answer / deal with
往診	การไปตรวจคนไข้ที่บ้าน カーンパイトルアッコンカイティーバーン	house call / home visit by a doctor
応接	การต้อนรับแขก カーントーンラプケーク	receive a guest
応対	การรับ(แขก / โทรศัพท์) カーンラブ (ケーク / トーラサプ)	reception / accept / meeting

負う ➡ 応対　061

日	タイ	英
おうだん 横断	การตัดขวาง / ข้าม カーンタックワーング / カーム	cross / pass over
おうだんほどう 横断歩道	ทางม้าลาย / ทางข้าม ターングマーラーイ / ターングカーム	pedestrian crossing
おうふく 往復	ไปกลับ パイクラップ	round trip
おうふくきっぷ 往復切符	ตั๋วไปกลับ トゥアパイクラプ	round-trip ticket
おうべい 欧米	ยุโรปและอเมริกา ユーロプレアメーリカー	Europe and America
おうぼ 応募	การสมัคร カーンサマッ	subscription / application
おうよう 応用	การประยุกต์ใช้ カーンプラユックチャイ	application / practical use
お 終える	จบ / เสร็จสิ้น チョプ / セッスィン	finish / complete
おお 多い	มากมาย マークマーイ	lots of / many / plenty of
おお 大いに	อย่างมาก / อย่างยิ่ง ヤーングマーク / ヤーングイング	very / largely / greatly
おお 覆う	หุ้ม / ปกคลุม フム / ポックルム	cover / hide / put *sth* over
おおかた 大方	ส่วนใหญ่ / คนส่วนใหญ่ スァンヤイ / コンスァンヤイ	majority / probably
おおがら 大柄	ใหญ่โต ヤイトー	largely / of large build
おお 大きい	ยิ่งใหญ่ / โต イングヤイ / トー	great / big / magnanimous

日	タイ	英
大きさ	ขนาด カナート	size
多く	ส่วนใหญ่ / โดยมาก スァンヤイ / ドーイマーク	many / a lot of[lots of]
オーケー	โอเค / ตกลง オーケー / トゥロング	ok / all right
大げさ	พูดเกินจริง / โอเว่อร์ プードクーンチング / オーワー	exaggerated / overblown
オーケストラ	ออร์เคสตรา オーケーッサトラー	orchestra
大ざっぱ	คร่าว ๆ / หยาบ ๆ クラーウクラーウ / ヤーブヤーブ	rough / crude
大筋	เรื่องย่อ / โครงเรื่อง ルァングヨー / クローングルァング	synopsis / outline
オーストラリア	ออสเตรเลีย オーストレーリア	Australia
オーストラリア人	ชาวออสเตรเลีย チャーウオーストレーリア	Australian
大勢	(คน)จำนวนมาก (コン) チャムヌァンマーク	many people / crowd
大空	ท้องฟ้ากว้างใหญ่ トーングファークワーングヤイ	the open sky
大通り	ถนนสายหลัก タノンサーイラク	avenue / main street / boulevard
オートバイ	รถจักรยานยนต์ / มอเตอร์ไซค์ ロッチャクラヤーンヨン / モーターサイ	motor bicycle
オートマチック	อัตโนมัติ アットノーマッ	automatic

大きさ ➡ オートマチック　063

日	タイ	英
オートメーション	ระบบอัตโนมัติ ラボブアットノーマッ	automation
オートロック	ระบบล็อกอัตโนมัติ ラボブロクアットノーマッ	auto-lock / self-locking
オーナー	เจ้าของ チャウコーング	owner
オーバーコート	เสื้อโค้ท スァコーッ	overcoat / coat
オーバーする	เกินความจริง / เว่อร์ クーンクワームチング / ワー	go over / exceed
オーバーヒート	ร้อนเกินไป ローンクーンパイ	overheat
大幅に	อย่างใหญ่หลวง ヤーングヤイルアング	drastically
オープニング	เปิดกิจการ ブーッキッチャカーン	opening
オープン	เปิด / เปิดเผย ブーッ / ブーップーィ	frankness / convertible
大まか	คร่าว ๆ / หยาบ ๆ クラーゥクラーゥ / ヤープヤープ	roughly / general / approximate
大文字	ตัวพิมพ์ใหญ่ トゥアピムヤイ	capital letter
大家	เจ้าของบ้านเช่า チャウコーングバーンチャウ	landlord
公	ของส่วนกลาง コーングスアンクラーング	public / official
おおよそ	ประมาณ / คร่าว ๆ プラマーン / クラーゥクラーゥ	about / roughly

日	タイ	英
丘（おか）	เนิน ヌーン	hill / hillock
お陰（おかげ）	ความช่วยเหลือ クワームチュアイルア	benefit / gratitude
おかしい	แปลก ๆ / พิลึก プレークプレーク / ピルク	funny / ridiculous / amusing
侵す（おかす）	ล่วงล้ำ / บุกรุก ルアングラム / ブクルク	invade / encroach
犯す（おかす）	ก่อ(อาชญากรรม) / ฝ่าฝืน コー（アーッチャヤーカム）/ ファーフーン	commit a crime / violate
おかず	กับข้าว カブカーウ	side dish
お構いなく（おかまいなく）	ไม่ต้องลำบาก / ตามสบาย マイトーングラムバーク / タームサバーイ	don't go to any trouble / don't bother
拝む（おがむ）	ภาวนา / พนมมือไหว้ パーワナー / パノムムーワイ	pray
おかわり	เติม(อาหาร)อีก トゥーム（アーハーン）イーク	seconds / refill
沖（おき）	ทะเลบริเวณที่ใกล้ชายฝั่ง タレーボーリウェーンティークライチャーイファング	offshore
補う（おぎなう）	เสริม / ชดเชย スゥーム / チョッチューイ	cover / make up for / compensate
起さる（おきさる）	เกิดขึ้น / ตื่น クークン / トゥーン	happen / occur / wake up
奥（おく）	ลึกเข้าไป / ข้างในสุด ルクカウパイ / カーングナイスッ	the interior
億（おく）	ร้อยล้าน ローイラーン	a hundred million

丘 ➡ 億　065

日	タイ	英
置く	วาง ワーング	put / set / put *sb* in
屋外（おくがい）	กลางแจ้ง クラーングチェーング	outdoors
屋上（おくじょう）	ดาดฟ้า ダーッファー	rooftop
臆病（おくびょう）	ขี้ขลาด キークラーッ	cowardliness / timidity
遅らせる	เลื่อนเวลาออกไป ルアンウェーラーオークパイ	postpone / defer / delay
送り先	ที่อยู่ของผู้รับ ティーユーコーングプーラップ	address / destination
贈り物	ของขวัญ コーングクワン	gift
送る	ส่ง ソング	send
贈る	ให้เป็นของขวัญ ハイペンコーングクワン	give / present
遅れ	สาย / เลื่อนออกไป サーイ / ルアンオークパイ	being delayed / postpone
遅れる	ไม่ทัน(เวลา) / สาย マイタン（ウェーラー）/ サーイ	slow / be late
起こす	ก่อให้เกิด / ปลุก コーハイクーッ / プルク	raise / set up / cause / wake *sb* up
厳か（おごそか）	เคร่งครัด / มีพิธีรีตองมาก クレングクラッ / ミーピティーリートーングマーク	grave / dignified
怠る（おこたる）	ละเลย / เพิกเฉยต่อหน้าที่ ラルーイ / プークチューイトーナーティー	neglect / be remiss

日	タイ	英
怒った (おこ)	โกรธ クローッ	angry
行い (おこな)	การกระทำ カーンクラタム	act / action
行う (おこな)	กระทำ / ดำเนินการ クラタム / ダムヌーンカーン	do / perform / conduct
起こる (お)	เกิดขึ้น クーックン	happen / occur
怒る (おこ)	โกรธ クローッ	be angry
奢る (おご)	เลี้ยงอาหาร リアンゲアーハーン	live in luxury / treat *sb* to
押さえる (お)	จับจ้องไว้ / ระงับอารมณ์ チャプチョンゲワイ / ランガプアーロム	hold *sth* down / press *sth* down
抑える (おさ)	กด / ระงับ コッ / ランガプ	hold in / keep down / suppress / restrain
幼い (おさな)	อ่อนเยาว์ オーンヤゥ	childish / very young / immature
収まる (おさ)	สงบลง / เข้ารูปเข้ารอย サンゴプロンゲ / カウループカウローイ	calm down / relax
治まる (おさ)	สงบเรียบร้อย / บรรเทาลง リンゴプリアプロ[illegible]イ / バンタウロンゲ	become peaceful / be at peace / subside
収める (おさ)	เก็บไว้ / รับไว้ / บรรจุไว้ ケプワイ / ラップワイ / バンチュワイ	get / obtain / put in
治める (おさ)	ปกครอง / ควบคุม ポッククローンゲ / クワプクム	rule / control / govern
おじ	ลุง(ของตน) ルンゲ（コーンゲトン）	uncle

お

日	タイ	英
惜しい	เสียดาย / น่าเสียดาย スィアダーイ / ナースィアダーイ	unfortunate / close
おじいさん	คุณปู่ / คุณตา クンプー / クンター	grandfather
押入れ	ตู้เก็บของติดข้างฝา トゥーケプコーングティッカーングファー	closet
教え	คำสอน カムソーン	teaching / instruction
教える	สอน ソーン	teach / educate
お辞儀	การโค้งคำนับ カーンコーングカムナプ	bow / make a bow
押し切る	ดึงดันเอาชนะ / หักคอ / ฝืน ドゥングダンアウチャナ / ハクコー / フーン	overcome / push past
押し込む	ยัดเข้า ヤッカウ	thrust / squeeze / push
惜しむ	เสียดาย / อาวรณ์ スィアダーイ / アーウォン	regret
おしゃべり	การพูด / คุยเรื่องสัพเพเหระ カーンプーッ / クイルアングサプペーヘーラ	chat / nonstop talker
おしゃれ	รักสวยรักงาม / ชอบแต่งตัว ラクスアイラクンガーム / チョープテントゥア	fashionable / stylish
お嬢さん	ลูกสาว(ของคนอื่น) ルークサーウ（コーングコンウーン）	young lady / girl
押し寄せる	กรูเข้าไป / ถาโถม クルーカウパイ / タートーム	close in / move toward
押す	กดปุ่ม / ผลัก コップム / プラク	push / shove

日	タイ	英
雄（おす）	(สัตว์)ตัวผู้ (サッ) トゥァプー	male animal
お世辞（せじ）	คำเยินยอ カムユーンヨー	flattery
お節介（せっかい）	จุ้นจ้าน チュンチャーン	interference / meddling
汚染（おせん）	มลภาวะ モンラパーワ	pollution / contamination
遅い（おそ）	สาย / ช้า サーイ / チャー	late / tardy
襲う（おそ）	เข้าโจมตี カウチョームティー	attack / hit
遅くとも（おそ）	อย่างช้า ヤーングチャー	latest / no later than
恐らく（おそ）	คงจะ...เป็นแน่ コングチャ ... ペンネー	probably / perhaps / maybe
恐れ入る（おそ・い）	รู้สึกเกรงใจ / ขอบคุณ ルースックレンクチャイ / コープクン	be sorry / be much obliged / be disconcerted
恐れる（おそ）	กลัว クルァ	fear / be afraid of
恐ろしい（おそ）	น่ากลัว / สยดสยอง ナークルァ / サヨッサヨーング	terrible / awful
教わる（おそ）	เรียน / ได้รับการสั่งสอน リアン / ダイラブカーンサングソーン	be taught / learn
お大事に〈挨拶〉（だいじ）	โปรดรักษาสุขภาพด้วย プローッラクサースクカパーブドゥアイ	take care of yourself
お互い（たが）	ซึ่งกันและกัน スングカンレカン	each other

お

雄 → お互い 069

日	タイ	英
お宅（たく）	บ้าน(ของท่าน) バーン（コーングターン）	your house
おだてる	สอพลอ / ยกยอปอปั้น ソープロー / ヨクヨーポーパン	entice / flatter
穏やか（おだやか）	สงบ / เยือกเย็น サンゴブ / ユアクイェン	calm / pacific
落ち込む（おちこむ）	จิตตก/ร่วงหล่น/ตกต่ำ チットク / ルアングロン / トクタム	fall in / feel down
落ち着き（おちつき）	การอยู่ตัว カーンユートゥア	stability
落葉（おちば）	ใบไม้ร่วง バイマイルアング	dead[fallen] leaves
落ちる（おちる）	ตก / หล่น トク / ロン	fall / come down
お使い（おつかい）	ใช้ไปทำธุระ チャイパイタムトゥラ	errand
夫（おっと）	สามี サーミー	husband
おつり	เงินทอน ングントーン	change
お手上げ（おてあげ）	ยอมแพ้ ヨームペー	give up
音（おと）	เสียง スィアング	sound
弟（おとうと）	น้องชาย ノーングチャーイ	younger brother
おどおど	ขี้กลัว/ขี้อาย/กระดาก キークルア / キーアーイ / クラダーク	be fearful / be timid / be frightened

お

日	タイ	英
男（おとこ）	ผู้ชาย プーチャーイ	man / gentleman
男の子（おとこのこ）	เด็กผู้ชาย デクプーチャーイ	boy
落し物（おとしもの）	ของที่ตกหาย コーングティートクハーイ	lost property
落とす（おとす）	ทำตก / ทำหล่น タムトク / タムロン	drop / get down
脅す（おどす）	ข่มขู่ コムクー	threaten / frighten *sb*
訪れる（おとずれる）	เยี่ยมเยียน イアムイアン	visit *sb* / call on *sb*
一昨日（おととい）	เมื่อวานซืน ムァワーンスーン	the day before yesterday
一昨年（おととし）	สองปีก่อน ソーングピーコーン	the year before last
大人（おとな）	ผู้ใหญ่ プーヤイ	adult
おとなしい	สงบเสงี่ยม / เรียบร้อย サンゴプサンギアム / リアプローイ	harmless / quiet
お供（おとも）	ติดตามไปด้วย ティッタームパイドゥアイ	companion / follower
踊り（おどり）	เต้นรำ テンラム	dancing
劣る（おとる）	ด้อยกว่า ドーイクワー	be inferior
踊る（おどる）	เต้นรำ テンラム	dance

日	タイ	英
衰える	แย่ลง / ตกต่ำลง イェーロング / トクタムロング	weaken / decline
驚き	ความประหลาดใจ / ความตกตะลึง クワームプララーッチャイ / クワームトクタルング	surprise / astonishment
驚く	ประหลาดใจ / ตกใจ プララーッチャイ / トクチャイ	be surprised
同い年	อายุเท่ากัน アーユタゥカン	the same age
おなか	ท้อง トーング	the stomach
同じ	เหมือนกัน ムアンカン	the same
おなら	ผายลม パーイロム	fart / gas
鬼	ยักษ์ / ปีศาจ ヤク / ピーサーッ	demon
斧	ขวาน クワーン	ax / hatchet
各々	แต่ละ テーラ	each of those
自ずから	ด้วยตัวมันเอง ドゥアイトゥアマンエーング	naturally / of itself / as a matter of course
おば	ป้า(ของตัวเอง) パー (コーングトゥアエーング)	aunt
おばあさん	คุณย่า / คุณยาย クンヤー / クンヤーイ	grandmother
おはよう	อรุณสวัสดิ์ アルンサワッ	good morning

日	タイ	英
おびえる	หวาดกลัว ワートクルァ	be scared / become frightened
夥しい	ล้นหลาม ロンラーム	a great many / a huge amount of / abundant
オフィス	สำนักงาน サムナクンガーン	office
オプショナルツアー	โปรแกรมทัวร์เสริม プロークレームトゥアスーム	optional tour
オペレーション	การปฏิบัติการ カーンパティバッカーン	operation
オペレーター	พนักงานรับโทรศัพท์ パナクンガーンラプトーラサプ	operator
覚え	ความทรงจำ クワームソングチャム	recollection
覚える	จำ チャム	memorize / keep in mind
溺れる	จมน้ำ チョムナム	drown
おまえ	แก(ไม่สุภาพ) ケー (マイスパープ)	you
お任せ	มอบให้ดำเนินการ モープハイダムヌーンカーン	entrust
おまけ	ของแถม コーングテーム	extra / discount
お守り	เครื่องราง / ของขลัง クルアングラーング / コーングクラング	talisman / amulet / good luck charm
お見舞い	ไปเยี่ยมคนป่วย パイイアムコンプアイ	visit somebody (in hospital)

お

日	タイ	英
おむつ	ผ้าอ้อมเด็ก パーオームデク	diaper / baby's napkin
おめでとう	ยินดีด้วย インディードゥアイ	congratulations
重い（おも）	หนัก ナク	heavy / weighty
思い掛けない（おも・が）	ไม่คาดคิดมาก่อน マイカーッキッマーコーン	unexpected / accidental
思い込む（おも・こ）	นึก / คาดเดาไปเอง ヌク / カーッダウパイエーング	assume / be obsessed
思い出す（おも・だ）	นึกให้ออก ヌクハイオーク	recall / recollect / remember
思いっきり（おも）	ตัดสินใจเด็ดขาด /แน่วแน่ タッスィンチャイデッカーッ / ネウネー	thoroughly / fully / at full
思い付く（おも・つ）	(ความคิด)แวบเข้ามา / ผุดขึ้นมา （クワームキッ）ウェーブカウマー / プックンマー	think of / come to mind
思い出（おも・で）	ความทรงจำ クワームソングチャム	memory
思う（おも）	คิด キッ	think / consider
面白い（おもしろ）	น่าสนใจ / ตลก ナーソンチャイ / タロク	pleasant / enjoyable
おもちゃ	ของเล่น コーングレン	toy
表（おもて）	ด้านหน้า ダーンナー	the front / the face
主に（おも）	หลัก ๆ ラクラク	mainly

日	タイ	英
おもむ 趣き	รสนิยม ロッサニヨム	elegance / sensibility
おもむ 赴く	มุ่งหน้าสู่ ムングナースー	tend toward / proceed to
おも 思わず	โดยไม่ได้รู้ตัว ドーイマイダイルートゥア	in spite of oneself / unintentionally / instinctively
おも 重んじる	ให้ความสำคัญ ハイクワームサムカン	consider *sth* important / honor
おや 親	พ่อแม่ ポーメー	parent
おやこうこう 親孝行	กตัญญู カタンユー	filial devotion[piety] / dutifulness to one's parents
おやすみなさい〈挨拶〉	ราตรีสวัสดิ์ ラートリーサワッ	good night / sleep well
おやつ	ขนมขบเคี้ยว カノムコブキィアゥ	snack
おや ふ こう 親不孝	อกตัญญู アカタンユー	lack of filial devotion[piety] / a bad son[daughter]
おやゆび 親指	นิ้วโป้ง ニゥポーング	the thumb / the big toe
およ 泳ぎ	การว่ายน้ำ カーンワーイナム	swimming
およ 泳ぐ	ว่ายน้ำ ワーイナム	swim
およそ	ราว ๆ ラーウラーウ	roughly / approximately
おり 檻	กรง クロング	cage

日	タイ	英
オリーブオイル	น้ำมันมะกอก ナムマンマコーク	olive oil
オリエンテーション	ปฐมนิเทศ パトムニテーッ	orientation
折り返す	พับลง / ส่งกลับ パブロング / ソングクラブ	fold *sth* down / turn back
オリジナル	ดั้งเดิม ダングドゥーム	original
織物	สิ่งทอ スィングトー	textile / cloth
下りる	ลงมา ロングマー	go down
オリンピック	โอลิมปิก オーリムピク	the Olympics
織る	ทอผ้า トーパー	weave
折る	พับ / หัก パブ / ハク	break / snap *sth* off / fold
オルガン	ออร์แกน オーケーン	organ / pipe organ
俺	ผม / กู / ข้า ポム / クー / カー	I / me
お礼	ขอบคุณ コープクン	acknowledgement / thanks / gratitude
折れる	สามารถพับ / หัก サーマーッパブ / ハク	bend sharply / be broken
オレンジ	ส้ม / สีส้ม ソム / スィーソム	orange

日	タイ	英
オレンジ色	สีส้ม スィーソム	orange color
オレンジジュース	น้ำส้ม ナムソム	orange juice
愚か	โง่ ンゴー	foolish / stupid
卸す	ขายส่ง カーイソング	whole sell / grate / cut up
下ろす	เอาลง アゥロング	take down / lower
疎か	การละเลย カンラルーイ	negligence / carelessness
終わり	จบ チョブ	ending / conclusion
恩	บุญคุณ ブンクン	indebtedness / benefit
音楽	ดนตรี ドントリー	music
恩恵	บุญคุณ / คุณประโยชน์ ブンクン / クンプラヨーッ	benefit / favor / blessing
温室	เรือนกระจก ルアンクラチョク	greenhouse / conservatory
恩人	ผู้มีพระคุณ プーミープラクン	benefactor
温泉	บ่อน้ำพุร้อน ボーナムプローン	hot spring
温帯	เขตอบอุ่น ケーッオブウン	temperate zone

オレンジ色 ➡ 温帯

日	タイ	英
温暖(おんだん)	อบอุ่น オブウン	warm / temperate
御中(おんちゅう)	เรียนท่าน... リアンターン...	To: (used in an address)
温度(おんど)	อุณหภูมิ ウンハプーム	temperature
女(おんな)	ผู้หญิง プーイング	woman / female
女の子(おんなのこ)	เด็กผู้หญิง デクプーイング	girl
おんぶ	แบกไว้บนหลัง ベークワイボンラング	piggyback ride
オンライン	ออนไลน์ オーンライ	online

▼ か，カ

日	タイ	英
可(か)	ใช้ได้ / อนุมัติให้ผ่าน チャイダイ / アヌマッハイパーン	fair / get a passing grade / approve
課(か)	บท / แผนก ボッ / パネーク	lesson / department
蚊(か)	ยุง ユング	mosquito
ガーゼ	ผ้าก๊อซ パーコーッ	gauze
カーソル	เคอร์เซอร์ カーソー	cursor
カーテン	ผ้าม่าน パーマーン	curtain

日	タイ	英
カード	การ์ด / บัตร カーッ / バッ	card
カードキー	คีย์การ์ด キーカーッ	card key
カーブ	โค้ง コーング	curve
カーペット	พรม プロム	carpet
会(かい)	การประชุม カーンプラチュム	meeting / gathering
回(かい)	ครั้ง クラング	time
階(かい)	ชั้น チャン	floor / level
貝(かい)	หอย ホーイ	shellfish
害(がい)	ผลร้าย / ภัย ポンラーイ / パイ	harm / injury / damage
改悪(かいあく)	เลวร้ายลง レゥラーイロング	change for the worse
会員(かいいん)	สมาชิก サマーチッ	membership
海運(かいうん)	การขนส่งทางทะเล カーンコンソングターングタレー	maritime sea transport
絵画(かいが)	ภาพวาด パープワーッ	pictorial arts
外貨(がいか)	เงินตราต่างประเทศ ングントラーターングプラテーッ	foreign exchange[currency]

日	タイ	英
かいかい 開会	การเปิดการประชุม カーンプーッカーンプラチュム	the opening of a meeting
かいがい 海外	ต่างประเทศ ターングプラテーッ	foreign countries / abroad
かいかく 改革	ปฏิรูป パティループ	reformation
かいがら 貝殻	เปลือกหอย プルアクホーイ	shell / seashell
かいかん 会館	หอประชุม ホープラチュム	hall
かいがん 海岸	ชายหาด チャーイハーッ	seashore / the coast
がいかん 外観	รูปลักษณ์ภายนอก ルーブラクッパーイノーク	outward / external appearance
かいぎ 会議	การประชุม カーンプラチュム	conference / meeting
かいぎしつ 会議室	ห้องประชุม ホングプラチュム	meeting[conference] room
かいきゅう 階級	อันดับ / ระดับ アンダブ / ラダブ	class / estate / rank
かいきょう 海峡	ช่องแคบ チョングケープ	channel / strait
かいけい 会計	บัญชี バンチー	accounts / accounting
かいけつ 解決	การแก้ปัญหา カーンケーパンハー	solution / resolution / settlement
かいけつさく 解決策	มาตรการแก้ไขปัญหา マートラカーンケーカイパンハー	solution

080　開会 ➡ 解決策

日	タイ	英
かいけん 会見	**ให้สัมภาษณ์ผู้สื่อข่าว** ハイサムパーツプースーカーウ	interview / audience
がいけん 外見	**รูปลักษณ์ภายนอก** ループラクッパーイノーク	appearance / looks
かいこ 解雇	**เลิกจ้าง** ルークチャーング	dismissal
かいご 介護	**การบริบาลผู้ป่วย** カーンボーリバーンプープァイ	nursing care
かいごう 会合	**การประชุม / การรวมตัวชุมนุม** カーンプラチュム / カーンルアムトゥアチュムヌム	assembly / gathering
がいこう 外交	**การทูต** カーントゥーッ	diplomatic
がいこうかん 外交官	**นักการทูต** ナクカーントゥーッ	diplomatic agent
がいこく 外国	**ต่างประเทศ** ターングプラテーッ	foreign country
がいこくご 外国語	**ภาษาต่างประเทศ** パーサーターングプラテーッ	foreign language
がいこくじん 外国人	**ชาวต่างชาติ** チャーウターングチャーッ	foreigner
かいさい 開催	**การจัดงาน/การเปิดงาน** カーンチャッガーン / カーンプーッガーン	hold meeting / open exhibition
かいさつ 改札	**ช่องตรวจตั๋ว** チョーングトルアッ トゥア	ticket gate[barrier]
かいさん 解散	**การแยกย้ายจากกัน / แยกวง** カーンイェークヤーイチャークカン / イェークウォング	breakup / dispersion
かいし 開始	**การเริ่ม** カーンルーム	beginning / opening

会見 ➡ 開始　　081

日	タイ	英
かいしゃ 会社	บริษัท ボーリサッ	company / corporation
かいしゃく 解釈	การตีความ カーンティークワーム	interpretation
かいしゅう 回収	การจัดเก็บ カーンチャッケブ	collection
かいしゅう 改修	การซ่อมแซม カーンソームセーム	repair / improvement / modification
かいじゅう 怪獣	สัตว์ประหลาด サップララーッ	monstrous animal
がいしゅつ 外出	ออกไปข้างนอก オークパイカーングノーク	going out / being out of
がいしゅつちゅう 外出中	ออกไปข้างนอก オークパイカーングノーク	be out now
かいじょ 解除	การยกเลิก / การปลดล็อก カーンヨクルーク / カーンプロッロッ	cancellation / termination
かいじょう 会場	สถานที่จัดงาน サターンティーチャッンガーン	hall / meeting hall
かいじょう 海上	ทางทะเล ターングタレー	marine
がいしょう 外相	รมว. ต่างประเทศ ローモーウォー ターングプラテーッ	the minister of foreign affairs
がいしょく 外食	การทานข้าวนอกบ้าน カーンターンカーウノークバーン	eat out / dine out
かいすい 海水	น้ำทะเล ナムタレー	sea water
かいすいよく 海水浴	การอาบน้ำทะเล カーンアープナムタレー	sea bathing

082 会社 ➡ 海水浴

日	タイ	英
かいすう 回数	จำนวนครั้ง チャムヌァンクラング	number of times
がい 害する	ส่งผลเสียต่อ... ソングポンスィアトー ...	hurt / have a bad effect on
かいせい 改正	การแก้ไขปรับปรุง カーンケーカイプラブプルング	amendment / revision
かいせつ 解説	การให้ข้อคิดเห็น カーンハイコーキッヘン	commentary / explanation
がいせつ 概説	สรุปภาพกว้าง ๆ サルップパープクワーングクワーング	rough summary / outline / general description[information]
かいぜん 改善	การปรับปรุงให้ดีขึ้น カーンプラブプルングハイディークン	improvement
かいそう 回送	กลับเข้าอู่ クラブカゥウー	not in service
かいそう 階層	ชั้น / ระดับชนชั้น チャン / ラダブチョンチャン	class / tier / rank / hierarchy
かいそう 海草	สาหร่ายทะเล サーフーイタレー	sea grass / marine plant
かいそう 改装	การปรับปรุงตกแต่งใหม่ カーンプラブプルングトックテーングマイ	remodeling / renovation
かいぞう 改造	ปรับโครงสร้างใหม่ プラブクローンッラーングマイ	conversion / reorganization
かいぞく 海賊	โจรสลัด チョーンサラッ	pirate
かいたい 解体	การแยกชิ้นส่วน カーンイェークチンスアン	demolition / dismantlement
かいたく 開拓	บุกเบิกพัฒนา ブクブークパッタナー	development / opening up

回数 ➡ 開拓　　083

日	タイ	英
かいだん 会談	การพูดคุย / การประชุม カーンプーックイ / カーンプラチュム	conference / talks
かいだん 階段	บันได バンダイ	stairs
かいちく 改築	การปรับปรุงอาคาร カーンプラブプルングアーカーン	rebuilding
がいちゅう 害虫	ศัตรูพืช サットルーブーッ	harmful insect / insect pest / vermin
かいちゅうでんとう 懐中電灯	ไฟฉาย ファイチャーイ	flashlight
かいちょう 快調	ราบรื่น ラープルーン	smooth
かいてい 改定	ปรับ(กฎ / ราคา) プラブ (コッ / ラーカー)	revision / reform
かいてい 改訂	แก้ไขปรับปรุง(ตำรา) ケーカイプラブプルング (タムラー)	revise (a textbook) / revision
かいてい 海底	ก้นทะเล コンタレー	the bottom of the sea / the seabed
かいてき 快適	สะดวกสบาย サドゥアクサバーイ	comfortable
かいてん 回転	การหมุนเวียน カーンムンウィアン	rotation / revolution
かいてん 開店	การเปิดร้าน カーンプーッラーン	the opening of a store
ガイド	ไกด์ / ผู้นำทาง カイ / プーナムターング	guide / leading / conducting
かいとう 解答	คำตอบ / คำเฉลย カムトープ / カムチャルーイ	answering / solution

日	タイ	英
かいりつ 戒律	ศีล / ข้อห้าม(ทางศาสนา) スィーン / コーハーム (ターングサーッサナー)	religious precepts
がいりゃく 概略	เค้าโครง / เนื้อความโดยย่อ カウクローング / ヌアクワームドーイヨー	outline / summary
かいりゅう 海流	กระแสน้ำในมหาสมุทร クラセーナムナイマハーサムッ	ocean current
かいりょう 改良	การปรับปรุงให้ดีขึ้น カーンプラップルングハイディークン	improvement / betterment / reform
かいろ 回路	วงจร(ไฟฟ้า) ウォングチョン (ファイファー)	circuit
かいろ 海路	เส้นทางในทะเล センターングナイタレー	sea route[lane]
がいろん 概論	เค้าโครง カウクローング	outline / introduction
かいわ 会話	บทสนทนา ボッソンタナー	conversation / talk
か 飼う	เลี้ยง(สัตว์) リアング (サッ)	keep / breed / have
か 買う	ซื้อ スー	buy / purchase
カウンター	เคาน์เตอร์ / วงจรนับ カウター / ウォングチョンナップ	counter
かえ 返す	คืน / ตอบแทน クーン / トープテーン	return / give back
かえ 却って	ในทางกลับกัน ナイターングクラップカン	on the contrary / instead
かえで 楓	ต้นเมเปิล トンメープン	maple tree

戒律 ➡ 楓

か

日	タイ	英
帰り（かえり）	ขากลับ カークラプ	return / coming back
顧みる（かえりみる）	มองย้อนกลับไป モーンヨーンクラプパイ	look back
帰る（かえる）	กลับ / กลับบ้าน クラプ / クラプバーン	return / turn back / go home
変える（かえる）	เปลี่ยน プリアン	change / convert
代える（かえる）	แทนที่ テーンティー	convert / exchange
換える（かえる）	แลกเปลี่ยน / สับเปลี่ยน レークプリアン / サププリアン	convert / exchange
返る（かえる）	กลับ / คืนกลับไป クラプ / クーンクラプパイ	turn over / return
蛙（かえる）	กบ コプ	frog
顔（かお）	ใบหน้า バイナー	face
家屋（かおく）	บ้าน / ตึก バーン / トゥク	house / building
顔付き（かおつき）	ลักษณะหน้าตา ラクサナナーター	face / looks / features
香（かおり）	กลิ่น(หอม) クリン（ホーム）	agreeable smell / fragrance
画家（がか）	จิตรกร チッタコーン	painter / artist
課外（かがい）	นอกหลักสูตร ノークラクスーッ	extracurricular

日	タイ	英
か がいしゃ 加害者	ผู้ก่อความเสียหาย プーコークワームスィアハーイ	assailant / perpetrator / attacker / aggressor
かか 抱える	หอบ(ของ) ホープ (コーング)	hold *sth* in one's arms
か かく 価格	ราคา ラーカー	price / value
か がく 化学	วิชาเคมี ウィチャーケーミー	chemistry
か がく 科学	วิทยาศาสตร์ ウィッタヤーサーッ	science
かか 掲げる	ชู / ยกขึ้น チュー / ヨククン	put up / raise
かかと 踵	ส้นเท้า ソンタウ	heel
かがみ 鏡	กระจกเงา クラチョックガウ	mirror
かがや 輝く	ส่องแสง / เปล่งประกาย ソーングセーング / プレングプラカーイ	shine / sparkle / glow
かかり 係	เจ้าหน้าที่ / หน้าที่ チャウナーティー / ナーティー	person in charge / duty
か 掛かる	มีโทรศัพท์เข้ามา / มี...ปกคลุม ミートーラサプカウマー / ミー...ポックルム	hang on / be covered with
かか 罹る	ป่วย / เป็นโรค... プアイ / ペンロープ...	get / catch / contract(illness)
かか 係わる	เกี่ยวข้อง キアゥコーング	be concerned[involved] in / take part in
か き 牡蠣	หอยนางรม ホーイナーングロム	oyster

加害者 ➡ 牡蠣   089

日	タイ	英
かぎ 鍵	กุญแจ クンチェー	key / lock
かきとめゆうびん 書留郵便	ไปรษณีย์ลงทะเบียน プライサーニーロングタビアン	registered mail[letter]
か　と 書き取り	การจด / คัดลอกคำพูด カーンチョッ / カッロークカムプーッ	transcribing spoken material
か　と 書き取る	จด / คัดลอก チョッ / カッローク	take down dictation / transcribe
かき ね 垣根	รั้ว ルァ	fence / hedge
か　まわ 掻き回す	คน / กวน コン / クァン	stir
かぎ 限り	ขีดจำกัด / ขอบเขต キーッチャムカッ / コーブケーッ	limit / extent
かぎ 限る	จำกัด チャムカッ	limit / restrict
かく 画	จำนวนเส้น(ของตัวคันจิ) チャムヌアンセン (コーングトゥアカンチ)	stroke / the number of stroke
かく 各	แต่ละ... / ทุก ๆ テーラ ... / トゥクトゥク	each
かく 格	สถานะ / ตำแหน่ง サターナ / タムネング	status / rank / class
かく 核	แก่น / ใจกลาง / นิวเคลียส ケーン / チャイクラーング / ニゥクリアッ	nucleus / core
か 欠く	ทำให้แหว่ง / ขาดหาย タムハイウェーング / カーッハーイ	chip / nick / lack
か 書く	เขียน キアン	write / describe

か

090　鍵 ➡ 書く

日	タイ	英
か 掻く	ข่วน / ขูด クァン / クーッ	scratch
かく 角	มุม / เหลี่ยม ムム / リアム	angle
か ぐ 家具	เครื่องเรือน / เฟอร์นิเจอร์ クルァングルァン / ファニチャー	furniture
か 嗅ぐ	ดม ドム	smell / sniff
がく 学	การเรียน カーンリアン	learning / scholarship
がく 額	กรอบรูป クロープルーブ	frame
がく い 学位	ปริญญา パリンヤー	degree
か くう 架空	สมมติขึ้น ソムムックン	overhead / aerial / imaginary / fictitious
がくげい 学芸	ศาสตร์และศิลป์ サーッレスィン	scholarship and the arts
かくげん 格言	คำคม カムコム	proverb / saying / maxim
かく ご 覚悟	ปลงใจ / เตรียมตัวเตรียมใจ プロングチャイ / トゥリアムトゥアトゥリアムチャイ	preparedness / resolution / resignation
かく さ 格差	ช่องว่าง / ความแตกต่าง チョングワーング / クワームテークターング	difference in quality / gap
かくさん 拡散	กระจายออกไป クラチャーイオークパイ	spreading / dissemination
かく じ 各自	แต่ละคน [illegible]	each one / individual / everyone

か

か

日	タイ	英
学士（がくし）	ผู้จบการศึกษาระดับปริญญาตรี プーチョプカーンスクサーラダップパリンヤートゥリー	university graduate
確実（かくじつ）	แน่นอน / น่าเชื่อถือ ネーノーン / ナーチュアトゥー	certain / sure
学者（がくしゃ）	นักวิชาการ ナクウィチャーカーン	scholar / educated person
各種（かくしゅ）	แต่ละชนิด テーラチャニッ	all sorts of / various
拡充（かくじゅう）	ขยาย カヤーィ	expansion / amplification
学習（がくしゅう）	การเรียนรู้ カーンリアンルー	learning / study
学術（がくじゅつ）	วิชาการ ウィチャーカーン	academic
確信（かくしん）	มั่นใจ マンチャイ	conviction / confidence
革新（かくしん）	การปฏิรูป カーンパティループ	reform / innovation
核心（かくしん）	แก่น / ใจกลาง ケーン / チャイクラーング	the core / the point
学生（がくせい）	นักเรียน ナクリアン	student / scholar
学生証（がくせいしょう）	บัตรนักเรียน / นักศึกษา バッナクリアン / ナクスクサー	student ID card
学生食堂（がくせいしょくどう）	โรงอาหารนักเรียน ローングアーハーンナクリアン	school cafeteria
学生寮（がくせいりょう）	หอพักนักเรียน ホーパクナクリアン	student dormitory

日	タイ	英
がくせつ 学説	ทฤษฎี トリッサディー	theory / doctrine
かくだい 拡大	ขยาย / แผ่กว้าง カヤーィ / ペークワーング	extension / magnification / enlargement
かくち 各地	แต่ละท้องที่ テーラトーングティー	every place / various places / everywhere
かくちょう 拡張	ขยาย カヤーィ	expansion / magnification / enlargement / extension
かくてい 確定	การตัดสินใจ カーンタッスィンチャイ	decision / establishment
カクテル	ค็อกเทล コクテーゥ	cocktail
かくど 角度	มุม / เหลี่ยม ムム / リアム	angle
かくとく 獲得	ได้รับ ダイラプ	acquisition / gain / acquirement
かくにん 確認	ยืนยัน ユーンヤン	confirmation
がくねん 学年	ชั้นปีที่เรียน チャンピーティーリアン	school year / grade
がくひ 学費	ค่าเล่าเรียน カーラウリアン	tuition fees / school expenses
がくふ 楽譜	โน้ตเพลง ノーップレーング	sheet music / score
がくぶ 学部	คณะ(ในมหาวิทยาลัย) カナ (ナイマハーウィッタヤーライ)	faculty / department
かくべつ 格別	โดยเฉพาะอย่างยิ่ง ドーイチャポア ヤーンイン	particularly / especially

か

日	タイ	英
かくほ 確保	เอาไว้ก่อน / ทำเพื่อให้มั่นใจ アウワイコーン / タムプアハイマンチャイ	security / ensure
かくめい 革命	การปฏิวัติ カーンパティワッ	revolution
がくもん 学問	วิชาความรู้ ウィチャークワームルー	studies / higher education
かくやす 格安	ราคาถูกกว่าปกติ / ย่อมเยา ラーカートゥーククワーパカティ / ヨームヤウ	bargain / low-price / discount
かくり 隔離	การแยกไม่ให้ปะปนกัน カーンイェークマイハイパポンカン	isolation
かくりつ 確率	อัตราความเป็นไปได้ アットラークワームペンパイダイ	probability
かくりつ 確立	สร้างระบบ / กำหนดแผน サーングラボプ / カムノットペーン	establishment
がくりょく 学力	ความรู้วิชา クワームルーウィチャー	scholastic ability
がくれき 学歴	ประวัติการศึกษา プラワッカーンスクサー	school background / education
かく 隠れる	ซ่อน / แอบ ソーン / エープ	hide / take refuge
か 掛け	เงินเชื่อ ングンチュア	credit / account
か 賭け	การพนัน カーンパナン	gambling
かげ 陰	ร่มเงา ロムンガウ	shade / cover
かげ 影	เงา ンガウ	shadow

日	タイ	英
崖 (がけ)	หน้าผา ナーパー	cliff / bluff
駆け足 (かけあし)	เร่งรีบ / วิ่ง レングリーブ / ウィング	running fast / gallop
家計 (かけい)	ค่าใช้จ่ายในครอบครัว カーチャイチャーイナイクローブクルア	family budget
過激 (かげき)	ความรุนแรง / ความก้าวร้าว クワームルンレーング / クワームカーウラーウ	extremeness
賭け事 (かけごと)	การพนัน カーンパナン	gambling
かけ算 (かけざん)	การคูณ カーンクーン	multiplication
掛けぶとん (かけぶとん)	ผ้าคลุมที่นอน パークルムティーノーン	comforter / top cover / quilt
掛ける (かける)	แขวน / ใช้(เวลา) / ใส่(กุญแจ) クウェーン / チャイ(ウェーラー) / サイ(クンチェー)	hang on / hook / put on
駆ける (かける)	วิ่งห้อ / ทะยาน ウィングホー / タヤーン	dash / run
欠ける (かける)	ขาด / แหว่ง カーッ / ウェーング	break off / lack
賭ける (かける)	พนัน / เสี่ยงทาย パナン / スィアングターイ	bet / put up
過去 (かこ)	อดีต アディーッ	the past
籠 (かご)	ตะกร้า タクラー	woven basket
下降 (かこう)	ลดต่ำลง ロッタムロング	descent / downturn

日	タイ	英
加工(かこう)	ขั้นตอน / การแปรรูป カントーン / カーンプレールーブ	processing / treatment
火口(かこう)	ปล่องภูเขาไฟ プロングプーカゥファイ	crater
化合(かごう)	การรวมตัวกันทางเคมี カーンルァムトゥアカンターングケーミー	chemical combination
囲む(かこむ)	ล้อมรอบ ロームロープ	enclose / surround
傘(かさ)	ร่ม ロム	umbrella
火災(かさい)	ไฟไหม้ / อัคคีภัย ファイマイ / アッキーパイ	fire / conflagration
重なる(かさなる)	ซ้อนกัน ソーンカン	pile up / happen again / fall together
かさばる	เทอะทะ トゥタ	be bulky / take a lot of space
かさむ	เพิ่มขึ้น プームクン	increase / run up
風向き(かざむき)	ทิศทางลม ティッターングロム	the direction of the wind
飾り(かざり)	การตกแต่ง / การประดับ カーントクテング / カーンプラダブ	ornament / decoration
飾る(かざる)	ตกแต่ง トクテング	decorate
火山(かざん)	ภูเขาไฟ プーカゥファイ	volcano
菓子(かし)	ขนม カノム	confectionary / candy

日	タイ	英
貸し（かし）	การให้ยืม / การให้เช่า カーンハイユーム / カーンハイチャウ	loan / rental
歌詞（かし）	เนื้อเพลง ヌアプレーング	lyrics / words
家事（かじ）	งานบ้าน ンガーンバーン	housework
火事（かじ）	ไฟไหม้ ファイマイ	fire / conflagration
舵（かじ）	หางเสือ ハーングスア	helm / rudder
鍛冶（かじ）	ช่างเหล็ก チャーングレク	smith / forging
賢い（かしこい）	ฉลาด チャラーッ	wise / clever
かしこまりました〈挨拶〉	รับทราบ ラプサープ	yes, sir
かしこまる	เป็นพิธีการ ペンピティーカーン	stand on ceremony
貸し出し（かしだし）	ให้สินเชื่อ / ปล่อยกู้ ハイスィンチュア / プロイグー	lending / loan out
過失（かしつ）	ความสะเพร่า / ความประมาท クワームサプラォ / クワームプラマーッ	negligence / a blunder
果実（かじつ）	ผลไม้ ポンラマイ	fruit
貸付（かしつけ）	ปล่อยกู้ プロイグー	loan / lending
カジノ	คาสิโน カースィノー	casino

か

貸し ➡ カジノ 097

日	タイ	英
貸間（かしま）	ห้องเช่า ホングチャウ	room for rent
カシミア	ผ้าขนสัตว์แคชเมียร์ パーコンサッケーッスィミア	cashmere
貸家（かしや）	บ้านเช่า バーンチャウ	rental house
歌手（かしゅ）	นักร้อง ナクローング	singer
箇所（かしょ）	ที่ / จุด(จำนวนนับ) ティー / チュッ (チャムヌアンナブ)	place / part / point
過剰（かじょう）	มากเกิน マーククーン	surplus / overabundance
かじる	กัด / แทะ カッ / テ	bite / gnaw
貸す（かす）	ให้ยืม ハイユーム	lend / loan
数（かず）	ตัวเลข / จำนวน トゥアレーク / チャムヌアン	number / amount
ガス	แก๊ส ケス	gas
微か（かすか）	บ้าง / เล็กน้อย バーング / レクノーイ	faint / little
ガス欠（ガスけつ）	น้ำมันหมด ナムマンモッ	out of gas / empty tank
霞む（かすむ）	พร่ามัว プラームァ	be hazy / grow dim
かする	ขูดเบา ๆ クーッバウバウ	graze / scratch lightly

日	タイ	英
風 (かぜ)	ลม ロム	wind / breeze
風邪 (かぜ)	ไข้หวัด カイワッ	cold / flu
火星 (かせい)	ดาวอังคาร ダーゥアングカーン	Mars
課税 (かぜい)	การเก็บภาษี カーンケップパースィー	taxation
化石 (かせき)	ฟอสซิล フォッスィン	fossil
稼ぐ (かせぐ)	หาเงินเลี้ยงชีพ ハーングンリアングチープ	make money / earn
風邪薬 (かぜぐすり)	ยาแก้หวัด ヤーケーワッ	cold medicine
化繊 (かせん)	ใยสังเคราะห์ ヤイサングクロ	synthetic fiber
河川 (かせん)	แม่น้ำ メーナム	river
過疎 (かそ)	ร้างผู้คน / มีประชากรเบาบาง ラーングプーコン / ミープラチャーコーンバウバーング	underpopulated
画像 (がぞう)	ภาพ / รูปภาพ パープ / ループパープ	picture / image
数える (かぞえる)	นับ ナブ	count / calculate
加速 (かそく)	การเร่งความเร็ว カーンレングクワームレゥ	speeding up / acceleration
家族 (かぞく)	ครอบครัว クローブクルァ	family

風 ➡ 家族　　099

日	タイ	英
か そく ど 加速度	อัตราเร่ง アットラーレング	rate of acceleration
ガソリン	น้ำมันเบนซิน ナムマンベンスィン	gasoline
ガソリンスタンド	ปั๊มน้ำมัน パムナムマン	gasoline station
かた 型	รูปแบบ / รุ่น / ทรง ルーブベーブ / ルン / ソング	model / pattern / type
かた 肩	ไหล่ / บ่า ライ / バー	shoulder
かた 方	ท่าน... / วิธี(หลังกริยา) ターン / ウィティー (ランククリヤー)	(that) person / how to (do)
かた 固い	แข็ง ケング	hard / solid / strong / firm
か だい 課題	หัวข้อ / ประเด็นปัญหา ファコー / プラデンパンハー	subject / theme
～難い	ยากที่จะ... ヤークティーチャ...	difficult to do
かたおも 片想い	รักข้างเดียว / แอบรัก ラクカーングディアゥ / エーブラク	one-side love / unreturned love
かたかな	ตัวอักษรคาตะคานะ トゥアアクソーンカータカナ	katakana / the square from of kana
かたこと	พูดเป็นคำ ๆ / งู ๆ ปลา ๆ プーッペンカムカム / ングーングープラープラー	babbling / broken language
かたち 形	รูปทรง / แบบ ルーブソング / ベーブ	form / shape
かた づ 片付く	จัดเป็นระเบียบ / เข้าที่เข้าทาง チャッペンラビアブ / カゥティーカゥターング	be put in order / be settled

日	タイ	英
片付け（かたづ）	การจัดให้เป็นระเบียบ カーンチャッハイペンラビアプ	clearance / settlement
片付ける（かたづ）	เก็บกวาด / จัดให้เข้าที่เข้าทาง ケプクワーッ / チャッハイカゥティーカゥターング	clean up / put away
かたつむり	หอยทาก ホーイターク	snail
刀（かたな）	ดาบญี่ปุ่น ダーブイープン	sword
塊（かたまり）	ก้อน コーン	lump / chunk of meat
固まる（かた）	แข็งขึ้น / เป็นที่แน่นอน ケングクン / ペンティーネーノーン	get hard / curdle / become definite
形見（かたみ）	ของดูต่างหน้า(คนตาย) コーングドゥーターングナー（コンターイ）	keepsake / memento
片道（かたみち）	เที่ยวเดียว ティアゥディアゥ	one way
片道切符（かたみちきっぷ）	ตั๋วเที่ยวเดียว トゥアティアゥディアゥ	one-way ticket
傾く（かたむ）	เอียง / เอน イアング / エーン	incline / lean to
傾ける（かたむ）	จับให้เอียง チャプハイイアング	bend
固める（かた）	ทำให้แข็ง タムハイケング	make *sth* hard / fortify / assemble
片寄る（かたよ）	เอียงไปข้างหนึ่ง / ไม่สมดุล イアングパイカーングヌング / マイソムドゥン	lean over / grow unbalanced
語る（かた）	บอก / เล่า ボーク / ラゥ	relate / tell

か

日	タイ	英
カタログ	แค็ตตาล็อก キャタロク	catalog
傍ら	ข้าง / ด้านข้าง カーング / ダーンカーング	side
花壇	แปลงดอกไม้ プレーングドークマイ	flower bed
勝ち	ชัยชนะ チャイチャナ	win / victory
価値	คุณค่า / ค่า クンカー / カー	value / worth
～がち	มักจะ... マクチャ...	tend / liable
価値観	ค่านิยม カーニヨム	sense of value
家畜	ปศุสัตว์ パスサッ	domestic animal
価値のある	มีค่า ミーカー	valuable / worthwhile
価値のない	ไร้ค่า ライカー	worthless / unworthy
課長	หัวหน้าฝ่าย / หัวหน้าแผนก ファナーファーイ / ファナーパネーク	a section head
がちょう	ห่าน ハーン	goose
且つ	นอกจากนี้ / แถมยัง ノークチャークニー / テームヤング	besides / also
勝つ	ชนะ チャナ	be the winner / win

日	タイ	英
がつ 月	เดือน ドゥアン	months
かつお 鰹	ปลาโอ プラーオー	bonito
がっか 学科	สาขาวิชา / ภาควิชา サーカーウィチャー / パークウィチャー	school subject
がっかい 学会	การประชุมสัมมนาทางวิชาการ カーンプラチュムサムマナーターングウィチャーカーン	academic society / conference
がっかり	ผิดหวัง / ท้อแท้ ピッワング / トーテー	become sad / feel low
がっかりした	ผิดหวัง ピッワング	disappointed
かっき 活気	มีพลัง / ความมีชีวิตชีวา ミーパラング / クワームミーチーウィッチーワー	energy / vigor
がっき 学期	ภาคการศึกษา / เทอม パークカーンスクサー / トゥーム	term / semester
がっき 楽器	เครื่องดนตรี クルアングドントリー	musical instrument
かっきてき 画期的	เป็นการเปิดศักราชใหม่ ペンカーンプーッサックカラーッマイ	epoch-making / innovative
がっきゅう 学級	ระดับชั้นเรียน ラダプチャンリアン	school class
かつ 担ぐ	หาม / แบก ハーム / ベーク	put on / llft onto one's back
がっくり	ผิดหวัง / ท้อแท้ ピッワング / トーテー	be disappointed / be down
かっこ 括弧	วงเล็บ ウォングレップ	parentheses

月 ➡ 括弧　103

日	タイ	英
かっこいい	หล่อ / ดูดี ロー / ドゥーディー	cool / awesome
格好	รูปลักษณ์ / ลักษณะ ルーブラク / ラクサナ	shape / appearance / pose
学校	โรงเรียน / มหาวิทยาลัย ローングリアン / マハーウィッタヤーライ	school / university
かっこ悪い	ไม่เท่ マイテー	uncool
活字	ตัวพิมพ์ トゥアピム	a printing type / letter
合唱	การร้องประสานเสียง カーンローングプラサーンスィアング	singing together / chorus
がっしり	มั่นคง / ทนทาน マンコング / トンターン	sturdy / strongly / solidly
滑走路	ลานบิน / รันเวย์ ラーンビン / ランウェー	runway
カッター	คัตเตอร์ カッター	cutters
合致	การเห็นด้วย / เห็นพ้องต้องกัน カーンヘンドゥアイ / ヘンポーングトーングカン	agreement
がっちり	กำให้แน่น カムハイネン	strongly / solidly / firmly
勝手	ตามอำเภอใจ / เอาแต่ได้ タームアムプーチャイ / アウテーダイ	be at a loss / selfish
かつて	ก่อนหน้านี้ / แต่ก่อน コーンナーニー / テーコーン	once / before
カット	การตัด カーンタッ	cutting / cut

日	タイ	英
活動 (かつどう)	การกระทำ / กิจกรรม カーンクラタム / キッチャカム	action / activity / working
活発 (かっぱつ)	แข็งขัน ケングカン	lively / active
カップ	ถ้วย トゥアイ	cup
カップラーメン	บะหมี่กึ่งสำเร็จรูปแบบถ้วย バミークングサムレッルーブベーブトゥアイ	cup noodles
合併 (がっぺい)	การควบรวม カーンクアブルアム	combination / union
活躍 (かつやく)	ขะมักเขม้นทำงาน / มีบทบาท カマクカメンタムンガーン / ミーボトバーッ	great efforts / lively action
活用 (かつよう)	การประยุกต์ใช้ カーンプラユクチャイ	practical use
かつら	วิกผม ウィクポム	wig / hairpiece
活力 (かつりょく)	พลังเข้มแข็ง パラングケムケング	vital power / energy
仮定 (かてい)	การคาดคะเน / สมมติฐาน カーンカーッカネー / ソムムッティターン	supposition / assumption
家庭 (かてい)	ครอบครัว クローブクルア	home / family
課程 (かてい)	หลักสูตร ラクスーッ	course / curriculum
過程 (かてい)	กระบวนการ クラブアンカーン	process
家庭用品 (かていようひん)	ของใช้ในครัวเรือน コーングチャイナイクルアルアン	household items / utensil

日	タイ	英
カテゴリー	หมวดหมู่ / ประเภท ムアッムー / プラペーッ	category
角（かど）	มุม ムム	edge / corner
稼働（かどう）	การเดินเครื่อง カーンドゥーンクルアング	operation
仮名（かな）	อักษรคานะ アクソーンカーナ	kana / the Japanese syllabaries
家内（かない）	ภรรยา(ของตัวเอง) パンラヤー（コーングトゥアエーング）	family / my wife
叶う（かなう）	(ความฝัน)กลายเป็นจริง / สมหวัง （クワームファン）クラーイペンチング / ソムワング	be realized / can do
敵う（かなう）	สู้กับผู้อื่นได้ / เทียบกับผู้อื่นได้ スーカププーウーンダイ / ティアプカププーウーンダイ	match *sb* / compare with
叶える（かなえる）	ทำฝันให้เป็นจริงได้ タムファンハイペンチングダイ	grant / answer a prayer
悲しい（かなしい）	น่าเศร้า ナーサウ	sad / depressing
悲しむ（かなしむ）	ความเศร้า クワームサウ	grow sad / be unhappy
金槌（かなづち）	ค้อน コーン	hammer
必ず（かならず）	จะต้อง... / อย่างแน่นอน チャトーング... / ヤーングネーノーン	always / necessarily
必ずしも（かならずしも）	ไม่จำเป็นว่า マイチャムペンワー	not necessarily[entirely]
かなり	ค่อนข้าง / มาก コーンカーング / マーク	quite / considerably

日	タイ	英
敵(かな)わない	สู้ไม่ได้ / เทียบไม่ได้ スーマイダイ / ティアプマイダイ	cannot match / cannot stand
蟹(かに)	ปู プー	crab
加入(かにゅう)	สมัครเข้าร่วม / เซ็นสัญญาประกัน サマクカウルアム / センサンヤープラカン	joining / signing treaty
鐘(かね)	กระดิ่ง / ระฆัง クラディング / ラカング	bell / chime
金(かね)	เงิน ングン	money / currency
加熱(かねつ)	ทำให้ร้อน タムハイローン	heating *sth*
予(かね)て	ก่อนหน้านี้แล้ว / ตั้งนานมาแล้ว コーンナーニーレーウ / タングナーンマーレーウ	already / since long ago
金持(かねも)ち	เศรษฐี セーッティー	rich person / the wealthy
兼(か)ねる	ควบกับ クアプカプ	combine / double as
可能(かのう)	เป็นไปได้ ペンパイダイ	possible
化膿(かのう)	เป็นหนอง ペンノーング	suppuration
可能性(かのうせい)	ความเป็นไปได้ クワームペンパイダイ	probability / possibility
彼女(かのじょ)	เธอ / แฟนสาว トゥー / フェーンサーウ	she / girlfriend
カバー	ปก / ที่คลุม ポク / ティークルム	cover / wrapper

日	タイ	英
庇う (かばう)	ปกป้อง ポクポーング	protect / stand over
鞄 (かばん)	กระเป๋า クラパウ	bag / backpack
過半数 (かはんすう)	จำนวนเกินครึ่ง / ส่วนใหญ่ チャムヌアンクーンクルング / スアンヤイ	majority / more than half
黴 (かび)	เชื้อรา チュアラー	mold
花瓶 (かびん)	แจกันดอกไม้ チェーカンドークマイ	flower vase
株 (かぶ)	ตอไม้ / หุ้น トーマイ / フン	stump / stock / trading rights
蕪 (かぶ)	หัวผักกาดฝรั่ง ファパカーッファラング	turnip
カフェ	ร้านกาแฟ ラーンカフェー	café
株式 (かぶしき)	หุ้น フン	stock / share
株式会社 (かぶしきがいしゃ)	บริษัทมหาชนจำกัด ボーリサッマハーチョンチャムカッ	corporation
株式市場 (かぶしきしじょう)	ตลาดหลักทรัพย์ タラーッラクサプ	stock[equity] market
被せる (かぶせる)	ปกคลุม / ปิดบัง ポククルム / ピッバング	cover / put *sth* on
かぶとむし	แมลงปีกแข็ง / ตัวด้วง マレーングピークケング / トゥアドゥアング	beetle
株主 (かぶぬし)	ผู้ถือหุ้น プートゥーフン	stockholder / shareholder

日	タイ	英
かぶる 被る	สวม(หมวก) / ครอบ スアム（ムアク）/ クローブ	put on the head
かぶれる	เป็นลมพิษ ペンロムピッ	get a rash on the skin
かふん 花粉	เกสร ケーソン	pollen
かべ 壁	กำแพง カムペーング	wall
かへい 貨幣	เงินตรา / ธนบัตร ングントラー / タナバッ	coin / bill / currency
かぼちゃ	ฟักทอง ファクトーング	pumpkin
かま 釜	หม้อหุงข้าวแบบญี่ปุ่น モーフングカゥベープイープン	rice cooker
かま 鎌	เคียว キィアゥ	sickle
かまえ 構え	การตั้งท่า / การเตรียมพร้อม ガーンタングダー / ガーントリアムプローム	structure / posture / readiness
かまえる 構える	เตรียมพร้อม トリアムプローム	get ready / put on an air
かまきり	ตั๊กแตนตำข้าว タッカテーンタムカーゥ	(praying) mantis
がまん 我慢	อดทน オットン	endurance / control
かみ 加味	ปรุงแต่งเพิ่ม プルンゲテングプーム	addition
かみ 紙	กระดาษ クラダーッ	paper

日	タイ	英
かみ 神	เทพเจ้า テープパチャウ	god
かみ 髪	ผม / เส้นผม ポム / センポム	hair / locks
か き 噛み切る	กัดขาด カッカーッ	bite off / cut off with the teeth
かみくず 紙屑	เศษกระดาษ セーックラダーッ	wastepaper
かみそり 剃刀	มีดโกน ミーッコーン	razor
かみつ 過密	แออัดเกินไป / หนาแน่นเกินไป エーアックーンパイ / ナーネンクーンパイ	overcrowding / overpopulation
かみなり 雷	สายฟ้า / ฟ้าร้อง サーイファー / ファーローング	thunder
かみ け 髪の毛	เส้นผม センポム	hair
かみはんき 上半期	ครึ่งปีแรก クルングピーレーク	the first half of the year
かみぶくろ 紙袋	ถุงกระดาษ トゥングクラダーッ	paper bag
かみん 仮眠	การงีบหลับ カーンギープラブ	nap
か 噛む	กัด / เคี้ยว カッ / キアゥ	bite / chew
ガム	หมากฝรั่ง マークファラング	gum
カムバック	การกลับมา カーンクラブマー	comeback

日	タイ	英
亀 (かめ)	เต่า タウ	turtle / tortoise
カメラ	กล้องถ่ายรูป クロンクターイルーブ	camera
カメラマン	ช่างภาพ チャーングパープ	photographer
画面 (がめん)	จอภาพ(ทีวี / ภาพยนตร์) チョーパープ (ティーウィー / パープパヨン)	screen / picture
鴨 (かも)	นกเป็ดน้ำ ノクペッナム	duck
科目 (かもく)	วิชา ウィチャー	item / subject
~かもしれない	อาจจะ アーッチャ	might be / perhaps
貨物 (かもつ)	สินค้า スィンカー	freight / cargo
かもめ	นกนางนวล ノクナーングヌアン	seagull / gull
火薬 (かやく)	ดินปืน ディンプーン	powder / gunpowder
粥 (かゆ)	ข้าวต้ม / โจ๊ก カウトム / チョク	rice porridge
痒い (かゆい)	คัน カン	itchy
痒み (かゆみ)	อาการคัน アーカーンカン	itch
歌謡 (かよう)	เพลง プレーング	song / ballad

亀 ➡ 歌謡　111

日	タイ	英
火曜日 (かようび)	วันอังคาร ワンアングカーン	Tuesday
殻 (から)	เปลือก プルァク	husk / shell / slough
空 (から)	ความว่างเปล่า クワームワーングプラゥ	emptiness
柄 (がら)	ลวดลาย ルァッラーイ	pattern
カラー	สี スィー	color
辛い (からい)	เผ็ด ペッ	hot / spicy
カラオケ	คาราโอเกะ カーラーオーケ	karaoke
からかう	แซว / แหย่ セーゥ / イェー	tease *sb* / make fun of *sb*
からす	กา カー	crow
ガラス	แก้ว / กระจก ケーゥ / クラチョク	glass
体 (からだ)	ร่างกาย / ตัว ラーングカーイ / トゥア	body
体つき (からだつき)	รูปร่าง / สัดส่วน ループラーング / サッスァン	one's build[shape] / figure
絡む (からむ)	เกี่ยวพัน キアゥパン	entangle / get involved[caught]
仮 (かり)	ชั่วคราว チュアクラーゥ	temporary / interim

112　火曜日 ➡ 仮

日	タイ	英
借り	การยืม / ติดหนี้ カーンユーム / ティッニー	borrowing / debt
狩り	การล่าสัตว์ カーンラーサッ	hunting
カリキュラム	หลักสูตร ラクスーッ	curriculum
仮に	สมมุติว่า ソムムッワー	tentatively / temporarily / for the time being
仮払い	เงินสำรองจ่าย ングンサムローングチャーイ	temporary payment
カリフラワー	ดอกกะหล่ำ ドークカラム	cauliflower
火力発電所	โรงไฟฟ้าพลังความร้อน ローングファイファーパラングクワームローン	thermal power plant[station]
借りる	ยืม / เช่า ユーム / チャウ	borrow / rent
刈る	ตัด / เล็ม タッ / レム	cut / trim
軽い	เบา / ง่าย / ไม่สำคัญ バウ / ンガーイ / マイサムカン	light / easy / unimportant
カルシウム	แคลเซียม クレースィアム	calcium
カルタ	เกมไพ่คารุตะ ケームパイカールタ	game played with karuta
カルテ	เวชระเบียนคนไข้ ウェーッラビアンコンカイ	clinical chart
彼	เขา カゥ	he

日	タイ	英
鰈(かれい)	ปลาลิ้นหมา プラーリンマー	flatfish
華麗(かれい)	หรูหรา / งดงาม ルーラー / ンゴッンガーム	elegance / brilliance / excellence
カレー	แกงกะหรี่ ケーングカリー	curry
ガレージ	โรงรถ ローングロッ	garage
彼ら(かれ)	พวกเขา プアクカウ	they
枯れる(か)	เหี่ยวเฉา / แห้ง ヒアウチャウ / ヘーング	die off / dry up
涸れる(か)	(น้ำ)แห้ง (ナム) ヘーング	dry out / run dry
カレンダー	ปฏิทิน パティティン	calendar
過労(かろう)	ทำงานหนัก タムンガーンナク	overwork / strain
辛うじて(かろ)	หวุดหวิด / เฉียดฉิว / แทบแย่ ウッウィッ / チアッチウ / テープイェー	barely / with difficulty
カロリー	แคลอรี่ ケロリー	calorie
川(かわ)	แม่น้ำ / สายน้ำ メーナム / サーイナム	river / stream
皮(かわ)	ผิวหนัง / เปลือก ピウナング / プルアク	skin / leather
側(がわ)	ข้าง / ฝ่าย カーング / ファーイ	direction / side

か

日	タイ	英
かわいい	น่ารัก ナーラク	charming / cute / lovely
かわいがる	เอ็นดู エンドゥー	have affection for / treat *sb*
かわいそう	น่าสงสาร ナーソングサーン	poor / miserable
渇(かわ)いた	กระหาย(น้ำ) クラハーイ（ナム）	thirsty
乾(かわ)かす	ทำให้แห้ง タムハイヘーング	dry
川岸(かわぎし)	ฝั่งแม่น้ำ ファングメーナム	riverside / riverbank
皮切(かわき)り	เริ่มต้น ルームトン	the beginning
乾(かわ)く	แห้ง ヘーング	dry up / run dry
渇(かわ)く	โหยหา / ปรารถนา ホーイハー / プラーッタナー	thirst for / crave
交(か)わす	แลกเปลี่ยน レークプリアン	exchange / intersect
為替(かわせ)	แลกเปลี่ยนเงินตรา レークプリアンングントラー	money order / exchange
変(か)わった	พิสดาร / ไม่เหมือนเดิม ピッサダーン / マイムアンドゥーム	strange / odd / unusual / eccentric
瓦(かわら)	กระเบื้อง クラブアング	tile
代(か)わり	แทนที่ テーンティー	substitute

日	タイ	英
変(か)わる	เปลี่ยน プリアン	change / be amended
代(か)わる	แทนที่ / ผลัด テーンティー / プラッ	take the place of / represent
換(か)わる	แลกเปลี่ยน(เงิน) レークプリアン（ングン）	be exchanged
代(か)わる代(が)わる	สับเปลี่ยนหมุนเวียน / ผลัดกัน サププリアンムンウィアン / プラッカン	by turns / in turn
刊(かん)	สิ่งตีพิมพ์ スィングティーピム	publication / edition
勘(かん)	ลางสังหรณ์ / สัมผัสที่ 6 ラーングサングホーン / サムパッティーホク	intuition / sixth sense
巻(かん)	ฉบับ / ภาค チャバブ / パーク	book / volume / part
官(かん)	รัฐ ラッ	government service / authorities
感(かん)	อารมณ์ / ความรู้สึก アーロム / クワームルースク	feeling / emotion / impression
缶(かん)	กระป๋อง クラポーング	can / canister
観(かん)	ทัศนะ タッサナ	sight / view
館(かん)	หอ / อาคารสาธารณะ ホー / アーカーンサーターラナ	public building / hall
癌(がん)	มะเร็ง マレング	cancer
簡易(かんい)	ง่าย ンガーイ	simple / easy

日	タイ	英
かんえん 肝炎	โรคตับอักเสบ ロークタブアクセーブ	hepatitis
がんか 眼科	จักษุวิทยา チャクスウィッタヤー	ophthalmology
かんがい 灌漑	การชลประทาน/การทดน้ำ カーンチョンプラターン / カーントッナム	irrigation / watering
がんかい 眼科医	จักษุแพทย์ チャクスペーッ	eye doctor / ophthalmologist
かんが 考え	ความคิด / การไตร่ตรอง クワームキッ / カーントライトロング	thinking / suggestion / consideration
かんが　かた 考え方	แนวคิด ネゥキッ	viewpoint / way of thinking
かんが 考える	คิด / ไตร่ตรอง キッ / トライトロング	think / consider
かんかく 感覚	ความรู้สึก / ประสาทสัมผัส クワームルースク / プラサーッサムパッ	feeling / sensation
かんかく 間隔	ช่องว่าง / การเว้นระยะ チョングワーング / カーンウェンラヤ	space / interval
かんかつ 管轄	ในกำกับดูแล ナイカムカブドゥーレー	control / jurisdiction
かんき 換気	การถ่ายเทอากาศ カーンターイテーアーカーッ	ventilation / change of air
かんき 乾季	ฤดูแล้ง ルドゥーレーング	the dry season
かんきゃく 観客	ผู้ฟัง / ผู้ชม プーファング / プーチョム	spectator / audience
がんきゅう 眼球	นัยน์ตา / ลูกตา ナイター / ルークター	eyeball

日	タイ	英
かんきょう 環境	สิ่งแวดล้อม スィングウェーッローム	environment / surrounding
かんきょうほご 環境保護	การอนุรักษ์สิ่งแวดล้อม カーンアヌラクスィングウェーッローム	environmental protection
かんき 缶切り	ที่เปิดกระป๋อง ティープーックラポーング	can opener
かんけい 関係	ความสัมพันธ์ クワームサムパン	relationship / effect
かんげい 歓迎	การต้อนรับ カーントーンラプ	welcome / reception
かんげき 感激	ความประทับใจ / ความตื้นตันใจ クワームプラタプチャイ / クワームトゥーンタンチャイ	deep emotion / impression
かんけつ 簡潔	โดยสรุป / อย่างย่อ ドーィサルプ / ヤーングヨー	brief / concise
かんげん 還元	คืนกำไรกลับไป クーンカムライクラプパイ	resolution / reduction
かんご 漢語	คำที่มาจากภาษาจีน カムティーマーチャークパーサーチーン	Chinese word
かんご 看護	พยาบาล パヤーバーン	nursing / care of the sick
がんこ 頑固	ดื้อดึง / หัวรั้น ドゥードゥング / ファラン	perverse / obstinate / stubborn
かんこう 刊行	การตีพิมพ์ カーンティーピム	publication / issue
かんこう 慣行	ธรรมเนียมประเพณี タムニアムプラペーニー	custom / convention
かんこう 観光	การท่องเที่ยว カーントングティアゥ	sightseeing / tourism

118 環境 ➡ 観光

日	タイ	英
かんこうあんないじょ 観光案内所	ศูนย์ข้อมูลนักท่องเที่ยว スーンコームーンナクトングティアゥ	tourist information center
かんこく 勧告	คำชี้แนะ / การแจ้งเตือน カムチーネ / カーンチェーングトゥアン	admonishment / advice
かんこく 韓国	เกาหลีใต้ カゥリータイ	South Korea
かんこくご 韓国語	ภาษาเกาหลี パーサーカゥリー	Korean
かんこくじん 韓国人	ชาวเกาหลี チャーゥカゥリー	Korean
かんごし 看護師	นางพยาบาล / บุรุษพยาบาล ナーングパヤーバーン / ブルッパヤーバーン	nurse
かんさつ 観察	การเฝ้าสังเกต カーンファゥサングケーッ	observation
かんさん 換算	แปลงค่า プレーンカー	conversion
かんし 監視	การเฝ้าระวัง / การตรวจตรา カーンファゥラワング / カーントルァットラー	watching / surveillance
かん 感じ	ความรู้สึก / ประมาณนี้ クワームルースク / プラマーンニー	feeling / sense / touch
かんじ 漢字	คันจิ / ตัวอักษรจีน カンチ / トゥアアクソーンチーン	kanji / Chinese character
かんじ 幹事	ผู้จัดงาน プーチャッンガーン	organizer / manager
がんじつ 元日	วันขึ้นปีใหม่ ワンクンピーマイ	New Year's Day / the first day of the year
(〜に) 関して	เกี่ยวกับ キアゥカッ	be connected with / concern

観光案内所 ➡ (〜に) 関して　　119

日	タイ	英
かんしゃ 感謝	การขอบคุณ カーンコープクン	thanks / gratitude / grace
かんじゃ 患者	ผู้ป่วย プープァイ	patient
かんしゅ 看守	ผู้คุมเรือนจำ プークムルアンチャム	guard
かんしゅう 慣習	ธรรมเนียม タムニアム	custom / observance
かんしゅう 観衆	ผู้รับชม プーラプチョム	spectator / audience
かんじゅせい 感受性	อารมณ์อ่อนไหวง่าย アーロムオーンワインガーイ	sensitivity
がんしょ 願書	ใบสมัคร / ใบคำร้อง バイサマク / バイカムローング	application / written petition
かんしょう 干渉	การแทรกแซง / การรบกวน カーンセークセーング / カーンロプクアン	interference / intervention
かんしょう 鑑賞	การเพลิดเพลิน カーンプルーップルーン	appreciation
かんじょう 勘定	การคิดเงิน / การชำระเงิน カーンキッングン / カーンチャムラングン	count / payment / allowance
かんじょう 感情	ความรู้สึก / อารมณ์ / ความหลงใหล クワームルースク / アーロム / クワームロングライ	feeling / emotion / passion
がんじょう 頑丈	แข็งแรง / ทนทาน ケングレーング / トンターン	solid / strong / sturdy
かんしょく 感触	ความรู้สึกจากการสัมผัส クワームルースクチャークカーンサムパッ	touch / sensation / feel
かん 感じる	รู้สึก / พึงพอใจ ルースク / プングポーチャイ	feel / have impression

120 感謝 ➡ 感じる

日	タイ	英
かんしん 感心	ความชื่นชม クワームチューンチョム	admirable / laudable
かんしん 関心	ความสนใจ クワームソンチャイ	interest / concern
かんじん 肝心	ส่วนสำคัญ スァンサムカン	important / essential
かん 関する	เกี่ยวข้อง キアゥコーング	be connected[concerned] with
かんせい 完成	สำเร็จ / เสร็จสมบูรณ์ サムレッ / セッソムブーン	completion / perfection
かんせい 歓声	เสียงเชียร์ スィアングチアー	shout of joy / cheering
かんぜい 関税	ภาษีศุลกากร パースィースンラカーコーン	custom / duty
かんせいとう 管制塔	หอบังคับการ ホーバングカプカーン	control tower
がんせき 岩石	หิน / โขดหิน ヒン / コーッヒン	rocks / stones and rocks
かんせつ 間接	ทางอ้อม ターングオーム	indirectness
かんせつ 関節	ข้อต่อ コートー	joint
かんせん 幹線	ถนนสายหลัก / ไฮเวย์ タノンサーイラク / ハイウェー	highway / trunk[main] line
かんせん 感染	การติดเชื้อ カーンティッチュア	infection / contagion
かんせん 観戦	การดูการแข่งขัน カーンドゥーカーンケンッカン	watching games / game watching

感心 ➡ 観戦　121

日	タイ	英
かんぜん 完全	สมบูรณ์แบบ / ครบถ้วน ソムブーンベーブ / クロプトゥアン	perfect / complete
かんそ 簡素	เรียบง่าย リアプンガーィ	simple / unadorned
かんそう 乾燥	ทำให้แห้ง / ตากให้แห้ง タムハイヘーング / タークハイヘーング	dryness / aridity
かんそう 感想	ความรู้สึก クワームルースク	feelings / reactions / impressions
かんぞう 肝臓	ตับ タプ	liver
かんそう 乾燥した	ตากแห้ง / แห้ง タークヘーング / ヘーング	dry[dried] / parched
かんそく 観測	การสังเกตการณ์ カーンサングケーッカーン	observation / survey
かんたい 寒帯	เขตหนาว ケーッナーゥ	the frigid zones
かんだい 寛大	ใจกว้าง / มีน้ำใจ チャイクワーング / ミーナムチャイ	tolerance / generosity
かんたん 簡単	ง่าย ンガーィ	simple / brief / easy
かんたんふ 感嘆符	เครื่องหมายตกใจ クルアングマーイトクチャイ	exclamation mark
かんちが 勘違い	เข้าใจผิด カウチャイピッ	misunderstanding
かんちょう 干潮	น้ำลง ナムロング	low tide / the ebb
かんづ 缶詰め	อาหารบรรจุกระป๋อง アーハーンバンチュクラポング	canned provision[food] / confining

日	タイ	英
かんてい 鑑定	การประเมินค่า / ตีราคา カーンプラムーンカー / ティーラーカー	judgment / appraisal
かんてん 観点	มุมมอง ムムモーング	point of view / perspective
かんでん 感電	ไฟฟ้าช็อต ファイファーチョッ	electric shock
かんでんち 乾電池	ถ่านไฟฉาย ターンファイチャーイ	dry cell battery
かんど 感度	ระดับความไวต่อสิ่งต่าง ๆ ラダップクワームワイトースィングターングー	sensitivity / intensity
かんどう 感動	ซาบซึ้ง / ประทับใจ サープスング / プラタップチャイ	strong emotion / impression
かんとく 監督	กำกับ / ควบคุม カムカプ / クワブクム	superintendence / supervisor / director
カンニング	ลอก / โกง(ข้อสอบ) ローク / コーング (コーソープ)	cheating
かんねん 観念	แนวคิด / ความคิดที่ฝังใจ ネウキッ / クワームキッティーファングチャイ	idea / concept / resignation
がんねん 元年	ปีแรก ピーレーク	the first year
かんぱ 寒波	คลื่นความหนาวเย็น クルーンクワームナーウイェン	cold wave / freeze
かんぱい 乾杯	ไชโย / ชนแก้ว チャイヨー / チョンケーウ	toast / cheers
がんば 頑張る	พยายามสู้ / ไม่ย่อท้อ パヤーヤームスー / マイヨートー	not give up / insist that / hang on
かんばん 看板	ป้ายประกาศ パーイプラカーッ	signboard / the public face

鑑定 ➡ 看板　　123

日	タイ	英
甲板（かんぱん）	ดาดฟ้าเรือ ダァーッファールァ	deck
看病（かんびょう）	พยาบาลผู้ป่วย パヤーバーンプープァイ	nursing / tending a sick person
幹部（かんぶ）	แกนนำ / ฝ่ายบริหารจัดการ ケーンナム / ファーイボーリハーンチャッカーン	executive / leader / principal member / the management
完璧（かんぺき）	สมบูรณ์แบบ ソムブーンベーブ	perfection / completeness
勘弁（かんべん）	ยกโทษ ヨクトーッ	forgive / excuse *sb*
願望（がんぼう）	ความปรารถนา クワームプラーッタナー	desire / wish
漢方薬（かんぽうやく）	ยาสมุนไพรจีน ヤーサムンプライチーン	traditional Chinese medicine / Chinese herbal medicine
カンボジア	กัมพูชา カムプーチャー	Cambodia
カンボジア人（じん）	ชาวกัมพูชา チャーゥカムプーチャー	Cambodian
冠（かんむり）	มงกุฎ モングクッ	crown
感無量（かんむりょう）	รู้สึกท่วมท้น ルースクトゥアムトン	deep emotion[feeling]
感銘（かんめい）	ความตราตรึงใจ クワームトラートルングチャイ	impression
勧誘（かんゆう）	เชื้อชวน / ชักชวน / หว่านล้อม チュァチュアン / チャクチュアン / ワーンローム	invitation / canvassing / salesmanship
関与（かんよ）	ความสัมพันธ์ / ส่วนเกี่ยวข้อง クワームサムパン / スアンキアゥコーング	involvement / engagement

日	タイ	英
かんよう 寛容	ความใจกว้าง クワームチャイクワーング	magnanimity / forgiveness / tolerance
かんよう 慣用	การใช้กันทั่วไป カーンチャイカントゥアパイ	customary use / usage
かんようく 慣用句	สำนวนโวหาร サムヌアンウォーハーン	idiom
がんらい 元来	ดั้งเดิม ダングドゥーム	originally / primarily
かんらん 観覧	การรับชม / ชมวิว カーンラプチョム / チコムウイゥ	seeing / inspection
かんり 管理	จัดการ / ควบคุม チャッカーン / クワプクム	management / maintenance
かんりょう 完了	เสร็จสมบูรณ์ セッソムブーン	completion / perfect tense / finishing
かんりょう 官僚	ข้าราชการ / เจ้าหน้าที่รัฐ カーラーッチャカーン / チャウナーティーラッ	government official / bureaucracy
かんれい 慣例	จารีตประเพณี チャーリーップラペーニー	custom / precedent
かんれん 関連	ความเกี่ยวข้อง / ความเกี่ยวเนื่อง クワームキアゥコーング / クワームキアゥヌァング	connection / relation / association
かんれんがいしゃ 関連会社	บริษัทที่มีกิจการเกี่ยวโยงกัน ボーリサッティーミーキッチャカーンキアゥヨーングカン	affiliated[associated] company
かんろく 貫禄	มีความสง่าภูมิฐาน ミ ウリームサカーフームターン	grave manner / air of importance
かんわ 緩和	การผ่อนคลาย / การบรรเทา カーンポーンクラーイ / カーンバンタウ	relaxation / relief

か

寛容 ➡ 緩和 125

| 日 | タイ | 英 |

▼き，キ

き

気	จิตวิญญาณ / จิตใจ チットウィンヤーン / チットチャイ	spirit / heart / intention / mind
木	ต้นไม้ / ไม้ トンマイ / マイ	tree / wood
気圧	ความกดอากาศ クワームコッアーカーツ	atmospheric pressure
議案	ร่างข้อเสนอ ラーングコーサヌー	bill / measure
キーボード	คีย์บอร์ด / แป้นพิมพ์ キーボーッ / ペーンピム	keyboard
キーホルダー	พวงกุญแจ プアングクンチェー	key ring
黄色	สีเหลือง スィールアング	yellow
黄色い	เหลือง ルアング	yellow
議員	สมาชิกสภา サマーチクサパー	member of an assembly / congressman / member of the Diet
キウイ	กีวี キーウィー	kiwi
消える	หายไป / ถูกลบไป ハーイパイ / トゥークロプパイ	go out / be deleted / disappear
義援金	เงินช่วยเหลือ ングンチュアイルア	donation / contribution
記憶	ความทรงจำ クワームソングチャム	remembrance / memory

126　気 ➡ 記憶

日	タイ	英
記憶力 (きおくりょく)	ความสามารถในการจำ クワームサマーッナイカーンチャム	memory / remembrance
気温 (きおん)	อุณหภูมิ ウンハプーム	temperature
機会 (きかい)	โอกาส オーカーッ	opportunity / chance
機械 (きかい)	เครื่องจักร クルアングチャク	machine
器械 (きかい)	อุปกรณ์เครื่องมือ ウパパコーンクルアングムー	instrument / apparatus
危害 (きがい)	ความเสียหาย クワームスィアハーイ	injury / harm
議会 (ぎかい)	สภาผู้แทนราษฎร サパープーテーンラーッサドン	assembly / Diet / parliament / congress
着替え (きがえ)	การเปลี่ยนเสื้อ カーンプリアンスア	changing clothes
着替える (きがえる)	เปลี่ยนเสื้อ プリアンスア	change clothes
気が変わる (きがかわる)	เปลี่ยนใจ プリアンチャイ	change one's mind
企画 (きかく)	แผนงาน / โปรเจค ペーンガーン / プローチェク	planning / project
規格 (きかく)	มาตรฐาน / เกณฑ์ マートラターン / ケーン	standard / norm
着飾る (きかざる)	แต่งกายสวยงาม テングカーイスアインガーム	dress up / put on fine clothes
気が付く (きがつく)	สังเกต サンケート	notice / realize / find / become aware of

記憶力 ➡ 気が付く 127

日	タイ	英
気兼ね	ความเกรงอกเกรงใจ クワームクレングオックレングチャイ	constraint / hesitant
気軽	ตามสบาย タームサバーイ	ease / light-hearted
器官	อวัยวะ アワイヤワ	organ
期間	ช่วงเวลา チュアングウェーラー	term / period
機関	องค์กร / หน่วยงาน オングコーン / ヌアインガーン	engine / machine / organization
季刊	รายไตรมาส ラーイトライマーッ	quarterly publication
気管	หลอดลม ローッロム	windpipe / trachea
機関車	รถจักร ロッチャク	engine / locomotive
危機	ภาวะวิกฤต / เสี่ยงอันตราย パーワウィックリッ / スィアングアンタラーイ	crisis / pinch / critical moment
聞き取り	การฟังเพื่อจับใจความ カーンファングプァチャブチャイクワーム	listening / hearing / listening comprehension
効き目	ผลสัมฤทธิ์ / ตาข้างที่ถนัด / สรรพคุณ ポンサムリッ / ターカーングティータナッ / サッパクン	effect / dominant eye
気球	บอลลูน ボーンルーン	balloon
企業	บริษัท / ผู้ประกอบการ ボーリサッ / プープラコーブカーン	business / company
戯曲	ละคร ラコーン	drama / play

日	タイ	英
ききん 基金	มูลนิธิ ムーンニティ	foundation / funds
ききん 飢饉	ความขาดแคลน / อดอยาก クワームカーックレーン / オッヤーク	drought / famine
ききんぞく 貴金属	โลหะมีค่า ローハミーカー	precious[noble] metal
き 効く	ออกฤทธิ์ / ได้ผล オークリッ / ダイポン	be effective / work
き 聞く	ฟัง / ได้ยิน ファング / ダイイン	hear / listen to
きぐ 器具	เครื่องภาชนะ クルアングパーチャナ	utensil / appliance
きげき 喜劇	ละครตลก ラコーンタロック	comedy / farce
ぎけつ 議決	มติ マティ	decision / resolution
きけん 危険	อันตราย アンタラーイ	danger / risk
きけん 棄権	สละสิทธิ์ / งดออกเสียง サラスィッ / ンゴッオークスイアング	nonvoting / withdrawal
きげん 期限	วันหมดเขต ワンモットケート	deadline
きげん 機嫌	อารมณ์ アーロム	mood / humor
きげん 起源	ต้นกำเนิด トンカムヌーッ	origin / the beginning
きこう 機構	กลไก / โครงสร้าง コンカイ / クローングサーング	organization / machinery

き

き

日	タイ	英
気候（きこう）	ภูมิอากาศ プーミアーカーッ	weather / climate
記号（きごう）	สัญลักษณ์ サンヤラク	symbol / sign
聞（き）こえる	ได้ยิน ダイイン	hear / sound / reach
帰国（きこく）	การกลับประเทศ カーンクラッププラテーッ	returning to one's country / going home to one's country
既婚（きこん）	แต่งงานแล้ว テンゲンガーンレーゥ	married
気障（きざ）	ขี้โอ่ / ถือตัว / หัวสูง キーオー / トゥートゥア / ファスーング	showy / smug
記載（きさい）	การบันทึก / การกรอกข้อความ カーンバントゥク / カーンクロークコークワーム	record / statement
ぎざぎざ	ขรุขระ / ไม่เรียบ クルクラ / マイリアプ	jagged / serrated / indentation
兆（きざ）し	ลางสังหรณ์ ラーングサングホーン	sign / indication / omen
刻（きざ）む	สับ / หั่นละเอียด サプ / ハンライアッ	chop / mince
岸（きし）	ชายฝั่ง / ริมฝั่ง チャーイファング / リムファング	the bank / shore / the edge
記事（きじ）	บทความ / ข่าว / รายงาน ボックワーム / カーウ / ラーインガーン	article / report / news
生地（きじ）	เนื้อผ้า ヌアパー	textile
雉（きじ）	ไก่ฟ้า カイファー	pheasant

130 気候 ➡ 雉

日	タイ	英
技師（ぎし）	วิศวกร ウィッサワコーン	engineer / technician
儀式（ぎしき）	งานพิธี / งานทางการ ンガーンピティー / ンガーンターングカーン	ceremony / formality
気質（きしつ）	นิสัยใจคอ ニサイチャイコー	temperament / mentality
期日（きじつ）	วันที่กำหนด ワンティーカムノツ	fixed date / term limit
議事堂（ぎじどう）	อาคารรัฐสภา アーカーンラッタサパー	assembly hall / capitol
軋む（きしむ）	เสียดสีให้เกิดเสียง スィアッスィーハイクーッスィアング	grate / squeak
汽車（きしゃ）	รถไฟ/รถไฟพลังไอน้ำ ロッファイ / ロッファイパラングアイナム	train
記者（きしゃ）	นักข่าว / ผู้สื่อข่าว ナクカーウ / プースーカーウ	reporter / journalist
記者会見（きしゃかいけん）	การให้สัมภาษณ์ผู้สื่อข่าว カーンハイサムパーッブースーカーウ	press conference
機種（きしゅ）	แบบ / รุ่นของเครื่องจักร ベープ / ルンコーングクルアングチャク	type / model
義手（ぎしゅ）	แขนเทียม ケーンティアム	artificial arm
記述（きじゅつ）	คำอธิบาย / การจดบันทึก カムアティバーイ / カーンチョッバントゥク	description / account
技術（ぎじゅつ）	เทคนิค / ความสามารถ テークニク / クワームサーマーッ	technique / skill
技術者（ぎじゅつしゃ）	ช่างเทคนิค チャーングテークニク	engineer / technician

技師 ➡ 技術者

日	タイ	英
きじゅん 基準	มาตรฐาน マーットラターン	standard / basis
きしょう 気象	สภาพอากาศ サパープアーカーッ	weather / atmospheric conditions
きしょう 起床	การตื่นนอน カーントゥーンノーン	rising / getting up / wakening
きしょう 気性	นิสัย / อารมณ์ ニサイ / アーロム	nature / mentality / disposition / temperament
ぎじろく 議事録	รายงานการประชุม ラーインガーンカーンプラチュム	the minutes
キス	จูบ チューブ	kiss
きず 傷	บาดแผล バーップレー	injury / scrape
きすう 奇数	เลขคี่ レークキー	odd number
きず 築く	สร้าง サーング	build / put up
きずつ 傷付く	บาดเจ็บ / เจ็บปวด / มีบาดแผล バーッチェプ / チェププアッ / ミーバーップレー	be injured / be wounded
きずつ 傷付ける	ทำให้บาดเจ็บ タムハイバーッチェプ	wound / injure / hurt
きせい 規制	กฎระเบียบ / ข้อบังคับ コッラビアプ / コーバングカプ	regulation / control
ぎせい 犠牲	เหยื่อ ユーア	sacrifice / victim
ぎせいしゃ 犠牲者	ผู้ตกเป็นเหยื่อ プートクペンユア	victim

日	タイ	英
きせいちゅう 寄生虫	ตัวพยาธิ / ปรสิต トゥアパヤーッ / パラスイッ	parasite
きせき 奇跡	ปาฏิหาริย์ パーティハーン	miracle
きせつ 季節	ฤดู ルドゥー	season
きぜつ 気絶	การเป็นลม / หมดสติ カーンペンロム / モッサティ	faint[fainting]
き 着せる	สวมเสื้อให้ / ป้ายความผิดให้ スアムスアハイ / パーイクワームピッハイ	put on / coat / clothe
きせん 汽船	เรือกลไฟ ルアコンファイ	steamship / steamboat
ぎぜん 偽善	การแสร้งทำเป็นคนดี / เจ้าเล่ห์ カーンセーングタムペンコンディー / チャウレー	hypocrisy
ぎぜんてき 偽善的	การเสแสร้ง / หลอกลวง カーンセーセーング / ロークルアング	hypocritical
きそ 基礎	พื้นฐาน プーンターン	the foundation / the base
きそ 起訴	การฟ้องร้อง カーンフォーングローング	indictment / prosecution
きそ 競う	แข่งขัน / แย่งชิง ケングカン / イエーングチング	compete / vie
きぞう 寄贈	การบริจาค / ของกำนัล カーンボーリチャーク / コーングカムナン	donation / gift
ぎぞう 偽造	การปลอมแปลง カーンプロームプレーング	forgery / fabrication / counterfeiting
きそく 規則	กฎ / กติกา [illegible]	rule / regulation

き

寄生虫 ➡ 規則 133

日	タイ	英
貴族（きぞく）	ขุนนาง / ผู้มีตระกูลสูง クンナーング / プーミートラクーンスーング	the nobility / patrician
義足（ぎそく）	ขาเทียม カーティアム	artificial leg
北（きた）	ภาคเหนือ パークヌア	north
ギター	กีต้าร์ キーター	guitar
北アメリカ（きたアメリカ）	อเมริกาเหนือ アメーリカーヌァ	North America
期待（きたい）	ความคาดหวัง クワームカーッワング	hopes / expectation
気体（きたい）	ก๊าซ カーッ	gas / vapor
議題（ぎだい）	วาระ / กระทู้ ワーラ / クラトゥー	subject for discussion / program
鍛える（きたえる）	ฝึกปรือ / บุกบั่น フクプルー / ブクバン	forge / train / improve
帰宅（きたく）	การกลับบ้าน カーンクラプバーン	return home
北朝鮮（きたちょうせん）	เกาหลีเหนือ カゥリーヌァ	North Korea
汚い（きたない）	สกปรก ソクカプロク	dirty / unsightly / miserly
来る（きたる）	มา / เข้ามาใกล้ / มาถึง マー / カゥマークライ / マートゥング	come / closer / arrive
基地（きち）	ฐานทัพ / ที่ตั้ง ターンタプ / ティータング	base / home

134　貴族　➡　基地

日	タイ	英
貴重（きちょう）	มีค่า ミーカー	precious / valuable
議長（ぎちょう）	ประธานการประชุม プラターンカーンプラチュム	the chair[chairperson] / president
貴重品（きちょうひん）	ของมีค่า コーングミーカー	valuables
几帳面（きちょうめん）	พิถีพิถัน / เจ้าระเบียบ ピティーピタン / チャウラビアプ	methodical / punctilious
きちんと	อย่างเรียบร้อย ヤーングリアプローイ	accurately / exactly / precisely / orderly
きつい	แรง / คับ / แข็ง / อึดอัด レーング / カプ / ケング / ウッアッ	strong-minded / strong / strict / tight
喫煙（きつえん）	การสูบบุหรี่ カーンスープブリー	smoking / smoke
気遣い（きづかい）	ความเอื้ออาทร / ความใส่ใจ クワームウアアートン / クワームサイチャイ	kindness / consideration / thoughtfulness
きっかけ	จุดเริ่มต้น / สาเหตุ チュットルームトン / サーヘーッ	cause / reason / start
きっかり	ตรง / พอดี トロング / ポーディー	exactly / just / precisely
気付く（きづく）	เข้าใจ / รู้สึกตัว カウチャイ / ルースクトゥア	know / be conscious
ぎっくり腰（ごし）	เอวเคล็ด エーウクレッ	strained back
喫茶（きっさ）	การดื่มชา カーンドゥームチャー	tea drinking
喫茶店（きっさてん）	ร้านน้ำชา / ร้านกาแฟ ラーンナムチャー / ラーンカフェー	teahouse / coffee bar

日	タイ	英
ぎっしり	แน่นเอี๊ยด ネンイアッ	tightly / densely
キッチン	ห้องครัว ホングクルァ	kitchen
切手	แสตมป์ ステム	stamp
きっと	อย่างแน่นอน ヤーングネーノーン	surely / be sure
狐	สุนัขจิ้งจอก スナックチングチョク	fox
きっぱり	อย่างชัดเจน ヤーングチャッチェーン	clearly / flatly / decidedly
切符	ตั๋ว トゥア	ticket
切符売り場	ที่ขายตั๋ว ティーカーイトゥア	ticket office / box office
規定	กฎ / ข้อบังคับ コッ / コーバングカブ	rules / regulation / provision
起点	จุดเริ่มต้น チュッルームトン	the starting point
機転	ไหวพริบ ワイプリブ	wits / tact
軌道	วิถีโคจร / ราง ウィティーコーチョン / ラーング	orbit railway / track
既読	อ่านแล้ว(ข้อความที่แจ้งในไลน์) アーンレーゥ(コークワームティーチェーングナイライ)	(already) read
気に入らない	ไม่ชอบ マイチョープ	not to one's liking / dissatisfied

日	タイ	英
気に入る	ประทับใจ / ชอบ プラタップチャイ / チョープ	be pleased / have a liking for
記入	กรอก / เขียนข้อมูล クローク / キアンコームーン	entry / filling out
絹	ผ้าไหม パーマイ	silk
記念	ที่ระลึก / ความทรงจำ ティーラルク / クワームソングチャム	celebration / remembrance
機能	หน้าที่ในการทำงาน / ฟังก์ชั่น ナーティーナイカーンタムンガーン / ファングチャン	feature / function
昨日	เมื่อวานนี้ ムアワーンニー	yesterday
技能	ความสามารถ クワームサーマーッ	skill / ability
きのこ	เห็ด ヘッ	mushroom
気の毒	น่าสงสาร / น่าเวทนา ナーソングサーン / ナーウェータナー	pitiful / regrettable / unfortunate
牙	เขี้ยว / งา キアゥ / ンガー	fangs / tusk
気迫	พลังใจ パラングチャイ	spirit / drive
規範	บรรทัดฐาน / มาตรฐาน バンタッターン / マートラターン	standard / norm
基盤	รากฐาน / พื้นฐาน ラークターン / プーンターン	base / foundation
厳しい	เข้มงวด ケムグアッ	strict / harsh / grueling

き

日	タイ	英
気品（きひん）	สง่า / ราศี サガー / ラースィー	dignity / grace
寄付（きふ）	การบริจาค カーンボーリチャーク	contribution / donation
気風（きふう）	ลักษณะนิสัย / จิตใจ ラクサナニサイ / チッチャイ	character / morale / spirit
起伏（きふく）	ลุ่มดอน / เจริญเสื่อม / ขึ้นลง ルムドーン / チャルーンスアム / クンロング	ruggedness / relief / ups and downs / undulations
ギプス	เฝือก ファク	plaster cast
気分（きぶん）	อารมณ์ アーロム	feeling / mood
規模（きぼ）	ขนาด / สเกล カナーッ / スケーン	scale / the size
希望（きぼう）	ความหวัง クワームワング	hope / prospect
基本（きほん）	รากฐาน / พื้นฐาน ラークターン / プーンターン	foundation / the basics
生真面目（きまじめ）	จริงจังมาก チングチャングマーク	very earnest / overly sincere
期末（きまつ）	ปลายเทอม プラーイトゥーム	the end of a term
決（き）まり	ข้อกำหนด コーカムノッ	rule / habit / settlement
きまり悪（わる）い	น่าอาย / งุ่มง่าม ナーアーイ / ングムンガーム	embarrassed / awkward
決（き）まる	ถูกกำหนด / เป็นที่ตกลงกัน トゥークカムノッ / ペンティートクロングカン	be decided / be held in place

日	タイ	英
黄身（きみ）	ไข่แดง カイデーング	yolk
～気味（ぎみ）	คล้าย ๆ จะ... / เกือบจะ クラーィクラーィチャ... / クァップチャ	feeling / sensation / tendency
機密（きみつ）	ความลับ クワームラプ	secret
気味の悪い（きみのわるい）	รู้สึกใจคอไม่ดี ルースゥクチャイコーマイディー	weird
奇妙（きみょう）	แปลก / ประหลาด プレーク / プララーッ	odd / strangely
義務（ぎむ）	หน้าที่ / ความรับผิดชอบ ナーティー / クワームラプピッチョープ	responsibility / duty / obligation
記名（きめい）	การกรอกชื่อ カーンクロークチュー	put down one's name
偽名（ぎめい）	ชื่อปลอม チューブローム	false[fictitious, assumed] name
決める（きめる）	กำหนด / เลือก カムノッ / ルアッ	decide / determine / make up one's mind / perform
気持ち（きもち）	ความรู้สึก クワームルースゥク	sensation / feeling
気持ちのよい（きもちのよい）	ความรู้สึกดี クワームルースゥクディー	comfortable / pleasant
着物（きもの）	เสื้อผ้า / ชุดกิโมโน スァパー / チュッキモーノー	kimono / clothes
疑問（ぎもん）	คำถาม / ข้อสงสัย カムターム / コーソングサイ	doubt / question
客（きゃく）	แขก / ลูกค้า ケーク / ルークカー	customer / guest

き

日	タイ	英
きやく 規約	สัญญา サンヤー	agreement / rules
ぎゃく 逆	ในทางตรงกันข้าม ナイターングトロングカンカーム	converse / opposite
ぎゃくしゅう 逆襲	การแก้แค้น / เอาคืน カーンケーケーン / アウクーン	counterattack
きゃくしょく 脚色	การปรุงแต่งให้เป็นบทละคร カーンプルングテングハイペンボッラコーン	dramatize / fictionalize
きゃくせき 客席	ที่นั่งสำหรับผู้ชม ティーナングサムラブプーチョム	seats for the audience
ぎゃくせつ 逆説	คำพูดที่ดูขัดแย้งกัน カムプーッティードゥーカッイェーングカン	paradox
ぎゃくたい 虐待	การทำทารุณกรรม カーンタムタールンカム	abuse
ぎゃくてん 逆転	การพลิกผัน カーンプリクパン	reverse / turn the tables on
ぎゃく 逆に	ในทางตรงกันข้าม ナイターングトロングカンカーム	conversely / the other way
きゃくほん 脚本	บทละคร / บทภาพยนตร์ ボッラコーン / ボッパーブパヨン	script / scenario
きゃくま 客間	ห้องรับแขก / เลาจน์ ホングラブケーク / ラウッ	living room / lounge
きゃしゃ 華奢	หุ่นเพรียว フンプリアウ	slender / slim / dainty
きゃっかん 客観	วัตถุวิสัย ワットゥウィサイ	objectivity
きゃっかんせい 客観性	วัตถุวิสัย ワットゥウィサイ	objectivity

日	タイ	英
キャッシュカード	บัตรเงินสด バッングンソッ	cash card
キャッチ	การรับลูกบอล カーンラプルークボーン	catch
キャビン アテンダント	พนักงานต้อนรับบนเครื่องบิน パナクンガーントーンラブボンクルアンゲビン	cabin attendant
キャプテン	กัปตัน カプタン	captain
キャベツ	กะหล่ำปลี カラムプリー	cabbage
ギャラ	ค่าตัวนักแสดง カートゥアナクサデーング	performance fee
キャリア	อาชีพ / ประวัติการทำงาน アーチーブ / プラワッカーンタムンガーン	career
ギャング	แก๊งอันธพาล ケーングアンタパーン	gang
キャンセル	การยกเลิก カ ンコゥル ッ	cancellation
キャンパス	แคมปัส / วิทยาเขต ケームパッ / ウィッタヤーケーッ	campus / school facility
キャンプ	แคมป์ ケーム	camp / boot camp
ギャンブル	การพนัน カーンパナン	gambling
急(きゅう)	ด่วน / กะทันหัน / อย่างรวดเร็ว ドゥアン / ガタンハン / ヤーングルアッレゥ	sudden / steep / rapid
球(きゅう)	ลูกบอล / ทรงกลม ルークボーン / ソンググロム	ball / bulb / round

き

日	タイ	英
きゅう 級	ระดับชั้น ラダップチャン	class / grade
きゅう 旧	เก่า / แบบเดิม カウ / ベープドゥーム	former / old / ancient
9	เก้า カウ	nine / the ninth
きゅうえん 救援	การกู้ชีพ カーンクーチープ	rescue / help / relief
きゅうか 休暇	วันลาพักผ่อน ワンラーパクポーン	day off / holidays
きゅうかく 嗅覚	การรับรู้ทางด้านกลิ่น カーンラプルーターングダーンクリン	sense of smell
ぎゅうかわ 牛革	หนังวัว ナングウァ	cowhide
きゅうかん 急患	คนไข้ฉุกเฉิน コンカイチュクチューン	emergency case / emergency
きゅうきゅうしゃ 救急車	รถพยาบาล ロッパヤーバーン	ambulance
きゅうぎょう 休業	การหยุดทำการ / ปิดบริการ カーンユッタムカーン / ピッボーリカーン	be closed / take a day off
きゅうきょく 究極	ที่สุด / สูงสุด ティースッ / スーングスッ	the extreme
きゅうくつ 窮屈	อึดอัด / คับแคบ / แร้นแค้น ウッアッ / カプケープ / レーンケーン	cramped / destitute / tight
きゅうけい 休憩	การพักชั่วครู่ カーンパクチュアクルー	take a break
きゅうげき 急激	อย่างรวดเร็วและรุนแรง / ฮวบฮาบ ヤーングルアッレゥレルンレーング / ファブハープ	extremely / suddenly

日	タイ	英
休講（きゅうこう）	การงดบรรยาย カーンゴッバンヤーィ	no lecture / class cancellation
急行（きゅうこう）	รถด่วน ロッドゥアン	express (train)
求婚（きゅうこん）	การขอแต่งงาน カーンコーテングンガーン	make a marriage proposal
球根（きゅうこん）	หัว / เหง้า フア / ンガゥ	bulb / tuber
休止（きゅうし）	การหยุดชั่วคราว カーンユッチュアクラーゥ	break / pause
休日（きゅうじつ）	วันหยุด ワンユッ	holiday / day off
吸収（きゅうしゅう）	การดูดซับ カーンドゥーッサブ	absorb / inhale
90	เก้าสิบ カゥスィブ	ninety
救出（きゅうしゅつ）	การกู้ภัย カーンクーパイ	rescue
急所（きゅうしょ）	จุดตาย / จุดสำคัญ チュッターイ / チュッサムカン	vital organ / key point
救助（きゅうじょ）	การช่วยชีวิต カーンチュアイチーウィッ	help / rescue
求人（きゅうじん）	การรับสมัครพนักงาน カーンラブサマックパナックンガーン	job offer / offer of employment
休戦（きゅうせん）	การพักรบ カーンパクロブ	cease fire / truce / armistice
休息（きゅうそく）	การพักให้หายเหนื่อย カーンパクハイハーィヌァイ	take a break / take a rest

休講 ➡ 休息　　143

日	タイ	英
きゅうそく 急速	อย่างรวดเร็ว ヤーングルアッレゥ	rapid / quickly
きゅうち 旧知	เพื่อนเก่า プァンカウ	old friend / longtime friend
きゅうでん 宮殿	พระราชวัง プララーッチャワング	royal palace / shrine
ぎゅうにく 牛肉	เนื้อวัว ヌァウア	beef
ぎゅうにゅう 牛乳	นม ノム	milk
きゅうぼう 窮乏	ความยากจน / ความขาดแคลน クワームヤークチョン / クワームカーックレーン	destitution / be in poverty
きゅうゆ 給油	การเติมน้ำมัน カーントゥームナムマン	refueling / oiling / lubricating
きゅうゆう 旧友	เพื่อนเก่า プァンカウ	old friend
きゅうよ 給与	เงินเดือน/ค่าตอบแทน ングンドゥアン / カートープテーン	wages / salary
きゅうよう 休養	การพักฟื้น カーンパクフーン	rest / vacation / relaxation / recreation
きゅうよう 急用	ธุระด่วน トゥラドゥアン	urgent business
きゅうり 胡瓜	แตงกวา テングクワー	cucumber
きゅうりょう 丘陵	เนินเขา ヌーンカウ	hill
きゅうりょう 給料	เงินเดือน/ค่าตอบแทน ングンドゥアン / カートープテーン	wages / income

日	タイ	英
きゅうりょうび 給料日	วันเงินเดือนออก ワングンドゥアンオーク	payday
きよ 寄与	การช่วยเหลือ / สร้างประโยชน์ カーンチュアイルァ / サーングプラヨーッ	contribute
きよ 清い	สะอาด / บริสุทธิ์ サアーッ / ボーリスッ	clean / innocent / pure
きょう 強	...กว่า / ค่อนข้าง... ... クワー / コーンカーング...	little over / power / one of the biggest
きょう 教	ทฤษฎี / ลัทธิ トリッサディー / ラッティ	doctrine / -ism
きょう 今日	วันนี้ ワンニー	today
きよう 器用	ชำนาญ / ละเอียดประณีต チャムナーン / ライアップラニーッ	proficient / skillfully
ぎょう 業	งาน / อุตสาหกรรม ンガーン / ウッサーハカム	work / industry
ぎょう 行	บรรทัด バンタッ	line
きょうい 驚異	ความประหลาดใจ クワームプララーッチャイ	miracle / wonder / astonishment / marvel
きょういく 教育	การศึกษา カーンスクサー	train / education
きょうか 強化	ทำให้แข็งแรงขึ้น タムハイケングレーングクン	reinforce / strengthen
きょうか 教科	วิชา ウィチャー	school subject / course of study / curriculum
きょうかい 協会	สมาคม サマーコム	union / society

日	タイ	英
きょうかい 境界	เส้นแบ่งเขต センベングケーッ	border / boundary / demarcation
きょうかい 教会	โบสถ์ ボーッ	church / chapel
きょうがく 共学	สหศึกษา サハスクサー	coeducation
きょうかしょ 教科書	ตำราเรียน タムラーリアン	textbook
きょうかん 共感	ความรู้สึกร่วม クワームルースクルアム	compassion / sympathy
きょうき 狂気	ความคลุ้มคลั่ง クワームクルムクラング	insanity / madness
きょうぎ 競技	การแข่งขันกีฬา カーンケングカンキーラー	game / tournament
きょうぎ 協議	การประชุมหารือ カーンプラチュムハールー	negotiate / consultation
ぎょうぎ 行儀	กริยามารยาท クリヤーマーラヤーッ	deportment / behavior / manners
きょうきゅう 供給	การป้อนสินค้า / ซัพพลาย カーンポーンスィンカー / サププラーィ	supply / distribution
きょうぐう 境遇	ภาวะแวดล้อม パーワウェーッローム	environment / position / surrounding / circumstances
きょうくん 教訓	บทเรียน/การสั่งสอน ボッリアン / カーンサングソーン	didactic / lesson
きょうけんびょう 狂犬病	โรคพิษสุนัขบ้า ロークピッスナクバー	hydrophobia / rabies
きょうこう 強硬	แข็งกร้าว / แน่วแน่ ケングクラーゥ / ネゥネー	adamant / strong

日	タイ	英
きょうこう 強行	บังคับ バンケカブ	force on / enforce
きょうこう 恐慌	ความตื่นตระหนกใจ クワームトゥーントラノクチャイ	crisis / panic
きょうざい 教材	เอกสารประกอบการเรียน エークサーンプラコープカーンリアン	teaching materials
きょうさく 凶作	ผลผลิตไม่ดี ポンパリッマイディー	poor crop / bad harvest
きょうさん 共産	สังคมนิยม サンクコムニヨム	communism
きょうし 教師	อาจารย์ / ครู / ผู้สอน アーチャーン / クルー / プーソーン	teacher / instructor
ぎょうじ 行事	งาน ンガーン	event
きょうしつ 教室	ห้องเรียน ホンクリアン	classroom / course
ぎょうしゃ 業者	ผู้ค้า / ผู้ประกอบการ プーカー / プープラコーップカーン	trader / manufacturer
きょうじゅ 享受	การเพลิดเพลิน カーンプルーップルーン	enjoyment / be blessed with
きょうじゅ 教授	การสั่งสอน / ศาสตราจารย์ カーンサンソーン / サーットラーチャーン	teaching / professor
きょうしゅう 教習	การฝึกทักษะ カーンフクタクサ	training / learning / instruction
きょうしゅう 郷愁	ความรู้สึกคิดถึงบ้านเกิด クワームルースクキットゥンクバーンクーット	homesickness / nostalgia
きょうしゅく 恐縮	รู้สึกเกรงใจ / ขออภัย ルースククレンクチャイ / コーアパイ	be grateful / be sorry

強行 ➡ 恐縮　147

日	タイ	英
きょうしょく 教職	อาชีพครู アーチープクルー	the teaching profession
きょう 興じる	สนุกอยู่กับ / เพลิดเพลินอยู่กับ サヌクユーカブ / プルートプルーンユーカブ	amuse oneself / have fun
きょうせい 強制	การบังคับ カーンバングカブ	compulsion / constraint
ぎょうせき 業績	ผลงาน/ผลประกอบการ ポンンガーン / ポンプラコープカーン	work / accomplishment / achievement / performance
きょうそう 競争	การแข่งขัน カーンケングカン	competition / race
きょうぞん 共存	การอยู่ร่วมกัน カーンユールアムカン	coexistence
きょうだい 兄弟	พี่น้อง ピーノーング	sibling / brother / sister
きょうち 境地	ภาวะ / แขนง / วงการ パーワ / カネーング / ウォングカーン	a mental state / ground
きょうちょう 協調	การร่วมมือกัน カーンルアムムーカン	cooperation
きょうちょう 強調	การเน้นย้ำ カーンネンヤム	emphasis / strong tone
きょうつう 共通	ร่วมกัน ルアムカン	common
きょうてい 協定	ข้อตกลงร่วมกัน/สัญญา コートッロングルアムカン / サンヤー	agreement / contract
きょうどう 共同	การใช้ร่วมกัน カーンチャイルアムカン	cooperation / community / collaboration
きょうどりょうり 郷土料理	อาหารพื้นเมือง アーハーンプーンムアング	local[country] dish

日	タイ	英
きょうはく 脅迫	การข่มขู่ カーンコムクー	threat / intimidation
きょうはん 共犯	การสมรู้ร่วมคิด カーンソムルールァムキッ	complicity / involvement / accomplice
きょうふ 恐怖	ความกลัว クワームクルア	fear / terror / scare
きょうみ 興味	ความสนใจ クワームソンチャイ	interest / curiosity
ぎょうむ 業務	งาน / ภาระหน้าที่ ンガーン / パーラナーティー	business / operation
きょうめい 共鳴	การส่งเสียงกังวาน カーンソングスィアングカングワーン	resonance / sympathy
きょうよう 教養	การศึกษา カーンスクサー	culture / education
きょうりゅう 恐竜	ไดโนเสาร์ ダイノーサゥ	dinosaur
きょうりょく 協力	ความร่วมมือ クワームルァムムー	cooperation / assistance
きょうりょく 強力	มีพลัง / มีอำนาจ ミーパラング / ミーアムナーッ	strong / powerful
きょうれつ 強烈	รุนแรง ルンレーング	intense / strong
ぎょうれつ 行列	แถว / ขบวน テーゥ / カブアン	line / procession
きょうわ 共和	สาธารณรัฐ サーターラナラッ	republic
きょえいしん 虚栄心	ความหยิ่งยโส クワームイングヤソー	vanity

き

き

日	タイ	英
許可（きょか）	การอนุญาต カーンアヌヤーッ	permission / admission
漁業（ぎょぎょう）	การประมง カーンプラモング	fishery
曲（きょく）	เพลง / ท่วงทำนอง プレーング / トゥァングタムノーング	music / piece / tune / interest
曲線（きょくせん）	เส้นโค้ง センコーング	curved line / curve
極端（きょくたん）	สุดขั้ว / สุดโต่ง スックァ / スットーング	extreme
居住（きょじゅう）	การอยู่อาศัย / ที่พัก カーンユーアーサイ / ティーパク	residence / abode
拒食症（きょしょくしょう）	อาการเบื่ออาหาร アーカーンブァアーハーン	anorexia
巨人（きょじん）	ยักษ์/มนุษย์ร่างใหญ่ ヤク / マヌッラーングヤイ	giant / leading figure
拒絶（きょぜつ）	การปฏิเสธ カーンパティセーッ	refusal / rejection
漁船（ぎょせん）	เรือหาปลา ルァハープラー	fishing boat
漁村（ぎょそん）	หมู่บ้านชาวประมง ムーバーンチャーゥプラモング	fishing village
巨大（きょだい）	ขนาดมหึมา/มโหฬาร カナーッマフマー / マホーラーン	very large / huge
拠点（きょてん）	จุดยุทธศาสตร์ / ที่มั่น チュッユッタサーッ / ティーマン	base / foothold / focal point
去年（きょねん）	ปีที่แล้ว ピーティーレーゥ	last year

日	タイ	英
拒否（きょひ）	การปฏิเสธ / การไม่รับข้อเสนอ カーンパティセーッ / カーンマイラブコーサヌー	refusal / disapproval
許容（きょよう）	การยอมรับได้ / การให้อภัย カーンヨームラブダイ / カーンハイアパイ	permission / forgiveness / allowance
清らか（きよらか）	บริสุทธิ์ / ใสซื่อ ボーリスッ / サイスー	clean / innocent / pure
距離（きょり）	ระยะทาง / ช่องว่าง ラヤターング / チョングワーング	distance / gap
嫌い（きらい）	ไม่ชอบ / เกลียด マイチョープ / クリアッ	disliking / hate
きらいがある	มีแนวโน้มจะไม่ชอบ ミーネゥノームチャマイチョープ	to have a tendency to
嫌う（きらう）	ไม่ชอบ / เกลียด マイチョープ / クリアッ	dislike
気楽（きらく）	ง่าย ๆ / สบาย ๆ ンガーインガーイ / サバーイサバーイ	easygoing / relaxed
きらびやか	เป็นประกาย / เงางาม ペンプラカーイ / ンガウンガーム	gorgeous / glittering
霧（きり）	หมอก モーク	fog
切り（きり）	เพียงแค่ / สิ้นสุด ピアンケ / スィンスッ	only / the end of it
義理（ぎり）	คุณธรรม クンナタム	justice / social obligation
切り換える（きりかえる）	สับเปลี่ยน サッププリアン	change / switch
切り株（きりかぶ）	ตอไม้ トーマイ	tree stump

日	タイ	英
切り傷	แผลขีดข่วน プレーキーックァン	cut / slash / gash
ギリシャ	ประเทศกรีก プラテーックリーク	Greece
ギリシャ語	ภาษากรีก パーサークリーク	Greek
キリスト	พระเยซูคริสต์ プライエースークリッ	Jesus Christ
キリスト教	ศาสนาคริสต์ サーッサナークリッ	Christianity
キリスト教徒	คริสต์ศาสนิกชน クリッサーッサニㇰカチョン	Christian
規律	กฎ / ข้อบังคับ コッ / コーバンクカプ	discipline / regulations
切り札	ไพ่ไม้ตาย パイマイターイ	trump card
気流	กระแสลม クラセーロム	air current
技量	ทักษะ / ความชำนาญ タクサ / クワームチャムナーン	skill / ability
きりん	ยีราฟ イーラーフ	giraffe
切る	ตัด / สับ タッ / サプ	cut / chop / break off
着る	สวมใส่ スアムサイ	put on / wear
切れ	ชิ้น / เศษผ้า / ความคม チン / セーッパー / クワームコム	a piece / slice / cloth

日	タイ	英
綺麗 (きれい)	สวย/สะอาด/เรียบร้อย スアイ / サアーッ / リァブローイ	beautiful / tidy / clean
切れ目 (きれめ)	รอยผ่า / ช่วงเว้น ローイパー / チュアングウェン	rift / end / break
切れる (きれる)	ขาด/ถูกตัด/หมดอายุ/คม カーッ / トゥークタッ / モッアーユ / コム	break / slice / expire / be cut
キロ	กิโล キロー	kilo
帰路 (きろ)	ทางกลับบ้าน ターングクラブバーン	way home / homeward
記録 (きろく)	การบันทึก カーンバントゥク	record / recording / document
キログラム	กิโลกรัม キロークラム	kilogram
キロメートル	กิโลเมตร キローメーッ	kilometer
議論 (ぎろん)	การถกเถียง カーントッティアング	argument / discussion
疑惑 (ぎわく)	ข้อสงสัย / ไม่เชื่อ コーソングサイ / マイチュア	distrust / doubt
極まる (きわまる)	ถึงขีดสุด トゥングキーッスッ	reach an extreme / end
極み (きわみ)	อย่างมากที่สุด ヤーングマークティースッ	height / extremity / peak / utmost
極めて (きわめて)	มากมาย / เหลือเกิน マークマーイ / ルアクーン	extremely
気を付ける (きをつける)	ระมัดระวัง ラマッラワング	be careful / look out

綺麗 ➡ 気を付ける 153

日	タイ	英
きん 菌	เชื้อโรค チュアローク	fungus / germ / bacterium
きん 金	ทอง / เงินตรา トーング / ングントラー	gold / money
ぎん 銀	เงิน ングン	silver
きんいろ 金色	สีทอง スィートーング	gold (color)
ぎんいろ 銀色	สีเงิน スィーングン	silver (color)
きんえん 禁煙	ห้ามสูบบุหรี่ ハームスーブブリー	smoking cessation / quitting smoking
きんか 金貨	เหรียญทอง リアントーング	gold coin / gold
ぎんか 銀貨	เหรียญเงิน リアンングン	silver coin / silver
ぎんが 銀河	ทางช้างเผือก /กาแลกซี่ ターングチャーングプアク / カーレクスィー	the Galaxy / the Milky Way
きんがく 金額	จำนวนเงิน チャムヌアンングン	amount of money
きんきゅう 緊急	ฉุกเฉิน / เร่งด่วน チュクチューン / レングドゥアン	emergency / urgency
きんぎょ 金魚	ปลาทอง プラートーング	goldfish
きんこ 金庫	ตู้นิรภัย トゥーニラパイ	safe / cash office
きんこう 均衡	สัดส่วน / สมดุล サッスアン / ソムドゥン	balance / equipoise / equilibrium

き

日	タイ	英
近郊（きんこう）	ชานเมือง チャーンムアング	suburbs / outskirts
銀行（ぎんこう）	ธนาคาร タナーカーン	bank
銀行口座（ぎんこうこうざ）	บัญชีธนาคาร バンチータナーカーン	bank account
銀行振込（ぎんこうふりこみ）	การโอนเงินผ่านธนาคาร カーンオーンングンパーンタナーカーン	bank transfer
禁止（きんし）	การห้าม カーンハーム	prohibition / ban
近視（きんし）	สายตาสั้น サーイターサン	nearsightedness / myopia
禁止された（きんしされた）	ต้องห้าม トーングハーム	prohibited / forbidden / barred
禁酒（きんしゅ）	การห้ามดื่มสุรา カーンハームドゥームスラー	abstinence from alcohol
近所（きんじょ）	แถวบ้าน テーウバーン	the neighborhood
禁じる（きんじる）	ห้าม ハーム	forbid / interdict
金銭（きんせん）	เงิน / เงินสด ングン / ングンソッ	money / cash
金属（きんぞく）	โลหะ ローハ	metal
近代（きんだい）	สมัยใหม่ サマイマイ	recent times / the present day
緊張（きんちょう）	ความประหม่า クワームプラマー	tension / strain

近郊 ➡ 緊張　155

日	タイ	英
きんにく 筋肉	กล้ามเนื้อ クラームヌァ	muscle
きんべん 勤勉	ขยัน / ความอุตสาหะ カヤン / クワームウッサーハ	hard work / diligence
ぎんみ 吟味	การพินิจพิเคราะห์ カーンピニッピクロ	close examination / careful section [investigation] / scrutiny
きんむ 勤務	ภาระ / หน้าที่ パーラ / ナーティー	job / duty
きんもつ 禁物	ของต้องห้าม / สิ่งต้องห้าม コーングトーングハーム / スィングトーングハーム	taboo / forbidden thing
きんゆう 金融	การกู้เงิน / การเงิน カーンクーングン / カーンングン	finance
きんようび 金曜日	วันศุกร์ ワンスク	Friday
きんり 金利	ดอกเบี้ย ドークビア	interest
きんろう 勤労	แรงงาน / การทำงาน レーングンガーン / カーンタムンガーン	laboring / working

▼ く, ク

日	タイ	英
く 句	วลี / วรรค(กลอน) ワリー / ワク (クローン)	phrase / haiku
く 区	เขต / การแบ่ง ケーッ / カーンベング	district / division
く 苦	ความยุ่งยาก / ลำบาก クワームユングヤーク / ラムパーク	pain / hardship / trouble
ぐあい 具合	อาการ / สภาพ アーカーン / サパーブ	condition / one's health / way

日	タイ	英
クアラルンプール	กัวลาลัมเปอร์ クアラーラムプー	Kuala Lumpur
区域（くいき）	อาณาบริเวณ / เขตแดน アーナーボーリウェーン / ケーッデーン	limit / area / territory
クイズ	คำถาม / ควิซ カムターム / クウィッツ	question / quiz
食い違う（くいちがう）	เห็นต่างกัน / ไม่ลงรอยกัน ヘンターングカン / マイロングローイカン	cross / do not match
食う（くう）	กิน / ยังชีพ キン / ヤングチープ	eat
空間（くうかん）	ช่องว่าง / เนื้อที่ว่าง チョングワーング / ヌアティーワーング	space / elbowroom
空気（くうき）	อากาศ / บรรยากาศ アーカーッ / バンヤーカーッ	air / atmosphere
空気清浄器（くうきせいじょうき）	เครื่องฟอกอากาศ クルアングフォークアーカーッ	air filter[cleaner]
空港（くうこう）	สนามบิน サナームビン	airport
偶数（ぐうすう）	เลขคู่ レーククー	even number
空席（くうせき）	ที่นั่งว่าง ティーナングワーング	vacant[empty] seat / vacancy
偶然（ぐうぜん）	โดยบังเอิญ / โดยไม่ได้ตั้งใจ ドーイバングウーン / ドーイマイダイタングチャイ	by chance / accidentally
空想（くうそう）	ความเพ้อฝัน / จินตนาการ クワームプーファン / チンタナーカーン	fantasy / imagination
偶像（ぐうぞう）	สิ่งที่เทิดทูน / เครื่องสักการะ / เทวรูป シイングティータートトゥーン / クルアングサッカラ / テーワループ	idol / icon / statue

日	タイ	英
空中(くうちゅう)	กลางอากาศ / บนท้องฟ้า クラーングアーカーツ / ボントーングファー	the air / the sky
クーデター	รัฐประหาร / ปฏิวัติ ラッタプラハーン / パティワッ	coup d'état
空洞(くうどう)	ถ้ำ / โพรง タム / プローング	hollow / cave
空腹(くうふく)	ท้องว่าง / หิว トーングワーング / ヒゥ	empty stomach
クーポン	คูปอง クーポング	coupon / voucher
クーラー	เครื่องปรับอากาศ クルアングプラブアーカーツ	air conditioner / cooler
クール	ความเย็น/ความสุขุม クワームイェン / クワームスクム	coolness
空路(くうろ)	เส้นทางการบิน センターングカーンビン	air route[lane]
区画(くかく)	เขต / การแบ่งเขต ケーッ / カーンベングケーッ	division / section
九月(くがつ)	เดือนกันยายน ドゥアンカンヤーヨン	September
区間(くかん)	ช่วง / เขต チュアング / ケーッ	section / territory
茎(くき)	ก้าน / ลำต้น カーン / ラムトン	stem / cane
釘(くぎ)	ตะปู / หมุด タプー / ムッ	nail / pin / tack
苦境(くきょう)	การตกที่นั่งลำบาก カーントクティーナングラムバーク	difficulty / crisis / predicament / pinch / hardship

日	タイ	英
区切り	ช่วงเว้นหยุด / เครื่องหมายคั่น チュアンウェンユッ / クルアンマイカン	pause / punctuation / period
区切る	ขีดคั่น キーッカン	punctuate / cut off
くぐる	ลอดผ่าน ローッパーン	pass through (under) / get around
草	หญ้า ヤー	grass / weed
臭い	กลิ่นเหม็น クリンメン	stinking / ill smelling
草地	ทุ่งหญ้า トゥングヤー	grassland / meadow
腐った	เน่า / บูด / พัง ナウ / ブーッ / パング	rotten / gone bad / decayed
鎖	โซ่ ソー	chain
腐る	เน่า / เปื่อย ナウ / ブィイ	rot / waste away
櫛	หวี ウィー	comb
くじ	สลาก / ฉลาก サラーク / チャラーク	lottery
孔雀	นกยูง ノクユーング	peacock / peahen
くしゃみ	จาม チャーム	sneezing
苦情	ร้องทุกข์ ローングトゥク	complaint / objection

区切り ➡ 苦情　159

日	タイ	英
鯨 (くじら)	ปลาวาฬ プラーワーン	whale
苦心 (くしん)	ความทรมาน / ยากลำบาก クワームトラマーン / ヤークラムバーク	pains / labor / be at pains to
くすぐったい	จักจี้ チャクカチー	tickle
崩す (くずす)	ทลาย / แตกเงินปลีก タラーイ / テークングンプリーク	break / disturb / destroy
薬 (くすり)	ยา / สารเคมี ヤー / サーンケーミー	medicine / chemicals
薬指 (くすりゆび)	นิ้วนาง ニゥナーング	the ring finger / the fourth toe
崩れる (くずれる)	ล้มครืนลง / เสียรูป ロムクルーンロング / スィアループ	collapse / break / fall apart / be destroyed
癖 (くせ)	นิสัยติดตัว / ผมชี้ ニサイティットゥア / ポムチー	habit / curl
糞 (くそ)	ขี้ キー	shit / excrement
具体 (ぐたい)	รูปธรรมชัดเจน ループバタムチャッチェン	define / specific
具体的 (ぐたいてき)	อย่างเป็นรูปธรรม ヤーングペンループバタム	concreteness
砕く (くだく)	ทำให้เป็นผุยผง タムハイペンプイポング	break into pieces / smash / crush
砕ける (くだける)	แตกเป็นผุยผง / แตกกระจาย テークペンプイポング / テーククラチャーイ	be broken / become easy
果物 (くだもの)	ผลไม้ ポンラマイ	fruit

日	タイ	英
下(くだ)らない	ไร้สาระ / ไม่เข้าท่า ライサーラ / マイカゥター	trifling / foolish
下(くだ)り	ขาลง カーロング	descent / going down
下(くだ)る	ลง / ต่ำลงมา ロング / タムロングマー	come down / be handed down
口(くち)	ปาก パーク	mouth / speech
愚痴(ぐち)	บ่น / โวยวาย ボン / ウォーイワーイ	silly / grumble / complaint
口癖(くちぐせ)	คำพูดติดปาก カムプーッティッパーク	favorite[pet] phrase / way of talking
口(くち)げんか	การมีปากเสียง / ทะเลาะวิวาท カーンミーパークスィアング / タロウィワーッ	quarrel / argument
口(くち)ずさむ	ฮัมเพลง ハムプレーング	hum / sing to oneself
くちばし	จงอยปาก チャンゴーイパーク	bird's bill / beak
唇(くちびる)	ริมฝีปาก リムフィーパーク	the lips
口笛(くちぶえ)	การผิวปาก カーンピゥパーク	whistle
口紅(くちべに)	ลิปสติก リプスティク	lipstick / red rim
口調(くちょう)	โทนเสียง トーンスィアング	tone of voice / accent
朽(く)ちる	เน่า / ผุพัง / สลาย ナゥ / プパング / サラーイ	rot / crumble / end one's days in obscurity

下らない ➡ 朽ちる 161

日	タイ	英
靴(くつ)	รองเท้า ローングタウ	shoes
苦痛(くつう)	ความทุกข์ทรมาน / ความเจ็บปวด クワームトゥクトラマーン / クワームチェププアッ	suffering / pain
覆す(くつがえす)	ล้มล้าง / หักล้าง ロムラーング / ハクラーング	overturn / reverse
クッキー	คุกกี้ クッキー	cookie / biscuit
くっきり	อย่างชัดเจน ヤーングチャッチェーン	distinctly / clearly
靴下(くつした)	ถุงเท้า トゥングタウ	socks / hose
ぐっすり	(หลับ)สนิท (ラプ) サニッ	soundly / heavily
屈折(くっせつ)	การหักเห/การโค้งงอ カーンハクヘー / カーンコーングンゴー	bending / twisting / refraction
くっつく	ติดแน่น ティッネン	stick / keep close / get involved
くっつける	ประกบติด / จับคู่ให้ プラコプティッ / チャプクーハイ	make *sth* stick / put together / attach
屈服(くっぷく)	การยอมแพ้/ยอมจำนน カーンヨームペー / ヨームチャムノン	submission / surrender
靴べら(くつべら)	ที่ช้อนรองเท้า ティーチョーンローングタウ	shoehorn
靴磨き(くつみがき)	ที่ขัดรองเท้า ティーカッローングタウ	shoe polishing
くつろぐ	ผ่อนคลาย ポーンクラーイ	relax / at home / feel at ease

日	タイ	英
くどい	พร่ำเพรื่อ / เซ้าซี้ プラムプルア / サゥスィー	insistent / strong / lengthy
口説く	พูดเกลี้ยกล่อม プークリアクローム	persuade / seduce
国	ประเทศ プラテート	country / region
苦悩	ความทุกข์ / ขมขื่น クワームトゥク / コムクーン	agony / anguish / distress / suffering
配る	แจก / แบ่ง チェーク / ベング	distribute / pass around / deliver / circulate / hand out
首	คอ コー	neck
首飾り	สร้อยคอ ソーイコー	necklace
首輪	ปลอกคอ プロークコー	collar / choker
工夫	การดัดแปลงประยุกต์ カンダッドプレーンプラユック	device / contrivance / means
区分	การแบ่งประเภท カーンベングプラペート	division / sorting
区別	การคัดแยก カーンカッドイェーク	difference / discrimination
熊	หมี ミー	bear
組	กลุ่ม / ชุด / ชั้นเรียน クルム / チュッ / チャンリアン	class / team / set
組合	สมาพันธ์ サマーパン	association / union

日	タイ	英
組み合せ (くみあわせ)	การประกอบเข้าด้วยกัน カーンプラコープカウドゥアイカン	combination / pairing
組み込む (くみこむ)	สอดเข้าไป ソーッカゥパイ	cut in / fit *sth* into
組み立てる (くみたてる)	ประกอบขึ้น / ก่อขึ้น プラコープクン / コークン	put together / construct
くむ	ตักน้ำ / สูบ タクナム / スープ	dip up / pump
酌む (くむ)	เท / ริน テー / リン	pour
組む (くむ)	จับมือกับ / จับคู่ チャプムーカプ / チャプクー	unite / pair up
クメール語 (クメールご)	ภาษาเขมร パーサーカメーン	Khmer
雲 (くも)	เมฆ メーク	cloud
蜘蛛 (くも)	แมงมุม メーングムム	spider
曇り (くもり)	มืดครึ้ม ムーックルム	cloudy / fogginess / gloominess
曇る (くもる)	มีเมฆ ミーメーク	become cloudy / fog up
悔しい (くやしい)	เจ็บใจ / เสียดายที่พลาด チェプチャイ / スィアダーイティープラーッ	regretful / vexatious / be frustrated
悔む (くやむ)	รู้สึกเสียดายที่พลาด ルースクスィアダーイティープラーッ	regret / mourn over
蔵 (くら)	โกดังสินค้า / ที่เก็บของ コーダングスィンカー / ティーケプコーング	warehouse / repository

日	タイ	英
位(くらい)	ลำดับ / ตำแหน่ง ラムダプ / タムネング	rank / the crown / the position
暗い(くらい)	มืด / หม่น ムーッ / モン	dark / gloomy / blackish
ぐらい	ประมาณ / ราว ๆ プラマーン / ラーゥラーゥ	about / much / some
クライアント	ลูกค้า ルークカー	client
グラウンド	สนาม / ลานกว้าง サナーム / ラーンクワーング	ground / field
暮らし(くらし)	ชีวิตความเป็นอยู่ チーウィックワームペンユー	living / life
クラシック	คลาสสิก クラーッスィク	classic
クラシック音楽(おんがく)	ดนตรีคลาสสิก ドントリークラーッスィク	classical music
暮らす(くらす)	ดำเนินชีวิต ダムヌーンチーウィッ	make a living / live
グラス	แก้ว ケーゥ	glass
クラッチ	คลัตช์รถยนต์ クラッロッコン	clutch
クラブ	ชมรม チョムロム	club
グラフ	กราฟ クラーフ	graph
比べる(くらべる)	เปรียบเทียบ プリアプティアプ	compare / contrast

位 ➡ 比べる

日	タイ	英
グラム	กรัม クラム	gram
クリーニング	การทำความสะอาด / การซักแห้ง カーンタムクワームサアーッ / カーンサㇰヘーング	cleaning
クリーム	ครีม / ครีมทาผิว クリーム / クリームターピゥ	cream / skin cream
グリーンカレー	แกงเขียวหวาน ケーンキアゥワーン	green curry
繰(く)り返(かえ)す	ทำซ้ำ ๆ タムサムサム	repeat / do over again
繰(く)り越(こ)す	ยกยอดไป ヨㇰヨーッパイ	carry forward[over] / transfer
クリスマス	คริสต์มาส クリッスマーッ	Christmas / Xmas
来(く)る	มา マー	come / pull in
狂(くる)う	เพี้ยน / ผิดปกติ ピアン / ピッパカティ	go mad[crazy] / lose accuracy / become insane
グループ	กลุ่ม クルム	group
苦(くる)しい	เจ็บปวด/ทรมาน/ขัดสน チェププアッ / トラマーン / カッソン	painful / stressful / hard
苦(くる)しむ	รู้สึกเจ็บปวด/รู้สึกทรมาน ルースㇰチェププアッ / ルースㇰトラマーン	feel pain / suffer from
苦(くる)しめる	ทำให้(ผู้อื่น)เจ็บ / สร้างปัญหา タムハイ（プーウーン）チェプ / サーングパンハー	cause *sb* pain / trouble
車(くるま)	รถยนต์ ロッヨン	car

日	タイ	英
車椅子（くるまいす）	รถเข็นนั่ง ロッケンナング	wheelchair
グレー	สีเทา スィータウ	gray
グレープフルーツ	เกรปฟรุต クレープフルッ	grapefruit
クレーン	ปั้นจั่น パンチャン	crane
クレジットカード	บัตรเครดิต バックレディッ	credit card
暮（く）れる	มืดค่ำ/สิ้นสุด/หลงทาง ムーッカム / スインスッ / ロングターング	grow dark / come to an end / be lost
くれる	ให้(ฉัน) ハイ（チャン）	give / do for one
黒（くろ）	ดำ ダム	black
黒（くろ）い	สีดำ / มืด スィーダム / ムーッ	black / dusky / dark
苦労（くろう）	ความลำบาก クワームラムバーク	trouble / toil / worry
玄人（くろうと）	ผู้เชี่ยวชาญ プーチアウチャーン	expert / professional
クローク	ห้องรับฝากของ ホングラプファークコーング	checkroom / cloakroom
グローバルスタンダード	มาตรฐานสากล マーットラターンサーコン	global standard
黒字（くろじ）	ตัวเลขดำ(ในบัญชี) トゥアレークダム（ナイバンチー）	black letter / the black

日	タイ	英
黒幕 (くろまく)	ผู้บงการ / ผู้ชักใยเบื้องหลัง プーボンヶカーン / プーチャッヶヤイブァングラング	mastermind / wirepuller
加える (くわえる)	ใส่ / เพิ่ม / เติม サイ / ブーム / トゥーム	add / increase / include *sb*
詳しい (くわしい)	ละเอียด / รู้ลึก ライアッ / ルールㇰ	detailed / be a good knowledge
加わる (くわわる)	เพิ่มขึ้น / เข้าร่วม ブームクン / カゥルアム	be added / gain / join
群 (ぐん)	ฝูง / กลุ่ม フーング / クルム	group / crowd
郡 (ぐん)	ตำบล タムボン	distinct / county
軍 (ぐん)	ทหาร / กองทัพ タハーン / コーングタプ	army / group
軍艦 (ぐんかん)	เรือรบ ルアロプ	warship / battleship
軍事 (ぐんじ)	การทหาร カーンタハーン	military affairs
君主 (くんしゅ)	กษัตริย์ カサッ	sovereign / monarch
群集 (ぐんしゅう)	ฝูงชน フーングチョン	crowd / community
軍隊 (ぐんたい)	กองทัพทหาร コーングタプタハーン	armed forces / military
軍服 (ぐんぷく)	เครื่องแบบทหาร クルアングベープタハーン	military[naval] uniform
訓練 (くんれん)	การฝึกฝน / การฝึกอบรม カーンフクフォン / カーンフクオブロム	training / drilling

| 日 | タイ | 英 |

▼ け，ケ

け 毛	ผม / ขน ポム / コン	hair / fur / feathers
けい 刑	การลงอาญา カーンロングアーヤー	punishment / penalty / sentence
けい 系	ระบบ / เชื้อสาย ラボプ / チュアサーイ	system / descent
けい 計	แผน / จำนวนรวม ペーン / チャムヌアンルアム	plan / total
げい 芸	ศิลปะ / การแสดง スィンラパ / カーンサデーング	artistic skill / performance
ゲイ	เกย์ / กะเทย ケー / ガトゥーイ	gay
けいい 敬意	ความเคารพ クワムカオロップ	respect / regard
けいい 経緯	ลำดับเหตุการณ์ / ที่มาที่ไป ラムダップヘーッカーン / ティーマーティーパイ	the sequence of events
けいえい 経営	การจัดการ/การบริหาร カーンチャッカーン / カーンボーリハーン	management / orientation
けいえいしゃ 経営者	ผู้บริหาร プーボーリハーン	manager
けいか 経過	ที่ผ่านมา/ความคืบหน้า ティーパーンマー / クワームクーブナー	passage / progress / development / course
けいかい 警戒	การเฝ้าระวัง カーンファオラワング	caution / wariness
けいかい 軽快	เบาสบาย バウサバーイ	light / nimble

日	タイ	英
計画（けいかく）	แผนการ ペーンカーン	plan / project
契機（けいき）	โอกาส オーカーッ	opportunity / chance
景気（けいき）	สภาพเศรษฐกิจ サパープセーッタキッ	the markets[economy, business]
計器（けいき）	เครื่องชั่งตวงวัด クルァングチャングトゥァングワッ	meter / instrument / gauge
経験（けいけん）	ประสบการณ์ プラソブカーン	experience
軽減（けいげん）	การลด(โทษ) / การบรรเทา カーンロッ（トーッ）/ カーンバンタゥ	reduction / commutation
稽古（けいこ）	การซ้อมฝึกฝน カーンソームフクフォン	practice / lesson / rehearsal
敬語（けいご）	ภาษาสุภาพ パーサースパーブ	honorific / term of respect
警護（けいご）	การเฝ้ายาม / ยามรักษาการณ์ カーンファゥヤーム / ヤームラクサーカーン	guard / bodyguard
蛍光（けいこう）	การเรืองแสง カーンルアングセーング	fluorescence
傾向（けいこう）	แนวโน้ม ネゥノーム	tendency / bent
蛍光灯（けいこうとう）	หลอดไฟนีออน ローッファイニーオーン	fluorescent light
警告（けいこく）	การเตือน / การระวัง カーントゥアン / カーンラワング	warning / caution
掲載（けいさい）	การลงตีพิมพ์ カーンロングティーピム	publication / insertion

日	タイ	英
経済 (けいざい)	เศรษฐกิจ セーッタキッ	economy
警察 (けいさつ)	ตำรวจ タムルアッ	the police
警察官 (けいさつかん)	เจ้าหน้าที่ตำรวจ チャウナーティータムルアッ	police officer
計算 (けいさん)	การคำนวณ カーンカムヌアン	calculation
掲示 (けいじ)	ประกาศ プラカーッ	putting up a notice
形式 (けいしき)	รูปแบบ ループベープ	form / formality / style / system
掲示板 (けいじばん)	ป้ายประกาศ パーイプラカーッ	notice board
傾斜 (けいしゃ)	การลาดเอียง / การเอนเอียง カーンラーッイアング / カーンエーンイアング	inclination / slope
芸術 (げいじゅつ)	ผลงานศิลปะ ポンガーンシンラパ	art / artwork
軽食 (けいしょく)	อาหารว่าง アーハーンワーング	light meal / snack / refreshments
形勢 (けいせい)	สถานการณ์ サターナカーン	situation / prospect / condition
罫線 (けいせん)	เส้นบรรทัด センバンタッ	ruled line
継続 (けいぞく)	การทำอย่างต่อเนื่อง カーンタムヤーングトーヌアング	continuation
軽率 (けいそつ)	การหุนหันพลันแล่น カーンフンハンパランレーン	rash / careless

経済 ➡ 軽率　171

日	タイ	英
けいたい 形態	รูปแบบ / รูปลักษณ์ ルーブベーブ / ルーブラク	form / shape / configuration
けいたいでんわ 携帯電話	มือถือ ムートゥー	cell[cellular, mobile] phone
けいと 毛糸	ไหมพรม マイプロム	wool yarn / knitting wool
けいど 経度	ลองจิจูด / เส้นแวง ローングチチューッ / センウェーング	longitude
けいとう 系統	ระบบ / เชื้อสาย ラボブ / チュアサーイ	system / descent
げいにん 芸人	นักแสดง ナクサデーング	entertainer / comedian
げいのう 芸能	วงการบันเทิง ウォングカーンバントゥーング	performing arts / entertainment
けいば 競馬	การแข่งม้า カーンケングマー	the races / horse racing
けいばつ 刑罰	การลงอาญา / การทำโทษ カーンロングアーヤー / カーンタムトーッ	punishment / penalty
けいひ 経費	ค่าใช้จ่าย カーチャイチャーイ	expense / cost
けいび 警備	การรักษาความปลอดภัย カーンラクサークワームプローッパイ	guard / security / defense
けいひん 景品	ของสมนาคุณ コーングソムナークン	giveaway / prize
けいぶ 警部	สารวัตร サーラワッ	police captain[chief]
けいべつ 軽蔑	การดูถูก / การดูหมิ่น カーンドゥートゥーク / カーンドゥーミン	contempt / scorn

日	タイ	英
けいほう 警報	การประกาศเตือนภัย カーンプラカーットゥアンパイ	alarm / warning
けいむしょ 刑務所	คุก / ห้องขัง クク / ホングカング	prison / jail
けいやく 契約	สัญญา サンヤー	contract / agreement
けいやくしょ 契約書	หนังสือสัญญา ナングスーサンヤー	contract
けいゆ 経由	การเดินทางผ่าน カーンドゥーンターングパーン	through / via
けいゆ 軽油	น้ำมันดีเซล ナムマンディーセウ	gas[diesel, light] oil
けいり 経理	การทำบัญชี カーンタムバンチー	accounting
けいれき 経歴	ประวัติการทำงาน プラワッカーンタムンガーン	one's career [background, history]
けいれつ 系列	กลุ่มเชื้อสายเดียวกัน クルムチュアサーイディアウカン	business grouping / affiliate
けいれん 痙攣	ตะคริว タクリウ	cramp / twitch / spasm / convulsion
けいろ 経路	เส้นทาง センターング	course / route / stage / process
ケーキ	เค้ก ケーク	cake
ゲート	ประตู プラトゥー	gate
ケーブル	สายเคเบิล サーイケーブン	cable

け

日	タイ	英
ゲーム	เกม ゲーム	game
怪我(けが)	บาดเจ็บ バーッチェブ	injury / accident
外科(げか)	แผนกศัลยกรรม パネークサンヤカム	surgery
外科医(げかい)	ศัลยแพทย์ サンヤペーッ	surgeon
けがらわしい	สกปรก / มีมลทิน ソクカプロク / ミーモンテイン	dirty / disgusting
毛皮(けがわ)	เสื้อที่ทำจากขนสัตว์ スアティータムチャークコンサッ	fur / coat
劇(げき)	ละคร / การแสดง ラコーン / カーンサデーング	drama / play
劇場(げきじょう)	โรงละคร ローングラコーン	theater / playhouse
劇団(げきだん)	คณะการแสดง カナカーンサデーング	theatrical company / troupe
激励(げきれい)	การให้กำลังใจ / การกระตุ้น カーンハイカムラングチャイ / カーンクラトゥン	encouragement / incitement
今朝(けさ)	เมื่อเช้านี้ ムアチャウニー	this morning
下剤(げざい)	ยาระบาย ヤーラバーイ	laxative
消印(けしいん)	รอยตราประทับในเอกสาร ローイトラープラタブナイエークカサーン	postmark
景色(けしき)	วิว / ทิวทัศน์ ウィウ / ティウタッ	view / scenery

174　ゲーム ➡ 景色

日	タイ	英
消しゴム	ยางลบ ヤーングロプ	eraser
下車	การลงรถ カーンロングロッ	getting off
下宿	การแบ่งห้องให้เช่า カーンベングホングハイチャウ	lodging / boarding
下旬	ปลายเดือน プラーイドゥアン	the last third of a month
化粧	การแต่ง(หน้า/พื้นผิว) ガーンテン (ナー / ピゥーンピゥ)	makeup / cosmetics
化粧水	โลชั่นบำรุงผิวหน้า ローチャンバムルングピゥナー	face lotion
化粧品	เครื่องสำอาง クルアングサムアーング	cosmetics
消す	ลบ ロプ	put out / erase / absorb
下水	น้ำเสีย / น้ำทิ้ง ナムスィア / ナムティング	sewage / drain
下水道	ท่อน้ำทิ้ง トーナムティング	sewerage / sewer system
ゲスト	แขกรับเชิญ ケークラプチューン	guest
削る	ขูดออก/ลบออก/ตัดออก クーッオーク / ロプオーク / タッオーク	shave / reduce / cancel
桁	หลักเลข ラクレーク	digit
下駄	รองเท้าเกี๊ยะ ローングタゥキア	geta / Japanese wooden sandal

消しゴム ➡ 下駄　175

日	タイ	英
けち	ขี้เหนียว キーニアゥ	stinginess / meanness
ケチャップ	ซอสมะเขือเทศ ソーッマクァテーッ	ketchup / catsup
血圧（けつあつ）	ความดันโลหิต クワームダンローヒッ	blood pressure
決意（けつい）	การตัดสินใจ カーンタッスィンチャイ	resolution / determination
血液（けつえき）	เลือด ルアッ	blood
血液型（けつえきがた）	หมู่เลือด ムールアッ	blood type
結果（けっか）	ผลลัพธ์ ポンラプ	result / consequence
結核（けっかく）	วัณโรค ワンナローク	tuberculosis
欠陥（けっかん）	ข้อบกพร่อง / จุดอ่อน コーボクプローング / チュッオーン	defect / imperfection
血管（けっかん）	เส้นเลือด センルアッ	blood vessel
決議（けつぎ）	การลงมติ / มติ カーンロングマティ / マティ	resolution / result
月給（げっきゅう）	เงินเดือน ングンドゥアン	monthly salary
結局（けっきょく）	ในที่สุด / ท้ายที่สุด ナイティースッ / ターイティースッ	after all / finally / conclusion
欠勤（けっきん）	การขาดงาน カーンカーッンガーン	absence from work

日	タイ	英
月経（げっけい）	ประจำเดือน プラチャムドゥアン	period / menstruation
決行（けっこう）	การลงมือปฏิบัติ / ดำเนินการ カーンロングムーパティバッ / ダムヌーンカーン	decisive action
結構（けっこう）	ดี / น่าพอใจ ディー / ナーポーチャイ	structure / good / satisfactory
血行（けっこう）	การไหลเวียนโลหิต カーンライウィアンローヒッ	blood circulation
欠航（けっこう）	การงดเดินเรือ カーンゴッドゥーンルア	flight[ferry, cruise] cancellation
結合（けつごう）	การรวมตัวกัน / การประสานกัน カーンルアムトゥアカン / カーンプラサーンカン	union / combination
結婚（けっこん）	การแต่งงาน カーンテンガン	marriage
結婚式（けっこんしき）	พิธีวิวาห์ ピティーウィーワー	wedding ceremony
決算（けっさん）	การปิดงบบัญชี カーンピッゴッブハンナー	settlement of accounts / settlement
決して（けっして）	ไม่เคย / ไม่เลย マイクーイ / マイルーイ	never / not in the least / definitely not
月謝（げっしゃ）	ค่าเล่าเรียนรายเดือน カーラオリアンラーイドゥアン	monthly tuition fee
欠如（けつじょ）	การขาดแคลน カーンカーックレーン	lack / deficiency
決勝（けっしょう）	รอบชิงชนะเลิศ ロープチンチャナルーッ	the finals (game)
結晶（けっしょう）	คริสตัล / ผลึก クリッスタン / パルク	crystal / grain

日	タイ	英
けっしん 決心	การตัดสินใจ カーンタッスィンチャイ	determination
けっ 決する	ตัดสินใจ タッスィンチャイ	decision / resolution
けっせい 結成	การก่อตั้ง カーンコータング	formation / organization
けっせき 欠席	ขาด(เรียน) カーッ（リアン）	absence / default
けっそく 結束	การรวมตัว / การผนึกกำลัง カーンルアムトゥア / カーンパヌクカムラング	union / spiritual bond
げっそり	หมดเรี่ยวแรง/ซูบเซียว モッリアウレーング / スープスイアウ	be disheartened [disappointed] / have no energy left
けつだん 決断	การตัดสินอย่างเด็ดขาด カーンタッスィンヤーングデッカーッ	clear determination
けっちゃく 決着	ข้อยุติ / ผลสรุป コーユティ / ポンサルプ	settlement / end / conclusion
けってい 決定	การตัดสินใจ / ข้อยุติ カーンタッスィンチャイ / コーユティ	decision / conclusion
けってん 欠点	จุดอ่อน チュッオーン	fault / weak point
けっとう 決闘	การดวลแข่ง カーンドゥアンケング	duel / shoot-out
けっとう 血統	สายพันธุ์ サーィパン	genealogy / blood / family line / pedigree
けっぱく 潔白	บริสุทธิ์/ไม่มีมลทิน ボーリスッ / マイミーモンティン	innocence
けつぼう 欠乏	ความขาดแคลน / ความขัดสน クワームカーックレーン / クワームカッソン	insufficiency / scarcity / shortage

日	タイ	英
けつまつ 結末	จุดจบ チュッチョブ	end / ending / conclusion / result
げつまつ 月末	สิ้นเดือน スィンドゥアン	the end of the month
げつようび 月曜日	วันจันทร์ ワンチャン	Monday
けつろん 結論	ข้อสรุป コーサルプ	conclusion / judgment
けとばす 蹴飛ばす	เตะกระเด็น / ปฏิเสธ テクラデン / パティセーッ	kick off / refuse
けなす 貶す	พูดจากล่าว้ร้าย プーチャークラーゥラーイ	speak ill of / run down
げねつざい 解熱剤	ยาลดไข้ ヤーロッカイ	antifebrile / antipyretic
けねん 懸念	ความกังวล クワームカングウォン	fear / anxiety / concern
けはい 気配	วี่แวว ウィーウェーゥ	indication / sign / sense / quotes
けびょう 仮病	การแกล้งป่วย カーンクレングプァイ	pretended[feigns] illness
げひん 下品	หยาบคาย ヤーブカーイ	crude / rude
けむい 煙い	เต็มไปด้วยควัน テムパイドゥアイクワン	smoky
けむし 毛虫	ตัวบุ้ง トゥアブング	hairy caterpillar
けむり 煙	ควัน クワン	smoke

結末 ➡ 煙

け

日	タイ	英
けむ 煙る	มีควัน ミークワン	be smoky / be hazy
けらい 家来	ลูกน้อง / สมุน ルークノーング / サムン	retainer / servant
げり 下痢	ท้องเสีย トーングスィア	diarrhea
げりどやく 下痢止め薬	ยาแก้ท้องเสีย ヤーケートーングスィア	antidiarrheal medicine
ゲリラ	การสู้รบแบบกองโจร カーンスーロプベーブコーングチョーン	guerrilla
け 蹴る	เตะ / ปฏิเสธเงื่อนไข テ / パティセーッングァンカイ	kick / refuse
けれども	แต่ / ถึงแม้ว่า テー / トゥングメーワー	although / but
けわ 険しい	สูงชัน / ลาดชัน スーングチャン / ラーッチャン	steep / rugged / stern / demanding
けん 件	คดี / เรื่อง カディー / ルアング	matter / case
けん 券	ตั๋ว トゥア	ticket
けん 圏	ขอบเขต / วง コーブケーッ / ウォング	sphere / range
けん 県	จังหวัด チャングワッ	prefecture
けん 剣	ดาบ ダーブ	sword
げん 現～	ปัจจุบัน パッチュバン	present / existing

日	タイ	英
げん 弦	สายของเครื่องดนตรี サーィコーングクルァングドントゥリー	string
けんい 権威	อำนาจ アムナーッ	authority / power
げんいん 原因	สาเหตุ サーヘーッ	cause / factor
けんお 嫌悪	การเกลียดชัง カーンクリァッチャング	hatred / hate / dislike
けんか 喧嘩	การทะเลาะวิวาท カーンタロウィワアーッ	argument / fight / quarrel
げんか 原価	ราคาต้นทุน ラーカートントゥン	the cost price / the prime cost
けんかい 見解	ความคิดเห็น / ทัศนะ クワームキッヘン / タッサナ	view / value / opinion
げんかい 限界	ขีดจำกัด / ขีดสุด キーッチャムカッ / キーッスッ	limit / bounds
けんがく 見学	ทัศนศึกษา / เยี่ยมชม タサナスクサー / イアムチョム	study tour / visit
げんかく 幻覚	ความรู้สึกหลอน クワームルースクローン	illusion / hallucination
げんかく 厳格	เข้มงวด / เคร่งครัด ケムングアッ / クレングクラッ	strictness / severity / rigidity
げんかん 玄関	ประตูทางเข้าด้านหน้า プラトゥーターングカウダーンナー	entrance / the front door
げんき 元気	แข็งแรง / สบายดี ケンッレ　ンッ / リバーィディー	health / energy
けんきゅう 研究	การทำวิจัย カーンタムウィチャイ	research / investigation

け

け

日	タイ	英
けんきゅうしつ 研究室	ห้องวิจัย / ห้องแล็บ ホングウィチャイ / ホングレプ	room for research / laboratory
けんきょ 謙虚	ถ่อมตัว トームトゥア	humble
けんぎょう 兼業	งานเสริมรายได้ ンガーンスームラーイダイ	side business[job]
けんきん 献金	เงินบริจาค ングンボーリチャーク	contribution / donation
げんきん 現金	เงินสด ングンソッ	cash
げんけい 原型	ต้นแบบ/รูปแบบดั้งเดิม トンベーブ / ルーブベーブダングドゥーム	original form / model / prototype
けんけつ 献血	การบริจาคเลือด カーンボーリチャークルアッ	blood donation
けんげん 権限	ขอบเขตอำนาจ コーブケーッアムナーッ	authorized limit of powers / authority
げんご 言語	ภาษา パーサー	language
けんこう 健康	สุขภาพ スクカパーブ	health / condition
げんこう 原稿	ต้นฉบับ トンチャバブ	manuscript
げんこう 現行	ที่เป็นอยู่ในปัจจุบัน ティーペンユーナイパッチュバン	existing / current
けんこうほけん 健康保険	การประกันสุขภาพ カーンプラカンスクカパーブ	health insurance
けんさ 検査	ตรวจสอบ トルアッソーブ	inspection / examination / screening

182 研究室 ➡ 検査

日	タイ	英
けんざい 健在	แข็งแรงดี ケングレーングディー	be in good condition [health] / well
げんざい 現在	ปัจจุบัน パッチュバン	the present time
げんざいりょう 原材料	วัตถุดิบ ワットゥディプ	raw material
けんさく 検索	การค้นหา カーンコンハー	search
げんさく 原作	เรื่องเดิม ルアングドゥーム	the original
けんさくワード 検索ワード	คำค้นหา カムコンハー	search word
げんさん 原産	แหล่งผลิต レングパリッ	native to / of *sth* origin
げんさんち 原産地	ต้นกำเนิด / ถิ่นกำเนิด トンカムヌーッ / ティンカムヌーッ	the home / the place of origin
けんじ 検事	อัยการ アイヤカーン	public prosecutor
げんし 原始	การกำเนิด / แบบดั้งเดิม カーンカムヌーッ / ベープダングドゥーム	the beginning / primitive
げんし 原子	ปรมาณู ポラマーヌー	atom / corpuscle
げんじつ 現実	ความเป็นจริง クワームペンチング	actuality / the real
げんじつてき 現実的	ตามความเป็นจริง タームクワームペンチング	realistic
げんしゅ 元首	ผู้นำของประเทศ プーナムコングプラテーッ	ruler / the chief of state

健在 ➡ 元首

け

日	タイ	英
けんしゅう 研修	การฝึกงาน カーンフクンガーン	in-service training
げんじゅう 厳重	เข้มงวด / เคร่งครัด ケムングアッ / クレングクラッ	strict / rigorous
けんしゅう 研修プログラム	โปรแกรมฝึกอบรม プロークレームフクオプロム	training program
げんしょ 原書	หนังสือต้นฉบับ ナングスートンチャバプ	the original
けんしょう 懸賞	รางวัล ラーングワン	prize / reward
けんしょう 検証	การตรวจสอบ カーントルアッソープ	inspection / verification
げんしょう 減少	การลดลง カーンロッロング	decrease / reduction
げんしょう 現象	ปรากฏการณ์ プラーコッカーン	phenomenon
げんじょう 現状	สภาพปัจจุบัน サパープパッチュバン	the present condition
げんしりょく 原子力	พลังงานปรมาณู パラングンガーンパラマーヌー	nuclear[atomic] power / nuclear[atomic] energy
げんしりょくはつでんしょ 原子力発電所	โรงไฟฟ้าพลังงานนิวเคลียร์ ローングファイファーパラングンガーンニウクリアー	nuclear power plant [station]
けんしん 献身	การอุทิศตน(ช่วยเหลือ) カーンウティットン（チュアイルア）	devotion / dedication / self-sacrifice
けんしんてき 献身的	อุทิศตน ウティットン	devoted / self-sacrificing
げんぜい 減税	การลดภาษี カーンロッパースイー	tax cut[reduction]

日	タイ	英
けんせつ 建設	การก่อสร้าง カーンコーサーング	construction / establishment
けんぜん 健全	แข็งแรง / สมบูรณ์ ケングレーング / ソムブーン	healthy
げんそ 元素	ธาตุ ターッ	element
けんぞう 建造	การก่อสร้าง / ปลูกสร้าง カーンコーサーング / プルークサーング	construction / building
げんそう 幻想	ความคิดเพ้อฝัน クワームキップーファン	illusion / fantasy
げんぞう 現像	การล้างฟิล์ม カーンラーングフィム	developing
げんそく 原則	หลักการขั้นพื้นฐาน ラクカーンカンプーンターン	principle / governing principle
けんそん 謙遜	การถ่อมตัว カーントームトゥア	modesty
げんだい 現代	สมัยปัจจุบัน サマイパッチュバン	modern times
けんち 見地	มุมมอง ムムモーング	viewpoint
げんち 現地	ท้องถิ่น / สถานที่จริง トーングティン / サターンティーチング	actual place / on site / local
けんちく 建築	อาคาร / สิ่งปลูกสร้าง アーカーン / スィングプルークサーング	building / construction / architecture
げんちじかん 現地時間	เวลาท้องถิ่น ウェーラートーングティン	local time
げんちちょうたつ 現地調達	การจัดซื้อภายในประเทศ カーンチャッスー パーイナイプラテーッ	local procurement

日	タイ	英
げんちほうじん 現地法人	บริษัทในท้องถิ่น ボーリサッナイトーングティン	local subsidiary
けんちょう 県庁	ศาลากลางจังหวัด サーラークラーングチャングワッ	prefectural office
げんてい 限定	การจำกัด カーンチャムカッ	restriction / limitation
げんてん 原典	หนังสือต้นฉบับ ナングスートンチャバブ	the original text
げんてん 原点	จุดกำเนิด / จุดเริ่มต้น チュッカムヌーッ / チュッルームトン	the starting point
げんてん 減点	การตัดคะแนน カーンタッカネーン	points deducted
げんど 限度	ขีดจำกัด キーッチャムカッ	limit / bounds
けんとう 検討	การพิจารณา / การตรวจสอบ カーンピチャーラナー / カートルアッソープ	examination / investigation
けんとう 見当	การคาดคะเน / ทิศทาง カーンカーッカネー / ティッターング	guess / direction / speculation
げんに 現に	ในความเป็นจริง ナイクワームペンチング	actually / surely
げんば 現場	สถานที่เกิดเหตุ サターンティークーッヘーッ	scene / site
げんばかんとく 現場監督	ผู้ดูแลไซต์งาน プードゥーレーサインガーン	site supervisor
げんばく 原爆	ระเบิดนิวเคลียร์ ラブーッニュウクリアー	atomic bomb
けんびきょう 顕微鏡	กล้องจุลทรรศน์ クロングチュンラタッ	microscope

日	タイ	英
けんぶつ 見物	การเที่ยวชม / การชมวิว カーンティアウチョム / カーンチョムウィウ	sightseeing / viewing
げんぶん 原文	ข้อความเดิม コークワームドゥーム	the text / the original
けんぽう 憲法	รัฐธรรมนูญ ラッタタムマヌーン	the constitution
げんみつ 厳密	เคร่งครัด / ละเอียดรอบคอบ クレングクラッ / ライアッローブコープ	strict / scrupulous
けんめい 懸命	เอาจริงเอาจัง / พากเพียร アウチングアウチャング / パークピアン	earnest / strenuous / eagerness
けんめい 賢明	ฉลาดหลักแหลม チャラーッラクレーム	wise / sensible
げんめつ 幻滅	ผิดหวัง / ฝันสลาย ピッワング / ファンサラーイ	disillusion / disillusionment
けんもん 検問	การตั้งด่านตรวจ カーンタングダーントルアッ	inspection / check
けんやく 倹約	การประหยัด / การอดออม カーンプラヤッ / カーンオッオーム	economy / thrift
げんゆ 原油	น้ำมันดิบ ナムマンディブ	crude oil
けんよう 兼用	การใช้ร่วมกัน カーンチャイルアムカン	combination / multi-use
けんり 権利	สิทธิ スィッティ	right / privilege
げんり 原理	หลักการ ラクカーン	principle / theory
げんりょう 原料	ส่วนผสม スワンパソム	ingredient

日	タイ	英
権力(けんりょく)	อำนาจ / อิทธิพล アムナーッ / イッティポン	power / authority
言論(げんろん)	การแสดงความคิดเห็น カーンサデーングクワームキッヘン	speech / discussion

▼こ, コ

日	タイ	英
個(こ)	ชิ้น / ก้อน / อัน チン / コーン / アン	one / individual
子(こ)	เด็ก デク	child / young
5(ご)	ห้า ハー	five
碁(ご)	หมากล้อม マークローム	the game of go
語(ご)	ภาษา / คำ パーサー / カム	word
濃い(こい)	เข้ม ケム	deep / strong
恋(こい)	ความรัก クワームラク	love
鯉(こい)	ปลาคาร์พ プラーカープ	carp
語彙(ごい)	คำศัพท์ カムサプ	vocabulary
恋しい(こいしい)	คิดถึง キットゥング	miss / long for
恋する(こいする)	รัก / หลงรัก ラク / ロングラク	fall in love

日	タイ	英
こいびと 恋人	คนรัก コンラク	boyfriend / girlfriend
こう 甲	กระดอง / หลังมือ クラドーング / ラングムー	carapace / the back of one's hand
こう 高	สูง スーング	quantity / high
ごう 号	หมายเลข / ขนาดเบอร์ マーイレーク / カナーッブー	number / size
こう い 好意	ความปรารถนาดี / ความหวังดี クワームプラーッタナーディー / クワームワングディー	kindness / goodwill
こう い 行為	การกระทำ / พฤติกรรม カーンクラタム / プルティカム	action / conduct
ごう い 合意	ข้อตกลง/สัญญา/การเห็นด้วย コートクロング / サンヤー / カーンヘンドゥアイ	agreement
こう い しつ 更衣室	ห้องเปลี่ยนเสื้อผ้า ホングプリアンスアパー	locker room
こう い てき 好意的	ด้วยความหวังดี ドゥァイクワームワングディ	favorable / supportive
こういん 工員	คนงาน コンンガーン	worker
ごういん 強引	ดึงดัน / ขืนบังคับ ドゥングダン / クーンバングカプ	aggressive
ごう う 豪雨	ฝนที่ตกหนัก フォンティートクナク	downpour / heavy[torrential] rain
こううん 幸運	โชคดี チョークディー	good fortune
こうえい 光栄	เกียรติยศ キアッティヨッ	honor / privilege

こ

日	タイ	英
交易 こうえき	การติดต่อค้าขาย カーンティットーカーカーイ	trade / commerce
公園 こうえん	สวนสาธารณะ スァンサーターラナ	park
公演 こうえん	การแสดงบนเวทีสาธารณะ カーンサデーングボンウェーティーサーターラナ	public performance
講演 こうえん	การบรรยาย カーンバンヤーイ	lecture / talk
効果 こうか	ประสิทธิผล プラスィッティポン	effect / result
硬貨 こうか	เหรียญ リアン	coin
高価 こうか	ราคาแพง ラーカーペーング	high price / expensive
降下 こうか	การลงจากที่สูง / การบินลงต่ำ カーンロングチャークティースーング / カーンビンロングタム	fall / descent / drop
豪華 ごうか	หรูหรา / อลังการ ルーラー / アラングカーン	luxurious / splendid
後悔 こうかい	เสียใจภายหลัง スィアチャイパーイラング	regret
航海 こうかい	การเดินเรือ カーンドゥーンルア	voyage / sailing
公害 こうがい	มลพิษ / มลภาวะ モンラピッ / モンラパーワ	pollution
郊外 こうがい	นอกเมือง ノークムアング	suburbs / outskirts
工学 こうがく	วิศวกรรมศาสตร์ ウィッサワカムマサーッ	engineering

日	タイ	英
こうがく 光学	ทัศนศาสตร์ タッサナサーッ	optics
ごうかく 合格	สอบผ่าน ソープパーン	passing an examination
こうがくしん 向学心	ความใฝ่รู้ / รักเรียน クワームファイルー / ラクリアン	an acquisitive mind / desire to learn
こうかん 交換	แลกเปลี่ยน レークプリアン	exchange
こうき 後期	ภาคหลัง / ครึ่งหลัง パークラング / クルングラング	the second half[latter]
こうぎ 抗議	การประท้วง カーンプラトゥアング	protest
こうぎ 講義	การบรรยาย カーンバンヤーイ	lecture / discourse
ごうぎ 合議	การหารือร่วมกัน カーンハールールアムカン	conference
こうきあつ 高気圧	ความกดอากาศสูง クワームコッアーカーッスーング	high-atmospheric pressure
こうきしん 好奇心	ความอยากรู้อยากเห็น クワームヤークルーヤークヘン	curiosity
こうきゅう 高級	ชั้นสูง チャンスーング	high class
こうきょ 皇居	พระราชวังจักรพรรดิ プララーチャワングチャクラパッ	the Imperial Palace
こうきょう 公共	สาธารณะ サーターラナ	the public
こうぎょう 工業	อุตสาหกรรม ウッサーハカム	industry

こ

光学 ➡ 工業 191

日	タイ	英
ごうきん 合金	อัลลอยด์ アンローイ	alloy
こうぐ 工具	เครื่องมือช่าง クルアングムーチャーング	tool
こうくう 航空	เที่ยวบิน / การบิน ティアウビン / カーンビン	flight / aviation
こうくうがいしゃ 航空会社	บริษัทสายการบิน ボーリサッサーィカーンビン	airline company
こうくうけん 航空券	ตั๋วเครื่องบิน トゥアクルアングビン	airline ticket
こうくうびん 航空便	ไปรษณีย์อากาศ プライサニーアーカーッ	airmail
こうけい 光景	ภาพที่ปรากฏแก่สายตา パーブティープラーコッケーサーイター	sight / view
こうげい 工芸	งานฝีมือ ンガーンフィームー	craft
ごうけい 合計	ผลรวม / ยอดรวม ポンルアム / ヨーッルアム	the total
こうけいき 好景気	เศรษฐกิจดี セーッタキッディー	buoyant economy / business boom / good times
こうげき 攻撃	โจมตี チョームティー	attack / assault
こうけつあつ 高血圧	ความดันโลหิตสูง クワームダンローヒッスーング	high-blood pressure / hypertension
こうけん 貢献	ช่วยเหลือสังคม チュアイルァーサングコム	contribution
こうげん 高原	ที่ราบสูง ティーラープスーング	highland / plateau

日	タイ	英
こうご 交互	สลับกัน / สับหว่างกัน サラップカン / サブワーングカン	alternate / crossover
こうご 口語	ภาษาพูด パーサープーッ	spoken[colloquial] language
こうこう 孝行	ความกตัญญู クワームカタンユー	filial devotion
こうこう 高校	มัธยมปลาย マッタヨムプラーイ	senior high school
こうこうせい 高校生	นักเรียนมัธยมปลาย ナクリアンマッタヨムプラーイ	high school student
こうこうと 煌々と	สว่างสดใส サワーングソッサイ	brightly
こうこがく 考古学	โบราณคดีศึกษา ボーラーンカディースクサー	brightly
こうこく 広告	โฆษณา コーサナー	advertisement
こうさ 交差	การตัดกัน / ไขว้กัน カーンダッカン / クァイカン	cross / transposition / intersection
こうざ 口座	บัญชีธนาคาร バンチータナーカーン	bank account
こうざ 講座	คอร์สเรียน / หลักสูตร コースリァン / ラクスーッ	course / lecture
こうさい 交際	ความสัมพันธ์ / การคบหาสมาคม クワームサムパン / カーンコプハーサマーコム	relationship / association
こうさく 工作	งานประดิษฐ์ ンガーンプラディッ	handiwork
こうさく 耕作	การเพาะปลูก / ทำไร่ทำนา カーンポプルーク / タムライタムナー	farming / cultivation

交互 ➡ 耕作　　193

日	タイ	英
こうさつ 考察	การศึกษาอย่างละเอียด カーンスクサーヤーングライアツ	consideration / examination / study
こうさてん 交差点	สี่แยก スィーイェーク	intersection / crossing
こうさん 降参	การยอมแพ้ カーンヨームペー	surrender
こうざん 鉱山	เหมืองแร่ ムアングレー	mine
こうし 講師	วิทยากร / อาจารย์ ウィッタヤーコーン / アーチャーン	lecturer
こうじ 工事	งานก่อสร้าง ンガーンコーサーング	construction
こうしき 公式	เป็นทางการ ペンターングカーン	formality
こうじつ 口実	ข้ออ้าง コーアーング	excuse / pretext
こうして	และแล้ว レレーゥ	in this way / and then
こうしにく 仔牛肉	เนื้อลูกวัว ヌアルークウア	veal / calf meat
こうしゃ 後者	อย่างหลัง / กรณีหลัง ヤーングラング / カラニーラング	the latter
こうしゃ 校舎	อาคารเรียน アーカーンリアン	school building
こうしゅう 公衆	สาธารณะ サーターラナ	the public
こうしゅう 講習	การอบรมระยะสั้น カーンオブロムラヤサン	short course / classes

日	タイ	英
こうしゅうでんわ 公衆電話	โทรศัพท์สาธารณะ トーラサップサーターラナ	public telephone
こうしゅうトイレ 公衆トイレ	ห้องน้ำสาธารณะ ホンナムサーターラナ	comfort station / public lavatory[convenience]
こうじゅつ 口述	ให้ปากคำ / ปากเปล่า ハイパークカム / パークプラウ	dictation / oral / verbal
こうじょ 控除	การลบออก / หักออก カーンロブオーク / ハクオーク	subtraction / deduction
こうしょう 交渉	การเจรจาต่อรอง カーンチェーラチャートーローング	negotiation / connection
こうしょう 高尚	สง่างาม / สูงส่ง サガーンガーム / スーングソング	advanced / elegant
こうじょう 向上	ยกระดับให้ดีขึ้น ヨクラダブハイディークン	improvement / progress
ごうじょう 強情	ดื้อ / ดันทุรัง ドゥー / ダントゥラング	obstinacy / stubbornness
こうしょきょうふしょう 高所恐怖症	โรคกลัวความสูง ローククルアクワームスーング	acrophobia / fear of heights
こうしん 行進	การเดินขบวน カーンドゥーンカブアン	march / procession
こうしん 更新	การต่ออายุ カーントーアーユ	renewal / update
こうしんりょう 香辛料	เครื่องเทศ クルアングテーツ	spices
こうすい 降水	ฝนตก フォントク	precipitation
こうすい 香水	น้ำหอม ナムホーム	perfume

公衆電話 ➡ 香水　195

日	タイ	英
こうすい 洪水	น้ำท่วม ナムトゥアム	flood
こうすいりょう 降水量	ปริมาณน้ำฝน パリマーンナムフォン	rainfall / precipitation
こうせい 公正	ความยุติธรรม クワームユティタム	justice
こうせい 構成	โครงสร้าง/องค์ประกอบ クローングサーング / オングプラコープ	composition / structure / configuration
ごうせい 合成	การผสมผสาน カーンパソムパサーン	composition / synthesis
こうせいのう 高性能	สมรรถนะสูง サマッタナスーング	high performance
こうせいぶっしつ 抗生物質	ยาปฏิชีวนะ ヤーパティチーワナ	antibiotics
こうせき 功績	ผลงาน / คุณงามความดี ポンガーン / クンガームクワームディー	achievement
こうせん 光線	แสง / รังสี セーング / ラングスィー	light / beam
こうぜん 公然	อย่างเปิดเผย ヤーングプーップーイ	open / public / official
こうそう 抗争	การต่อสู้/ความขัดแย้ง カーントースー / クワームカッイェーング	struggle / conflict
こうそう 構想	ความคิด / แนวคิด クワームキッ /ネゥキッ	idea / concept
こうそう 高層	ตึกระฟ้า トゥクラファー	high-rise
こうぞう 構造	โครงสร้าง クローングサーング	structure

日	タイ	英
拘束（こうそく）	การผูกมัด カーンプークマット	restriction
高速（こうそく）	ความเร็วสูง クワームレゥスーング	high speed
校則（こうそく）	กฎของโรงเรียน コッコーングローングリアン	school rules[regulations]
高速道路（こうそくどうろ）	ทางด่วน ターングドゥアン	expressway / highway
後退（こうたい）	การถอยหลัง カーントーイラング	regression / retreat
交代（こうたい）	การผลัดเวร カーンプラッウェン	change / substitution
光沢（こうたく）	แวววาว ウェーウワーウ	shine / gloss
耕地（こうち）	พื้นที่เพาะปลูก プーンティーポプルーク	arable land / plow land
紅茶（こうちゃ）	ชาฝรั่ง チャーファラング	tea
好調（こうちょう）	สภาพดี サパープディー	good condition
校長（こうちょう）	ครูใหญ่ クルーヤイ	principal / head teacher
交通（こうつう）	การคมนาคม / การจราจร カーンカマーナーコム / カーンチャラーチョーン	traffic / transportation
交通機関（こうつうきかん）	ระบบการคมนาคม ラボブカーンカマナーコム	facilities for transportation / public transport
交通費（こうつうひ）	ค่าเดินทาง カードゥーンターング	transportation expenses

拘束 ➡ 交通費　197

日	タイ	英
こうてい 校庭	สนามโรงเรียน / สนามเด็กเล่น サナームローングリアン / サナームデクレン	schoolyard / playground
こうてい 肯定	การตอบรับ / บอกเล่า カーントープラブ / ボークラウ	affirmation
こうど 高度	ระดับความสูง ラダブクワームスーング	altitude
こうとう 口頭	การพูดปากเปล่า / ทางปาก カーンプーッパークプラウ / ターングパーク	oral
こうとう 高等	ระดับสูง ラダブスーング	high / higher / advanced
こうどう 行動	การกระทำ / พฤติกรรม カーンクラタム / プルティカム	action / behavior
こうどう 講堂	หอประชุม ホープラチュム	auditorium / lecture hall
ごうとう 強盗	โจร / การปล้นจี้ チョーン / カーンプロンチー	robber
ごうどう 合同	การรวมกัน カーンルアムカン	combination
こうにゅう 購入	การซื้อ カーンスー	purchase
こうにん 公認	เป็นทางการ ペンターングカーン	official approval / authorization
こうにん 後任	ผู้รับตำแหน่งแทน プーラブタムネングテーン	successor
こうねつひ 光熱費	ค่าน้ำค่าไฟ カーナムカーファイ	charges for lighting and fuel
こうはい 後輩	รุ่นน้อง ルンノーング	junior

日	タイ	英
こうはい 荒廃	การทำลาย カーンタムラーイ	destruction / ruin / devastation
こうばい 購買	การจัดซื้อ カーンチャッスー	purchase
こうはん 後半	ครึ่งหลัง クルングラング	second half
こうばん 交番	ป้อมตำรวจ ポムタムルアッ	police box
こうひょう 好評	เสียงชื่นชม / มีชื่อเสียงดี スィアングチューンチョム / ミーチュースィアングディー	favorable comment
こうふ 交付	การออก(หนังสือสำคัญ) カーンオーク (ナングスーサムカン)	delivery / issuance
こうふく 幸福	ความสุข クワームスク	happiness
こうぶつ 鉱物	แร่ レー	mineral
こうぶつ 好物	ของชอบ / ของโปรด コーングチョープ / コーングプロート	favorite food[dish]
こうふん 興奮	ความตื่นเต้น / ตื่นตัว クワームトゥーンテン / トゥーンタウ	excitement / agitation
こうへい 公平	ความยุติธรรม クワームユティタム	fair / equitable
こうほ 候補	ผู้สมัคร プーサマク	candidacy
こうほう 後方	อย่างหลัง / ด้านหลัง ヤーングラング / ダーンラング	the rear / rearward
こうほしゃ 候補者	ผู้สมัครรับคัดเลือก プーサマクラプカッルアク	candidate

荒廃 ➡ 候補者　199

日	タイ	英
こうみょう 巧妙	เชี่ยวชาญ / ชาญฉลาด チアゥチャーン / チャーンチャラーツ	skillful / smart
こう む 公務	งานราชการ ンガーンラーッチャカーン	public (state) service
こう む いん 公務員	ข้าราชการ カーラーッチャカーン	public employee
こうもく 項目	หัวข้อ / ประเภท ファコー / プラペーツ	category / entry / item
こうもり	ค้างคาว カーングカーゥ	bat
こうもん 肛門	ช่องทวาร / ทวารหนัก チョングタワーン / タワーンナク	anus
こうもん 拷問	การซ้อมให้ทรมาน カーンソームハイトラマーン	torture
こうよう 公用	ใช้ในราชการ チャイナイラーッチャカーン	official[government] business
こ う 小売り	การขายปลีก カーンカーイプリーク	retailing
ごう り か 合理化	ใช้หลักเหตุผล チャイラクヘーッポン	rationalization
こ うりぎょう 小売業	ธุรกิจค้าปลีก トゥラキッカープリーク	the retail industry
ごう り しゅ ぎ 合理主義	ลัทธิเหตุผลนิยม ラッティヘーッポンニヨム	rationalism
こうりつ 公立	เทศบาล テーッサバーン	public
こうりつ 効率	ความมีประสิทธิภาพ クワームミープラスィッティパーブ	efficiency

日	タイ	英
こうりゅう 交流	กระแสสลับ / การแลกเปลี่ยน クラセーサラプ / カーンレークプリアン	alternating current / interchange
ごうりゅう 合流	เข้าร่วม / มารวมกัน カゥルアム / マールアムカン	joining / coming together
こうりょ 考慮	การพิจารณา カーンピチャーラナー	consideration
こうりょう 香料	เครื่องหอม / เครื่องปรุงกลิ่น クルアングホーム / クルアングプルングクリン	fragrance / perfume
こうりょく 効力	ผล / ประสิทธิผล ポン / プラスィッティポン	effect / power
こうれいしゃ 高齢者	ผู้สูงอายุ プースーングアーユ	old person
こうろ 航路	เส้นทางเดินเรือ / เดินอากาศ センターングドゥーンルア / ドゥーンアーカーツ	sea route / course / lane
こえ 声	เสียง(ของสิ่งมีชีวิต) スィアング (コーングスィングミーチーウィッ)	voice
ごえい 護衛	การคุ้มกัน カーンクムカン	guard / escort / bodyguard
こえる 越える	เหนือ / เลย ヌア / ルーイ	get over / cross
コース	คอร์สเรียน / ลู่วิ่ง コースリアン / ルーウィング	course / route
コーチ	โค้ช / ผู้ฝึกสอน コーッ / プーフクソーン	coach
コート	เสื้อโค้ท / เสื้อคลุมกันหนาว スァコーッ / スァクルムカンナーウ	overcoat
コード	รหัส / สาย ラハッ / サーイ	cord

交流 ➡ コード　201

こ

日	タイ	英
コーナー	มุม ムム	corner
コーヒー	กาแฟ カフェー	coffee
コーラ	โค้ก / โคคาโคลา コーク / コーカーコーラー	Coke / cola
コーラス	การร้องเพลงประสานเสียง カーンローングプレーングプラサーンスィアング	choir / chorus
こおり 氷	น้ำแข็ง ナムケング	ice
こお 凍る	แข็งตัวเป็นน้ำแข็ง ケングトゥアペンナムケング	freeze
ゴール	เป้าหมาย / เส้นชัย パウマーイ / センチャイ	goal
こおろぎ	จิ้งหรีด チングリーッ	cricket
ご かい 誤解	การเข้าใจผิด カーンカウチャイピッ	misunderstanding
こ がいしゃ 子会社	บริษัทลูก ボーリサッルーク	subsidiary
ご がく 語学	การเรียนภาษา カーンリアンパーサー	the study of languages
こ 焦がす	ปิ้งให้ไหม้ ピングハイマイ	burn
ご がつ 五月	เดือนพฤษภาคม ドゥアンプルサパーコム	May
こ がら 小柄	เล็ก / รูปร่างเล็ก レク / ループラーングレク	small / undersized

日	タイ	英
小切手（こぎって）	เช็ค(ธนาคาร) チェク（タナーカーン）	check
ごきぶり	แมลงสาบ マレーングサープ	cockroach / roach
顧客（こきゃく）	ลูกค้า ルークカー	customer / client
呼吸（こきゅう）	การหายใจ カーンハーイチャイ	breathing
こく	รสชาติกลมกล่อม ロッチャートクロムクローム	rich in taste[flavor]
漕ぐ（こぐ）	พาย パーイ	paddle / row
語句（ごく）	คำและวลี カムレワリー	words and phrases
国営（こくえい）	การบริหารงานโดยรัฐ カーンボーリハーンンガーンドーイラッ	state-run / national / governmental
国土（こくおう）	พระราชา / พระมหากษัตริย์ プララ チャー / プラマハーカサッ	king
国語（こくご）	ภาษาประจำชาติ パーサープラチャムチャーッ	language
国際（こくさい）	ระหว่างประเทศ ラワーングプラテーッ	international
国債（こくさい）	พันธบัตรรัฐบาล パンタバッラッタバーン	government[national] bond[loan] / the national debt
国際線（こくさいせん）	เที่ยวบินต่างประเทศ ティアウビンターングプラテーッ	international flight
国際的（こくさいてき）	เป็นสากล / นานาชาติ ペンサーコン / ナーナーチャーッ	international / cosmopolitan / global / worldwide

小切手 ➡ 国際的　203

日	タイ	英
こくさいでんわ 国際電話	การโทรศัพท์ไปต่างประเทศ カーントーラサップパイターングプラテーッ	international call
こくさん 国産	ผลผลิตภายในประเทศ ポンパリッパーイナイプラテーッ	domestically produced
こくじん 黒人	คนผิวดำ コンピウダム	black / African American
こくせき 国籍	สัญชาติ サンチャーッ	nationality
こくち 告知	การแจ้งให้ทราบ カーンチェーングハイサーブ	notice / notification / announcement
こくど 国土	พื้นที่ประเทศ / อาณาเขต プーンティープラテーッ / アーナーケーッ	territory
こくどう 国道	ทางหลวง ターングルアング	national highway[route, road]
こくない 国内	ภายในประเทศ パーイナイプラテーッ	domestic
こくないせん 国内線	เที่ยวบินภายในประเทศ ティアゥビンパーイナイプラテーッ	domestic flight
こくはく 告白	สารภาพ サーラパーブ	confession / declaration
こくばん 黒板	กระดานดำ クラダーンダム	blackboard
こくふく 克服	เอาชนะ アウチャナ	conquest
こくぼう 国防	การป้องกันประเทศ カーンポーングカンプラテーッ	national defense
こくみん 国民	ประชากร / ประชาชน プラチャーコーン / プラチャーチョン	member of a nation

204 国際電話 ➡ 国民

日	タイ	英
穀物（こくもつ）	ธัญพืช タンヤプーッ	grain
国有（こくゆう）	รัฐเป็นเจ้าของ ラッペンチャゥコーング	government[state] ownership
極楽（ごくらく）	สวรรค์ サワン	paradise
国立（こくりつ）	...แห่งชาติ ...ヘングチャーッ	national / state
国連（こくれん）	สหประชาชาติ サハプラチャーチャーッ	the United Nations
焦げ茶（こげちゃ）	สีน้ำตาลเข้ม スィーナムターンケム	dark brown
焦げる（こげる）	ไหม้ / เกรียม マイ / クリアム	burn / scorch
語源（ごげん）	รากศัพท์ ラークサプ	word origin
ここ	ที่นี่ ティーニー	here / this place
個々（ここ）	ทีละราย / ทีละคน ティーラライ / ティーラコン	individuals
午後（ごご）	ช่วงบ่าย チュアングバーイ	afternoon
凍える（こごえる）	หนาวเหน็บ / เย็นยะเยือก ナーウネプ / イェンヤユアク	be frozen
心地（ここち）	ความรู้สึก クワームルースク	feeling / sensation
心地よい（ここちよい）	สบายน่ารื่นรมย์ サバーイナールーンロム	comfortable / pleasant

穀物 ➡ 心地よい　205

日	タイ	英
ここのか 九日	วันที่เก้า / เก้าวัน ワンティーカウ / カウワン	nine days / the ninth
9つ	เก้า(อัน) カウ (アン)	nine / nine years old
こころ 心	หัวใจ ファチャイ	the human heart
こころあた 心当り	เบาะแส ボセー	have a clue
こころえ 心得	ข้อที่พึงตระหนัก コーティープングトラナク	knowledge / understanding
こころえ 心得る	ตระหนัก トラナク	know / understand
こころが 心掛ける	ใส่ใจ サイチャイ	aim / work at achieving / endeavor / intend
こころざし 志	ความมุ่งมั่น/ความตั้งใจ クワームムングマン / クワームタングチャイ	goal / aim / ambition / aspiration
こころざ 志す	วางแผน / ตั้งใจ ワーングペーン / タングチャイ	plan / aim at
こころづか 心遣い	ความมีน้ำใจ クワームミーナムチャイ	kindness / consideration / thoughtfulness
こころづよ 心強い	มีกำลังใจ / ใจชื้น ミーカムラングチャイ / チャイチューン	be encouraging
こころぼそ 心細い	ไม่มั่นใจ / หวาดหวั่น マイマンチャイ / ワーッワン	helpless
こころ 試み	การทดลอง カーントッローング	try / attempt
こころ 試みる	ทดลอง トッローング	try / attempt

日	タイ	英
固体 (こたい)	ของแข็ง コーングケング	solid
古代 (こだい)	ยุคโบราณ/โบราณกาล ユクボーラーン / ボーラーンナカーン	ancient times
答 (こたえ)	คำตอบ カムトープ	answer / reply
答える (こたえる)	ตอบ トープ	answer / reply
こだわる	ยึดติดกับเรื่องใดเรื่องหนึ่ง ユッティッカブルアングダイルアングヌング	be obsessive / be particular about
御馳走 (ごちそう)	อาหารชั้นยอด アーハーンチャンヨーッ	entertainment / wonderful food
誇張 (こちょう)	การพูดเกินความจริง カーンプーックーンクワームチング	overstatement / exaggeration
こちら	ทางนี้ / ด้านนี้ ターングニー / ダーンニー	this side / here / this way
こつ	เคล็ดลับ クレッラブ	knack / trick
国家 (こっか)	ประเทศชาติ プラテーッチャーッ	national / nation / country / state
国歌 (こっか)	เพลงชาติ プレーングチャーッ	national anthem
国会 (こっかい)	รัฐสภา ラッタサパー	national legislature[assembly] / parliament / Congress
小遣い (こづかい)	เงินค่าใช้จ่ายส่วนตัว/เงินค่าขนม ングンカーチャイチャーイスアントゥア / ングンカーカノム	pocket money
国会議事堂 (こっかいぎじどう)	อาคารรัฐสภา アーカーンラッタサパー	the Diet building / the Capitol

固体 ➡ 国会議事堂

日	タイ	英
骨格（こっかく）	โครงกระดูก / โครงร่าง クローングクラドゥーク / クローングラーング	skeleton / frame
国旗（こっき）	ธงชาติ トングチャーッ	national flag
国境（こっきょう）	ชายแดน / พรมแดน チャーイデーン / プロムデーン	national border
滑稽（こっけい）	ตลก タロク	funny / humorous
国交（こっこう）	ความสัมพันธ์ทางการทูต クワームサムパンターングカーントゥーッ	diplomatic relations
骨折（こっせつ）	กระดูกหัก クラドゥークハク	broken bone
こっそり	เงียบ ๆ / เบา ๆ(แอบทำ) ンギアブンギアブ / バウバウ（エープタム）	quietly
こっそりと	แอบ / ลักลอบ エーブ / ラクローブ	in secret / secretly
小包（こづつみ）	พัสดุย่อย パッサドゥヨーイ	small parcel / package
骨董品（こっとうひん）	ของเก่า / ของโบราณ コーングカウ / コーングボーラーン	antique
コップ	ถ้วย / แก้ว トゥアイ / ケーウ	glass
固定（こてい）	การยึดไว้ให้อยู่นิ่ง ๆ / ทำให้คงที่ カーンユッワイハイユーニングニング / タムハイコングティー	stationary / fixed
古典（こてん）	วรรณกรรมโบราณ / ของโบราณ ワンナカムボーラーン / コーングボーラーン	old book / classic
琴（こと）	พิณญี่ปุ่น / โคโตะ ピンイープン / コート	koto / Japanese stringed instrument

日	タイ	英
こと 事	สถานการณ์ サターナカーン	matter / thing / situation
こどう 鼓動	การเต้นของหัวใจ カーンテンコーングファチャイ	heartbeat / pulsation
ことがら 事柄	เรื่องราว ルアングラーゥ	matter / circumstance
こどく 孤独	เดียวดาย ディアゥダーイ	solitude / loneliness
ことごとく	ทั้งหมด / โดยสิ้นเชิง タングモッ / ドーイスィンチューング	completely / altogether
ことし 今年	ปีนี้ ピーニー	this year
ことづける 言付ける	ฝาก... ファーク...	get sb to take
ことづて 言伝	ฝากข้อความ ファークコークワーム	give (take) a message / message
こと 異なる	แตกต่าง テークターング	differ / be different
ことば 言葉	ภาษา パーサー	language / word / phrase
ことばづかい 言葉遣い	วิธีการพูด / วิธีการใช้ภาษา ウィティーカーンプーッ / ウィティーカーンチャイパーサー	way of talking
こども 子供	เด็ก / ลูก デク / ルーク	child
ことり 小鳥	ลูกนก ルークノク	little bird
ことわざ 諺	สุภาษิตคำพังเพย スパースィッカムパングペーイ	proverb

事 ➡ 諺　211

日	タイ	英
断(ことわ)る	ปฏิเสธ パティセーッ	refuse
粉(こな)	แป้ง / ผง ペーング / ポング	flour / powder
粉々(こなごな)	ผุยผง / ป่น プイポング / ポン	fragmented
コネ	คอนเนคชั่น/เส้นสาย コーンネークチャン / センサーイ	connection / contact / pull
この間(あいだ)	เมื่อไม่นานมานี้/เมื่อคราวก่อน ムァマイナーンマーニー / ムーァクラーゥコーン	recently
この頃(ごろ)	หมู่นี้ / ช่วงนี้ ムーニー / チュアングニー	at the time
好(この)ましい	น่าพอใจ / ถูกใจ ナーポーチャイ / トゥークチャイ	pleasant / desirable
好(この)み	รสนิยม / ความชอบ ロッサニヨム / クワームチョーブ	liking / preference
好(この)む	ชอบ / พอใจ / โปรดปราน チョーブ / ポーチャイ / プローップラーン	like / attract *sb*
琥珀(こはく)	อำพันสีเหลืองทอง アムパンスィールアングトーング	amber
碁盤(ごばん)	กระดานหมากล้อม クラダーンマークローム	go board
コピー	อัดสำเนา アッサムナウ	copy
コピー機(き)	เครื่องถ่ายเอกสาร クルアングターイエークカサーン	copy machine
コピー商品(しょうひん)	สินค้าปลอม スィンカープローム	fake[counterfeit] product

日	タイ	英
コピーライト	ลิขสิทธิ์ リクカスィッ	copyright
ご無沙汰	การห่างเหินไม่ได้ติดต่อกัน カーンハーングフーンマイダイティットーカン	silence
個別	ทีละคน ๆ / เป็นคน ๆ ไป ティーラコンティーラコン / ペンコンコンパイ	individual / separate
こぼす	ทำหก タムホク	spill / drop
こぼれる	หก / เอ่อล้น ホク / ウーロン	drop out / get spilled
胡麻	งา ンガー	sesame
コマーシャル	โฆษณา コーサナー	commercial
細かい	ปลีกย่อย / ละเอียด / ถี่ プリークヨーイ / ライアッ / ティー	small / microscopic
ごまかす	ตบตา / หลอกลวง / เสแสร้ง トプター / ロークルアング / セ セーング	cover up / cheat / deceive
鼓膜	เยื่อแก้วหู / แก้วหู ユアケーゥフー / ケーゥフー	eardrum
困っている	ตกอยู่ในความยากลำบาก トクユーナイクワームヤークラムバーク	be in trouble over / be confused / have trouble[difficulty] in / have a hard time
細やか	ละเอียด / พิถีพิถัน ライアッ / ピティーピタン	tender / thoughtful
困る	ลำบาก / เดือดร้อน ラムバーク / ドゥアッローン	be in trouble (difficulty) / have a hard time
ごみ	ขยะ カヤ	garbage / trash

コピーライト ➡ ごみ　213

日	タイ	英
コミックス	การ์ตูน カートゥーン	comics
ごみ箱	ถังขยะ タングカヤ	trash can / garbage can
ごみ袋	ถุงขยะ トゥンカヤ	trash bag / garbage bag
コミュニケーション	การติดต่อสื่อสาร カーンティトースーサーン	communication
混む	แน่น ネン	be crowded / elaborate
ゴム	ยางลบ / ยาง ヤーングロブ / ヤーング	rubber / gum
小麦	ข้าวสาลี カーゥサーリー	wheat
米	ข้าวสาร カーゥサーン	rice
コメディ	เรื่องตลก ルアングタロク	comedy
コメディアン	ดาวตลก ダーゥタロク	comedian
込める	รวมไว้ / รวมเข้าด้วยกัน ルアムワイ / ルアムカゥドゥアイカン	charge / include
コメント	ความเห็น クワームヘン	comment
ごめんなさい	ขอโทษ コートーッ	excuse me / sorry
小文字	อักษรพิมพ์เล็ก アクソーンピムレク	small letter

日	タイ	英
子守（こもり）	คนเลี้ยงเด็ก コンリアングデク	babysitting / nursing
子守唄（こもりうた）	เพลงกล่อมเด็ก プレーングクロームデク	cradlesong
籠もる（こもる）	เก็บตัว ケブトゥア	shut oneself up
顧問（こもん）	ที่ปรึกษา(บริษัท/องค์กร) ティープルクサー (ボーリサッ/オングコーン)	adviser
小屋（こや）	กระท่อม / ศาลา クラトーム / サーラー	cottage
固有（こゆう）	เอกลักษณ์เฉพาะ エークカラクチャポ	inherent / characteristic (of)
小指（こゆび）	นิ้วก้อย ニゥコーイ	the little finger / the fifth toe
雇用（こよう）	การจ้างงาน カーンチャーングンガーン	employment
娯楽（ごらく）	สิ่งบันเทิงเริงรมย์ スィングバントゥーングルーングロム	amusement / entertainment / recreation
凝らす（こらす）	จดจ่อ / พิถีพิถัน チョッチョー / ピティーピタン	focus / concentrate
孤立（こりつ）	การโดดเดี่ยว カーンドードディアウ	isolation
ゴリラ	กอริลล่า コーリンラー	gorilla
懲りる（こりる）	เข็ดหลาบ ケッラープ	learn from hard experience
凝る（こる）	แข็ง/หลงใหลหมกมุ่น ケング / ロングライモッムン	get stiff / develop a passion for

子守 ➡ 凝る　215

日	タイ	英
ゴルフ	กอล์ฟ コーフ	golf
ゴルフ場	สนามกอล์ฟ サナームコーフ	golf course
これ	สิ่งนี้ / อันนี้ スィングニー / アンニー	this
これから	จากนี้ไป チャークニーパイ	from now on
コレクション	คอลเลกชัน / ของเก็บสะสม コーレクチャン / コーングケブサソム	collection
これら	เหล่านี้ ラゥニー	these
頃	ประมาณ... プラマーン...	just then / time / occasion
転がす	หมุน / ขายต่อ ムン / カーイトー	roll / wheel
転がる	กลิ้ง / ล้มกลิ้ง クリング / ロムクリング	roll
殺す	ฆ่า カー	kill
転ぶ	หกล้ม / กลิ้ง ホクロム / クリング	fall down
怖い	กลัว クルア	frightening / scary
壊す	ทำพัง / ทำเสีย / ทำแตก タムパング / タムスィア / タムテーク	break / destroy
壊れ物注意	ของแตกง่าย コーングテークンガーイ	Fragile

日	タイ	英
こわ 壊れやすい	ไม่ทนทาน マイトンターン	fragile / breakable
こわ 壊れる	เสีย / พัง / แตก スィア / パング / テーク	break / be destroyed / be damaged
こんいろ 紺色	สีน้ำเงินเข้ม スィーナムングンケム	dark[deep] blue color
こんかい 今回	ครั้งนี้ / คราวนี้ クラングニー / クラーゥニー	this time
こんき 根気	ความอดทน クワームオットン	perseverance
こんきょ 根拠	มูลความจริง ムーンクワームチング	basis / grounding
コンクール	การประกวด(ดนตรีศิลปะ) カーンプラクァッ（ドントゥリースィンラパッ）	contest
コンクリート	คอนกรีต コーンクリーッ	concrete
こんけつ 混血	เลือดผสม / ลูกครึ่ง ルァッパソム / ルークックルング	mixed parentage[race]
こんげつ 今月	เดือนนี้ ドゥアンニー	this month
こんご 今後	ในอนาคต / จากนี้ ナイアナーコッ / チャークニー	in the future / from now on
こんごう 混合	การผสม カーンパソム	mixture
コンサート	คอนเสิร์ต コンスーッ	concert
コンサートホール	หอประชุมคอนเสิร์ต ホープラチュムコーンスーッ	concert hall

日	タイ	英
混雑（こんざつ）	เบียดเสียด/แออัดคับคั่ง ビアッスイアッ / エーアッカプカング	crowding
コンサルティング	การให้คำปรึกษา カーンハイカムプルㇰサー	consulting
今週（こんしゅう）	อาทิตย์นี้ アーティッニー	this week
コンセント	เต้าเสียบ/ปลั๊กไฟตัวเมีย タウスイアップ / プラㇰファイトゥアミア	plug
混んだ（こんだ）	แออัด / คนแน่น エーアッ / コンネン	crowded
コンタクト	ติดต่อ ティットー	contact
コンタクトレンズ	คอนแทคเลนส์ コーンテㇰレン	contact lens
献立（こんだて）	เมนูอาหาร メヌーアーハーン	menu
昆虫（こんちゅう）	แมลง マレーング	insect
根底（こんてい）	รากเหง้า / รากฐาน ラーㇰンガウ / ラーㇰターン	the root / foundation
コンテスト	การแข่งขัน カーンケングカン	contest
今度（こんど）	ตอนนี้ トーンニー	this time / now / recently
混同（こんどう）	การปะปนกัน カーンパポンカン	mixing
コンドーム	ถุงยางอนามัย トゥングヤーングアナーマイ	condom

こ

218 混雑 ➡ コンドーム

日	タイ	英
コントラスト	การตัดกัน/ขัดแย้งกัน カーンタッカン / カッイエーングカン	contrast
コントロール	ควบคุม クワブクム	control
こんな	แบบนี้ ベープニー	such / like this
こんなに	ขนาดนี้ カナーッニー	so much
困難	ยากลำบาก ヤークラムバーク	difficulty / suffering
今日	วันนี้ ワンニー	today / this day
こんにちは〈挨拶〉	สวัสดีตอนบ่าย サワッディートーンバーイ	hello / hi
コンパス	วงเวียน ウォングウイアン	compass
今晩	เย็นนี้ イェンニー	tonight
こんばんは〈挨拶〉	สวัสดีตอนเย็น サワッディートンイェン	good evening
コンビニ	ร้านสะดวกซื้อ ラーンサドゥアクスー	convenience store
コンピューター	คอมพิวเตอร์ コームピウター	computer
コンプレックス	ปมด้อย ポムドーイ	complex
根本	ราก ラーク	the root

日	タイ	英
今夜 (こんや)	คืนนี้ クーンニー	tonight
婚約 (こんやく)	การหมั้นหมาย カーンマンマーイ	engagement
婚約者 (こんやくしゃ)	คู่หมั้น クーマン	fiancé (man) / fiancée (woman)
混乱 (こんらん)	สับสน / วุ่นวาย サプソン / ウンワーイ	confusion
困惑 (こんわく)	ความรู้สึกอึดอัด / ยุ่งยาก クワームルースクウッアッ / ユングヤーク	confusion / embarrassment

▼ さ, サ

日	タイ	英
差 (さ)	ความต่าง クワームターング	difference / gap
さあ〈感動詞〉	เอาล่ะ アゥラ	Come on! / Here.
サークル	คลับ / ชมรม クラブ / チョムロム	circle
サービス	บริการพิเศษ ボーリカーンピセーッ	special treatment / service
サーフィン	กระดานโต้คลื่น クラダーントークルーン	surfing
再 (さい)	ทำอีกรอบ タムイークロープ	re-
歳 (さい)	อายุ アーユ	age / years
財 (ざい)	ทรัพย์สิน サプスィン	wealth / fortune

220　今夜 ➡ 財

日	タイ	英
さいかい 再会	การกลับมาพบกันใหม่ カーンクラブマーポブカンマイ	meeting again
さいがい 災害	ภัยพิบัติ パイピバッ	disaster / calamity
ざいがく 在学	การขึ้นทะเบียนเป็นนักศึกษา カーンクンタビアンペンナクスクサー	attend school
さいきん 最近	หมู่นี้ / ช่วงนี้ ムーニー / チュアンヌガニー	recently
さいきん 細菌	เชื้อโรค / แบคทีเรีย チュアローク / ベークティーリア	bacteria / germ
さいく 細工	งานฝีมือ / งาน ンガーンフィームー / ンガーン	work / handiwork
さいくつ 採掘	การขุดแร่ カーンクッレー	digging / mining
サイクリング	การขี่จักรยาน カーンキーチャックラヤーン	cycling
サ・イクル	ความถี่คลื่น/รอบ/วงจร クワームティークルーン / ローブ / ウォンチョン	cycle
さいけつ 採決	การลงคะแนนตัดสิน カーンロングカネーンタッスィン	ballot / vote
さいけん 再建	การสร้างใหม่/ปรับปรุงอาคาร カーンサーングマイ / プラブプルングアーカーン	reconstruction
ざいげん 財源	แหล่งเงินทุน レーングングントゥン	revenue source
さいご 最後	สุดท้าย スッターイ	the end / the last
ざいこ 在庫	สต๊อก/สินค้าที่มีอยู่ในร้าน ストク / スィンカーティーミーユーナイラーン	stock

日	タイ	英
さいこう 最高	สูงสุด スーングスッ	highest / supreme
さいころ	ลูกเต๋า ルークタウ	dice
さいこん 再婚	การแต่งงานใหม่ カーンテングンガーンマイ	remarriage / second marriage
さいさん 再三	ครั้งแล้วครั้งเล่า クラングレーゥクラングラウ	again and again
さいさん 採算	ผลกำไร/ผลประโยชน์ ポンカムライ / ポンプラヨーッ	profit
ざいさん 財産	ทรัพย์สมบัติ サプソムバッ	property
さいじつ 祭日	วันหยุดเทศกาล ワンユッテーサカーン	national holiday
さいしゅう 最終	สุดท้าย スッターイ	the last
さいしゅう 採集	การสะสม/การรวบรวม カーンサソム / カーンルァプルァム	collection / gathering
さいしょ 最初	ตอนแรก/แรกเริ่ม トーンレーク / レークルーム	the beginning / the first
さいしょう 最小	อย่างต่ำ / น้อยสุด ヤーングタム / ノーイスッ	minimum / the least[smallest]
さいじょう 最上	ดีที่สุด / ชั้นเยี่ยม ディーティースッ / チャンイアム	first-class / the best[finest, highest]
さいしょうげん 最小限	ขั้นต่ำสุด カンタムスッ	minimum
さいしょくしゅぎしゃ 菜食主義者	ผู้ที่นิยมกินมังสวิรัติ プーティニヨムキンマンサウィラッ	vegetarian

日	タイ	英
最新 (さいしん)	ล่าสุด / แบบใหม่ ラースッ / ベープマイ	the newest[latest] / up-to-date
サイズ	ขนาด カナーッ	size
再生 (さいせい)	เปิดฟัง / ดูซ้ำ プーッファング / ドゥーサム	playback
財政 (ざいせい)	การคลัง カーンクラング	public finance
再生紙 (さいせいし)	กระดาษรีไซเคิล クラダーッリサイクン	recycled paper
最善 (さいぜん)	การกระทำที่ดีที่สุด カーンクラタムティーディーティースッ	best / utmost
最前線 (さいぜんせん)	แนวหน้า ネウナー	the forefront[frontline]
再送 (さいそう)	ส่งใหม่ ソングマイ	resending / retransmission
催促 (さいそく)	การเร่งรัด / กระตุ้นเตือน カーンレングラッ / カーンクラトゥントゥアン	pressing / a (repeated) demand
サイダー	น้ำอัดลม ナムアッロム	soda
最大 (さいだい)	ใหญ่ที่สุด / กว้างที่สุด ヤイティースッ / クワーングティースッ	maximum / the largest[biggest, greatest]
採択 (さいたく)	การคัดเลือก / การนำมาใช้ カーンカッルアク / カーンナムマーチャイ	adoption / selection
財団 (ざいだん)	มูลนิธิ ムーンニティ	foundation
最中 (さいちゅう)	กลางคัน クラーングカン	the midst

最新 → 最中　223

日	タイ	英
さいてい 最低	อย่างน้อยที่สุด/เลวที่สุด/ต่ำช้าที่สุด ヤーングノーイティースッ/レゥティースッ/タムチャーティースッ	worst / lowest
さいてい 裁定	การตัดสินใจ カーンタッスィンチャイ	decision / ruling / arbitration
さいていきおん 最低気温	อุณหภูมิต่ำสุด ウンハプームタムスッ	the lowest temperature
さいてん 採点	การให้คะแนน/การตรวจข้อสอบ カーンハイカネーン/カーントルゥアッコーソープ	marking / scoring / grading
さいなん 災難	ภัยพิบัติ パイピバッ	calamity / mishap / disaster
さいのう 才能	พรสวรรค์ ポンサワン	talent / ability
さいばい 栽培	เพาะปลูก ポプルーク	growing / cultivation
さいはつ 再発	การกลับมาเป็นอีก/เกิดขึ้นซ้ำ カーンクラッブマーペンイーク/クークンサム	return / recurrence
さいばん 裁判	การตัดสินคดีความ カーンタッスィンカディークワーム	a trial
さいふ 財布	กระเป๋าสตางค์ クラパゥサターング	wallet
さいぶ 細部	รายละเอียด ラーイライアッ	details / particulars
さいほう 裁縫	การตัดเย็บ カーンタッイェプ	sewing
さいぼう 細胞	เซลล์ セーン	cell
さいむ 債務	หนี้สิน ニースィン	debt / liabilities

日	タイ	英
材木（ざいもく）	ท่อนไม้ トーンマイ	wood
採用（さいよう）	การนำ(ไป/มา)ใช้/จ้างงาน カーンナム（パイ / マー）チャイ / チャーングンガーン	adoption
再利用（さいりよう）	การนำมาใช้ใหม่ カーンナムマーチャイマイ	reuse
材料（ざいりょう）	วัตถุดิบ ワットゥディプ	material / ingredients
サイレン	ไซเรน サイレン	siren
幸い（さいわ）	โชคดีที่... / เคราะห์ดี チョークディーティー ... / クロディー	good luck / happiness
サイン	ลายมือชื่อ / ลายเซ็น ラーイムーチュー / ラーイセン	sign
サウナ	ซาวน่า / การอบไอน้ำ サウナー / カーンオプアイナム	sauna
遮る（さえぎ）	ขวางกั้น / กั้น クワーングカン / カン	interrupt *sb* / obstruct / block
さえずる	ส่งเสียงร้อง ソングスィアングローング	chirp / twitter
冴える（さ）	กระจ่าง / เคลียร์ クラチャーング / クリア	be bright
竿（さお）	ไม้ถ่อ マイトー	pole / rod
坂（さか）	เนิน / ที่ลาด ヌーン / ティーラーッ	slope / gradient
境	ขอบเขต / เขตแดน コーブケーッ / ケーッデーン	border / boundary

さ

日	タイ	英
栄える（さか）	เจริญรุ่งเรือง チャルーンルングルアング	prosper / rise to the top / flourish / thrive
差額（さがく）	ยอดคงเหลือ ヨーッコングルア	difference / balance
捜す（さが）	ควานหา クワーンハー	look for / search
探す（さが）	แสวงหา サウェーングハー	look for / search
さかずき	จอกเหล้า チョクラウ	sake cup
逆立ち（さかだ）	หกสูง ホクスーング	handstand
魚（さかな）	ปลา プラー	fish
魚料理（さかなりょうり）	อาหารประเภทปลา アーハーンプラペーップラー	fish dishes[course] / seafood
遡る（さかのぼ）	ย้อนกลับไป ヨーンクラップパイ	go back / be retroactive
酒場（さかば）	ร้านเหล้า / บาร์ ラーンラウ / バー	bar / saloon
逆らう（さか）	ต้าน / ฝืน ターン / フーン	resist / go to against
盛り（さか）	ขีดสุด キーッスッ	the height / the peak
下がる（さ）	ลดลง / ต่ำลง ロッロング / タムロング	move down / fall
先（さき）	ก่อน / ล่วงหน้า コーン / ルアングナー	the tip

226 栄える ➡ 先

日	タイ	英
詐欺（さぎ）	การฉ้อโกง/การต้มตุ๋น カーンチョーコーング / カーントムトゥン	fraud / deceit
一昨々日（さきおととい）	3 วันก่อน サームワンコーン	two days before yesterday / three days ago
先に（さき）	ขอตัวก่อน コートゥアコーン	the head / the front
先程（さきほど）	เมื่อสักครู่นี้ ムアサックルーニー	some time ago / a little while ago
作業（さぎょう）	งาน ンガーン	work / operations
咲く（さ）	บาน バーン	bloom
昨〜（さく）	...ที่แล้ว / ...ก่อน ... ティーレーゥ / ... コーン	last-
柵（さく）	รั้วไม้ ルァマイ	fence
策（さく）	แผน/มาตรการ/อุบาย ペーン / マーットラカーン / ウバーィ	plan / step
裂く（さ）	ฉีก / ชำแหละ / แยก チーク / チャムレ / イェーク	tear / split up
索引（さくいん）	ดรรชนี ダッチャニー	index
削減（さくげん）	การลดให้น้อยลง カーンロッハイノーイロング	reduction / slimming down
錯誤（さくご）	ข้อผิดพลาด コーピップラーッ	mistake / error
作者（さくしゃ）	ผู้สร้างสรรค์ผลงาน(บทกวีงานศิลปะ) プーサーングサンポンンガーン（ボッカウィーンガーンスィンラパッ）	the author / artist

さ

詐欺 ➡ 作者 227

日	タイ	英
さくしゅ 搾取	การคั้นน้ำ カーンカンナム	exploitation
さくじょ 削除	ลบออก ロブオーク	deletion
さくせい 作成	จัดทำขึ้น / ผลิต / สร้าง チャッタムクン / パリッ / サーング	drawing up / making
さくせん 作戦	กลยุทธ์ / แผนการ コンラユッ / ペーンカーン	strategy
さくねん 昨年	ปีที่แล้ว ピーティーレーゥ	last year
さくばん 昨晩	เมื่อคืนนี้ ムアクーンニー	last night / yesterday evening
さくひん 作品	ผลงาน / ชิ้นงาน ポンガーン / チンガーン	production / opus
さくぶん 作文	เรียงความ リアングクワーム	composition / essay
さくら 桜	ซากุระ サークラ	cherry blossoms
さくらん 錯乱	ความยุ่งเหยิง / สับสน クワームユングユーング / サブソン	derangement / delirium / distraction
さくらんぼ	ผลเชอร์รี่ ポンチャリー	cherry
さくりゃく 策略	แผน / อุบาย ペーン / ウバーイ	plot / trick / trap / tactics / strategy
さぐ 探る	ควานหา / ค้นหา / คลำหา クワーンハー / コンハー / クラムハー	feel around for
さけ 酒	เหล้า ラゥ	alcoholic drinks / liquor

日	タイ	英
鮭 (さけ)	ปลาแซลมอน プラーサーモーン	salmon
叫び (さけび)	เสียงตะโกน スィアングタコーン	scream
叫ぶ (さけぶ)	ตะโกน / กู้ร้อง タコーン / クーローング	scream
裂ける (さける)	แยกออก / ฉีกออก イェークオーク / チークオーク	tear / split
避ける (さける)	หลีกเลี่ยง / หลบหน้า リークリアング / ロプナー	avoid / keep away from
支える (ささえる)	สนับสนุน サナプサヌン	hold up / support
捧げる (ささげる)	บูชา ブーチャー	lift *sth* up in both hands / offer / dedicate
囁く (ささやく)	กระซิบ クラスィプ	whisper
刺さる (ささる)	ทิ่ม / แทง / เสียบ ティム / テーング / スィアプ	stick / pierce
匙 (さじ)	ช้อน チョーン	spoon
差し掛かる (さしかかる)	ผ่านเข้ามาใกล้ パーンカウマークライ	come near to
座敷 (ざしき)	ห้องแบบญี่ปุ่น ホングベープイープン	Japanese-style room
差し込む (さしこむ)	สอด / เสียบ ソーッ / スィアプ	insert[push] *sth* in
指図 (さしず)	คำสั่ง / คำแนะนำ カムサング / カムネナム	direction / orders

鮭 ➡ 指図　229

日	タイ	英
差出人(さしだしにん)	ผู้ส่ง プーソング	sender
差し出す(さしだす)	ยื่นออกไป / เสนอ ユーンオークパイ / サヌー	hold out in front of one
差し支え(さしつかえ)	อุปสรรค / ความลำบาก ウプパサク / クワームラムバーク	hindrance
差し支える(さしつかえる)	ขัดข้อง カッコーング	be hindered
差し引く(さしひく)	หักออก / ตัดออก ハクオーク / タッオーク	take away / deduct
刺身(さしみ)	ปลาดิบ / ซาชิมิ プラーディプ / サーシミ	sashimi / raw fish
指す(さす)	ชี้ให้เห็น チーハイヘン	point / indicate
射す(さす)	ส่องแสง ソーングセーング	shine / come out
挿す(さす)	เสียบ / ปัก スィアプ / パク	insert / put *sth* in
刺す(さす)	แทง / เสียบ テーング / スィアプ	pierce / prick
流石(さすが)	(เป็นเช่นนั้น)จริง ๆ / สมแล้ว (ペンチェンナン) チングチング / ソムレーウ	just like *sb* / as expected
授ける(さずける)	ให้(รางวัล) / สอน / แนะนำ ハイ (ラーングワン) / ソーン / ネナム	grant / award
さする	ถู / ขัด トゥー / カッ	rub / pat
座席(ざせき)	ที่นั่ง ティーナング	seat

日	タイ	英
座席番号 ざせきばんごう	เลขที่นั่ง レークティーナング	seat number
挫折 ざせつ	ความล้มเหลว / พัง クワームロムレゥ / パング	failure / setback / collapse
誘う さそう	ชักชวน チャクチュアン	invite / ask
定まる さだまる	(ถูก)กำหนด (トゥーク) カムノッ	be decided
定める さだめる	กำหนด カムノッ	decide / appoint
座談会 ざだんかい	วงสนทนา ウォングソンタナー	round-table talk
冊 さつ	เล่ม / ฉบับ レム / チャバブ	volume / copy
札 さつ	(ธนบัตร...)ฉบับ (タナバッ...) チャバブ	bank note / bill
雑 ざつ	สารพัด / จิปาถะ サーラパッ / チッパータ	miscellany / compilation / mixture
撮影 さつえい	ถ่ายภาพ / ถ่ายทำ ターイパープ / ターイタム	taking a picture / photography / filming
撮影禁止 さつえいきんし	ห้ามถ่ายรูป ハームターイループ	NO PHOTOGRAPHY[VIDEOS]
雑音 ざつおん	เสียงรบกวน/เสียงแทรก スィアングロブクワン / スィアングセーク	noise / souffle
作家 さっか	ผู้แต่ง / นักเขียน プーテング / ナクキアン	author
雑貨 ざっか	สินค้าเบ็ดเตล็ด/ของจิปาถะ スィンカーベッタレッ / コーングチッパータ	miscellaneous goods

日	タイ	英
サッカー	นักฟุตบอล ナクフットボーン	soccer
錯覚(さっかく)	ภาพลวงตา パープルアングター	illusion
早急(さっきゅう)	เร่งด่วน レングドゥアン	urgent
作曲(さっきょく)	การแต่งทำนองเพลง カーンテングタムノーングプレーング	composition
殺菌(さっきん)	การฆ่าเชื้อ カーンカーチュア	disinfection / sterilization
さっさと	โดยเร็วไว ドーイレゥワイ	quickly
雑誌(ざっし)	นิตยสาร ニッタヤサーン	magazine
雑種(ざっしゅ)	พันธุ์ผสม パンパソム	hybrid / mix breed
殺人(さつじん)	ฆาตกร カータコーン	murder
察する(さっする)	คาดการณ์ / นึกรู้ カーッカーン / ヌクルー	guess / realize
雑草(ざっそう)	หญ้า / วัชพืช ヤー / ワッチャプーッ	weed
早速(さっそく)	ในทันที ナイタンティー	immediately / right away
雑談(ざつだん)	การคุยเรื่องสัพเพเหระ カーンクイルアングサプペーヘーラ	idle talk / chat
殺虫剤(さっちゅうざい)	ยาฆ่าแมลง ヤーカーマレーング	insecticide / pesticide

日	タイ	英
殺虫スプレー (さっちゅう)	สเปรย์ฆ่าแมลง スプレーカーマレーング	insecticidal spray
さっと	โดยทันที ドーイタンティー	suddenly / quickly
ざっと	คร่าว ๆ / โดยหยาบ ๆ クラーゥクラーゥ / ドーイヤーブヤーブ	roughly / more or less
殺到 (さっとう)	การหลั่งไหลเข้าไป カーンラングライカゥパイ	rush / influx
雑踏 (ざっとう)	ความแน่นขนัด クワームネンカナッ	crowd
さっぱり	สดชื่น ソッチューン	clean / simple
査定 (さてい)	การประเมิน カーンプラムーン	evaluation / assessment
砂糖 (さとう)	น้ำตาล ナムターン	sugar
作動 (さどう)	การทำงานของเครื่องจักร カーンタムンガーンコーングクルァングチャク	operation
悟る (さと)	บรรลุ / ตระหนัก バンル / トラナク	guess / realize
砂漠 (さばく)	ทะเลทราย タレーサーイ	desert
裁く (さば)	ตัดสิน / พิพากษา タッスィン / ピパークサー	judge
錆 (さび)	สนิม サニム	rust
寂しい (さび)	เหงา / เปลี่ยว ンガゥ / プリアゥ	lonely

さ

殺虫スプレー ➡ 寂しい 233

日	タイ	英
座標（ざひょう）	พิกัด ピカッ	coordinates
錆る（さびる）	ขึ้นสนิม クンサニム	be rusted
座布団（ざぶとん）	เบาะรองนั่ง ボローングナング	floor cushion
サプライヤー	ผู้ป้อนสินค้า プーポーンスィンカー	supplier
差別（さべつ）	การกีดกัน / แบ่งแยก カーンキーッカン / ベングイェーク	discrimination
作法（さほう）	ธรรมเนียมปฏิบัติ タムニアムパティバッ	manners / etiquette
さほど	ขนาดนั้น / โดยเฉพาะอย่างยิ่ง カナーッナン / ドーイチャヤヤーングイング	(not) much so / (not) particularly
サボる	โดด / ไม่เข้าร่วม ドーッ / マイカゥルアム	absent oneself from *sth*
様（さま）	ท่าน ターン	appearance / state
様々（さまざま）	หลากหลาย ラークラーイ	various
覚ます（さます）	ปลุก / ทำให้รู้สึกตัว プルク / タムハイルースクトゥア	awake / wake up
冷ます（さます）	ทำให้เย็นลง / ระงับอารมณ์ タムハイイェンロング / ランガブアーロム	cool *sth* down
妨げる（さまたげる）	ขัดขวาง カックワーング	disturb / block
彷徨う（さまよう）	เตร็ดเตร่ / เร่ร่อน トレットレー / レーローン	rove / wander through

234　座標 ➡ 彷徨う

日	タイ	英
寒(さむ)い	หนาว ナーゥ	cold
寒気(さむけ)	ความรู้สึกหนาวเหน็บ/หนาวสั่น クワームルースクナーゥネブ / ナーゥサン	chill
寒(さむ)さ	ความหนาว クワームナーゥ	coldness / a chill
侍(さむらい)	ซามูไร サームーライ	samurai / warrior
鮫(さめ)	ฉลาม チャラーム	shark
覚(さ)める	ตื่น トゥーン	wake up
冷(さ)める	เย็นชืด イェンチューッ	get cold
さも	ช่างเป็น...นี่กระไร チャーングペン... ニークラライ	as it should be
座薬(ざやく)	ยาเหน็บ ヤーネブ	suppository
左右(さゆう)	ซ้ายขวา サーイクワー	right and left
作用(さよう)	การทำให้เกิดผล / ปฏิกริยา カーンタムハイクーッポン / パティクリヤー	action / function
さようなら〈挨拶〉	ลาก่อน ラーコーン	good-bye
皿(さら)	จาน チャーン	plate / dish
再来月(さらいげつ)	2 เดือนข้างหน้า ソーングドゥアンカーングナー	the month after next

日	タイ	英
再来週(さらいしゅう)	2 สัปดาห์ข้างหน้า ソーングサプダーカーングナー	the week after next
再来年(さらいねん)	2 ปีข้างหน้า ソーングピーカーングナー	the year after next
さらう	ลักพาตัว ラクパートゥア	kidnap / snatch
ざらざらした	(เนื้อ)หยาบ / สาก (ヌァ)ヤープ / サーク	rough / scabrous
サラダ	สลัด サラッ	salad
更(さら)に	ยิ่งไปกว่านั้น イングパイクワーナン	moreover / further
サラリーマン	มนุษย์เงินเดือน マヌッシングンドゥアン	salaried employee
猿(さる)	ลิง リング	monkey
去(さ)る	จากไป チャークパイ	leave / go away
ざる	ตะแกรง タクレーング	bamboo basket / sieve
騒(さわ)がしい	เอะอะ / เจี๊ยวจ๊าว エア / チアゥチャーウ	noisy
騒(さわ)ぎ	เสียงเจี๊ยวจ๊าว / จอแจ スィアングチアゥチャーウ / チョーチェー	noise / fuss
騒(さわ)ぐ	ส่งเสียงเจี๊ยวจ๊าว ソングスィアングチアゥチャーウ	make noise
爽(さわ)やか	สดชื่น ソッチューン	fresh / refreshing

日	タイ	英
さわ 障る	เป็นอุปสรรค/เป็นอันตรายต่อ ペンウプパサク/ペンアンタラーイトー	hinder / harm / interfere
さわ 触る	สัมผัส/รับรู้(ความรู้สึก) サムパッ/ラプルー(クワームルースク)	touch / feel
～さん	คุณ... クン...	Mr. / Ms.
3	สาม サーム	three
さん ～産	ผลิตภัณฑ์ / สินค้า パリッタパン / スインカー	product
さん 酸	กรด クロッ	acid
さんか 参加	เข้าร่วม カウルアム	participation
さんか 酸化	การสันดาป カーンサンダープ	oxidation
さんかく 三角	สามเหลี่ยม サームリアム	triangularity
さんがく 山岳	เทือกเขา トゥアクカウ	mountains
ざんがく 残額	ยอดเงินคงเหลือ ヨーッングンコンルア	balance
さんがつ 三月	เดือนมีนาคม ドゥアンミーナーコム	March
さんぎいん 参議院	วุฒิสภา ウティサパー	the House of Councilors
さんきゅう 産休	การลาคลอด カーンラークローッ	maternity leave

さ

障る ➡ 産休 237

日	タイ	英
産業（さんぎょう）	อุตสาหกรรม ウッサーハカム	industry
残業（ざんぎょう）	การทำงานล่วงเวลา カーンタムンガーンルアングウェーラー	overtime work
残金（ざんきん）	ยอดคงเหลือ ヨーッコングルア	the balance / surplus
産後（さんご）	ช่วงหลังคลอด チュアングラングクローッ	postpartum / after childbirth
珊瑚（さんご）	ปะการัง パカーラング	coral
参考（さんこう）	แหล่งอ้างอิง レングアーングイング	reference
参考書（さんこうしょ）	หนังสืออ้างอิง ナングスーアーングイング	reference book
残酷（ざんこく）	โหดร้าย ホーッラーイ	cruel
30	สามสิบ サームスイプ	thirty
産出（さんしゅつ）	การผลิตออกมา カーンパリッオークマー	production
参照（さんしょう）	การอ้างอิง カーンアーングイング	reference
算数（さんすう）	เลขคณิต / การคำนวณ レークカニッ / カーンカムヌアン	arithmetic / calculation
賛成（さんせい）	เห็นด้วย ヘンドゥアイ	agreement
酸性（さんせい）	ความเป็นกรด クワームペンクロッ	acidity

238 産業 ➡ 酸性

日	タイ	英
さんそ 酸素	ออกซิเจน オークスイチェン	oxygen
ざんだか 残高	ยอดคงเหลือ ヨーッコングルァ	the balance
ざんだかぶそく 残高不足	ยอดคงเหลือขาด ヨーッコングルァカーッ	insufficient balance [funds]
サンタクロース	ซานตาคลอส サーンタークローッ	Santa Claus
サンダル	รองเท้าแตะ ローングタゥテ	sandals / flip-flops
さんち 産地	สถานที่ผลิต サターンティーパリッ	place of production
さんちょう 山頂	ยอดเขา ヨーッカゥ	the mountaintop / the summit
サンドイッチ	แซนด์วิช セーンウィッ	sandwich
さんばし 桟橋	สะพานปลา サパーンプラー	pier
さんび 賛美	การชมเชย ยกย่อง カーンチョムチューイヨクヨーング	praise / extolment
さんぷく 山腹	เนินเขา / ไหล่เขา ヌーンカゥ / ライカゥ	hillside
さんふじんか 産婦人科	แผนกสูตินรีเวช パネークスーティナリーウェーッ	obstetrics and gynecology
さんふじんかい 産婦人科医	สูตินรีแพทย์ スーティナリーペーッ	obstetrics and gynecology
さんぶつ 産物	ผลผลิต/ผลจากการกระทำ ポンパリッ/ポンチャーッカーンクラタム	product

酸素 ➡ 産物　　239

| 日 | タイ | 英 |

サンプリング	การสุ่มตัวอย่าง カーンスムトゥアヤーング	sampling
サンプル	ตัวอย่าง トゥアヤーング	sample
さんぽ 散歩	เดินเล่น ドゥーンレン	walk / stroll
さんみ 酸味	ความเปรี้ยว/ความเป็นกรด クワームプリアゥ / クワームペンクロッ	sourness / acidity
さんみゃく 山脈	แนวเขา / สันเขา ネゥカゥ / サンカゥ	mountain range
さんりん 山林	ป่าไม้และภูเขา パーマイレプーカゥ	mountains and forests

▼し，シ

し 士	ซามูไร / สุภาพบุรุษ サームーライ / スパーブプルッ	samurai / gentleman
し 死	ความตาย クワームターイ	death
し 氏	ท่าน...(นักวิจัย ผู้มีชื่อเสียง) ターン...(ナクウィチャイプーミーチュースィアング)	Mr.
し 詩	กลอน / กวี クローン / カウィー	poem / verse
し 師	อาจารย์/ปรมาจารย์ アーチャーン / パラマーチャーン	master / instructor
し 市	เมือง ムアング	city
じ 字	ตัวอักษร トゥアアクソーン	character / letter

日	タイ	英
～時（じ）	เวลา / ...โมง ウェーラー / ... モーング	hour / time
痔（じ）	โรคริดสีดวง ロークリッスィードゥアング	piles / hemorrhoids
試合（しあい）	การแข่งขัน カーンケングカン	match / game
仕上（しあ）がり	การเสร็จสมบูรณ์ カーンセッソムブーン	completion / the result
仕上（しあ）げ	การทำให้เสร็จสมบูรณ์/ขั้นสุดท้าย カーンタムハイセッソムブーン / カンスッターイ	finish / completion
仕上（しあ）げる	ทำให้เสร็จ / สะสาง タムハイセッ / ササーング	finish / complete
明々後日（しあさって）	วันถัดจากวันมะรืน / 3 วันถัดไป ワンタッチャークワンマルーン / サームワンタッパイ	two days after tomorrow
幸（しあわ）せ	ความสุข / โชคดี クワームスク / チョークディー	happiness / fortune
飼育（しいく）	การเลี้ยงสัตว์ カーンリアングサッ	breeding / raising
シーズン	ฤดูกาล ルドゥーカーン	season
シーツ	ผ้าปูที่นอน パープーティーノーン	sheet
強（し）いて	ฝืน フーン	by force / forcibly
シート	ผ้าปู / ที่นั่ง パープー / ティーナング	sheet / tarpaulin
GPS（ジーピーエス）	ระบบชี้ตำแหน่ง ラボッチータムネング	GPS

し

日	タイ	英
強いる	บังคับ / ฝืนใจ / กดดัน バングカブ / フーンチャイ / コッダン	force / press
仕入れ	การสั่งซื้อสินค้าหรือวัตถุดิบ カーンサングスースィンカールーワットゥディプ	buying / purchase
仕入れる	สั่งซื้อสินค้า/วัตถุดิบ サングスースィンカー / ワットゥディプ	lay in stock[goods] / collect (information)
試飲	ตัวอย่างเครื่องดื่ม トゥアヤーングクルアングドゥーム	drink tasting[taste] / sampling
子音	พยัญชนะ パヤンチャナ	consonant
寺院	พระอารามหลวง /วัด プラアーラームルアング / ワッ	temple
ジーンズ	กางเกงยีนส์/ผ้ายีนส์ カーングケーングイーン / パーイーン	jean / denim
自衛	ปกป้องตนเอง ポックポングトンエーング	self-preservation[defense]
シェービングクリーム	ครีมโกนหนวด クリームコーンヌアッ	shaving cream
ジェット機	เครื่องบินเจ็ท クルアングビンチェッ	jet airplane
シェフ	เชฟ / พ่อครัว / แม่ครัว シェーフ / ポークルア / メークルア	cook / chef
支援	การสนับสนุน/การช่วยเหลือ カーンサナブサヌン / カーンチュアイルア	support / aid / assistance / backing
塩	เกลือ クルア	salt
潮	น้ำขึ้นน้ำลงในทะเล ナムクンナムロングナイタレー	the tide / current

242 強いる ➡ 潮

日	タイ	英
塩辛い (しおからい)	เค็ม ケム	salty
仕送り (しおくり)	เงินที่ทางบ้านส่งให้ ングンティータングバーンソングハイ	allowance / money sent from home
栞 (しおり)	ที่คั่นหนังสือ ティーカンナングスー	bookmark / leaflet
歯科 (しか)	ทันตกรรม タンタカム	dental surgery / dentist
鹿 (しか)	กวาง クワーング	deer
自我 (じが)	อัตตา / ตัวของตัวเอง アッター / トゥアコーングトゥアエーング	self
司会 (しかい)	พิธีกร ピティーコーン	presiding over a meeting
歯科医 (しかい)	ทันตแพทย์ タンタペーッ	dentist / dental surgeon
視界 (しかい)	วิสัยทัศน์ ウィサイタッ	view / vision / sight / visibility
市街 (しがい)	ย่านชุมชนร้านค้า / ถนนในเมือง ヤーンチュムチョンラーンカー / タノンナイムァング	the streets
次回 (じかい)	ครั้งหน้า クラングナー	the next time
紫外線 (しがいせん)	รังสีอัลตราไวโอเลต ラングスィーアントラーワイオーレーッ	ultraviolet rays
仕返し (しかえし)	การแก้แค้น / ล้างแค้น カーンケーケーン / ラーングケーン	revenge / retaliation
四角 (しかく)	สี่เหลี่ยม スィーリアム	square

塩辛い ➡ 四角　　243

日	タイ	英
しかく 視覚	การมองเห็น カーンモーングヘン	the visual angle[perception] / sight
しかく 資格	คุณสมบัติ クンナソムバッ	capability / qualification
じかく 自覚	การสำนึก / การรู้ตัว カーンサムヌク / カーンルートゥア	self-knowledge
しかく 四角い	สี่เหลี่ยม スィーリアム	square
しかくけい 四角形	รูปสี่เหลี่ยม ループスィーリアム	square / rectangle / quadrilateral
しか 仕掛け	อุบาย / เล่ห์เหลี่ยม ウバーィ / レーリアム	contrivance / trick
しかける	วางกลอุบาย/เริ่มทำ... ワーングコンウバーィ / ルームタム ...	begin to do / set about / set
しかし	แต่ทว่า テータワー	but / however
しかしながら	อย่างไรก็ตาม ヤーングライコーターム	however
しかた 仕方	วิธีการทำ / หนทาง ウィティーカーンタム / ホンターング	way / method
しかた 仕方がない	ช่วยไม่ได้ チュアィマイダイ	cannot help
しがつ 四月	เดือนเมษายน ドゥアンメーサーヨン	April
しかも	ยิ่งไปกว่านั้น イングパイクワーナン	moreover / furthermore
しか 叱る	ดุ / ว่ากล่าว ドゥッ / ワークラーゥ	be angry with / scold

244 視覚 ➡ 叱る

日	タイ	英
しがん 志願	การขอสมัคร カーンコーサマク	application
じかん 時間	เวลา ウェーラー	time
じかんめ 時間目	ชั่วโมงที่... / คาบที่ チュアモーングティー ... / カープティー	period
じかんわり 時間割	ตารางเวลา ターラーングウェーラー	timetable / schedule
しき 四季	สี่ฤดู スィールドゥー	the four seasons
しき 指揮	การกำกับ/การอำนวยการ カーンカムカプ / カーンアムヌァイカーン	direction / instructions / conducting
しき 式	พิธี / งาน ピティー / ンガーン	ceremony
じき 時期	เวลา / จังหวะ / ช่วง... ウェーラー / チャングワ / チュアング...	season / time of the year
じき 磁器	เครื่องเซรามิก クルァングセーラーミク	porcelain / ceramics
じき 磁気	แม่เหล็ก メーレク	magnetism
じき	ทันที / โดยตรง タンティー / ドーイトロング	immediately / soon
しきさい 色彩	สีสัน スィーサン	color
しきしゃ 指揮者	ผู้คุมวง / วาทยกร プークムウォング / ワータヤーコーン	conductor / director
しきじょう 式場	สถานที่จัดงาน サターンティーチャッンガーン	ceremonial hall

し

日	タイ	英
しきたり	ธรรมเนียมปฏิบัติ タムニアムパティバッ	tradition
敷地 (しきち)	อาณาบริเวณ アーナーボーリウェーン	the grounds
識別 (しきべつ)	การพิจารณาแยกแยะ カーンピチャーラナーイェークイェ	distinction / discrimination
支給 (しきゅう)	การจ่ายเงินตอบแทน カーンチャーイングントーブテーン	provision / payment
至急 (しきゅう)	โดยด่วน / อย่างเร่งด่วน ドーイドゥアン / ヤーングレングドゥアン	urgent / immediate
時給 (じきゅう)	ค่าตอบแทนรายชั่วโมง カートーブテーンラーイチュアモーング	hourly wage[pay]
自給率 (じきゅうりつ)	อัตราการพึ่งพาตนเอง アットラーカーンプンパートンエーング	self-sufficiency ratio
持久力 (じきゅうりょく)	ความทนทาน / ความอึด クワームトンターン / クワームウッ	stamina / staying power / endurance
死去 (しきょ)	การเสียชีวิต カーンスィアチーウィッ	death
事業 (じぎょう)	แผนงาน / โปรเจค / กิจการ ペーンガーン / プローチェク / キッチャカーン	undertaking / project
仕切る (しきる)	คั่น / แบ่ง カン / ベング	partition / divide
資金 (しきん)	เงินทุน ングントゥン	fund / capital
敷く (しく)	ปู / วาง プー / ワーング	spread out / put down
軸 (じく)	เพลา / แกน プラウ / ケーン	an axis / a pivot

日	タイ	英
仕組（しくみ）	กลไก コンカイ	construction
死刑（しけい）	โทษประหารชีวิต トープラハーンチーウィッ	capital punishment / death penalty
刺激（しげき）	การกระตุ้น / การเร้า カーンクラトゥン / カーンラウ	stimulus
湿気る（しける）	ชื้น チューン	become humid / get soggy
茂る（しげる）	ขึ้นหนาแน่น / รก クンナーネン / ロク	grow thick / be luxuriant
試験（しけん）	ข้อสอบ コーソープ	examination
資源（しげん）	แหล่งพลังงาน/ทรัพยากร レングパラングンガーン / サプパヤーコーン	resources
事件（じけん）	คดี カディー	trouble / case / incident
事故（じこ）	อุบัติเหตุ ウバッティヘーッ	accident / trouble
自己（じこ）	ตัวเอง / ตนเอง トゥアエーング / トンエーング	oneself
志向（しこう）	เจตนา / เป้าหมาย チェータナー / パウマーイ	intention / aim
思考（しこう）	การคิด / การพิจารณา カーンキッ / カーンピチャーラナー	thinking / consideration
施行（しこう）	การบังคับใช้/การดำเนินการ カーンバングカプチャイ / カーンダムヌーンカーン	enforcement / operation
試行（しこう）	ทดลองทำ トッローングタム	trial

し

仕組 ➡ 試行 247

日	タイ	英
しこう 嗜好	รสนิยม / ความชื่นชอบ ロッサニヨム / クワームチューンチョーブ	liking / preference
じこう 事項	ข้อเท็จจริง / หัวข้อ コーテッチング / ファコー	matters / facts
じこく 時刻	เวลา ウェーラー	time / hour
じごく 地獄	นรก ナロク	hell
じこくひょう 時刻表	ตารางเวลา(เดินรถ เครื่องบิน รถไฟ) ターラーングウェーラー（ドゥーンロックルアングビンロッファイ）	timetable / schedule
じこしょうかい 自己紹介	การแนะนำตนเอง カーンネナムトンエーング	self-introduction
しごと 仕事	งาน ンガーン	work / task
じざい 自在	อิสระ / ตามใจชอบ イッサラ / タームチャイチョーブ	being able to do as one desires / freely
しさくひん 試作品	สินค้าทดลอง スインカートッローング	prototype / product in trials
しさつ 視察	การตรวจการณ์ カーントルアッカーン	inspection
じさつ 自殺	การฆ่าตัวตาย カーンカートゥアターイ	killing oneself
しさん 資産	สินทรัพย์ スインサプ	property / wealth
じさん 持参	การนำไปด้วย カーンナムパイドゥアイ	bringing
しじ 指示	คำสั่ง / คำชี้แนะ カムサング / カムチーネ	indication / pointing out

日	タイ	英
支持（しじ）	การสนับสนุน カーンサナプサヌン	support
事実（じじつ）	ข้อเท็จจริง コーテッチング	fact / actuality
支社（ししゃ）	สาขา サーカー	branch office
死者（ししゃ）	ผู้เสียชีวิต プースィアチーウィッ	the dead / fatalities / dead person
磁石（じしゃく）	แม่เหล็ก メーレク	magnet / compass
自主（じしゅ）	โดยอิสระ/ด้วยตนเอง ドーイイッサラ / ドゥアイトンエーング	independence / autonomy
自首（じしゅ）	การมอบตัว カーンモープトゥア	self-surrender / surrender oneself to the police
刺繍（ししゅう）	การปักผ้า カーンパクパー	embroidery
始終（しじゅう）	ตั้งแต่ต้นจนจบ/ตลอด タングテートンチョンチョブ / トローッ	from start to finish / always
自習（じしゅう）	เรียนด้วยตนเอง リアンドゥアイトンエーング	studying by oneself
支出（ししゅつ）	รายจ่าย / การใช้จ่าย ラーイチャーイ / カーンチャイチャーイ	expenditure
辞書（じしょ）	พจนานุกรม ポッチャナーヌクロム	dictionary
市場（しじょう）	ตลาด(เชิงเศรษฐศาสตร์) タラーッ（チューングセータサーッ）	market
事情（じじょう）	เหตุจำเป็น/ภาวะที่อำนวย ヘーッチャムペン / パーワティーアムヌアイ	situation / conditions

日	タイ	英
試食 (ししょく)	การลองชิม/ตัวอย่างอาหาร カーンローングチム / トゥアヤーングアーハーン	food tasting[taste] / sampling
辞職 (じしょく)	การลาออก カーンラーオーク	resignation
詩人 (しじん)	กวี カウィー	poet
自信 (じしん)	ความมั่นใจ クワームマンチャイ	self-confidence
自身 (じしん)	ตนเอง / โดยส่วนตัว トンエーング / ドーイスアントゥア	oneself
地震 (じしん)	แผ่นดินไหว ペンディンワイ	earthquake
自炊 (じすい)	การทำอาหารกินเอง カーンタムアーハーンキンエーング	cooking food for oneself
静か (しずか)	เงียบ ンギアプ	quiet / silent
しずく	หยด / ร่วงเผาะ ヨッ / ルアングポ	drop
システム	ระบบ ラボプ	system
静まる (しずまる)	สงบลง/เงียบลง/เบาลง サンゴプロング / ンギアプロング / バウロング	become quiet
沈む (しずむ)	จม チョム	sink / feel low
沈める (しずめる)	ทำให้จมลง タムハイチョムロング	sink / send to the bottom
姿勢 (しせい)	ท่าทาง / บุคลิก ターターング / ブッカリク	posture / attitude

日	タイ	英
視線（しせん）	สายตา サーイター	eye / look / gaze / glance
自然（しぜん）	ธรรมชาติ タムマチャーツ	nature
事前（じぜん）	ล่วงหน้า ルアングナー	beforehand
自然科学（しぜんかがく）	วิทยาศาสตร์ธรรมชาติ ウィッタヤサーッタムマチャーツ	natural science
事前審査（じぜんしんさ）	การตรวจสอบก่อนดำเนินการ カーントルァッソーブコーンダムヌーンカーン	preliminary[prior] review / prior evaluation[vetting]
思想（しそう）	แนวคิด ネゥキッ	thought / idea
時速（じそく）	ความเร็วต่อชั่วโมง クワームレゥトーチュアモーング	speed per hour
持続（じぞく）	ความต่อเนื่อง/ความยั่งยืน クワームトーヌアング / クワームヤングユーン	continuance / sustainable
子孫（しそん）	ลูกหลาน ルークラーン	descendant / posterity
自尊心（じそんしん）	ความเคารพในตนเอง/การนับถือตน クワームカゥロブナイトンエーング / カーンナブトゥートン	self-respect
舌（した）	ลิ้น リン	tongue
下（した）	ข้างใต้ / ข้างล่าง カーングタイ / カーングラーング	the bottom
しだ	ต้นเฟิร์น トンファーン	fern
死体（したい）	ศพ / ซากศพ ソブ / サークソブ	dead body / corpse

視線 ➡ 死体　251

日	タイ	英
次第(しだい)	ขึ้นกับ / ไปตามลำดับ / ในทันทีที่ クンカプ / パイタームラムダプ / ナイタンティーティー	precedence / circumstances / order
事態(じたい)	สถานการณ์ サターナカーン	situation / state of affairs
字体(じたい)	รูปแบบตัวอักษร / ฟอนต์ ループベープトゥアアクソーン / フォン	the form of a character
辞退(じたい)	การถอนตัว カーントーントゥア	declining / refusal
時代(じだい)	ยุคสมัย / สมัย ユクサマイ / サマイ	period / era
次第に(しだいに)	ค่อย ๆ / ทีละนิด コーイコーイ / ティーラニッ	gradually
慕う(したう)	หวนหา / คิดถึง / ปรารถนาอย่างมาก ファンハー / キットゥング / プラータナーヤーングマーク	yearn for
下請会社(したうけがいしゃ)	บริษัทที่รับเหมาช่วง ボーリサッティーラプマウチュアング	subcontractor / subcontracting[supplier] company
下請業者(したうけぎょうしゃ)	ผู้รับจ้างช่วง プーラプチャーングチュアング	subcontractor
従う(したがう)	ทำตาม タムターム	obey / follow
下書き(したがき)	ฉบับร่าง チャバプラーング	rough copy / draft
したがって	ด้วยเหตุนี้ ドゥアイヘーッニー	accordingly / consequently
下着(したぎ)	ชุดชั้นใน チュッチャンナイ	underwear
支度(したく)	การเตรียม / การตระเตรียม カーントリアム / カーントラトリアム	arrangements / equipment

252 次第 ➡ 支度

日	タイ	英
自宅 (じたく)	บ้าน バーン	one's home
下心 (したごころ)	แผนในใจ/ความคิดที่ซ่อนในใจ ペーンナイチャイ / クワームキッティーソーンナイチャイ	secret desire / ulterior motive
下地 (したじ)	การปูพื้นฐาน/วางรากฐาน カーンプーブーンターン / ワーンクラークターン	groundwork / foundation
親しい (したしい)	สนิทสนม サニッサノム	familiar / close / friendly
親しみ (したしみ)	ความสนิทสนม/คุ้นเคย クワームサニッサノム / クンクーイ	friendly feelings / familiarity
親しむ (したしむ)	สนิทสนม / คุ้นเคย サニッサノム / クンクーイ	get friendly
下調べ (したしらべ)	การสำรวจพื้นที่ล่วงหน้า カーンサムルァップーンティールァングナー	preliminary investigation
仕立てる (したてる)	ตัดเย็บ タッイェプ	make / tailor
下取り (したどり)	การรับซื้อคืน カーンラプスークーン	trade-in
下火 (したび)	ค่อย ๆ มอดลง コーイコーイモーッロング	die down
舌平目 (したびらめ)	ปลาตาเดียว プラーターディアゥ	sole
下町 (したまち)	ย่านการค้าในเมือง ヤーンカーンカーナイムァング	downtown area
下見 (したみ)	การสำรวจล่วงหน้า カーンサムルァッルァングナー	preliminary inspection / preview
自治 (じち)	การปกครองตนเอง カーンポックローングトンエーング	self government

自宅 ➡ 自治　253

日	タイ	英
七月（しちがつ）	เดือนกรกฎาคม ドゥアンカラカダーコム	July
試着（しちゃく）	การลองเสื้อผ้า カーンローングスァパー	fitting
市長（しちょう）	นายกเทศมนตรี ナーヨクテーッサモントリー	mayor
室（しつ）	ห้อง ホング	room
質（しつ）	คุณภาพ クンナパーブ	quality
歯痛（しつう）	ปวดฟัน プァッファン	toothache
実家（じっか）	บ้านเกิด バーンクーッ	the family in which one was born / parent's home
失格（しっかく）	หมดสิทธิ์/ขาดคุณสมบัติ モッスィッ / カーックンナソムバッ	disqualification
しっかり	มั่นคง / หนักแน่น マンコング / ナクネン	hold tight / firmly
実感（じっかん）	การได้รับรู้ด้วยตนเอง カーンダイラブルードゥアイトンエーング	real[actual] feeling
質疑（しつぎ）	การซักถาม カーンサクターム	question / an inquiry
質疑応答（しつぎおうとう）	การถามตอบ カーンタームトーブ	question and answer (Q & A)
失脚（しっきゃく）	ตกกระป๋อง/การเสียตำแหน่งไป トックラポーング / カーンスィアタムネングパイ	loss of position / (a person's) downfall
失業（しつぎょう）	การว่างงาน カーンワーングンガーン	unemployment

254　七月 ➡ 失業

し

日	タイ	英
実業家（じつぎょうか）	นักธุรกิจ ナクトゥラキッ	business person
失業者（しつぎょうしゃ）	คนว่างงาน コンワーンゲンガーン	the unemployed[jobless] / unemployed[jobless] person
失業率（しつぎょうりつ）	อัตราการว่างงาน アットラーカーンワーンゲンガーン	unemployment[jobless] rate
シック	เก๋ / ดูดี ケー / ドゥーディー	chic / smart
しっくり	พอดี / พอเหมาะ ポーディー / ポーモ	nicely / exactly / perfectly
湿気（しっけ）	ความชื้น クワームチューン	humidity / damp
しつけ	การอบรมสั่งสอน カーンオブロムサンゲソーン	teaching manners / basting
しつける	อบรม / สั่งสอน オブロム / サンゲソーン	bring up / train
実験（じっけん）	การทดลอง カーントッローング	experimentation
実現（じつげん）	การทำให้เป็นความจริง カーンタムハイペンクワームチング	realization
しつこい	เซ้าซี้ / ตามตื๊อ サウスイー / タームトゥー	persistent / obstinate
実行（じっこう）	การลงมือปฏิบัติ カーンロングムーパティバッ	action / realization
実際（じっさい）	ในความเป็นจริง ナイクワームペンチング	the truth / really
実施（じっし）	การดำเนินการ / บังคับใช้ カーンダムヌーンカーン / バンゲカプチャイ	enforcement / operation

日	タイ	英
じっしつ 実質	คุณสมบัติที่แท้จริง/เนื้อแท้/แก่นแท้ クンナソムバッティーテーチング / ヌアテー / ケーンテー	substance / quality
じっしゅう 実習	การฝึกงาน カーンフクンガーン	practice / training
じつじょう 実情	สภาพจริง サパープチング	the actual circumstances
しっしん 湿疹	ผิวหนังเป็นผื่น ピウナングペンプーン	rash
しっしん 失神	การเป็นลม/หมดสติ カーンペンロム / モッサティ	faint[fainting]
じっせき 実績	ผลงาน ポンガーン	results / achievements
じっせん 実践	การปฏิบัติ カーンパティバッ	practice
しっそ 質素	อย่างเรียบง่าย ヤーングリアブンガーイ	simplicity
じったい 実態	สภาพที่แท้จริง サパープティーテーチング	the actual condition
しっちょう 失調	การทำงานผิดปกติ カーンタムンガーンピッパカティ	malfunction / disorder
し 知っている	รู้จัก ルーチャク	I know it. / be aware of
しっと 嫉妬	ความอิจฉาริษยา クワームイッチャーリサヤー	jealousy / envy
しつど 湿度	ระดับความชื้น ラダブクワームチューン	humidity
じっと	(จ้อง)เขม็ง/อยู่นิ่งๆ (チョング) カメング / ユーニングニング	fixedly / intently

日	タイ	英
実<ruby>に</ruby> じつに	จริง ๆ / ที่จริง チンヶチング / ティーチング	truly / extremely
実は じつは	ที่จริงแล้ว ティーチンヶレーゥ	actually / in fact
失敗 しっぱい	ล้มเหลว ロムレゥ	failure / mistake
実費 じっぴ	รายจ่ายตามจริง ラーイチャーイタームチング	actual expense
執筆 しっぴつ	การเขียน カーンキアン	writing
湿布 しっぷ	แผ่นพลาสเตอร์ยา ペンプラーッサターヤー	(medical) compress / pack
実物 じつぶつ	ของจริง コーンヶチング	the real thing
しっぽ	หาง ハーング	tail
失望 しつぼう	ความผิดหวัง クワームピッワング	disappointment
質問 しつもん	คำถาม カムターム	question
実用 じつよう	การใช้ได้จริง カーンチャイダイチング	practical use
質量 しつりょう	มวลสาร ムアンサーン	mass
実力 じつりょく	ความสามารถที่แท้จริง クワームサーマーッティーテーチング	ability / talent
失礼 しつれい	เสียมารยาท スィアマーラヤーッ	rudeness / bad manners

実に ➡ 失礼　257

日	タイ	英
実例 (じつれい)	ตัวอย่างที่เกิดขึ้นจริง トゥアヤーングティークーックンチング	example / instance
失恋 (しつれん)	อกหัก オクハク	broken heart
指定 (してい)	กำหนด/เจาะจง/ระบุ カムノッ/チョチョング/ラブ	appointment
指定席 (していせき)	ที่นั่งจอง ティーナングチョーング	reserved seat
指摘 (してき)	การชี้ให้เห็น カーンチーハイヘン	pointing out / comment
～してはならない	ห้ามทำ ハームタム	must not do[be] / should not do[be]
～してもらう	ขอให้ทำ...ให้ コーハイタムハイ	have[has] *sb* do / get[gets] *sb* to do
支店 (してん)	ร้านสาขา ラーンサーカー	branch office
視点 (してん)	มุมมอง ムムモーング	point of view
自転 (じてん)	การหมุนรอบตัวเอง カーンムンロープトゥアエーング	rotation
辞典 (じてん)	พจนานุกรม ポッチャナーヌクロム	dictionary
自転車 (じてんしゃ)	จักรยาน チャックラヤーン	bicycle
指導 (しどう)	การแนะแนวทาง / การชี้แนวทาง カーンネーネーウターング / カーンチーネーウターング	guidance / coaching
児童 (じどう)	เด็ก デク	children / schoolchild

258　実例 ➡ 児童

日	タイ	英
じどう 自動	อัตโนมัติ アットノーマッ	automatic / self-motion
じどうこうしん 自動更新	การต่ออายุอัตโนมัติ カーントーアーユアットノーマッ	automatic renewal
じどうし 自動詞	อกรรมกริยา アカムクリヤー	intransitive verb
じどうしゃ 自動車	รถยนต์ ロッヨン	car
しとやか	สง่างาม/สุภาพเรียบร้อย サガーンガーム / スパープリアプローイ	graceful / polite
しなぎ 品切れ	สินค้าขาดสต๊อก スィンカーカーッストク	sold out / out of stock
～しなければならない	ต้องทำ トーングタム	must / have[has] to / should
しなびる	หด / ย่น / เหี่ยว ホッ / ヨン / ヒアウ	wither / shrivel
しなもの 品物	สินค้า スィンカー	an article / goods
シナモン	อบเชย / ชินนามอน オプチューイ / チンナーモーン	cinnamon
しなやか	อ่อนช้อย オーンチョーイ	soft / flexible
シナリオ	ฉาก / ภาพเหตุการณ์ チャーク / パープヘーッカーン	scenario
じにん 辞任	การลาออกจากงาน カーンラーオークチャークンガーン	resignation
し 死ぬ	ตาย タイ	die

し

日	タイ	英
地主（じぬし）	เจ้าของที่ดิน チャウコーングティーディン	landowner
しのぐ	อดทน / ฝ่าฟัน オットン / ファーファン	keep out / endure
芝（しば）	หญ้า ヤー	lawn-grass
支配（しはい）	ควบคุม / ปกครอง クワブクム / ポッククローング	rule / control
芝居（しばい）	การแสดงละคร カーンサデーングラコーン	play / performance
自白（じはく）	การสารภาพ カーンサーラパープ	confession
しばしば	บ่อย ๆ ボーイボーイ	often / several times
芝生（しばふ）	สนามหญ้า サナームヤー	grass
支払い（しはらい）	การชำระเงิน/การจ่ายเงิน カーンチャムラングン / カーンチャーイングン	payment / defrayment
支払金（しはらいきん）	เงินที่จ่าย ングンティーチャーイ	payout / payment amount
支払方法（しはらいほうほう）	วิธีชำระ ウィティーチャムラ	payment method
支払う（しはらう）	ชำระเงิน / จ่ายเงิน チャムラングン / チャーイングン	pay / defray
しばらく	สักพักหนึ่ง サクパクヌング	short while / for sometime / for the time being
しばらくお待ちください	กรุณารอสักครู่ カルナーローサククルー	Please wait a moment. / Just a moment, please.

日	タイ	英
縛る (しばる)	ผูก / รัด プーク / ラッ	fasten / tie
地盤 (じばん)	ผิวดิน / หน้าดิน ピゥディン / ナーディン	ground / foundation
四半期 (しはんき)	ไตรมาส トライマーッ	quarter
耳鼻科 (じびか)	แผนกหู จมูก パネークフー チャムーク	otorhinology
持病 (じびょう)	โรคประจำตัว ロークプラチャムトゥア	chronic illness[disease]
痺れる (しびれる)	เหน็บชา ネプチャー	get numb
渋い (しぶい)	ขม コム	bitter
至福 (しふく)	ความสุข クワームスク	bliss
私物 (しぶつ)	ทรัพย์สินส่วนตัว サプスィンスアントゥア	property / personal belongings
しぶとい	อึด / ตายยาก / แพ้ยาก ウッ / ターイヤーク / ペーヤーク	tough / stubborn
渋味 (しぶみ)	รสฝาด ロッファーッ	bitter[astringent] taste / astringency
自分 (じぶん)	ตัวเอง トゥアエーング	self / oneself
紙幣 (しへい)	ธนบัตร タナバッ	paper money / bill
司法 (しほう)	ตุลาการ トゥラーカーン	the judiciary

縛る ➡ 司法　261

日	タイ	英
志望(しぼう)	ความปรารถนา/ความใฝ่ฝัน クワームプラーッタナー / クワームファイファン	desire / aspiration
死亡(しぼう)	ความตาย クワームターイ	death
脂肪(しぼう)	ไขมัน カイマン	fat / lard
しぼむ	เหี่ยว / แฟบ / ฟีบ ヒアゥ / フェーブ / フーブ	fade away
絞る(しぼる)	บิด / คั้น ビッ / カン	wring / squeeze
資本(しほん)	เงินลงทุน / เงินทุน ングンロングトゥン / ングントゥン	capital / fund
島(しま)	เกาะ コ	island
しま	แถบ / ลาย / ริ้ว テープ / ラーイ / リゥ	stripe
姉妹(しまい)	พี่สาวน้องสาว ピーサーゥノーングサーゥ	sisters
終いに(しまいに)	ในตอนท้าย / ในท้ายที่สุด ナイトーンターイ / ナイターイティースッ	end / close
しまう	เก็บเข้าที่/เสร็จสิ้น/จบ ケブカゥティー / セッスィン / チョブ	finish / conclude
しまうま	ม้าลาย マーラーイ	zebra
字幕(じまく)	คำบรรยายใต้ภาพ カムバンヤーィタイパーブ	subtitles
始末(しまつ)	ความเป็นไป/การจัดการให้เสร็จสิ้น クワームペンパイ / カーンチャッカーンハイセッスィン	solution / disposal

日	タイ	英
しまった〈感動詞〉	แย่แล้ว / ตายจริง イェーレーウ / ターイチング	oops / bother
閉まる	ปิด ピッ	close / shut
自慢	การภูมิใจในตน/การโอ้อวด カーンプームチャイナイトン / カーンオーウアッ	pride / conceit
地味	เรียบง่าย / เงียบขรึม リアブンガーイ / ンギアブクルム	plain / simple / quiet
しみじみ	อย่างดื่มด่ำ ヤーングドゥームダム	deeply / quiet
シミュレーション	การจำลอง カーンチャムローング	simulation
市民	พลเมือง / ชาวเมือง ポンラムアング / チャーウムアング	citizen
ジム	โรงยิม ローングイム	gym
事務	งานธุรการ ンガーントゥラカーン	office work
事務員	เจ้าหน้าที่ธุรการ/สำนักงาน チャウナーティートゥラカーン / サムナクンガーン	office worker / clerk
SIMカード	ซิมการ์ด スィムカーッ	SIM card
事務所	สำนักงาน サムナクンガーン	office
使命	ภารกิจ パーラキッ	mission / appointed task
指名	การระบุชื่อ / เจาะจง カーンラブチュー / チョチョング	appointment / designation / nomination

しまった ➡ 指名 　263

日	タイ	英
締め切り	วันกำหนดส่ง ワンカムノッソング	deadline
締め切る	ปิดรับ ピッラブ	close
示す	แสดงให้เห็น サデーングハイヘン	show / display
しめた〈感動詞〉	สำเร็จ / ได้แล้ว サムレッ / ダイレーゥ	Got it. / That's it. / Good. / All right.
湿る	เฉอะแฉะ / เปียกชื้น チョチェ / ピアクチューン	become wet / moisten
占める	ยึดครอง / กินพื้นที่ ユックローング / キンプーンティー	occupy / amount to
締める	บิด / บีบรัด ビッ / ビーブラッ	tighten / screw *sth* up
閉める	ปิด ピッ	close / fasten
地面	พื้นผิวดิน プーンピゥディン	the surface
霜	น้ำค้าง ナムカーング	white frost
地元	บ้านเกิด バーンクーッ	local neighborhood
下半期	ครึ่งปีหลัง クルングピーラング	the second half of the year
指紋	ลายนิ้วมือ ラーイニゥムー	fingerprint
社	บริษัท/ศาลเจ้าของชินโต ボーリサッ / サーンチャウコーングスィントー	company / Shinto shrine

264　締め切り ➡ 社

日	タイ	英
視野（しや）	สายตา/ระยะมองเห็น サーィター / ラヤモーングヘン	field of view
ジャーナリスト	ผู้สื่อข่าว プースーカーゥ	journalist
社員（しゃいん）	พนักงานบริษัท パナクンガーンボーリサッ	employee / staff / personnel
釈迦（しゃか）	พระพุทธเจ้า プラプッタチャゥ	the Buddha
社会（しゃかい）	สังคม サングコム	society / community
社会科学（しゃかいかがく）	สังคมศาสตร์ サングコムサーッ	social science
じゃがいも	มันฝรั่ง マンファラング	potato
しゃがむ	ย่อตัว / ย่อเข่า ヨートゥア / ヨーカゥ	squat down / crouch
弱（じゃく）	อ่อน ๆ / น้อยกว่า オーンオーン / ノーィクワー	weakly / less
蛇口（じゃぐち）	ก๊อกน้ำ コクナム	faucet / tap
弱点（じゃくてん）	จุดอ่อน チュッオーン	weakness / disadvantage
車庫（しゃこ）	โรงรถ ローングロッ	car shed / garage
社交（しゃこう）	การเข้าสังคม カーンカゥサングコム	socializing
謝罪（しゃざい）	การขอโทษ カーンコートーッ	apology

日	タイ	英
車掌(しゃしょう)	กระเป๋ารถเมล์ クラパウロッメー	conductor
写真(しゃしん)	ภาพถ่าย パープターイ	photograph
ジャズ	ดนตรีแจ๊ส ドントリーチェッ	jazz
写生(しゃせい)	การร่างภาพ / สเก๊ตช์ カーンラーングパープ / サケッ	sketching / description
社説(しゃせつ)	บทบรรณาธิการ ボッバンナーティカーン	leading article / editorial
謝絶(しゃぜつ)	การปฏิเสธข้อเสนอ カーンパティセーッコーサヌー	refusal / denial
社長(しゃちょう)	ประธานบริษัท プラターンボーリサッ	the president / company president
シャツ	เสื้อเชิ้ต スアチャッ	shirt
若干(じゃっかん)	เพียงเล็กน้อย / นิดหน่อย ピアングレックノーイ / ニッノーイ	number / few
借金(しゃっきん)	เงินกู้ / หนี้ ングンクー / ニー	debt / loan
ジャックフルーツ	ขนุน カヌン	jackfruit
しゃっくり	การสะอึก カーンサウク	hiccough / hiccup
シャッター	ชัตเตอร์ของกล้อง チャッターコーングクロング	shutter
車道(しゃどう)	ถนน / ทางรถวิ่ง タノン / ターングロッウィング	roadway

日	タイ	英
しゃぶる	ดูด / อมไว้ในปาก ドゥーッ / オムワイナイパーク	suck / lap
邪魔(じゃま)	เกะกะ / วุ่นวาย ケカ / ウンワーイ	obstacle / impediment
三味線(しゃみせん)	ซอสามสายของญี่ปุ่น ソーサームサーイコーングイープン	samisen / shamisen / three stringed Japanese guitar
ジャム	แยม イェーム	jam
斜面(しゃめん)	พื้นที่ลาดเอียง / ทางลาดชัน プーンティーラーッイアング / ターングラーッチャン	slope / inclined plane
砂利(じゃり)	ก้อนกรวด コーンクルアッ	gravel / shingle
車両(しゃりょう)	ขบวนรถ カブアンロッ	car / coach / carriage
車輪(しゃりん)	ล้อรถ ローロッ	the wheel of a vehicle
洒落(しゃれ)	การเล่นคำ / การพูดติดตลก カーンレンカム / カーンプーッティッタロッ	wordplay / pun
謝礼(しゃれい)	ค่าตอบแทน カートーブテーン	fee / reward
シャワー	การอาบน้ำ(ฝักบัว) カーンアープナム(ファクブア)	shower
じゃんけん	เป่ายิ้งฉุบ パウイングチュブ	rock-paper-scissors
ジャンパー	เสื้อวอร์ม / เสื้อคลุมจั๊มเปอร์ スァウォーム / スァクルムチャムパー	jacket
ジャンプ	กระโดด クラドーッ	jump

日	タイ	英
シャンプー	แชมพู / ยาสระผม チェームプー / ヤーサポム	shampoo
ジャンル	สาขา / แขนง サーカー / カネーンゲ	genre
州 (しゅう)	จังหวัด / ทวีป / มลรัฐ チャングワッ / タウィープ / モンララッ	province / continent / state
衆 (しゅう)	มวลหมู่มาก ムアンムーマーク	great numbers / the multitude
週 (しゅう)	สัปดาห์ / อาทิตย์ サプダー / アーティッ	week
私有 (しゆう)	ของส่วนตัว コーングスアントゥア	private ownership
住 (じゅう)	อาศัยอยู่ アーサイユー	living
銃 (じゅう)	ปืน プーン	gun / arms
10	สิบ スィブ	ten
自由 (じゆう)	อิสระ イッサラ	freedom
重圧 (じゅうあつ)	ความกดดัน クワームコッダン	pressure / stress
周囲 (しゅうい)	บริเวณโดยรอบ ボーリウェーンドーイローブ	the circumference / the perimeter
11	สิบเอ็ด スィブエッ	eleven
十一月 (じゅういちがつ)	พฤศจิกายน プルッサチカーヨン	November

日	タイ	英
収益 しゅうえき	ผลกำไร ポンカムライ	earnings / proceeds
収益性 しゅうえきせい	การได้กำไร カーンダイカムライ	profitability
集会 しゅうかい	การประชุม / การชุมนุม カーンプラチュム / カーンチュムヌム	meeting / gathering
収穫 しゅうかく	ผลเก็บเกี่ยว / พืชผล ポンケブキアゥ / プーッポン	harvesting / crop
修学 しゅうがく	เรียนรู้ / ศึกษาหาความรู้ リアンルー / スクサーハークワームルー	schooling / learning
十月 じゅうがつ	ตุลาคม トゥラーコム	October
習慣 しゅうかん	ธรรมเนียม タムニアム	habit / custom
週間 しゅうかん	สัปดาห์ サブダー	week
周期 しゅうき	ระยะเวลาการครบรอบ ラヤウェーラーカーンクロブローブ	period / cycle
衆議院 しゅうぎいん	สภาผู้แทนราษฎร サパープーテーンラーッサドン	the House of Representatives
週給 しゅうきゅう	ค่าจ้างรายสัปดาห์ カーチャーングラーイサブダー	weekly wage[pay]
住居 じゅうきょ	บ้านเรือน / ที่อยู่อาศัย バーンルアン / ティーユーアーサイ	house / residence
宗教 しゅうきょう	ศาสนา サーッサナー	religion
就業 しゅうぎょう	การทำงาน / ประกอบอาชีพ カーンタムンガーン / プラコープアーチープ	employment

日	タイ	英
じゅうぎょういん 従業員	พนักงาน / ลูกจ้าง パナクンガーン / ルークチャーング	employee
しゅうきん 集金	การเก็บเงิน(จากลูกค้า) カーンゲプングン（チャークルークカー）	raising money / bill collecting
19	สิบเก้า スイプカウ	nineteen
しゅうけい 集計	รวมทั้งหมด/การคำนวณรวม ルァムタングモッ / カーンカムヌァンルァム	totalization / categorized total
しゅうげき 襲撃	การจู่โจม カーンチューチョーム	assault / attack
15	สิบห้า スイプハー	fifteen
しゅうごう 集合	การนัดรวมตัวกัน カーンナッルァムトゥアカン	gathering / congregation
しゅうさい 秀才	ปราชญ์ / ผู้รู้ プラーッ / プールー	bright[brilliant, intelligent] person
13	สิบสาม スイプサーム	thirteen
しゅうし 収支	รายรับรายจ่าย ラーイラプラーイチャーイ	income and expenses
しゅうし 修士	ระดับปริญญาโท ラダプパリンヤートー	master's degree
しゅうし 終始	ตั้งแต่ต้นจนจบ / ตลอด タングテートンチョンチョプ / トローッ	from start to finish / always
しゅうじ 習字	การคัดลายมือ カーンカッラーイムー	calligraphy
じゅうし 重視	การให้ความสำคัญ カーンハイクワームサムカン	serious consideration

し

日	タイ	英
渋滞 (じゅうたい)	การจราจรติดขัด カーンチャラーチョンティッカッ	traffic jam
重体 (じゅうたい)	อาการหนัก / อาการสาหัส アーカーンナク / アーカーンサーハッ	serious condition / critically ill
重大 (じゅうだい)	ร้ายแรง / หนักอึ้ง ラーイレーング / ナクウング	important / weighty
住宅 (じゅうたく)	บ้าน / ที่อยู่อาศัย バーン / ティーユーアーサイ	house / residence
住宅地 (じゅうたくち)	เขตที่อยู่อาศัย ケーッティーユーアーサイ	residential area[district, zone, quarter]
集団 (しゅうだん)	กลุ่ม クルム	group / mass
絨毯 (じゅうたん)	พรม プロム	carpet / rug
羞恥心 (しゅうちしん)	ความอับอาย クワームアプアーイ	shame / sense of shame
執着 (しゅうちゃく)	การหลงใหล / การฝักใฝ่ カーンロングライ / カーンファクファイ	attachment / persistence
集中 (しゅうちゅう)	การมีสมาธิ / การมารวมกันที่หนึ่ง カーンミーサマーティ / カーンマールアムカンティーヌング	concentration
終点 (しゅうてん)	ปลายทาง / สถานีสุดท้าย プラーイターング / サターニースッターイ	the terminus / ending point
重点 (じゅうてん)	จุดสำคัญ / จุดย้ำ チュッサムカン / チュッヤム	important point / emphasis
充電 (じゅうでん)	การชาร์จ(ไฟ) カーンチャーッ (ファイ)	charging
充電器 (じゅうでんき)	ที่ชาร์จแบตเตอรี่ ティーチャーッベッターリー	battery charger

日	タイ	英
従事（じゅうじ）	การประกอบการ/การทำงาน カーンプラコーブカーン / カーンタムンガーン	engage in / be occupied with
17	สิบเจ็ด スィブチェッ	seventeen
終日（しゅうじつ）	ตลอดทั้งวัน トローッタングワン	all day / throughout the day
充実（じゅうじつ）	อิ่มเอิบ/สมบูรณ์เต็มที่ イムウーブ / ソムブーンテムティー	substantiality / completion
収集（しゅうしゅう）	การสะสม/การเก็บรวบรวม カーンサソム / カーンケプルァプルァム	collection / gathering
住所（じゅうしょ）	ที่อยู่ ティーユー	one's address
就職（しゅうしょく）	การเข้าทำงาน/การได้งานทำ カーンカゥタムンガーン / カーンダインガーンタム	securing employment
修飾（しゅうしょく）	การตกแต่ง カーントクテング	decoration / ornamentation
十字路（じゅうじろ）	สี่แยก スィーイェーク	crossroads
囚人（しゅうじん）	นักโทษ ナクトーッ	prisoner / convict
重心（じゅうしん）	จุดศูนย์ถ่วง チュッスーントゥァング	center of gravity
ジュース	น้ำผลไม้ ナムポンラマイ	juice
修正（しゅうせい）	แก้ไข ケーカイ	correction / revision
修繕（しゅうぜん）	การซ่อมบำรุง カーンソームバムルング	repair / mending

し

従事 ➡ 修繕 271

日	タイ	英
柔道（じゅうどう）	ยูโด ユードー	judo
拾得物（しゅうとくぶつ）	ของที่เก็บได้ コーングティーケプダイ	found item
柔軟（じゅうなん）	ยืดหยุ่น ユーッユン	flexible
12	สิบสอง スィブソーング	twelve
12月（じゅうにがつ）	ธันวาคม タンワーコム	December
収入（しゅうにゅう）	รายได้ ラーイダイ	income / proceeds
就任（しゅうにん）	การเข้ารับตำแหน่ง カーンカウラプタムネング	assumption of office
住人（じゅうにん）	ผู้อยู่อาศัย プーユーアーサイ	resident / inhabitant
18	สิบแปด スィブペーッ	eighteen
重病（じゅうびょう）	ป่วยหนัก プァイナク	serious[critical] illness
修復（しゅうふく）	การฟื้นฟูปฏิสังขรณ์ カーンフーンフーパティサングコーン	restoration / renovation / repair / recovery
重複（じゅうふく）	การทำซ้ำซ้อน カーンタムサムソーン	repetition / overlapping
充分（じゅうぶん）	อย่างเพียงพอ ヤーングピアングポー	enough / full
週末（しゅうまつ）	สุดสัปดาห์ スッサプダー	weekend

柔道 ➡ 週末　273

日	タイ	英
じゅうみん 住民	ชาวบ้านที่อาศัย チャーゥバーンティーアーサイ	inhabitants / residents
しゅうよう 収容	รองรับ / บรรจุคน ローングラブ / バンチュコン	accommodation / reception
じゅうよう 重要	สำคัญ サムカン	important / primary
14	สิบสี่ スィブスィー	fourteen
じゅうらい 従来	ที่ผ่านมาในอดีต ティーパーンマーナイアディーッ	as usual / as ever
しゅうり 修理	ซ่อมแซม ソームセーム	repair / fixing
しゅうりこうじょう 修理工場	อู่ซ่อม ウーソーム	repair[maintenance] shop / garage
しゅうりょう 修了	สำเร็จ(หลักสูตรอบรม) サムレッ (ラクスーッローブロム)	completion
しゅうりょう 終了	จบ / เสร็จสิ้น チョブ / セッスィン	end / finish
じゅうりょう 重量	น้ำหนัก ナムナク	weight
じゅうりょく 重力	แรงโน้มถ่วง レーングノームトゥアング	gravity
16	สิบหก スィブホク	sixteen
しゅえい 守衛	การเฝ้าเวรยาม /ยาม カーンファウウェンヤーム / ヤーム	guard / doorman
しゅえん 主演	การแสดงเป็นตัวเอก/ตัวเอก カーンサデーングペントゥアエーク / トゥアエーク	leading actor[actress]

日	タイ	英
主義 (しゅぎ)	ลัทธิ ラッティ	principle / policy
修行 (しゅぎょう)	การฝึกฝน カーンフクフォン	training / practice
授業 (じゅぎょう)	คาบเรียน カープリアン	lesson / class work
授業料 (じゅぎょうりょう)	ค่าเล่าเรียน カーラウリアン	school[tuition] fees / tuition
塾 (じゅく)	โรงเรียนสอนพิเศษ ローングリアンソーンピセーッ	private[cram] school
祝賀 (しゅくが)	การเฉลิมฉลอง カーンチャルームチャローング	celebration
熟語 (じゅくご)	คำประสม / สำนวน カムプラソム / サムヌアン	phrase / idiom
熟した (じゅくした)	สุก スク	ripe
祝日 (しゅくじつ)	วันหยุดราชการ/วันหยุดเทศกาล ワンユッラーチャカーン / ワンユッテーサカーン	national holiday / festival holiday
縮小 (しゅくしょう)	การย่อขนาด カーンヨーカナーッ	reduction
熟睡 (じゅくすい)	หลับสนิท ラプサニッ	sound[deep] sleep
宿題 (しゅくだい)	การบ้าน カーンバーン	assignment / homework
祝典 (しゅくてん)	การเฉลิมฉลอง カーンチャルームチャローング	celebration / commemoration
宿泊 (しゅくはく)	ที่พักชั่วคราว ティーパクチュアクラーウ	accommodation / lodging

主義 ➡ 宿泊   215

日	タイ	英
しゅくふく 祝福	การอวยพร カーンウァイポン	blessing
しゅくめい 宿命	พรหมลิขิต / ชะตา プロムリキッ / チャター	destiny / fate
じゅくりょ 熟慮	การตรึกตรอง/ความรอบคอบ カーントルクトローング / クワームロープコープ	careful consideration / deliberation / reflection
じゅくれん 熟練	ความเชี่ยวชาญ クワームチアゥチャーン	skill / proficiency
しゅげい 手芸	ศิลปหัตถกรรม スィンラパハッタカム	handicraft
しゅげいひん 手芸品	งานหัตถกรรม ンガーンハッタカム	handicrafts / handiwork
しゅけん 主権	อำนาจอธิปไตย アムナーッアティプパタイ	sovereignty
じゅけん 受験	การเข้าสอบ カーンカゥソープ	take an exam
しゅご 主語	ประธาน(ในไวยากรณ์) プラターン (ナイワイヤーコーン)	subject
しゅさい 主催	การจัดงาน/เป็นเจ้าภาพ カーンチャッンガーン / ペンチャゥパープ	sponsor
しゅし 趣旨	จุดมุ่งหมาย チュッムングマーイ	the point[gist] / intended meaning
しゅじゅつ 手術	การผ่าตัด カーンパータッ	operation / surgery
しゅしょう 首相	นายกรัฐมนตรี ナーヨクラッタモントリー	prime minister
しゅしょく 主食	อาหารหลัก アーハーンラク	the staple diet

日	タイ	英
しゅじん 主人	เจ้าบ้าน チャウバーン	the master of a house
じゅしん 受信	การรับข้อความ カーンラプコークワーム	reception / receipt of a message
じゅしん 受診	การเข้ารับการตรวจรักษา カーンカウラプカーントルァッラクサー	consultation
しゅじんこう 主人公	ตัวละครเอก トゥアラコーンエーク	main character
しゅたい 主体	ผู้กระทำ プークラタム	nucleus / the subject
しゅだい 主題	หัวเรื่อง/หัวข้อหลัก/ประเด็นหลัก ファルアング / ファコーラク / プラデンラク	subject / theme
しゅだん 手段	วิธีการ ウィティーカーン	way / method
しゅちょう 主張	จุดยืน/ข้อเรียกร้อง/การยืนกราน チュツユーン / コーリアクローング / カーンユーンクラーン	insistence / claim / assertion
しゅつえん 出演	การแสดง(ภาพยนตร์) カーンサデーング (パープパヨン)	appearance / performance
しゅっきん 出勤	การไปทำงาน カーンパイタムンガーン	attendance / going to work
しゅっけつ 出血	เลือดออก ルアツオーク	loss of blood
しゅつげん 出現	การปรากฏให้เห็น カーンプラーコッハイヘン	arrival / appearance
じゅつご 述語	ภาคแสดงของประโยค パークサデーングコーングプラヨーク	predicate
しゅっこく 出国	การออกจากประเทศ カーンオークチャークプラテーッ	departure / embarkation

主人 ➡ 出国　277

日	タイ	英
出産（しゅっさん）	การคลอดลูก カーンクロートルーク	having a baby
出社（しゅっしゃ）	การไปทำงาน カーンパイタムンガーン	go to work
出場（しゅつじょう）	การเข้าแข่งขัน カーンカウケングカン	entry
出身（しゅっしん）	บ้านเกิด バーンクート	origin / birthplace / hometown
出世（しゅっせ）	ความก้าวหน้าในอาชีพ クワームカーウナーナイアーチープ	promotion / successful life
出席（しゅっせき）	การเข้าประชุม / เข้าเรียน カーンカウプラチュム / カウリアン	attendance
出題（しゅつだい）	การออกข้อสอบ カーンオークコーソープ	make (prepare) questions (for a test)
出張費（しゅっちょうひ）	ค่าเบี้ยเลี้ยง カービアリアング	travel expenses[costs]
出動（しゅつどう）	การไปทำงาน カーンパイタムンガーン	going to work
出発（しゅっぱつ）	การออกเดินทาง カーンオークドゥーンターング	departure / start
出発時間（しゅっぱつじかん）	เวลาออกเดินทาง ウェーラーオークドゥーンターング	departure time
出版（しゅっぱん）	การตีพิมพ์ カーンティーピム	publishing
出版社（しゅっぱんしゃ）	สำนักพิมพ์ サムナクピム	publisher / publishing company[house]
出費（しゅっぴ）	ค่าใช้จ่าย カーチャイチャーイ	expenses

日	タイ	英
首都 (しゅと)	เมืองหลวง ムアングルアング	capital city
主導 (しゅどう)	การชี้นำ カーンチーナム	leading / the initiative
取得 (しゅとく)	การได้มา カーンダイマー	acquisition / acquiring
主任 (しゅにん)	ผู้รับผิดชอบโดยตรง プーラップピッチョープドーイトロング	person in charge of / chief / head
首脳 (しゅのう)	หัวหน้า / ผู้นำ ファナー / プーナム	head / leader
守備 (しゅび)	การป้องกัน カーンポーングカン	defense
主婦 (しゅふ)	แม่บ้าน / ภรรยา メーバーン / パンラヤー	housewife
手法 (しゅほう)	เทคนิค テークニク	technique / method
趣味 (しゅみ)	งานอดิเรก ンガーンアディレーク	hobby
寿命 (じゅみょう)	อายุขัย アーユカイ	lifespan / life expectancy
種目 (しゅもく)	หมวดหมู่ ムアツムー	event / item / classification
樹木 (じゅもく)	ต้นไม้ トンマイ	tree
主役 (しゅやく)	ตัวแสดงนำ / ตัวหลัก トゥアサデーングナム / トゥアラク	the leading role / star
主要 (しゅよう)	สำคัญ / เป็นหลัก / ส่วนใหญ่ サムカン / ペンラク / スアンヤイ	principle / main / major / leading

日	タイ	英
腫瘍（しゅよう）	เนื้องอก ヌアンゴーク	tumor
需要（じゅよう）	อุปสงค์ ウッパソング	demand
樹立（じゅりつ）	การก่อตั้ง カーンコータング	establishment
狩猟（しゅりょう）	การล่าสัตว์ カーンラーサッ	hunt / hunting / shooting
受領（じゅりょう）	การได้รับ カーンダイラプ	receipt
種類（しゅるい）	ชนิด / ประเภท チャニッ / プラペーッ	sort / variety
シュレッダー	เครื่องทำลายเอกสาร クルアングタムラーイエークカサーン	shredder
手話（しゅわ）	ภาษามือ パーサームー	sign language
受話器（じゅわき）	หูโทรศัพท์ フートーラサプ	telephone receiver
旬（しゅん）	ตามฤดูกาล タームルドゥーカーン	season
順位（じゅんい）	อันดับ アンダプ	ranking
瞬間（しゅんかん）	ชั่วขณะ チュアカナ	moment
循環（じゅんかん）	การหมุน/การหมุนเวียน カーンムン / カーンムンウイアン	circulation / rotation
準急（じゅんきゅう）	กึ่งรถด่วน クングロッドゥアン	local express

280　腫瘍 ➡ 準急

日	タイ	英
准教授 (じゅんきょうじゅ)	รองศาสตราจารย์ ローングサーットラーチャーン	associate professor
純金 (じゅんきん)	ทองแท้ トーングテー	pure gold
巡査 (じゅんさ)	พลตำรวจ ポンタムルアッ	police officer
順々に (じゅんじゅんに)	ตามลำดับ タームラムダプ	in order
順序 (じゅんじょ)	ลำดับขั้นตอน ラムダプカントーン	order / procedure
純情 (じゅんじょう)	บริสุทธิ์ ボーリスッ	pure heart / innocence
準じる (じゅんじる)	อ้างอิงตาม アーングイングターム	follow / be based upon
純粋 (じゅんすい)	บริสุทธิ์ / ไม่มีสิ่งเจือปน ボーリスッ / マイミースイングチュアポン	pure / unmixed / genuine
順調 (じゅんちょう)	เรียบร้อย / ราบรื่น リアプローイ / フープルーン	favorable / smooth
順応 (じゅんのう)	การปรับให้สอดคล้อง カーンプラプハイソーッククローング	adaptation / adjustment
順番 (じゅんばん)	เรียงคิว / ลำดับ リアングキウ / ラムダプ	order / turn
準備 (じゅんび)	การเตรียมตัว カーントリアムトゥア	preparation
諸 (しょ)	มากมาย / ทุกประเภท マークマーイ / トゥクプラペート	several / all kinds
女医 (じょい)	แพทย์หญิง ペーッイング	woman[female] doctor

日	タイ	英
症（しょう）	อาการ / โรค アーカーン / ローク	illness / disease
章（しょう）	ตอน / บท トーン / ボッ	chapter
証（しょう）	ประกาศนียบัตร / ใบรับรอง プラカーッサニヤバッ / バイラブローング	proof / certification
賞（しょう）	รางวัล ラーングワン	prize / reward
仕様（しよう）	สเปค / คุณสมบัติ サペク / クナソムバッ	specifications
使用（しよう）	ใช้ チャイ	use
私用（しよう）	ใช้ส่วนตัว チャイスアントゥア	private use
試用（しよう）	การทดลองใช้ カーントッローングチャイ	trial / probation
嬢（じょう）	ผู้หญิง / วัยรุ่นผู้หญิง プーイング / ワイルンプーイング	girl / lady
情（じょう）	ความรู้สึก クワームルースク	feeling / emotion
条（じょう）	มาตรา マーットラー	article
状（じょう）	จดหมายรับรอง チョッマーイラブローング	letter
錠（じょう）	ตัวล็อก(ประตู) トゥアロク (プラトゥー)	lock
上位（じょうい）	อันดับต้น ๆ / ตำแหน่งสูง アンダブトントン / タムネングスーング	higher rank

日	タイ	英
上演(じょうえん)	การเปิดการแสดง(คอนเสิร์ต/ละคร) カーンプーッカーンサデーング(コンスーッ/ラコーン)	dramatic presentation / perform
消化(しょうか)	การย่อยอาหาร カーンヨーイアーハーン	digestion
城下(じょうか)	ใต้ปราสาท タイプラーサーッ	under the castle
紹介(しょうかい)	การแนะนำ カーンネナム	introduction
障害(しょうがい)	อุปสรรค/สิ่งกีดขวาง ウッパサク/スィングキーックワーング	obstacle / impediment
生涯(しょうがい)	ชั่วชีวิต チュアチーーウィッ	life / career
障害者(しょうがいしゃ)	คนพิการ コンピカーン	disabled[handicapped] person
消火器(しょうかき)	เครื่องดับเพลิง クルアングダッブプルーング	fire extinguisher
奨学金(しょうがくきん)	ทุนการศึกษา トゥンカーンスクリー	scholarship
小学生(しょうがくせい)	นักเรียนประถม ナックリアンプラトム	elementary school student
正月(しょうがつ)	วันขึ้นปีใหม่ ワンクンピーマイ	the New Year
小学校(しょうがっこう)	โรงเรียนประถม ローングリアンプラトム	elementary school
消化不良(しょうかふりょう)	อาหารไม่ย่อย アーハーンマイヨーイ	indigestion / dyspepsia
将棋(しょうぎ)	หมากรุก マークルク	Thai[Japanese] chess

上演 ➡ 将棋　283

日	タイ	英
蒸気 じょうき	ไอน้ำ アイナム	steam
定規 じょうぎ	ไม้บรรทัด マイバンタッ	ruler
乗客 じょうきゃく	ผู้โดยสาร プードーイサーン	passenger
昇給 しょうきゅう	การขึ้นเงินเดือน カーンクンングンドゥアン	pay raise[rise] / salary increase
上級 じょうきゅう	ขั้นสูง / ระดับสูง チャンスーング / ラダブスーング	upper grade
消去 しょうきょ	การยกเลิก カーンヨクルーク	deletion
商業 しょうぎょう	การค้า/ธุรกิจ/การพาณิชย์ カーンカー / トゥラキッ / カーンパーニッ	commerce / trade
状況 じょうきょう	สภาพการณ์/สถานการณ์ サパープカーン / サターナカーン	conditions
消極的 しょうきょくてき	ไม่จริงจัง マイチングチャング	passive / negative / pessimistic
賞金 しょうきん	เงินรางวัล ングンラーングワン	prize money / reward
上空 じょうくう	ท้องฟ้า トーングファー	the sky
上下 じょうげ	สูงต่ำ / บนล่าง / ขึ้นลง スーングタム / ボンラーング / クンロング	top and bottom
衝撃 しょうげき	การกระทบ/การกระแทก カーンクラトプ / カーンクラテーク	impact / shock
証券 しょうけん	หุ้น / พันธบัตร フン / パンタバッ	securities / bond / bill

日	タイ	英
証言（しょうげん）	คำให้การของพยาน カムハイカーンコーングパヤーン	testimony
条件（じょうけん）	เงื่อนไข ングァンカイ	term / qualification
証券会社（しょうけんがいしゃ）	บริษัทหลักทรัพย์ ボーリサッラクサプ	securities company / brokerage firm
証拠（しょうこ）	พยานหลักฐาน パヤーンラクターン	evidence / proof
正午（しょうご）	เที่ยงวัน ティアウワン	noon
照合（しょうごう）	การเทียบเคียง カーンティアプキアング	verification / comparison
詳細（しょうさい）	รายละเอียด ラーイライアッ	details
錠剤（じょうざい）	ยาเม็ด ヤーメッ	tablet / pill
称賛（しょうさん）	การชื่นชม カーンチューンチョム	praise / admiration / accolade
上司（じょうし）	เจ้านาย チャウナーイ	one's boss
正直（しょうじき）	อย่างตรงไปตรงมา ヤーングトロングパイトロングマー	honest
常識（じょうしき）	สามัญสำนึก サーマンサムヌク	common sense
上質（じょうしつ）	คุณภาพดี クンナパープディー	high-quality[grade]
商社（しょうしゃ）	บริษัทค้าขาย ボーリサッカーカーイ	trading company

証言 ➡ 商社　285

日	タイ	英
勝者（しょうしゃ）	ผู้ชนะ プーチャナ	winner
乗車（じょうしゃ）	การขึ้นรถ / รถไฟ カーンクンロッ / ロッファイ	taking a train[car, bus, etc]
乗車券（じょうしゃけん）	บัตรโดยสารรถไฟ バッドーイサーンロッファイ	ticket
上旬（じょうじゅん）	ต้นเดือน トンドゥアン	the beginning early part of a month
仕様書（しようしょ）	คู่มือการใช้งาน クームーカーンチャインガーン	specifications
少女（しょうじょ）	เด็กสาว デクサーゥ	little girl
情緒（じょうしょ）	อารมณ์ / ความรู้สึก アーロム / クワームルースク	emotion / feeling
少々（しょうしょう）	เล็กน้อย レクノーイ	just a little bit
症状（しょうじょう）	อาการป่วย アーカーンプァイ	symptom / the condition of a patient
上昇（じょうしょう）	เพิ่มขึ้น プームクン	rise / upward tendency
生じる（しょうじる）	เกิดขึ้น / ก่อให้เกิด クーックン / コーハイクーッ	produce / cause
昇進（しょうしん）	การเลื่อนตำแหน่ง カーンルアンタムネング	promotion / rise in rank
上手（じょうず）	ถนัด /เก่ง /มีความชำนาญ タナッ / ケング / ミークワームチャムナーン	expert / skillful / good (at)
少数（しょうすう）	จำนวนน้อย /เลขทศนิยม チャムヌァンノーイ / レークトッサニヨム	a small number / a few / minority

日	タイ	英
称（しょう）する	เรียกชื่อ / ขนานนาม リアクチュー / カナーンナーム	call / praise *sb* as
情勢（じょうせい）	สภาพการณ์ サパープカーン	state of affairs / appearance
小説（しょうせつ）	นวนิยาย ナワニヤーイ	novel / fiction
消息（しょうそく）	แหล่งข่าว レングカーウ	news / information
招待（しょうたい）	การเชิญ カーンチューン	invitation
正体（しょうたい）	ตัวตนที่แท้จริง トゥアトンティーテーチング	natural shape / one's true character
状態（じょうたい）	สภาพ サパープ	condition / appearance
承諾（しょうだく）	การยอมรับ(ข้อเสนอ) カーンヨームラブ (コーサヌー)	consent / acceptance
上達（じょうたつ）	การพัฒนาขึ้น カーンパッタナーキン	progress / improvement
商談（しょうだん）	การเจรจาธุรกิจ カーンチェーラチャートゥラキッ	business negotiation [talks]
冗談（じょうだん）	มุกตลก / การล้อเล่น ムックロッ / カンローレン	joke / gag
承知（しょうち）	การรับทราบ カーンラブサープ	knowledge / consent / agree
使用中（しようちゅう）	กำลังใช้อยู่ / ไม่ว่าง カムランクチャイユー / マイワーンク	occupied / during use / is being used
情緒（じょうちょ）	ความรู้สึก クワームルースク	emotion / feeling

称する ➡ 情緒　287

日	タイ	英
しょうちょう 象徴	สัญลักษณ์ サンヤラク	symbol
しょうちょう 小腸	ลำไส้เล็ก ラムサイレク	the small intestine
しょうてん 商店	ร้านค้า ラーンカー	store
しょうてん 焦点	จุดรวม / จุดโฟกัส チュツルアム / チュツフォーカツ	focus
しょうどう 衝動	แรงกระตุ้น レーンククラトゥン	impulse / urge
じょうとう 上等	ชั้นเยี่ยม / ชั้นเลิศ チャンイアム / チャンルーツ	superiority
しょうどく 消毒	การฆ่าเชื้อ カーンカーチュア	disinfection / sterilization
しょうどくえき 消毒液	ยาฆ่าเชื้อ ヤーカーチュア	antiseptic solution / disinfection liquid
しょうとつ 衝突	ชน / ปะทะ チョン / パタ	crash / impact
しょうにか 小児科	แผนกเด็ก / กุมารเวช パネークデク / クマーラウェーツ	the pediatrics
しょうにかい 小児科医	กุมารแพทย์ クマーンラペーツ	pediatrician
しょうにん 商人	พ่อค้า ポーカー	merchant / tradesman
しょうにん 証人	พยาน パヤーン	witness / attester
しようにん 使用人	คนใช้ コンチャイ	employee

288 象徴 ➡ 使用人

日	タイ	英
情熱 (じょうねつ)	ความคลั่งไคล้/ความทุ่มเท クワームクラングクライ / クワームトゥムテー	passion / emotion
情熱的 (じょうねつてき)	อย่างคลั่งไคล้ ヤーングクラングクライ	passionate / enthusiastic
少年 (しょうねん)	เด็กผู้ชาย デクプーチャーイ	boy
勝敗 (しょうはい)	แพ้ชนะ ペーチャナ	victory or defeat
商売 (しょうばい)	การค้าขาย カーンカーカーイ	trade / deal / business / commerce
蒸発 (じょうはつ)	การระเหย カーンラフーイ	evaporation
消費 (しょうひ)	การอุปโภคบริโภค カーンウッパポークボーリポーク	consumption
消費者 (しょうひしゃ)	ผู้บริโภค プーボーリポーク	consumer
消費税 (しょうひぜい)	ภาษีบริโภค パースィーボーリポーク	consumption tax
商標 (しょうひょう)	เครื่องหมายการค้า クルアングマーイカーンカー	trademark
商品 (しょうひん)	สินค้า スィンカー	product / commodity / item for sale
賞品 (しょうひん)	รางวัล ラーングワン	prize
商品券 (しょうひんけん)	บัตรกำนัล バッカムナン	gift certificate[voucher]
勝負 (しょうぶ)	การแข่งขัน カーンケングカン	victory or defeat / a match / a game

日	タイ	英
じょうぶ 丈夫	แข็งแรง ケンゲレーング	strong / hardy
しょうべん 小便	ปัสสาวะ パッサーワ	urine
じょうほ 譲歩	การยอมความ カーンヨームクワーム	conciliation / concession / compromise
しょうぼう 消防	การดับเพลิง カーンダップルーング	fire fighting
じょうほう 情報	ข้อมูล コームーン	information
しょうぼうし 消防士	นักดับเพลิง ナクダップルーング	firefighter
しょうぼうしゃ 消防車	รถดับเพลิง ロッダップルーング	fire engine
しょうぼうしょ 消防署	สถานีตำรวจดับเพลิง サターニータムルアッダップルーング	fire station
しょうぼうたい 消防隊	หน่วยดับเพลิง ヌァイダップルーング	fire department[service] / fire company
しょうみ 正味	(น้ำหนัก / ราคา)สุทธิ （ナムナク / ラーカー） スッティ	net
じょうみゃく 静脈	เส้นเลือดดำ センルアッダム	vein
じょうむいん 乗務員	เจ้าหน้าที่บนเครื่องบิน/ลูกเรือ チャウナーティーボンクルアングビン / ルークルア	crew member
しょうめい 照明	แสงสว่าง / ไฟ セーングサワーング / ファイ	illumination / lighting
しょうめい 証明	ข้อพิสูจน์ コーピスーッ	proof / certification

日	タイ	英
しょうめいしょ 証明書	ใบรับรอง/ประกาศนียบัตร バイラプローンゲ／プラカーッサニヤバッ	certificate
しょうめん 正面	ตรงหน้า / ด้านหน้า トロングナー／ダーンナー	front
しょうもう 消耗	การเผาผลาญ カーンパウプラーン	exhaustion / waste
じょうやく 条約	สนธิสัญญา ソンティサンヤー	proviso / qualification
しょうゆ 醤油	โชยุ / ซอสถั่วเหลือง チョーユ／ソーットゥアルアング	soy sauce
しょうよう 商用	ใช้ในเชิงพาณิชย์ チャイナイチューングパーニッ	on business / business purpose
しょうらい 将来	อนาคต アナーコッ	the future
しょうり 勝利	การประสบความสำเร็จ/ชนะ カーンプラソップクワームサムレッ／チャナ	victory / success
じょうりく 上陸	การขึ้นบก/การขึ้นฝั่ง カーンクンボック／カーンクンファング	landing
しょうりゃく 省略	การย่อ/การตัดตอน/การละ カーンヨー／カーンタットーン／カーンラ	omission / abridgment / abbreviation
じょうりゅう 蒸溜	การกลั่น カーンクラン	distillation
じょうりゅうしゅ 蒸留酒	เหล้ากลั่น ラウクラン	liquor / spirits
しょうりょう 少量	ปริมาณน้อย パリマーンノーイ	a small amount[quantity]
しょうれい 奨励	การสนับสนุน/การส่งเสริม カーンサナップサヌン／カーンソングスーム	encouragement / promotion

証明書 ➡ 奨励　291

日	タイ	英
じょうれい 条例	กฎข้อบังคับ コッコーバングカブ	regulation / ordinance
ショー	การแสดง カーンサデーング	show
じょおう 女王	ราชินี ラーチニー	queen
ジョーク	เรื่องตลก ルアングタロク	joke
ショーツ	กางเกงขาสั้น カーングケーングカーサン	shorts
ショールーム	ห้องแสดงสินค้า ホングサデーングスィンカー	showroom
じょがい 除外	การยกเว้น/การขจัดออก カーンヨクウェン / カーンカチャッオーク	exclusion / exception
しょき 初期	ระยะแรก ラヤレーク	an early[initial] stage / beginning
しょきゅう 初級	ชั้นต้น チャントン	beginner's class
じょきょうじゅ 助教授	ผู้ช่วยศาสตราจารย์ プーチュアイサーットラーチャーン	assistant professor
じょきん 除菌	การกำจัดแบคทีเรีย カーンカムチャッベークティーリィア	bacteria elimination / disinfection / sterile filtration
しょく 食あたり	อาหารเป็นพิษ アーハーンペンピッ	food poisoning
しょくいん 職員	พนักงาน パナクンガーン	the staff
しょくえん 食塩	เกลือ クルァ	salt

日	タイ	英
職業（しょくぎょう）	อาชีพ アーチーブ	occupation / profession
食後（しょくご）	หลังอาหาร ラングアーハーン	after a meal[eating]
食事（しょくじ）	มื้ออาหาร/การรับประทานอาหาร ムーアーハーン / カーンラッブプラターンアーハーン	meal
食前（しょくぜん）	ก่อนอาหาร コーンアーハーン	before a meal[eating]
食前酒（しょくぜんしゅ）	สุราที่ดื่มเพื่อเจริญอาหาร スラーティードゥームプァチャルーンアーハーン	aperitif
食卓（しょくたく）	โต๊ะอาหาร トアーハーン	dining table
食中毒（しょくちゅうどく）	อาหารเป็นพิษ アーハーンペンピッ	food poisoning
食堂（しょくどう）	โรงอาหาร ローングアーハーン	cafeteria
職人（しょくにん）	ช่าง チャーング	artisan
職場（しょくば）	ที่ทำงาน ティータムンガーン	one's workplace / workshop
食品（しょくひん）	ผลิตภัณฑ์อาหาร パリットパンアーハーン	food products
植物（しょくぶつ）	พืช プーッ	plant
植物園（しょくぶつえん）	สวนพฤกษชาติ スアンプルクサチャーッ	botanical garden
植民地（しょくみんち）	อาณานิคม / เมืองขึ้น アーナーニコム / ムアングクン	colony

日	タイ	英
しょくむ 職務	หน้าที่ ナーティー	one's work / duty
しょくもつ 食物	อาหาร アーハーン	food
しょくよう 食用	กินได้ / การใช้รับประทาน キンダイ / カーンチャイラブプラターン	edible
しょくよく 食欲	ความอยากอาหาร クワームヤークアーハーン	appetite for food
しょくりょう 食料	อาหาร / เสบียง アーハーン / サビアング	food / provisions
しょくりょうひん 食料品	ผลิตภัณฑ์อาหาร パリッタパンアーハーン	foodstuffs / groceries / provision
じょげん 助言	คำแนะนำ カムネナム	advice / suggestion
じょこう 徐行	การไปช้าลง / การวิ่งช้าลง カーンパイチャーロング / カーンウィングチャーロング	going slowly
しょざい 所在	ที่ตั้ง / ที่อยู่ ティータング / ティーユー	one's whereabouts / the location
しょじ 所持	การครอบครอง / การถือครอง カーンクロープクローング / カーントゥークローング	possession
じょし 助詞	คำช่วย カムチュアイ	postpositional particle
じょし 女史	คุณผู้หญิง クンプーイング	Madame / Miss
じょし 女子	เด็กผู้หญิง デクプーイング	woman / girl
しょしき 書式	แบบฟอร์ม ベープフォーム	form / format

日	タイ	英
除湿 (じょしつ)	การขจัดความชื้น カーンカチャックワームチューン	dehumidification
除湿器 (じょしつき)	เครื่องขจัดความชื้น クルアングカチャックワームチューン	dehumidifier
助手 (じょしゅ)	ผู้ช่วย プーチュアイ	helper / assistant
初旬 (しょじゅん)	ต้นเดือน トンドゥアン	the first third of a month
徐々に (じょじょ)	อย่างช้า ๆ ヤーングチャーチャー	slowly / little by little
初心者 (しょしんしゃ)	มือใหม่ ムーマイ	beginner / novice
女性 (じょせい)	ผู้หญิง プーイング	woman
所属 (しょぞく)	สังกัด(ใช้กับคน) サングカッ (チャイカプコン)	belonging to
除隊 (じょたい)	การปลดประจำการ カーンプロップラチャムカーン	discharge from military service
処置 (しょち)	การจัดการ/มาตรการ/การดำเนินการ カーンチャッカーン / マートラカーン / カーンダムヌーンカーン	disposal / measures / treatment
所長 (しょちょう)	ผู้อำนวยการ プーアムヌアイカーン	director / chief / head
触感 (しょっかん)	การรับรู้ด้วยการสัมผัส カーンラプルードゥアイカーンサムパッ	tactile impression[sensation, feeling]
ジョッキ	เหยือกเบียร์ ユアクビア	beer mug
ショック	ช็อก ナョク	shock

日	タイ	英
しょっちゅう	บ่อยครั้ง ボーィクラング	always / very often
しょっぱい	เค็ม ケム	salty
ショッピングモール	ศูนย์การค้า スーンカーンカー	shopping mall
ショップ	ร้าน ラーン	store / shop
しょてい 所定	การกำหนดไว้ / การวางเงื่อนไข カーンカムノッワイ / カーンワーングングアンカイ	designated
しょてん 書店	ร้านขายหนังสือ ラーンカーィナングスー	bookseller's
じょどうし 助動詞	กริยาช่วย クリヤーチュアイ	auxiliary verb
しょとく 所得	รายได้ ラーィダイ	income / earnings
しょとくぜい 所得税	ภาษีเงินได้ パースィーングンダイ	income tax
しょばつ 処罰	การลงโทษ カーンロングトーッ	punishment
しょはん 初版	การพิมพ์ครั้งแรก カーンピムクラングレーク	the first edition
しょひょう 書評	บทวิจารณ์ ボッウィチャーン	book review
しょぶん 処分	การกำจัด カーンカムチャッ	disposal
しょほ 初歩	ก้าวแรก/เบื้องต้น/ชั้นต้น カーゥレーク / ブアングトン / チャントン	the elements / the rudiments

日	タイ	英
しょほうせん 処方箋	ใบสั่งยา バイサンヤー	prescription
しょみん 庶民	ชาวบ้าน / ประชาชน チャーウバーン / プラチャーチョン	the common people
しょむ 庶務	งานธุรการ / งานทั่ว ๆ ไป ンガーントゥラカーン / ンガーントゥアトゥアパイ	general affairs
しょめい 署名	ลายเซ็น / ลายมือชื่อ ラーイセン / ラーイムーチュー	signature
しょめん 書面	เอกสาร エークカサーン	letter / document / writing
しょゆう 所有	การครอบครอง カーンクロープクローング	possession / ownership
じょゆう 女優	นักแสดงหญิง ナクサデーングイング	actress
しょゆうぶつ 所有物	ทรัพย์สินส่วนตัว サプスインスアントゥア	belongings / possessions / property
しょようじかん 所要時間	เวลาที่ต้องใช้ ウェーラーティートーングチャイ	duration / the time required
しょり 処理	การจัดการ/การกำจัด/การประมวลผล カーンチャッカーン / カーンカムチャッ / カーンプラムアンポン	disposal / treatment
しょるい 書類	เอกสาร エークカサーン	document
じらい 地雷	กับระเบิด カプラブーッ	mine / land mine
しらが 白髪	ผมขาว / ผมหงอก ポムカーウ / ポムンゴーク	gray hair
し 知らせ	ประกาศ / แจ้ง プラカーッ / チェーング	information / news

し

日	タイ	英
知らせる	แจ้งให้ทราบ / ประกาศให้ทราบ チェーングハイサープ / プラカーッハイサープ	let *sb* know / announce
調べる	ตรวจสอบ / สำรวจ トルアッソープ / サムルアッ	investigate / look over
尻	ก้น コン	the bottom / the hips / the buttocks
知り合い	คนรู้จัก コンルーチャク	acquaintance
シリーズ	ซีรี่ส์ スィーリー	series
私立	เอกชน エークカチョン	private
自立	การแยกตัวเป็นอิสระ カーンイェークトゥアペンイッサラ	independence / self-support[reliance]
視力	สายตา サーイター	eyesight / sight / vision
汁	น้ำซุป / น้ำของผลไม้ ナムスプ / ナムコーングポンラマイ	soup / juice / sap
知る	รู้ ルー	know
印	เครื่องหมาย クルアングマーイ	mark
記す	บันทึก バントゥク	write down / make a note
指令	คำสั่ง / การออกคำสั่ง カムサング / カーンオークカムサング	order / directive
城	ปราสาท プラーサーッ	castle

| 日 | タイ | 英 |

しろ 白	ขาว カーゥ	white
しろ 白い	สีขาว スィーカーゥ	white
しろうと 素人	มือสมัครเล่น ムーサマクレン	amateur / novice
しわ	รอยย่น ローイヨン	wrinkles
しん 新	ความใหม่ クワームマイ	new / newness
しん 芯	ไส้เทียนไข / ไส้ตะเกียง / ไส้ดินสอ サイティアンカイ / サイタキアング / サイディンソー	padding / wick
しんか 進化	วิวัฒนาการ ウィワッタナーカーン	evolution
しんがい 侵害	การละเมิด / บุกรุก カーンラムーッ / ブクルク	invasion / violation / interference
しんがく 進学	เข้าศึกษาต่อ(ในระดับที่สูงขึ้น) カウスクサートー（ナイラダプティースーングクン）	entering a higher level school
じんかく 人格	บุคลิกภาพ ブクカリカパーブ	character
シンガポール	สิงคโปร์ スインカポー	Singapore
しんかんせん 新幹線	ชินกันเซน/รถไฟหัวกระสุน チンカンセーン / ロッファイフアクラスン	the Shinkansen
しんきろく 新記録	สถิติใหม่ サティティマイ	new record
しんくう 真空	สูญญากาศ/ความว่างเปล่า スーンヤーカーッ / クワームワーングプラウ	vacuum / void space

し

日	タイ	英
シングルルーム	ห้องเดี่ยว ホングディアゥ	single room
しんけい 神経	ประสาท プラサーッ	nerve
しんけん 真剣	จริงจัง チングチャング	seriousness / earnest
じんけん 人権	สิทธิมนุษยชน スィッティマヌッサヤチョン	human rights
じんけん ひ 人件費	ค่าแรง カーレーング	personnel expenses / labor costs
しんこう 信仰	ความเชื่อ クワームチュア	faith
しんこう 振興	การส่งเสริม/การให้การสนับสนุน カーンソングスーム / カーンハイカーンサナブサヌン	advancement / promotion
しんこう 新興	การเกิดใหม่/การเริ่มเฟื่องฟู/การกำลังเติบโต カーンクーッマイ / カーンルームファングフー / カーンカムランゲトゥーブトー	rising / new / developing
しんこう 進行	ความก้าวหน้า/ความคืบหน้า クワームカーゥナー / クワームクーブナー	progress / advance
しんごう 信号	สัญญาณ サンヤーン	signal
じんこう 人口	ประชากร プラチャーコーン	population
じんこう 人工	เทียม/มนุษย์สร้างขึ้น ティアム / マヌッサーングクン	artificial / man-made
しんこう し じょう 新興市場	ตลาดเกิดใหม่ タラーックーッマイ	emerging market
しんこく 深刻	รุนแรง ルンレーング	serious

日	タイ	英
申告（しんこく）	การยื่นแบบชำระภาษี カーンユーンベープチャムラパースィー	declaration
新婚（しんこん）	คู่แต่งงานใหม่ クーテンゲンガーンマイ	just-married
新婚旅行（しんこんりょこう）	ฮันนีมูน ハンニームーン	honeymoon
人材（じんざい）	ทรัพยากรบุคคล サプパヤーコーンブクコン	talented person
診察（しんさつ）	การตรวจไข้ カーントルアッカイ	medical examination
紳士（しんし）	สุภาพบุรุษ スパーププルッ	gentleman
人事（じんじ）	งานบุคคล ンガーンブクコン	personnel[human] affairs
寝室（しんしつ）	ห้องนอน ホングノーン	bedroom
真実（しんじつ）	ความจริง クワームチング	truth
信者（しんじゃ）	ผู้นับถือ プーナプトゥー	believer
神社（じんじゃ）	ศาลเจ้าชินโต サーンチャウシントー	Shinto shrine
真珠（しんじゅ）	ไข่มุก カイムク	pearl
人種（じんしゅ）	เผ่าพันธุ์ パウパン	race
心情（しんじょう）	ความรู้สึกในใจ クワームルースクナイチャイ	one's feelings

日	タイ	英
しんじょう 信条	หลักธรรมประจำใจ ラクタムプラチャムチャイ	principle / belief
しん 信じる	เชื่อถือ / ไว้วางใจ チュアトゥー / ワイワーングチャイ	believe / trust
しんしん 心身	ร่างกายและจิตวิญญาณ ラーングカーイレチッウィンヤーン	body and soul
しんじん 新人	สมาชิกใหม่ / น้องใหม่ サマーチクマイ / ノーングマイ	new member[face] / newcomer
しんせい 申請	การสมัคร カーンサマク	application
しんせい 神聖	บริสุทธิ์ / ศักดิ์สิทธิ์ ボーリスッ / サクスィッ	sacredness
じんせい 人生	ชีวิต チーウィッ	human life
しんせいひん 新製品	ผลิตภัณฑ์ใหม่ パリッタパンマイ	new product
しんせき 親戚	ญาติ ヤーッ	relative
しんせつ 親切	ใจดี チャイディー	kindness
しんせん 新鮮	ใหม่สด マイソッ	fresh
しんぜん 親善	มิตรภาพ ミットラパープ	friendship / amity
しんそう 真相	ข้อเท็จจริง コーテッチング	the truth / the facts
しんぞう 心臓	หัวใจ ファチャイ	the heart

日	タイ	英
じんぞう 人造	ของเทียม/มนุษย์ทำขึ้น コーングティアム/マヌッタムクン	artificiality / imitation / man-made
じんぞう 腎臓	ไต タイ	kidney
じんそく 迅速	อย่างรวดเร็ว ヤーングルァッレウ	quick / prompt
しんたい 身体	ร่างกาย ラーングカーィ	the body
しんだい 寝台	เตียง ティアング	bed / a sleeping berth
じんたい 人体	ร่างกายมนุษย์ ラーングカーィマヌッ	human body
しんだん 診断	การตรวจวินิจฉัยโรค カーントルァッウィニッチャィローク	diagnosis
しんだんしょ 診断書	ใบรับรองแพทย์ バイラブローングペーッ	medical certificate
しんちく 新築	การก่อสร้างใหม่ カーンコーサーングマイ	new construction
しんちょう 慎重	อย่างรอบคอบ ヤーングローブコーブ	careful / wary
しんちょう 身長	ส่วนสูง スァンスーング	height
しんちょくじょうきょう 進捗状況	ความคืบหน้า クワームクーブナー	progress
しんちんたいしゃ 新陳代謝	กระบวนการสร้างและสลาย クラブァンカーンサーングレサラーィ	metabolism
しんてい 進呈	มอบให้ モーブハイ	presentation

人造 ➡ 進呈   303

日	タイ	英
進展（しんてん）	ความคืบหน้า/การพัฒนา クワームクープナー / カーンパッタナー	development / progress
神殿（しんでん）	วิหาร ウィハーン	shrine
心電図（しんでんず）	กราฟคลื่นหัวใจ クラフクルーンファチャイ	electrocardiogram / cardiogram / EKG
しんと	เงียบฉี่ / เงียบกริบ ンギアプチー / ンギアプクリプ	quietly / silently / all quiet
進度（しんど）	ความคืบหน้า クワームクープナー	progress
振動（しんどう）	แรงสั่นสะเทือน レーングサンサトゥアン	vibration
侵入（しんにゅう）	การบุกรุก / การลอบเข้าไป カーンブクルク / カーンロープカゥパイ	invasion / intrusion
進入（しんにゅう）	การเข้าไป/การเข้ามา カーンカゥパイ / カーンカゥマー	entry / approach
新入生（しんにゅうせい）	นักเรียนใหม่ ナクリアンマイ	new student / freshman
信任（しんにん）	ความไว้วางใจ クワームワイワーングチャイ	confidence / trust
信念（しんねん）	ความเชื่อ クワームチュア	belief
心配（しんぱい）	กังวล / เป็นห่วง カングウォン / ペンファング	anxiety
審判（しんぱん）	กรรมการตัดสิน カムマカーンタッスィン	umpire / refereeing
神秘（しんぴ）	ลึกลับ ルクラプ	mystery

304　進展 ➡ 神秘

日	タイ	英
しんぴん 新品	สินค้าใหม่ スィンカーマイ	new / brand new
じんぶつ 人物	ตัวละครในเรื่อง トゥアラコーンナイルアング	person / man of character
しんぶん 新聞	หนังสือพิมพ์ ナングスーピム	newspaper
じんぶんかがく 人文科学	มนุษย์ศาสตร์ マヌッリー	the humanities
しんぶんしゃ 新聞社	บริษัทผู้ผลิตหนังสือพิมพ์ ボーリサップーパリッナングスーピム	newspaper publishing company
しんぽ 進歩	ความก้าวหน้า クワームカーウナー	progress
しんぼう 辛抱	ความอดทน クワームオットン	patience / perseverance / endurance
シンボル	สัญลักษณ์/เครื่องหมาย サンヤラク / クルアングマーイ	symbol
じんみゃく 人脈	มีคนรู้จัก/มีสายสัมพันธ์ ミーコンルーチャク / ミーサーイサムパン	personal relationship / connection
じんみん 人民	ประชาชน プラチャーチョン	the citizens
じんめい 人命	ชีวิตมนุษย์ チーウィッマヌッ	human life
じんめい 人名	ชื่อคน チューコン	a person's name
しんや 深夜	ดึกดื่น ドゥクドゥーン	middle of the night / late at night
しんゆう 親友	เพื่อนสนิท プアンサニッ	best friend

新品 ➡ 親友　305

日	タイ	英
しんよう 信用	ความมั่นใจ クワームマンチャイ	confidence / belief / faith / trust
しんらい 信頼	ความเชื่อใจ / วางใจ クワームチュアチャイ / ワーングチャイ	trust / confidence
しんらい 信頼できる	เชื่อถือได้ チュアトゥーダイ	reliable / credible
しんり 心理	จิตใจ チッチャイ	state of mind
しんり 真理	ความจริง / สัจธรรม クワームチング / サッチャタム	truth
しんりゃく 侵略	การรุกล้ำ/การรุกราน/การบุกรุก カーンルクラム / カーンルクラーン / カーンブクルク	invasion / aggression
しんりょう 診療	การตรวจรักษา カーントルアッラクサー	medical care
しんりょうじょ 診療所	คลินิก/สถานพยาบาล クリニク / サターンパヤーバーン	clinic / doctor's office
しんりん 森林	ป่า パー	forest
じんるい 人類	มนุษยชาติ マヌッサヤチャーッ	human beings
しんろ 針路	ทิศทาง/ตำแหน่งบนเข็มทิศ ティッターング / タムネングボンケムティッ	course
しんわ 神話	เทพนิยาย テープニヤーイ	mythology

し

日	タイ	英

▼ す，ス

日	タイ	英
酢（す）	น้ำส้มสายชู ナムソムサーイスー	vinegar
巣（す）	รังนก ラングノク	nest
図（ず）	แผนภาพ / แผนผัง パーンパープ / ペーンパング	diagram
水圧（すいあつ）	ความดันน้ำ クワームダンナム	water pressure
推移（すいい）	ความผันแปร クワームパンプレー	transition / change / fluctuation
水位（すいい）	ระดับน้ำ ラダプナム	water level
スイートルーム	ห้องสูท(ในโรงแรม) ホングスーッ（ナイローングレーム）	suite
水泳（すいえい）	การว่ายน้ำ カーンワーイナム	swimming
水害（すいがい）	อุทกภัย ウトクカパイ	flood / flood damage
水銀（すいぎん）	สารปรอท サーンパローッ	mercury
水源（すいげん）	แหล่งกำเนิดน้ำ レングカムヌーッナム	the source of a stream
水産（すいさん）	การประมง カーンプラモング	fisheries
水産業（すいさんぎょう）	การประมง カーンプラモング	the fishing industry / fisheries

す

酢 ➡ 水産業 307

日	タイ	英
すいさんぶつ 水産物	ผลิตภัณฑ์จากท้องทะเล パリッタパンチャークトーングタレー	marine products
すいじ 炊事	การหุงหาอาหาร カーンフングハーアーハーン	cooking / kitchen work
すいしつ 水質	คุณภาพน้ำ クンナパープナム	water quality
すいじゅん 水準	มาตรฐาน マートラターン	level / standard
すいじょうき 水蒸気	ไอน้ำ アイナム	steam
すいしん 推進	การผลักดัน/การส่งเสริม カーンプラクダン / カーンソンクスーム	propulsion / promotion
すいせん 推薦	การแนะนำ カーンネナム	recommendation
すいせん 水洗トイレ	ชักโครก チャックローク	flush toilet
すいそ 水素	ไฮโดรเจน ハイドローチェン	hydrogen
すいそう 吹奏	การเป่าเครื่องดนตรี カーンパウクルアングドントゥリー	blowing (a trombone) / playing (the flute)
すいそう 水槽	แท็งก์น้ำ / ถังน้ำ テングナム / タングナム	water tank / aquarium
すいぞう 膵臓	ตับอ่อน タブオーン	pancreas
すいそく 推測	การคาดคะเน カーンカーッカネー	conjecture / supposition
すいぞくかん 水族館	พิพิธภัณฑ์สัตว์น้ำ ピピッタパンサッナム	aquarium

日	タイ	英
すいたい 衰退	เสื่อมถอย スアムトーイ	decline / decay
すいちょく 垂直	แนวตั้งฉาก / แนวดิ่ง ネゥタングチャーク / ネゥディング	vertical / perpendicular
スイッチ	สวิตช์ スィッ	switch
すいてい 推定	การประมาณ カーンプラマーン	estimation
すいてき 水滴	หยดน้ำ / หยาดน้ำ ヨッナム / ヤーッナム	water drop
すいでん 水田	นาดำ ナーダム	paddy field
すいとう 水筒	กระติกน้ำ/กระบอกน้ำ クラティクナム / クラボークナム	thermos / water bottle / canteen
すいどう 水道	ประปา プラパー	water supply
すいどうかん 水道管	ท่อน้ำ トーナム	water pipe
すいはんき 炊飯器	หม้อหุงข้าว モースフングカーゥ	rice cooker
すいひつ 随筆	ความเรียง クワームリアング	essay
すいぶん 水分	ความชุ่มชื้น / น้ำ クワームチュムチューン / ナム	moisture
ずいぶん 随分	เป็นอันมาก/มากทีเดียว ペンアンマーク / マークティーディゥ	extremely
すいへい 水平	แนวนอน ネゥノーン	horizontality

日	タイ	英
すいへいせん 水平線	เส้นแนวนอน / เส้นขอบฟ้า センネゥノーン / センコープファー	horizon
すいみん 睡眠	การนอนหลับ カーンノーンラブ	sleep
すいめん 水面	พื้นผิวน้ำ プーンピゥナム	water surface
すいようび 水曜日	วันพุธ ワンプッ	Wednesday
すいり 推理	การสันนิษฐานจากข้อมูล カーンサンニッターンチャークコームーン	inference / reasoning
すいりょく 水力	พลังงานน้ำ パランガンガーンナム	water[hydraulic] power
すいりょくはつでんしょ 水力発電所	โรงไฟฟ้าพลังงานน้ำ ローングファイファーパランガンガーンナム	hydroelectric power plant[station]
す 吸う	หายใจ / สูด ハーイチャイ / スーッ	breathe / smoke
すうがく 数学	คณิตศาสตร์ カニッタサーッ	mathematics
すうし 数詞	จำนวน チャムヌアン	numeral
すうじ 数字	ตัวเลข トゥアレーク	figure
すうずうしい 図々しい	อย่างหน้าด้าน ヤーングナーダーン	impudent / shameless
すうち 数値	ค่าตัวเลข カートゥアレーク	numerical value / figure
スーツ	เสื้อสูท スアスーッ	suit

日	タイ	英
スーツケース	กระเป๋าเดินทาง クラパウドゥーンターング	suitcase
スーパーマーケット	ซูเปอร์มาร์เก็ต スーパーマーケッ	supermarket
崇拝 (すうはい)	การเทิดทูนบูชา カーントゥーットゥーンブーチャー	worship
スープ	ซุป スプ	soup
数量 (すうりょう)	ปริมาณ ポリマーン	quantity / volume / amount
末 (すえ)	ปลาย / ยอด / ช่วงสุดท้าย プラーイ / ヨーッ / チュアングスッターイ	the end
スエード	หนังกลับ ナングクラブ	suede
据え付ける (すえつける)	ติดไว้กับที่ ティッワイカプティー	fix / install
末っ子 (すえっこ)	ลูกคนสุดท้อง ルークコンスットーング	the youngest child
据える (すえる)	ติดตั้ง ティッタング	set / place
スカート	กระโปรง クラプローング	skirt
スカーフ	ผ้าพันคอ パーパンコー	scarf
図解 (ずかい)	การอธิบายด้วยแผนภาพ カーンアティバーイドゥアイペーンパープ	diagram / illustration
頭蓋骨 (ずがいこつ)	กะโหลกศีรษะ クラロークスィーサ	skull

スーツケース ➡ 頭蓋骨　311

日	タイ	英
素顔（すがお）	ใบหน้าที่ไม่ได้แต่ง バイナーティーマイダイテング	face without makeup
清々しい（すがすがしい）	สดชื่น ソッチューン	refreshing
姿（すがた）	รูปร่าง ループラーング	figure / form / shape / appearance
図鑑（ずかん）	หนังสือภาพ ナングスーパープ	illustrated book[reference] / picture book
隙（すき）	ช่องว่าง / ช่องโหว่ チョングワーング / チョングウォー	chink / gap / crack / slit / space
好き（すき）	ชอบ チョープ	like
過ぎ（すぎ）	ผ่าน パーン	pass / after
杉（すぎ）	ต้นสนญี่ปุ่น トンソンイープン	cedar
スキー	สกี サキー	skiing / ski
スキー場（じょう）	ลานสกี ラーンサキー	ski run[slope] / ski resort
スキー用具（ようぐ）	อุปกรณ์เล่นสกี ウパコーンレンサキー	ski tool[equipment]
好き嫌い（すききらい）	การชอบไม่ชอบ カーンチョープマイチョープ	likes and dislikes
透き通る（すきとおる）	โปร่ง / ใส / (เสียง)ใส プローング / サイ / (スィアング) サイ	clear
隙間（すきま）	ช่องว่าง チョングワーング	chink / gap / crack / slit / space

日	タイ	英
すき焼(や)き	สุกี้ยากี้ スキーヤーキー	sukiyaki
スキャン	สแกน スケーン	scanning
過(す)ぎる	เลยไป / ทำเกินไป ルーイパイ / タムクーンパイ	pass / go by / do too much
空(す)く	ว่างเปล่า ワーングプラウ	empty
すぐ	ทันทีทันใด タンティータンダイ	immediately
救(すく)い	การช่วยเหลือ カーンチュアイルア	relief
救(すく)う	ช่วยให้รอดพ้นจาก チュアイハイローッポンチャーク	save *sb*
掬(すく)う	ตัก / ช้อนออก タク / チョーンオーク	scoop
スクール	โรงเรียน ローングリアン	school
少(すく)ない	น้อยมาก ๆ ノーイマークマーク	very few
少(すく)なくとも	อย่างน้อยที่สุด ヤーングノーイティースッ	at least
すぐに	เดี๋ยวนี้ / ในทันที ディアウニー / ナイタンティー	right now
スクリーン	ฉาก / จอ チャーク / チョー	screen
優(すぐ)れた	ยอดเยี่ยม ヨーッイアム	good / excellent / outstanding / distinguished

す

日	タイ	英
ずけい 図形	แผนภาพ / แผนภูมิ ペーンパープ / ペーンプーム	figure / pattern
スケート	สเก็ต スケッ	skating / skates
スケジュール	กำหนดการ カムノッカーン	schedule
すごい	สุดยอด /ยอดเยี่ยม /น่ากลัว スッヨーッ / ヨーッイアム / ナークルァ	terrible / marvelous
すこ 少し	นิดหน่อย /เล็กน้อย /น้อย ニッノーイ / レクノーイ / ノーイ	a few / a little
すこ 少しずつ	ทีละนิด ティーラニッ	little by little
すこ 少しも	ไม่มีสักน้อย マイミーサクノーイ	not at all
す 過ごす	ผ่านเวลา / ใช้เวลา / ใช้ชีวิต パーンウェーラー / チャイウェーラー / チャイチーウィッ	spend
すこ 健やか	สุขภาพดี / แข็งแรง スクカパープディー / ケングレーング	healthy
ずさん 杜撰	ชุ่ย / มักง่าย チュイ / マクンガーイ	carelessness / sloppiness
すし 寿司	ซูชิ スーシ	sushi
すじ 筋	กล้ามเนื้อ / เค้าโครง クラームヌァ / カウクローング	sinew / line / logic
すじょう 素性	ชาติกำเนิด チャーッカムヌーッ	birth / origin / lineage
すず 鈴	กระดิ่ง クラディング	bell

日	タイ	英
すすぐ	ซักล้าง / ชำระล้าง サクラーング / チャムララーング	rinse
涼しい	เย็นสบาย イェンサバーイ	cool
進み	ความคืบหน้า クワームクープナー	advance
進む	ก้าวหน้า / พัฒนาขึ้น カーウナー / パッタナークン	go forward
勧め	การแนะนำ カーンネナム	suggestion / recommendation
雀	นกกระจอก ノククラチョーク	sparrow
すずめばち	ตัวต่อ トゥアトー	wasp / hornet
勧める	แนะนำ ネナム	suggest / recommend
進める	พัฒนา/ทำให้คืบหน้าต่อไป パッタナー / タムハイクープナート パイ	promote / advance
裾	ชาย(เสื้อผ้า) チャーイ (スアパー)	hem
スター	ดวงดาว / ดารา ドゥアングダーウ / ダーラー	star
スタート	เริ่มต้น ルームトン	start
スタイル	รสนิยม / หุ่น(ดี) ロッサニヨム / フン (ディー)	style / figure
スタジオ	สตูดิโอ サトゥーディオー	studio

すすぐ ➡ スタジオ 315

日	タイ	英
スタッフ	เจ้าหน้าที่ / สตาฟ チャゥナーティー / スターフ	staff
廃れる	ล้าสมัย／หมดสมัย／เสื่อม ラーサマイ / モッサマイ / スァム	decline
スタンド	อัฒจันทร์ / โคมไฟตั้งโต๊ะ アッタチャン / コームファイタンクト	stands / desk lamp
ずつ	แต่ละ テーラ	each
頭痛	ปวดศีรษะ プァッスィーサ	headache
すっかり	ทั้งหมด / โดยสิ้นเชิง タングモッ / ドーイスィンチューング	completely
ずっと	ตลอดไป トロートパイ	all the way / all the time
酸っぱい	เปรี้ยว プリアゥ	sour
ステーキ	สเต๊ก ステク	steak
ステージ	เวที ウェーティー	stage
素敵	งดงาม ンゴッンガーム	fantastic
すでに	...แล้ว ...レーゥ	already
捨てる	ทิ้ง ティング	throw away
ステレオ	สเตอริโอ サトゥーリオー	stereo

日	タイ	英
ステンレス	สแตนเลส ステーンレーッ	stainless steel
ストーブ	เตา タウ	stove
ストッキング	ถุงน่อง トゥングノーング	stockings
ストップ	หยุด ユッ	stop
ストライキ	การนัดหยุดงาน カーンナッユンガーン	strike
ストライプ	ลายทาง ラーイターング	stripe
ストレス	ความเครียด クワームクリアッ	stress
ストロー	หลอดดูด ロッドウーッ	straw
砂	ทราย サーイ	sand
素直	ว่านอนสอนง่าย/หัวอ่อน ワーノーンソーンンガーイ / ファオーン	obedient / frank / honest
即ち	กล่าวคือ クラーウクー	that is
脛	หน้าแข้ง ナーケング	shin / shank / lower leg
頭脳	สมอง サモーング	brains
すばしこい	คล่องแคล่ว / ว่องไว クローングクレーウ / ウォーングワイ	nimble

ステンレス ➡ すばしこい 317

日	タイ	英
スパムメール	อีเมลขยะ イーメーンカヤ	spam mail
すばやい	รวดเร็ว ルァッレゥ	quick / nimble / agile
すばらしい	ยอดเยี่ยม / วิเศษ / เจ๋ง ヨーッイアム / ウィセーッ / チェング	wonderful / splendid / marvelous
スピーカー	ลำโพง ラムポーング	speaker
スピーチ	สุนทรพจน์ スントラポッ	speech
スピード	ความเร็ว クワームレゥ	speed
図表	แผนภูมิ ペーンプーム	chart / diagram / graph
スプーン	ช้อน チョーン	spoon
ずぶ濡れ	เปียก ピアㇰ	get soaked
スプリング	สปริง サプリング	spring
スプレー	สเปรย์ スプレー	spray
スペア	ของสำรอง コーングサムローング	spare / refill
スペイン	ประเทศสเปน プラテーッスペーン	Spain
スペイン語	ภาษาสเปน パーサースペーン	Spanish

日	タイ	英
スペイン人（じん）	ชาวสเปน チャーウスペーン	Spanish
スペース	พื้นที่ว่าง プーンティーワーング	space
スペシャリスト	ผู้ชำนาญเฉพาะทาง プーチャムナーンチャポターング	specialist
スペック	สเปค スペク	spec
すべて	ทั้งหมด タングモッ	all
滑（すべ）る	ลื่น ルーン	slip / slide
スポーツ	กีฬา キーラー	sports
スポーツカー	รถสปอร์ต ロッスポーツ	sports car
スポーツクラブ	สปอร์ตคลับ / ยิม スポーツクラブ / イム	sports club / gym
スポットライト	สปอตไลท์ スポーッライ	spotlight
ズボン	กางเกง カーングケーング	trousers / pants
スポンジ	ฟองน้ำ フォーングナム	sponge
スマート	หุ่นดี / เท่ フンディー / テー	slim
スマートフォン	สมาร์ทโฟน サマーッフォーン	smartphone

す

スペイン人 ➡ スマートフォン 319

日	タイ	英
住(す)まい	ที่อยู่อาศัย ティーユーアーサイ	house / home / dwelling
澄(す)ます	ทำให้ใสสะอาด タムハイサイサアーッ	clear / make clear
済(す)ませる	ทำให้เสร็จเรียบร้อย タムハイセッリアプローィ	finish / get through with
隅(すみ)	มุม ムム	corner / nook
墨(すみ)	หมึกจีน ムクチーン	Chinese ink
炭(すみ)	ถ่าน ターン	charcoal
～済(す)み	ตรวจแล้ว / ผ่านแล้ว トルアッレーゥ / パーンレーゥ	completed / settled / finished
すみません	ขอโทษ / ขอบคุณ コートーッ / コープクン	Excuse me. / I'm sorry.
速(すみ)やか	โดยเร็ว /อย่างรวดเร็ว /อย่างฉับไว ドーイレゥ / ヤーングルアッレゥ / ヤーングチャプワイ	speedy / quick / prompt
済(す)む	จบ / เสร็จ チョプ / セッ	end
住(す)む	อยู่อาศัย ユーアーサイ	live
澄(す)む	สดใส / ใส ソッサイ / サイ	become clear
スムーズ	ราบรื่น ラーブルーン	smoothness
相撲(すもう)	ซูโม่ スーモー	sumo wrestling

す

320 住まい ➡ 相撲

日	タイ	英
スモッグ	หมอกควัน モーックワン	smog
スライド	สไลด์ スライ	slide
ずらす	เลื่อน ルアン	shift / slide / move
スラックス	กางเกงสแล็ค カーンケーングスレク	slacks
ずらっと	เป็นแถว ペンテーウ	in a row
スラム	สลัม サラム	slum
ずらり	เป็นแถว ペンテーウ	in a row
すり	นักล้วงกระเป๋า ナックルアングクラパウ	pickpocket
スリッパ	รองเท้าแตะ ローングタウテ	slippers
スリランカ	ประเทศศรีลังกา プラテーッスィーラングカー	Sri Lanka
する	ทำ タム	do
刷る	พิมพ์ ピム	print
ずるい	ขี้โกง / เจ้าเล่ห์ キーコーング / チャウレー	sly / sneaky / unfair
するつもりだ	ตั้งใจจะ(ทำ) タングチャイチャ (タム)	be going to / intend to / plan to

日	タイ	英
すると	ต่อจากนั้น トーチャークナン	then
鋭い（するどい）	แหลม / คม レーム / コム	sharp
ずれ	คลาดเคลื่อน クラーックルァン	gap
すれ違い（ちがい）	การสวนกัน カーンスァンカン	passing each other
すれ違う（ちがう）	สวนกัน スァンカン	pass each other
擦れる（すれる）	กระทบกัน/เสียดสีกัน クラトブカン / スイアッスイーカン	be rubbed
ずれる	ไม่เข้ากัน/เหลื่อมกัน マイカゥカン / ルァムカン	slip out
座る（すわる）	นั่ง ナング	sit down
すんなり	อย่างง่ายดาย ヤーングンガーィダーィ	smoothly / without objection
寸法（すんぽう）	ขนาด カナーッ	size / measurement / dimensions

▼せ，セ

背（せ）	หลัง / ส่วนสูง ラング / スァンスーング	back / height
（～の）せい	เพราะว่า / เนื่องจาก プロワー / ヌァングチャーク	blame for
姓（せい）	นามสกุล ナームサクン	family name / surname

日	タイ	英
性 (せい)	เพศ ペーッ	nature / sex / gender
正 (せい)	ยุติธรรม / บวก ユティタム / ブアク	justice / plus
製 (せい)	ผลิตภัณฑ์ที่... パリッパンティー ...	made in / made of
生 (せい)	ชีวิต / นักเรียน... チーウィッ / ナクリアン...	life / student / grade
税 (ぜい)	ภาษี パースィー	tax
誠意 (せいい)	ความจริงใจ クワームチングチャイ	sincerity / good faith
成果 (せいか)	ผลลัพธ์ ポンラプ	result / outcome / accomplishment
正解 (せいかい)	คำเฉลย カムチャルーイ	correct answer
性格 (せいかく)	นิสัย ニサイ	character / personality
正確 (せいかく)	แน่นอน/ถูกต้อง/แม่นยำ ネーノーン / トゥークトーング / メンヤム	accurate
生活 (せいかつ)	การใช้ชีวิต カーンチャイチーウィッ	life / living
生活費 (せいかつひ)	ค่าครองชีพ カークローングチープ	the cost of living / living expenses
税関 (ぜいかん)	ศุลกากร スンラカーコーン	customs
税関検査 (ぜいかんけんさ)	การตรวจสินค้าศุลกากร カーントルアッスィンカースンラカーコーン	customs inspection

性 ➡ 税関検査　　323

日	タイ	英
税関申告書 ぜいかんしんこくしょ	ใบขนสินค้า バイコンスィンカー	customs declaration
世紀 せいき	ศตวรรษ サッタワッ	century
正規 せいき	ปกติ パカティ	proper / regular
正義 せいぎ	ความถูกต้อง/ความชอบธรรม クワームトゥークトーング / クワームチョープタム	justice
請求 せいきゅう	การเรียกร้อง カーンリアクローング	demand
請求書 せいきゅうしょ	ใบแจ้งหนี้ バイチェーングニー	account / bill / check / invoice
税金 ぜいきん	ภาษี パースィー	tax
生計 せいけい	การยังชีพ / วิธีการดำรงชีวิต カーンヤングチープ / ウィティーカーンダムロングチーウィッ	livelihood
整形外科医 せいけいげかい	ศัลยแพทย์ サンヤペーッ	orthopedist
清潔 せいけつ	สะอาด サアーッ	clean
政権 せいけん	อำนาจทางการเมือง アムナーッターングカーンムアング	political power
制限 せいげん	การจำกัด / ขีดจำกัด カーンチャムカッ / キーッチャムカッ	limit / restriction
成功 せいこう	การประสบความสำเร็จ カーンプラソップクワームサムレッ	success
精巧 せいこう	ประณีต / ละเอียด プラニーッ / ライアッ	exquisite / elaborate

日	タイ	英
せいざ 星座	จักรราศี チャクカラースイー	constellation
せいさい 制裁	การทำโทษ カーンタムトーッ	punishment / sanctions
せいさく 政策	นโยบาย / มาตรการ ナヨーバーイ / マーットラカーン	policy
せいさく 製作	การผลิต カーンパリッ	producing / manufacture
せいさん 生産	ผลผลิตทางอุตสาหกรรม / การผลิต ポンパリッターングウッサーハカム / カーンパリッ	production
せいさん 精算	การคำนวณเงิน カーンカムヌァンングン	payoff / adjustment / exact calculation
せいさんしゃ 生産者	ผู้ผลิต プーパリッ	producer / manufacturer
せいさんのうりょく 生産能力	กำลังการผลิต カムラングカーンパリッ	production capacity
せいし 静止	การหยุดอยู่กับที่ / การหยุดนิ่ง カーンユッユーカプティー / カーンユッニング	standstill
せいじ 政治	การเมือง カーンムアング	politics
せいしき 正式	เป็นทางการ / พิธีการ ペンターングカーン / ピティーカーン	formal
せいしつ 性質	คุณสมบัติ / คุณลักษณะ クンナソムバッ / クンナラクサナ	nature
せいじつ 誠実	ซื่อตรง / ซื่อสัตย์ / จริงใจ スートロング / スーサッ / チングチャイ	sincere / honest / faithful
せいしゃいん 正社員	พนักงานประจำ パナクンガーンプラチャム	regular employee

日	タイ	英
せいじゅく 成熟	ความสุกงอม/การเจริญเติบโตเต็มที่ クワームスックゴーム / カーンチャルーントゥープトーテムティー	maturity
せいじゅく 成熟した	เจริญเติบโตเต็มที่ チャルーントゥープトーテムティー	mature / ripe
せいしゅん 青春	วัยรุ่น ワイルン	youth
せいじゅん 清純	ความบริสุทธิ์ クワームボーリスッ	purity
せいしょ 聖書	คัมภีร์ไบเบิล カムピーバイブン	Bible
せいじょう 正常	ปกติ / ปกติวิสัย パカティ / パカティウィサイ	normality
せいしょうねん 青少年	เยาวชน/คนหนุ่มสาว ヤウワチョン / コンヌムサーウ	juveniles
せいしん 精神	จิตวิญญาณ チッウィンヤーン	spirit / mind / soul / heart
せいじん 成人	ผู้ใหญ่ プーヤイ	adult
せいすう 整数	เลขจำนวนเต็ม レークチャムヌアンテム	integer / whole number
せい 制する	ควบคุม クワブクム	control
せいせき 成績	คะแนน/ผลการเรียน/ผลงาน カネーン / ポンカーンリアン / ポンガーン	record / result / grade
せいせきしょうめいしょ 成績証明書	ใบรับรองผลการเรียน バイラブローングポンガーンリアン	transcript
せいそう 清掃	การเก็บกวาด/การปัดกวาด カーンケプクワート / カーンパックワート	cleaning

日	タイ	英
せいそう 盛装	การแต่งตัวหรูหรา/การแต่งตัวไปงานเลี้ยง カーンテングトゥアルーラー / カーンテングトゥアパインガーンリアング	full[formal] dress
せいぞう 製造	การผลิต カーンパリッ	manufacture / production
せいぞうぎょう 製造業	อุตสาหกรรมการผลิต ウッサーハカムカーンパリッ	the manufacturing industry
せいぞん 生存	การรอดชีวิต/ความอยู่รอด カーンローッチーウィッ / クワームユーローッ	existence
せいぞんしゃ 生存者	ผู้รอดชีวิต プーローッチーウィッ	survivor
せいだい 盛大	ยิ่งใหญ่ / มโหฬาร イングヤイ / マホーラーン	magnificent / prosperous / glorious
せいたいけい 生態系	ระบบนิเวศ ラボブニウェーッ	ecosystem
せいだく 清濁	ความดีและความเลว クワームディーレクワームレウ	good and bad / tolerant / purity and impurity
ぜいたく 贅沢	หรูหรา ルーラー	luxury
せいちょう 成長	การเจริญเติบโต カーンチャルーントゥーブトー	growth
せいちょう 声調	เสียงวรรณยุกต์ スィアングヴンリユク	tone
せいてき 静的	คงที่ / สถิต コングティー / サティッ	static
せいてつ 製鉄	การผลิตเหล็ก カーンパリッレク	iron manufacture
せいてん 晴天	ท้องฟ้าแจ่มใส/อากาศดี トーングファーチェームサイ / アーカーッディー	fine[fair] weather

せ

盛装 ➡ 晴天 327

日	タイ	英
静電気 せいでんき	ไฟฟ้าสถิตย์ ファイファーサティッ	static electricity
生徒 せいと	นักเรียน ナクリアン	pupil
制度 せいど	ระบบ ラボブ	system / institution
精度 せいど	ความเที่ยงตรง クワームティアングトロング	accuracy / precision
政党 せいとう	พรรคการเมือง パクカーンムアング	political party
正当 せいとう	เหมาะสม / อย่างถูกต้อง モソム / ヤーングトゥークトーング	right / fair / just
成年 せいねん	คนที่บรรลุนิติภาวะแล้ว コンティーバンルニティパーワレーゥ	full age
青年 せいねん	วัยรุ่น ワイルン	youth
生年月日 せいねんがっぴ	วันเดือนปีเกิด ワンドゥアンピークーッ	date of birth
性能 せいのう	สมรรถภาพ/ประสิทธิภาพ サマッタパープ / プラスィッティパープ	efficiency / ability / performance
整備 せいび	การเตรียมพร้อมใช้ カーントリアムプロームチャイ	equip fully with / provide with
性病 せいびょう	กามโรค カームマローク	sexually transmitted disease
製品 せいひん	ผลิตภัณฑ์ パリッタパン	products
政府 せいふ	รัฐบาล ラッタパーン	government

静電気 ➡ 政府

日	タイ	英
せいふく 制服	เครื่องแบบ/ชุดยูนิฟอร์ม クルアングベープ／チュッユーニフォーム	uniform
せいふく 征服	การเอาชนะ/การฝ่าฟัน カーンアウチャナ／カーンファーフアン	conquest
せいぶつ 生物	สิ่งมีชีวิต スィングミーチーウィッ	living thing / organism / creature
せいぶん 成分	ส่วนประกอบ/ส่วนผสม スアンプラコープ／スアンパソム	ingredient
せいべつ 性別	เพศ(ชายหรือหญิง) ペーッ（チャーイルーイング）	the distinction of sex
せいほう 製法	วิธีการผลิต ウィティーカーンパリッ	manufacturing method
せいほうけい 正方形	สี่เหลี่ยมจัตุรัส スィーリアムチャトゥラッ	square
せいまい 精米	ข้าวที่สีแล้ว カーウティースィーレーウ	polished rice
せいみつ 精密	ถี่ถ้วน / ละเอียด ティートゥアン／ライアッ	precision / fine / accuracy
せいめい 姓名	ชื่อ チュー	name
せいめい 生命	ชีวิต チーウィッ	life
せいめい 声明	คำแถลง / ถ้อยแถลง カムタレーング／トーイタレーング	statement
せいもん 正門	ประตูหลัก プラトゥーラク	main gate
せいやく 制約	การตั้งเงื่อนไข/เงื่อนไข カーンタングングアンカイ／ングアンカイ	limitation / constraint / restriction

制服 ➡ 制約

日	タイ	英
西洋(せいよう)	ตะวันตก タワントク	the West
性欲(せいよく)	ความต้องการทางเพศ クワームトーングカーンターングペーッ	sexual desire / sex drive
整理(せいり)	การจัดการ カーンチャッカーン	adjustment / arrangement / sorting
生理(せいり)	รอบเดือนของผู้หญิง ロープドゥアンコーングプーイング	one's period / physiology / menstruation
成立(せいりつ)	(การเจรจา)ประสบผลสำเร็จ （カーンチェーラチャー）プラソッポンサムレッ	formation / establishment
税率(ぜいりつ)	อัตราภาษี アットラーパースィー	tax rate
生理用ナプキン(せいりよう)	ผ้าอนามัย パーアナーマイ	sanitary napkin[pad]
勢力(せいりょく)	พลัง / อิทธิพล パラング / イッティポン	power / influence
精力的(せいりょくてき)	กระฉับกระเฉง クラチャップクラチェング	energetic / vigorous
西暦(せいれき)	คริสต์ศักราช クリッサックカラーッ	A.D.
セーター	เสื้อสเวตเตอร์/เสื้อถักไหมพรม スアスウェーター / スアタックマイプロム	sweater
セーフティボックス	ตู้นิรภัย トゥーニラパイ	safety box
セール	การขายสินค้าลดราคา カーンカーイスィンカーロッラーカー	sale
セールスマン	พนักงานขาย パナクンガーンカーイ	salesperson / salesman

日	タイ	英
せお 背負う	แบก / รับภาระ ベーク / ラプパーラ	shoulder
せかい 世界	โลก ローク	world
せ 急かす	เร่ง / รีบร้อน レング / リープローン	hurry / hasten
せき 咳	ไอ アイ	cough
せき ～隻	ลำ(ลักษณนามของเรือ) ラム（ラクサナナームコーングルア）	counter for large boats
せき 席	ที่นั่ง ティーナング	seat
せきたん 石炭	ถ่านหิน ターンヒン	coal
せきどう 赤道	เส้นศูนย์สูตร センスーンスーッ	the equator
せきにん 責任	ความรับผิดชอบ クワームラプピッチョープ	responsibility
せきにんしゃ 責任者	ผู้รับผิดชอบ プーラプピッチョープ	person in charge
せきむ 責務	หน้าที่ที่รับผิดชอบ ナーティーティーラプピッチョープ	duty
せきゆ 石油	น้ำมัน ナムマン	oil / petroleum
セクシー	เซ็กซี่ セクスイー	sexy
セクション	แผนก / หมวดหมู่ パネーク / ムアッムー	section

せ

背負う ➡ セクション 331

日	タイ	英
セクハラ	การคุกคามทางเพศ カーンクゥカームターングペーッ	sexual harassment
世間(せけん)	โลกภายนอก / สังคม ロークパーイノーク / サングコム	society / world
世辞(せじ)	คำยกยอ カムヨクヨー	flattery / compliment
是正(ぜせい)	การแก้ไขสิ่งผิดให้ถูกต้อง カーンケーカイスィングピッハイトゥークトーング	correction
世帯(せたい)	ครอบครัว/หลังคาเรือน(ลักษณนาม) クロープクルァ / ラングカールァン(ラクサナナーム)	household
世代(せだい)	รุ่น ルン	generation
説(せつ)	ทฤษฎี / ทัศนะ トリッサディー / タッサナ	theory / view
節(せつ)	ช่วงเวลา チュアングウェーラー	passage
切開(せっかい)	การผ่า(เพื่อรักษาโรค) カーンパー (プァラクサーローク)	incision
石灰(せっかい)	หินปูน ヒンプーン	lime
折角(せっかく)	อุตส่าห์ ウッサー	kindly / make an effort
説教(せっきょう)	การอบรมสั่งสอน カーンオプロムサングソーン	lecture / sermon
積極(せっきょく)	ความกระตือรือร้น クワームクラトゥールーロン	positiveness
接近(せっきん)	การเข้าใกล้ カーンカウクライ	approach

日	タイ	英
セックス	เพศสัมพันธ์ ペーッサムパン	sex
設計(せっけい)	การออกแบบ カーンオークベープ	design / plan / layout
赤血球(せっけっきゅう)	เซลล์เม็ดเลือดแดง セーンメッルッアッデーング	red[blood] cell
石鹸(せっけん)	สบู่ サブー	soap
切実(せつじつ)	อย่างลึกซึ้ง/อย่างถ่องแท้ ヤーングルクスング / ヤーングトングテー	severe / serious / earnest
接触(せっしょく)	การติดต่อ カーンティットー	contact
接する(せっする)	สัมผัส サムパッ	touch
節制(せっせい)	การบังคับตน/ประมาณตน カーンバングカッブトン / プラマーントン	moderation / temperance
せっせと	หมั่นเพียร / ขยัน マンピアン / カヤン	hard
接続(せつぞく)	การเชื่อมต่อ カーンチュアムトー	connection
接続詞(せつぞくし)	คำสันธาน カムサンターン	conjunction
接待(せったい)	การรับรองแขก カーンラップロングケーク	reception / entertainment
絶対(ぜったい)	แน่นอน ネーノーン	being absolute
切断(せつだん)	การตัดขาด カーンタッカーッ	cutting / disconnection / amputation

日	タイ	英
設置（せっち）	การติดตั้ง/การก่อตั้ง カーンティッタング/カーンコータング	establishment
接着剤（せっちゃくざい）	กาว カーゥ	adhesive / glue
設定（せってい）	การติดตั้ง / ตั้งค่า カーンティッタング/タングカー	establishment / setting
接点（せってん）	จุดเชื่อมต่อ チュッチュアムトー	point of contact / connection
セット	ชุด / จัดทรง チュッ/チャッソング	set
節度（せつど）	ระดับที่พอเหมาะ ラダップティーポーモ	moderation / temperance / restraint
説得（せっとく）	การเกลี้ยกล่อม カーンクリアクローム	persuasion
切（せつ）ない	ทุกข์ทรมาน / ขมขื่น トゥクトラマーン/コムクーン	heartrending / painful / sorrow
設備（せつび）	อุปกรณ์ ウプパコーン	facilities
絶望（ぜつぼう）	การหมดหวัง/การสิ้นหวัง カーンモッワング/カーンスィンワング	despair
説明（せつめい）	การอธิบาย カーンアティバーィ	explanation
絶滅（ぜつめつ）	การสูญพันธุ์/สาบสูญ/หมดสิ้นไป カーンスーンパン/サープスーン/モッスィンパイ	extermination
節約（せつやく）	การประหยัด カーンプラヤッ	saving
設立（せつりつ）	การก่อตั้ง カーンコータング	establishment / founding

334 設置 ➡ 設立

日	タイ	英
背中(せなか)	หลัง ラング	back
是非(ぜひ)	ถูกผิด トゥークピッ	right and wrong
是非(ぜひ)とも	ให้ได้ ハイダイ	by all means
背広(せびろ)	เสื้อสูท スアスーツ	jacket / suit
背骨(せぼね)	กระดูกสันหลัง クラドゥークサンラング	backbone / spine
狭(せま)い	แคบ ケープ	narrow
迫(せま)る	เข้าใกล้ カゥクライ	draw near / approach
蝉(せみ)	จักจั่น チャクカチャン	cicada
ゼミ	สัมมนา サムマナー	seminar
セミナー	การอบรมสัมมนา カーンオプロムサムマナー	seminar
攻(せ)め	การรุก カーンルク	attack / offense
せめて	อย่างน้อย ヤーングノーイ	at least
攻(せ)める	โจมตี / กล่าวโทษ チョームティー / クラーゥトーッ	attack
責(せ)める	ตำหนิ タムニ	blame

日	タイ	英
セメント	ซีเมนต์ スィーメンッ	cement
セラミック	เซรามิก/เครื่องกระเบื้อง セーラーミク / クルアングクラブアング	ceramics
ゼリー	เยลลี่ イェリー	jelly
台詞	บทพูด ボッブーッ	one's lines / part / speech
せる	การประมูล カーンプラムーン	compete
セルフサービス	การบริการตนเอง カーンボーリカーントンエーング	self-service
セレモニー	พิธี ピティー	ceremony
0	ศูนย์ スーン	zero
セロリ	ขึ้นฉ่าย クンチャーイ	celery
世論	ประชามติ プラチャーマティ	public opinion
千	พัน パン	thousand
戦	สงคราม ソングクラーム	war
栓	จุกขวด / จุกก๊อก チュックアッ / チュクコク	stopper / plug / cork
前	ก่อนหน้า コーンナー	previous

日	タイ	英
ぜん 善	ความดี クワームディー	good deed
ぜん 全	ทั้งหมด タングモッ	all / pan-
ぜん 禅	นิกายเซน ニカーイセン	Zen
せんい 繊維	เส้นใย センヤイ	fiber
ぜんい 善意	ความปรารถนาดี クワームプラーッタナーディー	kindness / goodwill / good intentions
ぜんいん 全員	ทุกคน トゥクコン	all the members
ぜんかい 全快	การหายขาดจากโรค カーンハーイカーッチャークローク	complete recovery
ぜんかい 前回	ครั้งก่อน クラングコーン	last[previous] time
せんがん 洗顔	การล้าง(หน้าหรือมือ) カーンラーング（ナールームー）	washing one's face
せんきょ 選挙	การเลือกตั้ง カーンルアクタング	election
せんげつ 先月	เดือนที่แล้ว ドゥアンティーレーウ	last month
せんげん 宣言	การประกาศ カーンプラカーッ	declaration
ぜんご 前後	ก่อนหลัง コーンラング	before and behind
せんこう 先行	ไปก่อน/มีมาก่อนหน้า パイコーン / ミーマーコーンナー	going ahead

せ

善 → 先行 337

日	タイ	英
せんこう 専攻	สาขาวิชาเอก サーカーウィチャーエーク	major
せんこう 選考	การคัดเลือก カーンカッルアク	selection
せんこう 線香	ธูป トゥープ	incense stick
ぜんこく 全国	ทั่วประเทศ トゥアプラテーッ	the whole country
せんさい 戦災	ภัยสงคราม パイソングクラーム	war damage
せんさい 繊細	อ่อนไหว / ประณีต オーンワイ / プラニーッ	delicacy / sensitiveness
せんざい 洗剤	ผงซักฟอก ポングサクフォーク	detergent
ぜんさい 前菜	อาหารว่าง /ออร์เดิร์ฟ アーハーンワーング / オードゥフ	appetizer
せんじつ 先日	วันก่อน ワンコーン	the other day
ぜんじつ 前日	วันก่อน ワンコーン	the previous day / the day before
ぜんしゃ 前者	อย่างแรก ヤーングレーク	the former
せんしゅ 選手	ผู้เล่น / นักกีฬา プーレン / ナクキーラー	player
せんしゅう 先週	สัปดาห์ที่แล้ว サプダーティーレーウ	last week
ぜんしゅう 全集	หนังสือรวมผลงานทั้งหมด ナングスールアムポンガーンタングモッ	complete works

せ

日	タイ	英
戦術（せんじゅつ）	กลยุทธ์ コンラユツ	strategy / tactics
戦場（せんじょう）	สนามรบ サナームロブ	battlefield
洗浄（せんじょう）	ซักล้าง サクラーング	washing / cleaning
染色体（せんしょくたい）	โครโมโซม クローモーソーム	chromosome
前進（ぜんしん）	ความก้าวหน้า クワームカーゥナー	advance
全身（ぜんしん）	ทั่วร่างกาย トゥアラーングカーイ	the whole body
扇子（せんす）	พัด パッ	fan
潜水（せんすい）	การดำน้ำ カーンダムナム	diving
先生（せんせい）	ครู クルー	teacher
全盛（ぜんせい）	ความรุ่งเรืองถึงขีดสุด クワームルングルァングトゥングキーッスッ	glory / flourish
全世界（ぜんせかい）	ทั่วโลก トゥアローク	the whole world / all the world
全然（ぜんぜん）	ไม่...เลย マイ...ルーイ	not at all / completely
先々月（せんせんげつ）	สองเดือนที่แล้ว ソーングドゥアンティーレーゥ	two months before
先々週（せんせんしゅう）	สองอาทิตย์ที่แล้ว ソーングアーティッティーレーゥ	two weeks ago / the week before last

戦術 ➡ 先々週　339

日	タイ	英
先祖（せんぞ）	บรรพบุรุษ バンパブルッ	ancestor
戦争（せんそう）	สงคราม ソングクラーム	war
喘息（ぜんそく）	โรคหืด ロークフーッ	asthma
センター	ศูนย์กลาง スーンクラーング	center
先代（せんだい）	รุ่นก่อน/สมัยก่อน/ยุคก่อน ルンコーン / サマイコーン / ユクコーン	the predecessor / previous generation
全体（ぜんたい）	ทั้งหมด タングモッ	the whole
洗濯（せんたく）	การซัก カーンサク	washing / laundry
選択（せんたく）	การเลือก / ข้อเลือก カーンルアク / コールアク	choice / option
洗濯機（せんたくき）	เครื่องซักผ้า クルアングサクパー	washing machine / washer
選択肢（せんたくし）	ตัวเลือก トゥアルアク	alternative / choice / option
先端（せんたん）	นำสมัย ナムサマイ	the trend
センチメートル	เซนติเมตร センティメッ	centimeter
先着（せんちゃく）	การไปถึงก่อน カーンパイトゥングコーン	first to arrive
船長（せんちょう）	กัปตันเรือ カプタンルア	captain / skipper

日	タイ	英

▼ そ, ソ

日本語	タイ語	英語
粗悪品（そあくひん）	สินค้าคุณภาพไม่ดี スィンカークンナパープマイディー	goods of poor[bad] quality
～沿い（ぞい）	ที่ขนานไปกับ ティーカナーンパイカプ	along
そう	อย่างนั้น ヤーングナン	so
沿う（そう）	ทำตาม タムターム	go along
総（そう）	ทั้งหมด タングモッ	all / total
艘（そう）	ลำ ラム	counter for ships
僧（そう）	พระสงฆ์ プラソング	monk
層（そう）	กลุ่มชั้น クルムチャン	layer / stratum / group
象（ぞう）	ช้าง チャーング	elephant
像（ぞう）	รูปจำลอง / รูปปั้น ループチャムローング / ループパン	image / statue
相違（そうい）	ความแตกต่าง クワームテークターング	difference
そう言えば（そういえば）	จริงสิ チングスィ	come to think of
相応（そうおう）	เหมาะสม モソム	suitable / reasonable

粗悪品 ➡ 相応　343

日	タイ	英
騒音（そうおん）	เสียงดัง/เสียงรบกวน スィアングダング / スィアングロブクァン	noise
増加（ぞうか）	เพิ่มขึ้น プームクン	increase
総会（そうかい）	การประชุมใหญ่สามัญ カーンプラチュムヤイサーマン	general meeting
総額（そうがく）	ยอดรวม ヨーッルァム	total / sum
創刊（そうかん）	การออกฉบับใหม่ カーンオークチャバブマイ	founding of a periodical
葬儀（そうぎ）	พิธีศพ ピティーソプ	funeral
臓器（ぞうき）	อวัยวะภายใน アワイヤワパーィナイ	internal organ
早急（そうきゅう）	ด่วนมาก ドゥアンマーク	immediate
増強（ぞうきょう）	การเพิ่มกำลังให้เข้มแข็งขึ้น カーンプームカムラングハイケムケングクン	reinforcement
送金（そうきん）	โอนเงิน オーングン	remittance
雑巾（ぞうきん）	ผ้าขี้ริ้ว パーキーリゥ	floor cloth
遭遇（そうぐう）	ประสบ(โดยบังเอิญ) プラソプ (ドーィバングウーン)	encounter
象牙（ぞうげ）	งาช้าง ンガーチャーング	ivory
草原（そうげん）	ทุ่งหญ้า トゥングヤー	grassland

日	タイ	英
そうてい 想定	สมมุติ サムムッ	assumption / hypothesis / supposition
そうとう 相当	เทียบได้กับ ティアプダイカプ	be equivalent to
そうどう 騒動	ความวุ่นวาย / โกลาหล クワームウンワーイ / コーラーホン	trouble
そうび 装備	การติด(อาวุธ อุปกรณ์ เครื่องมือ) カーンティッ (アーウッウプパコーンクルアングムー)	equipment
そうふ 送付	การส่ง カーンソング	sending
そうべつ 送別	การเลี้ยงอำลา カーンリアングアムラー	send-off
ぞうよ 贈与	มอบให้ モープハイ	donation / transfer
ぞうり 草履	รองเท้าแตะ ローングタウテ	zori / Japanese sandals
そうりだいじん 総理大臣	นายกรัฐมนตรี ナーヨクラッタモントリー	the Prime Minister
そうりつ 創立	การก่อตั้ง/การสถาปนา カーンコータング / カーンサターパナー	establishment / founding
そうりょ 僧侶	พระสงฆ์ プラソング	priest / monk
そうりょう 送料	ค่าส่ง カーソング	postage
そ 添える	เพิ่มเติม プームトゥーム	attach / add
ソース	ซอส ソーッ	sauce

日	タイ	英
ソーセージ	ไส้กรอก サイクローク	sausage
即(そく)	ทันที タンティー	immediately
足(そく)	คู่(ลักษณนาม) クー（ラクサナナーム）	a pair of (shoes, socks)
俗語(ぞくご)	คำสแลง カムサレーング	slang
即座(そくざ)	ตรงนั้นเลย/เดี๋ยวนั้นเลย/ตอนนั้นเลย トロングナンルーイ / ディアウナンルーイ / トーンナンルーイ	promptness / instant
促進(そくしん)	การส่งเสริมสนับสนุน カーンソングスームサナプサヌン	promotion
即す(そくす)	สอดคล้องกับ/สมกับ ソーックローングカプ / ソムカプ	in keeping with / in line with
続々(ぞくぞく)	อย่างต่อเนื่อง ヤーングトーヌアング	one after another
速達(そくたつ)	(จดหมาย)ด่วน （チョッマーイ）ドゥアン	express delivery
速度(そくど)	ความเร็ว クワームレウ	speed / velocity
束縛(そくばく)	การผูกมัด(การกระทำ) カーンプークマッ（カーンクラタム）	bind up
側面(そくめん)	ด้านข้าง/อีกด้านหนึ่ง ダーンカーング / イークダーンヌング	the side
測量(そくりょう)	การวัดตำแหน่งขนาดของที่ดิน カーンワッタムネングカナーッコーングティーディン	measuring
速力(そくりょく)	ความเร็ว クワームレウ	speed

日	タイ	英
増減（ぞうげん）	การเพิ่มลด カーンプームロッ	increase and decrease
倉庫（そうこ）	ห้องเก็บของ / โกดังเก็บของ ホンゲケブコーング / コーダンゲケブコーング	warehouse
相互（そうご）	ซึ่งกันและกัน スングカンレカン	mutual
走行（そうこう）	(รถ)แล่น (ロッ) レーン	traveling
捜査（そうさ）	การสอบสวน/การสืบสวน カーンソープスアン / カーンスープスアン	investigation
操作（そうさ）	การควบคุม カーンクアブクム	operation
相殺（そうさい）	หักกลบลบหนี้ ハックロブロブニー	offset
創作（そうさく）	การประดิษฐ์/ผลิตขึ้น カーンプラディッ / パリットクン	creation / production
捜索（そうさく）	การตรวจค้น/การค้นหา カーントルアッコン / カーンコンハー	search
掃除（そうじ）	การทำความสะอาด カーンタムクワームサアーッ	cleaning
葬式（そうしき）	งานศพ ンガーンソプ	funeral
喪失（そうしつ）	การสูญเสีย カーンスーンスィア	loss
そうして	ทำเช่นนั้น タムチェンナン	like that / then
操縦（そうじゅう）	การควบคุมบังคับ カーンクワブクムバングカブ	control / steering / piloting

そ

増減 ➡ 操縦　345

日	タイ	英
装飾（そうしょく）	การประดับตกแต่ง カーンプラダプトクテング	ornament
増進（ぞうしん）	การเพิ่มพูน カーンプームプーン	increase
造船（ぞうせん）	การต่อเรือ カーントールァ	shipbuilding
創造（そうぞう）	การประดิษฐ์/สร้างสรรค์ カーンプラディッ / サーングサン	creation
想像（そうぞう）	จินตนาการ チンタナーカーン	imagination
騒々しい（そうぞう）	โหวกเหวก ウォークウェーク	noisy
相続（そうぞく）	การรับมรดก/การสืบทอด カーンラプモーラドク / カーンスーブトーッ	inheritance
曾祖父（そうそふ）	ตาทวด タートゥアッ	great-grandfather
曾祖母（そうそぼ）	ยายทวด ヤーイトゥアッ	great-grandmother
相対（そうたい）	ที่สัมพันธ์กัน ティーサムパンカン	relative
壮大（そうだい）	ใหญ่โตโอ่อ่า/ความยิ่งใหญ่ ヤイトーオーアー / クワームイングヤイ	magnificence
相対的（そうたいてき）	เชิงสัมพัทธ์ チューングサムパッ	relative
相談（そうだん）	การปรึกษา カーンプルクサー	consultation
装置（そうち）	เครื่องมือ クルァングムー	device

346 装飾 ➡ 装置

日	タイ	英
ぜんちょう 前兆	ลางสังหรณ์ ラーングサングホーン	omen / sign
ぜんてい 前提	เงื่อนไขล่วงหน้า ングァンカイルァングナー	premise
せんでん 宣伝	โฆษณา コーサナー	advertisement / propaganda / publicity
せんてんてき 先天的	ที่มีมาแต่กำเนิด/ที่เป็นมาแต่กำเนิด ティーミーマーテーカムヌーッ/ティーペンマーテーカムヌーッ	inherent
ぜんと 前途	หนทางข้างหน้า/อนาคต ホンターングカーングナー/アナーコッ	prospects
せんとう 先頭	หัวแถว ファテーウ	the head / the lead
せんとう 戦闘	การทำสงคราม/การสู้รบ カーンタムソングクラーム/カーンスーロブ	battle
せんにゅう 潜入	การลักลอบเข้าไป カーンラクローブカウパイ	sneak / infiltration / intrusion
せんにゅうかん 先入観	อคติ アカティ	preconception / bias / prejudice
せんぬき 栓抜き	ที่เปิดขวด ティーブーックワッ	opener / corkscrew
ぜんねん 前年	ปีก่อน ピーコーン	the previous year / the year before
せんぱい 先輩	รุ่นพี่ ルンピー	senior
せんぱく 船舶	เรือเดินสมุทร/เรือพาณิชย์ ルァドゥーンサムッ/ルァパーニーッ	vessel / ship
ぜんはん 前半	ครึ่งแรก クルングレーク	the first half

前兆 ➡ 前半　341

日	タイ	英
全般（ぜんぱん）	โดยทั่วไป ドーイトゥアパイ	the whole
全部（ぜんぶ）	ทั้งหมด タンクモッ	whole
扇風機（せんぷうき）	พัดลม パッロム	electric fan
全滅（ぜんめつ）	การพินาศย่อยยับ カーンピナーッヨーイヤプ	annihilation / total destruction
全面的（ぜんめんてき）	ในทุก ๆ ด้าน ナイトゥクトゥクダーン	full / complete / all-out
先約（せんやく）	การนัดหรือจองล่วงหน้า カーンナッルーチョーングルアングナー	previous commitment[arrangement, appointment, engagement]
専用（せんよう）	สำหรับใช้เฉพาะกิจหรือเฉพาะคน サムラブチャイチャポキッルーチャポコン	exclusive use
戦略（せんりゃく）	ยุทธศาสตร์ ユッタサーッ	strategy
占領（せんりょう）	การยึดครอง カーンユックローング	occupation
善良（ぜんりょう）	นิสัยดี ニサィディー	goodness
戦力（せんりょく）	กำลังพล カムラングポン	military capability / war potential
全力（ぜんりょく）	กำลังทั้งหมด カムラングタングモッ	best / full power
前例（ぜんれい）	ตัวอย่างที่แล้ว トゥアヤーングティーレーウ	precedent
線路（せんろ）	รางรถไฟ ラーングロッファイ	railway

日	タイ	英
そそっかしい	ไม่กังวล / ไม่ระมัดระวัง マイカングウォン / マイラマッラワング	careless / thoughtless
育ち	การเติบโต カーントゥーブトー	growing
育つ	เติบโตขึ้น トゥーブトークン	grow / raise
育てる	เลี้ยงดู / ดูแล リアングドゥ / ドゥーレー	bring up
措置	การจัดการ カーンチャッカーン	measures / action
そちら	ทางนั้น ターングナン	there
卒業	การสำเร็จการศึกษา カーンサムレッカーンスクサー	graduation
ソックス	ถุงเท้า トゥングタウ	socks
そっくり	เหมือนเป๊ะ ムアンペ	entirely / similar
そっけない	ห้วน / อืดอาด / เถรตรง トゥーン / ウーッアーッ / トレートロング	curt / blunt
率直	จริงใจ / เปิดเผย チングチャイ / ブーッブーイ	frank / honest
そっと	อย่างนุ่มนวล ヤーングヌムヌアン	gently / softly
そっぽ	หันหน้าหนี ハンナーニー	turn away
袖	แขนเสื้อ ケーンスァ	sleeves

日	タイ	英
そこ	ที่นั่น ティーナン	there / over there
底	ก้นบึ้ง コンブング	bottom
そこで	ดังนั้น ダングナン	so
損なう	ทำลาย タムラーイ	hurt / ruin
そこら	แถวนั้น / ประมาณนั้น / ราว ๆ นั้น テーウナン / プラマーンナン / ラーウラーウナン	around there
素材	วัสดุ ワッサドゥ	material
阻止	สิ่งกีดขวาง スィングキーックワーング	obstruction
組織	องค์กร オングコーン	organization
組織図	แผนผังองค์กร ペーンパングオングコーン	organization chart
素質	ธรรมชาติ/พื้นฐาน(ความเป็น...) タムマチャーッ / プーンターン (クワームペン...)	nature / character
そして	และ... レ...	and
訴訟	คดีความ カディークワーム	lawsuit
祖先	บรรพบุรุษ/ต้นตระกูล バンパブルッ / トントラクーン	ancestor
注ぐ	เท テー	pour

日	タイ	英
外（そと）	ข้างนอก カーングノーク	outside
外側（そとがわ）	ข้างนอก カーングノーク	the outside
備え付ける（そなえつける）	ติดตั้งให้พร้อม ティタングハイプローム	equip
備える（そなえる）	จัดเตรียม チャットリアム	prepare
備わる（そなわる）	เตรียมไว้แล้ว トリアムワイレーウ	be equipped
その	...นั้น ...ナン	that
その上（うえ）	ยิ่งไปกว่านั้น... イングパイクワーナン...	besides / furthermore
その内（うち）	เร็ว ๆ นี้ レウレウニー	soon / before long
その頃（ころ）	ตอนนั้น トーンナン	at that time / in those days / then
そのため	ด้วยเหตุนั้น ドゥアイヘーッナン	for that reason / purpose
その他（ほか）	อื่น ๆ ウーンウーン	and so on
そのまま	แบบนั้น ベーブナン	as it is / intact / unchanged / like that
蕎麦（そば）	เส้นหมี่โซบะ センミー ソバ	soba / buckwheat noodles
側（そば）	ใกล้ ๆ クライクライ	nearby

外 ➡ 側　351

日	タイ	英
そび-える 聳える	สูงระฟ้า スーングラファー	rise / tower
そ-ふ 祖父	ปู่ / ตา プー / ター	grandfather
ソファー	โซฟา ソーファー	sofa
ソフト	อ่อนนุ่ม オーンヌム	soft
そ-ぼ 祖母	ย่า / ยาย ヤー / ヤーィ	grandmother
そ-ぼく 素朴	อย่างเรียบง่าย ヤーングリアブンガーィ	simplicity
そ-まつ 粗末	ปอน / โกโรโกโส / กระจอก / พื้น ๆ ポーン / コーローコーソー / クラチョーク / プーンプーン	be shabby[crude, rough, coarse]
そ-まる 染まる	ถูกย้อม トゥークヨーム	be dyed
そむ-く 背く	ทรยศ / ทำผิด トーラヨッ / タムピッ	betray / disobey / go against
そむ-ける 背ける	เบือนหน้าหนี ブアンナーニー	look away from
そ-める 染める	ย้อม ヨーム	dye
そら 空	ท้องฟ้า トーングファー	the sky
そ-らす 逸らす	หันหนี/เปลี่ยน(เรื่องพูด) ハンニー / プリアン (ルアングプーッ)	bend backward
そり	รถลากเลื่อนบนหิมะ ロッラークルアンボンヒマ	sleigh

日	タイ	英
剃る	โกน コーン	shave
反る	โค้งงอ / แอ่น コーンゲンゴー / エン	be curved
それ	สิ่งนั้น スィングナン	it
それから	หลังจากนั้น ラングチャークナン	after that
それぞれ	ต่างฝ่ายต่าง ターングファーイターング	each / each other / respective
それで	ดังนั้น ダングナン	then
それでは	ถ้าเช่นนั้น ターチェンナン	and now
それでも	กระนั้นก็ตาม クラナンコーターム	but / nevertheless / even so
それと	แล้วก็ レーゥコー	and
それとも	หรือว่า ルーワー	or
それに	นอกจากนี้ ノークチャークニー	besides
てれ程	ไม่...เท่าไร マイ ... タゥライ	so much / to that extent
それ故	ดังนั้น ダングナン	therefore
逸れる	หลุดออกนอกทาง ルッオークノークターング	turn away

剃る ➡ 逸れる　353

日	タイ	英
反(そ)れる	สามารถแอ่นไปข้างหลัง サーマーッエンパイカーングラング	stray off
ソロ	การร้องเดี่ยว カーンローングディアゥ	solo
揃(そろ)い	ครบชุด クロブチュッ	a set of
揃(そろ)う	มาพร้อมหน้า マープロームナー	be all together / be complete
揃(そろ)える	จัดให้ครบ チャッハイクロブ	complete a set / collect / gather
そろそろ	จวนจะถึง / อีกประเดี๋ยว チュアンチャトゥング / イークプラディアゥ	soon / slowly
そろばん	ลูกคิด ルークキッ	abacus
損(そん)	ขาดทุน カーットゥン	loss
損益計算書(そんえきけいさんしょ)	บัญชีกำไรขาดทุน バンチーカムライカーットゥン	profit and loss statement
損害(そんがい)	ความเสียหาย クワームスィアハーイ	damage
尊敬(そんけい)	การเคารพ カーンカゥロブ	respect
存在(そんざい)	การมีตัวตนอยู่ カーンミートゥアトンユー	existence
ぞんざい	หยาบคาย ヤーブカーイ	rough / rude / careless
損失(そんしつ)	ความสูญเสีย クワームスーンスィア	loss

日	タイ	英
そんしょう 損傷	เสียหาย スィアハーイ	damage
そん 存じる	รู้ / คิด ルー / キッ	know / think
そんぞく 存続	การดำรงอยู่ต่อไป/การคงมีอยู่ต่อไป カーンダムロングユートーパイ / カーンコングミーユートーパイ	continuation
そんちょう 尊重	การเคารพ カーンカゥロブ	respect
そんな	เช่นนั้น / อย่างนั้น チェンナン / ヤーングナン	such
そんなに	อย่างมากมาย / ถึงเพียงนั้น ヤーングマークマーイ / トゥングピアングナン	so much

▼ た，タ

日	タイ	英
た 田	ท้องนา トーングナー	rice field
ダース	หนึ่งโหล ヌングロー	dozen
ターミナル	สถานีขนส่ง サターニーコンソング	terminal
たい 隊	ทีม / กลุ่ม ティーム / クルม	party / group / crew
タイ	ประเทศไทย プラテーッタイ	Thailand
だい 代	รุ่น ルン	generation
だい 台	โต๊ะวาง / แท่น トワーング / テーン	rack / stand / platform / a counter for mechanical things

日	タイ	英
大 (だい)	ขนาดใหญ่ カナーッヤイ	large size / big / huge
第 (だい)	เลขที่... レークティー ...	No.
代案 (だいあん)	ร่างเสนอแทน ラーングサヌーテーン	alternative plan
体育 (たいいく)	พลศึกษา パラスクサー	physical education
第一 (だいいち)	อันดับที่หนึ่ง アンダプティーヌング	No.1
退院 (たいいん)	การออกจากโรงพยาบาล カーンオークチャークローングパヤーバーン	leaving hospital
ダイエット	ลดน้ำหนัก ロッナムナク	diet / dieting
対応 (たいおう)	รับมือ/เป็นคู่กัน/เทียบเท่า ラプムー / ペンクーカン / ティアプタウ	handle / correspondence
体温 (たいおん)	อุณหภูมิร่างกาย ウンハプームラーングカーイ	body temperature(BT)
体温計 (たいおんけい)	ปรอทวัดไข้ パローッワッカイ	clinical thermometer
退化 (たいか)	การถดถอย カーントットーイ	degeneration
大会 (たいかい)	การแข่งขัน カーンケングカン	convention / tournament
大概 (たいがい)	โดยมาก ドーイマーク	almost all / in general
体格 (たいかく)	รูปร่าง ループラーング	physique

356　大 ➡ 体格

日	タイ	英
たいがく 退学	การออกจากโรงเรียน カーンオークチャークローングリアン	leaving school / withdrawal from school / expulsion from school
だいがく 大学	มหาวิทยาลัย マハーウィッタヤーライ	university
だいがくいん 大学院	บัณฑิตวิทยาลัย バンティッウィッタヤーライ	graduate school
だいがくせい 大学生	นักศึกษา ナクスクサー	university student
たいき 大気	อากาศ アーカーッ	the air
たいきん 大金	เงินจำนวนมาก ングンチャムヌアンマーク	big money / large amount of money
だいきん 代金	ราคา / ค่าสินค้า ラーカー / カースィンカー	price
だいく 大工	ช่างก่อสร้าง チャーングコーサーング	carpenter
たいぐう 待遇	การต้อนรับขับสู้ カーントーンラプカプスー	treatment
たいくつ 退屈	ความเบื่อหน่าย クワームブアナーイ	boredom
たいけい 体系	ระบบ ラボブ	system / organization
たいけつ 対決	การเผชิญหน้ากัน カーンパチューンナーカン	confrontation
たいけん 体験	ประสบการณ์ プラソプカーン	experience
たいこ 太鼓	กลอง クローング	drum

日	タイ	英
タイ語	ภาษาไทย パーサータイ	Thai
大根	หัวไชเท้า フアチャイタウ	white radish
滞在	การอาศัยอยู่ カーンアーサイユー	stay
大使	เอกอัครราชทูต エークアッカラーッチャトゥーッ	ambassador
退治	การปราบให้ราบคาบ カーンプラープハイラープカープ	extermination
大事	สำคัญ サムカン	importance
大使館	สถานเอกอัครราชทูต サターンエークアッカラーッチャトゥーッ	embassy
大して	ไม่ค่อย...(ใช้กับรูปปฏิเสธ) マイコーイ...(チャイカプループパティセーッ)	not very / not so
退社	การเลิกงาน カーンルークンガーン	leaving work[office]
大衆	มวลชน / ผู้คนทั่วไป ムアンチョン / プーコントゥアパイ	the public
体重	น้ำหนักร่างกาย ナムナックラーングカーイ	body weight
対処	การจัดการ カーンチャッカーン	deal / cope
対照	การเปรียบต่าง カーンプリアプターング	contrast / comparison
対象	กลุ่มเป้าหมาย クルムパウマーイ	subject / target

日	タイ	英
だいしょう 大小	ใหญ่เล็ก ヤイレク	large and small / size
だいじょうぶ 大丈夫	ไม่เป็นไร マイペンライ	all right
たいしょく 退職	การออกจากงาน カーンオークチャークンガーン	retirement / resignation
じん タイ人	คนไทย コンタイ	Thai
だいじん 大臣	รัฐมนตรี ラッタモントリー	cabinet minister
だいず 大豆	ถั่วเหลือง トゥアルアング	soybean / soya bean
だいす 大好き	ชอบมาก チョーブマーク	like very much
たい 対する	ต่อ / สำหรับ トー / サムラブ	against
だい 題する	ตั้งชื่อเรื่อง タングチュールアング	titled
たいせい 体制	โครงสร้าง / ระบบ クローングサーング / ラボブ	structure / system
たいせい 態勢	ท่าที ターティー	attitude
たいせいよう 大西洋	มหาสมุทรแอตแลนติก マハーサムッエーッレーンティク	the Atlantic Ocean
たいせき 体積	ปริมาตร パリマ　ッ	volume
たいせつ 大切	สำคัญ サムカン	preciousness / importance

日	タイ	英
たいせん 大戦	สงครามใหญ่ ソングクラームヤイ	great war
たいそう 体操	การออกกำลังกาย カーンオークカムラングカーイ	exercise
たいそう 大層	อย่างยิ่ง ヤーングイング	awfully / plenty / very much
だいたい 大体	โดยทั่วไป ドーイトゥアパイ	generally
たいだん 対談	การสนทนาพูดคุย カーンソンタナープーックイ	talk
だいたん 大胆	ความห้าวหาญ クワームハーウハーン	boldness
だいち 大地	แผ่นดิน ペンディン	the earth[ground, land]
だいち 台地	ที่ราบสูง ティーラーブスーング	plateau
たいちょう 体調	สภาพร่างกาย サパーブラーングカーイ	physical condition
だいちょう 大腸	ลำไส้ใหญ่ ラムサイヤイ	the large intestine
タイツ	กางเกงแนบตัว カーンケーングネーブトゥア	tights
たいてい 大抵	ส่วนมาก スアンマーク	mostly / generally / for the most part
たいど 態度	ท่าทาง / อากัปกิริยา ターターング / アーカプキリヤー	behavior / attitude
たいとう 対等	เท่าเทียม タウティアム	equal

日	タイ	英
大統領（だいとうりょう）	ประธานาธิบดี プラターナーティボディー	president
台所（だいどころ）	ห้องครัว ホングクルァ	kitchen
タイトル	หัวเรื่อง ファルアング	title
台無し（だいなし）	เละเทะ / เสียหาย レテ / スィアハーイ	mess / wreck / ruin / spoil
滞納（たいのう）	การค้างจ่าย カーンカーングチャーイ	arrears / non-payment
大半（たいはん）	ส่วนใหญ่ スアンヤイ	majority / mostly
対比（たいひ）	เทียบเคียง ティアブキアング	contrast / comparison
代表（だいひょう）	ตัวแทน トゥアテーン	representative
代表者（だいひょうしゃ）	ผู้แทน プーテーン	representative / delegate
ダイビング	การดำน้ำ カーンダムナム	dive / diving
大部（たいぶ）	ส่วนใหญ่ スアンヤイ	mostly
タイプ	ประเภท プラペーッ	type
だいぶ	อย่างมาก ヤーングマーク	greatly / mostly
台風（たいふう）	ไต้ฝุ่น タイフン	typhoon

大統領 ➡ 台風　361

日	タイ	英
大部分（だいぶぶん）	ส่วนมาก スアンマーク	most[greater] part / majority
太平洋（たいへいよう）	มหาสมุทรแปซิฟิก マハーサムッペースィフィク	the Pacific Ocean
大変（たいへん）	เลวร้าย レゥラーィ	awful / serious / very
代弁（だいべん）	การชดใช้ค่าเสียหาย カーンチョッチャイカースィアハーィ	compensation
大便（だいべん）	มูล / อุจจาระ ムーン / ウッチャーラ	excrements / feces / shit
逮捕（たいほ）	การจับกุม カーンチャプクム	arrest
大砲（たいほう）	ปืนใหญ่ プーンヤイ	cannon / gun
大木（たいぼく）	ต้นไม้ใหญ่ トンマイヤイ	big tree
台本（だいほん）	บทละคร ボッラコーン	script
大麻（たいま）	กัญชา カンチャー	marijuana / hemp / cannabis
タイマー	เครื่องจับเวลา クルァングチャプウェーラー	timer
怠慢（たいまん）	ความเกียจคร้าน/ละเลยต่อหน้าที่ クワームキァックラーン / ラルーィトーナーティー	negligence
タイミング	จังหวะเวลา チャングワウェーラー	timing
タイムリー	ถูกจังหวะ/ถูกเวลา/ทันท่วงที トゥークチャングワ / トゥークウェーラー / タントゥアングティー	timely

日	タイ	英
だいめい 題名	หัวเรื่อง ファルアング	title
だいめいし 代名詞	สรรพนาม サッパナーム	pronoun
タイヤ	ยางรถยนต์ ヤーングロッヨン	tire
ダイヤモンド	เพชร ペッ	diamond
たいよう 太陽	พระอาทิตย์ プラアーティッ	the sun
だいよう 代用	ใช้แทนกัน チャイテーンカン	substitution
たい 平ら	แบนราบ ベーンラープ	flat
だいり 代理	ตัวแทน トゥアテーン	proxy
たいりく 大陸	ทวีป タウィープ	continent
だいりせき 大理石	หินอ่อน ヒンオーン	marble
たいりつ 対立	การเผชิญหน้า カーンパチューンナー	confrontation / opposition
だいりてん 代理店	ร้านค้าตัวแทนจำหน่าย ラーンカートゥアテーンチャムナーイ	agency / agent
だいりにん 代理人	ตัวแทนจำหน่าย トゥアテーンナヤムナーイ	representative / agent / deputy / substitute
たいりょう 大量	ปริมาณมาก パリマーンマーク	a large quantity[number, amount] / a mass

題名 ➡ 大量　　363

日	タイ	英
体力（たいりょく）	แรง / พลังกาย レーング / パラングカーィ	physical strength
タイル	แผ่นกระเบื้อง ペンクラブァング	tile
対話（たいわ）	บทสนทนา ボッソンタナー	conversation / dialogue
田植え（たうえ）	การปลูกข้าว カーンプルークカーゥ	rice-planting
ダウン	ลง ロング	down
ダウンロード	ดาวน์โหลด ダーゥローッ	download
唾液（だえき）	น้ำลาย ナムラーィ	saliva
絶えず（たえず）	ไม่หยุดหย่อน / ไม่ขาดสาย マイユッヨーン / マイカーッサーィ	constantly
絶える（たえる）	หยุด / ขาดหาย / ไม่ต่อเนื่อง ユッ / カーッハーィ / マイトーヌァング	be discontinued
楕円（だえん）	รูปไข่ ループカイ	oval / ellipse
倒す（たおす）	โค่นล้ม コーンロム	knock *sth* down / bring down / defeat
タオル	ผ้าขนหนู パーコンヌー	towel
倒れる（たおれる）	ล้มลง ロムロング	fall down / come down / collapse
鷹（たか）	เหยี่ยว イアゥ	hawk / falcon

た

日	タイ	英
だが	อย่างไรก็ตาม ヤーングライコーターム	however
高い	สูง / แพง スーング / ペーング	tall / expensive
互い	ซึ่งกันและกัน/ต่างฝ่ายก็ スングカンレカン / ターングファーイコー	mutual
打開	ฝ่าฟันแก้ไข ファーファンケーカイ	solve
高さ	ความสูง クワームスーング	height / altitude
高まる	สูงขึ้น スーングクン	rise / heighten
高める	ทำให้สูงขึ้น / ยกขึ้น タムハイスーングクン / ヨククン	raise / elevate
耕す	ไถหว่าน タイワーン	cultivate
宝	สมบัติ ソムバッ	treasure
だから	เพราะฉะนั้น プロチャナン	therefore
宝くじ	ลอตเตอรี่/สลากกินแบ่ง ロッタリー / サラークキンベング	public lottery
～たがる	ท่าทางต้องการ(ใช้กับกริยา) ターターングトーングカーン (チャイカプクリヤー)	be eager to
タガログ語	ภาษาตากาล็อก パーサーターカーロク	Tagalog
滝	น้ำตก ナムトク	waterfall

日	タイ	英
焚火（たきび）	กองไฟ コーングファイ	fire
妥協（だきょう）	การประนีประนอม カーンプラニープラノーム	compromise
炊く（たく）	หุง フング	cook (rice)
宅（たく）	บ้าน バーン	house
抱く（だく）	กอด コーッ	hug
たくさん	มากมาย マークマーイ	many / much
タクシー	แท็กซี่ テクスィー	taxi
タクシー乗り場（のりば）	จุดบริการแท็กซี่ チュッボーリカーンテクスィー	taxi stand[terminal] / cabstand
託児所（たくじしょ）	สถานรับเลี้ยงเด็ก サターンラプリアングデク	childcare[daycare] center
宅配便（たくはいびん）	การบริการส่งถึงบ้าน カーンボーリカーンソングトゥングバーン	home delivery service / door-to-door delivery service
たくましい	แข็งแรงบึกบึน ケングレーングブクブン	robust
巧み（たくみ）	เทคนิค／ความชำนาญ テークニク／クワームチャムナーン	skillful / dexterous
蓄える（たくわえる）	สะสมไว้ サソムワイ	save / store
丈（たけ）	ความสูง クワームスーング	height

日	タイ	英
竹 (たけ)	ไม้ไผ่ マイパイ	bamboo
～だけ	เพียงแค่ ピアンケー	only
打撃 (だげき)	ผลกระทบทางจิตใจ/การตี ポンクラトプターングチッチャイ / カーンティー	blow / shock
妥結 (だけつ)	การลงเอยอย่างประนีประนอม カーンロングウーイヤーングプラニープラノーム	settlement
だけど	แต่ทว่า テータワー	but
たけのこ	หน่อไม้ ノーマイ	bamboo shoot
凧 (たこ)	ว่าว ワーゥ	kite
多国籍 (たこくせき)	หลายสัญชาติ ラーイサンチャーッ	multinational
駄作 (ださく)	ผลงานที่ไร้ค่า / ขยะ ポンガーンティーライカー / カヤ	poor work / trash
打算 (ださん)	คิดเอาแต่ได้/ดีดลูกคิดรางแก้ว キッウテーダイ / ディールークキッラーングケーゥ	calculating
確か (たしか)	ถ้าจำไม่ผิดน่าจะ ターチャムマイピッナーチャ	maybe / sure / certain
確かめる (たしかめる)	ยืนยันให้มั่นใจ ユーンヤンハイマンチャイ	confirm / make sure
足し算 (たしざん)	บวก ブゥク	addition
多種多様 (たしゅたよう)	ความหลากหลาย クワームラークラーイ	diversity / variety

日	タイ	英
多少（たしょう）	เล็กน้อย レクノーイ	somewhat / more or less
足す（たす）	บวก / เพิ่ม ブアク / プーム	add
出す（だす）	เอาออก / ยื่นเสนอ アウオーク / ユーンサヌー	take out / serve
多数（たすう）	จำนวนมาก チャムヌアンマーク	a large number / the majority
多数決（たすうけつ）	ระบบเสียงข้างมาก ラボブスィアングカーングマーク	majority decision
助かる（たすかる）	ได้รับการช่วยเหลือ ダイラブカーンチュアイルア	be rescued
助け（たすけ）	การช่วยเหลือ カーンチュアイルア	help
助ける（たすける）	ช่วยเหลือ チュアイルア	help
携わる（たずさわる）	(ทำงาน)เกี่ยวข้องกับ (タムンガーン) キアウコーングカプ	be concerned with / be involved in
尋ねる（たずねる）	ถาม / มองหา ターム / モーングハー	ask / look for
訪ねる（たずねる）	เยี่ยมเยียน イアムイアン	visit
ただ	ทั่วไป / ฟรี / ทว่า トゥアパイ / フリー / タワー	free / complimentary
戦い（たたかい）	การต่อสู้ カーントースー	fight
戦う（たたかう）	ต่อสู้ トースー	fight

368　多少 ➡ 戦う

日	タイ	英
たたく	ตี / ตบ ティー / トプ	hit / pat
ただし	โดยมีเงื่อนไขว่า ドーイミーングァンカイワー	provided that
正(ただ)しい	ถูกต้อง トゥークトーング	correct
ただちに	โดยทันที ドーイタンティー	immediately
畳(たたみ)	เสื่อทาตามิ スアターターミ	tatami / Japanese straw floor coverings
畳(たた)む	พับ / ห่อ パプ / ホー	fold
漂(ただよ)う	ล่องลอย ローングローイ	drift / float
立(た)ち上(あ)がる	ยืนขึ้น ユーンクン	stand up
立入禁止(たちいりきんし)	ห้ามเข้า ハームカウ	KEEP OUT / NO TRESPASSING / DO NOT ENTER
立(た)ち去(さ)る	ออกไปจากที่นั่น オークパイチャークティーナン	leave
立(た)ち止(ど)まる	หยุดยืน ユッユーン	come to a stop
立(た)ち退(の)く	ย้ายออก ヤーイオーク	leave / move out of
立場(たちば)	จุดยืน チュッユーン	standpoint / position / situation
たちまち	ทันทีทันใด タンティータンダイ	in an instant

た

日	タイ	英
駝鳥（だちょう）	นกกระจอกเทศ ノックラチョークテーツ	ostrich
立ち寄る（たちよる）	แวะ ウェ	drop in / stop by
経つ（たつ）	(เวลา)ผ่านไป (ウェーラー) パーンパイ	pass
建つ（たつ）	สร้างขึ้น サーンクン	be built
断つ（たつ）	ตัด タッ	cut
発つ（たつ）	ออกเดินทาง オークドゥーンターング	start for
立つ（たつ）	ยืนขึ้น ユーンクン	stand up
卓球（たっきゅう）	ปิงปอง ピングポーング	table-tennis / Ping-Pong
脱臼（だっきゅう）	ข้อเข่าหรือไหล่หลุด コーカゥルーライルッ	dislocation
だっこ	กอด / อุ้ม コーッ / ウム	carry in one's arms
達者（たっしゃ）	สุขภาพดี スクカパープディー	healthy / well
脱出（だっしゅつ）	การหลบหนี カーンロブニー	escape
達人（たつじん）	ผู้เชี่ยวชาญ プーチァゥチャーン	master / expert
達する（たっする）	ถึง トゥング	reach

日	タイ	英
脱する(だっする)	หลบหนี ロブニー	escape / overcome
達成(たっせい)	การบรรลุเป้าหมาย カーンバンルバウマーイ	accomplishment
脱税(だつぜい)	การหนีภาษี カーンニーパースィー	tax evasion
脱線(だっせん)	การตกราง/การออกนอกเรื่อง カーントクラーング / カーンオークノークルアング	derailment
たった	เพียงแค่ ピアングケー	only / just / merely
脱退(だったい)	การถอนตัว カーントーントゥア	withdrawal / secession
たっぷり	เพียงพอ ピアングポー	enough / full / ample
竜巻(たつまき)	พายุทอร์นาโด パーユトーナードー	tornado / twister
脱毛(だつもう)	ผมร่วง ポムルアング	hair removal / hair loss
盾(たて)	เกราะ クロ	shield
縦(たて)	แนวดิ่ง / แนวตั้ง ネゥディング / ネゥタング	length / vertical
建く(だて)	(บ้าน)...ชั้น (バーン) ... チャン	storied
建て替える(たてかえる)	สร้างทดแทน サーングトッテーン	rebuild
立て替える(たてかえる)	สำรองจ่าย サムローングチャーイ	make payment for someone

日	タイ	英
建前（たてまえ）	การแสดงออกภายนอก カーンサデーングオークパーイノーク	public stance
建物（たてもの）	สิ่งปลูกสร้าง スイングプルークサーング	building
建てる（たてる）	สร้าง サーング	build
立てる（たてる）	ตั้งขึ้น タングクン	set up / lift / raise
妥当（だとう）	เหมาะสม モソム	proper / appropriate / valid
他動詞（たどうし）	สกรรมกริยา サカムクリヤー	transitive verb
たとえ	แม้ว่า メーワー	even though
譬え（たとえ）	คำอุปมา カムウプパマー	metaphor
例えば（たとえば）	ตัวอย่างเช่น... トゥアヤーングチェン...	for example
例える（たとえる）	ยกตัวอย่างเปรียบ ヨクトゥアヤーングプリアプ	use a metaphor / compare to
たどり着く（たどりつく）	ดั้นด้นถึงจุดหมาย ダンドントゥングチュッマーイ	arrive at last
たどる	ตามรอย タームローイ	pursue
棚（たな）	ชั้นวางของ チャンワーングコーング	shelf
谷（たに）	หุบเขา フプカウ	valley

日	タイ	英
だに	เห็บ ヘプ	tick
他人 (たにん)	บุคคลอื่น ブクコンウーン	others
種 (たね)	เมล็ดพันธุ์ マレッパン	seed
楽しい (たのしい)	สนุก サヌク	enjoyable / pleasant
楽しみ (たのしみ)	ความสนุก クワームサヌク	fun
楽しむ (たのしむ)	รู้สึกสนุก ルースクサヌク	enjoy
頼み (たのみ)	การร้องขอ カーンローングコー	request
頼む (たのむ)	ร้องขอ ローングコー	ask a favor
頼もしい (たのもしい)	ไว้วางใจได้ / ฝากผีฝากไข้ได้ ワイワーングチャイダイ / ファークピーファークカイダイ	trustworthy / reliable
束 (たば)	กำ / มัด / ช่อ カム / マッ / チョー	bundle
たばこ	บุหรี่ ブリー	tobacco / cigarette
束ねる (たばねる)	กำ / มัด カム / マッ	bundle
旅 (たび)	การท่องเที่ยว カーントングティアゥ	trip
足袋 (たび)	ถุงเท้าแบบญี่ปุ่นแยกนิ้วโป้ง トゥングタゥベープイープンイェークニゥポーング	tabi / Japanese socks

だに ➡ 足袋　373

日	タイ	英
たび 度	ทุกครั้งที่ トゥックラングティー	time
たびびと 旅人	นักท่องเที่ยว ナクトーングティアウ	traveler / tourist
タブー	สิ่งต้องห้าม スィングトーングハーム	taboo
だぶだぶ	โป่ง / พอง ポーング / ポーング	baggy
ダブル	การเพิ่มเป็นสองเท่า カーンプームペンソーングタウ	double
ダブルルーム	ห้องเตียงคู่ ホングティアングクー	double room
たぶん 多分	บางที バーングティー	perhaps
た もの 食べ物	อาหาร アーハーン	food
た 食べる	กิน / ทาน キン / ターン	eat
た ほう 他方	อีกฝั่งหนึ่ง イークファングヌング	the other side
た ぼう 多忙	มีธุระยุ่ง ミートゥラユング	busy
だ ぼく 打撲	แผลฟกช้ำ プレーフォクチャム	bruise
たま 球	ลูกบอล ルークボーン	ball
たま 玉	ลูกกลม ๆ/ลูกเม็ด/ลูกแก้ว ルーククロムクロム / ルークメッ / ルークケウ	ball

日	タイ	英
弾(たま)	กระสุน / ลูกปืน クラスン / ルークプーン	bullet / ammunition
卵(たまご)	ไข่ カイ	egg
卵料理(たまごりょうり)	อาหารประเภทไข่ アーハーンプラペーッカイ	egg dish
魂(たましい)	วิญญาณ ウィンヤーン	soul
だます	โกง / หลอกลวง コーング / ロークルアング	cheat / deceive
たまたま	โดยบังเอิญ / ไม่ได้เจาะจง ドーィバングウーン / マイダイチョチョング	by chance
たまに	นาน ๆ ครั้ง ナーンナーンクラング	occasionally
たまねぎ	หัวหอมใหญ่ ファホームヤイ	onion
たまらない	ทนไม่ได้ トンマイダイ	cannot stand / be unbearable
溜(たま)り	ที่มีน้ำขัง ティーミーナムカング	pool
溜(た)まる	สุม / ขังรวมกัน スム / カングルアムカン	gather
黙(だま)る	นิ่งเงียบ ニングンギアブ	hold one's tongue / be silent / stop talking
ダム	เขื่อน クァン	dam
為(ため)	เพื่อ プア	for the sake of

弾 ➡ 為　375

日	タイ	英
だめ	ห้าม / ไม่ได้ ハーム / マイダイ	no good
ため息	ถอนหายใจ トーンハーイチャイ	sigh
試し	การทดลอง カーントッローング	trial
試す	ทดลอง トッローング	try
ためらう	ลังเล ラングレー	hesitate
溜める	สะสม サソム	gather
保つ	เก็บรักษา ケブラクサー	keep / maintain
たやすい	อย่างง่ายดาย ヤーングンガーイダーイ	easy
多様	หลากหลาย ラークラーイ	various
便り	ข่าวคราว カーウクラーゥ	news
頼る	พึ่งพา プングパー	rely on
鱈	ปลาคอด プラーコーッ	cod / codfish
だらけ	เต็มไปด้วย テムパイドゥァイ	be full of
だらしない	ไม่เป็นระเบียบ マイペンラビアブ	loose / untidy

日	タイ	英
足りない	ไม่พอ マイポー	be lacking[insufficient, scarce] / be not enough
足りる	เพียงพอ ピアングポー	be enough
だるい	เมื่อยล้า ムアイラー	dull
弛み	การหย่อนคล้อย カーンヨーンクローイ	slack / sagging
弛む	หย่อนคล้อย ヨーンクローイ	slack / sag
誰	ใคร クライ	who
誰か	บางคน バーングコン	somebody
誰でも	ไม่ว่าใคร ๆ マイワークライクライ	anybody / anyone
垂れる	ห้อย ホーイ	hang
タレント	นักแสดง ナックサデーング	public personality
タワー	ตึกสูง / หอคอย トゥックスーング / ホーコーイ	tower
単	เดียว ディアウ	single
痰	เสมหะ セームハ	phlegm
団	กลุ่ม クルム	group

日	タイ	英
段（だん）	ขั้น カン	step
単位（たんい）	หน่วยกิต ヌアイキッ	unit
単一（たんいつ）	เดี่ยว / โดยลำพัง ディアゥ / ドーイラムパング	single
担架（たんか）	เปลหาม プレーハーム	stretcher
段階（だんかい）	ลำดับขั้น ラムダブカン	level / stage
短期（たんき）	ระยะสั้น ラヤサン	short term
短気（たんき）	อารมณ์ร้อน アーロムローン	short temper
短期間（たんきかん）	ช่วงเวลาสั้น ๆ チュアングウェーラーサンサン	a short period of time / a short term
タンク	ถังเก็บน้ำ タンクケブナム	tank / cistern
団結（だんけつ）	สามัคคี サーマッキー	unity / solidarity
探検（たんけん）	การท่องสำรวจ カーントングサムルアッ	expedition / exploration
断言（だんげん）	การยืนยันชัดเจน/ฟันธง カーンユーンヤンチャッチェン / ファントング	declaration
単語（たんご）	คำศัพท์ カムサプ	word
炭鉱（たんこう）	ถ่านหิน ターンヒン	coal mine

日	タイ	英
たんごちょう 単語帳	สมุดคำศัพท์ サムッカムサプ	vocabulary notebook / notebook for words
だんし 男子	เด็กชาย デクチャーイ	boy
だんじき 断食	อดอาหาร オッアーハーン	fasting
たんしゅく 短縮	หดสั้น / ย่อ / รวบ ホッサン / ヨー / ルアプ	shortening
たんじゅん 単純	เรียบง่าย リアプンガーイ	simple
たんしょ 短所	จุดอ่อน チュッオーン	shortcoming / weakness / fault / drawback
たんじょう 誕生	การเกิด カーンクーッ	birth
たんじょうび 誕生日	วันเกิด ワンクーッ	birthday
たんす 箪笥	ชั้นที่มีลิ้นชักใส่เสื้อผ้า チャンティーミーリンチャクサイスアパー	chest / chest of drawers / dresser
ダンス	การเต้นรำ カーンテンラム	dance
たんすい 淡水	น้ำจืด ナムチューッ	fresh water
だんすい 断水	การหยุดจ่ายน้ำ カーンユッチャーイナム	suspension of water supply
たんすいかぶつ 炭水化物	คาร์โบไฮเดรต カーボーハイドレーッ	carbohydrate
たんすう 単数	เอกพจน์ エークカポッ	the singular number

た

日	タイ	英
男性 (だんせい)	ผู้ชาย プーチャーイ	man / male
断然 (だんぜん)	ยืนกราน/อย่างเด็ดขาด ユーンクラーン / ヤーングデッカーッ	decidedly / absolutely
炭素 (たんそ)	คาร์บอน カーボーン	carbon
団体 (だんたい)	องค์กร オングコーン	group / party
段々 (だんだん)	ค่อย ๆ コーイコーイ	gradually / steps
団地 (だんち)	อาคารชุด / อพาร์ตเมนต์ アーカーンチュッ / アパーッメン	apartment[housing] complex
単調 (たんちょう)	ความซ้ำซากจำเจ クワームサムサークチャムチェー	monotony
探偵 (たんてい)	การสืบ / นักสืบ カーンスープ / ナクスープ	detective / investigator
断定 (だんてい)	ข้อสรุป コーサルプ	conclusion
担当 (たんとう)	งานในหน้าที่ ンガーンナイナーティー	charge
担当者 (たんとうしゃ)	ผู้รับผิดชอบ プーラプピッチョープ	person in charge
単独 (たんどく)	เดี่ยว ディアゥ	individual / alone / sole / single
旦那 (だんな)	สามี サーミー	husband / patron
単なる (たんなる)	เป็นเพียง ペンピアング	mere

日	タイ	英
単(たん)に	เป็นเพียง...เท่านั้น ペンピアングタウナン	merely
断念(だんねん)	การตัดใจ カーンタッチャイ	abandonment
短波(たんぱ)	คลื่นสั้น クルーンサン	short wave
蛋白質(たんぱくしつ)	โปรตีน プロティーン	protein
ダンプカー	รถกระบะเทท้าย ロックラバテーターイ	dump truck
短編(たんぺん)	เรื่องสั้น ルアングサン	short story
田(た)んぼ	ผืนนา プーンナー	rice field
担保(たんぽ)	การจำนอง カーンチャムノーング	security / collateral / guarantee
段(だん)ボール	ลังกระดาษ ラングクラダーッ	cardboard
断面(だんめん)	ภาพหน้าตัดขวาง パープナータックワーング	section
段落(だんらく)	ย่อหน้า ヨーナー	paragraph
弾力(だんりょく)	ความยืดหยุ่น クワームユーッユン	elasticity

日	タイ	英

▼ ち, チ

ち

血	เลือด _{ルアッ}	blood
治安	ความสงบภายในประเทศ _{クワームサンゴブパーィナイプラテーッ}	public security
地位	สถานะ _{サターナ}	status / rank / position
地域	พื้นที่ / ภูมิภาค _{プーンティー / プーミパーク}	area / region
小さい	เล็ก _{レク}	little / small
チーズ	เนยแข็ง _{ヌーィケング}	cheese
チーフ	หัวหน้า _{ファナー}	chief
チーム	ทีม _{ティーム}	team
チームワーク	ทีมเวิร์ค/การทำงานเป็นทีม _{ティームウーク / カーンタムンガーンペンティーム}	teamwork
知恵	ภูมิปัญญา _{プームパンヤー}	wisdom
チェック	ตรวจสอบ _{トルアッソープ}	check
チェックアウト	เช็คเอาท์ _{チェクアウ}	checkout
チェックイン	เช็คอิน _{チェクイン}	check-in

日	タイ	英
チェックインカウンター	เคาน์เตอร์เช็คอิน カゥターチェックイン	check-in counter
遅延	ล่าช้า ラーチャー	delay
チェンジ	เปลี่ยนแปลง プリアンプレーンㇰ	change
地下	ใต้ดิน タイディン	underground / basement
近い	ใกล้ クライ	near
違い	แตกต่าง テークターンㇰ	difference
近いうちに	เร็ว ๆ นี้ レゥレゥニー	soon / at an early date / before long
違いない	ต้อง...ไม่ผิดแน่ トーンㇰ...マイピッネー	must
誓う	สาบาน サーバーン	swear / promise
違う	แตกต่าง テークターンㇰ	be different from
違える	ทำผิด タムピッ	make a mistake
近く	ใกล้ クライ	be close at hand / soon
近頃	เร็ว ๆ นี้ レゥレゥニー	recently
地下水	น้ำบาดาล ナムバーダーン	ground water

チェックイン ➡ 地下水　　383

日	タイ	英
ちかぢか 近々	เร็ว ๆ นี้ レゥレゥニー	soon
ちかづ 近付く	การเข้าใกล้ カーンカゥクライ	approach
ちかづ 近付ける	นำมาใกล้ ナムマークライ	bring *sth* close
ちかてつ 地下鉄	ใต้ดิน タイディン	subway
ちかみち 近道	ทางลัด ターングラッ	shortcut
ちかよ 近寄る	เฉียดใกล้เข้ามา チアックライカゥマー	come near
ちから 力	พลัง パラング	force / power / strength
ちからづよ 力強い	พลังอำนาจ パラングアムナーッ	powerful
ちきゅう 地球	โลก ローク	the Earth
ちぎ 千切る	ฉีก チーク	tear / tear off
ちく 地区	เขตท้องที่ ケーットーングティー	district
ちくさん 畜産	การทำปศุสัตว์ カーンタムパスサッ	stock raising / stockbreeding / animal husbandry
ちくしょう 畜生	สัตว์เดียรัจฉาน サッディアラッチャーン	brute / beast
ちくせき 蓄積	การเก็บสะสม カーンケプサソム	accumulation

日	タイ	英
地形(ちけい)	ลักษณะภูมิประเทศ ラクサナプーミプラテーッ	the lay of the land / terrain / topography
チケット	ตั๋ว トゥア	ticket
遅刻(ちこく)	(มา)สาย / ล่าช้า (マー) サーイ / ラーチャー	be late for
知事(ちじ)	ผู้ว่าราชการจังหวัด プーワーラーッチャカーン チャンワッ	governor
知識(ちしき)	ความรู้ クワームルー	knowledge
地上(ちじょう)	บนภาคพื้นดิน ボンパークプーンディン	the ground / the earth
知人(ちじん)	คนรู้จัก コンルーチャク	acquaintance
地図(ちず)	แผนที่ ペーンティー	map
知性(ちせい)	ความฉลาด クワームチャラーッ	intelligence
地帯(ちたい)	เขต ケーッ	zone
乳(ちち)	นมแม่ ノムメー	mother's milk
父(ちち)	พ่อ ポー	father
縮む(ちぢむ)	หด / สั้นลง ホッ / サンロング	shrink
縮める(ちぢめる)	ทำให้สั้นลง タムハイサンロング	shorten

地形 ➡ 縮める　385

日	タイ	英
ちぢ 縮れる	ย่น / หยิกเป็นลอน ヨン / イㇰペンローン	be wavy
ちつじょ 秩序	ระเบียบวินัย ラビアㇷ゚ウィナイ	order
ちっそ 窒素	ไนโตรเจน ナイトローチェン	nitrogen
ちっそく 窒息	การขาดอากาศ/หายใจไม่ออก カーンカーッアーカーッ / ハーイチャイマイオーㇰ	suffocation
チップ	ทิป / เงินเพิ่มพิเศษ ティㇷ゚ / ングンプーㇺピセーッ	tip
ちてき 知的	อย่างเฉลียวฉลาด ヤーングチャリアゥチャラーッ	intellectual
ちてん 地点	จุด / ตำแหน่งที่ チュッ / タㇺネングティー	spot / point
ちのう 知能	เชาวน์ / สติปัญญา チャーゥ / サティパンヤー	intelligence
ちへいせん 地平線	เส้นขอบฟ้า センコーㇷ゚ファー	the horizon
ちほう 地方	ต่างจังหวัด ターングチャンワッ	district
ちめい 地名	ชื่อสถานที่ チューサターンティー	name of a place
ちゃ 茶	ชา / ชาเขียว チャー / チャーキアゥ	tea / green tea
チャーター	การเช่าเหมาลำ(เรือ/รถ/เครื่องบิน) カーンチャゥマゥラㇺ(ルァ / ロッ / クルァングビン)	charter
チャイナタウン	ไชน่าทาวน์ チャイナーターゥ	Chinatown

ち

日	タイ	英
チャイム	เสียงระฆัง / กริ่ง スィアングラカング / クリング	chime
チャイルドシート	ที่นั่งสำหรับเด็ก ティーナングサムラプデク	child seat
茶色（ちゃいろ）	สีน้ำตาล スィーナムターン	brown
着（ちゃく）	ชุด / ไปถึง / ติด チュッ / パイトゥング / ティッ	due in(at) / suit / coming
着手（ちゃくしゅ）	เริ่มทำบางสิ่ง ルームタムバーングスィング	start / launch / undertake / embarkation
着色（ちゃくしょく）	เติมสี トゥームスィー	coloring
着席（ちゃくせき）	นั่งลง ナングロング	sitting down
着々（ちゃくちゃく）	ทีละขั้นตอน ティーラカントーン	step by step / steadily
着目（ちゃくもく）	การจับตามอง カーンチャプターモーング	recognition / focusing
着陸（ちゃくりく）	การร่อนลงสู่พื้นดิน カーンローンロングスーブーンディン	landing
着工（ちゃっこう）	การลงมือก่อสร้าง カーンロングムーコーサーング	starting construction
茶の間（ちゃのま）	ห้องนั่งเล่น ホングナングレン	living room
茶の湯（ちゃのゆ）	พิธีชงชา ピティーナョングナャー	tea ceremony
ちやほや	ประจบสอพลอ プラチョプソープロー	flatteringly / pampering

チャイム ➡ ちやほや　387

日	タイ	英
茶碗（ちゃわん）	ชามข้าว チャームカーウ	rice bowl / teacup
チャンス	โอกาส オーカーッ	chance
ちゃんと	ให้เรียบร้อย ハイリアブローイ	neatly
ちゃんとした	ทำได้ดี / อย่างมีระเบียบ タムダイディー / ヤーングミーラビアブ	decent / proper / respectable / orderly
チャンネル	ช่องรายการ チョングラーイカーン	channel
注（ちゅう）	หมายเหตุ / ข้อสังเกต マーイヘーッ / コーサングケーッ	note
注意（ちゅうい）	การระวัง / การใส่ใจสังเกต カーンラワング / カーンサイチャイサングケーッ	attention / caution
中央（ちゅうおう）	ศูนย์กลาง スーングクラーング	center
仲介（ちゅうかい）	การเป็นสื่อกลาง カーンペンスークラーング	mediation
宙返り（ちゅうがえり）	การตีลังกากลางอากาศ カーンティーラングカークラーングアーカーッ	somersault
中学校（ちゅうがっこう）	โรงเรียนมัธยมต้น ローングリアンマッタヨムトン	junior high school
中華料理（ちゅうかりょうり）	อาหารจีน アーハーンチーン	Chinese food
中間（ちゅうかん）	ตรงกลาง トロングクラーング	the middle
中継（ちゅうけい）	การถ่ายทอดสด カーンターイトーッソッ	relay

日	タイ	英
ちゅうけいほうそう 中継放送	การถ่ายทอดสด カーンターイトーッソッ	broadcast / broadcasting / relay
ちゅうこ 中古	ของมือสอง コーングムーソーング	used / secondhand
ちゅうこく 忠告	คำแนะนำ カムネナム	advice
ちゅうごく 中国	ประเทศจีน プラテーッチーン	China
ちゅうごくご 中国語	ภาษาจีน パーサーチーン	Chinese
ちゅうごくじん 中国人	ชาวจีน チャーゥチーン	Chinese
ちゅうさい 仲裁	ไกล่เกลี่ย クライクリア	arbitration / mediation
ちゅうし 中止	การหยุดชะงัก / ระงับ カーンユッチャンガク / ランガプ	cancellation
ちゅうじつ 忠実	ความซื่อสัตย์ クワームスーサッ	faithfulness
ちゅうしゃ 注射	การฉีดยา カーンチーッヤー	injection
ちゅうしゃ 駐車	จอดรถ チョーッロッ	parking
ちゅうしゃき 注射器	กระบอกฉีดยา クラボークチーッヤー	syringe / injector
ちゅうしゃきんし 駐車禁止	ห้ามจอด ハームチョーッ	NO PARKING
ちゅうしゃじょう 駐車場	ที่จอดรถ ティーチョーッロッ	parking lot

ち

日	タイ	英
ちゅうじゅん 中旬	ช่วงกลางของเดือน チュアングクラーングコーングドゥアン	the middle of a month
ちゅうしょう 中傷	การนินทาว่าร้าย / หมิ่นประมาท カーンニンターワーラーィ / ミンプラマーッ	slander
ちゅうしょう 抽象	นามธรรม ナームマタム	abstraction
ちゅうしょく 昼食	อาหารกลางวัน アーハーンクラーングワン	lunch
ちゅうしん 中心	ศูนย์กลาง スーングクラーング	the center
ちゅうすう 中枢	แกนกลาง ケーンクラーング	mainstay / center / nucleus
ちゅうせい 中世	ยุคกลาง ユックラーング	the Middle Ages
ちゅうせい 中性	คุณสมบัติเป็นกลาง クンナソムバッペンクラーング	neutral
ちゅうせい 忠誠	ความจงรักภักดี クワームチョングラクパクディー	loyalty / allegiance
ちゅうせん 抽選	การจับสลาก カーンチャップサラーク	lottery
ちゅうだん 中断	การขัดจังหวะ/คั่นกลาง カーンカッチャングワ / カンクラーング	interruption
ちゅうと 中途	ครึ่งทาง クルングターング	halfway
ちゅうどく 中毒	เป็นพิษ ペンピッ	poisoning
ちゅうとはんぱ 中途半端	ครึ่ง ๆ กลาง ๆ クルングクルングクラーングクラーング	halfway / unfinished

日	タイ	英
ちゅうねん 中年	คนวัยกลางคน コンワイクラーングコン	middle aged people / middle age
ちゅうふく 中腹	ตอนกลางของภูเขา トーンクラーングコーングプーカウ	halfway up
ちゅうもく 注目	การจับตามอง カーンチャプターモーング	attention
ちゅうもん 注文	การสั่งซื้อ カーンサングスー	order
ちゅうりつ 中立	ความเป็นกลาง クワームペンクラーング	neutrality
ちゅうわ 中和	การทำให้เป็นกลาง カーンタムハイペンクラーング	neutralization
ちょ 著	เขียนโดย キアンドーイ	written by
ちょう 兆	ล้านล้าน ラーンラーン	trillion
ちょう 帳	สมุด サムッ	book / volume
ちょう 腸	ลำไส้ ラムサイ	intestine
ちょう 蝶	ผีเสื้อ ピースア	butterfly
ちょう 超	...มาก / ...สุดยอด ...マーク / ...スッヨーッ	super- / ultra- / very-
ちょうえき 懲役	การจำคุก カーンチャムクッ	imprisonment
ちょうか 超過	ส่วนเกิน スアンクーン	excess

中年 ➡ 超過

日	タイ	英
聴覚（ちょうかく）	ประสาทการฟัง プラサーッカーンファング	sense of hearing
朝刊（ちょうかん）	หนังสือพิมพ์ฉบับเช้า ナングスーピムチャバブチャウ	the morning edition (of a newspaper)
長官（ちょうかん）	เลขาธิการ レーカーティカーン	chief officer
長期（ちょうき）	ระยะยาว ラヤヤーゥ	long term
彫刻（ちょうこく）	ประติมากรรม プラティマカム	sculpture
調査（ちょうさ）	การสอบสวน カーンソープスアン	investigation
調子（ちょうし）	อาการ / โทนเสียง アーカーン / トーンスィアング	tone / pitch / mood / condition
徴収（ちょうしゅう）	การเรียกเก็บ(ภาษี ค่าปรับ) カーンリアクケブ (パースィーカープラブ)	collection
聴衆（ちょうしゅう）	ผู้ฟัง プーファング	audience
長所（ちょうしょ）	จุดเด่น / ข้อดี チュッデン / コーディー	strong point / good point
長女（ちょうじょ）	ลูกสาวคนโต ルークサーゥコントー	the eldest daughter
頂上（ちょうじょう）	จุดสูงสุด チュッスーングスッ	the summit
朝食（ちょうしょく）	อาหารเช้า アーハーンチャウ	breakfast
聴診器（ちょうしんき）	ชุดหูฟังหัวใจ チュッフーファングファチャイ	stethoscope

日	タイ	英
調整（ちょうせい）	การแก้ไขปัญหาให้เรียบร้อย カーンケーカイパンハーハイリアプローイ	adjustment / coordination / modulation
調節（ちょうせつ）	การปรับระดับให้เหมาะสม カーンプラプラダブハイモソム	adjustment
挑戦（ちょうせん）	การท้าทาย カーンターターイ	challenge
彫像（ちょうぞう）	รูปปั้น / รูปแกะสลัก ループパン / ループケサラク	statue / sculpture
調達（ちょうたつ）	การจัดหา / จัดซื้อ カーンチャッハー / チャッスー	procurement / supply
長短（ちょうたん）	ความยาว/จุดเด่นจุดด้อย クワームヤーウ / チュッデンチュッドーイ	length / strengths and weaknesses
調停（ちょうてい）	การไกล่เกลี่ย カーンクライクリア	mediation / intervention
頂点（ちょうてん）	จุดสูงสุด チュッスーングスッ	the top
丁度（ちょうど）	เพิ่งจะ / พอดี プーングチャヤ / ポーディー	just
長男（ちょうなん）	ลูกชายคนโต ルークチャーイコントー	the eldest son
挑発（ちょうはつ）	การยุยง / การยั่ว カーンユヨン / カーンユア	provocation
重複（ちょうふく）	การทำซ้ำ カーンタムサム	duplication
長編（ちょうへん）	นวนิยายเรื่องยาว ナワニヤーイルアングヤーウ	full-length (novel)
重宝（ちょうほう）	การใช้เป็นประจำ カーンチャイペンプラチャム	convenience

日	タイ	英
長方形(ちょうほうけい)	สี่เหลี่ยมผืนผ้า スィーリアムプーンパー	rectangle
調味料(ちょうみりょう)	เครื่องปรุง クルアングプルング	seasoning
～丁目(ちょうめ)	(ที่อยู่)บล็อกที่ (ティーユー) ブロクティー	street
調理(ちょうり)	การทำอาหาร カーンタムアーハーン	cooking
調和(ちょうわ)	ความกลมกลืน クワームクロムクルーン	harmony
チョーク	ชอล์ก ショーク	chalk
貯金(ちょきん)	การออมทรัพย์ カーンオームサプ	savings
直後(ちょくご)	ทันทีหลังจากที่... タンティーラングチャークティー ...	right after
直接(ちょくせつ)	โดยตรง ドーイトロング	direct
直線(ちょくせん)	เส้นตรง セントロング	straight line
直前(ちょくぜん)	ก่อนหน้านี้ コーンナーニー	right before
直腸(ちょくちょう)	ช่องทวารหนัก チョングタワーンナク	rectum
直通(ちょくつう)	(เที่ยวบิน)ตรง (ティアウビン) トロング	direct
直方体(ちょくほうたい)	ทรงสี่เหลี่ยมมุมฉาก ソングスィーリアムムムチャーク	cuboid

394 　長方形 ➡ 直方体

日	タイ	英
直面 (ちょくめん)	การเผชิญหน้า カーンパチューンナー	confrontation
直流 (ちょくりゅう)	ไฟฟ้ากระแสตรง ファイファークラセートロング	direct current
チョコレート	ช็อกโกแลต チョークコーレッ	chocolate
著作権 (ちょさくけん)	ลิขสิทธิ์ リクカスィッ	copyright
著者 (ちょしゃ)	นักประพันธ์ / ผู้แต่ง ナクプラパン / プーテング	writer / author
著書 (ちょしょ)	งานเขียน ンガーンキアン	literary work / book / one's writings
貯蔵 (ちょぞう)	ตุน / สะสม トゥン / サソム	storage
貯蓄 (ちょちく)	การสะสม カーンサソム	savings
直角 (ちょっかく)	มุมฉาก ムムチャーク	right angle
直感 (ちょっかん)	สัญชาตญาณ サンチャーッタヤーン	intuition
直径 (ちょっけい)	เส้นผ่านศูนย์กลาง センハーンスーンクラーング	diameter
直行便 (ちょっこうびん)	เที่ยวบินตรง ティアゥビントロング	direct[non-stop] flight
ちょっと	เล็กน้อย レクノーイ	a little
著名 (ちょめい)	มีชื่อเสียง ミーチュースィアング	famous

直面 ➡ 著名　395

日	タイ	英
散らかす	โปรย / ทำให้กระจาย プローイ / タムハイクラチャーイ	scatter / make a mess
散らかる	ไม่เป็นระเบียบ / ไม่เรียบร้อย マイペンラビアプ / マイリアプローイ	be untidy
チラシ	แผ่นพับใบปลิว ペンパブパイプリゥ	leaflet / flyer
散らす	โปรย / ทำให้กระจาย プローイ / タムハイクラチャーイ	scatter
ちらっと	เหลือบมอง ルアップモーング	at a glance / by chance
地理	ภูมิศาสตร์ プーミサーッ	geography / geographical features
ちり紙	กระดาษชำระ クラダーッチャムラ	tissue paper
ちり取り	ที่ตักขี้ผง ティータクキーポング	dustpan
治療	การรักษาพยาบาล カーンラクサーパヤーバーン	medical treatment
散る	ร่วงหล่น ルアングロン	fall / scatter / dissolve
賃金	ค่าจ้างแรงงาน カーチャーングレーングンガーン	pay / wages
鎮静剤	ยาระงับประสาท ヤーランガブプラサーッ	sedative / tranquilizer
賃貸	การให้เช่า カーンハイチャゥ	rental / lease
鎮痛剤	ยาระงับปวด ヤーランガブプアッ	painkiller / analgesic

日	タイ	英
ちんでん 沈澱	การตกตะกอน カーントクタコーン	precipitation
チンパンジー	ลิงชิมแปนซี リングチムペーンスィー	chimpanzee
ちんぼつ 沈没	การอับปาง / การจมหาย カーンアプパーング / カーンチョムハーイ	sinking
ちんもく 沈黙	เงียบ / ไม่พูด ンギアプ / マイプーッ	silence
ちんれつ 陳列	จัดแสดง チャッサデーング	display

▼つ, ツ

日	タイ	英
ツアー	ทัวร์ トゥア	tour
つい 対	คู่ クー	pair
ついか 追加	เพิ่ม プーム	addition
ついかひよう 追加費用	ค่าใช้จ่ายเพิ่มเติม カーチャイチャーイプームトゥーム	additional expenses[costs]
ついきゅう 追及	การไล่ตาม カーンライターム	pursuing the question (of someone's responsibility) / investigation
ついきゅう 追求	การติดตามค้นหา カーンティッタームコンハー	pursuit / search
ついしん 追伸	ปัจฉิมลิขิต(ป.ล.) パッチムリキッ (ポーロー)	postscript
ついせき 追跡	ไล่ตาม ライターム	chase / pursuit

日	タイ	英
ついたち 一日	วันที่ 1 ของเดือน ワンティーヌングコーングドゥアン	the first (day)
(～に) ついて	เกี่ยวกับ キアウカプ	about
つい 序で	โอกาสอันดีที่จะทำ... オーカーッアンディーティーチャタム ...	at one's convenience / occasion
つい 遂に	และแล้ว... レレーゥ ...	at last
ついほう 追放	การเนรเทศ/การขับไล่ カーンネーラテーッ / カーンカプライ	banishment
つい 費やす	ใช้(เวลา) チャイ（ウェーラー）	spend
ついらく 墜落	ร่วง / ดิ่งพสุธา ルアング / ディングパスター	fall
ツインルーム	ห้องที่มีเตียงเดี่ยวสองเตียง ホングティーミーティアングディアウソーングティアング	twin room
つうか 通貨	สกุลเงิน サクンングン	currency
つうか 通過	การเคลื่อนที่ผ่าน カーンクルアンティーパーン	pass-by
つうがく 通学	การไปโรงเรียน カーンパイローングリアン	attending school
つうかん 痛感	การตระหนักถึง カーントラナクトゥング	feel acutely
つうきん 通勤	การเดินทางไปทำงาน カーンドゥーンターングパイタムンガーン	commute
つうこう 通行	การสัญจรไปมา カーンサンチョンパイマー	passing through

398 一日 ➡ 通行

日	タイ	英
つうしょう 通称	ชื่อที่ใช้เรียกทั่วไป チューティーチャイリアクトゥアパイ	a common[popular] name / a vernacular term
つうじょう 通常	โดยปกติ ドーイパカティ	usual / general / normal
つう 通じる	สื่อความหมาย スークワームマーイ	lead to / make sense
つうしん 通信	การสื่อสารคมนาคม カーンスーサーンコムナーコム	correspondence
つうしんきょういく 通信教育	การศึกษาทางไกล カーンスクサーターングクライ	correspondence course
つうしんはんばい 通信販売	การซื้อขายทางไปรษณีย์ カーンスーカーイターングプライサニー	mail order
つうせつ 痛切	เจ็บแสบ/ทุกข์แสนสาหัส チェプセープ / トゥックセーンサーハッ	keen
つうち 通知	ประกาศแจ้งให้ทราบ プラカーッチェーングハイサープ	notice / notification / information
つうちょう 通帳	สมุดบัญชีธนาคาร サムッバンチータナーカーン	passbook / bankbook
つうほう 通報	การรายงาน/แจ้งข่าว カーンラーインガーン / チェーングカーウ	report
つうやく 通訳	ล่าม ラーム	interpreter
つうよう 通用	การใช้ได้ / ยอมรับได้ カーンチャイダイ / ヨームラブダイ	be available / be accepted
つうろ 通路	เส้นทางเดิน センターングドゥーン	passage / path / way
つうろそくせき 通路側席	ที่นั่งติดทางเดิน ティーナングティッターングドゥーン	an aisle seat

通称 ➡ 通路側席　399

日	タイ	英
通話(つうわ)	การใช้โทรศัพท์ カーンチャイトーラサプ	phone call
杖(つえ)	ไม้เท้า マイタウ	cane
使い道(つかいみち)	วิธีการใช้ ウィティーカーンチャイ	use
使う(つかう)	ใช้ チャイ	use
仕える(つかえる)	รับใช้ ラプチャイ	serve / work for / attend on
司る(つかさどる)	ปฏิบัติงานในหน้าที่ / มีหน้าที่ดูแล パティバッンガーンナイナーティー / ミーナーティードゥーレー	administer / handle / control / govern
束の間(つかのま)	ชั่วขณะ チュアカナ	a brief moment of time
捕まる(つかまる)	จับกุม チャプクム	be captured
掴む(つかむ)	ยึดไว้ / จับไว้ ユッワイ / チャプワイ	grasp
疲れ(つかれ)	ความเหนื่อยล้า クワームヌァイラー	fatigue
疲れた(つかれた)	เหนื่อย ヌァイ	tired / exhausted / weary
疲れる(つかれる)	เหนื่อยล้า ヌァイラー	be tired
月(つき)	พระจันทร์ プラチャン	the moon
付き(つき)	การติดอยู่ カーンティッユー	sticking / including

日	タイ	英
次（つぎ）	ถัดไป タッパイ	next
付き合い（つきあい）	การคบหาสมาคม カーンコプハーサマーコム	association
付き合う（つきあう）	คบหา コプハー	get along / associate with / have relations with / hang out
突き当たり（つきあたり）	ทางตัน / สุดทาง ターンクタン / スッターング	the end of the street
突き当たる（つきあたる）	มาถึงสุดทาง マートゥングスッターング	come to the end
次々（つぎつぎ）	ที่ละ...เรื่อย ๆ ティーラルアイルアイ	one after another
月並み（つきなみ）	ธรรมดา / พื้น ๆ / ไม่แปลก タムマダー / プーンプーン / マイプレーク	commonplace
月日（つきひ）	วันเวลา ワンウェーラー	date
継ぎ目（つぎめ）	รอยต่อ ローイトー	joint
尽きる（つきる）	หมดไป モッパイ	run out
就く（つく）	เข้าทำงาน カウタムンガーン	engage in
着く（つく）	ถึง トゥング	arrive
点く（つく）	ลุกติดไฟ ルッティッファイ	catch fire / be lighted
突く（つく）	ผลัก / ดุน プラク / ドゥン	push

日	タイ	英
付く	ติดกับ ティッカプ	stick / attached to
注ぐ	เท テー	pour
継ぐ	สืบทอด スープトーッ	succeed to / inherit
次ぐ	ต่อจาก トーチャーク	come after
接ぐ	ติดเข้าไป ティカゥパイ	join a thing
机	โต๊ะ ト	desk
尽くす	ทุ่มเท トゥムテー	do one's best
つくづく	อย่างลึกซึ้ง ヤーングルクスング	keenly / entirely
償い	การชดใช้ カーンチョッチャイ	compensation
償う	ชดเชย チョッチューイ	compensate
作る	สร้าง サーング	make
繕う	ปะ / ชุน パ / チュン	mend / repair
付け加える	เสริม / เพิ่มเติม スゥーム / プームトゥーム	add
浸ける	แช่ チェー	soak

日	タイ	英
着ける	สวมใส่ スアムサイ	wear / can arrive
漬ける	แช่ / ดอง / หมัก チェー / ドーング / マク	soak
点ける	จุดไฟ チュッファイ	light up
付ける	เปิด(ไฟ) / ติด プーッ（ファイ）/ ティッ	attach
告げる	บอก / กล่าว / แจ้ง ボーク / クラーウ / チェーング	announce
都合	ความสะดวก クワームサドゥアク	convenience
つじつま	เนื้อเรื่อง / เรื่องราว ヌアルアング / ルアングラーウ	coherent / consistent
伝える	ถ่ายทอด ターイトーッ	transmit / inform
伝わる	สืบต่อกันมา / รับทราบ スープトーカンマー / ラブサーブ	be informed / be transmitted
土	ผืนดิน プーンディン	earth
筒	หลอด / ท่อ ローッ / トー	tube / pipe
続き	ตอนต่อไป トーントーパイ	continuation
つつく	จิ้ม / จิก チム / チク	pick
続く	ดำเนินต่อ ダムヌーントー	be continued

着ける ➡ 続く　403

日	タイ	英
続けて	ทำต่อเนื่อง タムトーヌァング	in a row / on end / in succession
続ける	ทำต่อไป タムトーパイ	continue
突っ込む	สอดเข้ามา ソーッカゥマー	stick
謹しむ	สำรวม サムルアム	be careful
突っ張る	เหยียดออก イアッオーク	stretch
包み	หีบห่อ ヒープホー	package
包む	ห่อ ホー	wrap / pack
務まる	ปฏิบัติหน้าที่ パティバッナーティー	be fit
勤め	งาน ンガーン	business
務め	หน้าที่ ナーティー	duty
勤め先	สถานที่ทำงาน サターンティータムンガーン	place of work
努めて	พยายามเต็มที่ パヤーヤームテムティー	as much as possible
勤める	ทำงานสังกัด... タムンガーンサングカッ...	work
努める	พยายาม パヤーヤーム	make efforts

日	タイ	英
務める (つとめる)	ทำให้บรรลุเป้าหมาย タムハイバンルパウマーイ	serve
綱 (つな)	เชือกขนาดใหญ่ チュアクカナーッヤイ	rope
繋がり (つながり)	ความเชื่อมโยง クワームチュアムヨーング	connection / relationship
繋がる (つながる)	เชื่อมโยง チュアムヨーング	be connected
繋ぐ (つなぐ)	ต่อ / เชื่อม トー / チュアム	connect
津波 (つなみ)	คลื่นยักษ์สึนามิ クルーンヤクスナーミ	tsunami
常に (つねに)	ตลอดเวลา トローッウェーラー	always
つねる	หยิก イク	pinch
角 (つの)	เขา カゥ	horn
募る (つのる)	รับสมัคร ラブサマク	raise (funds) / recruit
唾 (つば)	น้ำลาย ナムラーイ	spit
翼 (つばさ)	ปีก ピーク	wing
燕 (つばめ)	นกนางแอ่น ノクナーングエン	swallow
粒 (つぶ)	เมล็ด マレッ	grain

務める ➡ 粒　105

日	タイ	英
潰す (つぶす)	บี้ ビー	crush / mash / smash / squash
つぶやく	บ่นพึมพำ ボンプムパム	murmur
つぶら	ทรงกลม ソンググロム	round
つぶる	ปิด ピッ	shut
潰れる (つぶれる)	บี้แบน / ล้มทลาย ビーベーン / ロムタラーイ	be crushed
壺 (つぼ)	หม้อ / ไห / โถ モー / ハイ / トー	pot
蕾 (つぼみ)	ดอกตูม ドークトゥーム	bud
妻 (つま)	ภรรยา パンラヤー	wife
つまずく	สะดุด サドゥッ	stumble
つまむ	หยิบ イプ	pick up
つまらない	น่าเบื่อหน่าย ナーブアナーイ	boring
つまり	กล่าวคือ / คือว่า クラーウクー / クーワー	that is to say / I mean
詰まる (つまる)	อุดตัน / จุก / อัดแน่น ウッタン / チュク / アッネン	be choked / be stopped up
罪 (つみ)	บาป / ความผิด バープ / クワームピッ	crime

日	タイ	英
積荷 (つみに)	สินค้าที่บรรทุก スィンカーティーバントゥク	load / cargo / freight
積む (つむ)	วางซ้อนทับเป็นชั้น ๆ ワーングソーンタブペンチャンチャン	pile (up)
摘む (つむ)	เด็ด /ปลิด /เล็ม(ปลาย) デッ / プリッ / レム (プラーイ)	pick
爪 (つめ)	เล็บ レブ	nail
爪切り (つめきり)	กรรไกรตัดเล็บ カンクライタッレブ	nail clippers
冷たい (つめたい)	หนาวเย็น ナウイェン	cold
詰める (つめる)	อัดให้เต็ม / บรรจุใส่ アッハイテム / バンチュサイ	pack
積もる (つもる)	กองทับถม コーングタブトム	heap up
艶 (つや)	แวววาว ウェーウワーウ	gloss
露 (つゆ)	น้ำค้าง ナムカーング	dew / dewdrop / teardrop
強い (つよい)	แข็งแรง ケンクレーング	strong
強気 (つよき)	ไม่ยอมแพ้ / ใจแข็ง マイヨームペー / チャイケング	aggressivity
強まる (つよまる)	แข็งแกร่งขึ้น ケングクレングクン	grow strong
強める (つよめる)	ทำให้แข็งแกร่ง タムハイケングクレング	strengthen

日	タイ	英
つら 辛い	ขมขื่น / ทรมาน コムクーン / トラマーン	hard / painful
～づらい	...ยาก ...ヤーク	hard
つら 連なる	เรียงต่อกันเป็นแถว リアングトーカンペンテーゥ	range
つらぬ 貫く	แทงทะลุ テーングタル	pierce / carry out
つら 連ねる	ร้อยเรียงกันเป็นแถว ローィリアングカンペンテーゥ	line up
つ 釣り	การตกปลา カーントクプラー	fishing
つ　あ 釣り合う	สมดุลกัน ソムドゥンカン	balance / harmonize / match
つ　がね 釣り鐘	ระฆังขนาดใหญ่ ラカングカナーッヤイ	bell
つ　かわ 吊り革	ห่วงแขวนสำหรับจับในรถไฟ ファングクウェーンサムラプチャプナイロッファイ	strap
つ 釣る	ตกปลา トクプラー	fish
つ 吊るす	แขวน クウェーン	suspend / hang
つ 連れ	เพื่อน/คนที่พามาด้วย プァン / コンティーパーマードゥァイ	company / companion
つ　さ 連れ去る	พาตัวหายไป パートゥァハーィパイ	take *sb* / *sth* away
つ　い 連れて行く	นำไป ナムパイ	take / bring

つ

日	タイ	英
連れる	นำไป ナムパイ	bring along
つわり	อาการแพ้ท้อง アーカーンペートーング	morning sickness

▼ て, テ

日	タイ	英
手	มือ ムー	hand
出会い	การพบปะ カーンポッパ	encounter
出会う	พบปะ ポッパ	meet
手当	ค่าตอบแทน カートーブテーン	treatment / salary
提案	ข้อเสนอ コーサヌー	suggestion
Tシャツ	เสื้อยืด スアユーッ	T-shirt
定員	จำนวนรับได้ チャムヌアンラブダイ	capacity
低音	เสียงต่ำ スィアングタム	low sound[tone] / base
低下	ตกต่ำลง トクタムロング	fall
定価	ราคาป้าย ラーカーパーイ	price
低価格	ราคาย่อมเยา ラーカーヨームヤウ	low price

日	タイ	英
ていき 定期	เป็นประจำ ペンプラチャム	fixed[regular] period
ていぎ 定義	นิยาม ニヤーム	definition
ていきあつ 低気圧	ความกดอากาศต่ำ クワームコッアーカーッタム	low-atmospheric pressure / depression
ていきけん 定期券	ตั๋วเดือน トゥアドゥアン	commuter pass
ていきてき 定期的	เป็นประจำ /อย่างสม่ำเสมอ ペンプラチャム / ヤーングサマムサムー	regular / periodic
ていきゅうび 定休日	วันหยุดประจำ ワンユップラッチャム	regular holiday
ていきょう 提供	การยื่นเสนอ カーンユーンサヌー	offer
ていけい 提携	การเสนอร่วมมือ カーンサヌールアムムー	tie-up (with) / cooperate (with)
ていけつあつ 低血圧	ความดันเลือดต่ำ クワームダンルアッタム	low-blood pressure
ていこう 抵抗	การต่อต้าน カーントーターン	resistance
ていさい 体裁	การจัดรูปแบบ カーンチャッループベーブ	appearance
ていし 停止	หยุด ユッ	stop
ていじ 提示	การเสนอ カーンサヌー	indication
ていし 停止させる	ระงับ ランガブ	stop / suspend

日	タイ	英
ていしゃ 停車	การหยุดรถ カーンユッロッ	stop
ていしゅつ 提出	การยื่น / ส่งมอบ カーンユーン / ソングモープ	presentation / submit
ていしょく 定食	อาหารชุด アーハーンチュッ	set meal
ていせい 訂正	การแก้ไขให้ถูกต้อง カーンケーカイハイトゥークトーング	correction
ていせん 停戦	การพักรบ カーンパクロブ	truce / ceasefire
ていたい 停滞	การหยุดอยู่กับที่/การชะงักไม่คืบหน้า カーンユッユーカプティー / カーンチャンガクマイクープナー	stagnation / accumulated
ティッシュペーパー	กระดาษชำระ クラダーッチャムラ	tissue paper
ていでん 停電	ไฟฟ้าดับ ファイファーダプ	blackout
ていど 程度	ระดับ ラダプ	extent / degree
ディナー	มื้อเย็น ムーイェン	dinner
ていねい 丁寧	สุภาพ スパーブ	polite
ていねん 定年	อายุเกษียณ アーユカスィアン	retiring age
ていねんたいしょく 定年退職	การเกษียณอายุ カーンカスィアンアーユ	mandatory[compulsory] retirement
ていぼう 堤防	ทำนบกั้นน้ำ [illegible]	bank

て

日	タイ	英
定理(ていり)	ทฤษฎี/หลักการทำงาน トリッサディー / ラックカーンタムンガーン	theorem
出入り(でいり)	การเข้าและออก カーンカゥレオーク	going in and out
出入口(でいりぐち)	ทางเข้าออก ターングカゥオーク	entrance and exit
停留所(ていりゅうじょ)	ป้ายรถประจำทาง パーイロップラチャムターング	bus stop
手入れ(ていれ)	การดูแล/การบำรุงรักษา カーンドゥーレー / カーンバムルングラクサー	maintenance
データ	ข้อมูล コームーン	datum
デート	การออกเดท カーンオークデーッ	date
テープ	เทป テープ	tape
テーブル	โต๊ะ ト	table
テーマ	หัวข้อ ファコー	theme
手遅れ(ておくれ)	สายเกินไป サーイクーンパイ	being too late
手掛り(てがかり)	เบาะแส ボセー	clue
手掛ける(てがける)	จัดการดูแล チャッカーンドゥレー	undertake / handle / manage
出かける(でかける)	ออกไปข้างนอก オークパイカーングノーク	go out

412　定理 ➡ 出かける

日	タイ	英
手数 てかず	ความยุ่งยาก/ความวุ่นวาย クワームユングヤーク / クワームウンワーイ	trouble
手形 てがた	ตั๋วเงิน トゥアングン	draft / bill
手紙 てがみ	จดหมาย チョッマーイ	letter
手軽 てがる	อย่างง่าย ๆ ヤーングンガーインガーイ	easy
敵 てき	ศัตรู サットルー	enemy
出来上がり できあ	สำเร็จ / เสร็จ サムレッ / セッ	finish
出来上がる できあ	เสร็จสิ้น セッスィン	be completed
適応 てきおう	การปรับให้เหมาะสม カーンプラブハイモソム	adaptation
的確 てきかく	ความแม่นยำ クワームメンヤム	accurate
適宜 てきぎ	อย่างเหมาะสม ヤーングモソム	suitable / appropriate
適合 てきごう	ความสอดคล้อง クワームソーックローング	adaptation / adjustment (to) / conformity (with)
出来事 できごと	เหตุการณ์ ヘーッカーン	event
テキスト	ตำราเรียน タムラーリアン	textbook
適する てき	เหมาะ モ	fit / be suitable (for)

日	タイ	英
適性(てきせい)	ความเหมาะสม クワームモソム	aptitude
適切(てきせつ)	อย่างเหมาะสม ヤーングモソム	suitable
適度(てきど)	ระดับที่พอเหมาะ ラダプティーポーモ	moderate
適当(てきとう)	พอประมาณ ポープラマーン	appropriate
できない	ไม่สามารถ マイサーマーッ	cannot / not be able to / be impossible
でき物(もの)	ตุ่ม / เม็ดที่ผุดขึ้น トゥム / メッティーブックン	swelling / a boil
適用(てきよう)	นำไปใช้ได้ ナムパイチャイダイ	application
出来(でき)る	ทำได้ / เสร็จ タムダイ / セッ	be done
手際(てぎわ)	ความชำนาญ / วิธีจัดการ クワームチャムナーン / ウィティーチャッカーン	skill
出口(でぐち)	ทางออก ターングオーク	exit
テクノロジー	เทคโนโลยี テークノーローイー	technology
手首(てくび)	ข้อมือ コームー	wrist
出(で)くわす	พบโดยบังเอิญ ポプドーイバングウーン	come across
凸凹(でこぼこ)	ขรุขระ / ปุ่มป่ำ クルクラ / プムパム	bumpy

414 適性 ➡ 凸凹

日	タイ	英
デコレーション	การตกแต่ง カーントクテング	decoration
手頃	สมเหตุสมผล / รับได้ ソムヘーツソムポン / ラプダイ	reasonable
デザート	ของหวาน コーングワーン	dessert
デザイン	รูปแบบ ループベープ	design
弟子	ลูกศิษย์ ルークスィッ	pupil / disciple / apprentice
デジタル	ดิจิตอล ディチトン	digital
手品	มายากล マーヤーコン	magic
手順	ลำดับขั้นตอน ラムダプカントーン	process / procedure
手錠	กุญแจมือ クンチェームー	handcuffs
手数料	ค่าธรรมเนียม カータムニアム	commission / charge
テスト	การทดสอบ カーントッソープ	test
でたらめ	ไร้สาระ / เหลวไหล ライサーラ / レゥライ	nonsense
手近	ใกล้มือ / ใกล้ตัว クライムー / クライトゥア	close by / familiar
手帳	สมุดโน้ตพกติดตัว サムッノートポッティットゥア	appointment book / pocketbook

日	タイ	英
てつ 鉄	เหล็ก レク	iron
てっかい 撤回	การเพิกถอน カーンプークトーン	withdrawal / retraction
てつがく 哲学	หลักปรัชญา ラクプラッチャヤー	philosophy
てっきょう 鉄橋	สะพานเหล็ก サパーンレク	railroad bridge
てっきり	คิดว่า...เสียอีก キッワー ... スィアイーク	surely
てづく 手作り	การทำด้วยมือ カーンタムドゥアイムー	handmade / homemade / handicraft
てっこう 鉄鋼	เหล็กกล้า レククラー	steel
てっ 徹する	มุ่งมั่นกับการ... ムングマンカプカーン...	put one's soul into *sth*
てつだ 手伝い	การช่วยเหลือ カーンチュアイルア	help
てつだ 手伝う	ช่วยเหลือ チュアイルア	help
てつづ 手続き	การดำเนินการ カーンダムヌーンカーン	procedures
てってい 徹底	ทำให้ทั่วถึงทั้งหมด タムハイトゥアトゥングタングモッ	exhaustive / thoroughgoing
てっていてき 徹底的	อย่างทั่วถึง ヤーングトゥアトゥング	thorough / complete / exhaustive
てつどう 鉄道	ทางรถไฟ ターングロッファイ	railway

日	タイ	英
てっぺん	ยอด ヨーッ	top
鉄棒	ท่อนเหล็ก トーンレク	horizontal bar
鉄砲	ปืน プーン	gun
徹夜	อดหลับอดนอนทั้งคืน オッラブオッノーンタングクーン	all-night
出直し	กลับมาใหม่ クラブマーマイ	coming again
テニス	เทนนิส テンニッ	tennis
テニスコート	สนามเทนนิส サナームテンニッ	tennis court
手荷物	สัมภาระที่นำติดตัวมา サムパーラティーナムティットゥアマー	baggage
手荷物預り証	ใบรับฝากสัมภาระ バイラブファークサムパーラ	baggage check / luggage ticket
手荷物引渡し	จุดรับคืนกระเป๋าสัมภาระ チュッラブクーンクラパウサムパーラ	baggage[luggage] delivery
手拭い	ผ้าขนหนู パーコンヌー	hand towel
手のひら	ฝ่ามือ ファームー	palm
では	ถ้าเช่นนั้น ターチェンナン	well / then
デパート	ห้างสรรพสินค้า ハーンサッパシンカー	department store

日	タイ	英
手配（てはい）	การจัดการ カーンチャッカーン	arrangement
手はず	การเตรียมการ カーントリアムカーン	plan / preparation
手引き（てびき）	คู่มือ / ชักจูง クームー / チャクチューング	guidance / guidebook / lead
手袋（てぶくろ）	ถุงมือ トゥングムー	gloves
手本（てほん）	แบบอย่าง ベープヤーング	model / example
手間（てま）	ความยุ่งยากในการดำเนินการ クワームユングヤークナイカーンダムヌーンカーン	trouble / time
手前（てまえ）	ก่อนหน้า コーンナー	at the front
手回し（てまわし）	การใช้มือหมุน/การจัดเตรียม カーンチャイムームン / カーンチャットリアム	arrangement
出迎え（でむかえ）	ไปต้อนรับ パイトーンラプ	meeting *sb*
出迎える（でむかえる）	การออกไปต้อนรับ カーンオークパイトーンラプ	go and meet
でも	แต่ テー	but
手元（てもと）	ในมือ ナイムー	at hand
デモンストレーション	การสาธิต カーンサーティッ	demonstration
寺（てら）	วัดพุทธ ワップッ	temple

日	タイ	英
照らす	ส่องแสง ソーングセーング	light up
デラックスルーム	ห้องดีลักซ์ ホングディーラク	deluxe room
照り返す	สะท้อนกลับ サトーンクラプ	reflect
照る	ส่องแสง ソーングセーング	shine
出る	ออกไปข้างนอก オークパイカーングノーク	go out
テレックス	โทรพิมพ์ トーラピム	telex
テレビ	โทรทัศน์ トーラタッ	television
テロリスト	ผู้ก่อการร้าย プーコーカーンラーイ	terrorist
手分け	แยกย้ายกันไปช่วยทำ イェークヤーイカンパイチュアイタム	separated into groups
天	สวรรค์ サワン	heaven
点	จุด チュッ	point
電圧	แรงดันไฟฟ้า レーングダンファイファー	voltage
転移	การแพร่กระจาย(เช่น เนื้อร้าย) カーンプレークラチャーイ (チェンヌアラーイ)	spread / metastasis (cancer)
店員	ลูกจ้าง ルークチャーング	shop staff

照らす ➡ 店員　419

日	タイ	英
田園 でんえん	ทุ่งนา トゥングナー	countryside
天下 てんか	โลก ローク	the whole country / the world
点火 てんか	การจุดไฟ カーンチュッファイ	ignition
展開 てんかい	การพัฒนา カーンパッタナー	development
転回 てんかい	การหมุนเวียน/การเปลี่ยนทิศ カーンムンウィアン / カーンプリアンティッ	revolution
転換 てんかん	การเปลี่ยนไปเป็นอย่างอื่น カーンプリアンパイペンヤーングウーン	changeover
癲癇 てんかん	โรคลมบ้าหมู ロークロムバームー	epilepsy
天気 てんき	สภาพอากาศ サパープアーカーッ	weather
伝記 でんき	อัตชีวประวัติ アッタチーワプラワッ	biography
電気 でんき	ไฟฟ้า ファイファー	electricity
電球 でんきゅう	ดวงไฟ / หลอดไฟ ドゥアングファイ / ローッファイ	electric bulb
転居 てんきょ	การย้ายที่อยู่ カーンヤーイティーユー	moving
天気予報 てんきよほう	การพยากรณ์อากาศ カーンパヤーコーンアーカーッ	weather report
典型 てんけい	เป็นแบบอย่าง ペンベープヤーング	type

日	タイ	英
<ruby>点検<rt>てんけん</rt></ruby>	การตรวจเช็ค カーントルアッチェク	inspection
<ruby>電源<rt>でんげん</rt></ruby>	เต้าเสียบปลั๊กไฟ/แหล่งจ่ายไฟฟ้า タウスィアプラクファイ / レーンクチャーイファイファー	power supply
<ruby>天候<rt>てんこう</rt></ruby>	สภาพอากาศ サパープアーカーツ	weather
<ruby>伝言<rt>でんごん</rt></ruby>	การฝากข้อความ カーンファークコークワーム	message
<ruby>天才<rt>てんさい</rt></ruby>	อัจฉริยะ アッチャリヤ	genius
<ruby>天災<rt>てんさい</rt></ruby>	ภัยพิบัติทางธรรมชาติ パイピバッターングタムマチャーツ	disaster
<ruby>天使<rt>てんし</rt></ruby>	นางฟ้า ナーングファー	angel
<ruby>展示<rt>てんじ</rt></ruby>	การแสดงนิทรรศการ カーンサデーングニタッサカーン	display / exhibition
<ruby>点字<rt>てんじ</rt></ruby>	อักษรเบรลล์ アクソーンベン	braille
<ruby>電子<rt>でんし</rt></ruby>	อิเล็กทรอนิกส์ イレクトローニク	electron
<ruby>電車<rt>でんしゃ</rt></ruby>	รถไฟ ロッファイ	train
<ruby>天井<rt>てんじょう</rt></ruby>	เพดาน ペダーン	ceiling
<ruby>転職<rt>てんしょく</rt></ruby>	การย้ายงาน カーンヤーインガーン	change of job[occupation]
<ruby>転じる<rt>てんじる</rt></ruby>	เปลี่ยน / ผันไปสู่ プリアン / パンパイスー	turn / shift / alter

点検 ➡ 転じる　421

日	タイ	英
電子レンジ（でんしレンジ）	เตาอบไมโครเวฟ タゥオブマイクローウェーフ	microwave / microwave oven
点数（てんすう）	ผลคะแนน ポンカネーン	score
伝説（でんせつ）	ตำนาน タムナーン	legend
点線（てんせん）	เส้นประ センプラ	dotted line
伝染（でんせん）	การติดเชื้อ / ระบาด カーンティッチュア / ラバーッ	infection
電線（でんせん）	สายไฟ サーイファイ	electrical wire / power cable
転送（てんそう）	การส่งต่อ カーンソングトー	forwarding / transfer
天体（てんたい）	เกี่ยวกับดาราศาสตร์ キアゥカブダーラーサーッ	astronomical body / heavenly body
電卓（でんたく）	เครื่องคิดเลข クルアングキッレーク	calculator
伝達（でんたつ）	การถ่ายทอด カーンターイトーッ	communication
天地（てんち）	โลกและสวรรค์ ロークレサワン	heaven and earth
電池（でんち）	แบตเตอรี่ / ถ่านไฟฉาย ベーッテーリー / ターンファイチャーイ	battery
電柱（でんちゅう）	เสาโทรศัพท์ / เสาไฟ サゥトーラサプ / サゥファイ	telephone pole
点滴（てんてき）	การให้น้ำเกลือ カーンハイナムクルア	drip / intravenous drip

日	タイ	英
てんてん 転々	การเปลี่ยนไปเรื่อย ๆ カーンプリアンパイルァイルァイ	changing frequently
テント	เต็นท์ テンッ	tent
てんとう 転倒	การพลัดตก / ล้มลง カーンプラットク / ロムロング	fall / tumble
でんとう 伝統	ประเพณีสืบต่อกันมา プラペーニースープトーカンマー	tradition
でんとう 電灯	โคมไฟ / หลอดไฟ コームファイ / ローッファイ	light
でんとうてき 伝統的	ตามแบบแผนดั้งเดิม タームベープペーンダングドゥーム	traditional
てんねん 天然	ธรรมชาติ タムマチャーッ	natural
てんねん 天然ガス	ก๊าซธรรมชาติ カーッタムマチャーッ	natural gas
てんねん しげん 天然資源	ทรัพยากรธรรมชาติ サプパヤーコーンタムマチャーッ	natural resources
てんのう 天皇	จักรพรรดิ チャククラパッ	Emperor
でんぱ 電波	คลื่นวิทยุ クルーンウィッタユ	radio wave
でんぴょう 伝票	บิล ビン	voucher / check
てんぷ 添付	การแนบ(เอกสาร) カーンネープ（エークカサーン）	attachment
てんぷら 天麩羅	เทมปุระ テームプラ	tempura

て

日	タイ	英
テンポ	จังหวะ チャングワ	tempo
店舗（てんぽ）	ร้านค้า ラーンカー	store / shop
展望（てんぼう）	การมอง カーンモーング	view
電報（でんぽう）	โทรเลข トーラレーク	telegram
伝来（でんらい）	การสืบต่อกันมา カーンスープトーカンマー	be introduced / be handed down
転落（てんらく）	พลัดตก プラットク	fall
展覧会（てんらんかい）	นิทรรศการ ニタッサカーン	exhibition
電流（でんりゅう）	กระแสไฟฟ้า クラセーファイファー	electric current
電力（でんりょく）	กำลังไฟฟ้า/พลังงานไฟฟ้า カムラングファイファー / パラングンガーンファイファー	electric power
電話（でんわ）	โทรศัพท์ トーラサプ	telephone
電話機（でんわき）	เครื่องโทรศัพท์ クルアングトーラサプ	telephone
電話番号（でんわばんごう）	หมายเลขโทรศัพท์ マーイレークトーラサプ	telephone number

日	タイ	英

▼ と, ト

戸	ประตู プラトゥー	door
度	องศา オンサー	degree
ドア	ประตู プラトゥー	door
問い	คำถาม カムターム	question
問い合わせ	การสอบถาม カーンソープターム	inquiry
問い合わせる	สอบถาม ソープターム	inquire
～という	ที่เรียกว่า... ティーリアクワー...	named / so-called
ドイツ	ประเทศเยอรมัน プラテーッイユゥラマン	Germany
ドイツ語	ภาษาเยอรมัน パーサーイユゥラマン	German
トイレ	ห้องน้ำ / สุขา ホングナム / スカー	toilet
トイレットペーパー	กระดาษชำระ クラダーッチャムラ	toilet paper[tissue] / toilet roll
灯	แสงไฟ セーングファイ	light
党	พรรค パク	political party

日	タイ	英
塔（とう）	ตึก トゥク	tower
棟（とう）	อาคาร / ตึก アーカーン / トゥク	building
問う（とう）	ถาม ターム	ask
同（どう）	เดียวกัน ディアウカン	the same
胴（どう）	ลำตัว ラムトゥア	body / torso
銅（どう）	ทองแดง トーングデーング	copper
答案（とうあん）	คำตอบในข้อสอบ カムトープナイコーソープ	answer
同意（どうい）	การเห็นชอบ / เห็นพ้องด้วย カーンヘンチョープ / ヘンポーングドゥアイ	agreement
統一（とういつ）	เอกภาพ エークカパープ	unity
同一（どういつ）	เดียวกัน ディアウカン	identity / sameness
動員（どういん）	รวมพล ルアムポン	mobilization
どうか	ได้โปรด ダイプローッ	please
銅貨（どうか）	เหรียญทองแดง リアントーングデーング	copper coin
動画（どうが）	ภาพเคลื่อนไหว パープクルアンワイ	video / movie

日	タイ	英
どうかく 同格	คุณสมบัติเท่าเทียมกัน クンナソムバッタウティアムカン	equality / the same rank
とう 唐がらし	พริกแดง プリックデーング	chili / red pepper
どうかん 同感	การเห็นพ้องด้วย カーンヘンポーングドゥアイ	agreement / sympathy
とうき 陶器	เครื่องปั้นดินเผา クルアングパンディンパウ	pottery
とうぎ 討議	การอภิปราย カーンアピプラーイ	discussion / debate
どうき 動機	เหตุจูงใจ ヘーッチューングチャイ	motivation
どうき 動悸	การเต้นของหัวใจ カーンテンコーングフアチャイ	palpitation
どうぎご 同義語	คำพ้องความ カムポーングクワーム	synonym
とうきゅう 等級	ระดับชั้น / เกรด ラダプチャン / クレーッ	grade / class / rank
どうきゅう 同級	ชั้นเรียนเดียวกัน チャンリアンディアウカン	same class
どうきゅうせい 同級生	เพื่อนรุ่นเดียวกัน プアンルンディアウカン	classmate
どうきょ 同居	อาศัยอยู่ด้วยกัน アーサイユードゥアイカン	living together
どうぐ 道具	เครื่องมือ クルアングムー	tool
とうげ 峠	สันเขา / จุดที่สูงที่สุด サンカウ / チュッティースーングティースッ	pass

と

同格 ➡ 峠 427

日	タイ	英
統計（とうけい）	สถิติ サティティ	statistics
登校（とうこう）	การไปโรงเรียน カーンパイローングリアン	going to school
統合（とうごう）	การรวมเข้าด้วยกัน カーンルアムカウドゥアイカン	unification
動向（どうこう）	แนวโน้ม ネウノーム	tendency
同行（どうこう）	การเดินทางร่วมไปด้วย カーンドゥーンターングルアムパイドゥアイ	company / accompany
瞳孔（どうこう）	ลูกตาดำ ルークターダム	pupil of the eye
動作（どうさ）	การเคลื่อนไหว / การขยับตัว カーンクルアンワイ / カーンカヤプトゥア	movement
洞察（どうさつ）	การมองอย่างทะลุปรุโปร่ง カーンモーングヤーングタルプルプローング	insight / vision
倒産（とうさん）	การล้มละลาย カーンロムララーイ	bankruptcy
投資（とうし）	การลงทุน カーンロングトゥン	investment
当時（とうじ）	ในตอนนั้น ナイトーンナン	at that time
動詞（どうし）	กริยา クリヤー	verb
同士（どうし）	...ด้วยกัน / ...เหมือนกัน ...ドゥアイカン / ...ムアンカン	fellow
同志（どうし）	ผู้ร่วมอุดมการณ์ プールアムウドムカーン	comrade

428　統計 ➡ 同志

日	タイ	英
同時（どうじ）	เวลาเดียวกัน ウェーラーディアウカン	same time
当日（とうじつ）	วันนั้น / วันจริง ワンナン / ワンチング	that day
どうしても	ไม่ว่าจะอย่างไรก็ตาม マイワーチャヤーングライコーターム	by all means
同時に（どうじ）	เวลาเดียวกัน ウェーラーディアウカン	at the same time
登場（とうじょう）	การปรากฏกาย カーンプラーコッカーイ	entrance on the stage
搭乗（とうじょう）	การขึ้นเครื่องบิน カーンクンクルアングビン	boarding
同情（どうじょう）	การเห็นอกเห็นใจ カーンヘンオクヘンチャイ	sympathy
道場（どうじょう）	สนามฝึกซ้อมกีฬาต่อสู้ サナームフクソームキーラートースー	exercise hall
搭乗ゲート（とうじょう）	ประตูทางขึ้นเครื่อง プラトゥーターングクンクルアング	boarding gate
陶酔（とうすい）	การดื่มด่ำ / ซาบซึ้ง カーンドゥームダム / サーブスング	intoxication
どうせ	ถึงอย่างไรก็... トゥンヤーンライコー…	anyhow
統制（とうせい）	การควบคุม カーンクアブクム	control
同性愛（どうせいあい）	รักร่วมเพศ ラクルアムペーッ	homosexuality
当選（とうせん）	การได้รับเลือกตั้ง カーンダイラブルアクタング	be elected

と

同時 ➡ 当選 429

日	タイ	英
とうぜん 当然	ย่อมจะ/เป็นธรรมดาอยู่เอง ヨームチャ / ペンタムマダーユーエーング	matter of course
どうぞ	ได้โปรด ダイプローッ	please
とうそう 逃走	หลบหนี ロブニー	escape
どうそうせい 同窓生	เพื่อนร่วมรุ่น プアンルアムルン	alumni / schoolmate
とうそつ 統率	บัญชาการ バンチャーカーン	command / leadership
とうだい 灯台	ประภาคาร プラパーカーン	light house
とうたつ 到達	การบรรลุเป้าหมาย カーンバンルパウマーイ	achievement
とうち 統治	การปกครอง カーンポックローング	rule
とうちゃく 到着	การมาถึง カーンマートゥング	arrival
とうちゃく じ かん 到着 時間	เวลาถึงจุดหมาย ウェーラートゥングチュッマーイ	arrival time
とうちゃく 到着 ロビー	ห้องพักผู้โดยสารขาเข้า ホングパクプードーイサーンカーカウ	arrival lounge
どうちょう 同調	การเห็นพ้อง カーンヘンポーング	follow
とうてい 到底	ยังไง ๆ ก็ ヤングンガイヤングンガイコー	utterly
とうと 尊い	สูงศักดิ์ / มีค่ายิ่ง スーングサク / ミーカーイング	noble

430 当然 ➡ 尊い

日	タイ	英
とうとう	ในที่สุด ナイティースッ	finally
どう とう 同等	เสมอภาค サムーパーク	equality
どうどう 堂々	อย่างสง่าผ่าเผย ヤーングサガーパーブーイ	grand
どうとく 道徳	ศีลธรรม スィーンラタム	morality
とうと 尊ぶ	เคารพ カゥロプ	respect
とうなん 盗難	การขโมย / โจรกรรม カーンカモーイ / チョーラカム	robbery
とうなん 東南	ตะวันออกเฉียงใต้ タワンオークチアングタイ	the south-east
とうなんしょうめいしょ 盗難証明書	เอกสารแจ้งความถูกลักทรัพย์ エークカサーンチェーングクワームトゥークラックサプ	report of the theft
どうにか	พอผ่านไปได้ /...โดยไม่ลำบากนัก ポ パーンパイダイ /...ドーイマイラムバークナク	somehow
とうにゅう 投入	การขว้าง / โยนเข้าไป カーンクワーング / ヨーンカゥパイ	throwing into / inserting
どうにゅう 導入	การนำมาใช้ / ติดตั้ง カーンナムマーチャイ / ティッタング	introduction
とうにょうびょう 糖尿病	โรคเบาหวาน ロークバウワーン	diabetes
とうにん 当人	เจ้าตัว チャゥトゥア	the person himself / herself
とうばん 当番	เวรตรวจตรา ウェントルァットラー	watch

日	タイ	英
とうひょう 投票	การโหวต / การลงคะแนน カーンウォーツ / カーンロングカネーン	voting
とうふ 豆腐	เต้าหู้ タウフー	tofu / bean[soy] curd
どうふう 同封した	แนบมาในซอง ネープマーナイソーング	enclosed
どうぶつ 動物	สัตว์ サッ	animal
どうぶつえん 動物園	สวนสัตว์ スアンサッ	zoo
とうぶん 等分	การแบ่งให้เท่า ๆ กัน カーンベングハイタウタウカン	divided equally
とうぶん 当分	อีกสักระยะหนึ่ง イークサクラヤヌング	for now / for a while
とうぼう 逃亡	การหลบหนีคดี カーンロプニーカディー	escape
どうみゃく 動脈	หลอดเลือดแดง ロートルアッデーング	artery
どうみゃくこうか 動脈硬化	หลอดเลือดแดงแข็งตัว ロートルアッデーングケングトゥア	arteriosclerosis
とうみん 冬眠	การจำศีล カーンチャムスィーン	hibernation
とうめい 透明	โปร่งใส プローングサイ	transparency
どうめい 同盟	พันธมิตร パンタミッ	alliance
とうめん 当面	เฉพาะหน้า チャポナー	for the time being

432　投票 ➡ 当面

日	タイ	英
とうもろこし	ข้าวโพด カーゥポーッ	corn
どうやら	ดูเหมือนว่า... ドゥームァンワー ...	somehow / barely
灯油	น้ำมันก๊าด ナムマンカーッ	kerosene
東洋	ซีกโลกตะวันออก スィークロークタワンオーク	the East
動揺	ความหวั่นไหว クワームワンワイ	shaking / trembling / disturbance
同様	ทำนองเดียวกัน/เหมือนกัน タムノーングディアゥカン / ムァンカン	similar
童謡	เพลงกล่อมเด็ก プレーングクロームデク	children's song
道理	สมเหตุสมผล ソムヘーッソムポン	reason / logic
同僚	เพื่อนร่วมงาน プァンルゥアムンガーン	colleague
動力	แรงขับเคลื่อน レーングカプクルァン	power
道路	ถนน タノン	road
登録	การลงทะเบียน カーンロングタビアン	registration
道路地図	แผนที่เส้นทาง(ถนน) ペーンティーセンターング (タノン)	road map
討論	การอภิปราย / โต้วาที カーンアピプラーイ / トーワーティー	debate

とうもろこし ➡ 討論　433

日	タイ	英
童話 (どうわ)	นิทานกล่อมเด็ก ニターンクロームデク	fairy tale
遠い (とおい)	ไกล クライ	far
十日 (とおか)	วันที่สิบ ワンティースィブ	the tenth (day)
遠く (とおく)	ไกล クライ	far
遠ざかる (とおざかる)	ออกห่าง/ห่างออกไป オークハーング / ハーングオークパイ	go away
通す (とおす)	ให้ผ่าน ハイパーン	let *sb* pass
遠回り (とおまわり)	ทางอ้อม ターングオーム	detour
通り (とおり)	ถนน タノン	street
通り掛かる (とおりかかる)	ผ่านไปพอดี パーンパイポーディー	happen to pass by
通り過ぎる (とおりすぎる)	ผ่านเลยไป パーンルーイパイ	go past
通る (とおる)	ผ่าน / สอบผ่าน パーン / ソープパーン	pass
トーン	ระดับเสียง ラダプスィアング	tone
都会 (とかい)	เมืองหลวง ムアングルアング	city / metropolis
とかく	โน่น/นี่/อย่างไรก็ตาม ノーン / ニー / ヤーングライコーターム	meantime

| 日 | タイ | 英 |

とかげ	จิ้งจก / ตุ๊กแก チングチョク / トゥッケー	lizard
溶(と)かす	ละลาย ララーイ	dissolve / melt
咎(とが)める	ตำหนิ/ซักถามอย่างเคลือบแคลงใจ タムニ / サックタームヤーングクルアプクレーングチャイ	blame
尖(とが)る	แหลมคม レームコム	become sharp
時(とき)	เวลา ウェーラー	time / when
時々(ときどき)	บางครั้ง バーングクラング	sometimes
ドキドキ	(หัวใจ)เต้นรัว (ファチャイ) テンルァ	beat
途切(とぎ)れる	ขาดช่วง カーッチュアング	break
解(と)く	แก้ / ไข ケー / カイ	untie / solve
説(と)く	อธิบาย アティバーイ	explain
得(とく)	กำไร カムライ	profit
溶(と)く	ละลาย ララーイ	dissolve
研(と)ぐ	ขัดให้ขึ้นเงา/ลับให้คม/ซาวข้าว カッハイクンンガゥ / ラプハイコム / サーゥカーゥ	grind / sharpen
退(ど)く	ถอย / เปิดทาง トーイ / プーッターング	make room / step aside

日	タイ	英
どく 毒	พิษ ピッ	poison
とくい 得意	ถนัด / ชำนาญ タナッ / チャムナーン	pride / one's strong point / triumph
とくぎ 特技	ความสามารถพิเศษ クワームサーマーッピセーッ	special talent
どくさい 独裁	เผด็จการ パデッカーン	dictatorship
とくさん 特産	ผลิตภัณฑ์พิเศษของท้องถิ่น パリッパンピセーッコーングトーングティン	special product
どくじ 独自	ลักษณะเฉพาะ / ไม่เหมือนใคร ラクサナチャポ / マイムアンクライ	original
どくじせい 独自性	การเป็นตัวของตัวเอง カーンペントゥアコーングトゥアエーング	distinctiveness / originality / uniqueness
どくしゃ 読者	ผู้อ่าน プーアーン	reader
とくしゅ 特殊	พิเศษ ピセーッ	special
とくしゅう 特集	สกู๊ปพิเศษ スクープピセーッ	special feature
どくしょ 読書	การอ่านหนังสือ カーンアーンナングスー	reading
とくしょく 特色	ลักษณะพิเศษ ラクサナピセーッ	special character
どくしん 独身	โสด ソーッ	single
とくせい 特性	คุณลักษณะพิเศษ クンナラクサナピセーッ	characteristic

日	タイ	英
毒舌（どくぜつ）	ปากร้าย パークラーイ	sharp tongue / harsh comment
独占（どくせん）	การผูกขาด カーンプークカーツ	monopoly
独創性（どくそうせい）	ความเป็นเอกลักษณ์ クワームペンエークカラクッ	originality
特徴（とくちょう）	คุณสมบัติพิเศษ クンナソムバッピセーツ	special feature
特長（とくちょう）	จุดเด่น チュッデン	strong point
特定（とくてい）	บ่งชี้ / ระบุเฉพาะ ボンチー / ラブチャポ	identification / specific
得点（とくてん）	ผลคะแนน ポンカネーン	scoring
独特（どくとく）	ลักษณะโดดเด่นเฉพาะตัว ラクサナドーッデンチャポトゥア	particular
特に（とくに）	โดยเฉพาะอย่างยิ่ง ドーイチャポヤーングイング	especially
特売（とくばい）	ลดราคา ロッラーカー	sale
特別（とくべつ）	พิเศษ ピセーツ	special
独房（どくぼう）	ห้องขังเดี่ยว ホンヶカングディアウ	solitary cell
匿名（とくめい）	นิรนาม / การปกปิดชื่อจริง ニンラナーム / カーンポッピッチュー ヂンヶ	anonymity
特有（とくゆう）	แปลก / ลักษณะพิเศษเฉพาะตัว プレーク / ラクサナピセーッチャポトゥア	peculiar / characteristic

毒舌 ➡ 特有　437

日	タイ	英
独立（どくりつ）	เป็นอิสระ/เป็นเอกเทศ ペンイッサラ / ペンエークカテーッ	independence
とげ	หนาม ナーム	thorn
時計（とけい）	นาฬิกา ナーリカー	clock / watch
溶け込む（とけこむ）	หลอมรวม/กลมกลืน ロームルアム / クロムクルーン	melt into
溶ける（とける）	ละลาย ララーイ	melt
遂げる（とげる）	บรรลุผล バンルポン	achieve
退ける（どける）	ถอย / หลบไปที่อื่น トーイ / ロプパイティーウーン	remove
どこ	ที่ไหน ティーナイ	where
どこか	ที่ไหนสักแห่ง ティーナイサクヘング	somewhere
どこまで	ถึงไหน トゥングナイ	where to
ところが	แต่ทว่า テータワー	but / however
ところで	เปลี่ยนเรื่องพูด プリアンルアングプーッ	by the way
所々（ところどころ）	เป็นแห่ง ๆ/ที่นั่นบ้างที่นี่บ้าง ペンヘングヘング / ティーナンバーングティーニーバーング	here and there
登山（とざん）	การปีนเขา カーンピーンカウ	mountain climbing

日	タイ	英
都市（とし）	เมืองใหญ่ ムアングヤイ	metropolitan
戸締り（とじまり）	การปิดประตูใส่กุญแจ カーンピップラトゥーサイクンチェー	security / lock the doors
途上（とじょう）	อยู่ในระหว่าง... ユーナイラワーング...	in the process of
土壌（どじょう）	พื้นดิน / ดิน プーンディン/ディン	soil
図書館（としょかん）	หอสมุด ホーサムッ	library
綴じる（とじる）	เย็บ / มัดติดกัน イェプ/マッティッカン	bind / file
閉じる（とじる）	ปิด ピッ	close
都心（としん）	ศูนย์กลางเมืองใหญ่ スーンクラーングムアングヤイ	downtown area
土台（どだい）	รากฐานของอาคาร/คาน ラークターンコーングアーカーン / カーン	foundation
途絶える（とだえる）	ตัดขาด /หยุดกลางคัน タッカーッ /ユックラーングカン	die out
戸棚（とだな）	หิ้ง / ตู้ใส่ของ ヒング/トゥーサイコーング	cupboard / closet / cabinet
途端（とたん）	ในทันทีที่... ナイタンティーティー ...	just at the moment
土地（とち）	ที่ดิน ティーディン	land
途中（とちゅう）	ระหว่างทาง ラワーングターング	on the one's way

と

都市 ➡ 途中 439

日	タイ	英
どちら	ฝ่ายไหน ファーイナイ	which
特急	รถไฟขบวนด่วนพิเศษ ロッファイカブァンドゥァンピセーッ	limited express
特許	สิทธิบัตร スィッティバッ	patent
とっくに	นานมาแล้ว ナーンマーレーゥ	long ago / already
特権	สิทธิพิเศษ スィッティピセーッ	privilege
とっさ	อย่างรวดเร็วฉับพลัน ヤーングルァッレゥチャップラン	all of a sudden / instantaneous / unexpected
突然	ทันทีทันใด タンティータンダイ	suddenly
取っ手	ที่จับ ティーチャプ	handle / knob
(~に) とって	สำหรับ サムラブ	for
取って代わる	ทดแทน トッテーン	replace / take the place of / take one's place
どっと	กรูเข้ามา クルーカゥマー	all at once
突破	การทะลวง / ทะลุเข้า カーンタルァング / タルカゥ	breakthrough
トッピング	สิ่งที่ใช้แต่งหน้าอาหาร スィングティーチャイテングナーアーハーン	topping
トップ	เหนือ / สุดยอด ヌァ / スッヨーッ	top

日	タイ	英
土手（どて）	ตลิ่ง / ฝั่ง タリング / ファング	bank / embankment
とても	...มาก ...マーク	very
届く（とどく）	มาถึง / ส่งถึง マートゥング / ソングトゥング	reach
届け（とどけ）	การนำส่ง カーンナムソング	notification
届ける（とどける）	นำส่ง / ยื่นเรื่อง ナムソング / ユーンルアング	report / notify
滞る（とどこおる）	นิ่งเฉย / ล่าช้า ニングチューイ / ラーチャー	be left undone / be behind
整う（ととのう）	เป็นระเบียบเรียบร้อย / ครบถ้วน ペンラビアブリアブローイ / クロブトゥアン	well-regulated / well-proportioned
整える（ととのえる）	จัดเตรียม / จัดแจงให้เรียบร้อย チャットリアム / チャッチェーングハイリアブローイ	arrange / prepare
留まる（とまる）	หยุดอยู่ ユッユー	stay
トナー	ผงหมึก ポングムク	toner
ドナー	ผู้บริจาค(อวัยวะ) プーボーリチャーク (アワイヤワ)	donor
唱える（となえる）	การร้อง / สวด カーンローング / スアッ	chant
隣（となり）	เพื่อนบ้าน / ห้องข้างเคียง プアンバーン / ホングカーングキアング	neighbor
怒鳴る（どなる）	ตะโกนดุด่า タコーンドゥダー	shout

土手 ➡ 怒鳴る　441

日	タイ	英
とにかく	อย่างไรก็ตาม ヤーングライコーターム	anyway
どの	...ไหน ... ナイ	which
～殿	ท่าน... ターン...	Mr.
どのように	อย่างไร ヤーングライ	how to
飛ばす	ขว้าง / เร่งความเร็วรถ / วิ่งข้ามป้ายไม่จอด クワーング / レングクワームレゥロッ / ウィングカームパーイマイチョーッ	fly / drive fast / skip
飛び込む	กระโจนลง クラチョーンロング	jump in / dive in
飛び出す	รุดออกไปทันที / โผล่พรวด ルッオークパイタンティー / プロープルァッ	rush out / jump out
トピックス	หัวข้อ ファコー	topic
土俵	ลานแข่งซูโม่ ラーンケングスーモー	sumo ring
扉	ประตู プラトゥー	door / gate
飛ぶ	บิน ビン	fly
跳ぶ	กระโดด クラドーッ	jump
溝	คูน้ำ / ทางระบายน้ำ クーナム / ターングラバーイナム	drain / ditch / gutter
徒歩	การเดินเท้า カーンドゥーンタゥ	on foot

日	タイ	英
土木（どぼく）	โยธาธิการ ヨーターティカーン	civil engineering
とぼける	แกล้งทำเป็นไม่รู้ クレーングタムペンマイルー	play innocent
乏しい（とぼしい）	ขาดแคลน カーックレーン	scarcity / meager
トマト	มะเขือเทศ マクァテーッ	tomato
戸惑い（とまどい）	สับสน / ทำอะไรไม่ถูก サブソン / タムアライマイトゥーク	confusion / lose one's bearings
泊まる（とまる）	พักค้างแรม パクカーングレーム	stay
止まる（とまる）	หยุด ユッ	come to a stop
富（とみ）	ความมั่งคั่ง クワームマングカング	wealth
富む（とむ）	ร่ำรวย / มั่งคั่ง ラムルアイ / マングカング	grow wealthy
泊める（とめる）	ให้ที่พักค้างแรม ハイティーパクカーングレーム	put *sb* up
とめる	ยับยั้ง / จอด ヤブヤング / チョーッ	bring to a stop
ともかく	จะอย่างไรก็ตาม チャヤーングライコーターム	in any case
共稼ぎ（ともかせぎ）	การที่สามีภรรยาทำงานทั้งคู่ カーンティーサーミーパンラヤータムガーンタングクー	double-income
友達（ともだち）	เพื่อน プアン	friend

土木 ➡ 友達　443

日	タイ	英
伴う	มีร่วมอยู่ด้วย ミールァムユードゥァイ	follow
共に	ด้วยกัน ドゥアイカン	together
土曜日	วันเสาร์ ワンサゥ	Saturday
虎	เสือ スァ	tiger
ドライ	แห้ง ヘーング	dry
ドライアイス	น้ำแข็งแห้ง ナムケングヘング	dry ice
ドライクリーニング	ซักแห้ง サクヘーング	dry cleaners
ドライバー	คนขับรถ コンカブロッ	driver
ドライブ	การขับรถเล่น カーンカブロッレン	driving
ドライフルーツ	ผลไม้อบแห้ง ポンラマイオブヘーング	dried fruit
ドライヤー	เครื่องเป่าผม クルァングパゥポム	dryer / drier
捕える	ตีความ ティークワーム	grasp / catch
トラック	รถบรรทุก ロッバントゥク	track
トラブル	ปัญหา/ความยุ่งยาก パンハー／クワームユングヤーク	trouble

444 　伴う ➡ トラブル

日	タイ	英
ドラマ	ละคร ラコーン	drama
トランク	กระเป๋าเดินทาง クラパウドゥーンターング	trunk
トランプ	ไพ่ パイ	cards
鳥	นก ノク	birds
取り敢えず	ในลำดับแรก / ในเบื้องต้น ナイラムダブレーク / ナイブァングトン	for the present
取り上げる	ยกขึ้นมา / หยิบขึ้นมา ヨククンマー / イブクンマー	take up
取り扱い	การจัดการ / การดูแล カーンチャッカーン / カーンドゥーレー	treatment
取り扱う	จัดการ / ดูแล チャッカーン / ドゥーレー	treat
ドリアン	ทุเรียน トゥリアン	durian
トリートメント	ครีมนวดผม クリームヌアッポム	treatment
取り入れる	รับเข้ามา ラブカウマー	take in
取り替え	การสับเปลี่ยน カーンサブブリアン	exchange
取り替える	สับเปลี่ยน サブブリアン	exchange
取り囲む	ล้อมรอบ ロームローブ	surround

ドラマ ➡ 取り囲む　445

日	タイ	英
取り組む	ปฏิบัติการ(แก้ไขปรับปรุง) パティバッカーン (ケーカイプラプブルング)	wrestle / tackle
取り消す	ยกเลิก ヨクルーク	cancel
取り締まり	การจับกุม カーンチャプクム	regulation / regulate
取り締まる	จับกุม チャプクム	control
取り調べる	ตรวจค้น / สืบค้น トルアッコン / スープコン	investigate
取り出す	เอาออกมา / เลือกออกมา アウオークマー / ルアクオークマー	take out
取り立てる	ติดตามเก็บเงิน / เก็บภาษี ティッタームケプングン / ケプパースィー	collect / demand payment
取り次ぐ	เป็นคนกลาง / เชื่อมต่อ ペンコンクラーング / チュアムトー	act as an agent
取り付ける	ติดตั้ง ティッタング	install
鶏肉	เนื้อไก่ ヌアカイ	chicken
取り除く	กำจัดออกไป カムチャッオークパイ	remove
取り引き	การค้าขาย カーンカーカーイ	dealings / transaction
取り巻く	ล้อมรอบ / วนเวียน ロームロープ / ウォンウィアン	surround
取り混ぜる	ผสม パソム	mix / assort

日	タイ	英
取り戻す（と もど）	นำกลับคืน ナムクラプクーン	recover
塗料（と りょう）	สีที่ใช้ทา スィーティーチャイター	paint
努力（ど りょく）	ความพยายาม クワームパヤーヤーム	effort
取り寄せる（と よ）	สั่งซื้อมา サンクスーマー	get / order
ドリル	สว่าน サワーン	drill
とりわけ	โดยเฉพาะ ドーイチャポ	above all / especially
採る（と）	เก็บ / เอามาใช้ ケプ / アウマーチャイ	adopt
撮る（と）	ถ่ายรูป ターイループ	take a picture
取る（と）	หยิบ イプ	take
トルコ	ประเทศตุรกี プラテーットゥラキー	Turkey
どれ	อันไหน アンナイ	which
奴隷（ど れい）	ทาส ターッ	slave
トレーニング	การฝึกฝน カーンフクフォン	training
トレーニングウエアー	ชุดวอร์ม チュッウォーム	training[sweat] suit

と

取り戻す ➡ ウエアー 447

日	タイ	英
ドレス	ชุดกระโปรง チュックラプローング	dress
ドレッシング	น้ำสลัด ナムサラッ	dressing
採れる	สามารถเก็บ/เอามาใช้ サーマーッケブ/アウマーチャイ	collect / gather / mine / harvest
泥	โคลน クローン	mud
とろける	หลอมเหลว / ละลาย ロームレウ / ララーイ	be enchanted / be melted
泥棒	โจร / ขโมย チョーン / カモーイ	robber
度忘れ	ขี้ลืม キールーム	lapse of memory
トン	ตัน タン	ton
鈍感	ความรู้สึกช้า / ทื่อ クワームルースクチャー / トゥー	insensitiveness
とんでもない	เหลือเชื่อ ルアチュア	unbelievable
どんどん	อย่างเร็วและจริงจัง ヤーングレゥレチングチャング	bang-bang / rapidly
どんな	แบบไหน ベープナイ	what kind of / whatever
どんなに	...แค่ไหนก็ตาม ...ケナイコーターム	no matter how
トンネル	อุโมงค์ ウモーング	tunnel

日	タイ	英
丼 (どんぶり)	ชาม チャーム	bowl
問屋 (とんや)	พ่อค้าขายส่ง ポーカーカーイソング	wholesaler

▼ な, ナ

日	タイ	英
無い (ない)	ไม่มี マイミー	be free from
内 (ない)	ภายใน パーイナイ	inner / internal
内科 (ないか)	แผนกอายุรกรรม パネークアーユラカム	internal medicine
内科医 (ないかい)	อายุรแพทย์ アーユラペーッ	physician
内閣 (ないかく)	คณะรัฐมนตรี カナラッタモントリー	the Government
ないし	หรือ ルー	or
内出血 (ないしゅっけつ)	เลือดตกใน ルアットクナイ	internal bleeding
内緒 (ないしょ)	ความลับ クワームラップ	secret
内心 (ないしん)	ภายในใจ パーイナイチャイ	at heart
内線 (ないせん)	โทรศัพท์ติดต่อภายใน トーラサプティットーパーイナイ	extension
内戦 (ないせん)	สงครามกลางเมือง ソングクラームクラーングムアング	civil war [strife]

丼 ➡ 内戦　449

日	タイ	英
内線電話 (ないせんでんわ)	โทรศัพท์ภายใน トーラサプパーイナイ	extension telephone
内臓 (ないぞう)	เครื่องใน クルアングナイ	internal organs
ナイター	การแข่งเบสบอลรอบค่ำ カーンケングベースボーンロープカム	night game
ナイトクラブ	ไนท์คลับ ナイックラブ	nightclub
ナイフ	มีด ミーッ	knife
内部 (ないぶ)	ภายใน/ภายในองค์กร パーイナイ/パーイナイオングコーン	the inside
内容 (ないよう)	เนื้อหา ヌアハア	contents
内陸 (ないりく)	แผ่นดินที่อยู่ห่างจากชายฝั่ง ペンディンティーユーハーングチャークチャーイファング	inland
ナイロン	ไนลอน ナイローン	nylon
苗 (なえ)	ต้นอ่อน / ต้นกล้า トンオーン / トンクラー	young plant / seedling
苗木 (なえぎ)	ต้นกล้า トンクラー	young plant
なお	อนึ่ง アヌング	further more
なおさら	ยิ่ง...ไปใหญ่ イング...パイヤイ	all the more
直す (なおす)	แก้ไข ケーカイ	mend

450 内線電話 ➡ 直す

日	タイ	英
中庭(なかにわ)	สวนที่อยู่ระหว่างอาคาร スァンティーユーラワーングアーカーン	courtyard
半ば(なかば)	ครึ่ง クルング	half
長引く(ながびく)	ยืดเยื้อ ユーッユーア	be prolonged
中程(なかほど)	ตรงกลาง トロングクラーング	halfway
仲間(なかま)	เพื่อนพ้อง / พรรคพวก プァンポーング / パクプァク	colleague
中身(なかみ)	เนื้อหา ヌァハア	content
眺め(ながめ)	วิว / ทิวทัศน์ ウィゥ / ティゥタッ	view
眺める(ながめる)	จ้องมอง チョングモーング	look at
中指(なかゆび)	นิ้วกลาง ニゥクラーング	the middle finger
仲良く(なかよく)	เข้ากันดี カウカンディー	happily / get along with
仲良し(なかよし)	สนิทสนมกลมเกลียว サニッサノムクロムクリァゥ	good friend
〜ながら	ในขณะที่ ナイカナティー	while
流れ(ながれ)	กระแส クラセ	flowing
流れ星(ながれぼし)	ดาวตก ダーゥトク	shooting star

日	タイ	英
治す	รักษาให้หายป่วย ラクサーハイハーイプァイ	cure
治る	หาย / คืนสู่สภาพเดิม ハーイ / クーンスーサパープドゥーム	get well
直る	(ซ่อม)หายแล้ว/เป็นปกติดังเดิม (ソーム) ハーイレーゥ /ペンパカティダングドゥーム	be mended
仲	ความสัมพันธ์ クワームサムパン	relationship
中	ข้างใน カーングナイ	the inside
永い	นิรันดร์/นานเท่านาน ニランツ / ナーンタゥナーン	everlasting
長い	ยาว ヤーゥ	long
長靴	รองเท้าบูท ローングタゥブーツ	boots
長さ	ความยาว クワームヤーゥ	length
流し	อ่างล้างหน้า/อ่างล้างชาม アーングラーングナー / アーングラーングチャーム	sink
流す	เททิ้ง /ปล่อยให้ลอยไป テーティング / プローイハイローイパイ	pour / wash away
仲直り	การคืนดี カーンクーンディー	peacemaking
なかなか	(ไม่)...สักที/ค่อนข้าง...ทีเดียว (マイ)...サクティー / コーンカーングティーディアゥ	quite / not easily
長々	ยืดยาว ユーッヤーゥ	at great length

治す ➡ 長々　451

日	タイ	英
流_{なが}れる	ไหล ライ	flow
渚_{なぎさ}	ชายหาด チャーイハーッ	beach
鳴_なく	(สัตว์)ร้อง (サッ) ローング	bark / sing / buzz
泣_なく	ร้องไห้ ローングハイ	weep
慰_{なぐさ}める	ปลอบใจ プローブチャイ	comfort
無_なくす	ทำหาย タムハーイ	lose
亡_なくなる	ตาย ターイ	die
無_なくなる	หาย ハーイ	be lost / disappear
殴_{なぐ}る	ต่อย トーイ	beat
嘆_{なげ}く	คร่ำครวญ クラムクルアン	grieve / mourn
投_なげ出_だす	โยนออกไป / สลัดทิ้ง ヨーンオークパイ / サラッティング	throw sth out
投_なげる	โยน / ขว้าง ヨーン / クワーング	throw
仲人_{なこうど}	พ่อสื่อแม่สื่อ ポースーメースー	matchmaker
和_{なご}やか	ความสงบ クワームサンゴブ	peaceful

流れる ➡ 和やか　453

日	タイ	英
名残り(なごり)	ร่องรอยที่ยังหลงเหลืออยู่ ローングローイティーヤングロングルァユー	remains of
情け(なさけ)	ความสงสาร クワームソングサーン	sympathy
情けない(なさけない)	น่าเวทนา ナーウェータナー	pitiful / shameful
情け深い(なさけぶかい)	มีเมตตา/เห็นอกเห็นใจ ミーメーッター / ヘンオクヘンチャイ	sympathetic / merciful
無し(なし)	ไม่มี マイミー	without
梨(なし)	สาลี่ サーリー	pear
詰る(なじる)	ตำหนิ タムニ	blame
為す(なす)	ทำ(คำยกย่อง) タム (カムヨクヨーング)	do
茄子(なす)	มะเขือม่วง マクァムァング	eggplant
何故か(なぜか)	ไม่รู้ทำไม... マイルータムマイ...	somehow
謎(なぞ)	ปริศนา パリッサナー	mystery
なぞなぞ	ปริศนาคำทาย パリッサナーカムターイ	riddle
名高い(なだかい)	มีชื่อเสียง/เป็นที่นิยม ミーチュースィアング / ペンティーニヨム	famous
なだらか	เรียบ / ไม่ชัน リアブ / マイチャン	gently-sloping

日	タイ	英
雪崩（なだれ）	หิมะถล่ม ヒマタロム	avalanche
夏（なつ）	ฤดูร้อน ルドゥーローン	summer
懐かしい（なつ）	คิดถึง / ไม่ได้พบเห็นนานแล้ว キットゥング / マイダイポプヘンナーンレーゥ	fondly-remembered
懐く（なつ）	คุ้น / เชื่อง クン / チュアング	get attached
名付ける（なづ）	ตั้งชื่อ タングチュー	name
ナッツ	ถั่ว トゥア	nuts
納得（なっとく）	การเข้าใจยอมรับได้ カーンカゥチャイヨームラブダイ	agreement
夏休み（なつやす）	ช่วงหยุดฤดูร้อน チュアングユッルドゥーローン	summer vacation
撫でる（な）	ลูบ / ประโลม ルーブ / プゥロ ム	smooth down / stroke
等（など）	เป็นต้น ペントン	and so on / etc.
7	เจ็ด チェッ	seven
70	เจ็ดสิบ チェッスイブ	seventy
7つ	เจ็ดอัน/เจ็ดชิ้น/เจ็ดขวบ チェッアン / チェッチン / チェックアブ	seven
斜め（ななめ）	เฉียง / เอียง チアング / イアング	oblique / diagonal / sloping

な

雪崩 ➡ 斜め 455

日	タイ	英
なに 何	อะไร アライ	what
なに 何か	อะไรบางอย่าง アライバーングヤーング	something
なに 何しろ	ยังไง ๆ ก็... ヤングガイヤングガイコー ...	as you know / at any rate
なにな に 何々	อะไร ๆ / นู่นนี่นั่น アライアライ / ヌーンニーナン	well
なにぶん 何分	ขอความกรุณา コークワームカルナー	please / anyhow
なに 何も	ไม่...เลย / อะไร ๆ ก็ไม่... マイ ... ルーイ / アライアライコーマイ ...	nothing
なに 何より	เหนืออื่นใด ヌアウーンダイ	above all
なの か 七日	วันที่เจ็ด ワンティーチェッ	the seventh (day)
ナプキン	ผ้าอนามัย/กระดาษเช็ดปาก パーアナーマイ / クラダーッチェッパーク	napkin
な ふだ 名札	ป้ายชื่อ パーイチュー	name card
なべ 鍋	หม้อ モー	pan
なま 生	ดิบ ディプ	raw
なま い き 生意気	โอหัง/อวดเก่ง/ทำเขื่อง オーハング / ウアッケング / タムクアング	impertinent
な まえ 名前	ชื่อ チュー	name

な

日	タイ	英
なまぐさ 生臭い	เหม็นคาว メンカーゥ	fishy-smelling
なま 怠ける	ขี้เกียจ キーキアッ	neglect
なま 生ぬるい	อุ่น ウン	lukewarm
なま 生ビール	เบียร์สด ビアソッ	draft beer
なま み 生身	ร่างกายที่มีเลือดเนื้อมีชีวิต ラーングカーイティーミールアッヌアミーチーウィッ	living body
なまり 鉛	ตะกั่ว タクァ	lead
なま 訛り	ภาษาถิ่น パーサーティン	dialect
なみ 波	คลื่น クルーン	wave
なみ 並	ปกติ / ธรรมดา パカティ / タムマダー	common / standard
なみ き みち 並木道	ถนนที่มีต้นไม้สองข้างทาง タノンティーミートンマイソーングカーングターング	a tree-lined road
なみだ 涙	น้ำตา ナムター	tears
なめ 滑らか	เรียบ / ลื่น リアプ / ルーン	smooth
な 舐める	เลีย / หยาม リア / ヤーム	lick / make a fool of
なや 悩ましい	ทุกข์ทรมานใจ トゥクトラマーンチャイ	suffer

な

生臭い ➡ 悩ましい 457

な

日	タイ	英
なや 悩み	ความกังวลใจ クワームカングウォンチャイ	trouble
なや 悩む	กังวล / กลุ้มใจ カングウォン / クルムチャイ	suffer (from) / be worried (about)
なら 習う	เรียนรู้ リアンルー	learn *sth*
なら 倣う	สามารถเรียนรู้บางสิ่งบางอย่าง サーマーッリアンルーバーングスィングバーングヤーング	follow a precedent
な 慣らす	ทำให้คุ้นเคย タムハイクンクーィ	get *sb* accustomed to
な 馴らす	ฝึกให้เชื่อง フクハイチュアング	train
な 鳴らす	สั่น(กระดิ่ง) /กด(ออด) /ดีด(นิ้ว) サン(クラディング) / コッ(オーッ) / ディーッ(ニゥ)	ring
(～しては) ならない	ต้องไม่... トーングマイ…	must not / can not help
なら 並びに	และ / รวมทั้ง レ / ルアムタング	besides
なら 並ぶ	เรียงราย / เข้าแถว リアングラーィ / カウテーゥ	form a line
なら 並べる	ตั้งเรียง タングリアング	line up
な　た 成り立つ	เกิดขึ้นได้ /ประกอบด้วย クーックンダイ / プラコーブドゥアイ	be made up of
なる	กลายเป็น クラーィペン	become
な 鳴る	(ฟ้า)ร้อง /(ออดโทรศัพท์)ดัง (ファー) ローング / (オーットーラサプ) ダング	ring

458　悩み ➡ 鳴る

日	タイ	英
生(な)る	ออกผล オークポン	grow
なるべく	เท่าที่จะทำได้ タウティーチャタムダイ	as ... as possible
なるほど	เข้าใจแล้ว/อ้อเป็นเช่นนั้นเอง カウチャイレーゥ / オーペンチェンナンエーング	absolutely
慣(な)れ	ความเคยชิน クワームクーイチン	experience
ナレーション	เสียงบรรยาย スイアングバンヤーイ	narration
ナレーター	ผู้บรรยาย プーバンヤーイ	narrator
なれなれしい	ทำตัวคุ้นจนลาม タムトゥアクンチョンラーム	over familiar
慣(な)れる	คุ้นเคย クンクーイ	get used to
馴(な)れる	เชื่อง チュアング	become tame
縄(なわ)	เชือกเส้นใหญ่ チュアクセンヤイ	rope
難(なん)	อุปสรรค / ภัย / ตำหนิ ウプパサヶ / パイ / タムニ	obstacle / danger / flaw
南極(なんきょく)	ขั้วโลกใต้ クァロークタイ	the South Pole
ナンセンス	เรื่องไร้สาระ ルアングライサーラ	nonsense
何(なん)だか	ไม่รู้สิ マイルースィ	somehow

な

生る ➡ 何だか 459

日	タイ	英
何だかんだ	เรื่องนู้นเรื่องนี้... ルアングヌーンルアングニー...	this and that
難聴	ภาวะสูญเสียการได้ยิน パーワスーンスィアカーンダイイン	deafness / hearing loss[impairment]
なんて	อย่าง... ヤーング...	such
何で	ทำไม タムマイ	why
何と	ช่าง...นี่กระไร チャーング... ニークラライ	my amazement
何とか	อะไรบางอย่าง / อย่างไรก็ตาม アライバーングヤーング / ヤーングライコーターム	in someway
何となく	โดยไม่รู้สาเหตุ ドーイマイルーサーヘーッ	for some reason or other
ナンバー	หมายเลข マーイレーク	number
ナンバープレート	ป้ายทะเบียนรถ パーイタビアンロッ	car license[number] plate
難病	อาการป่วยที่รักษายาก アーカーンプァイティーラクサーヤーク	intractable[serious, incurable] disease
南米	อเมริกาใต้ アメーリカータイ	South America
南北	เหนือใต้ ヌアタイ	north and south
難民	ผู้อพยพ / ผู้ลี้ภัย プーオプパヨプ / プーリーパイ	refugees
難問	ปัญหาที่ยาก パンハーティーヤーク	difficult problem[question]

な

日	タイ	英

▼ に, ニ

荷	สัมภาระ サムパーラ	load
2	สอง ソーング	two
似合う	เข้ากัน / เหมาะสมกัน カウカン / モソムカン	suit
煮える	ต้มสุก トムスク	be boiled
匂い	กลิ่น(หอม) クリン (ホーム)	smell / fragrance
におい	กลิ่น(เหม็น) クリン (メン)	smell
において	ใน / ที่ ナイ / ティー	at / in
におう	ได้กลิ่น ダイクリン	stink
苦い	ขม コム	bitter
逃がす	ปล่อยให้หนีไป プロイハイニーパイ	let *sb* free
二月	กุมภาพันธ์ クムパーパン	February
苦手	อ่อน / ไม่ถนัด オーン / マイタナッ	weak point
にきび	สิว スィウ	pimple

荷 ➡ にきび　461

日	タイ	英
賑やか（にぎやか）	ครึกครื้น / เสียงดัง クルㇰクルーン / スイアングダング	flourishing / vivacious / bustling
握る（にぎる）	จับ / ถือ チャㇷ゚ / トゥー	take hold of
にぎわう	จอแจ / พลุกพล่าน チョーチェー / プルㇰプラーン	flourish / bustle
肉（にく）	เนื้อ ヌァ	meat
憎い（にくい）	เกลียดชัง クリァッチャング	hateful / abominable
憎しみ（にくしみ）	ความรู้สึกเกลียดชัง クワームルースㇰクリアッチャング	hatred
肉親（にくしん）	คนที่มีสายเลือดเดียวกัน コンティーミーサーイルアッディアウカン	blood relation
肉体（にくたい）	ร่างกาย ラーングカーィ	body
憎む（にくむ）	เกลียดชัง / แค้น クリァッチャング / ケーン	hate
肉屋（にくや）	ร้านขายเนื้อ ラーンカーィヌァ	butcher's shop / meat shop
憎らしい（にくらしい）	น่าเกลียดชัง ナークリァッチャング	hateful
肉料理（にくりょうり）	อาหารประเภทเนื้อ アーハーンプラペーッヌァ	meat dish
逃げ出す（にげだす）	หนีไป ニーパイ	break into a run
逃げる（にげる）	หนี ニー	run away

日	タイ	英
にこにこ	ยิ้มแย้ม イムイェーム	smilingly
煮込む	ตุ๋น / เคี่ยว トゥン / キアゥ	stew / cook[boil] *sth* well
濁る	ขุ่น クン	become muddy
煮込んだ	ตุ๋น トゥン	stewed
二酸化炭素	ก๊าซคาร์บอนไดออกไซด์ カーッカーボンダイオークサイ	carbon dioxide / CO_2
西	ตะวันตก タワントク	west
虹	รุ้ง ルング	rainbow
西日	พระอาทิตย์ยามบ่าย プラアーティッヤームバーイ	afternoon sun
にじむ	ซึม スム	blur
20	ยี่สิบ イースィブ	twenty
21	ยี่สิบเอ็ด イースィブエッ	twenty one
鰊	ปลาแฮริง(ปลาทะเล) プラーヘーリング (プラータレー)	herring
偽物	ของปลอม コーンク プローム	imitation
煮た	ต้ม トム	boiled

日	タイ	英
日時 (にちじ)	วันเวลา ワンウェーラー	day and time
日常 (にちじょう)	ปกติ / ประจำวัน パカティ / プラチャムワン	daily
日没 (にちぼつ)	พระอาทิตย์ตกดิน プラアーティットクデイン	sunset
日夜 (にちや)	วันคืน ワンクーン	day and night
日曜日 (にちようび)	วันอาทิตย์ ワンアーティッ	Sunday
日用品 (にちようひん)	ของใช้ในชีวิตประจำวัน コーングチャイナイチーウィップラチャムワン	household goods
日課 (にっか)	กิจวัตรประจำวัน キッチャワップラチャムワン	daily schedule
日記 (にっき)	บันทึกประจำวัน バントゥックプラチャムワン	diary
日給 (にっきゅう)	ค่าจ้างรายวัน カーチャーングラーイワン	daily wage[pay]
荷造り (にづくり)	การจัดสัมภาระเตรียมย้าย カーンチャッサムパーラトリアムヤーイ	packing
日光 (にっこう)	แสงอาทิตย์ セーングアーティッ	sunshine
にっこり	ยิ้มน้อย ๆ イムノーイノーイ	with a smile
日誌 (にっし)	บันทึกประจำวัน バントゥックプラチャムワン	diary
日射病 (にっしゃびょう)	โรคแพ้แดด ロークペーデーッ	sunstroke

日	タイ	英
日食 (にっしょく)	ปรากฏการณ์สุริยุปราคา プラーコッカーンスリユプラーカー	solar eclipse
日中 (にっちゅう)	กลางวัน / ญี่ปุ่น-จีน クラーングワン / イープン - チーン	daytime / Japanese-Chinese
似ている (にている)	เหมือน ムアン	similar / look like / resemble / alike
担う (になう)	แบก / ขน / รับภาระ ベーク / コン / ラプパーラ	shoulder
鈍い (にぶい)	ทื่อ / รับรู้ได้ช้า トゥー / ラプルーダイチャー	dull
鈍る (にぶる)	เริ่มทื่อ / เริ่มอ่อนแอลง ルームトゥー / ルームオーンエーロング	become incapable / weaken / become blunt
日本 (にほん)	ญี่ปุ่น イープン	Japan
日本語 (にほんご)	ภาษาญี่ปุ่น パーサーイープン	Japanese
日本人 (にほんじん)	คนญี่ปุ่น コンイープン	Japanese
日本人学校 (にほんじんがっこう)	โรงเรียนสำหรับคนญี่ปุ่น ローングリアンサムラプコンイープン	Japanese school
日本大使館 (にほんたいしかん)	สถานทูตญี่ปุ่น サタートゥーッイープン	Japanese Embassy
日本領事館 (にほんりょうじかん)	สถานกงสุลญี่ปุ่น サターンコングスンイープン	Japanese Consulate
日本料理 (にほんりょうり)	อาหารญี่ปุ่น アーハーンイープン	Japanese food
~にもかかわらず	ทั้ง ๆ ที่ タンタンティー	although

日	タイ	英
荷物 (にもつ)	สัมภาระ サムパーラ	baggage
荷物カート (にもつカート)	รถเข็นสัมภาระ ロッケンサムパーラ	baggage[luggage] cart
荷物棚 (にもつだな)	ชั้นวางสัมภาระ/ของ チャンワーングサムパーラ / コーング	baggage[luggage] shelf
入院 (にゅういん)	การเข้าโรงพยาบาล カーンカウローングパヤーバーン	hospitalization
乳液 (にゅうえき)	ครีมโลชั่นน้ำนม クリームローチャンナムノム	milky lotion
入荷 (にゅうか)	สินค้าเข้าร้าน スィンカーカウラーン	goods arrival
入学 (にゅうがく)	เข้าเรียน カウリアン	entrance into a school
乳牛 (にゅうぎゅう)	โคนม コーノム	dairy cattle / milk cow
入金 (にゅうきん)	เงินโอนเข้าบัญชี ングンオーンカウバンチー	receipt of money[payment] / payment
入国 (にゅうこく)	การเข้าประเทศ カーンカウプラテーッ	entry / immigration
入国審査 (にゅうこくしんさ)	การตรวจคนเข้าเมือง カーントルアッコンカウムアング	entry[immigration] screening
入札 (にゅうさつ)	การประมูล カーンプラムーン	bid
入試 (にゅうし)	การสอบเข้า カーンソープカウ	entrance exam[examination]
乳児 (にゅうじ)	เด็กอ่อน デクオーン	baby / nursery / infant

日	タイ	英
ニュージーランド	ประเทศนิวซีแลนด์ プラテーッニゥスィーレーン	New Zealand
入社 (にゅうしゃ)	เข้าทำงาน カゥタムンガーン	entrance into a company
入手 (にゅうしゅ)	ครอบครอง/หามาได้ クローブクローンゲ/ハーマーダイ	acquisition
入賞 (にゅうしょう)	ชนะรางวัล チャナラーングワン	winning a prize
入場 (にゅうじょう)	เข้าไปในสนามแข่ง カゥパイナイサナームケング	entrance
入場無料 (にゅうじょうむりょう)	ไม่เสียค่าเข้า マイスィアカーカゥ	admission free / free admission / no charge for admission
入場料 (にゅうじょうりょう)	ค่าผ่านประตู カーパーンプラトゥー	admission[entrance] fee
ニュース	ข่าว カーゥ	news
乳製品 (にゅうせいひん)	ผลิตภัณฑ์ที่ทำจากนม パリッタパンティータムチャーックノム	dairy product
入門 (にゅうもん)	ความรู้เบื้องต้น クワームルーブアングトン	introduction
入浴 (にゅうよく)	การอาบน้ำ カーンアープナム	bathing
入力 (にゅうりょく)	การป้อนข้อมูล カーンポーンコームーン	input / entry
尿 (にょう)	ปัสสาวะ パッサーワ	urine
にらむ	จ้องมอง チョングモーング	glare at

ニュージーランド ➡ にらむ　467

日	タイ	英
煮る（にる）	ต้มสุก トムスク	boil
似る（にる）	เหมือน / คล้าย ムアン / クラーイ	be similar to
庭（にわ）	สวน スアン	garden
にわか	กะทันหัน ガタンハン	sudden
鶏（にわとり）	ไก่ カイ	chicken
認可（にんか）	การอนุมัติ カーンアヌマッ	authorization / sanction / approval / permission
人気（にんき）	ความนิยม クワームニヨム	popularity
人形（にんぎょう）	ตุ๊กตา トゥクカター	doll
人間（にんげん）	มนุษย์ マヌッ	human being
認識（にんしき）	การสำนึก / การรับรู้ カーンサムヌク / カーンラブルー	recognition
認証（にんしょう）	การรับรอง(เอกสารหรือคำขอ) カーンラブローング (エークカサーンルーカムコー)	certification / authentication / recognition
人情（にんじょう）	อารมณ์ความรู้สึก アーロムクワームルースク	human feelings
妊娠（にんしん）	การตั้งครรภ์ カーンタングカン	pregnant
人参（にんじん）	แครอท ケローッ	carrot

日	タイ	英
妊娠中	กำลังตั้งครรภ์ カムラングタングカン	pregnant
人数	จำนวนคน チャムヌアンコン	number / the number of people
忍耐	ความอดทน クワームオットン	patience / endurance / tolerance
認知	การยอมรับ / การรับรู้ カーンヨームラブ / カーンラブルー	recognition / understanding / awareness / acknowledgement
認知症	โรคสมองเสื่อม ロークサモーングスアム	dementia
にんにく	กระเทียม クラティアム	garlic
妊婦	หญิงมีครรภ์ イングミーカン	pregnant woman / expectant[expecting] mother
任務	ภารกิจ / หน้าที่ パーラキッ / ナーティー	mission / duty
任命	การมอบหมายให้ทำหน้าที่ カーンモープマーイハイタムナーティー	appointment

▼ ぬ, ヌ

縫う	เย็บ / ปัก イエブ / パク	sew
ぬかるみ	โคลนตม クローントム	mud
抜き	โดยไม่มี ドーイマイミー	without
抜く	ดึงออก ドゥンツオッ	pull out

日	タイ	英
脱ぐ	ถอดออก トーッオーク	take off
抜け出す	หลบออกไป ロブオークパイ	slip out
抜ける	หลุด / พ้น / รอดผ่าน ルッ / ポン / ローッパーン	come out
盗み	การขโมย カーンカモーイ	theft
盗む	ขโมย カモーイ	steal
布	ผ้า パー	cloth
沼	หนองน้ำ ノーングナム	swamp
濡らす	ทำให้เปียก タムハイピアク	wet
塗り薬	ยาทา / ยาขี้ผึ้ง ヤーター / ヤーキープング	ointment / liniment
塗る	ทา / ลง(สี) ター / ロング (スィー)	paint / spread
ぬるい	อุ่น ๆ ウンウン	lukewarm
濡れる	เปียก ピアク	get wet

日	タイ	英

▼ ね, ネ

根	ราก ラーク	root
ネイルケア	การบำรุงเล็บ カーンバムルングレブ	nail care
ネイルサロン	ร้านแต่งเล็บ ラーンテングレブ	nail salon
音色	เสียง スィアング	tone
値打ち	มูลค่า ムーンラカー	value
ねえ〈感動詞〉	นี่(คำเรียกความสนใจ) ニー（カムリアックワームソンチャイ）	listen
ネガ	ฟิล์มเนกาตีฟ フィムネカーティーフ	photographic negative
願い	คำขอร้อง カムコーローング	wish
願う	ขอร้อง コーローング	wish
寝返り	การนอนพลิกตัว カーンノーンプリクトゥア	turn[roll] over / toss and turn
寝かせる	เอาเข้านอน/จับให้นอน アウカウノーン/チャプハイノーン	lay down
ねぎ	ต้นหอม トンホーム	green[spring] onion / scallion
値切る	ต่อรองราคา トーローングラーカー	ask for a discount on / haggle (over the price)

日	タイ	英
ネクタイ	เนคไท ネクタイ	necktie
猫	แมว メーウ	cat
寝転ぶ	นอนเล่น ノーンレン	lie down
値下げ	การลดราคา カーンロッラーカー	price cut[reduction]
ねじ	ตะปูควง タプークワング	screw
ねじ回し	ไขควง カイクワング	screwdriver
ねじる	บิด / เอี้ยว ビッ / イアウ	twist / screw
ねじれる	บิด / งอ ビッ / ンゴー	be twisted / warp
寝過ごす	นอนเลยเวลา ノーンルーイウェーラー	oversleep
鼠	หนู ヌー	mouse
妬む	อิจฉา イッチャー	envy
ねだる	อ้อนขอ オーンコー	coax a person to / pester / nag
値段	ราคา ラーカー	price
熱	ไข้ カイ	fever

472 ネクタイ ➡ 熱

日	タイ	英
熱意 (ねつい)	ความกระตือรือร้น クワームクラトゥールーロン	eagerness
ネックレス	สร้อยคอ ソーイコー	necklace
熱心 (ねっしん)	มุ่งมั่น / ตั้งใจ ムングマン / タングチャイ	eagerness
熱する (ねっする)	ทำให้ร้อน / รู้สึกร้อน / หมกมุ่น タムハイローン / ルースクローン / モクムン	heat
熱帯 (ねったい)	เขตร้อน ケーッローン	the tropics
熱中症 (ねっちゅうしょう)	โรคลมแดด ロークロムデーッ	heatstroke
熱湯 (ねっとう)	น้ำร้อน ナムローン	hot water
熱量 (ねつりょう)	พลังงานความร้อน パランガンガーンクワームローン	caloric value / heat capacity
寝床 (ねどこ)	เตียง ティアング	bed
ネパール	ประเทศเนปาล プラテーッネーパーン	Nepal
ネパール人 (ネパールじん)	ชาวเนปาล チャーウネーパーン	Nepali
ねばねばした	เหนียว ニアゥ	sticky / viscous
粘り (ねばり)	การอึด / การยืดให้ได้นาน カーンウッ / カーンユーハイダイナーン	stickiness / tenacity
値引き (ねびき)	ลดราคา / ต่อรองราคา ロッラーカー / トーロングラーカー	discount

熱意 ➡ 値引き　4/3

日	タイ	英
寝袋 (ねぶくろ)	ถุงนอน トゥングノーン	sleeping bag
値札 (ねふだ)	ป้ายราคา パーイラーカー	price tag[ticket]
寝坊 (ねぼう)	การตื่นสาย カーントゥーンサーイ	late riser
ねまき	ชุดนอน チュッノーン	nightgown
根回し (ねまわし)	การปูทางไว้ก่อน/เดินสายเจรจาไว้ล่วงหน้า カーンプーターングワイコーン / ドゥーンサーイチェーラチャーワイルアングナー	lay the groundwork
眠い (ねむい)	ง่วงนอน ングアングノーン	sleepy
眠る (ねむる)	นอนหลับ ノーンラプ	fall asleep
根元 (ねもと)	รากฐาน ラークターン	root
ねらい	เป้าหมาย/ความตั้งใจ パウマーイ / クワームタングチャイ	aim
ねらう	เล็ง レング	aim
寝る (ねる)	นอน ノーン	sleep
練る (ねる)	นวด / คลึง ヌアッ / クルング	knead
念 (ねん)	ความคิด/ข้อที่ควรระวัง クワームキッ / コーティークアンラワング	feeling / caution
年 (ねん)	ปี ピー	year

474 寝袋 ➡ 年

日	タイ	英
ねんえき 粘液	เมือก ムアク	mucus / slime
ねんが 年賀	การอวยพรในวันปีใหม่ カーンウァイポンナイワンピーマイ	New Year's greeting
ねんかん 年間	หนึ่งปี / ช่วงปี ヌングピー / チュアングピー	years
ねんがん 念願	ความปรารถนาในใจ クワームプラーッタナーナイチャイ	dearest wish
ねんきん 年金	เงินบำนาญ ングンバムナーン	pension / annuity
ねんごう 年号	ชื่อรัชสมัย チューラッチャサマイ	the name of an era
ねんざ 捻挫	เคล็ดขัดยอก クレッカッヨーク	sprain / wrench
ねんしゅう 年収	รายได้ต่อปี ラーイダイトーピー	annual[yearly] income
ねんじゅう 年中	ตลอดปี トローッピー	all the time
ねんしょう 燃焼	การเผาไหม้ カーンパウマイ	burning
ねんせい ～年生	นักเรียนชั้นปีที่... ナクリアンチャンピーティー ...	grade
ねんだい 年代	ช่วงอายุ... チュアングアーユ ...	age
ねんちょう 年長	สูงวัย スーングワイ	older
ねんど 年度	ปีงบประมาณ ピーンゴブプラマーン	business year

ね

粘液 ➡ 年度 475

日	タイ	英
粘土（ねんど）	ดินเหนียว ディンニアゥ	clay
念のため（ねん）	กันเหนียวไว้ก่อน/เพื่อความแน่ใจ カンニアゥワイコーン / プァクワームネーチャイ	just in case / just to make sure / for confirmation[safety]
燃費（ねんぴ）	อัตราการใช้น้ำมัน(ของรถยนต์) アットラーカーンチャイナムマン(コーングロッヨン)	mileage / fuel efficiency
年俸（ねんぽう）	ค่าตอบแทนรายปี カートープテーンラーイピー	annual salary / yearly wages
燃油（ねんゆ）サーチャージ	ค่าธรรมเนียมน้ำมัน カータムニアムナムマン	fuel surcharge
燃料（ねんりょう）	เชื้อเพลิง チュアプルーング	fuel
年輪（ねんりん）	วงปีของต้นไม้ ウォングピーコーングトンマイ	growth ring
年齢（ねんれい）	อายุ アーユ	age

▼ の，ノ

ノイズ	เสียงรบกวน スィアングロプクアン	noise
ノイローゼ	โรคประสาท/วิตกจริต ロークプラサーッ / ウィトクチャリッ	neurosis
脳（のう）	สมอง サモーング	brain
農家（のうか）	เกษตรกร カセーットラコーン	farmhouse
納期（のうき）	กำหนดส่งมอบสินค้า/กำหนดชำระเงิน カムノッソングモーブスインカー / カムノッチャムラングン	the delivery deadline[date] / date of payment

日	タイ	英
のうぎょう 農業	เกษตรกรรม カセーットラカム	agriculture
のうこう 農耕	การเกษตร カーンカセーッ	agriculture
のうさんぶつ 農産物	ผลิตภัณฑ์การเกษตร パリッタパンカーンカセーッ	farm products
のうじょう 農場	ฟาร์มเกษตร ファームカセーッ	farm
のうぜいしゃ 納税者	ผู้เสียภาษี プースィアパースィー	taxpayer
のうそん 農村	หมู่บ้านการเกษตร ムーバーンカーンカセーッ	farm village
のうち 農地	พื้นที่เกษตรกรรม プーンティーカセーットラカム	agricultural land / farmland
のうど 濃度	ความเข้มข้น クワームケムコン	density
のうにゅう 納入	การชำระเงิน カーンチャムラングン	payment
ノウハウ	โนว์ฮาว/ความรู้เชิงขั้นตอน ノーハーゥ / クワームルーチューングチャントーン	know-how
のうひん 納品	สินค้าที่ส่งมอบ スィンカーティーソングモーブ	delivery
のうひんしょ 納品書	ใบส่งของ バイソングコーング	delivery note / statement of delivery
のうひんび 納品日	วันที่ส่งมอบ ワンティーソングモーブ	delivery date
のうみん 農民	เกษตรกร カセーットラコーン	farmer

の

日	タイ	英
のうやく 農薬	ยากำจัดศัตรูพืช ヤーカムチャッサットルーブーッ	agricultural chemical
のうりつ 能率	ประสิทธิภาพ プラスィッティパーブ	efficiency
のうりょく 能力	ความสามารถ クワームサーマーッ	capacity / ability
ノート	สมุดจด サムッチョッ	notes / notebook
のが 逃す	ปล่อย / ทำให้หลุด プロイ / タムハイルッ	let a chance get away
のが 逃れる	หนี / หลุดไป ニー / ルッパイ	escape
のき 軒	หลัง / ชายคา ラング / チャーイカー	eaves
のき な 軒並み	บ้านที่ปลูกเรียงกัน バーンティープルーㇰリアングカン	at every door / every / a row of houses
のこぎり	เลื่อย ルァイ	saw
のこ 残す	เก็บไว้ให้คนข้างหลัง ケブワイハイコンカーングラング	leave behind
のこ 残らず	ไม่เหลือ / เกลี้ยง マイルァ / クリアング	entirely
のこ 残り	ของเหลือ / ที่เหลือ コーングルァ / ティールァ	rest
のこ 残る	เหลือ / ค้าง ルァ / カーング	remain
の 載せる	ลงข่าวใน(หนังสือพิมพ์) ロングカーゥナイ（ナングスーピム）	put on

の

日	タイ	英
乗せる	ให้คนขึ้นรถ ハイコンクンロッ	let a person get in
除く	ขจัดออก カチャッオーク	remove
覗く	แอบมอง / ส่องดู エープモーング / ソーングドゥー	look into
望ましい	เป็นที่คาดหวัง ペンティーカーッワング	desirable
望み	ความหวัง/ความปรารถนา クワームワング / クワームプラーッタナー	desire
望む	คาดหวัง / ปรารถนา カーッワング / プラーッタナー	wish
臨む	เผชิญหน้า パチューンナー	look onto
後	ภายหลัง パーイラング	later
ノック	เคาะ	knock
乗っ取る	ยึดครอง / จี้ ユックローング / チー	take over / hijack
~ので	เนื่องจาก... ヌアングチャーク...	as
喉	ลำคอ ラムコー	throat
のどか	ท้องฟ้าแจ่มใส/สงบสบาย トーングファーチェームサイ / サンゴッサバーイ	calm
~のに	ทั้ง ๆ ที่ タングタングティー	though

乗せる ➡ ～のに　479

日	タイ	英
罵る(ののしる)	ประณาม / โวยวาย プラナーム / ウォーイワーイ	abuse
延ばす(のばす)	ต่อเวลา / เลื่อนเวลา トーウェーラー / ルアンウェーラー	extend / postpone
伸ばす(のばす)	ขยายใหญ่ / ยืดออกไป カヤーイヤイ / ユーッオークパイ	extend / enlarge
延びる(のびる)	ยาวนานขึ้น ヤーウナーンクン	be postponed
伸びる(のびる)	โตขึ้น / ยืดขึ้น トークン / ユーックン	grow
延べ(のべ)	นับรวมทั้งหมด ナブルアムタングモッ	total
述べる(のべる)	กล่าว / พูด クラーウ / プーッ	express
ノベルティ	ของสมนาคุณ コーングサマナークン	novelty
登る(のぼる)	ปีน ピーン	climb
蚤(のみ)	เห็บ / หมัด ヘプ / マッ	flea
飲み込む(のみこむ)	กลืน クルーン	swallow
飲物(のみもの)	เครื่องดื่ม クルアングドゥーム	beverage
飲む(のむ)	ดื่ม ドゥーム	drink
野良犬(のらいぬ)	หมาจรจัด マーチョンチャッ	stray dog

の

480 罵る ➡ 野良犬

日	タイ	英
野良猫 (のらねこ)	แมวจรจัด メーウチョンチャッ	stray cat
糊 (のり)	กาว カーゥ	paste
乗り換え (のりかえ)	การเปลี่ยน(รถ/รถไฟ) カーンプリアン (ロッ/ロッファイ)	transfer
乗り換える (のりかえる)	เปลี่ยน(รถ/รถไฟ) プリアン (ロッ/ロッファイ)	transfer
乗り越し (のりこし)	การนั่งเลยสถานี カーンナングルーイサターニー	riding past
乗り込む (のりこむ)	การขึ้นไปบนรถ/นั่งเข้าไป(ใน) カーンクンパイボンロッ/ナングカゥパイナイ	get into
乗り継ぎ空港 (のりつぎくうこう)	สนามบินที่ต่อเครื่องบิน サナームビンティートークルアングビン	transit airport
乗り継ぐ (のりつぐ)	ต่อเครื่อง トークルアング	change / transfer to
乗り物 (のりもの)	ยานพาหนะ ヤーンパーハナ	vehicle / transportation
載る (のる)	วางข้างบน/ลงตีพิมพ์ ワーングカーングボン / ロングティーピム	be put on / be printed
乗る (のる)	ขี่ キー	get on / ride
呪い (のろい)	คำสาปแช่ง カムサープチェーング	curse
鈍い (のろい)	ช้า チャー	slow
のろのろ	อย่างเชื่องช้า ヤーングチュアングチャー	slowly

日	タイ	英
のん気	เรื่อย ๆ เบื่อย ๆ / ใจเย็น ルアイルアイプアイプアイ / チャイイエン	easygoing
のんびり	ตามสบาย / ไม่เร่งรีบ タームサバーイ / マイレングリープ	peaceful / carefree
のんびりした	ทำตัวตามสบาย タムトゥアタームサバーイ	relaxed / easy-going / laid-back

▼ は，ハ

日	タイ	英
歯	ฟัน ファン	tooth
刃	ใบมีด バイミーッ	blade
派	นิกาย / สำนัก ニカーイ / サムナク	school (of)
葉	ใบไม้ バイマイ	leaf
バー	บาร์ バー	bar
場合	กรณี カラニー	case
把握	จับให้แน่น / ทำความเข้าใจ チャプハイネン / タムクワームカウチャイ	grasp
バーゲンセール	การขายลดราคา カーンカーイロッラーカー	bargain sale
パーセント	เปอร์เซ็นต์ パーセンッ	percentage
パーティー	งานเลี้ยง ンガーンリアング	party

日	タイ	英
ハード	แข็ง ケング	hard
パート	การรับผิดชอบ カーンラプピッチョープ	part
パートタイマー	พนักงานชั่วคราว パナクンガーンチュアクラーウ	part-timer / part-time worker
パートタイム	การทำงานชั่วคราว カーンタムンガーンチュアクラーウ	part time job
パートナー	พาร์ทเนอร์ パーットナー	partner
ハーフ	ครึ่ง クルング	half
ハーブ	สมุนไพร サムンプライ	herb
～はありますか？	มี...ไหม? ミー ... マイ	Is[Are] there *sth*?
はい	ใช่ / ตกลง チャイ / トクロング	yes
灰(はい)	เถ้าถ่าน タウターン	ash(es)
敗(はい)	การแพ้ カーンペー	loss
肺(はい)	ปอด ポーッ	lung
杯(はい)	ถ้วยเหล้า / ลักษณนาม...ถ้วย テゥアイラウ / ラックサナナーム ... トゥアイ	glass / cup
倍(ばい)	เท่าตัว タウトゥア	times / double

は

日	タイ	英
灰色(はいいろ)	สีเทา スィータウ	gray
廃液(はいえき)	น้ำทิ้ง ナムティング	liquid waste / waste fluid
バイオリン	ไวโอลิน ワイオーリン	violin
廃棄(はいき)	กำจัดทิ้ง カムチャッティング	abolition / dump
排気ガス(はいきガス)	ควันจากท่อไอเสีย クワンチャークトーアイスィア	exhaust gas[fumes]
廃棄物(はいきぶつ)	ของเสีย コーングスィア	waste
売却(ばいきゃく)	การขายเลหลัง カーンカーイレーラング	sale
配給(はいきゅう)	การแจกจ่าย カーンチェークチャーイ	distribution
廃墟(はいきょ)	ซากปรักหักพังของอาคาร เมือง サークプラクハクパングコーングアーカーンムァング	ruins / remains
ばい菌(ばいきん)	เชื้อโรค チュアローク	virus / germ
ハイキング	การเดินเล่นระยะทางไกล カーンドゥーンレンラヤターングクライ	hike
俳句(はいく)	กลอนไฮกุ クローンハイク	haiku
バイク	จักรยานยนต์ チャックラヤーンヨン	motorcycle / motorbike
配偶者(はいぐうしゃ)	คู่สมรส クーソムロッ	spouse

日	タイ	英
バイクタクシー	มอเตอร์ไซค์รับจ้าง モーターサイラプチャーング	motorcycle taxi
はいけい 拝啓	เรียน...ที่เคารพ リアン... ティーカウロプ	Dear Sir / Dear Madam
はいけい 背景	ปูมหลัง / ที่มา プームラング / ティーマー	background
はいご 背後	ข้างหลัง カーングラング	back / rear
はいざら 灰皿	ที่เขี่ยบุหรี่ ティーキアブリー	ash tray
はいし 廃止	การยกเลิก カーンヨクルーク	abolition
はいしゃ 歯医者	ทันตแพทย์ タンタペーッ	dentist
はいしゃく 拝借	การขอยืม カーンコーユーム	borrow
ハイジャック	การจี้เครื่องบิน カーンチークルアンビン	hijacking
ばいしゅう 買収	การกว้านซื้อ カーンクワーンスー	purchase / acquisition / takeover
はいしゅつ 排出	การปล่อยของเสีย カーンプロイコーングスイア	emission / discharge
ばいしゅん 売春	การขายประเวณี カーンカーイプラウェーニー	prostitution
はいじょ 排除	การกำจัด カーンカムチャッ	removal
ばいしょう 賠償	การชดเชยค่าเสียหาย カーンチョッチューイカースイアハーイ	compensation

は

バイクタクシー ➡ 賠償 485

日	タイ	英
はいすい 排水	การปล่อยน้ำทิ้ง/การระบายน้ำ カーンプロイナムティング / カーンラバーイナム	draining / sewage
はいせん 敗戦	การพ่ายแพ้การแข่งขัน カーンパーイペーカーンケングカン	lost battle
はいたつ 配達	การส่ง / การนำส่ง カーンソング / カーンナムソング	delivery
ばいてん 売店	ร้านขายของ ラーンカーイコーング	kiosk
はいとう 配当	การจ่ายเงินปันผล カーンチャーイングンパンポン	allotment / dividend / distribution
パイナップル	สับปะรด サプパロッ	pineapple
ばいばい 売買	การซื้อขาย カーンスーカーイ	buying and selling
バイパス	ทางเลี่ยงเมือง ターングリアングムアング	bypass
はいふ 配布	การแจกจ่าย カーンチェークチャーイ	distribution
パイプ	ท่อ トー	pipe
はいぶん 配分	การแบ่งปัน カーンベングパン	distribution
はいぼく 敗北	การพ่ายแพ้ カーンパーイペー	defeat
はいゆう 俳優	นักแสดง ナクサデーング	actor
ばいりつ 倍率	อัตราการขยาย アットラーカーンカヤーイ	magnification

は

486 排水 ➡ 倍率

日	タイ	英
配慮(はいりょ)	การคำนึงถึงคนอื่น カーンカムヌングトゥングコンウーン	consideration
バイリンガル	คนที่พูดสองภาษา コンティープーッソーングパーサー	bilingual
入る(はいる)	เข้า カゥ	come into / enter
配列(はいれつ)	การจัดเรียง カーンチャッリアング	arrangement
パイロット	นักบิน ナゥビン	pilot
這う(はう)	คลาน クラーン	crawl
蠅(はえ)	แมลงวัน マレーングワン	fly
映える(はえる)	ส่องแสง/เป็นประกาย/สง่างาม ソーングセーング/ペンプラカーイ/サガーンガーム	glow / look attractive
生える(はえる)	งอกขึ้น ンゴーックン	grow
墓(はか)	หลุมฝังศพ ルムファングソプ	grave
馬鹿(ばか)	โง่ ンゴー	fool
破壊(はかい)	การทำลาย カーンタムラーイ	destroy
葉書(はがき)	ไปรษณียบัตร プライサーニヤバッ	post card
はがす	ลอกออก ロォッオーッ	remove

日	タイ	英
博士（はかせ）	ดอกเตอร์ ドークター	doctor
はかどる	(งาน)ก้าวหน้าไปด้วยดี (ンガーン) カーゥナーパイドゥァイディー	make progress
はかない	ไม่ยืนยง / อนิจจัง マイユーンヨング / アニッチャング	transient
馬鹿馬鹿しい（ばかばかしい）	เหลวไหล レゥライ	silly / ridiculous
はかり	ตาชั่ง ターチャング	scale
ばかり	เอาแต่...เท่านั้น アウテー … タゥナン	about / only
計る（はかる）	ชั่ง / วัด チャング / ワッ	measure
諮る（はかる）	ปรึกษา プルクサー	consult
図る（はかる）	วางแผน ワーングペーン	plan
破棄（はき）	การฉีกทิ้ง / การทำลาย カーンチークティング / カーンタムラーイ	destruction
吐き気（はきけ）	ความรู้สึกคลื่นไส้อยากอาเจียน クワームルースククルーンサイヤークアーチアン	nausea
はきはき	เอาการเอางาน アウカーンアウンガーン	clearly and crisply
掃く（はく）	กวาด クワーッ	sweep
吐く（はく）	อาเจียน アーチアン	spew

488　博士 ➡ 吐く

日	タイ	英
履く	สวม / ใส่(กางเกง / รองเท้า) スアム / サイ (カーングケーング / ローングタウ)	put on
はぐ	ดึงออก / ลอกออก ドゥングオーク / ロークオーク	tear off
迫害	การก่อกวน / ข่มเหง カーンコークァン / コムヘング	persecution
白菜	ผักกาดขาว パクガーッカーウ	Chinese cabbage
薄弱	อ่อนแอ オーンエー	weak
拍手	การปรบมือ カーンプロブムー	clapping hands / applause
白状	การสารภาพ カーンサーラパープ	confession
白人	คนผิวขาว コンピゥカーウ	white / Caucasian
剥製	สัตว์สตัฟฟ์ サッスタフ	stuffed specimen
漠然	คลุมเครือ / มัว ๆ クルムクルァ / ムアムア	vague
莫大	มโหฬาร マホーラーン	vast / enormous
爆弾	ลูกระเบิด ルークラブーッ	bomb
白鳥	หงส์ ホング	swan
バクテリア	แบคทีเรีย ベークティーリア	bacteria

日	タイ	英
白内障（はくないしょう）	โรคต้อกระจก ロークトークラチョク	cataract
爆破（ばくは）	การทำลายด้วยดินระเบิด カーンタムラーイドゥアイディンラブーッ	blast
爆発（ばくはつ）	การระเบิด カーンラブーッ	explosion
博物館（はくぶつかん）	พิพิธภัณฑ์ ピピッタパン	museum
歯車（はぐるま）	เฟือง フゥアング	cogwheel
激しい（はげしい）	รุนแรง ルンレーング	fierce / violent
バケツ	ถังใส่น้ำ タングサイナム	bucket
励ます（はげます）	ให้กำลังใจ ハイカムラングチャイ	encourage
励む（はげむ）	ทุ่มเท トゥムテー	make efforts
はげる	หลุดลอก ルッロ―ク	peel off
化ける（ばける）	ปลอมตัว プロームトゥア	disguise (as)
派遣（はけん）	การส่งไปประจำ カーンソングパイプラチャム	dispatch
箱（はこ）	กล่อง クローング	box
運ぶ（はこぶ）	ขน コン	carry

490　白内障 ➡ 運ぶ

日	タイ	英
挟まる (はさまる)	คั่น / อยู่กึ่งกลาง カン / ユークングクラーング	be caught in
鋏 (はさみ)	กรรไกร カンクライ	scissors
挟む (はさむ)	หนีบ / คั่น / สอด ニープ / カン / ソーッ	put *sth* between
破産 (はさん)	การล้มละลาย カーンロムララーイ	bankrupt
橋 (はし)	สะพาน サパーン	bridge
端 (はし)	ปลาย プラーイ	edge
箸 (はし)	ตะเกียบ タキアプ	chopsticks
恥 (はじ)	ความอาย クワームアーイ	shame
弾く (はじく)	ปัดออก パッオーク	flip
はしご	บันไดลิง バンダイリング	ladder
始まり (はじまり)	การเริ่มต้น カーンルームトン	beginning
始まる (はじまる)	เริ่ม ルーム	begin
始め (はじめ)	แรกเริ่ม レークルーム	start
初め (はじめ)	ครั้งแรก クラングレーク	start

挟まる ➡ 初め　491

日	タイ	英
初(はじ)めて	เป็นครั้งแรก ペンクラングレーク	for the first time
始(はじ)めに	ในตอนแรก ナイトーンレーク	at the beginning
初(はじ)めに	ก่อนอื่น コーンウーン	first of all
初(はじ)めまして〈挨拶〉	ยินดีที่ได้รู้จัก インディーティーダイルーチャク	How do you do?
パジャマ	ชุดนอน チュッノーン	pajamas
場所(ばしょ)	สถานที่ サターンティー	place
柱(はしら)	เสา サウ	pole
恥(は)じらう	เขินอาย クーンアーイ	be shy
走(はし)る	วิ่ง ウィング	run
恥(は)じる	ละอาย ラアーイ	be shamed
バジル	ใบโหระพา バイホーラパー	basil
橋渡(はしわた)し	การไกล่เกลี่ย/การเป็นตัวกลาง カーンクライクリア / カーンペントゥアグラーング	mediation
筈(はず)	น่าจะเป็น... ナーチャペン...	ought to do
バス	รถเมล์ ロッメー	bus

日	タイ	英
恥(は)ずかしい	น่าอาย ナーアーィ	shameful
バスケットボール	บาสเกตบอล バーッケーッボーン	basketball
外(はず)す	เอาออก / ถอดออก アゥオーク / トーッオーク	take off / remove
パスタ	เส้นพาสต้า センパーッスター	pasta
バスタオル	ผ้าเช็ดตัวอาบน้ำ パーチェットゥアアープナム	bath towel
バス停(てい)	ป้ายรถเมล์ パーィロッメー	bus stop
パスポート	หนังสือเดินทาง ナングスードゥーンターング	passport
弾(はず)む	กระเด้ง クラデング	bounce
バスルーム	ห้องน้ำ ホングナム	bathroom
外(はず)れる	คลาดเคลื่อน/หลุดออก クラーックルアン / ルッオーク	come undone / be off the mark
バスローブ	เสื้อคลุมอาบน้ำ スァクルムアープナム	bathrobe
パスワード	รหัสผ่าน / พาสเวิร์ด ラハッパーン / パーッスウァーッ	password
パセリ	ผักชีฝรั่ง パクチーファラング	parsley
パソコン	คอมพิวเตอร์ส่วนตัว コームピウタースァントゥア	personal computer

日	タイ	英
破損(はそん)	การชำรุดเสียหาย カーンチャムルッスィアハーイ	damage
旗(はた)	ธง トング	flag
肌(はだ)	ผิว ピゥ	skin
バター	เนย ヌーイ	butter
パターン	รูปแบบ ルーブベーブ	pattern
裸(はだか)	เปลือยเปล่า プルゥイプラゥ	nakedness
肌着(はだぎ)	ชุดชั้นใน チュッチャンナイ	underwear
はたく	ปัดกวาด パックワーッ	dust
畑(はたけ)	ทุ่งนา トゥングナー	field
裸足(はだし)	เท้าเปล่า タゥプラゥ	bare-foot
果(は)たして	ท้ายที่สุดแล้ว... ターイティースッレーゥ...	really
果(は)たす	ทำให้บรรลุเป้าหมาย タムハイバンルパゥマーイ	achieve
二十歳(はたち)	อายุยี่สิบปี アーユイースィブピー	twenty years old
働(はたら)き	การทำงาน カーンタムンガーン	work

日	タイ	英
働く(はたらく)	ทำงาน タムンガーン	work
8	แปด ペーッ	eight
鉢(はち)	กระถาง クラターング	bowl
蜂(はち)	ผึ้ง プング	bee
八月(はちがつ)	สิงหาคม スィングハーコム	August
80	แปดสิบ ペーッスィプ	eighty
蜂蜜(はちみつ)	น้ำผึ้ง ナムプング	honey
罰(ばつ)	การลงโทษ カーンロングトーッ	punishment
ばつ	กากบาท カーカバーッ	X mark
発育(はついく)	การเจริญเติบโต カーンチャルーントゥープトー	growth
発音(はつおん)	การออกเสียง カーンオークスィアング	pronunciation
二十日(はつか)	วันที่ยี่สิบ ワンティーイースィプ	twentieth
発芽(はつが)	การแตกตา カーンテークター	germination
発揮(はっき)	การแสดง(ศักยภาพ) カーンサデーング(サッカヤパープ)	display

は

日	タイ	英
はっきり	แจ่มแจ้ง / ชัดเจน チェームチェーング/チャッチェン	clearly
はっきりした	ที่ชัดเจน ティーチャッチェン	clear / sharp / vivid
ばっきん 罰金	เงินค่าปรับ ングンカープラブ	fine / penalty
パック	แพ็ค ペク	pack / package
はっくつ 発掘	การขุดพบ カーンクッポブ	excavation
ばつぐん 抜群	โดดเด่น ドーッデン	outstanding / excellent / distinguished
はっけつびょう 白血病	โรคมะเร็งในเม็ดเลือดขาว ロークマレングナイメッルアッカーウ	leukemia
はっけん 発見	การค้นพบ カーンコンポブ	discovery
はつげん 発言	การพูดแสดงความคิดเห็น カーンプーッサデーングクワームキッヘン	statement
はっこう 発行	การพิมพ์ออกเผยแพร่ カーンピムオークプーイプレー	publication
はっこう 発酵させた	หมัก マク	fermented
ばっさい 伐採	การตัดต้นไม้ カーンタットンマイ	felling / logging / deforestation
バッジ	เหรียญตรา リアントラー	badge
はっしゃ 発射	การยิงปืน カーンイングプーン	firing

日	タイ	英
はっしゃ 発車	การออกรถ カーンオークロッ	departure
パッションフルーツ	เสาวรส サゥワロッ	passion fruit
ばっすい 抜粋	การคัดลอกบางส่วน カーンカッロークバーングスァン	extract / excerpt
ばっ 罰する	ลงโทษ ロングトーッ	punish
はっせい 発生	การเกิดขึ้น カーンクーックン	occurrence
はっそう 発想	ความคิด / ไอเดีย クワームキッ / アイディア	thinking / idea
はっそう 発送	การจัดส่ง カーンチャッソング	shipment / dispatch
はっそうひん 発送品	สินค้าส่งออก スィンカーソングオーク	shipping item
ばった	ตั๊กแตน タッカテーン	grasshopper
はったつ 発達	พัฒนาการ/การเจริญเติบโต パッタナーカーン / カーンチャルーントゥープトー	development
ばったり	โดยบังเอิญ ドーイバングウーン	with a thud
はっちゅうしょ 発注書	ใบสั่งสินค้า バイサングスィンカー	order form
バッテリー	แบตเตอรี่ ベーッテリー	battery
はってん 発展	การพัฒนาให้เจริญรุ่งเรือง カーンパッタナー ハイチャルン ルングルアング	development

発車 ➡ 発展　497

日	タイ	英
発電(はつでん)	การผลิตไฟฟ้า カーンパリッファイファー	power generation
発電所(はつでんしょ)	โรงไฟฟ้า ローングファイファー	power plant[station]
発展途上国(はってんとじょうこく)	ประเทศกำลังพัฒนา プラテーッカムラングパッタナー	developing country [nation]
バット	ไม้ตีเบสบอล マイティーベーッボーン	bat
発熱(はつねつ)	การจับไข้ カーンチャプカイ	fever / heat generation
発売(はつばい)	การวางตลาด カーンワーングタラーッ	on sale
発病(はつびょう)	การเกิดอาการเจ็บป่วย カーンクーッアーカーンチェププァイ	become ill
発表(はっぴょう)	การประกาศ / การนำเสนอ カーンプラカーッ / カーンナムサヌー	announcement / presentation
初耳(はつみみ)	เพิ่งได้ยินเป็นครั้งแรก プンゲダイインペンクラングレーク	news / first (I've) heard of it
発明(はつめい)	การประดิษฐ์คิดค้น カーンプラディッキッコン	invention
果て(はて)	ปลายทาง プラーイターング	end
派手(はで)	ฉูดฉาด / สะดุดตา チューッチャーッ / サドゥッター	gaudy
果てる(はてる)	จบ / สิ้นสุด チョプ / スィンスッ	come to an end / die
バテる	เหนื่อยล้า/แพ้(อากาศร้อน) ヌァイラー / ペー (アーカーッローン)	be exhausted

日	タイ	英
鳩(はと)	นกพิราบ ノクピラープ	pigeon / dove
パトカー	รถตำรวจ ロッタムルアッ	patrol car
花(はな)	ดอกไม้ ドークマイ	flower
鼻(はな)	จมูก チャムーク	nose
話(はなし)	เรื่องเล่า ルアングラウ	story
話(はな)し合(あ)い	การเจรจากัน カーンチェーラチャーカン	conference
話(はな)し合(あ)う	เจรจากัน チェーラチャーカン	talk
話(はな)し掛(か)ける	เข้าไปพูดคุย カウパイプーックイ	speak to
話(はな)し中(ちゅう)	สาย(โทรศัพท์)ไม่ว่าง サーイ(トーラサップ)マイワーンッ	busy (on a telephone)
放(はな)す	ปล่อยไป プロイパイ	let *sth* go
離(はな)す	แยกออกห่าง / ปล่อย イェークオークハーング / プロイ	separate
話(はな)す	พูดคุย プーックイ	speak
鼻筋(はなすじ)	สันจมูก / ดั้ง サンチャムーク / ダング	the ridge of the nose
花束(はなたば)	ช่อดอกไม้ チョードークマイ	bouquet

鳩 ➡ 花束　499

は

日	タイ	英
はなぢ 鼻血	เลือดกำเดา ルアッカムダウ	nosebleed
バナナ	กล้วย クルァイ	banana
はなばな 華々しい	ยิ่งใหญ่ / ตระการตา イングヤイ / トラカーンター	brilliant / spectacular
はなび 花火	พลุ / ดอกไม้ไฟ パル / ドークマイファイ	fireworks
はな 花びら	กลีบดอกไม้ クリーブドークマイ	flower petal
はなみ 花見	การชมดอกซากุระ カーンチョムドークサークラ	cherry-blossom viewing
はなみず 鼻水	น้ำมูก ナムムーク	mucus / runny nose
はなや 花屋	ร้านดอกไม้ ラーンドークマイ	flower shop / florist
はな 華やか	สวยสดใส スァイソッサイ	gorgeous
はなよめ 花嫁	เจ้าสาว チャウサーウ	bride
はな 離れる	ห่าง / จากไปไกล ハーング / チャークパイクライ	separate
はね 羽	ปีก ピーク	wing / feather
ばね	สปริง サプリング	spring
は 跳ねる	การกระโดดขึ้น/กระเด็น カーンクラドーックン / クラデン	spring / splash

日	タイ	英
ハノイ	เมืองฮานอย ムアングハーノーイ	Hanoi
母（はは）	แม่ メー	mother
幅（はば）	ความกว้าง クワームクワーングゥ	width
パパイヤ	มะละกอ マラコー	papaya
幅広い（はばひろい）	กว้าง クワーングゥ	wide / broad
阻む（はばむ）	ขวางกั้น / ท้อแท้ クワーングカン / トーテー	block
省く（はぶく）	ละ / ตัดออก ラ / タッオーク	omit
歯ブラシ（はブラシ）	แปรงสีฟัน プレーングスィーファン	toothbrush
破片（はへん）	เศษ セーッ	fragment
浜（はま）	ชายหาด チャーイハーッ	beach
葉巻（はまき）	ซิการ์ スイカー	cigar
浜辺（はまべ）	ชายหาด チャーイハーッ	beach
はまる	ตก(หลุม / แม่น้ำ) トク（ルム / メーナム）	get into / fall into
歯磨き（はみがき）	ยาสีฟัน / การแปรงฟัน ヤースィーファン / カーンプレーングファン	toothpaste / brushing teeth

日	タイ	英
はみがこ 歯磨き粉	ยาสีฟัน ヤースィーファン	toothpaste / tooth powder
はめる	ใส่ サイ	put on
ばめん 場面	ฉาก チャーク	scene
はや 早い	เช้า チャゥ	early
はや 速い	เร็ว レゥ	fast
はやくち 早口	การพูดเร็ว カーンプーッレゥ	fast talking
はやし 林	ป่าละเมาะ パーラモ	woods
は 生やす	ไว้(หนวด/ผม)/ปลูก(หญ้า) ワイ（ヌアッ／ポム）／プルーク（ヤー）	grow
はや 早める	เร่งให้เร็วขึ้น/เลื่อนให้เร็วขึ้น レングハイレゥクン／ルアンハイレゥクン	bring forward
はやる	เป็นที่นิยมแพร่หลาย ペンティーニヨムプレーラーィ	prevail / be popular
はら 腹	ท้อง(อวัยวะ) トーング（アワイヤワ）	belly
はら 原	ท้องทุ่ง トーングトゥング	field
ばら 薔薇	กุหลาบ クラープ	rose
はらこ 払い込む	จ่ายไป チャーィパイ	pay up

日	タイ	英
はら もど 払い戻す	จ่ายคืน チャーイクーン	pay back
はら 払う	จ่าย チャーイ	pay / sweep
パラシュート	ร่มชูชีพ ロムチューチープ	parachute / chute
はら だ 腹立ち	โกรธ クローッ	anger
はら 原っぱ	ท้องทุ่ง トーングトゥング	open field
ハラハラ	หวาดหวั่น / หวั่นใจ ワーッワン / ワンチャイ	thrilling
ばらまく	โปรย プローイ	scatter
バランス	ความสมดุล クワームソムドゥン	balance
バランスシート	งบดุล ンゴップドゥン	balance sheet
はり 針	เข็ม ケム	needle
はりがね 針金	ลวด ルアッ	wire
は がみ 張り紙	กระดาษที่ติดประกาศ クラダーッティーティップラカーッ	label / sticker / tag
ば りき 馬力	แรงม้า レーングマー	horsepower
は き 張り切る	มีพลังและความมุ่งมั่นที่จะทำ ミーパランゲレクワームムンゲマンティーチャタム	work enthusiastically

は

日	タイ	英
貼り付ける	แปะติด ペティッ	stick *sth* to / paste *sth* on
春	ฤดูใบไม้ผลิ ルドゥーバイマイプリ	spring
張る	ขึง / กาง / แผ่ クング / カーング / ペー	spread
貼る	ติด / แปะ ティッ / ペ	put *sth* on / stick / paste on
遥か	ไกลโพ้น クライポーン	far
バルコニー	เฉลียง チャリアング	balcony
晴れ	อากาศแจ่มใส アーカーッチェームサイ	fine
腫れ	การบวม カーンブアム	swelling
バレエ	บัลเล่ต์ バンレー	ballet
パレード	พาเหรด パーレーッ	parade
バレーボール	วอลเลย์บอล ウアレーボーン	volleyball
破裂	ระเบิด ラブーッ	explosion
腫れる	บวม ブアム	swell
晴れる	ปลอดโปร่ง プローップローング	clear

日	タイ	英
パワーハラスメント	การก้าวร้าวข่มเหงผู้อื่น カーンカーゥラーゥコムヘングプーウーン	bullying / harassment in the workplace from a position of power
判 はん	ตรา(ประทับ) トラー (プラタプ)	stamp
版 はん	การตีพิมพ์ カーンティーピム	edition
班 はん	กลุ่ม クルム	group
晩 ばん	ตอนเย็น トーンイェン	evening
番 ばん	เวร / คราว ウェン / クラーゥ	No.
パン	ขนมปัง カノムパング	bread / bun
範囲 はんい	ขอบเขต コープケーッ	range
反映 はんえい	การสะท้อน カーンサトーン	reflection
繁栄 はんえい	ความรุ่งเรือง クワームルングルアング	prosperity
版画 はんが	ภาพพิมพ์ パープピム	print
ハンガー	ไม้แขวนเสื้อ マイクェーンスア	hanger
半額 はんがく	ครึ่งราคา クルングラーカー	half price
ハンカチ	ผ้าเช็ดหน้า パーチェッナー	handkerchief

日	タイ	英
<ruby>反感<rt>はんかん</rt></ruby>	ความรู้สึกต่อต้าน クワームルースクトーターン	antipathy / antagonism
<ruby>反響<rt>はんきょう</rt></ruby>	เสียงตอบรับจากรอบข้าง/เสียงสะท้อน スィアングトープラブチャークロープカーング / スィアングサトーン	echo
<ruby>番組<rt>ばんぐみ</rt></ruby>	รายการ(โทรทัศน์) ラーイカーン (トーラタッ)	program
バングラデシュ	ประเทศบังกลาเทศ プラテーッバングクラーテーッ	Bangladesh
バングラデシュ人	ชาวบังกลาเทศ チャーウバングクラーテーッ	Bangladeshi
<ruby>半径<rt>はんけい</rt></ruby>	รัศมี ラッサミー	radius
パンケーキ	ขนมแพนเค้ก カノムペーンケーク	pancake
<ruby>反撃<rt>はんげき</rt></ruby>	การจู่โจมกลับ カーンチューチョームクラブ	counterattack
<ruby>判決<rt>はんけつ</rt></ruby>	คำพิพากษา カムピパークサー	judgment
<ruby>番犬<rt>ばんけん</rt></ruby>	สุนัขเฝ้ายาม スナックファウヤーム	guard dog / watchdog
<ruby>判子<rt>はんこ</rt></ruby>	ตราประทับ(รับรองเอกสาร) トラープラタブ (ラブローングエークカサーン)	seal
<ruby>反抗<rt>はんこう</rt></ruby>	การต่อต้าน カーントーターン	resistance
<ruby>番号<rt>ばんごう</rt></ruby>	หมายเลข マーイレーク	number
バンコク	กรุงเทพมหานคร クルングテープマハーナコン	Bangkok

日	タイ	英
ばん 晩ごはん	อาหารมื้อเย็น アーハーンムーイェン	supper / dinner
はんざい 犯罪	อาชญากรรม アーチャヤーカム	crime
ばんざい 万歳	ไชโย チャイヨー	banzai
ハンサム	หน้าตาหล่อ ナーターロー	handsome
はんじ 判事	ตุลาการ トゥラーカーン	judge
はんしゃ 反射	การสะท้อน カーンサトーン	reflection
はんじょう 繁盛	การค้ารุ่งเรือง カーンカールングルアング	prosperity
はんしょく 繁殖	การขยายพันธุ์/เพาะพันธุ์ カーンカヤーイパン / ポパン	breeding
はん 反する	ต่อต้าน トーターン	be opposed to
はんせい 反省	การทบทวนสิ่งที่ได้ทำไป カーントブトゥアンスィングティーダイタムパイ	reflection / reflect
ばんそうこう 絆創膏	พลาสเตอร์ยา プラーッサターヤー	adhesive bandage / sticking plaster
はんそく 反則	การทำผิดกฎระเบียบ カーンタムピッコッラビアプ	foul
パンダ	หมีแพนด้า ミーペーンダー	(giant) panda
はんたい 反対	การคัดค้าน カーンカッカーン	opposition

は

日	タイ	英
<ruby>判断<rt>はんだん</rt></ruby>	การตัดสิน カーンタッスィン	decision
<ruby>番地<rt>ばんち</rt></ruby>	บ้านเลขที่ バーンレークティー	house number
パンツ	กางเกงใน カーングケーングナイ	pants
<ruby>判定<rt>はんてい</rt></ruby>	การประเมิน/การตัดสิน カーンプラムーン / カーンタッスィン	decision
<ruby>半島<rt>はんとう</rt></ruby>	คาบสมุทร カープサムッ	peninsula
<ruby>半導体<rt>はんどうたい</rt></ruby>	สารกึ่งตัวนำ サーンクングトゥアナム	semiconductor
ハンドバッグ	กระเป๋าถือ クラパウトゥー	handbag
ハンドル	พวงมาลัยรถ プアングマーライロッ	handle
<ruby>半日<rt>はんにち</rt></ruby>	ครึ่งวัน クルングワン	half a day / a half day
<ruby>犯人<rt>はんにん</rt></ruby>	อาชญากร アーッチャヤーコーン	criminal
<ruby>万人<rt>ばんにん</rt></ruby>	ปวงชน プアングチョン	everybody
<ruby>晩年<rt>ばんねん</rt></ruby>	บั้นปลายชีวิต バンプラーイチーウィッ	one's last years
<ruby>反応<rt>はんのう</rt></ruby>	ปฏิกิริยา パティキリヤー	reaction
<ruby>万能<rt>ばんのう</rt></ruby>	ความสามารถรอบด้าน クワームサーマーッロープダーン	almighty

日	タイ	英
半端(はんぱ)	ครึ่ง ๆ กลาง ๆ クルングクルングクラーングクラーング	odd / incomplete
ハンバーガー	แฮมเบอร์เกอร์ ヘムバーカー	hamburger
ハンバーグ	แฮมเบิร์ก / เสต็กหมูสับ ヘムブーク / サテックムーサップ	hamburg steak
販売(はんばい)	การขาย カーンカーイ	selling
販売員(はんばいいん)	พนักงานขาย パナクンガーンカーイ	salesperson / salesman / saleswoman
販売収入(はんばいしゅうにゅう)	รายได้จากการขาย ラーイダイチャークカーンカーイ	sale income
販売促進(はんばいそくしん)	การส่งเสริมการขาย カーンソングスームカーンカーイ	sales promotion[activity]
反発(はんぱつ)	ขุ่นเคือง / ต่อต้าน クンクアング / トーターン	repulsion / repel
パンフレット	แผ่นพับโฆษณา ペンパップコーサナー	brochure / booklet / pamphlet / leaflet
半分(はんぶん)	ครึ่ง クルング	half
～番目(ばんめ)	ลำดับที่... ラムダプティー...	the th (indicating order)
半面(はんめん)	ด้านเดียว ダーンディアウ	one side
反面(はんめん)	ในอีกด้านหนึ่ง ナイイークダーンヌング	the other side
反乱(はんらん)	จลาจล チャラーチョン	revolt

日	タイ	英
氾濫（はんらん）	การเอ่อล้น カーンウーロン	flooding
反論（はんろん）	การโต้แย้ง カーントーイェーング	objection / argument

▼ ひ, ヒ

ひ

日	タイ	英
灯（ひ）	แสงสว่าง セーングサワーング	light
日（ひ）	วัน ワン	day
碑（ひ）	อนุสาวรีย์/ศิลาจารึก アヌサーワリー / スィラーチャールク	monument
非（ひ）	ไม่ マイ	not
陽（ひ）	แสงอาทิตย์ セーングアーティッ	sunlight
火（ひ）	ไฟ ファイ	fire
美（び）	ความงาม クワームンガーム	beauty
ピアス	ต่างหูแบบแป้น/แบบเจาะ ターングフーベープペーン / ベープチョ	pierced earring
日当たり（ひあ）	แดดส่อง / แสงแดด デーッソーング / セーングデーッ	sunshine
ピアノ	เปียโน ピアノー	piano
BSE（ビーエスイー）	โรควัวบ้า ロークウァバー	Bovine Spongiform Encephalopathy (BSE)

日	タイ	英
ピーナッツ	ถั่วลิสง トゥアリソング	peanut
ピーマン	พริกหวาน プリクワーン	green pepper
ビール	เบียร์ ビア	beer
ヒーロー	วีรบุรุษ ウィーラブルッ	hero
冷える	เย็นยะเยือก イェンヤユアク	get cold
被害	ความเสียหาย クワームスィアハーイ	damage
被害者	ผู้ประสบภัย プープラソブパイ	victim / casualty
控え室	ห้องพักรอ ホングパクロー	waiting room
控え目	อย่างเกรงใจ ヤーングクレーングチャイ	modesty / humility / humbleness
日帰り	การไปเช้าเย็นกลับ カーンパイチャウイェンクラブ	one-day trip
控える	รอคอย ローコーイ	wait / restrain
比較	เปรียบเทียบ プリアブティアブ	comparison
比較的	ค่อนข้าง.../อย่างเทียบเคียง コーンカーング... / ヤーングティアブキアング	comparatively
日陰	ร่มเงา ロムガオ	the shade

ピーナッツ ➡ 日陰　511

日	タイ	英
日傘（ひがさ）	ร่มกันแดด ロムカンデーッ	parasol / sunshade
東（ひがし）	ตะวันออก タワンオーク	east
非課税（ひかぜい）	ไม่เรียกเก็บภาษี マイリアクケプパースィー	tax-free[exempt]
ピカピカ	แวววาว / วับ ウェーウワーウ / ワプ	glittering / shiny
光（ひかり）	แสง セーング	light
光る（ひかる）	ส่องแสง ソーングセーング	shine
悲観（ひかん）	การมองโลกในแง่ร้าย カーンモーングロークナインゲーラーィ	pessimism
匹（ひき）	ตัว(ลักษณนามของสัตว์ตัวเล็ก) トゥァ(ラクサナナームコーングサットゥアレク)	counter for animals
引き上げる（ひきあげる）	ดึงขึ้น ドゥングクン	pull up
率いる（ひきいる）	ชักนำ チャクナム	lead
引き受ける（ひきうける）	รับผิดชอบ ラプピッチョープ	undertake
引き起こす（ひきおこす）	ทำให้เกิด タムハイクーッ	cause
引換券（ひきかえけん）	คูปองแลกซื้อสินค้า クーポーングレークスースィンカー	coupon / voucher
引き返す（ひきかえす）	ถอยหลังกลับ トーィラングクラプ	return

日	タイ	英
引き替える ひきかえる	แลกเปลี่ยน レークプリアン	exchange
引き下げる ひきさげる	ลดให้ต่ำลง ロッハイタムロング	reduce
引き算 ひきざん	การลบเลข カーンロプレーク	subtraction
引きずる ひきずる	ลาก ラーク	drag
引き出し ひきだし	การถอน(เงิน)/ลิ้นชัก カーントーン(ングン)/リンチャク	drawer
引き出す ひきだす	ถอนออก トーンオーク	pull out / withdraw
引き止める ひきとめる	ฉุดรั้ง チュッラング	keep *sb* from leaving
引き取る ひきとる	รับไว้ ラプワイ	receive / take charge of
ひき肉 ひきにく	เนื้อ(หมู/ไก่)บด メア(ムー/カイ)ボッ	minced meat
卑怯 ひきょう	ความชั่วร้าย クワームチュアラーイ	meanness
引き分け ひきわけ	เสมอกัน サムーカン	draw
引き渡す ひきわたす	ส่งมอบ ソングモープ	hand over / turn over / extradite / deliver
弾く ひく	ดีด(เครื่องดนตรี) ディーッ(クルアングドントゥリー)	play
引く ひく	ดึง トゥング	pull

日	タイ	英
低(ひく)い	ต่ำ タム	low
ピクニック	ปิกนิก ピクニク	picnic
髭(ひげ)	หนวด / เครา ヌアッ / クラウ	beard / whisker / mustache
悲劇(ひげき)	โศกนาฏกรรม ソークナータカム	tragedy
否決(ひけつ)	มีมติไม่เห็นชอบ ミーマティマイヘンチョープ	rejection
非行(ひこう)	ความประพฤติที่ไม่ดี クワームプラプルッティーマイディー	delinquency
飛行(ひこう)	การบิน カーンビン	flight
飛行機(ひこうき)	เครื่องบิน クルアングビン	airplane
非公式(ひこうしき)	ไม่เป็นทางการ マイペンターングカーン	unofficial / informal / private
非合法(ひごうほう)	ผิดกฎหมาย ピッコッマーイ	illegal / unlawful
日頃(ひごろ)	ในเวลาปกติ ナイウェーラーパカティ	usually
膝(ひざ)	หัวเข่า フアカウ	knee
ビザ	วีซ่า ウィサー	visa
ピザ	พิซซ่า ピッサー	pizza

514　低い ➡ ピザ

日	タイ	英
被災地（ひさいち）	พื้นที่ที่ได้รับผลกระทบจากภัยพิบัติ プーンティーティーダイラプポンクラトプチャークパイピバッ	disaster area
陽射し（ひざし）	แสงอาทิตย์ セーングアーティッ	sunlight
久しい（ひさしい）	นานแล้ว ナーンレーゥ	long
久し振り（ひさしぶり）	ไม่พบกันนาน マイポプカンナーン	after a long time
悲惨（ひさん）	น่าเวทนา ナーウェータナー	misery
肘（ひじ）	ข้อศอก コーソーク	elbow
ビジネス	ธุรกิจ トゥラキッ	business
ビジネスクラス	ชั้นธุรกิจ チャントゥラキッ	business class
ビジネスパーソン	นักธุรกิจ ナクトゥラキッ	businessperson
比重（ひじゅう）	ความถ่วงจำเพาะ クワームトゥアングチャムポ	specific gravity
美術（びじゅつ）	ศิลปะ スィンラパ	fine art
美術館（びじゅつかん）	พิพิธภัณฑ์ศิลปะ ピピタパンスィンラパ	art museum
秘書（ひしょ）	เลขานุการ レーカーヌカーン	secretary
避暑（ひしょ）	การหลบร้อน カーンロプローン	summering

ひ

日	タイ	英
ひじょう 非常	ฉุกเฉิน チュクチューン	emergency
びしょう 微笑	ยิ้ม イム	smile
ひじょうぐち 非常口	ทางออกฉุกเฉิน ターングオークチュクチューン	emergency exit[door]
びじん 美人	คนสวย コンスアイ	beautiful woman
ピストル	ปืนสั้น プーンサン	pistol
びせいぶつ 微生物	จุลชีพ / จุลินทรีย์ チュンラチープ / チュリンスィー	microbe / microorganism
ひそ 密か	อย่างลับ ๆ ヤーングラプラプ	secret
ひたい 額	หน้าผาก ナーパーク	forehead
ひた 浸す	แช่ / จุ่ม チェー / チュム	soak / submerge
ひたすら	อย่างมุ่งมั่น ヤーングムングマン	intently
ビタミン	วิตามิน ウィターミン	vitamin
ひだり 左	ซ้าย サーイ	left
ピタリ	พอดี / ลงตัว / เป๊ะ ポーディー / ロングトゥア / ペ	perfectly
ひだりき 左利き	ถนัดซ้าย タナッサーイ	left-handedness

日	タイ	英
引っ掛かる (ひっかかる)	เกี่ยวถูก / โดนกัก キアゥトゥーク / ドーンカク	be caught / be hooked
引っ掻く (ひっかく)	ข่วน クアン	scratch
引っ掛ける (ひっかける)	แขวน / เกี่ยว クウェーン / キアゥ	trap / hang
筆記 (ひっき)	ข้อเขียน コーキアン	note-taking
びっくり	ตกใจ トクチャイ	surprise
ひっくり返す (かえ)	พลิกให้คว่ำ/หันกลับด้าน プリクハイクワム / ハンクラプダーン	turn upside down
ひっくり返る (かえ)	พลิกคว่ำ プリククワム	be overturned
日付け (ひづけ)	วันที่ ワンティー	date
引っ越し (ひっこし)	การย้ายบ้าน カーンヤーィバーン	moving
引っ越す (ひっこす)	ย้ายบ้าน ヤーィバーン	move into a new place
引っ込む (ひっこむ)	หดเข้าไป / ถอย ホッカゥパイ / トーィ	draw back
必死 (ひっし)	อย่างไม่คิดชีวิต ヤーングマイキッチーウィッ	desperate
羊 (ひつじ)	แกะ ケ	sheep
筆者 (ひっしゃ)	ผู้เขียน プーキアン	writer

ひ

引っ掛かる ➡ 筆者 517

日	タイ	英
必修(ひっしゅう)	(วิชา)บังคับ (ウィチャー) バングカプ	compulsory
必需品(ひつじゅひん)	สิ่งของที่จำเป็น スィングコーングティーチャムペン	necessities
びっしょり	เปียกโชก ピアクチョーク	get soaked through
必然(ひつぜん)	การกำหนดไว้แล้ว/ตายตัว カーンカムノッワイレーウ / ターイトゥア	necessity
ぴったり	พอดิบพอดี ポーディブポーディー	tightly
ヒッチハイク	การโบกรถเพื่อขอติดรถไปด้วย カーンボークロップァコーティッロッパイドゥアイ	hitchhiking
匹敵(ひってき)	การทัดเทียม カーンタッティアム	be the equal of
引っ張る(ひっぱる)	ดึง ドゥング	pull
必要(ひつよう)	สำคัญ サムカン	necessary
必要条件(ひつようじょうけん)	เงื่อนไขสำคัญ ングァンカイサムカン	requirement / necessary condition
必要不可欠(ひつようふかけつ)	จำเป็นขาดไม่ได้ チャムペンカーッマイダイ	necessity
否定(ひてい)	การปฏิเสธ カーンパティセーッ	denial
否定的(ひていてき)	เชิงปฏิเสธ チューングパティセーッ	negative
ビデオ	วิดีโอ ウィディーオー	video

日	タイ	英
人 (ひと)	คน コン	man / people
酷い (ひどい)	รุนแรง / ร้ายกาจ ルンレーング / ラーイカーッ	cruel / dreadful
一息 (ひといき)	การสูดลมหายใจเข้า カーンスーッロムハーイチャイカウ	breath
人影 (ひとかげ)	เงาคน ンガウコン	figure / silhouette
人柄 (ひとがら)	นิสัยของคน ニサィコーングコン	character / personality
人気 (ひとけ)	ดูท่าทางจะมีผู้คน ドゥーターターングチャミープーコン	sign of life
一言 (ひとこと)	คำพูดสั้น ๆ カムプーッサンサン	single word
他人事 (ひとごと)	เรื่องของชาวบ้าน ルアングコーングチャーゥバーン	other people's affairs / somebody else's problem
人込み (ひとこみ)	ฝูงชน フーングチョン	crowds
ひと頃 (ひところ)	ช่วงเวลาหนึ่ง チュアングウェーラーヌング	at one time
人差し指 (ひとさしゆび)	นิ้วชี้ ニゥチー	the forefinger / the index finger
等しい (ひとしい)	เสมอภาค / เท่าเทียมกัน サムーパーク / タゥティアムカン	equal to
人質 (ひとじち)	ตัวประกัน トゥアプラカン	hostage
一筋 (ひとすじ)	จริงจัง / แน่วแน่ チングチャン / ネゥネー	line / single-mindedly

人 ➡ 一筋　519

日	タイ	英
1つ	หนึ่งชิ้น ヌングチン	one
一月(ひとつき)	หนึ่งเดือน ヌングドゥアン	one month
一通り(ひととおり)	คร่าว ๆ クラーゥクラーゥ	briefly
人通り(ひとどおり)	ทางคนเดิน ターングコンドゥーン	pedestrian traffic
ひとまず	ในขั้นนี้... ナイカンニー ...	for the present
瞳(ひとみ)	แก้วตา ケーゥター	pupil of an eye
人目(ひとめ)	สายตาผู้คน サーィタープーコン	public eye / public notice
一休み(ひとやすみ)	การพักสักครู่ カーンパクサックルー	short rest
一人(ひとり)	คนเดียว コンディアゥ	one person / alone
日取り(ひどり)	วันที่กำหนด ワンティーカムノッ	date / schedule
独り言(ひとりごと)	พูดกับตัวเองคนเดียว プーッカプトゥアエーングコンディアゥ	monologue
一人で(ひとりで)	โดยลำพัง ドーィラムパング	alone / by oneself
独りでに(ひとりでに)	เป็นเองโดยธรรมชาติ ペンエーングドーィタムマチャーッ	spontaneously
一人一人(ひとりひとり)	ทีละคน ティーラコン	one by one

520　1つ ➡ 一人一人

日	タイ	英
ひな 雛	ลูกเจี๊ยบ ルークチアップ	chicken
ひなた 日向	สถานที่ที่แสงแดดส่องถึง サターンティーティーセーングデーッソーングトゥング	sunny place
ひなまつり 雛祭	เทศกาลเด็กผู้หญิง テーッサカーンデクプーイング	the Girls' Festival on March 3
ひなん 避難	การอพยพ カーンオプパヨプ	refuge
ひなん 非難	การตำหนิติเตียน カーンタムニティティアン	blame
ひなんめいれい 避難命令	คำสั่งอพยพ カムサングオプパヨプ	evacuation order
ビニール	พลาสติก プラーッサティク	vinyl / plastic
ビニール袋	ถุงพลาสติก トゥングプラーッサティク	plastic bag
ひにく 皮肉	เสียดสี スィアッスィー	irony
ひにち 日にち	วัน ワン	day
ひにん 避妊	การคุมกำเนิด カーンクムカムヌーッ	birth control / contraception
ひねる	บิด / หยิก ビッ / イク	twist
ひのいり 日の入り	พระอาทิตย์ตก プラアーティットク	sunset
ひので 日の出	พระอาทิตย์ขึ้น プラアーティックン	sunrise

雛 ➡ 日の出　521

日	タイ	英
ひ　まる 日の丸	ธงชาติญี่ปุ่น(วงกลมสีแดงคือพระอาทิตย์ขึ้น) トンㇰ゙チャーッイープン（ウォンㇰ゙クロㇺスィーデーンㇰ゙クープラアーティックン）	rising-sun flag
ひ ばな 火花	ประกายไฟ プラカーィファイ	spark
ひ はん 批判	การวิพากษ์วิจารณ์ カーンウィパーㇰウィチャーン	criticism
ひ はんてき 批判的	เชิงวิพากษ์วิจารณ์ チューンㇰ゙ウィパーㇰウィチャーン	critical
ひび 響き	เสียงก้อง スィアンㇰ゙コーンㇰ゙	sound
ひび 響く	ดังก้อง ダンㇰ゙コーンㇰ゙	sound / echo
ひ ひょう 批評	คำวิจารณ์ カㇺウィチャーン	critical essay
び ひん 備品	เครื่องประดับ/อุปกรณ์เสริม クルァンㇰ゙プラダㇷ゚/ウㇷ゚パコーンスーㇺ	furniture / equipment
ひ ふ 皮膚	ผิวหนัง ピゥナンㇰ゙	skin
ひま 暇	ว่าง ワーンㇰ゙	free time / time to spare
ひまわり	ดอกทานตะวัน ドーㇰターンタワン	sunflower
ひ みつ 秘密	ความลับ クワーㇺラㇷ゙	secret
び みょう 微妙	ละเอียด / ก้ำกึ่ง ライアッ / カㇺクンㇰ゙	delicate
ひも 紐	เชือก チュアㇰ	string

日	タイ	英
冷(ひ)やかす	หยอกล้อ ヨークロー	make fun of
百(ひゃく)	ร้อย ローイ	hundred
日焼(ひや)け	แดดเผา デーッパゥ	sunburn
日焼(ひや)け止(ど)め	ครีมกันแดด クリームカンデーッ	sunscreen / sunblock
冷(ひ)やす	แช่เย็น チェーイェン	cool
百科事典(ひゃっかじてん)	สารานุกรม サーラーヌクロム	encyclopedia
百貨店(ひゃっかてん)	ห้างสรรพสินค้า ハーングサプパスィンカー	department store
比喩(ひゆ)	การอุปมา カーンウプパマー	metaphor / figure of speech
票(ひょう)	คะแนนเสียง カネーンスィアング	vote
表(ひょう)	ตาราง ターラーング	chart / list
費用(ひよう)	ค่าใช้จ่าย カーチャイチャーイ	expense
病(びょう)	ความเจ็บป่วย クワームチェププァイ	disease
秒(びょう)	วินาที ウィナーティー	second
美容(びよう)	การเสริมสวย カーンスームスァイ	beauty

ひ

冷やかす ➡ 美容 523

日	タイ	英
病院（びょういん）	โรงพยาบาล ローングパヤーバーン	hospital
美容院（びよういん）	ร้านเสริมสวย ラーンスームスアイ	beauty salon[shop]
評価（ひょうか）	การประเมิน カーンプラムーン	valuation
病気（びょうき）	โรค / อาการป่วย ローク / アーカーンプアイ	disease
表現（ひょうげん）	การแสดงความคิดเห็น カーンサデーングクワームキッヘン	expression
標語（ひょうご）	คำขวัญ カムクワン	slogan
表紙（ひょうし）	หน้าปก ナーポク	cover
美容師（びようし）	ช่างเสริมสวย チャーングスームスアイ	hairdresser / beautician
標識（ひょうしき）	ป้ายเครื่องหมาย パーイクルアングマーイ	sign
描写（びょうしゃ）	การพรรณนา カーンパンナナー	description / sketch
標準（ひょうじゅん）	มาตรฐาน マーットラターン	standard
表情（ひょうじょう）	สีหน้า スィーナー	expression
病状（びょうじょう）	อาการป่วย アーカーンプアイ	medical condition
表題（ひょうだい）	หัวเรื่อง フアルアング	title

日	タイ	英
びょうどう 平等	ความเสมอภาค クワームサムーパーク	equality
ひょうはくざい 漂白剤	สารฟอกขาว サーンフォークカーウ	bleach
ひょうばん 評判	ชื่อเสียง チュースィアング	reputation
ひょうほん 標本	แบบจำลอง ベープチャムローング	specimen
ひょうめん 表面	พื้นผิว プーンピゥ	surface
びょうれき 病歴	ประวัติการรักษา プラワッカーンラクサー	medical history
ひょうろん 評論	การวิจารณ์ カーンウィチャーン	criticism
ビラ	ใบปลิว バイプリゥ	bill / leaflet
ひらがな 平仮名	อักษรฮิรางานะ アクソーンヒラーガーナ	hiragana
ひら 開く	เปิด プーッ	open
ひら 開ける	สามารถเปิดออก サーマーップーッオーク	open out
ひら 平たい	ราบ ラープ	flat
ひら め 平目	ปลาตาเดียว プラ ターディアゥ	flounder / flatfish
ひらめき	การเกิดประกาย(ความคิด) カーンクーップラカーイ (クワームキッ)	spark

平等 ➡ ひらめき　525

日	タイ	英
ビリ	ที่โหล่ / รั้งท้าย ティーロー / ランクターイ	the last
比率（ひりつ）	อัตราส่วนเปรียบเทียบ アットラースァンプリアプティアプ	ratio
肥料（ひりょう）	ปุ๋ย プィ	fertilizer
微量（びりょう）	ปริมาณน้อยนิด パリマーンノーイニッ	very small quantity
昼（ひる）	กลางวัน クラーングワン	noon / daytime
ビル	ตึก トゥク	building
昼ごはん（ひるごはん）	อาหารมื้อกลางวัน アーハーンムークラーングワン	lunch
昼寝（ひるね）	นอนกลางวัน ノーンクラーングワン	nap
昼間（ひるま）	ตอนกลางวัน トーンクラーングワン	daytime
昼休み（ひるやすみ）	พักกลางวัน パククラーングワン	lunch break
比例（ひれい）	การผกผันซึ่งสัมพันธ์กัน カーンポクパンスングサムパンカン	proportion
比例した（ひれいした）	สัดส่วนผกผัน サッスアンポクパン	proportionate / in proportion to / relative to
広い（ひろい）	กว้าง クワーング	large / wide
ヒロイン	วีรสตรี ウィーラサットリー	heroine

日	タイ	英
拾う (ひろう)	เก็บตก ケプトク	pick up
披露 (ひろう)	การแจ้งให้ทุกคนทราบ カーンチェーングハイトゥクコンサープ	announcement
疲労 (ひろう)	ความอ่อนเพลีย クワームオーンプリア	fatigue
広がる (ひろがる)	ขยายกว้างออกไป カヤーイクワーングオークパイ	spread
広げる (ひろげる)	แผ่ขยายให้กว้าง ペーカヤーイハイクワーング	spread
広さ (ひろさ)	ความกว้าง クワームクワーング	size
広場 (ひろば)	ที่กว้าง ティークワーング	plaza
広々 (ひろびろ)	กว้างไกล クワーングクライ	open
広まる (ひろまる)	แผ่กว้าง / แพร่หลาย ペークワーング / プレーラーイ	spread
広める (ひろめる)	กระจายให้แพร่หลาย クラチャーイハイプレーラーイ	broaden / extend
瓶 (びん)	ขวด クアッ	bottle
便 (びん)	เที่ยวบิน ティアウビン	flight
敏感 (びんかん)	ไวต่อความรู้สึก ワイトークワームルースック	sensitive
ピンク	สีชมพู スィーチョムプー	pink

日	タイ	英
ひんけつ 貧血	โลหิตจาง ローヒッチャーング	anemia
ひんこん 貧困	ยากจน ヤークチョン	poverty
ひんしつ 品質	คุณภาพ クンナパープ	quality
ひんしつかんり 品質管理	การควบคุมคุณภาพ カーンクアブクムクンナパープ	quality control
ひんじゃく 貧弱	ขาดแคลน カークレーン	meagerness / poor / shabby
ひんしゅ 品種	ชนิด / พันธุ์ チャニッ / パン	variety / kind (of animal or plant)
びんせん 便箋	กระดาษเขียนจดหมาย クラダーッキアンチョッマーイ	letter paper
ピンチ	วิกฤต ウィクリッ	pinch / crisis
びんづめ 瓶詰め	การบรรจุใส่ขวด カーンバンチュサイクアッ	bottled
ヒンディー語	ภาษาฮินดี パーサーヒンディー	Hindi
ヒント	คำใบ้ カムバイ	hint
ヒンドゥー教	ศาสนาฮินดู サーッサナーヒンドゥー	Hinduism
ひんぱん 頻繁	บ่อย ๆ ボーイボーイ	frequent
びんぼう 貧乏	ยากจน ヤークチョン	poverty

日	タイ	英
ピンポン	ปิงปอง ピンッポーンッ	ping pong

▼ ふ，フ

日	タイ	英
不（ふ）	ไม่ マイ	dis- / un- / im- / in- / ir-
部（ぶ）	ส่วน / ภาค / แผนก スアン / パーク / パネーク	part / division / section
無（ぶ）	ไม่มี / สูญเปล่า マイミー / スーンプラウ	non-
ファーストクラス	(ที่นั่ง)ชั้นหนึ่ง （ティーナンッ）チャンヌンッ	first class
ファストフード	ฟาสต์ฟู้ด /อาหารจานด่วน ファーッフーッ / アーハーンチャーンドゥアン	fast food
無愛想（ぶあいそう）	หน้าตาบอกบุญไม่รับ ナーターボークブンマイラプ	brusqueness / bluntness / unsociability
ファイト	สู้ ๆ / ฮึดสู้ スースー / フッスー	fight
ファイル	แฟ้ม / เอกสาร / ไฟล์ フェーム / エークカサーン / ファイ	file
ファスナー	ซิปติดเสื้อผ้า スイプティッスアパー	zipper
ファックス	แฟกซ์ / โทรสาร フェーク / トーラサーン	fax / facsimile
ファックス番号（ばんごう）	หมายเลขแฟกซ์ マーイレークフェーク	fax number
ファッション	แฟชั่น フェーッチャン	fashion

ふ

日	タイ	英
ファミリー企業（きぎょう）	ธุรกิจภายในครัวเรือน トゥラキッパーィナイクルァルァン	family company
不安（ふあん）	ความกังวลใจ クワーㇺカングウォンチャイ	anxiety / uneasiness
ファンデーション	รองพื้น ローングプーン	foundation
不意（ふい）	จู่ ๆ / ไม่คาดฝัน チューチュー / マイカーッファン	sudden
不一致（ふいっち）	การไม่เห็นตรงกัน カーンマイヘントロングカン	discord / disagreement
フィットネスクラブ	ฟิตเนสคลับ フィッネーックラプ	fitness club
フィリピン	ประเทศฟิลิปปินส์ プラテーッフィリプピン	the Philippines
フィルター	ที่กรอง/ฟิลเตอร์ ティークローング / フィウター	filter
フィルム	ฟิล์มถ่ายรูป フィㇺターィループ	film
封（ふう）	การผนึก カーンパヌㇰ	seal
ブーケ	ช่อดอกไม้ チョードーㇰマイ	bouquet
風景（ふうけい）	ทิวทัศน์ ティウタッ	scenery
封鎖（ふうさ）	การปิดไม่ให้ผ่านเข้าออก カーンピッマイハイパーンカウオーㇰ	blockade
風刺（ふうし）	การเสียดสี/การเหน็บแนม カーンスィアッスィー / カーンネプネーㇺ	satire

ふ

530 ファミリー企業 ➡ 風刺

日	タイ	英
不可能（ふかのう）	เป็นไปไม่ได้ ペンパイマイダイ	impossibility / impracticability
深まる（ふかまる）	ลึกซึ้งขึ้น ルクスングクン	become deeper
深める（ふかめる）	ทำให้ลึกซึ้งขึ้น タムハイルクスングクン	deepen
不完全（ふかんぜん）	ไม่สมบูรณ์ マイソムブーン	imperfection / incompleteness
武器（ぶき）	อาวุธ アーウッ	weapon
吹き替え（ふきかえ）	การพากย์เสียง カーンパークスィアング	dubbing
不規則（ふきそく）	ไม่เป็นไปตามกฎ マイペンパイタームコッ	irregularity
不吉（ふきつ）	โชคไม่ดี チョークマイディー	unlucky
不気味（ぶきみ）	ลางไม่ดี / น่าหวาดเสียว ラーングマイディー / ナーワーッスィアウ	weirdness
普及（ふきゅう）	การเผยแพร่ / ใช้กันทั่วไป カーンプーイプレー / チャイカントゥアパイ	spread
不況（ふきょう）	เศรษฐกิจตกต่ำ セーッタキットクタム	recession
不器用（ぶきよう）	ไม่ชำนาญ マイチャムナーン	awkwardness / clumsiness
付近（ふきん）	บริเวณใกล้ ๆ ボーリウェーンクライクライ	vicinity
布巾（ふきん）	ผ้าขี้ริ้ว パーキーリウ	dish towel

日	タイ	英
拭く (ふく)	เช็ด チェッ	wipe
吹く (ふく)	เป่า パウ	blow
副 (ふく)	รอง / ผู้ช่วย ローング / プーチュアイ	sub
服 (ふく)	เสื้อผ้า スアパー	clothes
福 (ふく)	โชค / ลาภ / ความสุข チョーク / ラープ / クワームスク	fortune
副業 (ふくぎょう)	อาชีพเสริม アーチープスーム	second job / side job
複合 (ふくごう)	การรวมกัน カーンルアムカン	compound
複雑 (ふくざつ)	สลับซับซ้อน サラブサブソーン	complex / complication / complicated
副作用 (ふくさよう)	ผลข้างเคียงจากการใช้ยา ポンカーングキアングチャークカーンチャイヤー	side effect
副詞 (ふくし)	คำวิเศษณ์ カムウィセーッ	adverb
福祉 (ふくし)	สวัสดิการ サワッディカーン	welfare
複写 (ふくしゃ)	การลอกแบบ/การถ่ายเอกสาร カーンロークベーブ / カーンターイエークカサーン	copy
復習 (ふくしゅう)	การทบทวนบทเรียน カーントブトゥアンボッリアン	review
復讐 (ふくしゅう)	การแก้แค้น カーンケーケーン	revenge / retaliation

日	タイ	英
プール	สระว่ายน้ำ サワーイナム	swimming pool
不運	โชคไม่ดี チョークマイディー	misfortune
笛	ขลุ่ย クルイ	flute
フェリー	เรือข้ามฟาก ルアカームファーク	ferry
増える	เพิ่มขึ้น プームクン	increase
フォーク	ส้อม ソーム	fork
フォーム	รูปแบบ ルーブベープ	form
フォルダ	โฟลเดอร์ フォルダー	folder
不可	เป็นไปไม่ได้ ペンパイマイダイ	failure
部下	ลูกน้อง ルークノーング	subordinate
深い	ลึก ルク	deep
付加価値税	ภาษีมูลค่าเพิ่ม パースィームーンラカーブーム	value-added tax
不可欠	จำเป็น / ขาดไม่ได้ チャムペン / カーッマイダイ	essential
深さ	ความลึก クワームルク	depth

日	タイ	英
ふうしゃ 風車	กังหันลม カングハンロム	windmill
ふうしゅう 風習	ขนบธรรมเนียม カノプタムニアム	customs
ブース	บูธแสดงสินค้า ブーッサデーングスィンカー	booth
ふうせん 風船	ลูกโป่ง ルークポーング	balloon
ふうそく 風速	ความเร็วลม クワームレゥロム	wind velocity[speed]
ふうぞく 風俗	ประเพณี/การบริการทางเพศ プラペーニー / カーンボーリカーンターングペーッ	customs / manners / adult entertainment
ふうちょう 風潮	แนวโน้มของสังคม ネゥノームコーングサングコム	tendency / trend
ブーツ	รองเท้าบูท ローングタゥブーッ	boots
ふうど 風土	ภูมิอากาศ/บรรยากาศ プーミアーカーッ / バンヤーカーッ	natural features
ふうとう 封筒	ซองจดหมาย ソーングチョッマーイ	envelop
ふうふ 夫婦	สามีภรรยา サーミーパンラヤー	husband and wife
ブーム	บูม / ฮิต / โด่งดัง ブーム / ヒッ / ドーングダング	boom
ふうりょく 風力	แรงลม レーングロム	wind power
ふうりょくはつでんしょ 風力発電所	โรงไฟฟ้าพลังงานลม ローングファイファーパラングンガーンロム	wind-power plant[station]

日	タイ	英
ふくじゅう 服従	การทำตามคำสั่ง カーンタムタームカムサング	obedience / submission
ふくすう 複数	พหูพจน์ パフーポッ	plural
ふくせい 複製	การทำซ้ำ/การทำเลียนแบบ カーンタムサム / カーンタムリアンベープ	reproduction / replica
ふくそう 服装	เครื่องแต่งกาย クルアングテングカーイ	clothes
ふくつう 腹痛	ปวดท้อง プァットーング	stomachache / abdominal pain
ふく 含む	รวมอยู่ด้วย ルアムユードゥアイ	include
ふく 含める	รวมเข้าไว้ด้วย ルアムカウワイドゥアイ	include
ふくめん 覆面	หน้ากาก ナーカーク	mask
ふくよう 服用	การกินยา カーンキンヤー	taking medicine
ふく 膨らます	ทำให้พอง / ฟู タムハイポーング / フー	blow up
ふく 膨らむ	โป่ง / พองออกมา ポーング / ポーングオークマー	swell out
ふく 膨れる	โป่ง / พอง ポーング / ポーング	swell
ふくろ 袋	กระเป๋า クラパウ	bag
ふくろう 梟	นกฮูก / นกเค้าแมว ノクフーク / ノクカウメーウ	owl

服従 ➡ 梟 535

日	タイ	英
不景気(ふけいき)	เศรษฐกิจไม่ดี セータキッマイディー	business slump
不潔(ふけつ)	ไม่บริสุทธิ์ / สกปรกน่ารังเกียจ マイボーリスッ / ソクカプロクナーラングキアッ	dirtiness / uncleanliness
更ける(ふける)	ดึกดื่น ドゥクドゥーン	get late
耽る(ふける)	มุ่งมั่น / จดจ่อ ムングマン / チョッチョー	indulge
老ける(ふける)	แก่ตัว ケートゥア	become old
不幸(ふこう)	เคราะห์ร้าย クロラーイ	misfortune
富豪(ふごう)	คนรวย コンルアイ	rich person
符号(ふごう)	เครื่องหมาย / สัญลักษณ์ クルアングマーイ / サンヤラク	mark / code
布告(ふこく)	การประกาศ カーンプラカーッ	proclamation
ブザー	กริ่ง クリング	buzzer
夫妻(ふさい)	สามีภรรยา サーミーパンラヤー	husband and wife
負債(ふさい)	ภาระหนี้สิน パーラニースィン	debt
不在(ふざい)	ไม่อยู่ マイユー	absence
塞がる(ふさがる)	ถูกอุด / ปิด トゥークウッ / ピッ	be blocked

日	タイ	英
塞ぐ（ふさぐ）	อุด / ปิด ウッ / ピッ	close
ふざける	พูดเล่น/หัวเราะเยาะ プーッレン / ファロヨ	make fun of / fool about
ふさわしい	เหมาะสม モソム	suitable
節（ふし）	ข้อต่อ / จุดเชื่อมต่อ コートー / チュッチュアムトー	joint / tune
無事（ぶじ）	ปลอดภัย プローッパイ	safety
不思議（ふしぎ）	แปลกประหลาด プレークプララーッ	wonder / strange / mysterious
部首（ぶしゅ）	รากของอักษรคันจิ ラークコーングアクソーンカンチ	radical of a Chinese character
不自由（ふじゆう）	ไม่สะดวกสบาย マイサドゥアクサバーイ	inconvenience / disability
不十分（ふじゅうぶん）	ไม่เพียงพอ マイピアングポー	insufficiency / inadequacy / shortage / scarcity
不順（ふじゅん）	ไม่ราบรื่น/ไม่เป็นไปตามกำหนด マイラーブルーン / マイペンパイタームカムノッ	changeable / irregular
負傷（ふしょう）	การได้รับบาดเจ็บ カーンダイラブバーッチェブ	injury
腐食（ふしょく）	การที่สนิมเกาะกิน カーンティーサニムコキン	corrosion
侮辱（ぶじょく）	การลบหลู่ดูหมิ่น カーンロブルードゥーミン	insult
不審（ふしん）	น่าสงสัย ナーソングサイ	doubt

ふ

塞ぐ ➡ 不審 537

日	タイ	英
不振（ふしん）	ไม่รุ่งเรือง マイルングルァング	slump
夫人（ふじん）	คุณนาย/คุณหญิง/ท่านผู้หญิง クンナーイ / クンイング / ターンプーイング	wife / Mrs.
婦人（ふじん）	สุภาพสตรี スパープサットリー	lady
不親切（ふしんせつ）	ไม่มีน้ำใจ マイミーナムチャイ	unkindness
部数（ぶすう）	จำนวนฉบับ チャムヌァンチャバブ	the number of copies / circulation
不正（ふせい）	การทุจริต カーントゥチャリッ	injustice
防ぐ（ふせぐ）	ป้องกัน ポーングカン	prevent
武装（ぶそう）	การเตรียมพร้อมที่จะรบ カーントリアムプロームティーチャロブ	armament
不足（ふそく）	การขาดแคลน カーンカーックレーン	lack
不測（ふそく）	ไม่คาดคิด マイカーッキッ	contingency
付属（ふぞく）	การสังกัด カーンサングカッ	being attached to
ふた	ฝา ファー	lid
札（ふだ）	ฉลาก/ป้าย チャラーク / パーイ	tag / card
豚（ぶた）	หมู ムー	pig

日	タイ	英
舞台（ぶたい）	เวที ウェーティー	stage
双子（ふたご）	ฝาแฝด ファーフェーッ	twin
再び（ふたたび）	อีกครั้งหนึ่ง イーククランゲヌング	once more / again
2つ	สอง ソーング	two
二月（ふたつき）	สองเดือน ソーングドゥアン	two months
豚肉（ぶたにく）	เนื้อหมู ヌアムー	pork
二人（ふたり）	สองคน ソーングコン	two persons
負担（ふたん）	การรับภาระหน้าที่ カーンラップパーラナーティー	burden
普段（ふだん）	ปกติ パカティ	usual
普段着（ふだんぎ）	ชุดลำลอง チュッラムローング	casual wear
縁（ふち）	กรอบ / ขอบ クローブ / コーブ	edge / brim
不注意（ふちゅうい）	ความประมาท クワームプラマーッ	carelessness / imprudence / indiscretion / thoughtlessness
不調（ふちょう）	สภาพที่ไม่ดี / ล้มเหลว サパープティーマイディー / ロムレウ	failure / slump
部長（ぶちょう）	หัวหน้าฝ่าย / หัวหน้าแผนก ファナーファーイ / ファナーパネーク	the chief of the department

日	タイ	英
ぶつ	ตี ティー	spank / hit
不通 (ふつう)	ขัดข้อง / ติดต่อไม่ได้ カッコーング / ティットーマイダイ	interruption
普通 (ふつう)	ทั่วไป トゥアパイ	ordinary
普通預金 (ふつうよきん)	เงินฝากเผื่อเรียก / เงินฝากออมทรัพย์ ングンファークプアリアク / ングンファークオームサプ	savings[deposit] account / ordinary deposit
二日 (ふつか)	วันที่สอง ワンティーソーング	the second / two days
物価 (ぶっか)	ค่าครองชีพ カークローングチープ	prices
復活 (ふっかつ)	การหวนคืนสู่วงการ カーンファンクーンスーウォングカーン	revival
二日酔い (ふつかよい)	เมาค้าง マウカーング	hangover
ぶつかる	ชน / ประสบ チョン / プラソプ	hit
物議 (ぶつぎ)	การวิพากษ์วิจารณ์ カーンウィパークウィチャーン	criticism
復旧 (ふっきゅう)	การบูรณะ / ซ่อมแซม カーンブーラナ / ソームセーム	restoration
仏教 (ぶっきょう)	ศาสนาพุทธ サーッサナープッ	Buddhism
仏教徒 (ぶっきょうと)	พุทธศาสนิกชน プッタサーッサニッカチョン	Buddhist
ぶつける	ชน / กระแทก チョン / クラテーク	knock

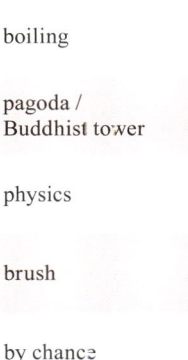

日	タイ	英
ふっこう 復興	การฟื้นฟูบูรณะ カーンフーンフーブーラナ	reconstruction
ぶっし 物資	สิ่งของที่จำเป็นในการดำรงชีพ スィングコーングティーチャムペンナイカーンダムロングチープ	supplies
ぶっしつ 物質	สิ่งของ / วัตถุ スィングコーング / ワットゥ	material
ぶっそう 物騒	อันตราย アンタラーイ	unsafely
ぶつぞう 仏像	พระพุทธรูป プラプッタループ	statue of Buddha
ぶったい 物体	วัตถุ ワットゥ	object
ふっとう 沸騰	การเดือด カーンドゥアッ	boiling
ぶっとう 仏塔	เจดีย์ チェディー	pagoda / Buddhist tower
ぶつり 物理	ฟิสิกส์ フィスィク	physics
ふで 筆	พู่กัน プーカン	brush
ふと	อยู่ดี ๆ ก็ / โดยไม่รู้สาเหตุ ユーディーディーコ / ドーイマイルーサーヘーッ	by chance
ふと 太い	อ้วน / ใหญ่ ウアン / ヤイ	thick
ふとう 不当	ไม่สมเหตุสมผล マイソムヘーッソムポン	unreasonable
ぶどう 葡萄	องุ่น アグン	grapes

日	タイ	英
不動産（ふどうさん）	อสังหาริมทรัพย์ アサングハーリムサプ	real estate
不得意（ふとくい）	ไม่เก่ง マイケング	weak point
太った（ふとった）	อ้วน ウアン	fat
太もも（ふともも）	ต้นขา トンカー	thigh
太る（ふとる）	อ้วนขึ้น ウアンクン	grow fat
布団（ふとん）	ผ้าห่มนอน / ที่นอน パーホムノーン / ティーノーン	bedding
鮒（ふな）	ปลาตะเพียนชนิดหนึ่ง プラータピアンチャニッヌング	crucian / crucian carp
船酔い（ふなよい）	การเมาเรือ カーンマウルア	seasickness
無難（ぶなん）	ปลอดภัย プローッパイ	safe
赴任（ふにん）	การไปประจำการที่ใหม่ カーンパイプラチャムカーンティーマイ	assume a new post
船（ふね）	เรือ ルア	ship
腐敗（ふはい）	การเน่าเสีย/เสื่อมสลาย カーンナウスィア / スアムサラーイ	rotting
不評（ふひょう）	ไม่เป็นที่นิยม / ไม่ได้รับการตอบรับที่ดี マイペンティーニヨム / マイダイラプカーントープラプティーディー	unpopular
部品（ぶひん）	ชิ้นส่วน / อะไหล่ チンスアン / アライ	parts

日	タイ	英
ふぶき 吹雪	พายุหิมะ パーユヒマ	blizzard
ふふく 不服	ไม่พอใจ マイポーチャイ	dissatisfaction
ぶぶん 部分	ส่วน / ตอน スアン / トーン	part / portion
ふへい 不平	ไม่พอใจ マイポーチャイ	complaint
ふへん 普遍	ทั่วไป / สากล トゥアパイ / サーコン	universality
ふべん 不便	ไม่สะดวก マイサドゥアク	inconvenience
ふぼ 父母	พ่อแม่ ポーメー	parents
ふまえる 踏まえる	ยึดเป็นเกณฑ์ / มีที่มาจาก ユッペンケーン / ミーティーマーチャーク	be grounded
ふまん 不満	ไม่พอใจ マイポーチャイ	dissatisfaction
ふみきり 踏み切り	ทางข้ามรถไฟ ターングカームロッファイ	railroad crossing
ふみこむ 踏み込む	ก้าวเข้าไป / รุกคืบ カーウカウパイ / ルッククープ	step into
ふみんしょう 不眠症	โรคนอนไม่หลับ ロークノーンマイラプ	insomnia
ふむ 踏む	เหยียบ ィアプ	step
ふめい 不明	ไม่กระจ่างชัดเจน マイクラチャーングチャッチェン	indistinctness

吹雪 ➡ 不明　543

日	タイ	英
麓（ふもと）	ตีนเขา ティーンカウ	the foot
部門（ぶもん）	แผนก / สาขา パネーク / サーカー	department
増やす（ふやす）	เพิ่มจำนวน プームチャムヌアン	increase
冬（ふゆ）	ฤดูหนาว ルドゥーナーウ	winter
扶養（ふよう）	การค้ำจุนดูแล / อุปการะ カーンカムチュンドゥーレー / ウプパカーラ	support
フライト	เที่ยวบิน ティアゥビン	flight
フライパン	กระทะแบนมีด้ามจับ クラタベーンミーダームチャブ	frying pan
プライベート	ความเป็นส่วนตัว クワームペンスアントゥア	private
ブラウザ	บราวเซอร์ ブラーゥサー	browser
ブラウス	เสื้อสตรี スァサットリー	blouse
ぶら下げる	ห้อยลงมา ホーィロングマー	hang
ブラシ	แปรง プレーング	brush
ブラジャー	ยกทรง ヨクソング	bra / brassiere
ブラジル	ประเทศบราซิล プラテーッブラースィン	Brazil

544　麓 ➡ ブラジル

日	タイ	英
プラス	การบวก / การเพิ่ม カーンブアク / カーンプーム	plus
プラスチック	พลาสติก プラーッサティク	plastic
プラットホーム	ชานชาลา チャーンチャーラー	platform
フラフラ	โซเซ ソーセー	be dizzy
ぶらぶら	แกว่ง / เตร็ดเตร่ クェーング / トレットレー	dangling / swaying
プラン	แผนการ / ร่าง ペーンカーン / ラーング	plan
フランス	ประเทศฝรั่งเศส プラテーッファラングセーッ	France
フランス語	ภาษาฝรั่งเศส パーサーファラングセーッ	French
フランス人	ชาวฝรั่งเศส チャーウファラングセーッ	French
ブランデー	บรั่นดี ブランディー	brandy
ブランド	ยี่ห้อ イーホー	brand
ブランド品	สินค้าแบรนด์เนม スィンカーブレーンネーム	brand-name product [goods] / brand items
(〜の) 振り	การเสแสร้ง カーンセーセーング	pretense
不利	เสียเปรียบ スィアプリアプ	disadvantage

日	タイ	英
フリー	ซึ่งอิสระเสรี/ไม่มีข้อจำกัด スンゲイッサラセーリー／マイミーコーチャムカッ	free
フリーズ	อาการค้างไม่ทำงาน アーカーンカーングマイタムンガーン	freeze
不利益	เสียเปรียบ スィアプリアプ	disadvantage / handicap
振替	(วันหยุด)ชดเชย (ワンユッ) チョッチューイ	transfer
振り返る	หวนคิดถึง/มองย้อนกลับไป ファンキットゥング／モーングヨーンクラブパイ	look back
振り込み	การโอนเงิน(ผ่านธนาคาร) カーンオーンングン (パーンタナーカーン)	bank transfer
振り出し	จุดเริ่มต้น/การออกเช็ค チュッルームトン／カーンオークチェク	beginning / issue cheque
プリペイドカード	บัตรเติมเงิน バットゥームングン	prepaid card
プリペイド携帯	โทรศัพท์เติมเงิน トーラサプトゥームングン	prepaid cell-phone[cellular phone, mobile(phone)]
振り向く	หัน(หลัง) ハン (ラング)	turn around
振り向ける	สามารถหัน(หลัง) サーマーッハン (ラング)	turn one's face
不良	ของเสีย コーングスィア	bad quality
不良品	สินค้ามีตำหนิ スィンカーミータムニ	defective product[goods] / reject
不良率	อัตราของเสีย アットラーコーングスィア	defectiveness rate

日	タイ	英
浮力（ふりょく）	กำลังลอย / เฟื่องฟู カムラングローイ / ファングフー	buoyancy
武力（ぶりょく）	การใช้กำลัง / ใช้อาวุธ カーンチャイカムラング / チャイアーウッ	force
不倫（ふりん）	นอกใจ ノークチャイ	love affair / extramarital love
プリント	พิมพ์ ピム	print / photocopy
降る（ふる）	(ฝน)ตก (フォン) トク	fall
振る（ふる）	เขย่า / โบก(มือ) カヤゥ / ボーク (ムー)	wave
古い（ふるい）	เก่า カゥ	old
ブルー	สีน้ำเงิน スィーナムングン	blue
フルーツ	ผลไม้ ポンラマイ	fruit
震える（ふるえる）	สั่น / หนาวสั่น サン / ナーゥサン	shiver
ブルネイ	ประเทศบรูไน プラテーップルーナイ	Brunei
振る舞う（ふるまう）	ประพฤติ プラプルッ	behave
震わせる（ふるわせる）	ทำให้สั่น タムハイサン	make *sth* tremble
無礼（ぶれい）	ไร้มารยาท ライマーラヤーッ	impoliteness

ふ

浮力 ➡ 無礼 547

日	タイ	英
ブレーキ	เบรก / ห้ามล้อ ブレーク / ハームロー	brake
プレゼンテーション	การนำเสนองาน カーンナムサヌーンガーン	presentation
プレゼント	ของขวัญ コーングクワン	present
プレッシャー	ความกดดัน クワームコッダン	pressure
触れる	แตะต้อง/สัมผัส/ขัด(กฎหมาย) テトーング / サムパッ / カッ（コッマーイ）	touch
振れる	สั่น / ไกว サン / クワイ	swing
風呂	อ่างอาบน้ำแบบญี่ปุ่น アーングアープナムベープイープン	bath
プロ	มืออาชีพ ムーアーチープ	professional
ブローチ	เข็มกลัด ケムクラッ	brooch
付録	ภาคผนวก パークパヌアク	supplement
プログラム	โปรแกรม プロクレム	program
プロジェクト	โครงงาน/โครงการ クローングンガーン / クローングカーン	project
プロセス	กระบวนการ クラブアンカーン	process
ブロッコリー	บร็อคโคลี่ ブロクコーリー	broccoli

日	タイ	英
プロペラ	ใบพัด バイパッ	propeller
プロポーズ	การขอแต่งงาน カーンコーテングンガーン	proposal
プロモーション	โปรโมชั่น プロモーチャン	promotion
フロント	แผนกต้อนรับของโรงแรม パネークトーンラブコーングローングレーム	front
ふわふわ	นุ่ม / ฟู ヌム / フー	softly
分	นาที ナーティー	minute
文	ประโยค プラヨーク	sentence
雰囲気	บรรยากาศ バンヤーカーッ	atmosphere
文化	วัฒนธรรม ワッタナタム	culture
憤慨	การโกรธจัด カーンクローッチャッ	indignation
分解	การแตกตัว カーンテークトゥア	analysis / decomposition
文学	วรรณคดี ワンナカディー	literature
文化財	สมบัติทางวัฒนธรรม ソムバッターングワッタナタム	cultural assets
分業	การแบ่งหน้าที่กันทำ カーンベングナーティーカンタム	division of work

プロペラ ➡ 分業　549

日	タイ	英
ぶんげい 文芸	วรรณศิลป์ /วรรณคดี ワンナスィン / ワンナカディー	literary art
ぶんけん 文献	เอกสาร/หนังสือ(ที่ใช้อ้างอิง) エークカサーン / ナングスー (ティーチャイアーングイング)	literature
ぶん ご 文語	ภาษาเขียน/ภาษาในวรรณกรรม パーサーキアン / パーサーナイワンナカム	written language
ぶんさん 分散	การแยกกระจาย カーンイェーククラチャーイ	scattering
ぶん し 分子	เลขข้างบนของเลขเศษส่วน/โมเลกุล レークカーングボンコーンクレークセーッスアン / モーレークン	numerator
ふんしつ 紛失	การสูญหาย カーンスーンハーイ	loss
ふんしゅつ 噴 出	การระเบิดออก/การพ่นออกมา カーンラブーッオーク / カーンポンオークマー	spouting
ぶんしょ 文書	เอกสาร / งานเขียน エークカサーン / ンガーンキアン	document
ぶんしょう 文 章	ประโยค / ข้อความ プラヨーク / コークワーム	sentence
ふんすい 噴水	น้ำพุ ナムプ	fountain
ぶんすう 分数	เลขเศษส่วน レークセーッスアン	fraction
ぶんせき 分析	การวิเคราะห์ カーンウィクロ	analysis
ふんそう 紛争	การโต้เถียง /การต่อสู้ カーントーティアング / カーントースー	dispute
ぶんたい 文体	ลักษณะการเขียนประโยค ラクサナカーンキアンプラヨーク	style

日	タイ	英
ふんだん	มีอย่างเพียงพอ ミーヤーンヶピアングポー	abundant / plenty of
ぶんたん 分担	แบ่งงาน/แบ่งหน้าที่ ベングンガーン / ベングナーティー	partial responsibility
ふんとう 奮闘	การต่อสู้อย่างเต็มกำลัง カーントースーヤーングテムカムラング	struggle
ぶんぱい 分配	การแบ่งแจก カーンベングチェーク	distribution
ぶんぷ 分布	การกระจาย カーンクラチャーイ	distribution
ぶんべつ 分別	การคัดแยก カーンカッイェーク	classification / separation and sorting
ぶんぼ 分母	จำนวนส่วนในเลขเศษส่วน チャムヌアンスアンナイレーㇰセーッスアン	denominator
ぶんぽう 文法	ไวยากรณ์ ワイヤーコーン	grammar
ぶんぼうぐ 文房具	เครื่องเขียน クルアングキアン	stationery
ぶんぼうぐてん 文房具店	ร้านเครื่องเขียน ラーンクルアングキアン	stationery store
ふんまつ 粉末	ผง ポング	powder
ぶんみゃく 文脈	บริบท ボーリボッ	context
ぶんめい 文明	อารยธรรม アーラヤタム	civilization
ぶんや 分野	สาขา / แขนง サーカー / カネーング	field

ふんだん ➡ 分野　551

日	タイ	英
ぶんり 分離	การแยกจากกัน/การทำให้ห่าง カーンイェークチャークカン / カーンタムハイハーング	separation
ぶんりょう 分量	ปริมาณ ポリマーン	quantity
ぶんるい 分類	การแยกชนิด カーンイェークチャニッ	grouping
ぶんれつ 分裂	การแตกแยก カーンテークイェーク	division

▼ へ, ヘ

日	タイ	英
ペア	คู่ クー	pair
ヘアスタイル	ทรงผม ソングポム	hairstyle / haircut
へい 塀	รั้ว ルア	wall
へいかい 閉会	การปิดประชุม カーンピッププラチュム	closing
へいき 兵器	อุปกรณ์ที่ใช้ในสงคราม ウッパコーンティーチャイナイソングクラーム	weapon
へいき 平気	ไม่เดือดร้อน/อย่างหน้าตาเฉย マイドゥアッローン / ヤーングナーターチューイ	coolness / calmness
へいきん 平均	โดยเฉลี่ย ドーイチャリア	average
へいこう 平行	การขนานกัน カーンカナーンカン	parallel
へいこう 並行	การขนาน/การเรียงไปด้วยกัน カーンカナーン / カーンリアングパイドゥアイカン	parallel

日	タイ	英
へいこう 閉口	การตกที่นั่งลำบาก/พูดไม่ออก ヵーントクティーナングラムバーク/プーツマイオーク	nonplussed / stumped / nuisance
へいさ 閉鎖	การปิด/การเลิกกิจการ カーンピッ/カーンルークキッチャカーン	closing
へいし 兵士	ทหาร タハーン	soldier
へいじつ 平日	วันธรรมดา ワンタムマダー	weekday
へいしゃ 弊社	บริษัทเรา(ภาษาถ่อมตน) ボーリサッラウ（パーサートームトン）	our company
へいじょう 平常	ปกติ パカティ	ordinary
へいたい 兵隊	ทหาร タハーン	soldier
へいち 平地	พื้นที่ราบ プーンティーラープ	flatland / flat ground / level land[ground]
へいてん 閉店	ปิดทำการ ピッタムカーン	closing a store
へいほう 平方	ตาราง(เมตร) タラーング（メーッ）	square
へいぼん 平凡	ธรรมดาสามัญ タムマダーサーマン	common
へいめん 平面	พื้นราบ / แนวราบ プーンラープ／ネゥラープ	plane
へいや 平野	ทุ่งราบ / ที่ราบ トゥングラープ／ティーラープ	plain
へいれつ 並列	แบบขนาน ベープカナーン	parallel

閉口 ➡ 並列　　553

日	タイ	英
平和（へいわ）	สันติภาพ/ความสงบสุข サンティパープ / クワームサンゴプスク	peace
ベーコン	เบคอน ベーコーン	bacon
ページ	หน้า... ナー ...	page
ベージュ	สีเบจ スィーベーッ	beige
ベース	เสียงเบส / เสียงต่ำ スィアングベーッ / スィアングタム	base
辟易（へきえき）	ถอยหนี/ทนไม่ได้กับบางสิ่งบางอย่าง トーイニー/トンマイダイカップバーングスィングバーングヤーング	be bored with / cringed at
へこむ	บุ๋ม / เป็นหลุม ブム / ペンルム	become hollow / get dented / yield
ベジタリアン	นักมังสวิรัติ ナクマングサウィラッ	vegetarian
ベスト	ดีที่สุด ディーティースッ	best
ベストセラー	หนังสือที่ขายดีที่สุด ナングスーティーカーイディーティースッ	best-seller
へそ	สะดือ サドゥー	navel
下手（へた）	ไม่เก่ง / ไม่ชำนาญ マイケング / マイチャムナーン	awkwardness / lack of skill
隔たる（へだたる）	ห่างกัน ハーングカン	be distant
隔てる（へだてる）	ขาด / แยก カーッ / イェーク	set apart

日	タイ	英
別(べつ)	คนละเรื่อง / แตกต่าง コンラルアング / テークターング	distinction
別居(べっきょ)	การแยกกันอยู่ カーンイェークカンユー	separation
別荘(べっそう)	บ้านพักตากอากาศ バーンパクタークアーカーッ	summer house / villa
別途(べっと)	แยกต่างหาก イェークターングハーク	separately
ベッド	เตียง ティアング	bed
ペット	สัตว์เลี้ยง サッリアング	pet
ベッドカバー	ผ้าคลุมเตียง パークルムティアング	bedcover / bedspread
ヘッドフォン	หูฟังสวมที่ศีรษะ フーファングスアムティースィーサ	headphones / headset
ペットボトル	ขวดพลาสติก クアプラスティク	plastic bottle / PET bottle
別に(べつに)	เปล่า / ไม่มีอะไรพิเศษ プラゥ / マイミーアライピセーッ	in particular
別々(べつべつ)	แยกกัน イェークカン	separately
別料金(べつりょうきん)	คิดราคาต่างหาก キッラーカーターングハーク	extra
ペディキュア	การแต่งเล็บเท้า カーンテングレプタォ	pedicure / toenail art
ベテラン	ผู้ที่มีประสบการณ์เชี่ยวชาญ プーティーミープラソプカーンチアゥチャーン	veteran

日	タイ	英
ベトナム	ประเทศเวียดนาม プラテーッウィアッナーム	Vietnam
ベトナム語	ภาษาเวียดนาม パーサーウィアッナーム	Vietnamese
ベトナム人	ชาวเวียดนาม チャーゥウィアッナーム	Vietnamese
蛇	งู ングー	snake
部屋	ห้อง ホング	room
減らす	ลดให้น้อยลง ロッハイノーイロング	reduce
ベランダ	ระเบียง ラビアング	veranda / balcony
縁	ขอบ / ริม コープ / リム	hem / edge
へりくだる	ถ่อมตัว / สุภาพ トームトゥア / スパープ	be modest
ヘリコプター	เฮลิคอปเตอร์ ヘリコープター	helicopter
減る	ลดลง ロッロング	decrease
ベル	กระดิ่ง / ระฆัง クラディング / ラカング	bell
ベルト	เข็มขัด ケムカッ	belt
ヘルニア	โรคไส้เลื่อน ロークサイルゥアン	hernia

556　ベトナム ➡ ヘルニア

日	タイ	英
ヘルメット	หมวกกันน็อก ムアクカンノク	helmet
変	แปลก プレーク	strange
辺	บริเวณ / แถว ๆ / แถบ ボーリウェーン / テーゥテーゥ / テープ	side
ペン	ปากกา パークカー	pen
変圧器	เครื่องแปลงไฟ クルアングプレーングファイ	transformer
変化	การเปลี่ยนแปลง カーンプリアンプレーング	change
弁解	การแก้ตัว カーンケートゥア	excuse
変革	การปฏิวัติเปลี่ยนแปลงไปสู่สิ่งใหม่ カーンパティワップリアンプレーングパイスースィングマイ	reform
返還	การมอบคืน カーンモープクーン	return
便器	โถส้วม トースアム	toilet bowl
便宜	ความสะดวก クワームサドゥアク	facility / convenience
ペンキ	การทาสี カーンタースィー	paint
返却	การคืนของที่ยืมไป カーンクーンコーングティーユームパイ	return
勉強	การเรียน カーンリアン	study

日	タイ	英
へんけん 偏見	อคติ アカティ	prejudice
べんご 弁護	การแก้ต่างให้/การว่าความ カーンケーターングハイ / カーンワークワーム	defense / advocacy
へんこう 変更	การเปลี่ยนแปลง カーンプリアンプレーング	change
べんごし 弁護士	ทนายความ タナーイクワーム	lawyer / attorney
へんさい 返済	การชำระหนี้/คืนเงินกู้ カーンチャムラニー / クーンングンクー	return / repayment
へんじ 返事	คำตอบ カムトープ	reply / response
へんしゅう 編集	แก้ไขเรียบเรียง/บรรณาธิการ ケーカイリアプリアング / バンナーティカーン	editing
べんしょう 弁償	การชดใช้ カーンチョッチャイ	paying for damage
へんしん 返信	การตอบเมลกลับ カーントープメーンクラプ	reply / response / answer
へんせん 変遷	การเปลี่ยนไปตามกาลเวลา カーンプリアンパイタームカーンウェーラー	changes
へんそう 変装	ปลอมตัว プロームトゥア	disguise
ベンチ	ม้านั่ง マーナング	bench
ペンチ	คีม(ใช้หนีบ) キーム (チャイニープ)	pliers
へんとう 返答	การให้คำตอบ カーンハイカムトープ	reply

日	タイ	英
変動（へんどう）	ความแปรปรวน/ความผันผวน クワームプレープルァン / クワームパンプァン	change / fluctuation
弁当（べんとう）	อาหารกล่อง アーハーンクローング	lunch / box lunch
便秘（べんぴ）	ท้องผูก トーングプーク	constipation
便利（べんり）	ความสะดวก/ใช้ง่าย クワームサドゥアク / チャインガーィ	convenience
弁論（べんろん）	การอภิปรายแสดงทัศนะ カーンアピプラーィサデーングタッサナ	debate

▼ほ，ホ

日	タイ	英
歩（ほ）	ก้าว カーゥ	step
穂（ほ）	รวง(ข้าว) /ปลายแหลม ルァング（カーゥ）/ プラーィレーム	ear (of a grain) / head / spike
保育（ほいく）	การดูแลเด็กเล็ก カーンドゥーレーデクレク	upbringing
保育園（ほいくえん）	เนอสเซอรี่ / สถานรับเลี้ยงเด็ก ヌーッサリー / サターンラプリアングデク	nursery school / day care center
ボイコット	การคว่ำบาตร カーンクワムバーッ	boycott
ポイント	จุด / คะแนน チュッ / カネーン	point
法（ほう）	กฎหมาย / วิธี コッマーィ / ウィティー	law / method
方（ほう）	ทิศทาง / ฝ่าย / ด้าน ティッターング / ファーィ / ダーン	direction / side / one

ほ

日	タイ	英
棒（ぼう）	แท่ง / เส้นตรง テーング / セントロング	stick
防（ぼう）	ป้องกัน... ポーングカン...	protect
法案（ほうあん）	ร่างกฎหมาย/ร่างพระราชบัญญัติ ラーングコッマーイ / ラーングプララーッチャバンヤッ	bill
防衛（ぼうえい）	การป้องกันความปลอดภัย カーンポーングカンクワームプローッパイ	defense
貿易（ぼうえき）	การค้าระหว่างประเทศ カーンカーラワーングプラテーッ	trade
望遠鏡（ぼうえんきょう）	กล้องส่องทางไกล クロングソーングターングクライ	telescope
放火（ほうか）	วางเพลิง ワーングプルーング	arson
防火（ぼうか）	การป้องกันไฟไหม้/กันไฟ カーンポーングカンファイマイ / カンファイ	fireproof
崩壊（ほうかい）	การพังทลาย/การล่มสลาย カーンパングタラーイ / カーンロムサラーイ	collapse
妨害（ぼうがい）	กีดขวาง/เป็นอุปสรรค キーックワーング / ペンウプパサク	disturbance
方角（ほうがく）	ทิศทาง/การชี้ทิศทางของเข็มทิศ ティッターング / カーンチーティッターングコーングケムティッ	point of the compass
法学（ほうがく）	นิติศาสตร์ ニティサーッ	jurisprudence
ほうき	ไม้กวาด マイクワーッ	broom
放棄（ほうき）	สละสิทธิ์ / ละทิ้ง サラスィッ / ラティング	abandonment

ほ

日	タイ	英
ほうけん 封建	ศักดินา サクディナー	feudal
ほうげん 方言	ภาษาถิ่น パーサーティン	dialect
ぼうけん 冒険	ผจญภัย パチョンパイ	adventure
ほうこう 方向	ทิศทาง / เป้าหมาย ティッターング / パウマーイ	direction
ぼうこう 膀胱	กระเพาะปัสสาวะ クラポパッサーワ	bladder
ほうこうかんかく 方向感覚	สัมผัสในการอ่านทิศทาง サムパッナイカーンアーンティッターング	a sense of direction
ほうこく 報告	การรายงาน カーンラーインガーン	report
ほうこくしょ 報告書	รายงาน ラーインガーン	report
ほうさく 方策	แผนการ / มาตรการ ペーンカーン / マートトラカーン	plan / policy
ほうさく 豊作	ผลผลิตอุดมสมบูรณ์ ポンパリッウドムソムブーン	good harvest
ほうし 奉仕	การอุทิศตน カーンウティットン	service / volunteer
ぼうし 帽子	หมวก ムアク	hat / cap
ぼうし 防止	การป้องกันไม่ให้เกิดขึ้น カーンポーングカンマイハイクーックン	prevention
ほうしき 方式	วิธีการ / แบบแผน ウィティーカーン / ベープペーン	formula / system

封建 ➡ 方式　561

日	タイ	英
放射（ほうしゃ）	การเปล่งแสง/การแผ่รังสี カーンプレングセーング / カーンペーラングスィー	radiation
放射能（ほうしゃのう）	สารกัมมันตรังสี サーンカムマンタラングスィー	radioactivity
報酬（ほうしゅう）	ค่าตอบแทน カートープテーン	reward
放出（ほうしゅつ）	การปล่อยให้ทะลักออกมา カーンプロイハイタラクオークマー	gush
報じる（ほうじる）	รายงานข่าว ラーインガーンカーウ	report
方針（ほうしん）	นโยบาย ナヨーバーイ	plan / policy
宝石（ほうせき）	อัญมณี/เพชรพลอย アンヤマニー / ペップローイ	jewelry
紡績（ほうせき）	การปั่นด้าย カーンパンダーイ	spinning
ぼう然（ぜん）	อึ้ง / งงงัน ウング / ンゴングンガン	absent-mindedly
包装（ほうそう）	การห่อ カーンホー	wrapping
放送（ほうそう）	การแพร่ภาพ/การกระจายเสียง カーンプレーパープ / カーンクラチャーイスィアング	broadcast
放送局（ほうそうきょく）	สถานีวิทยุโทรทัศน์ サターニーウィッタユトーラタッ	broadcasting station
包装紙（ほうそうし）	กระดาษสำหรับห่อ クラダーッサムラブホー	wrapping paper
法則（ほうそく）	กฎธรรมชาติ/กฎข้อบังคับ コッタムマチャーッ / コッコーバンカブ	rule / law

日	タイ	英
包帯（ほうたい）	ผ้าพันแผล パーパンプレー	bandage
膨大（ぼうだい）	ขนาดใหญ่ / มโหฬาร カナーッヤイ / マホーラーン	enormous
放置（ほうち）	ปล่อยทิ้งไว้ プロィティングワイ	abandonment
庖丁（ほうちょう）	มีดทำครัว ミーッタムクルァ	knife
膨脹（ぼうちょう）	ขยายตัว / เพิ่มพูน カヤーィトゥァ / プームプーン	expansion / growth
放っておく（ほう）	ปล่อยไว้อย่างนั้น プロィワイヤーングナン	leave / leave *sb* / *sth* alone / neglect
法廷（ほうてい）	ห้องพิจารณาคดี ホングピチャーラナーカディー	court
方程式（ほうていしき）	สมการ サマカーン	equation
報道（ほうどう）	การสื่อข่าว カーンスーカーゥ	report / press
冒頭（ぼうとう）	ตอนต้น トーントン	beginning
暴動（ぼうどう）	การจลาจล カーンチャラーチョン	riot
防犯（ぼうはん）	การป้องกันอาชญากรรม カーンポーングカンアーチャヤーカム	prevention of crimes
褒美（ほうび）	รางวัล ラーングワン	reward
豊富（ほうふ）	มั่งคั่ง / อุดมสมบูรณ์ マングカング / ウドムソムプーン	plenty

日	タイ	英
暴風（ぼうふう）	ลมพายุ ロムパーユ	storm
方法（ほうほう）	วิธี ウィティー	method
方々（ほうぼう）	ทุกหนทุกแห่ง トゥクホントゥクヘング	everywhere
葬る（ほうむる）	ฝังศพ ファングソプ	bury
亡命（ぼうめい）	การลี้ภัยไปต่างประเทศ カーンリーパイパイターングプラテーッ	exile / political asylum
方面（ほうめん）	ทิศทาง / ด้าน ティッターング / ダーン	district / area / direction
訪問（ほうもん）	การเยี่ยมเยือน カーンイアムユアン	visit
訪問者（ほうもんしゃ）	ผู้มาเยือน プーマーユアン	visitor
放り込む（ほうりこむ）	ขว้างเข้าไปข้างใน クワーングカゥパイカーングナイ	throw in
放り出す（ほうりだす）	ขว้างออกไปข้างนอก クワーングオークパイカーングノーク	throw out
法律（ほうりつ）	กฎหมาย コッマーイ	law
暴力（ぼうりょく）	การใช้ความรุนแรง/การใช้กำลัง カーンチャイクワームルンレーング / カーンチャイカムラング	violence
ほうれん草（そう）	ผักโขม パクコーム	spinach
飽和（ほうわ）	การอิ่มตัวเต็มที่ カーンイムトゥアテムティー	saturation / full

日	タイ	英
吠(ほ)える	เห่า ハウ	bark
頬(ほお)	แก้ม ケーム	cheek
ボーイ	บริกรชาย ボーリコーンチャーィ	waiter / bellboy
ホース	สายยาง サーィヤーング	hose
ポーズ	การโพสท่า/การเว้นช่วงเล็กน้อย カーンポーッター / カーンウェンチュアングレクノーィ	pose / pause
ボーダー	ลายขวาง ラーィクワーング	horizontal stripe
ポーター	พนักงานขนสัมภาระ パナクンガーンコンサムパーラ	porter
ポーチ	กระเป๋าใส่ของขนาดเล็ก クラパウサイコーングカナーッレク	pouch
ホーチミン	เมืองโฮจิมินห์ ムアングホーチミン	Ho Chi Minh City
ボート	เรือ ルア	boat
ボーナス	เงินโบนัส / เงินพิเศษ ングンボーナッ / ングンピセーッ	bonus
ホーム	บ้าน/ชานชาลา(สถานีรถไฟ) バーン / チャーンチャーラー(サターニーロッファイ)	home / platform
ホームシック	อาการคิดถึงบ้าน アーカーンキットゥングバーン	homesickness
ホームページ	โฮมเพจ ホームペーッ	homepage / website

ほ

吠える ➡ ホームページ 565

日	タイ	英
ホームレス	คนไร้บ้าน コンライバーン	the homeless / homeless people
ホール	ห้องโถง ホングトーング	hall
ボール	ลูกบอล ルークボーン	ball
ボールペン	ปากกาลูกลื่น パークカールークルーン	ballpoint pen
保温	เก็บความร้อนให้อุ่นตลอดเวลา ケプクワームローンハイウントローッウェーラー	retaining warmth
他	นอกเหนือจาก / อื่น ๆ ノークヌアチャーク / ウーンウーン	another / other / etc.
捕獲	จับกุม チャプクム	capture
朗らか	ร่าเริงแจ่มใส ラールーングチェームサイ	cheerful
保管	การเก็บรักษา カーンケプラクサー	safekeeping
補給	การส่งเสบียง/จัดหาให้ カーンソングサビアング / チャッハーハイ	supply
補強	การเสริมให้แข็งแกร่ง カーンスームハイケングクレング	reinforcement
募金	การเรี่ยไรเงิน カーンリアライングン	donation
僕	ผม(สรรพนามบุรุษที่ 1) ポム (サプパナームブルッティーヌング)	I
牧師	นักบวช ナクブアッ	clergyman

日	タイ	英
牧場（ぼくじょう）	ฟาร์มปศุสัตว์ ファームパスサッ	stock farm
僕達（ぼくたち）	พวกเรา / พวกผม プァクラウ / プァクポム	we men[boys]
牧畜（ぼくちく）	การเลี้ยงสัตว์ในฟาร์ม カーンリアングサッナイファーム	stock farming
捕鯨（ほげい）	การล่าปลาวาฬ カーンラープラーワーン	whaling
補欠（ほけつ）	ตัวสำรอง トゥアサムローング	substitute
ポケット	กระเป๋าเสื้อ クラパウスァ	pocket
ぼける	หลงลืม ロングルーム	grow senile
保健（ほけん）	สุขศึกษา/การรักษาสุขภาพ スクスクサー / カーンラクサースクカパーブ	health
保険（ほけん）	การประกันภัย カーンプラカンパイ	insurance
保健所（ほけんじょ）	สถานีอนามัย サターニーアナーマイ	health center
保護（ほご）	การคุ้มครอง カーンクムクローング	protection
母国（ぼこく）	ประเทศมาตุภูมิ/ประเทศบ้านเกิด プラテーッマートゥプーム / プラテーッバーンクーッ	home country
ほこり	ฝุ่น フン	dust
誇り（ほこり）	ความภาคภูมิใจ クワームパークプームチャイ	pride

牧場 ➡ 誇り 567

日	タイ	英
誇る (ほこる)	ภาคภูมิใจ パークプームチャイ	be proud of
ほころびる	รอยเย็บปริแตก/ผลิแย้ม/เผยอยิ้ม ローイイェブパリテーク/プリイェーム/パユーイム	split / blossom / smile
干し (ほし)	ตากแห้ง タークヘーング	dried
星 (ほし)	ดาว ダーウ	star
欲しい (ほしい)	ต้องการ トーングカーン	want
ポジション	ตำแหน่งหน้าที่ タムネングナーティー	position
干し物 (ほしもの)	ผ้าที่ตากไว้/อาหารตากแห้ง パーティータークワイ/アーハーンタークヘーング	laundry / dried thing
保釈 (ほしゃく)	การประกันตัว カーンプラカントゥア	bail
保釈金 (ほしゃくきん)	เงินประกันตัว ングンプラカントゥア	bail money
保守 (ほしゅ)	การอนุรักษ์ カーンアヌラクッ	conservatism
補充 (ほじゅう)	การเติมเต็มให้ครบจำนวน カーントゥームテムハイクロブチャムヌアン	supplementation
募集 (ぼしゅう)	การรับสมัคร カーンラブサマク	recruitment
補助 (ほじょ)	การสนับสนุนด้านการเงิน カーンサナブサヌンダーンカーングン	assistance
保証 (ほしょう)	การค้ำประกัน カーンカムプラカン	guarantee

日	タイ	英
保障（ほしょう）	การคุ้มครอง(ความปลอดภัย) カーンクムクローング (クワームプローッパイ)	security
補償（ほしょう）	การชดใช้ค่าเสียหาย カーンチョッチャイカースィアハーイ	compensation
保証期間（ほしょうきかん）	ระยะเวลาในการรับประกัน ラヤウェーラーナイカーンラップラカン	guarantee[warranty] period
保証金（ほしょうきん）	เงินค้ำประกัน ングンカムプラカン	deposit
補償金（ほしょうきん）	เงินชดเชย ングンチョッチューイ	compensation / indemnity
保証人（ほしょうにん）	คนค้ำประกัน コンカムプラカン	guarantor / sponsor
補助金（ほじょきん）	เงินช่วยเหลือจากรัฐ ングンチュァイルアチャークラッ	subsidy / grant
干す（ほす）	ผึ่ง / ตากให้แห้ง プング / タークハイヘーング	dry
ポスター	โปสเตอร์ ポーッター	poster
ポスト	ตำแหน่ง/ตู้ไปรษณีย์ タムネング / トゥープライサニー	post
細い（ほそい）	บาง / เพรียว バーング / プリアゥ	small / fine / thin
舗装（ほそう）	การปรับพื้นผิว カーンプラップーンピゥ	pavement
補足（ほそく）	การเพิ่มเติม/การเสริม カーンプームトゥーム / カーンスーム	supplementation / complement
保存食品（ほぞんしょくひん）	อาหารถนอม アーハーンタノーム	preserved food / nonperishables

日	タイ	英
蛍(ほたる)	หิ่งห้อย ヒングホイ	firefly / lightning bug
ボタン	ปุ่ม / กระดุม プム / クラドゥム	button
墓地(ぼち)	สุสาน / หลุมฝังศพ スサーン / ルムファングソプ	graveyard
ホチキス	ที่เย็บกระดาษ ティーイェプクラダーッ	stapler
補聴器(ほちょうき)	เครื่องช่วยฟัง クルァングチュアイファング	hearing aid
北極(ほっきょく)	ขั้วโลกเหนือ クァロークヌァ	the North Pole
没収(ぼっしゅう)	ริบ / ยึด リプ / ユッ	confiscation
発疹(ほっしん)	ผด / ตุ่ม ポッ / トゥム	rash / eruption
発足(ほっそく)	การเปิดทำการ(ขององค์กร)/การจัดตั้งขึ้น カーンプーッタムカーン（コーングオングコーン）/ カーンチャッタングクン	start
ほっと	โล่งใจ ローングチャイ	with relief
ポット	กาต้มน้ำ カートムナム	pot
没落(ぼつらく)	การล่มสลาย カーンロムサラーイ	ruin
ボディガード	ผู้คุ้มกัน プークムカン	bodyguard
ボディチェック	การตรวจค้นร่างกาย カーントルアッコンラーングカーイ	body search / security check

ほ

日	タイ	英
ホテル	โรงแรม ローングレーム	hotel
程(ほど)	ราว ๆ / ประมาณ ラーゥラーゥ / プラマーン	about
歩道(ほどう)	ทางเท้า / ทางเดิน ターングタゥ / ターンッドゥーン	pavement / sidewalk
解(ほど)く	คลาย(ปม) クラーィ (ポム)	untie
仏(ほとけ)	พระพุทธรูป /พระพุทธเจ้า プラプッタループ / プラプッタチャゥ	Buddha / Shakyamuni
解(ほど)ける	คลายปม クラーィポム	get untied
施(ほどこ)す	ให้ทาน ハイターン	give charity
畔(ほとり)	คันนา /บริเวณใกล้เคียง カンナー / ボーリウェーンクライキアング	in the neighborhood of
ほとんど	เกือบทั้งหมด クァプタングモッ	almost
母乳(ぼにゅう)	นมแม่ ノムメー	breast milk / mother's milk
哺乳瓶(ほにゅうびん)	ขวดนม クァッノム	nursing[baby] bottle
哺乳類(ほにゅうるい)	สัตว์เลี้ยงลูกด้วยนม サッリアングルークドゥアイノム	mammals
骨(ほね)	กระดูก クラドゥーク	bone
炎(ほのお)	เปลวไฟ プレゥファイ	flame

ホテル ➡ 炎　571

日	タイ	英
ほぼ	เกือบ ๆ クァプクァプ	about
微笑む(ほほえ)	ยิ้ม イム	smile
褒める(ほ)	เอ่ยปากชม ウーイパークチョム	praise
ぼやく	บ่น ボン	grumble
ぼやける	สลัว / เบลอ サルァ / ブルー	become dim / be hazy
保養(ほよう)	การพักฟื้น カーンパクフーン	convalescence
ボランティア	อาสาสมัคร アーサーサマク	volunteer
堀(ほり)	คูน้ำ クーナム	moat / canal
保留(ほりゅう)	ระงับไว้ชั่วคราว ランガプワイチュアクラーゥ	reservation
捕虜(ほりょ)	เชลย チャルーイ	prisoner
掘る(ほ)	ขุด クッ	dig
彫る(ほ)	แกะสลัก ケサラク	carve
ボルト	โวลต์(หน่วยวัดความดันไฟฟ้า) ウォン（ヌァイワックワームダンファイファー）	volt
ポルトガル	ประเทศโปรตุเกส プラテーップロートゥケーッ	Portugal

ほ

日	タイ	英
ポルトガル語(ご)	ภาษาโปรตุเกส パーサープロートッケーッ	Portuguese
ぼろ	ผ้าขี้ริ้ว パーキーリゥ	rag
滅(ほろ)びる	ล่มสลาย / ย่อยยับ ロムサラーィ / ヨーィヤプ	die out / go to ruin
滅(ほろ)ぼす	ทำลายล้าง / ล้มล้าง タムラーィラーング / ロムラーング	ruin / destroy
本(ほん)	หนังสือ ナングスー	book
盆(ぼん)	ถาด ターッ	tray
本格(ほんかく)	แท้จริง / เต็มรูปแบบ テーチング / テムループベーブ	real / full-scale
本格的(ほんかくてき)	เต็มยศ / อย่างจริงจัง テムヨッ / ヤーングチングチャング	full-dress / in earnest / real
本館(ほんかん)	อาคารหลัก アーカーンラク	main building
本気(ほんき)	จริงจัง チングチャング	seriousness
本国(ほんごく)	ประเทศบ้านเกิด プラテーッバーンクーッ	home country
本質(ほんしつ)	แก่น/คุณลักษณะที่แท้จริง ケーン / クンナラクサナティーテーチング	essence
本社(ほんしゃ)	บริษัทแม่ ボーリサッメー	head office
本体(ほんたい)	รูปลักษณ์ที่แท้จริง ループラクティーテーチング	thing itself / body

日	タイ	英
本棚 (ほんだな)	ชั้นวางหนังสือ チャンワーングナングスゥー	bookshelf
盆地 (ぼんち)	ที่ราบลุ่มล้อมรอบด้วยภูเขา ティーラーブルムロームロープドゥァイプーカゥ	basin
本当 (ほんとう)	จริง ๆ チングチング	really
本人 (ほんにん)	เจ้าตัว チャゥトゥァ	person himself / person herself
本音 (ほんね)	ใจจริง / สิ่งที่เก็บซ่อนไว้ในใจ チャイチング / スィングティーケブソーンワイナイチャイ	real intention
ほんの	เพียงแค่ / เล็ก ๆ น้อย ๆ ピアングケー / レクレクノーイノーイ	just / nothing but
本能 (ほんのう)	สัญชาตญาณ サンチャーッタヤーン	instinct
本場 (ほんば)	แหล่งผลิต / ต้นตำรับ レングパリッ / トンタムラプ	home / center
本部 (ほんぶ)	สำนักงานใหญ่ サムナクンガーンヤイ	headquarters
ポンプ	เครื่องสูบน้ำ クルァングスープナム	pump
本文 (ほんぶん)	เนื้อความ ヌァクワーム	text of a book
ボンベ	กระบอกสูบก๊าซ クラボークスープカーッ	bombe / cylinder
本名 (ほんみょう)	ชื่อจริง チューチング	real name
本物 (ほんもの)	ของแท้ コーングテー	genuine

日	タイ	英
本屋（ほんや）	ร้านหนังสือ ラーンナングスー	bookstore / bookshop
翻訳（ほんやく）	การแปล カーンプレー	translation
ぼんやり	ใจลอย / เหม่อ チャイローイ / ムー	faintly / dimly
本来（ほんらい）	โดยเนื้อแท้ ドーイヌアテー	originally

▼ま，マ

日	タイ	英
間（ま）	ห้อง / ช่วงเว้น ホング / チュアングウェン	room / pause
真（ま）	แท้ / จริง テー / チング	real
マーク	สัญลักษณ์ サンヤラク	mark
マーケット	ตลาด タラーッ	market
マージン	ผลต่าง/ระยะขอบกระดาษ ポンターング / ラヤコープクラダーッ	margin
まあまあ	ธรรมดา/ไม่มีอะไรเป็นพิเศษ タムマダー / マイミーアライペンピセーッ	so-so
枚（まい）	แผ่น/ใบ(ลักษณนาม) ペン / バイ（ラクサナナーム）	counter (for *sth* flat)
毎（まい）	ทุก ๆ トゥクトゥク	every
毎朝（まいあさ）	ทุกเช้า トゥクチャウ	every morning

ま

日	タイ	英
毎回（まいかい）	ทุกครั้ง トゥククラング	every time / each time
マイク	ไมโครโฟน マイクローフォン	microphone
迷子（まいご）	เด็กหลงทาง デクロングターング	lost child
毎週（まいしゅう）	ทุกสัปดาห์ トゥクサプダー	every week
枚数（まいすう）	จำนวนแผ่น/จำนวนผืน チャムヌアンペン / チャムヌアンプーン	number of sheets
埋葬（まいそう）	การฝังศพ カーンファングソプ	burial
埋蔵（まいぞう）	ฝังดิน/กลบซ่อนในดิน ファングディン / クロプソーンナイディン	bury
毎月（まいつき）	ทุกเดือน トゥクドゥアン	every month
毎度（まいど）	ทุกครั้ง トゥククラング	every time
マイナス	ติดลบ ティッロプ	minus
毎日（まいにち）	ทุกวัน トゥクワン	every day
毎晩（まいばん）	ทุกคืน トゥククーン	every night
参る（まい）	ไป / มา パイ / マー	go
舞う（ま）	เต้น / รำ テン / ラム	dance

日	タイ	英
真上（まうえ）	เบื้องบน ブァングボン	right above
前（まえ）	ก่อน / ข้างหน้า コーン / カーングナー	front / ahead
前売り（まえうり）	การขายล่วงหน้า カーンカーイルァングナー	advance sales
前置き（まえおき）	การเกริ่นนำ / คำนำ カーンクルーンナム / カムナム	introductory remarks
前金（まえきん）	เงินมัดจำ ングンマッチャム	advance payment
前払い（まえばらい）	การจ่ายล่วงหน้า カーンチャーイルァングナー	advance payment
前もって（まえもって）	ล่วงหน้า / ทำไว้ก่อน ルァングナー / タムワイコーン	in advance
負かす（まかす）	ปราบ / เอาชนะ プラープ / アゥチャナ	beat
任せる（まかせる）	มอบความรับผิดชอบ モープクワームラプピッチョープ	leave *sth* to *sb*
賄う（まかなう）	จัดเตรียมค่าใช้จ่ายให้เพียงพอ チャットリアムカーチャイチャーイハイピアングポー	board / cover
曲がる（まがる）	เลี้ยว リアゥ	turn
紛らわしい（まぎらわしい）	น่าสับสน/แยกแยะได้ยาก ナーサプソン / イェークイェダイヤーク	confusing
紛れる（まぎれる）	ปนเปจนแยกไม่ออก ポンペーチョンイェークマイオーク	jumble
巻く（まく）	ห่อ / ม้วน ホー / ムアン	wrap

真上 ➡ 巻く　577

日	タイ	英
幕(まく)	ม่าน マーン	curtain / veil
膜(まく)	เยื่อ / พังผืด ユア / パンゲプーッ	membrane / film
撒く(まく)	โปรย プローィ	scatter
蒔く(まく)	การหว่าน カーンワーン	sow
枕(まくら)	หมอน モーン	pillow
鮪(まぐろ)	ปลาทูน่า プラートゥーナー	tuna
負け(まけ)	ความพ่ายแพ้ クワームパーィペー	loss
負ける(まける)	แพ้ ペー	lose
曲げる(まげる)	ดัดให้งอ ダッハイゴー	bend
孫(まご)	หลาน ラーン	grandchild
真心(まごころ)	ความจริงใจ クワームチングチャイ	sincerity
まごつく	งง / ทำอะไรไม่ถูก ンゴング / タムアライマイトゥーク	be confused
誠(まこと)	ความจริง クワームチング	truth
誠に(まことに)	ด้วยความสัตย์จริง ドゥァイクワームサッチング	really / from the bottom of the heart

日	タイ	英
まさか	ไม่อยากจะเชื่อ/เป็นไปได้อย่างไร マイヤーㇰチャチュア / ペンパイダイヤーングライ	unlikely / on any account
正しく (まさ)	ไม่ผิดแน่ マイピッネー	surely
摩擦 (まさつ)	ความขัดแย้ง/การกระทบกระทั่ง クワームカッイェーング / カーンクラトㇷ゚クラタング	friction
正に (まさ)	อย่างแท้จริง ヤーングテーチング	exactly
勝る (まさ)	เหนือกว่า / ดีกว่า ヌァクワー / ディークワー	superior to
混ざる (ま)	ผสม パソム	be mixed with
マシ	ดีกว่า ディークワー	better than
交える (まじ)	ปน / เอามารวมกัน ポン / アゥマールァムカン	mix
真下 (ました)	เบื้องล่าง ブァングラーング	right under
まして	ยิ่งกว่านั้น イングクワーナン	needless to say
真面目 (まじめ)	จริงจัง チングチャング	serious
混じる (ま)	ผสมกับ パソムカㇷ゚	be mixed with
交わる (まじ)	การคบค้าสมาคม カーンコㇷ゚カーサマーコム	keep company
増す (ま)	เพิ่มขึ้น プームクン	increase

日	タイ	英
まず	อันดับแรก / ก่อนอื่น アンダブレーク / コーンウーン	first of all
麻酔(ますい)	การให้ยาสลบ カーンハイヤーサロブ	anesthesia
まずい	ไม่อร่อย / รสชาติแย่ マイアロイ / ロッチャーッイエー	bad-tasting
マスカラ	มาสคารา マーッサカーラー	mascara
マスク	หน้ากาก ナーカーク	mask
マスコミ	สื่อสารมวลชน スーサーンムアンチョン	mass communication
貧(まず)しい	ยากจน ヤークチョン	poor
マスター	ผู้เชี่ยวชาญ プーチアウチャーン	master / expert
マスタード	มัสตาร์ด マッサターッ	mustard
ますます	เพิ่มยิ่ง ๆ ขึ้น プームイングイングクン	more and more / increasingly
混(ま)ぜる	ปน / ผสม ポン / パソム	mix
股(また)	การแตกกิ่ง / ต้นขา カーンテークキング / トンカー	crotch
又(また)	อีก イーク	again
まだ	ยัง ヤング	not yet

ま

日	タイ	英
またがる	คร่อม / ขี่(ม้า) クローム / キー(マー)	ride / stretch / extend
またぐ	ก้าวข้าม カーゥカーム	stride over
待たせる	ทำให้คอย タムハイコーイ	make *sb* wait
または	หรือว่า ルーワー	or
町	เมือง ムアング	city
待ち合い室	ห้องพักรอ ホングパクロー	waiting room
待ち合わせ	การนัดพบ カーンナッポプ	arrangement for meeting
待ち合わせる	นัดพบ ナッポプ	arrange to meet
間違い	ข้อผิดพลาด コーピッブラーッ	mistake
間違う	ผิด ピッ	make a mistake
間違えた	ข้อผิดพลาด コーピッブラーッ	wrong / mistaken
間違える	ทำผิด タムピッ	make a mistake
街角	หัวมุมถนน ファムムタノン	street corner
待ち遠しい	แทบจะทนรอไม่ไหว テープチャトンローマイワイ	wait eagerly

またがる ➡ 待ち遠しい　581

日	タイ	英
待ち望む	รอคอยด้วยใจจดใจจ่อ ローコーイドゥアイチャイチョッチョイチョー	look forward to
まちまち	หลากหลาย / แตกต่าง ラークラーイ / テークターング	different / no pattern
末	จบ / ปลาย チョブ / プラーイ	end
松	ต้นสน トンソン	pine
待つ	รอ ロー	wait
真っ赤	สีแดงเข้ม / แดงแจ๋ スィーデーングケム / デーングチェー	bright red
末期	ช่วงสุดท้าย チュアングスッターイ	last stage
真っ暗	มืดสนิท / มืดตึ๊ดตื๋อ ムーッサニッ / ムートゥットゥー	pitch-dark
真っ黒	สีดำสนิท / ดำเมี่ยม スィーダムサニッ / ダムミアム	black as coal
マッサージ	การนวด カーンヌアッ	massage
真っ青	สีน้ำเงินเข้ม / เขียวอื๋อ スィーナムングンケム / キアウウー	deep blue
真っ先	เดี๋ยวนั้นเลย / แรกสุด ディアゥナンルーイ / レークスッ	at the very beginning
マッシュルーム	เห็ด ヘッ	mushroom
真っ白	ขาวบริสุทธิ์ / ขาวจั๊วะ カーゥボーリスッ / カーゥチャワ	snow-white

日	タイ	英
まっすぐ	ตรงไป / ตรงแหน่ว トロングパイ / トロングネゥ	straight
全く	ทั้งหมด タングモッ	completely
マットレス	ฟูกนอน フークノーン	mattress
松葉杖	ไม้ค้ำยัน マイカムヤン	crutch
真っ二つ	แบ่งเป็นสองส่วนเท่า ๆ กัน ベングペンソーングスァンタゥタゥカン	right in two
祭り	งานเทศกาล ンガーンテーッサカーン	festival
祭る	บวงสรวง ブアングスアング	deify
窓	หน้าต่าง ナーターング	window
窓側席	ที่นั่งริมหน้าต่าง ティーナングリムナーターング	window seat / seat by the window
窓口	ช่องติดต่อสอบถาม チョングティットーソープターム	counter window
まとまり	กลุ่มก้อน クルムコーン	unity / coherence / settlement
まとまる	รวมเป็นกลุ่มก้อน ルアムペンクルムコーン	get together / be settled
まとめ	ข้อสรุป コーサルプ	conclusion / summary
まとめる	สรุปไว้ด้วยกัน サルプワイドゥアィカン	get together / settle

日	タイ	英
マトン	เนื้อแกะ ヌァケ	mutton
学ぶ	เรียนรู้ リアンルー	learn
間に合う	ทันเวลา タンウェーラー	be in time
マニキュア	การทาเล็บ カーンターレプ	manicure
マニュアル	คู่มือปฏิบัติงาน クームーパディバッンガーン	manual
免れる	รอดพ้น ローッポン	escape / get rid of
真似	การเลียนแบบ カーンリアンベープ	imitation
招き	การเชิญ カーンチューン	invitation
招く	เชิญ チューン	invite
真似る	เลียนแบบ リアンベープ	imitate / mimic
瞬き	การกระพริบตา カーンクラプリプター	blink
麻痺	อาการเหน็บชา/อัมพาต アーカーンネプチャー / アムマパーッ	paralysis
マフィア	มาเฟีย マーフィア	the Mafia
まぶしい	สว่าง / จ้า / พร่าตา サワーング / チャー / プラーター	dazzling

日	タイ	英
瞼（まぶた）	เปลือกตา プルアクター	eyelid
マフラー	ผ้าพันคอ パーパンコー	muffler
魔法（まほう）	เวทมนตร์ ウェーッモン	magic
幻（まぼろし）	ภาพลวงตา パープルアングター	phantom / vision
(〜の) まま	ทั้งสภาพอย่างนั้น タングサパープヤーングナン	as it is
〜まみれ	...ติดเต็มไปหมด ...ティッテムパイモッ	covered all over
豆（まめ）	ถั่ว トゥア	bean
間（ま）もなく	เร็ว ๆ นี้ レゥレゥニー	soon
守（まも）る	รักษา / ปกป้อง ラクサー / ポクポーング	keep
麻薬（まやく）	ยาเสพติด ヤーセープティッ	drug
眉（まゆ）	คิ้ว キゥ	eyebrow
迷（まよ）う	หลงทาง ロングターング	get lost
マヨネーズ	มายองเนส マーヨーングネーッ	mayonnaise
マラソン	มาราธอน マーラートーン	marathon

日	タイ	英
マラリア	ไข้มาลาเรีย カイマーラーリア	malaria
毬（まり）	ลูกกลม ๆ ルーククロムクロム	ball
丸（まる）	วงกลม ウォングクロム	circle
丸い（まるい）	กลม クロム	round
丸ごと（まるごと）	ทั้งก้อน タングコーン	entirely
丸っ切り（まるっきり）	ไม่...เลย マイ...ルーィ	completely
まるで	ราวกับ ラーゥカブ	totally
丸々（まるまる）	ราวกับ / อ้วน ラーゥカブ／ウアン	totally / chubby
丸める（まるめる）	ปั้นให้กลม パンハイクロム	make *sth* round
まれ	หายาก ハーヤーク	rare
マレー語（ご）	ภาษามาเลย์ パーサーマーレー	Malay
マレーシア	ประเทศมาเลเซีย プラテーッマーレースィア	Malaysia
マレーシア人（じん）	ชาวมาเลเซีย チャーゥマーレースィア	Malaysian
マレー半島（はんとう）	คาบสมุทรมาเลย์ カーブサムッマーレー	the Malay Peninsula

日	タイ	英
回す (まわす)	หมุน ムン	turn
回り (まわり)	การหมุน カーンムン	turn / rotation
回り道 (まわりみち)	ทางอ้อม ターングオーム	detour
回る (まわる)	หมุน ムン	turn around
万 (まん)	หมื่น ムーン	ten thousand
満員 (まんいん)	คนเต็ม コンテム	full of people
漫画 (まんが)	การ์ตูน カートゥーン	cartoon
万が一 (まんがいち)	ถ้าเผื่อว่า タープアワー	by any chance
満月 (まんげつ)	พระจันทร์เต็มดวง プラチャンテムドゥアング	full moon
マンゴー	มะม่วง マムァング	mango
マンゴスチン	มังคุด マングクッ	mangostana
満場 (まんじょう)	ผู้คนทั่วบริเวณนั้น プーコントゥアボーリウェーンナン	whole house / whole audience
マンション	อพาร์ตเมนต์ / แมนชั่น アパーッメン / メーンチャン	apartment
慢性 (まんせい)	เรื้อรัง ルァラング	chronic

日	タイ	英
満足（まんぞく）	ความพึงพอใจ クワームプングポーチャイ	satisfaction
満足した（まんぞく）	พอใจ ポーチャイ	satisfied / contented
満タン（まん）	(น้ำมัน)เต็มถัง （ナムマン）テムタング	fill up
満潮（まんちょう）	น้ำขึ้นสูง ナムクンスーング	high water
満点（まんてん）	คะแนนเต็ม カネーンテム	perfect score
真ん中（ま なか）	ตรงกลาง トロングクラーング	center / middle
マンネリ	ความจำเจ クワームチャムチェー	mannerism
万年筆（まんねんひつ）	ปากกาหมึกซึม パークカームクスム	fountain pen
万引き（まん び）	การลักเล็กขโมยน้อย(จากร้านค้า) カーンラクレクカモーイノーイ（チャークラーンカー）	shoplifting
満腹（まんぷく）	อิ่ม イム	full stomach / be full
真ん前（ま まえ）	เบื้องหน้า ブアングナー	right in front
真ん丸い（ま まる）	กลมดิก クロムディク	perfectly round

日	タイ	英

▼ み, ミ

身	ร่างกาย ラーングカーィ	body
実	ผล / หมาก ポン / ムーク	fruit / nut
見合い	การนัดดูตัว カーンナッドゥートゥア	meeting with a view to marriage
見上げる	เงยหน้ามอง ングィナーモーング	look up
見合わせる	มองหน้ากัน/เลื่อนเวลาออกรถ モーングナーカン / ルアンウェーラーオークロッ	exchange glances / postpone
ミーティング	การประชุม カーンプラチュム	meeting
身内	คนในเครือญาติ コンナイクルァヤーッ	relative / family
見栄	ภาพลักษณ์ภายนอก パープラクッパーィノーク	vanity
見える	มองเห็น モーングヘン	see / come into view
見送り	การส่ง(คนที่สนามบิน) カーンソング (コンティーサナームビン)	send-off
見送る	ส่ง(คนที่สนามบิน) ソング (コンティーサナームビン)	see *sb* off
見落とす	มองข้ามไป モーングカームパイ	overlook
見下ろす	มองลงไป / ดูถูก モーングロングパイ / ドゥートゥーク	look down

身 ➡ 見下ろす 589

日	タイ	英
未開 (みかい)	ป่าเถื่อน パートゥアン	undeveloped / primitive
見返す (みかえす)	หันกลับไปมอง ハンクラブパイモーング	look back on / turn around
味覚 (みかく)	การรับรู้รสชาติ カーンラブルーロッチャーツ	the sense of taste
磨く (みがく)	ขัด / แปรง カッ / プレーング	polish
見掛け (みかけ)	รูปลักษณ์ภายนอก ルーブラクッパーイノーク	appearance
見掛ける (みかける)	เห็น ヘン	happen to see
見方 (みかた)	มุมมอง ムムモーング	viewpoint
味方 (みかた)	ฝ่ายเดียวกัน ファーイディアゥカン	supporter / friend
三日月 (みかづき)	พระจันทร์เสี้ยว プラチャンスィアゥ	crescent (moon)
蜜柑 (みかん)	ส้ม ソム	orange
幹 (みき)	ลำต้น ラムトン	trunk
右 (みぎ)	ขวา クワー	right
見苦しい (みぐるしい)	ซอมซ่อ ソームソー	unsightly / shabbily
見事 (みごと)	งดงาม ンゴッンガーム	marvelous / fine

日	タイ	英
見込み (みこみ)	ความคาดหวัง/ความเป็นไปได้สูง クワームカーッワング / クワームペンパイダイスーング	prospect
未婚 (みこん)	โสด ソーッ	single
岬 (みさき)	แหลม(ที่ยื่นออกไปในทะเล) レーム (ティーユーンオークパイナイタレー)	cape
短い (みじかい)	สั้น サン	short
惨め (みじめ)	น่าสมเพช ナーソムペーッ	misery
未熟 (みじゅく)	ยังไม่ชำนาญ ヤングマイチャムナーン	immature
ミシン	จักรเย็บผ้า チャクイェブパー	sewing machine
微塵 (みじん)	ชิ้นเล็ก ๆ チンレクレク	small piece
水 (みず)	น้ำ ナム	water
水色 (みずいろ)	สีคราม / สีฟ้าอ่อน スィークラーム / スィーファーオーン	light[pale] blue
湖 (みずうみ)	ทะเลสาบ タレーサープ	lake
自ら (みずから)	ด้วยตนเอง ドゥアイトンエーング	by oneself
水着 (みずぎ)	ชุดว่ายน้ำ チュッワーイナム	swim suit
水気 (みずけ)	ความชื้น/น้ำ(ในผลไม้) クワームチューン / ナム (ナイポンラマイ)	moisture / juice

見込み ➡ 水気　591

日	タイ	英
水っぽい	เหลว / แฉะ / ชุ่มน้ำ レゥ / チェ / チュムナム	watery
ミステリー	เรื่องลึกลับ ルァングルクラブ	mystery
ミスプリント	การพิมพ์ผิด カーンピムピッ	misprint
みすぼらしい	ซอมซ่อ ソームソー	shabby / seedy-looking
瑞々しい	ชุ่มฉ่ำ / สดใหม่ チュムチャム / ソッマイ	fresh
水虫	โรคน้ำกัดเท้า ロークナムカッタウ	athlete's foot
店	ร้าน ラーン	shop / store
未成年者	ผู้ที่ยังไม่บรรลุนิติภาวะ プーティーヤングマイバンルニティパーワ	minor / person underage
ミセス	นาง ナーング	Mrs.
見せびらかす	อวด ウアッ	show off
見せ物	การแสดงโชว์ カーンサデーングチョー	show
店屋	ร้านค้า ラーンカー	shop
みそ	มิโสะ ミソ	miso
溝	คูน้ำ クーナム	ditch / gutter

日	タイ	英
味噌汁 (みそしる)	ซุปมิโสะ スプミソ	miso soup
～みたい	ดูเหมือน... ドゥームアン...	like
見出し (みだし)	หัวข้อข่าว / หมวดหมู่ ファコーカーゥ / ムアッムー	headline / index
満たす (みたす)	เติมให้เต็ม トゥームハイテム	fill
乱す (みだす)	กวน / ทำให้วุ่นวาย クァン / タムハイウンワーイ	disturb
乱れる (みだれる)	ยุ่งเหยิง / วุ่นวาย ユングユーング / ウンワーイ	get out of order
未知 (みち)	แปลกหน้า / ไม่รู้จัก プレークナー / マイルーチャク	unknown
道 (みち)	ถนน タノン	road / way
身近 (みぢか)	ใกล้ตัว クライトゥア	close to
道順 (みちじゅん)	เส้นทาง センターング	route
道端 (みちばた)	ข้างถนน カーングタノン	roadside
導く (みちびく)	นำทาง ナムターング	guide
満ちる (みちる)	เต็ม テム	become full
蜜 (みつ)	น้ำผึ้ง ナムプング	honey

味噌汁 ➡ 蜜

日	タイ	英
三日(みっか)	วันที่สาม ワンティーサーム	the third (day)
見付ける(みつける)	หาให้พบ ハーハイポブ	find
密集(みっしゅう)	แน่นขนัด ネンカナッ	crowd / mass
密接(みっせつ)	ความสัมพันธ์ใกล้ชิด/การตั้งอยู่ติดกัน クワームサムパンクライチッ/カーンタングユーティッカン	close
3つ(みっつ)	สามอัน サームアン	three
密度(みつど)	ความหนาแน่น(ของประชากร) クワームナーネン(コーングプラチャーコーン)	density
みっともない	น่าอับอาย ナーアブアーイ	shameful / shabby
密入国(みつにゅうこく)	การลักลอบเข้าเมืองโดยผิดกฎหมาย カーンラクロープカゥムアングドーイピッコッマーイ	illegal immigration[entry]
見詰める(みつめる)	จ้อง チョーング	stare
見積もり(みつもり)	การเสนอราคา カーンサヌーラーカー	estimate
見積り書(みつもりしょ)	ใบเสนอราคา バイサヌーラーカー	estimate
密輸(みつゆ)	การลักลอบส่งออกหรือนำเข้า カーンラクロープソングオークルーナムカゥ	smuggling / contraband trade
未定(みてい)	ยังไม่กำหนดแน่นอน ヤングマイカムノッネーノーン	undecided
見通し(みとおし)	ทัศนวิสัย タッサナウィサイ	perspective

日	タイ	英
みと 認める	ยอมรับ / ยินยอม ヨームラブ / インヨーム	recognize / approve
みどり 緑	สีเขียว スィーキアゥ	green
みどりいろ 緑色	สีเขียว スィーキアゥ	green / green color
みな 皆	ทุกคน トゥクコン	everybody / all
みなお 見直す	แก้ไข / ตรวจสอบ ケーカイ / トルァッソープ	look again
みな 見なす	มองว่า / ถือเสมือนว่า モーングワー / トゥーサムァンワー	regard sb as
みなと 港	ท่าเรือ タールァ	port
みなみ 南	ทิศใต้ ティッタイ	south
みなみ 南アメリカ	อเมริกาใต้ アメーリカータイ	South America
みなもと 源	ต้นกำเนิด トンカムヌーッ	source
みなら 見習い	การฝึกงาน カーンフクンガーン	apprentice
みなら 見習う	เอาเป็นแบบอย่าง アゥペンベープヤーング	learn by watching / follow
みな 身なり	การแต่งกาย / ลักษณะภายนอก カーンテングカーイ / ラクサナパーイノーク	dress / appearance
みな 見慣れる	คุ้นตา クンター	get used to seeing / familiar

認める ➡ 見慣れる 595

日	タイ	英
醜い	น่าเกลียด ナークリアッ	ugly
身に付ける	เรียนรู้/พัฒนาทักษะ リアンルー /パタナータクサ	acquire / develop
見抜く	มองออก モーングオーク	see through / find out / spot
峰	ยอดเขา ヨーッカウ	peak
ミネラルウォーター	น้ำแร่ ナムレー	mineral water
身の上	เรื่องส่วนตัว ルアングスアントゥア	one's history
見逃す	มองข้าม モーングカーム	miss / overlook
身代金	เงินค่าไถ่ ングンカータイ	ransom
身の回り	ที่อยู่รอบตัว ティーユーローブトゥア	personal belongings
実る	ออกผล オークポン	bear fruit
見計らう	เลือกจังหวะที่เหมาะ ルアクチャングワティーモ	use one's discretion
見晴らし	ทิวทัศน์ ティウタッ	view
見張る	จับตาดู/เฝ้าสังเกตการณ์ チャプタードゥー /ファウサングケーッカーン	watch / keep an eye on / keep watch against
身振り	การออกท่าทาง カーンオークターターング	gesture

596　醜い ➡ 身振り

日	タイ	英
身分（みぶん）	สถานะ サターナ	status
身分証明書（みぶんしょうめいしょ）	บัตรประจำตัว バップラチャムトゥア	Identification card / ID card
未亡人（みぼうじん）	แม่ม่าย メーマーイ	widow
見本（みほん）	ตัวอย่างสินค้า トゥアヤーングスィンカー	sample
見舞い（みまい）	การเยี่ยมไข้ カーンイアムカイ	inquiry / an expression of sympathy (for)
見舞う（みまう）	เยี่ยมไข้ イアムカイ	visit *sb* in hospital
未満（みまん）	ต่ำกว่า / ไม่ถึง タムクワー / マイトゥング	under
耳（みみ）	หู フー	ear
身元保証人（みもとほしょうにん）	คนค้ำประกัน コンカムプラカン	guarantor / surety
脈（みゃく）	ชีพจร チープパチョン	pulse
脈拍（みゃくはく）	ชีพจร チープパチョン	pulse
土産（みやげ）	ของฝาก コーングファーク	souvenir
土産物店（みやげものてん）	ร้านขายของฝาก ラーンカーイコーングファーク	souvenir[gift] shop
都（みやこ）	เมืองหลวง ムアングルァング	metropolis

身分 ➡ 都　597

日	タイ	英
ミャンマー	ประเทศพม่า プラテーッパマー	Myanmar
ミャンマー語	ภาษาพม่า パーサーパマー	Myanmar's / Burmese
ミャンマー人	ชาวพม่า チャーゥパマー	Myanmar's / Burmese
ミュール	รองเท้าเปิดส้น ローングタゥブーッソン	mule
妙	แปลกหน้า プレークナー	strange
明後日	วันมะรืนนี้ ワンマルーンニー	the day after tomorrow
名字	นามสกุล ナームサクン	surname
未来	อนาคต アナーコッ	future
ミリ	มิลลิเมตร ミンリメーッ	millimeter
ミリメートル	มิลลิเมตร ミンリメーッ	millimeter
魅力	เสน่ห์ サネー	charm
魅力的	มีเสน่ห์ ミーサネー	attractive / charming / inviting / glamorous
見る	ดู ドゥー	see
診る	ตรวจดูอาการป่วย トルァッドゥーアーカーンプァイ	examine

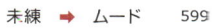

日	タイ	英
未練 (みれん)	อาวรณ์ アーウォン	regret
見渡す (みわたす)	กวาดตามอง クワーッターモーング	look out (over)
民間 (みんかん)	ภาคเอกชน パークエークカチョン	private / nongovernmental
民芸品 (みんげいひん)	ศิลป์พื้นบ้าน スィンラパプーンバーン	folk craft
民主 (みんしゅ)	ประชาธิปไตย プラチャーティプパタイ	democracy
民宿 (みんしゅく)	ที่พักแรมในบ้านคน/เกสต์เฮ้าส์ ティーパクレームナイバーンコン / ケスッハウ	guesthouse
民主的 (みんしゅてき)	เป็นประชาธิปไตย ペンプラチャーティプタイ	democratic
民俗 (みんぞく)	ชาวพื้นเมือง チャーウプーンムアング	folkways
民族 (みんぞく)	เชื้อชาติ / เผ่าพันธุ์ チュアチャーッ / パウパン	race
民謡 (みんよう)	เพลงพื้นบ้าน プレーングプーンバーン	folk song

▼ む, ム

日	タイ	英
六日 (むいか)	วันที่ 6 ワンティーホク	the sixth (day)
無意味 (むいみ)	ไม่มีความหมาย マイミークワームマーイ	meaningless / absurd
ムード	อารมณ์ アーロム	mood

日	タイ	英
向かい	ฝั่งตรงข้าม ファングトロングカーム	opposite side
向かう	มุ่งไปยัง ムングパイヤング	face
迎え	การต้อนรับ カーントーンラブ	going to meet
迎えに行く	ไปรับ パイラブ	go to meet / go to pick *sb* up
迎える	ต้อนรับ トーンラブ	go to meet / welcome
昔	อดีต アディート	old days
無関係	ไม่เกี่ยวข้อง マイキアゥコーング	irrelevance
向き	ทิศที่หัน ティッティーハン	direction to
麦	ข้าวบาร์เลย์/ข้าวสาลี カーゥバーレー / カーゥサーリー	wheat
無気力	ไม่กระฉับกระเฉง/ละเหี่ยใจ マイクラチャブクラチェング / ラヒアチャイ	inactive / lazy / feeble / lethargic
向く	หัน ハン	turn (to) / look (toward) / suit
剥く	ปอก ポーク	peel
無口	นิ่งเงียบ ニングンギアブ	taciturn
向け	สำหรับ... サムラブ...	bound for

日	タイ	英
向ける	มุ่งไปทาง ムングパイターング	turn one's face to
剥ける	สามารถปอก サーマーッポーク	can peel
無限	ไม่จำกัด マイチャムカッ	infinity
婿	ลูกเขย ルーククーイ	bridegroom / son-in-law
向こう	ฝั่งโน้น ファングノーン	over there
無効	หมดอายุ / ใช้ไม่ได้ モッアーユ / チャイマイダイ	invalid
無言	ไม่ปริปากพูด / ปิดปากเงียบ マイパリパークプーッ / ピッパークンギアプ	dumb
虫	แมลง マレーング	insect
無視	เพิกเฉย プークチューイ	ignore / disregard
無地	สีพื้น / ไม่มีลวดลาย スィープーン / マイミールアッラーイ	plain / non-patterned
蒸し暑い	ร้อนชื้น ローンチューン	hot and sticky
無事故	ปราศจากอุบัติเหตุ プラーサチャークウバッティヘーッ	without an accident
虫刺され	ถูกแมลงกัดต่อย トゥークマレーングカットーイ	insect bite
蒸した	นึ่ง / อบ ヌング / オブ	steamed

日	タイ	英
虫歯 (むしば)	ฟันผุ ファンプ	bad tooth
無邪気 (むじゃき)	ไร้เดียงสา ライディアングサー	innocence
矛盾 (むじゅん)	ขัดแย้งในตัวมันเอง カッイェーングナイトゥアマンエーング	contradiction
虫除け (むしょけ)	ยากันแมลง ヤーカンマレーング	insect repellent
毟る (むしる)	ดึงออก / ถอน ドゥングオーク / トーン	pluck / pull
むしろ	...เสียมากกว่า ... スィアマーククワー	rather than
蒸す (むす)	นึ่ง ヌング	steam
無数 (むすう)	จำนวนนับไม่ถ้วน チャムヌアンナプマイトゥアン	countless
難しい (むずかしい)	ยาก ヤーク	difficult / hard
息子 (むすこ)	ลูกชาย ルークチャーイ	son
結び (むすび)	สรุป / ปมผูก サルプ / ポムプーク	conclude / knot
結び付き (むすびつき)	การเชื่อมโยง カーンチュアムヨーング	connection
結び付く (むすびつく)	เชื่อมโยงกัน チュアムヨーングカン	be related to
結び付ける (むすびつける)	นำมาผูกโยงเข้าด้วยกัน ナムマープークヨーングカウドゥアイカン	connect / join

日	タイ	英
結ぶ（むす）	เชื่อม / ผูก チュアム / プーク	connect / link
娘（むすめ）	ลูกสาว ルークサーウ	daughter
むせる	สำลัก サムラク	choke on / be choked with
無線（むせん）	ไร้สาย ライサーイ	wireless
無駄（むだ）	เปล่าประโยชน์ プラウプラヨーッ	waste
無駄遣い（むだづかい）	ใช้สิ้นเปลือง / สุรุ่ยสุร่าย チャイスィンプルアング / スルイスラーイ	wasting money
無断（むだん）	โดยพลการ ドーイパラカーン	without notice / without permission
無知（むち）	ไม่รู้ / สมองช้า / อ่านไม่ออก マイルー / サモーングチャー / アーンマイオーク	ignorance
無茶（むちゃ）	บุ่มบ่าม / ไม่รู้จักคิด ブムバーム / マイルーチャクキッ	absurd / unreasonable
無茶苦茶（むちゃくちゃ）	ยุ่งเหยิง / เกินเหตุ ユングユーング / クーンヘーッ	in disorder
夢中（むちゅう）	หมกมุ่น モクムン	be absorbed
6つ（むっつ）	หกอัน ホクアン	six
空しい（むなしい）	ว่างเปล่า ワーングプラウ	vacant / futile
胸（むね）	อก オク	chest / breast

日	タイ	英
無念（むねん）	เสียใจ スィアチャイ	regret
無能（むのう）	ไร้ความสามารถ ライクワームサーマーッ	incompetent
ムハンマド	พระมูฮัมหมัด プラムーハムマッ	Muhammad
無免許（むめんきょ）	ไม่มีใบอนุญาตขับขี่ マイミーバイアヌヤーッカプキー	without license / unlicensed
無闇（むやみ）	ไม่เลือกหน้า / ไม่ยับยั้งชั่งใจ マイルアクナー / マイヤプヤングチャングチャイ	rash
無用（むよう）	ไม่ต้อง / ไม่จำเป็น マイトーング / マイチャムペン	of no use
むら	ไม่สม่ำเสมอ / ไม่คงที่ マイサマムサムー / マイコングティー	unevenness
村（むら）	หมู่บ้าน ムーバーン	village
群がる（むらがる）	ชุมนุม チュムヌム	crowd / cluster (together)
紫色（むらさきいろ）	สีม่วง スィームアング	purple
無理（むり）	ไม่มีเหตุผล / เป็นไปไม่ได้ マイミーヘーッポン / ペンパイマイダイ	unreasonable / unjust
無料（むりょう）	ฟรี フリー	free
群れ（むれ）	กลุ่ม / หมู่ クルム / ムー	group / herd / flock / school
無論（むろん）	แน่นอนอยู่แล้ว ネーノーンユーレーウ	of course

604　無念 ➡ 無論

| 日 | タイ | 英 |

▼ め，メ

目	ตา ター	eye
芽	ต้นอ่อน トンオーン	germ / bud
姪	หลานสาว(ลูกของลูกพี่ลูกน้อง) ラーンサーウ (ルークコーンゲルークピールークノーング)	niece
明確	กระจ่าง クラチャーング	clear
銘柄	ยี่ห้อดัง イーホーダング	brand
明細	รายละเอียด ラーイライアッ	details / particulars
名作	ผลงานชิ้นเอก ポンガーンチンエーク	masterpiece
名産	สินค้าขึ้นชื่อ スィンカークンチュー	well-known product
名刺	นามบัตร ナームバッ	name card
名詞	คำนาม カムナーム	noun
名所	สถานที่ที่มีชื่อเสียง サターンティーティーミーチュースィアング	famous place
名称	หัวเรื่อง ファルアング	name / title
命じる	สั่ง サング	command

目 ➡ 命じる 605

日	タイ	英
めいしん 迷信	ความเชื่องมงาย クワームチュアンゴムンガーィ	superstition
めいじん 名人	ผู้เชี่ยวชาญ プーチアゥチャーン	master / expert
めいそう 瞑想	นั่งสมาธิ ナンヶサマーティ	meditation / contemplation
めいちゅう 命中	เข้าเป้า カゥパゥ	(direct) hit
メイド	สาวรับใช้ サーゥラプチャイ	maid
めいはく 明白	แจ่มแจ้งชัดเจน チェームチェーンヶチャッチェン	obvious
めいぶつ 名物	ของขึ้นชื่อของท้องถิ่น コーンヶクンチューコーンヶトーンヶティン	special product
めいぼ 名簿	รายชื่อ ラーィチュー	list of names
めいよ 名誉	เกียรติยศ キアッティヨッ	honor
めいりょう 明瞭	ชัดเจน チャッチェン	clearness
めい 滅入る	รู้สึกหดหู่ ルースクホッフー	feel depressed / feel gloomy
めいれい 命令	คำสั่ง カムサンヶ	order
めいろ 迷路	ทางวกวน ターンヶウォクウォン	labyrinth / maze
めいろう 明朗	ร่าเริงแจ่มใส ラールーンヶチェームサイ	bright

め

日	タイ	英
迷惑（めいわく）	รบกวน ロブクアン	annoyance
目上（めうえ）	ผู้อาวุโส プーアーゥソー	elders
目移り（めうつり）	ตัดสินใจไม่ถูก タッスィンチャイマイトゥーク	indecisiveness
メーカー	ผู้ผลิต プーパリッ	maker
メーター	มิเตอร์ ミター	meter
メートル	เมตร メーッ	meter
眼鏡（めがね）	แว่นตา ウェーンター	glasses
目薬（めぐすり）	ยาหยอดตา ヤーヨーッター	eye drops / eye lotion
恵み（めぐみ）	สวรรค์โปรด サワンプロート	blessing
恵む（めぐむ）	ประทาน プラターン	give a thing
捲る（めくる）	พับตลบขึ้นไป パプタロブクンパイ	fold upwards
巡る（めぐる）	วนรอบ ウォンローブ	move around / circle
目指す（めざす）	มุ่งสู่ ムングスー	aim
目覚まし（めざまし）	การปลุกให้ตื่น カーンプルクハイトゥーン	alarm

迷惑 ➡ 目覚まし

日	タイ	英
目覚ましい	โดดเด่น ドーッデン	remarkable
目覚まし時計	นาฬิกาปลุก ナーリカープルク	alarm clock
目覚めさせる	ปลุกให้ตื่น プルクハイトゥーン	let *sb* wake / wake *sb* up / rouse
目覚める	ลืมตาตื่น ルームタートゥーン	wake up
飯	ข้าว カーゥ	meal / rice
目下	ผู้ที่อ่อนอาวุโสกว่า プーティーオーンアーゥソークワー	one's junior
雌	(สัตว์)เพศเมีย (サッ) ペーッミア	female
珍しい	แปลก プレーㇰ	rare / uncommon / singular
目立つ	สะดุดตา サドゥッター	striking
滅茶苦茶	มั่วไปหมด/ยับเยิน/เละเทะ ムアパイモッ / ヤブユーン / レテ	incoherent / absurd
目付	แววตา ウェーゥター	expression in one's eyes
めっきり	ผิดหูผิดตา ピッフーピッター	considerably
メッセージ	ข้อความ コークワーム	message
滅多に	แทบจะไม่ テープチャマイ	seldom

日	タイ	英
滅亡（めつぼう）	สูญพันธุ์ スーンパン	downfall / collapse / extinction
メディア	สื่อ スー	media
めでたい	น่ายินดี / เป็นมงคล ナーインディー / ペンモンクコン	auspicious
めど	เป้าหมาย パウマーイ	outlook / aim
メニュー	เมนู/รายการอาหาร メーヌー / ラーイカーンアーハーン	menu
めまい	ตาลาย ターラーイ	dizziness
メモ	บันทึก バントゥク	memorandum
目盛り（めもり）	เส้นบอกระดับ センボークラダブ	divisions / scale
メモリ	หน่วยความจำ ヌァイクワームチャム	memory
目安（めやす）	มาตรฐานคร่าว ๆ マーットラターンクラーウクラーウ	standard
メロディー	เมโลดี้ メーローディー	melody
メロン	เมล่อน メーローン	melon
面（めん）	ด้าน / ฝั่ง ダーン / ファング	face
免疫（めんえき）	ภูมิคุ้มกันโรค プームクムカンローク	immunity

め

滅亡 ➡ 免疫 609

日	タイ	英
めんかい 面会	การเข้าพบ カーンカウポプ	interview
めんきょ 免許	ใบอนุญาต バイアヌヤーッ	certificate
めんきょしょう 免許証	ใบอนุญาต バイアヌヤーッ	license
めんしき 面識	รู้จักหน้าค่าตา ルーチャクナーカーター	acquaintance
めんじょ 免除	การยกเว้น カーンヨクウェン	exemption
めん 面する	หันหน้าไปทาง ハンナーパイターング	face / confront
めんぜい 免税	การยกเว้นภาษี カーンヨクウェンパースィー	duty free
めんせき 面積	พื้นที่ プーンティー	area
めんせつ 面接	การสัมภาษณ์ カーンサムパーッ	interview
メンテナンス	การบำรุงรักษา カーンバムルングラクサー	maintenance
めんどう 面倒	ความยุ่งยาก クワームユングヤーク	trouble
めんどうくさ 面倒臭い	น่ารำคาญ ナーラムカーン	troublesome
メンバー	สมาชิก サマーチク	member
めんぼく 面目	ชื่อเสียง チュースィアング	honor

め

| 日 | タイ | 英 |

▼ も，モ

喪	การไว้ทุกข์ カーンワイトゥク	mourning
もう	...แล้ว ...レーゥ	already
もう一度	อีกครั้งหนึ่ง イーククラングヌング	once more
儲かる	ได้กำไร ダイカムライ	make money
設ける	ก่อตั้ง コータング	establish / prepare
儲ける	ทำกำไร タムカムライ	get a profit
申し上げる	กราบเรียน クラープリアン	tell
申し入れる	เรียนเชิญ リアンチューン	propose
申し込み	การสมัคร カーンサマク	application
申し込む	สมัคร サマク	apply
申し出	ข้อเสนอ コーサヌー	offer
申し出る	เสนอ(ความช่วยเหลือ) サヌー(クワームチュアイルア)	propose
申し訳	ข้อแก้ตัว コーケートゥア	excuse

喪 ➡ 申し訳　611

日	タイ	英
もう わけ 申し訳ない	ขออภัยไม่มีข้อแก้ตัวใด ๆ コーアパイマイミーコーケートゥァダイダイ	sorry
もうすぐ	อีกไม่นาน イークマイナーン	soon
もうそう 妄想	ความคิดฟุ้งซ่าน クワームキッフングサーン	illusion / delusion
もうちょう 盲腸	ไส้ติ่ง サイティング	cecum
もうてん 盲点	จุดบอด / ช่องโหว่ チュッボーッ / チョングウォー	blind spot
もうどうけん 盲導犬	สุนัขนำทางของคนตาบอด スナクナムターングコーングコンターボーッ	seeing eye dog / guide dog
もう ふ 毛布	ผ้าห่ม パーホム	blanket
もうもく 盲目	ตาบอด ターボーッ	blindness
もうれつ 猛烈	ดุเดือด / รุนแรง ドゥドゥアッ / ルンレーング	furious
も 燃える	เผาไหม้ パゥマイ	burn
モーター	มอเตอร์ モーター	motor
モーテル	โรงแรมขนาดเล็ก ローングレームカナーッレク	motel
モーニングコール	บริการปลุกตอนเช้า ボーリカーンプルクトーンチャゥ	wake-up call
もがく	ดิ้นรน ディンロン	struggle

も

日	タイ	英
もくげきしゃ 目撃者	ผู้เห็นเหตุการณ์ プーヘンヘーッカーン	eyewitness
もくざい 木材	ไม้ マイ	wood
もくじ 目次	สารบัญ サーラバン	contents
もくたん 木炭	ถ่านไม้ / คาร์บอน ターンマイ / カーボーン	charcoal
もくてき 目的	จุดประสงค์ チュップラソング	purpose
もくてきち 目的地	สถานที่เป้าหมาย サターンティーパオマーイ	destination
もくひょう 目標	เป้าหมาย パウマーイ	target
もくようび 木曜日	วันพฤหัสบดี ワンプルハッサバディー	Thursday
もぐら	ตัวตุ่น トゥアトゥン	mole
もぐ 潜る	ดำน้ำ / มุดลงไป ダムナム / ムッロングパイ	dive
もくろみ 目論見	แผนการ ペーンカーン	scheme / plan
もけい 模型	แบบจำลอง / โมเดล ベープチャムローング / モーデーン	model
もさく 模索	คลำหา クラムハー	grope / fumble about
もし	ถ้า ター	if

も

日	タイ	英
文字(もじ)	ตัวอักษร トゥアアクソーン	letter
もしかして	หรือว่าบางที ルーワーバーングティー	may possibly
もしかすると	หรือว่าบางที ルーワーバーングティー	perhaps
もしくは	หรือไม่ก็ ルーマイコー	otherwise
もしも	ถ้า ター	if
もしもし	ฮัลโหล(ตอบรับโทรศัพท์) ハンロー (トープラプトーラサプ)	hello
モスク	สุเหร่า スラウ	mosque
模造品(もぞうひん)	ของเลียนแบบ コーングリアンベープ	imitation / forgery / fake
もたらす	นำมา / ส่งผลให้เกิด ナムマー / ソングポンハイクーッ	bring
もたれる	พิง / (กระเพาะ)ไม่ย่อย ピング / (クラポ) マイヨーイ	lean / lie heavily
モダン	ทันสมัย タンサマイ	modern
持ち(もち)	ความอยู่ทน クワームユートン	durability
餅(もち)	แป้งโมจิ ペーングモーチ	rice cake
持ち上げる(もちあげる)	ยกขึ้น ヨックン	raise

日	タイ	英
用いる (もち)	ใช้ チャイ	make use of
もちきり	คุยเรื่องเดียว クイルアンケディアウ	the only topic
もち米 (ごめ)	ข้าวเหนียว カーウニアウ	glutinous rice
もちろん	แน่นอน ネーノーン	of course
持つ (も)	ถือ / มีครอบครอง トゥー / ミークロープクローング	have
目下 (もっか)	ขณะนี้ カナニー	at present / now
もったいない	น่าเสียดาย ナースィアダーイ	wasteful
持って行く (も・い)	นำไป ナムパイ	take / carry
持っている (も)	มีในครอบครอง ミーナイクロープクローング	have / possess / own
もっと	อีก イーク	more
最も (もっと)	ที่สุด ティースッ	most
もっとも	สมเหตุสมผล ソムヘーッソムポン	reasonable / understandable
専ら (もっぱ)	โดยมาก/แทบทั้งหมด ドーイマーク / テープタングモッ	exclusively
もてなす	เลี้ยงรับรอง リアングラプローング	treat

用いる ➡ もてなす　615

日	タイ	英
もてる	เป็นที่ชื่นชอบ ペンティーチューンチョープ	be popular with
モデル	นางแบบ / นายแบบ ナーングベープ / ナーイベープ	model
基(もと)	รากฐาน ラークターン	foundation
戻(もど)す	เอากลับคืนที่เดิม/ย้อนกลับ アウクラプクーンティードゥーム / ヨーンクラプ	return
基(もと)づく	ยึดเป็นหลัก ユッペンラク	be based on
求(もと)める	เรียกร้อง / ต้องการ リアクローング / トーングカーン	ask for / desire
元々(もともと)	ตั้งแต่ต้น/แรกเริ่มเดิมที タングテートン / レークルームドゥームティー	originally
戻(もど)る	ย้อนกลับ ヨーンクラプ	return / go back
モニター	มอนิเตอร์ モーニター	monitor
者(もの)	คนที่/ผู้ที่... コンティー / プーティー...	person
物(もの)	สิ่งของ スィングコーング	thing
物置(ものお)き	ห้องเก็บของ ホングケプコーング	storeroom
物音(ものおと)	เสียงอะไรบางอย่าง スィアングアライバーングヤーング	noise
物語(ものがたり)	เรื่องเล่า ルアングラウ	story

日	タイ	英
物語る	เล่าเรื่อง ラゥルアング	tell
物事	สรรพสิ่ง サプパスィング	things
物差し	ไม้บรรทัด マイバンタッ	ruler
物凄い	น่าขนลุกขนพองสยองขวัญ ナーコンルクコンポーングサヨーングクワン	ghastly
(〜) ものだ	เมื่อก่อนมักจะ...บ่อย ๆ ムアコーンマクチャ ... ボーイボーイ	used to
物足りない	ไม่ถึงใจ マイトゥングチャイ	unsatisfied
モノレール	รถราง ロッラーング	monorail
もはや	ป่านนี้คงไม่...เสียแล้ว パーンニーコングマイ ... スィアレーゥ	no longer
模範	แบบอย่างที่ควรทำตาม ベープヤーングティークァンタムターム	model
喪服	ชุดไว้ทุกข์ チュッワイトゥク	mourning dress
模倣	การลอกเลียนแบบ カーンロークリアンベープ	copying
籾	ข้าวเปลือก カーゥプルアク	rice in the husk
紅葉	ใบเมเปิล バイメープン	Japanese maple
揉む	ขยำ / นวด カヤム / ヌアッ	rub

日	タイ	英
もめる	ขัดแย้ง /บาดหมางกัน カッイェーンゲ / バーッマーンゲカン	get into trouble
もめん 木綿	ฝ้าย ファーイ	cotton
もも 腿	ต้นขา トンカー	thigh
もも 桃	ลูกท้อ ルークトー	peach
も 燃やす	เผา パウ	burn
もよう 模様	ลวดลาย ルァッラーイ	pattern / design
もよお 催し	งานแสดง ンガーンサデーング	event
もよお 催す	จัดงานแสดง チャッンガーンサデーング	hold
もよ 最寄り	ที่ใกล้ที่สุด ティークライティースッ	neighboring / the nearby[nearest, closest]
もよ えき 最寄り駅	สถานีรถไฟที่ใกล้ที่สุด サターニーロッファイティークライティースッ	the nearest[closest] station
もら 貰う	ได้รับ ダイラプ	receive
も 漏らす	ปล่อยข่าว / ทำให้รั่ว プロイカーゥ / タムハイルァ	express / let *sth* leak
モラトリアム	สภาวะพักการชำระหนี้ サパーワパクカーンチャムラニー	moratorium
モラルハザード	ภาวะภัยทางศีลธรรม パーワパイターングスィーンラタム	moral hazard

も

日	タイ	英
森(もり)	ป่าไม้ パーマイ	forest
盛(も)り上(あ)がる	ครื้นเครง クルンクレング	rise / surge
盛(も)る	ตักอาหารเสิร์ฟ タクアーハーンスーフ	serve / heap
漏(も)る	รั่ว ルァ	leak
漏(も)れる	ลอดผ่าน / ตกสำรวจ ローッパーン / トクサムルァッ	leak out
脆(もろ)い	เปราะ プロ	fragile
もろに	โดยตรง / อย่างจัง ドーイトロング / ヤーングチャング	straight / directly
～問(もん)	ข้อคำถาม コーカムターム	question number
門(もん)	ประตู プラトゥー	gate
文句(もんく)	คำบ่น カムボン	wording
モンゴル	ประเทศมองโกล プラテーッモーングコーン	Mongolia
モンゴル語(ご)	ภาษามองโกเลีย パーサーモーングコーリア	Mongolian
モンゴル人(じん)	ชาวมองโกล チャーゥモーングコーン	Mongol / Mongolian
モンスーン	มรสุม モンラスム	monsoon

も

森 ➡ モンスーン 619

日	タイ	英
問題（もんだい）	คำถาม / ปัญหา カムターム / パンハー	question
問題点（もんだいてん）	ประเด็นปัญหา プラデンパンハー	problem / issue / trouble

▼ や, ヤ

日	タイ	英
屋（や）	ร้าน(คำเสริมท้ายคำนาม) ラーン（カムスームターイカムナーム）	shop / house
矢（や）	ลูกศร ルークソーン	arrow
焼いた（やいた）	ปิ้ง / ย่าง ピング / ヤーング	baked / toasted
八百屋（やおや）	ร้านขายผักผลไม้ ラーンカーイパックポンラマイ	greengrocery
野外（やがい）	กลางแจ้ง / นอกอาคาร クラーングチェーング / ノークアーカーン	outdoor
やがて	ในไม่ช้า ナイマイチャー	before long
やかましい	เสียงดัง / เอะอะ スィアングダング / エア	noisy
やかん	กาต้มน้ำ カートムナム	kettle
夜間（やかん）	ตอนกลางคืน トーンクラーングクーン	at night
山羊（やぎ）	แพะ ペ	goat
やきもち	ความหึงหวง クワームフングファング	jealousy

620　問題 ➡ やきもち

日	タイ	英
野球（やきゅう）	เบสบอล ベースボーン	baseball
野球場（やきゅうじょう）	สนามแข่งเบสบอล サナームケングベースボーン	ballpark / baseball stadium[field]
夜勤（やきん）	(งาน)ผลัดกลางคืน (ンガーン) プラックラーングクーン	night shift[duty]
焼く（やく）	ย่าง / ปิ้ง ヤーング / ピング	bake / grill / burn
役（やく）	บทบาท / หน้าที่ ボッバーツ / ナーティー	post
約（やく）	ประมาณ プラマーン	about
訳（やく）	การแปล カーンプレー	translation
夜具（やぐ）	เครื่องนอน クルアングノーン	bedclothes / bedding
役者（やくしゃ）	นักแสดง ナクサデーング	actor / actress
訳者（やくしゃ）	นักแปล ナクプレー	translator
役所（やくしょ）	สถานที่ราชการ サターンティーラーッチャカーン	public office
役職（やくしょく）	ตำแหน่งบริหาร タムネングボーリハーン	managerial position
訳す（やくす）	แปล プレー	translate
薬草（やくそう）	ยาสมุนไพร ヤーサムンプライ	medical herb

日	タイ	英
約束（やくそく）	สัญญา サンヤー	promise
役立つ（やくだつ）	เป็นประโยชน์ ペンプラヨーッ	useful
役人（やくにん）	เจ้าหน้าที่รัฐ チャウナーティーラッ	government officer
薬品（やくひん）	ยา / สารเคมี ヤー / サーンケーミー	medicine
役目（やくめ）	หน้าที่ ナーティー	duty
役割（やくわり）	บทบาท ボッバーッ	role
火傷（やけど）	แผลไฟลวก プレーファイルアク	burn
やけに	เหลือเกิน/...อะไรปานนั้น ルアクーン / ... アライパーンナン	awfully
焼ける（やける）	มอดไหม้ モーッマイ	burn
野菜（やさい）	ผัก パク	vegetable
野菜料理（やさいりょうり）	อาหารประเภทผัก アーハーンプラペーッパク	vegetable dish
易しい（やさしい）	ง่าย ンガーィ	easy
優しい（やさしい）	ใจดี チャイディー	kind
椰子（やし）	ต้นปาล์ม トンパーム	palm tree / palm

や

日	タイ	英
屋敷（やしき）	คฤหาสน์ カルハーッ	mansion
養う（やしなう）	เลี้ยงดู / อบรม リアングドゥー / オブロム	bring up / support
矢印（やじるし）	เครื่องหมายลูกศร クルアングマーイルークソーン	arrow
野心（やしん）	ความทะเยอทะยาน クワームタユタヤーン	ambition
安い（やすい）	ถูก トゥーク	cheap
～やすい	ง่าย ンガーイ	easy
安売り（やすうり）	การขายลดราคา カーンカーイロッラーカー	bargain sale
安っぽい（やすっぽい）	ดูกระจอก/ดูไม่มีราคา ドゥークラチョーク / ドゥーマイミーラーカー	cheap-locking
休み（やすみ）	การพักผ่อน/วันหยุด カーンパクポーン / ワンユッ	rest
休む（やすむ）	พัก パク	rest
野生（やせい）	...ป่า/...เกิดตามธรรมชาติ ... パー / ... クーッタームタムマチャーッ	wild
やせる	ผอม ポーム	become lean
屋台（やたい）	แผงลอย ペーングローイ	(street) stall
やたら	เลอะเทอะ / สุด ๆ ルトゥ / スッスッ	indiscriminately

や

日	タイ	英
家賃（やちん）	ค่าเช่าบ้าน カーチャゥバーン	house rent
奴（やつ）	หมอนั่น モーナン	fellow / guy
厄介（やっかい）	ความยุ่งยาก/เดือดร้อนรำคาญใจ クワームユングヤーク / ドゥアッローンラムカーンチャイ	trouble / tricky
薬局（やっきょく）	ร้านขายยา ラーンカーイヤー	pharmacy
8つ	แปดอัน ペーッアン	eight
やっつける	ซัด/จัดการจนอยู่หมัด サッ / チャッカーンチョンユーマッ	attack / finish
やっと	ในที่สุด ナイティースッ	at last
宿（やど）	ที่พักแรม ティーパクレーム	inn
雇う（やとう）	จ้าง チャーング	hire
野党（やとう）	พรรคฝ่ายค้าน パクファーイカーン	party out of power
家主（やぬし）	เจ้าของบ้าน チャゥコーングバーン	landlord / landlady
屋根（やね）	หลังคาบ้าน ラングカーバーン	roof
やはり	อย่างที่คิดไว้ ヤーングティーキッワイ	just as I thought / as well
野蛮（やばん）	ความป่าเถื่อน クワームパートゥアン	barbarian / savage

日	タイ	英
破く	ฉีก(กระดาษ) チーク（クラダーッ）	tear
破る	ฉีก / ละเมิด(สัญญา) チーク／ラムーッ（サンヤー）	tear
破れる	ฉีกขาด チークカーッ	get torn
山	ภูเขา プーカゥ	mountain
闇	ความมืด クワームムーッ	darkness
やむ	หยุด / จบสิ้น ユッ／チョプスィン	stop
病む	ป่วย プァイ	fall ill
やむを得ない	ซึ่งไม่สามารถหลีกเลี่ยงได้ スングマイサーマーッリークリアングダイ	unavoidable
辞める	ลาออก ラーオーク	retire
やめる	เลิก ルーク	quit
やや	เล็กน้อย レクノーイ	a little bit
ややこしい	ยุ่งยาก / ซับซ้อน ユングヤーク／サプソーン	complicated
槍	หอก(อาวุธ) ホーク（アーウッ）	spear
やり方	วิธีทำ ウィーティータム	way / manner / method

日	タイ	英
やり通す	ทำให้ลุล่วง タムハイルルアング	carry out
やり遂げる	สามารถทำให้สำเร็จ/ทำให้ลุล่วง サーマーッタムハイサムレッ / タムハイルルアング	carry out / complete
やる	ทำ タム	do
やる気	ความกระตือรือร้นที่จะทำ クワームクラトゥールーロンティーチャタム	enthusiasm / motivation / morale
柔らか	ความนุ่ม/ความอ่อน クワームヌム / クワームオーン	softly
柔らかい	นุ่มนิ่ม / อ่อนนุ่ม ヌムニム / オーンヌム	soft / flexible
和らげる	ทำให้นุ่มนวล タムハイヌムヌァン	soften / ease
ヤング	หนุ่มสาว ヌムサーウ	young

▼ ゆ, ユ

湯	น้ำร้อน ナムローン	hot water
唯一	เพียงหนึ่งเดียวเท่านั้น ピアングヌングディアウタウナン	only one
遺言状	พินัยกรรม ピナイカム	will
優	ดีเด่น / เลิศ ディーデン / ルーッ	excellent / A
優位	เหนือกว่า ヌァクワー	superiority

日	タイ	英
有意義 (ゆういぎ)	มีค่า / มีความหมาย ミーカー / ミークワームマーイ	meaning / significance
憂鬱 (ゆううつ)	ความซึมเศร้า / จิตใจห่อเหี่ยว クワームスムサウ / チッチャイホーヒアゥ	depression
有益 (ゆうえき)	เป็นประโยชน์ ペンプラヨーッ	profitable
USB (ユーエスビー)	ยูเอสบี ユーエーッビー	USB
優越 (ゆうえつ)	ดีเลิศ / โดดเด่น ディールーッ / ドーッデン	supericrity
遊園地 (ゆうえんち)	สวนสนุก スアンサヌッ	amusement park
誘拐 (ゆうかい)	การลักพาตัว カーンラクパートゥア	kidnap / kidnapping / abduction
夕方 (ゆうがた)	ตอนเย็น トーンイェン	evening
勇敢 (ゆうかん)	กล้าหาญ クラーハーン	bravery
夕刊 (ゆうかん)	หนังสือพิมพ์ฉบับเย็น ナングスーピムチャバブイェン	the evening paper
勇気 (ゆうき)	ความกล้า クワームクラー	courage
有機 (ゆうき)	สารอินทรีย์ サーンインスィー	organic
有給休暇 (ゆうきゅうきゅうか)	การลาพักโดยได้รับค่าจ้าง カーンラーパクドーイダイラブカーチャーング	paid leave[vacation] / holiday[vacation] with pay
夕暮れ (ゆうぐれ)	ยามเย็น ヤームイェン	twilight

有意義 ➡ 夕暮れ　627

日	タイ	英
ゆうこう 友好	มิตรภาพ ミットラパープ	friendship
ゆうこう 有効	ยังใช้ได้อยู่ ヤングチャイダイユー	valid
ユーザー	ผู้ใช้ プーチャイ	user
ゆうし 融資	การปล่อยเงินกู้เพื่อการลงทุน カーンプロイグンクーブァカーンロングトゥン	financing
ゆうしゅう 優秀	ชั้นเลิศ / ยอดเยี่ยม チャンルーッ / ヨーッイアム	superiority
ゆうじゅうふだん 優柔不断	ไม่เด็ดขาด / โลเล マイデッカーッ / ローレー	indecision / indecisiveness
ゆうしょう 優勝	ชนะเลิศ チャナルーッ	victory
ゆうじょう 友情	มิตรภาพ ミットラパープ	friendship
ゆうしょく 夕食	มื้อเย็น ムーイェン	dinner
ゆうじん 友人	เพื่อน プァン	friend
ゆうずう 融通	การยืดหยุ่น カーンユーッユン	adaptability / flexibility
ゆう 有する	มี ミー	own
ゆうせい 優勢	มีกำลังเหนือกว่า/เป็นต่อ ミーカムラングヌァクワー / ペントー	superiority
ゆうせん 優先	การให้สิทธิก่อน カーンハイスィッティコーン	priority

日	タイ	英
郵送 (ゆうそう)	การส่งทางไปรษณีย์ カーンソングターングプライサニー	mail
夕立ち (ゆうだち)	ฝนที่ตกลงมาในช่วงเย็น フォンティートクロングマーナイチュアングイェン	shower
誘導 (ゆうどう)	การนำทาง カーンナムターング	guidance
有毒 (ゆうどく)	มีพิษ ミービッ	toxic / poison / virulence
有能 (ゆうのう)	มีความสามารถ ミークワームサーマーッ	capable
夕飯 (ゆうはん)	อาหารเย็น アーハーンイェン	dinner
夕日 (ゆうひ)	พระอาทิตย์ยามเย็น プラアーティッヤームイェン	evening sun
優美 (ゆうび)	งดงาม ンゴッンガーム	grace / elegance
郵便 (ゆうびん)	ไปรษณีย์ プライサニー	post
郵便切手 (ゆうびんきって)	แสตมป์ไปรษณียากร ステームプライサニーヤーコーン	postage stamp
郵便局 (ゆうびんきょく)	ที่ทำการไปรษณีย์ ティータムカーンプライサニー	post office
郵便小包 (ゆうびんこづつみ)	พัสดุไปรษณีย์ パサドゥプライサニー	package / parcel
郵便番号 (ゆうびんばんごう)	รหัสไปรษณีย์ ラハッスプライサニー	zip code / postcode
郵便物 (ゆうびんぶつ)	ไปรษณียภัณฑ์ プライサニーヤパン	mail / post

郵送 ➡ 郵便物

日	タイ	英
郵便ポスト (ゆうびん)	ตู้จดหมาย トゥーチョッマーイ	mailbox / postbox
裕福 (ゆうふく)	ร่ำรวย / มั่งคั่ง ラムルアイ / マングカング	wealth / affluence / richness
夕べ (ゆう)	ตอนเย็น / เมื่อคืน トーンイェン / ムアクーン	evening / last night
有望 (ゆうぼう)	มี(อนาคต) / มีความหวัง ミー (アナーコッ) / ミークワームワング	promising
遊牧 (ゆうぼく)	ซึ่งเร่ร่อนไปตามที่ต่าง ๆ / การเลี้ยงสัตว์ スングレーローンパイターㇺティータングターング / カーンリアングサッ	nomadic
遊歩道 (ゆうほどう)	ถนนสำหรับเดินเล่น タノンサㇺラプドゥーンレン	esplanade / a walk
有名 (ゆうめい)	มีชื่อเสียง ミーチューㇲィアング	fame
ユーモア	อารมณ์ขัน アーロㇺカン	humor
夕焼け (ゆうやけ)	ท้องฟ้าตอนพระอาทิตย์ตก トーングファートーンプラアーティットㇰ	sunset
悠々 (ゆうゆう)	เอื่อย ๆ / สงบนิ่ง ウァイウァイ / サンゴプニング	serene
猶予 (ゆうよ)	การลังเล / การผัดผ่อน カーンラングレー / カーンパッポーン	grace (period) / delay / extension / postponement
有利 (ゆうり)	ได้เปรียบ / มีกำไร ダイプリアプ / ミーカㇺライ	profitable
有料 (ゆうりょう)	เสียค่าใช้จ่าย スィアカーチャイチャーイ	charge
有料道路 (ゆうりょうどうろ)	ถนนที่เก็บค่าผ่านทาง タノンティーケプカーパーンターング	toll road

日	タイ	英
ゆうりょく 有力	มีอิทธิพล / มีอำนาจ ミーイッティポン / ミーアムナーッ	powerful
ゆうれい 幽霊	ผี / วิญญาณ ピー / ウィンヤーン	ghost
ゆうわく 誘惑	การยั่วยวน カーンユアユアン	temptation
ゆえ 故に	ด้วยเหตุนี้ ドゥアイヘーッニー	therefore
ゆか 床	พื้น プーン	floor
ゆかい 愉快	ความสนุกสนาน/ความสำราญ クワームサヌクサナーン / クワームサムラーン	pleasure
ゆかた 浴衣	ชุดญี่ปุ่นสวมในฤดูร้อน/ยูกาตะ チュッイープンスアムナイルドゥーローン / ユーカータ	Yukata / informal cotton kimono
ゆき 雪	หิมะ ヒマ	snow
ゆくえ 行方	ที่อยู่ของคน ๆ นั้น ティーユーコーングコンコンナン	whereabouts
ゆくえふめい 行方不明	สูญหาย スーンハーイ	missing / lost
ゆげ 湯気	ไอน้ำ アイナム	steam
ゆけつ 輸血	การให้เลือด カーンハイルアッ	blood transfusion
ゆ 揺さぶる	โยก / เขย่า / แกว่ง ヨーク / カヤウ / クェーング	shake / rock
ゆしゅつ 輸出	การส่งออก カーンソングオーッ	export

ゆ

日	タイ	英
濯ぐ（ゆすぐ）	ชำระล้าง チャムララーング	rinse
譲る（ゆずる）	ยกให้ ヨクハイ	give in (to) / transfer / hand over
輸送（ゆそう）	การขนส่ง カーンコンソング	transportation / transport
豊か（ゆたか）	มั่งคั่ง マングカング	rich
油断（ゆだん）	ความสะเพร่า/ความประมาท クワームサプラゥ / クワームプラマーッ	carelessness
ゆっくり	ค่อย ๆ / ช้า ๆ コーイコーイ / チャーチャー	slowly
茹でた（ゆでた）	ลวก / ต้ม ルアク / トム	boiled
茹でる（ゆでる）	ต้ม トム	boil
ゆとり	เวลาว่าง / ที่ว่าง ウェーラーワーング / ティーワーング	extra time / extra room
ユニーク	มีเอกลักษณ์ไม่เหมือนใคร ミーエークカラクッマイムアンクライ	unique
ユニフォーム	เครื่องแบบ クルアングベープ	uniform
輸入（ゆにゅう）	การนำเข้าสินค้า カーンナムカゥスィンカー	import
輸入許可（ゆにゅうきょか）	การอนุญาตให้นำเข้าได้ カーンアヌヤーッハイナムカゥダイ	import permit[license]
指（ゆび）	นิ้ว ニゥ	finger

日	タイ	英
ゆびさ 指差す	ชี้นิ้ว チーニゥ	point
ゆびわ 指輪	แหวน ウェーン	ring
ゆみ 弓	คันธนู カンタヌー	bow
ゆめ 夢	ความฝัน クワームファン	dream
ゆらい 由来	ที่มา ティーマー	origin / history
ゆ 揺らぐ	สั่น / ไหว サン / ワイ	swing
ゆる 緩い	หลวม ルアム	loose
ゆる 許す	ยกโทษให้ ヨクトーッハイ	forgive
ゆる 緩む	หลวม / ไม่แน่นหนา ルアム / マイネンナー	loosen
ゆる 緩める	ผ่อนปรน / คลาย ポーンプロン / クラーイ	unfasten / loosen
ゆる 緩やか	หลวม ๆ / เอื่อย ๆ ルアムルアム / ウァイウァイ	loose / slow / gentle / not strict
ゆ 揺れる	สั่นไหว サンワイ	shake / rock / roll

ゆ

日	タイ	英

▼よ，ヨ

世（よ）	โลก ローク	world
夜明け（よあ）	ตอนย่ำรุ่ง トーンヤムルング	dawn
余韻（よいん）	เสียงสะท้อนกังวาน スィアングサトーングカングワーン	lingering sound / afterglow
酔う（よ）	เมา マウ	get drunk
様（よう）	ดูเหมือนว่า ドゥームアンワー	like / it seems
用（よう）	งาน / ธุระ / ใช้สำหรับ ンガーン / トゥラ / チャイサムラプ	affair / for-
容易（ようい）	ง่ายดาย ンガーィダーィ	easily
用意（ようい）	การเตรียม カーントリアム	preparation
要因（よういん）	ปัจจัย / เหตุ パッチャイ / ヘーッ	factor / cause
溶液（ようえき）	สารละลาย サーンララーィ	solution
八日（ようか）	วันที่แปด ワンティーペーッ	the eighth (day) / eight days
妖怪（ようかい）	ปีศาจ ピーサーッ	monster / ghost
溶岩（ようがん）	ลาวา ラーワー	lava

よ

634 世 ➡ 溶岩

日	タイ	英
ようき 容器	ภาชนะ パーチャナ	container
ようき 陽気	ร่าเริง ラールーング	cheerfulness / weather
ようきゅう 要求	ข้อเรียกร้อง コーリアクローング	request
ようけん 用件	ธุระ トゥラ	business / affair
ようご 用語	คำศัพท์เฉพาะ カムサプチャポ	term
ようご 養護	การบริบาลดูแล カーンボーリバーンドゥーレー	nursing
ようこそ	ยินดีต้อนรับ インディートーンラプ	welcome
ようし 用紙	แบบฟอร์ม ベープフォーム	form
ようし 要旨	บทคัดย่อ ボッカッヨー	abstract / summary
ようし 容姿	รูปร่างหน้าตา ループラーングナーター	looks / appearance / figure
ようし 養子	เด็กที่ขอมาเลี้ยง デクティーコーマーリアング	adopted child
ようじ 幼児	เด็กเล็ก デクレク	infant / little child
ようじ 用事	ธุระ トゥラ	business
ようしき 様式	รูปแบบ ループベープ	pattern

日	タイ	英
養殖（ようしょく）	การเพาะเลี้ยง(สัตว์น้ำหรือพืชน้ำ) カーンポリアング（サッナムループーッナム）	farming / culture
用心（ようじん）	การระวังเอาใจใส่ カーンラワンゲアゥチャイサイ	caution
様子（ようす）	สภาพ サパープ	appearance
要する（ようする）	จำเป็นต้องใช้ チャムペントーングチャイ	need
要するに（ようするに）	สรุปคือ サルプクー	in short
要請（ようせい）	คำร้องขอ カムローングコー	demand
養成（ようせい）	การฝึกอบรมเพื่อสร้างบุคลากร カーンフクオブロムプァサーングブクカラーコーン	training
妖精（ようせい）	เทพหรือภูตตัวเล็ก テープループーットゥアレク	fairy / elf
容積（ようせき）	ปริมาณ / ความจุ ポリマーン / クワームチュ	capacity
要素（ようそ）	องค์ประกอบ オングプラコープ	element
様相（ようそう）	แง่ / ด้าน ンゲー / ダーン	aspect
幼稚（ようち）	ความเป็นเด็ก クワームペンデク	childish
幼稚園（ようちえん）	โรงเรียนอนุบาล ローングリアンアヌバーン	kindergarten / nursery school
幼虫（ようちゅう）	ตัวอ่อน トゥアオーン	larva

636 養殖 ➡ 幼虫

日	タイ	英
ようつう 腰痛	ปวดหลัง / ปวดเอว プァッラング / プァッエーゥ	backache
ようてん 要点	ประเด็นสำคัญ プラデンサムカン	point
ようと 用途	วิธีใช้ ウィティーチャイ	use
ようにく 羊肉	เนื้อแพะ ヌァペ	mutton / lamb
ようび 曜日	วัน ワン	the day of the week
ようひん 用品	เครื่องใช้ クルァングチャイ	things
ようひんてん 洋品店	ร้านขายสินค้า ラーンカーイスィンカー	haberdashery
ようふう 洋風	แบบตะวันตก ベープタワントク	Western style
ようふく 洋服	เสื้อผ้าแบบตะวันตก スァパーベープタワントク	Western clothes
ようぶん 養分	สารอาหารที่ให้ประโยชน์แก่ร่างกาย サーンアーハーンティーハイプラヨーッケーラーングカーイ	nourishment
ようほう 用法	วิธีใช้ ウィティーチャイ	usage
ようぼう 要望	ข้อเรียกร้อง コーリアクローング	demand
ようもう 羊毛	ขนแกะ コンケ	wool
ようやく	ในที่สุด ナイティースッ	at last

腰痛 ➡ ようやく 637

日	タイ	英
ようやく 要約	การสรุปใจความสำคัญ カーンサルプチャイクワームサムカン	summary / digest / abstract
ようりょう 要領	ประเด็นสำคัญ / ปฏิภาณ プラデンサムカン / パティパーン	point / gist (of)
ようりょう 容量	ปริมาณความจุ ポリマーンクワームチュ	capacity / volume
ようれい 用例	ตัวอย่าง トゥアヤーング	example / sample
ヨーグルト	โยเกิร์ต ヨークーッ	yoghurt / yogurt
ヨーロッパ	ยุโรป ユローブ	Europe
よか 余暇	เวลาว่าง ウェーラーワーング	leisure
よかん 予感	ลางสังหรณ์ ラーングサングホーン	feeling
よき 予期	การคาดการณ์ カーンカーッカーン	expectation
よぎ 余儀	หนทางอื่น ホンターングウーン	unavoidable
よぎない 余儀ない	หลีกเลี่ยงไม่ได้ / ไม่มีหนทางอื่น リークリアングマイダイ / マイミーホンターングウーン	be obliged to / unavoidable
よきょう 余興	การแสดงเพื่อความบันเทิง カーンサデーングプアクワームバントゥーング	entertainment
よきん 預金	เงินฝากธนาคาร ングンファークタナーカーン	deposit / account
よく 欲	ความต้องการ / ความโลภ クワームトーングカーン / クワームローブ	greed

よ

日	タイ	英
良く	ดี ディー	well
よく	บ่อย ボーイ	often
翌朝	เช้าวันรุ่งขึ้น チャウワンルングクン	the next morning
抑圧	การอดกลั้น カーンオックラン	oppression
浴室	ห้องอาบน้ำ ホングアープナム	bathroom
翌日	วันถัดไป ワンタッパイ	next day
抑制	การควบคุม カーンクァブクム	control
浴槽	อ่างอาบน้ำ アーングアープナム	bathtub
欲張り	ความโลภ / คนโลภ クワームローブ / コンローブ	greedy person
欲深い	โลภมาก / คนโลภ ローブマーク / コンローブ	greedy / grasping
欲望	ความต้องการ クワームトーングカーン	desire
余計	เกินความจำเป็น クーンクワームチャムペン	more than enough
避ける	หลีกเลี่ยง リークリアング	avoid / get out of the way
予言	คำทำนาย カムタムナーイ	prediction

日	タイ	英
横 よこ	ข้าง ๆ カーングカーング	side
横切る よこぎる	ตัดข้าม / ข้ามฟาก タッカーム / カームファーク	cross
予告 よこく	การแจ้งให้ทราบล่วงหน้า カーンチェーングハイサーブルアングナー	notice / preliminary announcement / warning
寄越す よこす	ส่งไปให้ ソングパイハイ	send
汚す よごす	ทำเลอะเปรอะเปื้อน タムルプルブアン	dirty
横綱 よこづな	ตำแหน่งสูงสุดของนักซูโม่ タムネングスーングスッコーングナクスーモー	sumo champion
汚れ よごれ	รอยเปื้อน ローイプアン	dirt
汚れる よごれる	เปื้อน プアン	get dirty
予算 よさん	งบประมาณ ンゴブプラマーン	budget
善し悪し よしあし	ความดีชั่ว クワームディーチュア	good and bad / right and wrong
予習 よしゅう	การเตรียมบทเรียน カーントリアムボッリアン	preparation of lessons
余剰 よじょう	ส่วนเกิน スアンクーン	surplus
寄せる よせる	เข้าใกล้ / ขยับเข้าใกล้ カウクライ / カヤブカウクライ	come near / move *sth* aside
予選 よせん	การแข่งขันรอบคัดเลือก カーンケングカンロープカッルアク	elimination[qualifying] round

640　横 ➡ 予選

日	タイ	英
よそ	ที่อื่น ティーウーン	another place
予想	การคาดเดา カーンカーッダゥ	forecast
予測	การคาดการณ์ カーンカーッカーン	projection
よそ見	หันไปมองที่อื่น ハンパイモーングティーウーン	looking away
余地	ที่ว่าง / ที่เหลือ ティーワーング / ティールァ	room / space
四日	วันที่สี่ / สี่วัน ワンティースィー / スィーワン	the fourth (day)
四つ角	สี่เหลี่ยม スィーリアム	corner
欲求	ความใคร่/ความปรารถนา クワームクライ / クワームプラーッタナー	desire / need
酔った	เมา マゥ	intoxicated / get drunk
4つ	สี่ชิ้น / อัน スィーチン / アン	four
よって	ดังนั้น / ขึ้นอยู่กับ / แล้วแต่ ダングナン / クンユーカブ / レゥテー	therefore
ヨット	เรือยอร์ช ルァヨッ	yacht
酔っ払い	เมา(เหล้า) マゥ (ラゥ)	drunken man
予定	กำหนดการ カムノッカーン	schedule

日	タイ	英
予定通り（よていどおり）	ตามแผน タームペーン	on schedule
予定表（よていひょう）	ตารางแผนงาน ターラーングペーンガーン	schedule / timetable
与党（よとう）	พรรคฝ่ายรัฐบาล パクファーイラッタバーン	the party in power
夜中（よなか）	กลางดึก クラーングドゥク	midnight
世の中（よのなか）	ในโลก / สังคมภายนอก ナイローク / サンコムパーイノーク	the world
予備（よび）	การเตรียมการ カーントリアムカーン	preparation
呼び掛ける（よびかける）	ร้องเรียก / ขอร้อง ローングリアク / コーローング	call
呼び出す（よびだす）	เรียกตัว / เรียกออกมา リアクトゥア / リアクオークマー	call
呼び止める（よびとめる）	เรียกให้หยุด リアクハイユッ	call out and stop
呼び鈴（よびりん）	กระดิ่งเรียก クラディングリアク	bell / doorbell
呼ぶ（よぶ）	เรียก リアク	call
夜更し（よふかし）	การอยู่ดึก / การอดนอน カーンユードゥク / カーンオッノーン	sit up late at night
夜更け（よふけ）	ดึก ๆ ดื่น ๆ ドゥクドゥクドゥーンドゥーン	late at night
余分（よぶん）	ส่วนเกิน スアンクーン	surplus

日	タイ	英
予報 (よほう)	การพยากรณ์ カーンパヤーコーン	forecast
予防 (よぼう)	การป้องกันล่วงหน้า カーンポーングカンルアングナー	prevention
余程 (よほど)	มากทีเดียว マークティーディアゥ	greatly
読み (よみ)	อ่าน アーン	reading
読み上げる (よみあげる)	อ่านออกเสียง アーンオークスィアング	read aloud
よみがえる	คืนชีพ クーンチープ	revive
読む (よむ)	อ่าน アーン	read
嫁 (よめ)	เจ้าสาว / ลูกสะใภ้ チャウサーゥ / ルークサパイ	bride
予約 (よやく)	การจอง カーンチョーング	reservation
余裕 (よゆう)	กำลังหรือเวลาที่เหลือพอ カムラングルーウェーラーティールアポー	time to spare / room to spare
寄り (より)	ค่อนไปทาง... / ใกล้กับ... コンパイターング... / クライカブ...	attendance
寄り掛かる (よりかかる)	พิง ピング	lean on
より良い (よりよい)	ดียิ่งขึ้น ディーイングクン	better
寄る (よる)	แวะ / เยี่ยม ウェ / イアム	come near / get together / step to

予報 ➡ 寄る 643

日	タイ	英
夜 (よる)	ตอนกลางคืน トーンクラーンククーン	night
(〜に) 依る (よる)	ตามความเห็นของ... タームクワームヘンコーング...	(be) due to
(〜に) よると	ในทัศนะของ... ナイタッサナコーング...	according to
喜び (よろこび)	ความยินดี クワームインディー	joy
喜ぶ (よろこぶ)	ดีใจ / ยินดี ディーチャイ / インディー	be glad
よろしい	ดี / ได้ ディー / ダイ	good / OK
世論 (よろん)	ประชามติ プラチャーマティ	public opinion
弱い (よわい)	อ่อนแอ オーンエー	weak
弱まる (よわまる)	อ่อนกำลังลง オーンカムラングロング	get weak
弱虫 (よわむし)	คนขี้ขลาด コンキークラーッ	coward / wimp / chicken
弱める (よわめる)	ทำให้อ่อนแอ タムハイオーンエー	make *sth* weak
弱る (よわる)	อ่อนล้า / อ่อนแรง オーンラー / オーンレーング	get weak
4	สี่ スィー	four
40	สี่สิบ スィースィブ	forty

| 日 | タイ | 英 |

▼ ら，ラ

来 <small>らい</small>	นับตั้งแต่ <small>ナプタングテー</small>	since
ライオン	สิงโต <small>スィングトー</small>	lion
来客 <small>らいきゃく</small>	แขกที่มาเยือน <small>ケークティーマーユアン</small>	visitor / guest
来月 <small>らいげつ</small>	เดือนหน้า <small>ドゥアンナー</small>	next month
来週 <small>らいしゅう</small>	สัปดาห์หน้า/อาทิตย์หน้า <small>サプダーナー /アーティッナー</small>	next week
来場 <small>らいじょう</small>	การมาร่วมงานเลี้ยง <small>カーンマールァムンガーンリァング</small>	attendance
ライス	ข้าวสวย <small>カーゥスァイ</small>	rice
ライセンス	ใบอนุญาต <small>バイアヌヤーッ</small>	license
ライター	ไฟแช็ก <small>ファイチェク</small>	lighter
ライチ	ลิ้นจี่ <small>リンチー</small>	litchi / lychee
ライト	แสงไฟ <small>セーングファイ</small>	light
来日 <small>らいにち</small>	การมาญี่ปุ่น <small>カーンマーイープン</small>	arrival in Japan
来年 <small>らいねん</small>	ปีหน้า <small>ピーナー</small>	next year

来 ➡ 来年　645

日	タイ	英
ライバル	คู่แข่ง クーケング	rival
ライ麦(むぎ)	ข้าวไรย์ カーゥライ	rye
ラオス	ประเทศลาว プラテーッラーゥ	Laos
ラオス語(ご)	ภาษาลาว パーサーラーゥ	Laotian
ラオス人(じん)	ชาวลาว チャーゥラーゥ	Laotian
楽(らく)	สบาย サバーィ	comfort
楽園(らくえん)	สรวงสวรรค์ スァングサワン	paradise
落札(らくさつ)	การชนะการประมูล カーンチャナカーンプラムーン	successful bid
らくだ	อูฐ ウーッ	camel
落第(らくだい)	การสอบตก カーンソープトク	failing
楽天的(らくてんてき)	ซึ่งมองโลกในแง่ดี スングモーングローㇰナインゲーディー	optimistic
酪農(らくのう)	การทำฟาร์มโคนม カーンタムファームコーノム	dairy farming
落雷(らくらい)	ฟ้าผ่า ファーパー	lightning
～らしい	เหมือนจะ... ムァンチャ...	seem

日	タイ	英
ラジオ	วิทยุ ウィッタユ	radio
ラジカセ	วิทยุเทป ウィッタユテープ	radio-cassette recorder
落下	การตกลงมา(จากที่สูง) カーントクロングマー（チャークティースーング）	fall
楽観	การมองโลกในแง่ดี カーンモーングロークナイングェーディー	optimism
ラッシュアワー	ชั่วโมงเร่งด่วน チュアモーングレングドゥアン	rush hour
ラベル	สลาก / ยี่ห้อ / ป้าย サラーク / イーホー / パーイ	label
ラマダン	เดือนรอมฎอน ドゥアンロームマドーン	Ramadan
ラム	เนื้อแกะ ヌアケ	lamb
欄	คอลัมน์ コーラム	column
LAN	ระบบเครือข่าย ラボップクルアカーイ	LAN
ランチ	อาหารกลางวัน アーハーンクラーングワン	lunch
ランドリー	การซักรีด カーンサクリーッ	laundry
ランニング	การวิ่ง カーンウィング	running
ランプ	ตะเกียง / โคมไฟ タキアング / コームファイ	lamp

日	タイ	英
ランブータン	เงาะ ンゴ	rambutan
らんぼう 乱暴	รุนแรง / หยาบคาย ルンレーング / ヤープカーイ	violence
らんよう 濫用	การใช้ในทางที่ผิด カーンチャイナイターングティーピッ	abuse

▼ り, リ

日	タイ	英
リアクション	ปฏิกิริยาตอบสนอง パティキリヤートープサノーング	reaction
リアル	สมจริง ソムチング	real / realistic
リース	การให้เช่า カーンハイチャウ	lease
リーダー	ผู้นำ プーナム	leader
リード	การนำ カーンナム	lead
り えき 利益	กำไร カムライ	benefit / profit
り えきりつ 利益率	อัตราผลกำไร アットラーポンカムライ	profit rate / rate of return
り か 理科	วิชาวิทยาศาสตร์ ウィチャーウィッタヤーサーッ	science
り かい 理解	ความเข้าใจ クワームカウチャイ	understanding
り がい 利害	ผลได้ผลเสีย/ผลประโยชน์ ポンダイポンスィア / ポンプラヨーッ	interests

日	タイ	英
陸 (りく)	บก / พื้นแผ่นดิน ボク / プーンペンディン	land
陸上 (りくじょう)	บนบก ボンボク	the land
理屈 (りくつ)	ทฤษฎี/เหตุผล トリッサディー / ヘーッポン	reason
利口 (りこう)	ฉลาด チャラーッ	smart
離婚 (りこん)	การหย่าร้าง カーンヤーラーング	divorce
リサイクル	รีไซเคิล リーサイクン	recycling
利子 (りし)	ดอกเบี้ย ドークビア	interest
利潤 (りじゅん)	ผลกำไร ポンカムライ	profit
りす	กระรอก クラローク	squirrel
リスク	ความเสี่ยง クワームスィアング	risk
リスト	รายการ ラーイカーン	list
リストラ	ปรับโครงสร้างบริษัทให้มีประสิทธิภาพ プラップクローングサーングボーリサッハイミープラスィッティパープ	restructuring
リズム	จังหวะ チャングワ	rhythm
理性 (りせい)	ความมีเหตุผล クワームミーヘーッポン	reason

陸 ➡ 理性

日	タイ	英
理想 (りそう)	อุดมคติ ウドムカティ	ideal
リゾート	บ้านพักตากอากาศ / รีสอร์ท バーンパㇰターㇰアーカーッ / リーソーッ	resort
利息 (りそく)	ดอกเบี้ย ドーㇰビア	interest
率 (りつ)	อัตรา / สัดส่วน アットラー / サッスアン	proportion
立体 (りったい)	รูปทรง 3 มิติ ルーㇷ゚ソングサームミティ	three-dimensional shape
リットル	ลิตร リッ	liter
立派 (りっぱ)	สง่างาม サガーンガーム	fine / excellent
立方 (りっぽう)	ลูกบาศก์ ルーㇰバーッ	cube
立法 (りっぽう)	นิติบัญญัติ ニティバンヤッ	legislation
利点 (りてん)	ข้อดี コーディー	advantage
理念 (りねん)	ปรัชญา プラッチャヤー	philosophy / the spirit
理髪店 (りはつてん)	ร้านตัดผม ラーンタッポム	barber
リハビリ	การฟื้นฟูสมรรถภาพทางร่างกาย カーンフーンフーサマッタパーㇷ゚ターングラーングカーイ	rehabilitation / rehab
理不尽 (りふじん)	ไม่มีเหตุผล マイミーヘーッポン	unreasonableness / immorality

り

650 理想 ➡ 理不尽

日	タイ	英
リボン	ริบบิ้น (リッビン)	ribbon
リモコン	รีโมต (リーモーッ)	remote control
略語 (りゃくご)	คำย่อ (カムヨー)	abbreviation
略する (りゃくする)	ทำให้สั้นลง (タムハイサンロング)	abbreviate
略奪 (りゃくだつ)	การปล้น (カーンプロン)	plunder
竜 (りゅう)	มังกร (マングコン)	dragon
理由 (りゆう)	เหตุผล (ヘーッポン)	reason
流域 (りゅういき)	ลุ่มแม่น้ำ (ルムメーナム)	basin
留学 (りゅうがく)	การศึกษาต่อต่างประเทศ (カーンスクサートーターングプラテーッ)	study abroad
留学生 (りゅうがくせい)	นักศึกษาต่างชาติ (ナクスクサーターングチャーッ)	student studying abroad
流行 (りゅうこう)	เป็นที่นิยม (ペンティーニヨム)	fashion
流産 (りゅうざん)	การแท้งบุตร (カーンテーングブッ)	miscarriage
流出 (りゅうしゅつ)	การไหลออก (カーンライオーク)	outflow / drain / leak
流星 (りゅうせい)	ดาวตก (ダーウトク)	shooting star

日	タイ	英
流暢（りゅうちょう）	คล่อง クローング	fluency / smoothness / facility
流通（りゅうつう）	การขนถ่าย / การกระจายสินค้า カーンコンターイ / カーンクラチャーイスィンカー	circulation / distribution
リュックサック	เป้สะพายหลัง ペーサパーイラング	backpack
寮（りょう）	หอพัก ホーパク	dormitory
料（りょう）	ค่าธรรมเนียม カータムニアム	charge
量（りょう）	ปริมาณ ポリマーン	quantity
領（りょう）	อาณาเขต アーナーケート	territory
漁（りょう）	การตกปลา カーントゥプラー	fishing
猟（りょう）	การล่าสัตว์ カーンラーサッ	hunting
利用（りよう）	การใช้ カーンチャイ	use
領域（りょういき）	พื้นที่ / ดินแดน プーンティー / ディンデーン	territory
領海（りょうかい）	เขตน่านน้ำ ケーッナーンナム	territorial waters
了解（りょうかい）	รับทราบ ラプサープ	understanding
両替え（りょうがえ）	การแลกเงิน カーンレークングン	change (money)

652　流暢 ➡ 両替え

日	タイ	英
りょうがわ 両側	ทั้งสองข้าง タングソングカーング	both sides
りょうきょく 両極	ทั้งสองขั้ว タングソングクァ	the two poles
りょうきん 料金	ค่าบริการ/ค่าธรรมเนียม カーボーリカーン / カータムニアム	charge
りょうきんひょう 料金表	ตารางราคา ターラーングラーカー	price list
りょうこう 良好	ดี / เป็นที่น่าพอใจ ディー / ペンティーナーポーチャイ	fine / well
りょうさん 量産	การผลิตเป็นจำนวนมาก カーンパリッペンチャムヌアンマーク	mass production
りょうし 漁師	ชาวประมง チャーゥプラモング	fisherman
りょうじ 領事	กงสุล コングスン	consul
りょうしき 良識	ความหลักแหลม クワームラクレーム	common sense
りょうしつ 良質	คุณภาพดี クンナパーブディー	good quality
りょうしゅう 領収	การรับมอบ / รับไว้ カーンラブモーブ / ラブワイ	receipt
りょうしゅうしょ 領収書	ใบเสร็จรับเงิน バイセッラブングン	receipt
りょうしょう 了承	การยินยอมเห็นชอบ カーンインヨームヘンチョーブ	approval / understanding
りょうしん 両親	พ่อแม่ / ผู้ปกครอง ポーメー / プーポックローング	parents

り

両側 ➡ 両親 653

日	タイ	英
りょうしん 良心	จิตใจที่ดีงาม チッチャイティーディーンガーム	conscience
りょうせい 良性	เนื้อดี ヌアディー	benignancy
りょうち 領地	ดินแดน ディンデーン	territory
りょうど 領土	ดินแดน ディンデーン	territory
りょうほう 両方	ทั้งคู่ タンククー	both
りょうり 料理	อาหาร アーハーン	cooking
りょうりつ 両立	การทำสองอย่างในเวลาเดียวกัน カーンタムソーングヤーングナイウェーラーディアウカン	consistency / compatible
りょかく 旅客	นักท่องเที่ยว ナクトーングティアウ	passenger
りょかん 旅館	โรงแรมสไตล์ญี่ปุ่น ローングレームスタイイープン	Japanese-style hotel / inn
りょけん 旅券	หนังสือเดินทาง/พาสปอร์ต ナングスードゥーンターング / パースポーッ	passport
りょこう 旅行	การท่องเที่ยว カーントングティアウ	travel
りょひ 旅費	ค่าใช้จ่ายในการท่องเที่ยว カーチャイチャーイナイカーントーングティアウ	travel expenses[costs]
リラックス	ผ่อนคลาย ポーンクラーイ	relaxation
りりく 離陸	การบินขึ้น カーンビンクン	takeoff

り

日	タイ	英
りりつ 利率	อัตราดอกเบี้ย アットラードークビア	profit / gain / return / margin
りれき 履歴	ประวัติส่วนตัว プラワッスアントゥア	resume / record
りれきしょ 履歴書	ประวัติส่วนตัว / CV プラワッスアントゥア / スィーウィー	resume / curriculum vitae (CV)
りろん 理論	ทฤษฎี トリッサディー	theory
りんぎょう 林業	อุตสาหกรรมป่าไม้ ウッサーハカムパーマイ	forestry
りんご	แอปเปิ้ล エープブン	apple
りんごく 隣国	ประเทศเพื่อนบ้าน プラテーツプアンバーン	neighboring country[nation]
りんじ 臨時	เฉพาะกิจ チャポキッ	special / temporary
りんじん 隣人	เพื่อนบ้าน プアンバーン	neighbor
リンス	ครีมนวดผม クリームヌアッポム	conditioner
りんり 倫理	ศีลธรรมจรรยา スィーンラタムチャンヤー	ethics / morals

▼る, ル

| るいぎご
類義語 | คำพ้องความ
カムポーングクワーム | synonym |
| るいじ
類似 | คล้ายคลึงกัน
クラーイクルングカン | resemblance |

利率 ➡ 類似　655

日	タイ	英
ルーズ	ปล่อยตัว / ไม่เคร่งครัด プロイトゥア／マイクレングクラッ	loose
ルーツ	รากเหง้า ラークンガウ	roots
ルームサービス	รูมเซอร์วิส ルームサーウィッ	room service
ルール	กฎเกณฑ์ コッケーン	rule
留守	การไม่อยู่บ้าน カーンマイユーバーン	being away from home
留守番	การเฝ้าบ้าน カーンファウバーン	taking charge of the house
留守番電話	โทรศัพท์ตอบรับอัตโนมัติ トーラサプトープラブアットノーマッ	answering machine / answerphone

▼ れ, レ

例	ตัวอย่าง トゥアヤーング	example
礼	การโค้งคำนับ カーンコーングカムナブ	bow
霊	วิญญาณ ウィンヤーン	spirit / soul
例外	ข้อยกเว้น コーヨクウェン	exception
礼儀	มารยาท マーラヤーッ	courtesy
冷酷	ใจดำ / อำมหิต チャイダム／アムマヒッ	cruel

日	タイ	英
れいせい 冷静	ความสงบเยือกเย็น クワームサンゴプユァクイエン	calmness
れいぞう 冷蔵	การเก็บแช่เย็น カーンケプチェーイエン	cold storage
れいぞうこ 冷蔵庫	ตู้เย็น トゥーイエン	fridge
れいたん 冷淡	ความใจดำ クワームチャイダム	cold-hearted
れいてん 零点	ศูนย์คะแนน スーンカネーン	zero point
れいとう 冷凍	การแช่แข็ง(อาหาร) カーンチェーケング（アーハーン）	freezing
れいとう 冷凍された	แช่แข็ง チェーケング	frozen / refrigerated
レイプ	การข่มขืน カーンコムクーン	rape / sexual assault
れいふく 礼服	ชุดทางการ チュッターングカーン	formal wear[dress]
れいぼう 冷房	เครื่องปรับอากาศ クルァングプラプアーカーッ	air-conditioner
レインコート	เสื้อกันฝน スァカンフォン	raincoat
レース	การวิ่งแข่ง / ลูกไม้ カーンウィングケング／ルークマイ	race / lace
れきし 歴史	ประวัติศาสตร์ プラワッサーッ	history
レギュラー	ประจำ プラチャム	regular

れ

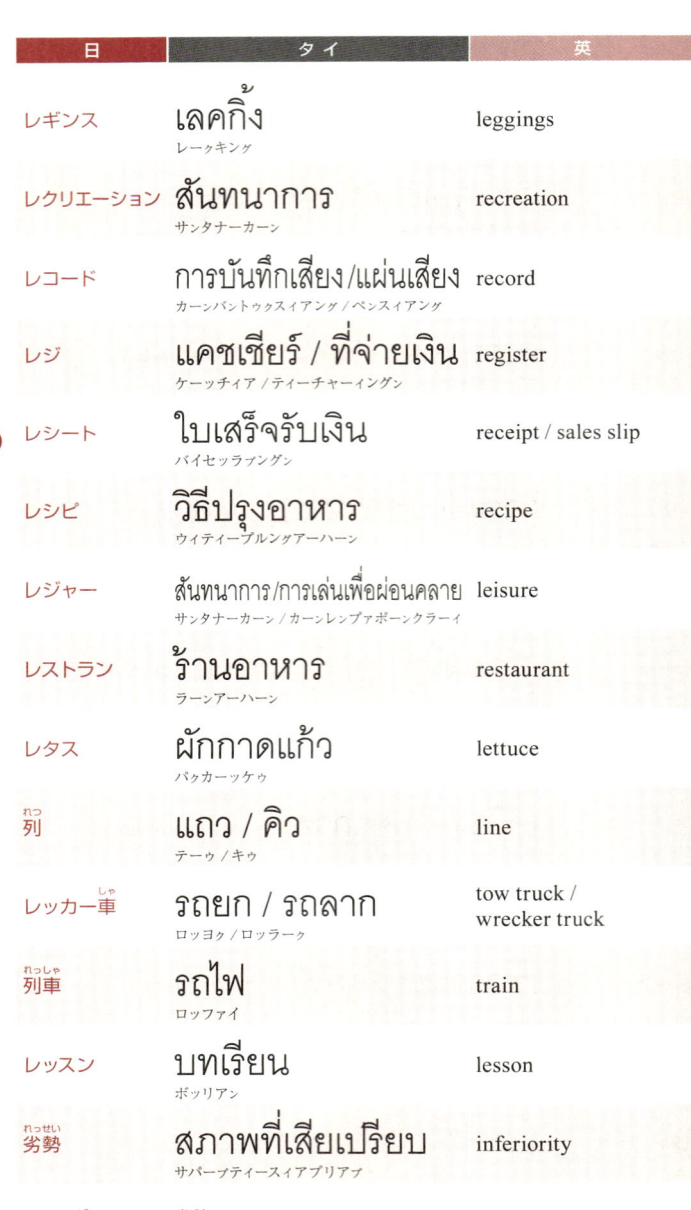

日	タイ	英
レギンス	เลคกิ้ง レークキング	leggings
レクリエーション	สันทนาการ サンタナーカーン	recreation
レコード	การบันทึกเสียง/แผ่นเสียง カーンバントゥクスィアング / ペンスィアング	record
レジ	แคชเชียร์ / ที่จ่ายเงิน ケーッチィア / ティーチャーイングン	register
レシート	ใบเสร็จรับเงิน バイセッラブングン	receipt / sales slip
レシピ	วิธีปรุงอาหาร ウィティープルングアーハーン	recipe
レジャー	สันทนาการ/การเล่นเพื่อผ่อนคลาย サンタナーカーン / カーンレンプアポーンクラーイ	leisure
レストラン	ร้านอาหาร ラーンアーハーン	restaurant
レタス	ผักกาดแก้ว パクカーッケウ	lettuce
列（れつ）	แถว / คิว テーウ / キウ	line
レッカー車（しゃ）	รถยก / รถลาก ロッヨク / ロッラーク	tow truck / wrecker truck
列車（れっしゃ）	รถไฟ ロッファイ	train
レッスン	บทเรียน ボッリアン	lesson
劣勢（れっせい）	สภาพที่เสียเปรียบ サパーブティースィアプリアブ	inferiority

れ

日	タイ	英
劣等感（れっとうかん）	ปมด้อย ポムドーイ	inferiority complex / sense of inferiority
レッドカレー	แกงแดง / แกงเผ็ด ケーングデーング / ケーングペッ	red curry
レディー	สุภาพสตรี / เลดี้ スパーブサットリー / レーディー	lady
レベル	ระดับ ラダプ	level
レポート	รายงาน ラーインガーン	report
レモン	มะนาว マナーゥ	lemon
恋愛（れんあい）	ความรัก クワームラク	love
煉瓦（れんが）	อิฐแดง イッデーング	brick
連休（れんきゅう）	วันหยุดต่อเนื่อง ワンユットーヌアング	consecutive holidays
連合（れんごう）	สมาพันธ์ サマーパン	union
連鎖（れんさ）	การเชื่อมต่อกันเป็นลูกโซ่ カーンチュアムトーカンペンルークソー	chain / cycle
レンジ	ไมโครเวฟ マイクローウェーブ	range
連日（れんじつ）	ติด ๆ กันทุกวัน / แต่ละวัน ティッティッカントゥクワン / テーラワン	day after day
練習（れんしゅう）	การฝึกหัด /การฝึกซ้อม カーンフクハッ / カーンフクソーム	practice

れ

劣等感 ➡ 練習 653

日	タイ	英
レンズ	เลนส์ レン	lens
連想 れんそう	การนึกโยงไปถึง カーンヌクヨーングパイトゥング	association of ideas
連続した れんぞく	ต่อเนื่องกัน トーヌアングカン	continuous / consecutive / contiguous
連帯 れんたい	ความเป็นหนึ่งเดียวกัน クワームペンヌングディアゥカン	solidarity
レンタカー	รถเช่า ロッチャウ	rental car
レンタル	การเช่า カーンチャウ	rental
連中 れんちゅう	พรรคพวก パクプアク	company
レントゲン	รังสีเอกซเรย์ ラングスィーエクサレー	x-ray
連邦 れんぽう	สหพันธรัฐ サハパンタラッ	federation of states
連盟 れんめい	สมาพันธ์ サマーパン	league
連絡 れんらく	การติดต่อ カーンティットー	contact
連絡先 れんらくさき	ที่อยู่ติดต่อ ティーユーティットー	contact address / contact information

日	タイ	英

▼ ろ, ロ

廊下 (ろうか)	ระเบียงทางเดิน ラビアングターングドゥーン	corridor
老眼鏡 (ろうがんきょう)	แว่นสายตายาว ウェーンサーイターヤーゥ	glasses for the aged / convex glasses
老人 (ろうじん)	ผู้อาวุโส プーアーゥソー	the aged
老衰 (ろうすい)	เสื่อมโทรม スァムソーム	senility
漏水 (ろうすい)	น้ำรั่ว ナムルァ	water leak / leak
ろうそく	เทียนไข ティアンカイ	candle
労働 (ろうどう)	แรงงาน レーングンガーン	labor
労働者 (ろうどうしゃ)	ผู้ใช้แรงงาน プーチャイレーングンガーン	worker / laborer
労働条件 (ろうどうじょうけん)	เงื่อนไขแรงงาน ングァンカイレーングンガーン	terms of employment
労働法 (ろうどうほう)	กฎหมายแรงงาน コッマーイレーングンガーン	labor law
労働力 (ろうどうりょく)	แรงงาน レーングンガーン	labor force
朗読 (ろうどく)	การอ่านออกเสียง カーンアーンオークスィアング	reading aloud
浪費 (ろうひ)	ใช้อย่างสิ้นเปลือง / ใช้ฟุ่มเฟือย チャイヤーングスィンプルァング / チャイフムファイ	waste / extravagance

日	タイ	英
労力 ろうりょく	แรงงาน レーングンガーン	labor
ローション	โลชั่น ローチャン	lotion
ロープ	เชือกเส้นใหญ่ チュアクセンヤイ	rope
ロープウェー	กระเช้าลอยฟ้า クラチャウローイファー	ropeway
ローマ字 じ	อักษรโรมัน アクソーンローマン	romaji
ローン	การกู้ยืม カーンクーユーム	loan
6	หก ホク	six
録音 ろくおん	การบันทึกเสียง カーンバントゥクスィアング	recording
録画 ろくが	บันทึกภาพ バントゥクパープ	recording
六月 ろくがつ	เดือนมิถุนายน ドゥアンミトゥナーヨン	June
60	หกสิบ ホクスィブ	sixty
碌な ろく	(ไม่)ได้ความ/(ไม่)เท่าที่ควร (マイ) ダイクワーム/(マイ) タウティークアン	not any
碌に ろく	ไม่เท่าที่ควร マイタウティークアン	not well
ロケット	จรวด/จี้ห้อยคอ チャルアッ/チーホーイコー	rocket

日	タイ	英
ろこつ 露骨	เปิดเผยตรงไปตรงมา プーップーイトロングパイトロングマー	outspoken
ロゴマーク	โลโก้ ローコー	logo mark
ろじ 路地	ซอย / ตรอก ソーィ / トローク	alley / alleyway / path
ロシア	ประเทศรัสเซีย プラテーッラッスィア	Russia
ロシア語	ภาษารัสเซีย パーサーラッスィア	Russian
ろせんず 路線図	แผนที่เส้นทาง(รถไฟ/รถประจำทาง) ペーンティーセンターング(ロッファイ / ロッブラチャムターング)	route map
ロッカー	ตู้ล็อกเกอร์ トゥーロッカー	locker
ろっこつ 肋骨	กระดูกซี่โครง クラドゥークスィークローング	rib
ロバ	ลา ラー	donkey
ロビー	ล็อบบี้ ロッビー	lobby
ロボット	หุ่นยนต์ フンヨン	robot
ロマンティック	โรแมนติก ローメーンティク	romantic
ろん 論	ทฤษฎีความเชื่อ トリッサディークワームチュア	theory
ろんぎ 論議	การอภิปราย カーンアピプラーイ	discussion

日	タイ	英
論じる ろん	โต้เถียง トーティアング	argue
論争 ろんそう	การพิพาท カーンピパーッ	dispute
論文 ろんぶん	วิทยานิพนธ์ ウィッタヤーニポン	thesis
論理 ろんり	หลักตรรกะ ラクタカ	logic

▼ わ，ワ

日	タイ	英
輪 わ	วง / ห่วง ウォング / ファング	ring / link
ワープロ	เครื่องเวิร์ดโปรเซสเซอร์ クルアングウーップロセッサー	word processor
ワールドカップ	เวิลด์คัพ ウァールカプ	the World Cup
ワイシャツ	เสื้อเชิ้ต スァチャッ	shirt
Wi-Fi ワイファイ	Wi-Fi ワイファイ	Wi-Fi
賄賂 わいろ	สินบน スィンボン	bribe / payoff
ワイン	ไวน์ ワイ	wine
和英 わえい	ภาษาญี่ปุ่นและภาษาอังกฤษ パーサーイープンレパーサーアングクリッ	Japanese-English
我が わ	ของฉัน コーングチャン	my

日	タイ	英
若い	เยาว์วัย ヤゥワイ	young
和解	ประนีประนอม プラニープラノーム	reconciliation / settlement / compromise
沸かす	ต้ม(น้ำ)ให้เดือด トム(ナム)ハイドゥアッ	boil
わがまま	เอาแต่ใจตัวเอง アゥテーチャイトゥアエーング	selfishness
若者	คนหนุ่มสาว コンヌムサーウ	youngster
分かりました	รับทราบ ラブサーブ	I understand it. / I see.
分かる	เข้าใจ カゥチャイ	understand
別れ	การแยกจากกัน カーンイエークチャークカン	parting
別れる	จาก / แยก チャーク / イエーク	say good-by
若々しい	ดูกระชุ่มกระชวย ドゥークラチュムクラチュアイ	young
脇	ด้านข้าง ダーンカーング	side
沸く	น้ำ(เดือด) ナム(ドゥアッ)	boil
湧く	(ของเหลว)ไหลออก (コーングレゥ)ライオーク	flow out
枠	กรอบ クローブ	frame

日	タイ	英
惑星（わくせい）	ดาวเคราะห์ ダーウクロ	planet
ワクチン	วัคซีน ワクスィーン	vaccine
分ける（わける）	แบ่ง ベング	divide
技（わざ）	เทคนิค テークニク	technique
わざと	จงใจ チョングチャイ	on purpose
わざわざ	อุตส่าห์ ウッサー	on purpose
和食（わしょく）	อาหารญี่ปุ่น アーハーンイープン	Japanese food[cuisine]
わずか	เพียงเล็กน้อย ピアングレクノーイ	slight
忘れ物（わすれもの）	ของที่ลืมไว้ コーングティールームワイ	thing left behind
忘れる（わすれる）	ลืม ルーム	forget
綿（わた）	ฝ้าย ファーイ	cotton
話題（わだい）	หัวข้อ / หัวเรื่อง フアコー / フアルアング	theme
私（わたし）	ฉัน / ผม チャン / ポム	I
私達（わたしたち）	พวกเรา プアクラウ	we

666　惑星 ➡ 私達

日	タイ	英
渡(わた)す	ส่งมอบ ソングモープ	hand
轍(わだち)	รอยล้อรถ ローイローロッ	wheel track / rut
渡(わた)る	ข้าม カーム	go across
ワックス	แวกซ์ ウェーク	wax
ワット	หน่วยวัดกำลังไฟฟ้า(วัตต์) ヌァイワッカムラングファイファー (ワッ)	watt
鰐(わに)	จระเข้ チョーラケー	crocodile / alligator
詫(わ)び	การขอโทษ カーンコートーッ	apology
詫(わ)びる	ขอโทษ コートーッ	apologize
和風(わふう)	แบบญี่ปุ่น ベープイープン	Japanese style
和服(わふく)	กิโมโน / เสื้อผ้าแบบญี่ปุ่น キモーノー / スァパーベープイープン	kimono / Japanese clothes
和文(わぶん)	ประโยคภาษาญี่ปุ่น プラヨークパーサーイープン	Japanese
藁(わら)	ฟางข้าว ファーングカーゥ	straw
笑(わら)い	การหัวเราะ / เสียงหัวเราะ カーンファロ / スィアングファロ	laughter
笑(わら)う	หัวเราะ ファロ	laugh

渡す ➡ 笑う　667

日	タイ	英
割り（わ）	การแบ่ง / ส่วนต่อสิบส่วน カーンベング / スァントースィブスァン	rate
割合（わりあい）	สัดส่วน / อัตราส่วน サッスァン / アットラースァン	ratio
割合に（わりあい）	ค่อนข้าง コーンカーング	comparatively
割り当て（わ・あ）	การแบ่งสันปันส่วน カーンベングサンパンスァン	quota
割り込む（わ・こ）	แทรกเข้ามา セークカウマー	break into
割り算（わ・ざん）	การหาร カーンハーン	division
割と（わり）	ค่อนข้าง コーンカーング	comparatively
割り引き（わ・び）	ส่วนลด スァンロッ	discount
割増（わりまし）	คิดเงินเพิ่มจากที่กำหนดไว้ キッングンプームチャークティーカムノッワイ	extra / additional
割増料金（わりましりょうきん）	ค่าบริการที่เก็บเพิ่ม カーボーリカーンティーケププーム	extra[additional] charge / surcharge
割る（わ）	หาร / แบ่ง ハーン / ベング	divide
悪い（わる）	ไม่ดี マイディー	bad / immoral
悪口（わるぐち）	การนินทา カーンニンター	verbal abuse
悪者（わるもの）	คนไม่ดี コンマイディー	bad fellow

わ

日	タイ	英
我(われ)	ตนเอง トンエーング	I
割(わ)れる	แตก / ร้าว テーク / ラーゥ	crack
湾(わん)	อ่าว アーゥ	bay
椀(わん)	ชาม チャーム	wooden bowl
ワンピース	ชุดกระโปรงติดกัน チュックラポーングティッカン	dress
腕力(わんりょく)	กำลังแขน カムラングケーン	arm strength / physical [muscular] strength

ポータブル

タイ日英

ก

กงสุล [コングスン] (㊖ consul) 領事

กฎ [コッ] (㊖ law) 法則

กฎเกณฑ์ [コッケーン] (㊖ regulation) 規則

กฎของโรงเรียน [コッコーングローングリアン] (㊖ school rules[regulations]) 校則

กฎหมาย [コッマーイ] (㊖ law) 法律

กฎหมายแรงงาน [コッマーイレーングンガーン] (㊖ labor law) 労働法

กด [コッ] (㊖ suppress) 抑える

กดขี่ [コッキー] (㊖ oppress) 迫害する

กดดัน [コッダン] (㊖ pressure / force) 強いる

กดปุ่ม [コップム] (㊖ push) 押す

กดไว้ [コッワイ] (㊖ hold *sth* down) 押さえる

กตัญญู [カタンユー] (㊖ be grateful) 感謝する / ありがたく思う

กติกา [カティカー] (㊖ rule) ルール

ก้น [コン] (㊖ the bottom) 尻

ก้นทะเล [コンタレー] (㊖ the seabed) 海底

ก้นบึ้ง [コンブング] (㊖ bottom) 底

กบ [コプ] (㊖ frog) 蛙

กบฏ [カボッ] (㊖ revolt) 反乱

กบไสไม้ [コプサイマイ] (㊖ plane (tool)) 鉋

ก็เพราะ... [コプロ ...] (㊖ due to / because) 〜のせい

ก้มหน้า [コムナー] (㊖ hang one's head) うつむく

กรกฎาคม [カラカダーコム] (㊖ July) 七月

กรง [クロング] (㊖ cage) 檻

กรณี [カラニー] (㊖ case) 場合 / ケース

กรณีพิพาท [コラニーピパーッ] (㊖ dispute) 紛争

กรณีหลัง [カラニーラング] (㊖ the latter) 後者

กรด [クロッ] (㊖ acid) 酸

กรน [クロン] (㊖ snore) いびきをかく

กรม [クロム] (㊖ bureau) 局

กรรไกร [カンクライ] (㊖ scissors) 鋏

กรรไกรตัดเล็บ [カンクライタッレプ] (㊖ nail clippers) 爪切り

กรรมการ [カムマカーン] (㊖ committee) 委員

กรรมการตัดสิน [カムマカーンタッスィン] (㊖ umpire) 審判

กรรมดี [カムディー] (㊖ good deed) 善

กรอก [クローク] (㊖ fill out) 記入する

กรอง [クローング] (㊖ filter) 濾す

กรอบ [クロープ] (㊖ frame) 枠

กรอบรูป [クロープループ] (㊖ frame) 額

กระจก [クラチョク] (㊖ glass) ガラス

กระจกเงา [クラチョックンガウ]
(英 mirror) 鏡

กระจกหน้าต่าง [クラチョクナーターング]
(英 window pane) 窓ガラス

กระจกหลัง [クラチョックラング]
(英 rearview mirror) バックミラー

กระจัดกระจาย [クラチャッククラチャーイ]
(英 scatter) 分散する

กระจ่าง [クラチャーング]
(英 clear / be clear) 明確 / 冴える

กระจาย [クラチャーイ] (英 distribute / be distributed) 分布する

กระจายสินค้า [クラチャーイスィンカー]
(英 distribute) 流通する

กระจายเสียง [クラチャーイスィアング]
(英 broadcast by radio) 放送する

กระจายออกไป [クラチャーイオークパイ]
(英 spread) 拡散する

กระโจนลง [クラチョーンロング]
(英 dive in) 飛び込む

กระฉับกระเฉง [クラチャプクラチェング]
(英 energetic) 精力的

กระเช้าลอยฟ้า [クラチャウローイファー]
(英 ropeway) ロープウェー

กระซิบ [クラスィプ] (英 whisper) 囁く

กระดอง [クラドーング]
(英 tortoiseshell) (亀の) 甲羅

กระดานดำ [クラダーンダム]
(英 blackboard) 黒板

กระดานโต้คลื่น [クラダーントークルーン]
(英 surfing) サーフィン

กระดาษ [クラダーッ] (英 paper) 紙

กระดาษชำระ [クラダーッチャムラ]
(英 tissue paper) ティッシュペーパー

กระดาษบุผนัง [クラダーップバナング]
(英 wallpaper) 壁紙

กระดาษวาดเขียน [クラダーッワーッキアン]
(英 drawing paper) 画用紙

กระดาษสำหรับห่อ [クラダーッサムラプホー]
(英 wrapping paper) 包装紙

กระดิ่ง [クラディング] (英 bell) ベル

กระดิ่งเรียก [クラディングリアク]
(英 bell) 呼び鈴

กระดุม [クラドゥム] (英 button)
(服の) ボタン

กระดูก [クラドゥーク] (英 bone) 骨

กระดูกซี่โครง [クラドゥークスィークローング]
(英 rib) 肋骨

กระดูกสันหลัง [クラドゥークサンラング]
(英 spine) 背骨

กระดูกหัก [クラドゥークハク]
(英 broken bone) 骨折

กระเด้ง [クラデング] (英 bounce) 弾む

กระเด็น [クラデン] (英 splash) 跳ねる

กระโดด [クラドーッ] (英 jump) 跳ぶ

กระโดดขึ้น [クラドーックン] (英 spring)
跳ねる

กระต่าย [クラターイ] (英 rabbit) うさぎ

กระติกน้ำ [クラティックナム]
(英 water canteen) 水筒

กระจกเงา ➡ กระติกน้ำ 573

กระตือรือร้น [クラトゥールーロン]
(英 do enthusiastically) 張り切る

กระตุกเบ็ด [クラトゥックベッ] (英 strike)
合わせ

กระถาง [クラターング] (英 bowl) 鉢

กระโถนเด็ก [クラトーンデク]
(英 chamber pot) おまる

กระทบกัน [クラトブカン]
(英 be rubbed) 擦れる

กระทบถูก [クラトブトゥーク]
(英 hit *sth*) 当たる

กระท่อม [クラトーム] (英 cottage) 小屋

กระทันหัน [クラタンハン] (英 suddenly)
突然

กระทำ [クラタム] (英 do) 行う

กระทุ้ง [クラトゥング] (英 shove) 突く

กระทู้ [クラトゥー]
(英 subject for discussion) 議題

กระเทียม [クラティアム] (英 garlic)
にんにく

กระนั้นก็ตาม [クラナンコーターム]
(英 even though) 〜といえども

กระบวนการ [クラブァンカーン]
(英 process) 過程 / プロセス

กระบอกฉีดยา [クラボークチーッヤー]
(英 syringe) 注射器

กระบอกน้ำ [クラボークナム]
(英 water bottle) 水筒

กระบอกสูบก๊าซ [クラボークスーブカーッ]
(英 gas cylinder) ボンベ

กระป๋อง [クラポーング] (英 can) 缶

กระป๋องเปล่า [クラポーングプラウ]
(英 empty can) 空き缶

กระเป๋า [クラパウ] (英 bag)
かばん / バッグ

กระเป๋าเดินทาง [クラパウドゥーンターング]
(英 suitcase) スーツケース

กระเป๋าถือ [クラパウトゥー]
(英 handbag) ハンドバッグ

กระเป๋ารถเมล์ [クラパウロッメー]
(英 conductor) 車掌

กระเป๋าสตางค์ [クラパウサターング]
(英 wallet) 財布

กระเป๋าเสื้อ [クラパウスア] (英 pocket)
ポケット

กระโปรง [クラプローング] (英 skirt)
スカート

กระพริบตา [クラプリプター] (英 blink)
瞬き

กระเพาะ [クラポ] (英 stomach) 胃

กระเพาะปัสสาวะ [クラポパッサーワ]
(英 urinary bladder) 膀胱

กระรอก [クラローク] (英 squirrel) りす

กระสุน [クラスン] (英 bullet) 弾

กระแส [クラセー] (英 current) 流れ

กระแสไฟฟ้า [クラセーファイファー]
(英 electric current) 電流

กระแสลม [クラセーロム]
(英 air current) 気流

กระแสสังคม [クラセーサンゥコム]
(英 trend) 風潮

กระโหลกศีรษะ [クラローゥクスィーサ]
(英 skull) 頭蓋骨

กรัม [クラム] (英 g-am) グラム

กราบเรียน [クラーブリアン]
(英 Dear Sir / Dear Madam) 拝啓

กราฟ [クラーフ] (英 graph) グラフ

กราฟคลื่นหัวใจ [クラフクルーンファチャイ]
(英 electrocardiogram) 心電図

กริ่ง [クリング] (英 buzzer / chime)
ブザー / チャイム

กริยา [クリヤー] (英 verb) 動詞

กริยาช่วย [クリヤーチュァイ]
(英 auxiliary verb) 助動詞

กรุงเทพมหานคร [クルンゥテーァマハーナコン]
(英 Bangkok) バンコク

กรุณารอสักครู่ [カルナーローサックルー]
(英 Please wait a moment. / Just a moment, please.)
しばらくお待ちください

กรุณาให้มา [カルナーハイマー]
(英 give) 下さる

กรูเข้าไป [クルーカゥパイ] (英 rush in)
押し寄せる

กรูเข้ามา [クルーカゥマー] (英 flock to)
ドッと

กลไก [コンカイ] (英 mechanism) 仕組み

กลบ [クロブ] (英 be buried) 埋まる

กลบเกลื่อน [クロブクルアン]
(英 cover up) ごまかす

กลบดิน [クロブディン] (英 bury) 埋蔵する

กลม [クロム] (英 round) 丸い

กลมกลืน [クロムクルーン]
(英 be harmonious) 調和する

กลมเกลียว [クロムクリアゥ]
(英 melt into) 溶け込む

กลมโต [クロムトー] (英 round) つぶら

กลยุทธ์ [コンラユッ] (英 strategy)
戦術 / 作戦

กล้วย [クルァイ] (英 banana) バナナ

กลอง [クローンゥ] (英 drum) 太鼓

กล่อง [クローンゥ] (英 box) 箱

กล้องกันขโมย [クロンゥカンカモーイ]
(英 security camera) 防犯カメラ

กล้องจุลทรรศน์ [クロンゥチュンラタッ]
(英 microscope) 顕微鏡

กล้องถ่ายรูป [クロンゥターイループ]
(英 camera) カメラ

กลอนโซ่คล้อง [クローンソークローンゥ]
(英 door chain) ドアチェーン

กลอนไฮกุ [クローンハイク] (英 haiku)
俳句

กลัดกลุ้มใจ [クラックルムチャイ]
(英 melancholy) 悩ましい

กลั่น [クラン] (英 distill) 蒸溜する

กลับข้าง [クラブハーンゥ]
(英 inverse / upside down) さかさま

กลับเข้าอู่ [クラブカゥウー]
(英 be out of service) 回送する

กระแสสังคม ➡ กลับเข้าอู่　675

กลับคืน [クラプクーン]
(英 come back to) 返る

กลับด้าน [クラプダーン] (英 inside out)
裏返し

กลับบ้าน [クラプバーン] (英 go home)
帰る / 帰宅

กลับประเทศ [クラププラテーッ]
(英 return to one's country / go home)
帰国する

กลับมาเป็นอีก [クラプマーペンイーク]
(英 recur) 再発する

กลับมาแล้ว [クラプマーレーゥ]
(英 I'm home.) ただいま

กลับมาใหม่ [クラプマーマイ]
(英 come back again) 出直す

กลัว [クルァ] (英 fear) 恐れる / 怖い

กลั้วคอ [クルァコー] (英 gargle)
うがいをする

กลางแจ้ง [クラーングチェーング]
(英 outdoors) 屋外 / 野外

กลางดึก [クラーングドゥク]
(英 midnight) 夜中

กลางวัน [クラーングワン] (英 daytime)
昼 / 日中

กลางอากาศ [クラーングアーカーッ]
(英 the air) 空中

กล้ามเนื้อ [クラームヌァ] (英 muscle)
筋肉

กล้ามเนื้อยึด [クラームヌァユッ]
(英 stiffness) 凝り

กลายเป็น [クラーイペン] (英 become)
(〜に) なる

กลายเป็นจริง [クラーイペンチング]
(英 be realized) 叶う

กล่าว [クラーゥ] (英 say / speak)
述べる / 告げる

กล่าวคือ [クラーゥクー] (英 that is) 即ち

กล่าวโทษ [クラーゥトーッ] (英 blame)
責める / 咎める

กล่าวหา [クラーゥハー] (英 false
charge[accusation]) 言いがかり

กล้าหาญ [クラーハーン]
(英 brave / bravery) 勇ましい

กลิ้ง [クリング] (英 roll) 転がる / 転ぶ

กลิ่น [クリン] (英 smell) 匂い

กลิ่นไม่ดี [クリンマイディー]
(英 bad smell) 悪臭

กลิ่นเหม็น [クリンメン]
(英 stinking / ill smelling) くさい

กลีบดอกไม้ [クリープドークマイ]
(英 flower petal) 花びら

กลืน [クルーン] (英 swallow) 飲み込む

กลุ่ม [クルム] (英 group) グループ / 集団

กลุ่มก้อน [クルムコーン] (英 unity)
まとまり

กลุ้มใจ [クルムチャイ]
(英 be worried (about)) 悩む

กลุ่มชั้น [クルムチャン] (英 layer) 層

กลุ่มเป้าหมาย [クルムパウマーイ]
(英 subject) 対象

กวดทัน [クァッタン] (英 catch up with) 追い付く

กวน [クァン] (英 stir) 掻き回す

กว่า [クワー] (英 than) 〜より

กวาง [クワーング] (英 deer) 鹿

กว้าง [クワーング] (英 wide) 幅広い

กว้างไกล [クワーングクライ] (英 open) 広々

กว้างขวาง [クワーングクワーング] (英 connection) 人脈

กว้างที่สุด [クワーングティースッ] (英 the widest) 最大

กว้างใหญ่ [クワーングヤイ] (英 vast) 大幅

กวาด [クワーッ] (英 sweep) 掃く

กวาดตามอง [クワーッターモーング] (英 look out (over)) 見渡す

กว้านซื้อ [クワーンスー] (英 buy out) 買収する

กวี [カウィー] (英 poet) 詩人

กษัตริย์ [カサッ] (英 king) 君主 / 王様

ก่อ(คดี) [コー (カディー)] (英 commit a crime) 犯す

ก๊อกน้ำ [コクナム] (英 faucet) 蛇口

ก่อกำเนิด [コーカムヌーッ] (英 give birth to) 産む

ก่อขึ้น [コークン] (英 construct) 組み立てる

กอง [コーング] (英 department) 局

กองกำลัง [コーングカムラング] (英 troop) 陣

กองโจร [コーングチョーン] (英 guerrilla) ゲリラ

กองทับถม [コーングタブトム] (英 heap) 積もる

กองทัพ [コーングタプ] (英 army) 軍

กองทัพทหาร [コーングタプタハーン] (英 army) 軍隊

กองไฟ [コーングファイ] (英 fire) 焚火

กองรวม [コーングルアム] (英 pool) 溜り

กองรวมกัน [コーングルアムカン] (英 gather) 溜まる

กอด [コーッ] (英 hug) 抱く

ก่อตั้ง [コータング] (英 establish) 結成する / 創立する

ก่อน [コーン] (英 before) 先 / 前

ก้อน [コーン] (英 lump) 塊

ก้อนกรวด [コーンクルアッ] (英 gravel) 砂利

ก้อนสำลี [コーンサムリー] (英 cotton wool) 脱脂綿

ก่อนหน้า [コーンナー] (英 previous) 前 (ぜん) 〜 / 手前

ก่อนหน้านี้ [コーンナーニー] (英 right before) 直前

ก่อนหลัง [コーンラング] (英 before and after) 前後

ก้อนหิน [コーンヒン] (英 stone) 石

ก่อนอาหาร [コーンアーハーン]
(英 before meal) 食前

ก่อนอื่น [コーンウーン] (英 first of all)
初めに

กอล์ฟ [コーフ] (英 golf) ゴルフ

ก่อให้เกิด [コーハイクーッ] (英 cause)
引き起こす

กะทันหัน [ガタンハン] (英 suddenly) 急に

กะเทย [ガトゥーイ] (英 ladyboy)
ニューハーフ

กะหล่ำปลี [カラムプリー] (英 cabbage)
キャベツ

กักกันโรค [カッカンローク]
(英 quarantine) 検疫

กังขา [カンッカー] (英 doubt) 疑う

กังวล [カンッウォン] (英 worry about)
案じる / 心配 / 悩む

กังหันลม [カンッハンロム] (英 windmill)
風車

กัญชา [カンチャー] (英 marijuana) 大麻

กัด [カッ] (英 bite) かじる

กัดขาด [カッカーッ] (英 bite off)
噛み切る

กั้น [カン] (英 block) 遮る

กันขโมย [カンカモーイ]
(英 crimes prevention) 防犯

กันความร้อน [カンクワームローン]
(英 insulation) 断熱

กันไฟ [カンファイ] (英 fireproof) 防火

กันยายน [カンヤーヨン] (英 September)
九月

กั้นเสียง [カンスィアンッ]
(英 soundproof) 防音する

กันออกห่าง [カンオークハーンッ]
(英 set apart) 隔てる

กับข้าว [カッカーウ] (英 side dish) おかず

กับระเบิด [カッラブーッ] (英 land mine)
地雷

กัปตัน [カプタン] (英 captain) キャプテン

กัปตันเรือ [カプタンルァ] (英 captain)
船長

กัวลาลัมเปอร์ [クアラーラムプー]
(英 Kuala Lumpur) クアラルンプール

กา [カー] (英 crow) からす

กาก [カーク] (英 dregs) くず

กากบาท [カーカバーッ] (英 cross) バツ

กาง [カーンッ] (英 spread) 張る

กางเกง [カーンッケーンッ] (英 trousers)
ズボン

กางเกงขายาว [カーンケーンッカーヤーウ]
(英 slacks) スラックス

กางเกงขาสั้น [カーンッケーンッカーサン]
(英 shorts) ショーツ

กางเกงแนบตัว [カーンケーンッネープトゥァ]
(英 tights) タイツ

กางเกงใน [カーンッケーンッナイ]
(英 underpants) パンツ

กางเกงยีนส์ [カーンッケーンッイーン]
(英 jeans) ジーンズ

กางเกงเลคกิ้ง [カーンゲケーンゲレークキング]
(英 leggings) レギンス

ก๊าซ [カーッ] (英 gas) ガス

ก๊าซธรรมชาติ [カーッタムマチャーッ]
(英 natural gas) 天然ガス

กาต้มน้ำ [カートムナム] (英 kettle)
ポット / やかん

ก้าน [カーン] (英 branch) 茎 / 枝

กาแฟ [カフェー] (英 coffee) コーヒー

กามโรค [カームローク]
(英 sexually transmitted disease) 性病

กายบริหาร [カーイボーリハーン]
(英 exercise) 体操 / 運動

การก [カーロク] (英 case (in grammar)) 格

การกระทำ [カーンクラタム] (英 action)
行為 / 行動

การกระแทก [カーンクラテーク]
(英 crash) 衝撃

การกลับมา [カーンクラブマー]
(英 comeback) カムバック

การก่อสร้าง [カーンコーサーング]
(英 construction) 建設 / 建造

การเกษตร [カーンカセーッ]
(英 agriculture) 農耕

การแข่งขัน [カーンケンケカン]
(英 competition) 競争 / コンテスト / 試合

การแข่งม้า [カーンケンケマー]
(英 horse racing) 競馬

การคลัง [カーンクラング]
(英 public finance) 財政

การเคลื่อนไหว [カーンクルアンワイ]
(英 movement) 動作 / 動き

การเงิน [カーンングン] (英 finance) 金融

การจราจร [カーンチャラーチョーン]
(英 traffic) 交通

การชำระเงิน [カーンチャムラングン]
(英 payment) 支払い

การใช้ชีวิต [カーンチャイチーウィッ]
(英 living) 生活

การใช้ภาษา [カーンチャイパーサー]
(英 way of talking) 言葉遣い

การใช้ยาชา [カーンチャイヤーチャー]
(英 anesthesia) 麻酔をかける

การใช้อาวุธ [カーンチャイアーウッ]
(英 use of weapons) 武力

การ์ด [カーッ] (英 card) カード

การเดินขบวน [カーンドゥーンカブアン]
(英 demonstration) デモ

การเดินทาง [カーンドゥーンターング]
(英 journey) 行程

การตกปลา [カーントクプラー]
(英 fishing) 釣り / 漁

การต้อนรับ [カーントーンラブ]
(英 welcoming / reception) 歓迎 / 応対

การตอบรับ [カーントーフラブ]
(英 response) 反響する

การตอบสนอง [カーントーフサノーング]
(英 reaction) 反応

การต่อสู้ [カーントース-] (英 fight) 争い

การ์ตูน [カートゥーン] (英 comics) 漫画

กางเกงเลคกิ้ง ➡ การ์ตูน 679

การ์ตูนอนิเมชั่น [カートゥーンアニメーチャン]
(英 animation) アニメ

การแต่งกาย [カーンテングカーイ]
(英 dressing(clothes)) 身なり

การแต่งสวน [カーンテングスアン]
(英 gardening) 園芸

การถกเถียง [カーントクティアング]
(英 debate) 討議 / 論議

การถอนฟัน [カーントーンファン]
(英 extract a tooth) 抜歯する

การทดลอง [カーントッドローング]
(英 experiment) 試み / 実験

การทหาร [カーンタハーン]
(英 military affairs) 軍事

การทำงาน [カーンタムンガーン]
(英 employment) 就業 / 勤労 / 従事

การทำโทษ [カーンタムトーッ]
(英 punishment) 処罰 / 罰

การทำศุสัตว์ [カーンタムパスサッ]
(英 stock farming) 牧畜

การทูต [カーントゥーッ] (英 diplomacy)
外交

การนอนหลับ [カーンノーンラプ]
(英 sleep) 睡眠

การนัดหยุดงาน [カーンナッユッンガーン]
(英 strike) ストライキ

การบรรเลง [カーンバンレング]
(英 a musical performance) 演奏

การบริหารรัฐกิจ [カーンボーリハーンラッタキッ]
(英 administration) 行政

การบ้าน [カーンバーン] (英 homework)
宿題

การบิน [カーンビン] (英 aviation)
飛行 / 航空

การปฏิบัติ [カーンパティバッ]
(英 treatment) 扱い

การปฏิบัติการ [カーンパティバッカーン]
(英 operation) オペレーション

การประกวด [カーンプラクアッ]
(英 contest) コンクール

การประดับแสงสี [カーンプラダプセーングスィー]
(英 light up) ライトアップ

การประดิษฐ์สิ่งใหม่ๆ
[カーンプラディッスィングマイマイ]
(英 innovation) イノベーション

การปราศรัย [カーンプラーサイ]
(英 speech) 演説

การป้องกัน [カーンポーングカン]
(英 prevention) 防止

การปะทะกัน [カーンパタカン]
(英 civil war) 内戦

การแปล [カーンプレー] (英 translation)
翻訳 / 訳

การเผาไหม้ [カーンパウマイ]
(英 burning) 燃焼

การฝังศพ [カーンファングソプ]
(英 burial) 埋葬

การพนัน [カーンパナン] (英 gambling)
賭け / 賭け事

การพบปะ [カーンポプパ] (英 meeting)
出会い

การพูดคุย [カーンプーットクィ] (英 talks) 会談

การพูดคุยกัน [カーンプーットクィカン] (英 conference) 話し合い

การเพาะปลูก [カーンポプルーク] (英 cultivation) 耕作

การมองเห็น [カーンモーンヘン] (英 vision) 視覚

การเมือง [カーンムアンｸﾞ] (英 politics) 政治

การร่วมมือกัน [カーンルアムムーカン] (英 cooperation) 協調

การรับเข้ามา [カーンラブカウマー] (英 receiving / acceptance) 受け入れ

การรับรู้ [カーンラブルー] (英 understanding / recognition) 認識 / 認知

การรับรู้รส [カーンラブルーロッ] (英 taste) 味覚

การรายงานข่าว [カーンラーインガーンカーウ] (英 news report) 報道する

การเรียน [カーンリアン] (英 study) 勉強

การเรียนรู้ [カーンリアンルー] (英 learning) 学習

การละเล่น [カーンラレン] (英 play) 遊び

การล่าสัตว์ [コーンラーサッ] (英 hunting) 狩り / 狩猟

การเล่นละคร [カーンレンラコーン] (英 performance / play) 演劇 / 芝居

การเลี้ยงดู [コーンリアンｸﾞドゥー] (英 growing) 育ち

การเลี้ยงสัตว์ [カーンリアンｸﾞサッ] (英 breeding) 飼育

การเลือก [カーンルアｸ] (英 selection) 選択

การสังเคราะห์ [カーンサンｸﾞクロ] (英 synthesis) 総合

การสำรวจ [カーンサムルーッ] (英 investigation) 調べ

การสู่ขอ [カーンスーコー] (英 marriage proposal) 縁談

การสู้รบ [カーンスーロプ] (英 battle) 戦闘

การแสดง [カーンサデーンｸﾞ] (英 act) 演技

การหมุนเวียน [カーンムンウィアン] (英 circulation) 循環

การให้ยืม [カーンハイユーム] (英 lend) 貸し

กาแลกซี [カーレクスィー] (英 the Galaxy) 銀河

กาว [カーゥ] (英 glue) 糊 / 接着剤

ก้าว [カーゥ] (英 step) 歩

ก้าวข้าม [カーゥカーム] (英 stride over) またぐ

ก้าวเข้าไป [カーゥカゥパイ] (英 step into) 踏み込む

ก้าวเดิน [カーゥドゥーン] (英 walk) 歩む

ก้าวแรก [カーゥレーｸ] (英 first step) 初歩

ก้าวล้ำ [カーゥラム] (英 go forward) 進む

ก้าวหน้า [カーゥナー] (英 make progress) 進歩する / 前進する / 進行する

การพูดคุย ➡ ก้าวหน้า   681

ก้าวหน้าในอาชีพ [カーウナーナイアーチープ]
(英 advance a career) 出世する

ก้าวหน้าไปด้วยดี [カーウナーパイドゥワイディー]
(英 make progress) はかどる

กำ [カム] (英 bundle) 束 / 束ねる

กำกวม [カムクァム] (英 vague) 曖昧

กำกับ [カムカプ] (英 supervise / direct) 監督する

กำกับวง [カムカプウォング] (英 conduct) 指揮する

กำกึ่ง [カムクング] (英 subtle) 微妙

กำจัด [カムチャッ] (英 dispose) 処分する / 排除する / 処理する

กำจัดทิ้ง [カムチャッティング]
(英 dispose) 廃棄する / 無くする

กำจัดออกไป [カムチャッオークパイ]
(英 remove) 取り除く

กำเนิด [カムヌーッ] (英 be born) 誕生する / 生まれる

กำแพง [カムペーング] (英 wall) 壁

กำไร [カムライ] (英 profit) 得 / 利益

กำไรขาดทุน [カムライカートゥン]
(英 loss and gain) 損得

กำลัง [カムラング] (英 force / power) 暴力

กำลังการผลิต [カムラングカーンパリッ]
(英 production capacity) 生産能力

กำลังใช้อยู่ [カムラングチャイユー]
(英 is being used) 使用中

กำลังตั้งครรภ์ [カムラングタングカン]
(英 pregnant) 妊娠中

กำลังไฟฟ้า [カムラングファイファー]
(英 electric power) 電力

กำลังรบ [カムラングロプ]
(英 war potential) 戦力

กำหนด [カムノッ] (英 decide) 定まる / 決める

กำหนดการ [カムノッカーン]
(英 schedule) 予定

กำหนดโควต้า [カムノッコーウター]
(英 fix a quota) 割り当てる

กำให้แน่น [カムハイネン] (英 (hold) strongly) がっちり

กิ่งไม้ [キングマイ] (英 branch) 枝

กิจกรรม [キッチャカム] (英 activity) 活動

กิจกรรมทางประเพณี
[キッチャカムターングプラペーニー]
(英 traditional event) 伝統行事

กิจกรรมยามว่าง [キッチャカムヤームワーング]
(英 leisure) レジャー

กิจวัตรประจำวัน [キッチャワップラチャムワン]
(英 daily routine) 日課

กิน [キン] (英 eat) 食べる

กินได้ [キンダイ] (英 edible) 食用

กินพื้นที่ [キンプーンティー] (英 occupy) 占める

กินยา [キンヤー] (英 take medicine) 服用する

กินอยู่ด้วยกัน [キンユードゥワイカン]
(英 live together) 同居する

กิริยามารยาท [キリヤーマーラヤーッ]
(英 etiquette) エチケット

กิเลส [キレーッ] (英 desire) 欲望

กิโล [キロー] (英 kilo) キロ

กิโลกรัม [キロークラム] (英 kilogram) キログラム

กิโลเมตร [キローメーッ] (英 kilometer) キロメートル

กี่ชิ้น [キーチン] (英 how many pieces) いくつ

กีดกัน [キーッカン] (英 obstruct) 差別する

กีดขวาง [キーックワーング] (英 obstruct) 妨害する

กีต้าร์ [キーター] (英 guitar) ギター

กีวี [キーウィー] (英 kiwi) キウイ

กีฬา [キーラー] (英 sports) スポーツ

กีฬาฤดูหนาว [キーラールドゥーナーウ] (英 winter sports) ウィンタースポーツ

กีฬาว่ายน้ำ [キーラーワーィナム] (英 swimming) 水泳

กี่อัน [キーアン] (英 how many) いくつ

กุ้ง [クング] (英 shrimp) えび

กุ้งน้ำจืด [クンクナムチューッ] (英 crawfish) ざりがに

กุญแจ [クンチェー] (英 key) 鍵

กุญแจมือ [クンチェームー] (英 handcuffs) 手錠

กุมภาพันธ์ [クムパーパン] (英 February) 二月

กุมารแพทย์ [クマーンラペーッ] (英 pediatrician) 小児科医

กุมารเวช [クマーラウェーッ] (英 the pediatrics) 小児科

กุหลาบ [クラープ] (英 rose) 薔薇

กู้ชีพ [クーチープ] (英 rescue) 救援する

กู้ภัย [クーパイ] (英 rescue) 救出する

กู้ยืม [クーユーム] (英 loan) ローン

กู่ร้อง [クーローング] (英 scream) 叫ぶ

เก๋ไก๋ [ケーカイ] (英 stylish) 粋

เก่ง [ケング] (英 good (at)) 上手

เก่งกาจ [ケングカーッ] (英 skillful) うまい / 上手

เกณฑ์มาตรฐาน [ケーンマーットラターン] (英 benchmark) 基準 / 標準 / 規格

เก็บ [ケッ] (英 collect / keep) 採る

เก็บกวาด [ケップクワーッ] (英 clean up) 片付ける

เก็บเกี่ยว [ケップキアウ] (英 harvest) 収穫する

เก็บเข้าที่ [ケッカウティー] (英 put away) しまう

เก็บความร้อน [ケップクワームローン] (英 keep warmth) 保温する

เก็บเงิน [ケップグン] (英 collect / save money) 集金する

เก็บตก [ケップトッ] (英 pick) 拾う

เก็บตัว [ケップトゥア] (英 introvert) 籠もる

เก็บพืชผลได้ [ケップーッポンダイ] (英 be harvestable) 採れる

ก

เก็บรวบรวม [ケプルアプルアム]
(英 collect) 採集する

เก็บรวมไว้ [ケプルアムワイ] (英 gather)
溜める / 貯蔵する

เก็บรักษา [ケプラクサー] (英 keep)
保管する

เก็บไว้ [ケプワイ] (英 keep) 収める

เก็บไว้ได้นาน [ケプワイダイナーン]
(英 be preservable) 持ちがよい

เก็บไว้ในตู้เย็น [ケプワイナイトゥーイェン]
(英 store in the refrigerator) 冷蔵する

เก็บสะสม [ケプサソム] (英 collect)
収集する

เกม [ゲーム] (英 game) ゲーム / 遊び

เกมแข่งวิ่ง [ケームケンッウィング]
(英 running race) 徒競走

เกมปริศนา [ケームパリッサナー]
(英 puzzle) パズル

เกย์ [ケー] (英 gay) ゲイ

เกร็ง [クレング] (英 stiffen)
かしこまる / こわばらせる

เกรงกลัว [クレングクルア] (英 fear) 恐れる

เกรงใจ [クレングチャイ]
(英 considerate) 遠慮する

เกรงอกเกรงใจ [クレングオックレングチャイ]
(英 have regard to *sb*) 気兼ね

เกรด [クレーッ] (英 grade) 等級

เกรปฟรุต [クレープフルッ]
(英 grapefruit) グレープフルーツ

เกราะ [クロ] (英 shield) 盾

เกริ่นนำ [クルーンナム]
(英 give an introduction) 前置きする

เกรียม [クリアム] (英 scorched) 焦る

เกเร [ケーレー] (英 misbehaved)
手に負えない

เกล็ดขนมปัง [クレッカノムパング]
(英 bread crumbs) パン粉

เกลี้ยกล่อม [クリアクローム]
(英 convince) 説得する

เกลี้ยง [クリアング]
(英 used up / smooth) 残らず

เกลียด [クリアッ] (英 hate) 嫌い / 嫌う

เกลียดชัง [クリアッチャング] (英 detest)
憎い / 憎む

เกลือ [クルア] (英 salt) 塩 / 食塩

เกษตรกร [カセーットラコーン]
(英 farmer) 農家 / 農民

เกษตรกรรม [カセーットラカム]
(英 agriculture) 農業

เกษียณอายุ [カスィアンアーユ]
(英 retire) 定年退職

เกสต์เฮ้าส์ [ケスッハウ]
(英 guesthouse) 民宿

เก้อเขิน [クークーン] (英 awkward)
おどおど

เกะกะ [ケカ] (英 obstruct) 邪魔

เก่า [カウ] (英 old) 古い / 旧

เก้า [カウ] (英 nine) 9 / 9つ

เกาลัด [カウラッ] (英 chestnut) 栗

เก้าสิบ [カウスィプ] (㊕ ninety) 90

เกาหลีใต้ [カウリータイ]
(㊕ South Korea) 韓国

เก้าอี้ [カウイー] (㊕ chair) 椅子

เกาะ [コ] (㊕ island) 島

เกิด [クーッ] (㊕ be born) 生まれる

เกิดขึ้น [クーックン] (㊕ happen)
起こる / 起きる / 生じる

เกิดขึ้นซ้ำ [クーックンサム]
(㊕ repeat / recur) 再発する

เกิดขึ้นได้ [クーックンダイ] (㊕ possible)
成り立つ

เกิดเหตุ [クーッヘーッ]
(㊕ have an accident) 発生する

เกิดใหม่ [クーッマイ] (㊕ be reborn)
再生する

เกิน [クーン] (㊕ exceed) 上回る

เกินขีดจำกัด [クーンキーッチャムカッ]
(㊕ over the limit) オーバー

เกินคาด [クーンカーッ]
(㊕ beyond expectation) 予想以上に

เกินจำเป็น [クーンチャムペン]
(㊕ more than necessary) 余計

เกินไป [クーンパイ] (㊕ too much)
あんまり

เกินระดับปกติ [クーンラダプパカティ]
(㊕ exceed the normal level) あくどい

เกียจคร้าน [キーックラーン] (㊕ lazy)
怠慢

เกียร์ [キア] (㊕ gear) シフトレバー

เกียรติยศ [キアッティヨッ] (㊕ honor)
名誉 / 光栄

เกี่ยว [キアゥ] (㊕ hang) 引っ掛ける

เกี่ยวกับ [キアゥカプ] (㊕ about)
～について / ～に関する

เกี่ยวข้อง [キアゥコーング] (㊕ relate to)
係わる / 関する

เกี่ยวข้องกับ [キアゥコーングカプ]
(㊕ be involved in) 携わる

เกี่ยวดองกัน [キアゥドーングカン]
(㊕ have kinship ties) 間柄

เกี่ยวถูก [キアゥトゥーク]
(㊕ be hooked) 引っ掛かる

เกี่ยวเนื่อง [キアゥヌアング] (㊕ relate)
関与する

เกี่ยวพัน [キアゥパン] (㊕ get involved)
絡む

เกือบ ๆ [クアプクアプ]
(㊕ nearly) ほぼ

เกือบทั้งหมด [クアプタングモッ]
(㊕ almost) ほとんど

แก [ケー] (㊕ you) おまえ

แก้ [ケー] (㊕ solve) 解く

แก้ไข [ケーカイ] (㊕ correct)
修正する / 直す

แก้ไขปรับปรุง [ケーカイプラププルング]
(㊕ revise) 改正する

แก้ไขให้ถูกต้อง [ケーカイハイトゥークトーング]
(㊕ correct) 訂正する

ก

เก้าสิบ ➡ แก้ไขให้ถูกต้อง 585

แก้ไขใหม่ [ケーカイマイ] (英 recorrect)
是正する

แก้แค้น [ケーケーン] (英 revenge)
復讐する / 逆襲する

แกงกะหรี่ [ケーンヶカリー] (英 curry)
カレー

แก๊งอันธพาล [ケーンヶアンタパーン]
(英 gang) ギャング

แก่ชรา [ケーチャラー] (英 grow old)
老いる

แก้ตัว [ケートゥア]
(英 make an excuse) 弁解する

แก้ต่าง [ケーターンヶ] (英 defend)
弁護する

แกน [ケーン] (英 an axis) 軸

แก่น [ケーン] (英 core) 核 / 本質 / 核心

แกนกลาง [ケーンヶクラーンヶ] (英 core)
中枢

แก่นแท้ [ケーンテー] (英 essence) 実質

แกนนำ [ケーンナム]
(英 leading member) 幹部

แกนสำคัญ [ケーンサムカン]
(英 principle) 主体

แก้ปัญหา [ケーパンハー] (英 solve)
解決する

แก้ม [ケーム] (英 cheek) 頬

แก้มัด [ケーマッ] (英 untie) 解く / 緩める

แกร่ง [クレンヶ] (英 powerful) 力強い

แกล้ง [クレーンヶ]
(英 be hard on / tease / bully) いじめる

แกล้งทำ [クレーンヶタム] (英 pretend)
演技する / ごまかす

แกล้งป่วย [クレンヶプァイ]
(英 pretending to be ill) 仮病

แก้ว [ケーゥ] (英 glass) グラス

แกว่ง [クェーンヶ] (英 swing)
ぶらぶらする / 揺さぶる

แก้วมังกร [ケーゥマンヶコーン]
(英 dragon fruit) ドラゴンフルーツ

แก้วหู [ケーゥフー] (英 eardrum) 鼓膜

แก๊ส [ケス] (英 gas) ガス

แกะ [ケ] (英 sheep) 羊

แกะสลัก [ケサラッ] (英 carve) 彫る

โกง [コーンヶ] (英 cheat / cheating)
だます / カンニング

โกดังเก็บของ [コーダンヶケプコーンヶ]
(英 warehouse) 倉庫

โกดังสินค้า [コーダンヶスィンカー]
(英 warehouse) 蔵

โกน [コーン] (英 shave) 剃る

โกรธ [クロー] (英 be angry) 怒る / 怒った

โกรธจัด [クローッチャッ]
(英 get furious) 憤慨する

โกโรโกโส [コーローコーソー]
(英 shabby) 貧弱

โกลาหล [コーラーホン]
(英 become chaotic) パニックになる

โกหก [コーホッ] (英 tell a lie) 嘘をつく

ใกล้ [クライ] (英 near) 近い

ใกล้ ๆ [クライクライ] (英 nearby) 側 (そば)

ใกล้เข้ามา [クライカゥマー]
(英 come near) 迫る / 寄せる

ใกล้ชิด [クライチッ] (英 get close)
密接する

ใกล้ตัว [クライトゥー] (英 close to) 身近

ใกล้มือ [クライムー] (英 close by) 手近

ไก่ [カイ] (英 chicken) にわとり

ไกด์ [カイ] (英 guide) ガイド

ไก่ฟ้า [カイファー] (英 pheasant) 雉 (きじ)

ไกล [クライ] (英 far) 遠い / 遠く

ไกล่เกลี่ย [クライクリア] (英 mediate)
調停 / 橋渡し / 斡旋

ไกลโพ้น [クライポーン] (英 far) 遥か

ไกว [クワイ] (英 swing) 揺らす

ข

ขจัด [カチャッ] (英 remove) 除く

ขจัดความชื้น [カチャックワームチューン]
(英 dehumidify) 除湿する

ขจัดออก [カチャッオーク] (英 exclude)
除外する

ขณะนี้ [カナニー] (英 at present)
目下 / ただいま

ขน [コン] (英 hair) 毛

ขนแกะ [コンケ] (英 (sheep's) wool)
羊毛

ขนม [カノム] (英 sweets) お菓子 / 菓子

ขนมขบเคี้ยว [カノムコブキィアウ]
(英 snack) おやつ

ขนมเครป [カノムクレープ] (英 crepe)
クレープ

ขนมปัง [カノムパン] (英 bread) パン

ขนมแพนเค้ก [カノムペーンケーク]
(英 pancake) パンケーキ

ขนย้าย [コンヤーイ] (英 carry) 運搬する

ขนส่ง [コンソング] (英 transport)
運送する / 輸送する

ขนสัตว์ [コンサッ] (英 wool) ウール

ขนาด [カナーッ] (英 size)
大きさ / サイズ

ขนาดใช้ยา [カナーッチャイヤー]
(英 dose) 服用量

ขนาดนั้น [カナーッナン] (英 so much / that much) あんなに / さほど

ขนาดนี้ [カナーッニー] (英 so much / like this / in this way) こんなに

ขนาดมหึมา [カナーッマヒマー]
(英 huge) 巨大

ขนาดส่วน [カナーッスアン] (英 scale)
規模

ขนาดใหญ่ [カナーッヤイ]
(英 enormous) 膨大な / 巨大な

ขนาดใหญ่มาก [カナーッヤイマーク]
(英 jumbo) ジャンボ

ขนานกัน [カナーンカン] (英 parallel)
平行する

ขนานนาม [カナーンナーム] (英 call)
称する

ใกล้ ๆ ➡ ขนานนาม　687

ขนุน [カヌン] (英 jackfruit)
ジャックフルーツ

ขบวน [カブァン] (英 procession) 行列

ขบวนแถว [カブァンテーウ] (英 line)
行 / 行列

ขบวนรถ [カブァンロッ] (英 car) 車両

ขม [コム] (英 bitter) 渋い / 苦い

ข่ม(ความรู้สึก) [コム (クワームルースゥ)]
(英 control oneself) 抑制する

ขมขื่น [コムクーン] (英 bitter)
辛い / 切ない

ข่มขืน [コムクーン] (英 rape) レイプ

ข่มขู่ [コムクー] (英 threaten) 脅かす / 脅す

ข่มขู่คุกคาม [コムクークゥカーム]
(英 threaten) 脅迫する

ข่มเหง [コムヘング] (英 persecute)
迫害する

ขมุกขมัว [カムゥカムァ] (英 dusky)
薄暗い

ขโมย [カモーイ] (英 steal / robber) 盗む

ขยะ [カヤ] (英 trash) ごみ / くず / 駄作

ขยัน [カヤン] (英 diligent) 勤勉な

ขยับ [カヤブ] (英 move) 動く

ขยับเข้าใกล้ [カヤブカゥクライ]
(英 come near) 寄せる

ขยับออกไป [カヤブオークゥバイ] (英 shift /
to slide / to move) ずらす

ขยาย [カヤーイ] (英 expand)
拡充する / 拡張する

ขยายตัว [カヤーイトゥア]
(英 become expanded) 膨脹する

ขยายพันธุ์ [カヤーイパン] (英 breed)
繁殖する

ขยายใหญ่ [カヤーイヤイ] (英 enlarge)
伸ばす

ขยายออกไป [カヤーイオークゥバイ]
(英 extend) 伸ばす

ขยำ [カヤム] (英 crumple) 揉む

ขรุขระ [クルクラ] (英 bumpy) 凸凹

ขลุ่ย [クルィ] (英 flute) 笛

ขวด [クァッ] (英 bottle) 瓶 (びん)

ขวดนม [クァッノム]
(英 nursing[baby] bottle) 哺乳瓶

ขวดพลาสติก [クァプラスティク]
(英 plastic bottle) ペットボトル

ข่วน [クァン] (英 scratch) 引っ掻く / 掻く

ขวา [クワー] (英 right) 右

ขว้าง [クワーンゲ] (英 throw)
飛ばす / 投げる / 放る

ขวางกั้น [クワーンゲカン] (英 obstruct)
遮る / 阻む

ขว้างออกไป [クワーンゲオークゥバイ]
(英 throw sth out) 投げ出す

ขวาน [クワーン] (英 ax) 斧

ขอ [コー] (英 ask for sth / ask to do sth)
(〜を) 下さい

ข้อกล่าวหา [コークラーゥハー]
(英 accusation) 訴え

ข้อกำหนด [コーカムノッ]
(英 regulation) 規定

ข้อแก้ตัว [コーケートゥァ] (英 excuse)
申し訳

ข้อขัดข้อง [コーカッコーング]
(英 difficulty) 差し支え

ข้อขัดแย้ง [コーカッイェーング]
(英 conflict) 摩擦 / 抗争

ขอเข้าพบ [コーカゥポッ]
(英 visit (to one's superior)) 参上する

ข้อเขียน [コーキアン] (英 written (test))
筆記

ข้อควรระวัง [コークァンラワング]
(英 caution) 心掛け

ข้อความ [コークワーム] (英 message)
メッセージ

ข้อความเดิม [コークワームドゥーム]
(英 the original text) 原文

ข้อคำถาม [コーカムターム]
(英 question number) 〜問 / 問題

ของเก่า [コーングカゥ] (英 antique)
骨董品

ของขลัง [コーングクラング] (英 talisman / amulet / good luck charm) お守り

ของขวัญ [コーングクワン] (英 gift)
贈り物 / プレゼント

ของขาด [コーングカーッ] (英 sold out)
売り切れ

ของแข็ง [コーングケング] (英 solid) 固体

ของจริง [コーングチング]
(英 the real thing) 実物

ของจำเป็น [コーングチャムペン]
(英 necessities) 必需品

ของจิปาถะ [コーングチッパータ]
(英 sundries) 雑貨

ของฉัน [コーングチャン] (英 my) 我が / 私の

ของชอบ [コーングチョーブ]
(英 favorite thing) 好物

ของต้องห้าม [コーングトーングハーム]
(英 prohibited item) 禁物

ของตั้งโชว์ [コーングタングチョー]
(英 ornament) 置物

ของแถม [コーングテーム]
(英 complementary) おまけ

ของที่เก็บได้ [コーングティーケップダイ]
(英 found item) 拾得物

ของที่ลืมไว้ [コーングティールームワイ]
(英 thing left behind) 忘れ物

ของเทียม [コーングティアム]
(英 artificial item) 人造

ของแท้ [コーングテー] (英 genuine) 本物

ของบริจาค [コーングボーリチャーク]
(英 donation) 寄贈

ของโบราณ [コーングボーラーン]
(英 antique) 骨董品 / 古典

ของปลอม [コーングプローム]
(英 forgery) 偽造

ของแปลกใหม่ [コーングプレークマイ]
(英 novelty) ノベルティ

ของโปรด [コーングプローッ]
(英 favorite thing) 好物

ข้อกำหนด ➡ ของโปรด   689

ของฝาก [コーングファーク]
(英 souvenir) 土産

ของมีค่า [コーングミーカー]
(英 valuables) 貴重品

ของมือสอง [コーングムーソーング]
(英 secondhand) 中古

ของเล่น [コーングレン] (英 toy) おもちゃ

ของสมนาคุณ [コーングソムナークン]
(英 giveaway) 景品

ของส่วนกลาง [コーングスァンクラーング]
(英 public property) 公共物

ของส่วนตัว [コーングスァントゥァ]
(英 personal belongings) 私物

ของสำรอง [コーングサムローング]
(英 spare) スペア

ของเสีย [コーングスィア] (英 waste)
不良 / 廃棄物

ของหวาน [コーングワーン] (英 dessert)
デザート

ของหาย [コーングハーイ]
(英 lost property) 落し物

ของเหลว [コーングレゥ] (英 fluid)
液 / 液体

ของเหลือ [コーングルァ] (英 left over)
余り / 残り

ของใหม่ [コーングマイ] (英 new item)
新品

ข้อจำกัด [コーチャムカッ]
(英 limitation) 制約

ข้อดี [コーディー] (英 advantage)
利点 / 長所

ข้อตกลง [コートクロング]
(英 settlement) 決まり

ข้อต่อ [コートー] (英 joint) 関節 / 節 (ふし)

ข้อต้องห้าม [コートーングハーム]
(英 taboo) 禁忌

ขอตัวก่อน [コートゥァコーン]
(英 Please excuse me.) お先 / 先に

ขอแต่งงาน [コーテングンガーン]
(英 propose (marriage))
求婚する / プロポーズする

ข้อโต้แย้ง [コートーイェーング]
(英 objection) 異議

ข้อเท็จจริง [コーテッチング] (英 fact)
事実 / 真相 / 事項

ขอโทษ [コートーッ] (英 apologize / sorry)
謝る /「すみません」

ขอบ [コープ] (英 edge) 縁 (へり)

ข้อบกพร่อง [コーボクプローング]
(英 defect) 欠陥

ขอบเขต [コープケーッ] (英 limit)
範囲 / 圏 / 境 / 限り

ขอบคุณ [コープクン] (英 gratitude) 感謝

ขอบใจ [コープチャイ] (英 thanks)
ありがとう

ขอบพระคุณ [コープブラクン]
(英 be grateful) 恐縮です

ข้อบังคับ [コーバングカプ] (英 rules)
規制 / 規律

ข้อบัญญัติ [コーバンヤッ]
(英 religious precepts) 戒律

ข้อผิดพลาด [コーピッブプラーッ]
(英 error) 誤用 / 間違い

ข้อพิสูจน์ [コーピスーッ] (英 proof) 証明

ข้อพึงระวัง [コーピングラワング]
(英 caution) 心得

ข้อมือ [コームー] (英 wrist) 手首

ข้อมูล [コームーン] (英 information)
情報 / データ / 資料

ข้อมูลข่าวสาร [コームーンカーウサーン]
(英 information) インフォメーション

ข้อยกเว้น [コーヨクウェン]
(英 exception) 例外

ขอยืม [コーユーム] (英 borrow) 借りる

ข้อยุติ [コーユティ] (英 settlement)
決着 / 決定

ขอร้อง [コーローング] (英 wish) 願う

ขอรับ [コーラッ] (英 receive) 頂戴する

ข้อเรียกร้อง [コーリアクローング]
(英 demand) 要求 / 要望

ข้อศอก [コーソーク] (英 elbow) 肘

ข้อสงสัย [コーソングサイ] (英 doubt)
疑惑 / 疑問

ขอสมัคร [コーサマク] (英 apply) 志願する

ข้อสรุป [コーサルプ] (英 conclusion)
結論 / 断定 / まとめ

ข้อสอบ [コーソープ] (英 examination)
試験

ข้อสอบถาม [コーソープターム]
(英 inquiry) 問い合わせ

ข้อสังเกต [コーサングケーッ] (英 note) 注記

ข้อเสนอ [コーサヌー] (英 offer)
提案 / 申し出 / 案

ข้อห้าม [コーハーム] (英 prohibition)
禁止

ขอให้ช่วย [コーハイチュアイ]
(英 ask a favor) 頼む

ขอให้ทำให้ [コーハイタムハイ]
(英 have[has] sb do) 〜してもらう

ขออภัย [コーアパイ] (英 sorry)
申し訳ない

ข้ออ้าง [コーアーング] (英 excuse) 口実

ขัดกัน [カッカン] (英 conflict) 対立する

ขัดขวาง [カックワーング] (英 block)
妨げる

ขัดข้อง [カッコーング]
(英 have difficulty) 差し支える

ขัดจังหวะ [カッチャングワ]
(英 interrupt) 中断する

ขัดถู [カットゥー] (英 polish / scrub)
擦(す)る / 磨く / こする

ขัดแย้งกัน [カッイエーングカン]
(英 have conflict) 矛盾する

ขัดให้ขึ้นเงา [カッハイクンガウ]
(英 polish) 研ぐ

ขั้น [カン] (英 step) 段

ขั้นตอน [カントーン] (英 step / process)
過程

ขั้นต่ำสุด [カンタムスッ]
(英 minimum) 最小限

ข้อผิดพลาด ➡ ขั้นต่ำสุด   631

ขั้นสุดท้าย [カンスッターイ] (㊎ completion) 仕上げ

ขั้นสูง [チャンスーング] (㊎ upper grade) 上級

ขับเคลื่อน [カプクルアン] (㊎ propel) 推進する

ขับถ่าย [カプターイ] (㊎ excrete) 排泄する

ขับรถ [カプロッ] (㊎ drive a car) 運転する

ขับรถเล่น [カプロッレン] (㊎ driving) ドライブ

ขับออก [カプオーク] (㊎ expel) 追い出す

ขั้วโลกใต้ [クァロークタイ] (㊎ the South Pole) 南極

ขั้วโลกเหนือ [クァロークヌァ] (㊎ the North Pole) 北極

ขา [カー] (㊎ leg) 脚

ขากลับ [カークラプ] (㊎ return) 帰り

ขาขึ้น [カークン] (㊎ ascent) 上り

ข้าง [カーング] (㊎ side) 傍ら / 側

ข้าง ๆ [カーングカーング] (㊎ side) 横

ข้างใต้ [カーングタイ] (㊎ the bottom) 下

ข้างถนน [カーングタノン] (㊎ roadside) 道端

ข้างนอก [カーングノーク] (㊎ outside) 外 / 外側

ข้างใน [カーングナイ] (㊎ inside) 中 / 内側

ข้างในสุด [カーングナイスッ] (㊎ the interior) 奥

ข้างล่าง [カーングラーング] (㊎ below) 下の方

ข้างหน้า [カーングナー] (㊎ front) 表（おもて）/ 前

ข้างหลัง [カーングラング] (㊎ the back) 後ろ / 背後

ขาดแคลน [カーックレーン] (㊎ become lack of) 欠乏する

ขาดงาน [カーッンガーン] (㊎ absent from work) 欠勤する

ขาดช่วง [カーッチュアング] (㊎ discontinue) 途切れる

ขาดดุล [カーッドゥン] (㊎ imbalance) 不均衡

ขาดท่อน [カーットーン] (㊎ be torn) 切れる

ขาดทุน [カーットゥン] (㊎ in the red / loss) 赤字 / 損

ขาดประชุม [カーップラチュム] (㊎ be absent from a meeting) 欠席する

ขาดไม่ได้ [カーッマイダイ] (㊎ essential) 不可欠

ขาดหาย [カーッハーイ] (㊎ lack) 欠く / 絶える

ขาดอากาศ [カーッアーカーッ] (㊎ in short of air) 窒息する

ขาเทียม [カーティアム] (㊎ artificial leg) 義足

ขาไป [カーパイ] (㊎ go) 行き

ข้าม [カーム] (㊎ skip / cross) 抜かす / 渡る / 越す / 横断する

ข้ามฟาก [カームファーク] (英 cross) 横切る

ข้ามเลย [カームルーイ] (英 cross) 越える

ขาย [カーイ] (英 sell) 売る

ขายดีที่สุด [カーイディーティースッ] (英 best-seller) ベストセラー

ขายได้ [カーイダイ] (英 sellable) 売れる

ขายปลีก [カーイプリーク] (英 retail) 小売りする

ขายลดราคา [カーイロッラーカー] (英 bargain sale) 安売り / バーゲンセール

ขายล่วงหน้า [カーイルアンナー] (英 advance sales) 前売り

ขายเลหลัง [カーイレーラング] (英 auction off) 競売にかける

ขายส่ง [カーイソング] (英 whole sell) 卸す

ขายหมด [カーイモッ] (英 be sold out) 売り切れる

ขายออก [カーイオーク] (英 be in demand) 売れる

ข้าราชการ [カーラーッチャカーン] (英 public employee / government official / bureaucracy) 公務員 / 官僚

ขาลง [カーロング] (英 descent) 下り

ขาว [カーウ] (英 white) 白

ข่าว [カーウ] (英 news) ニュース / 記事

ข้าวกล้อง [カーウクローング] (英 brown rice) 米（精米前）/ 玄米

ข่าวคราว [カーウクラーウ] (英 news) 便り

ขาวจั๊วะ [カーウチャワ] (英 white) 白色

ข้าวต้ม [カウトム] (英 rice porridge) 粥

ข้าวที่สีแล้ว [カーウティースィーレーウ] (英 polished rice) 精米

ขาวบริสุทธิ์ [カーウボーリスッ] (英 snow-white) 真っ白 / 純白

ข้าวบาร์เลย์ [カーウバーレー] (英 barley) 麦

ข้าวเปลือก [カーウプルアク] (英 rice in the husk) 籾（もみ）

ข้าวโพด [カーウポーッ] (英 corn) とうもろこし

ข้าวไรย์ [カーウライ] (英 rye) ライ麦

ข่าวลือ [カーウルー] (英 gossip) 噂

ข้าวสวย [カーウスアイ] (英 cooked rice) ごはん / 飯

ข้าวสาร [カーウサーン] (英 rice) 米（精米後）

ข้าวสาลี [カーウサーリー] (英 wheat) 小麦 / 麦

ข้าวเหนียว [カーウニアウ] (英 glutinous rice) もち米

ขี่ [キー] (英 ride) 乗る

ขี้ [キー] (英 excrement) 糞

ขี้... [キー ...] (英 tendency to) 〜ぽい

ขี้กลัว [キークルア] (英 be fearful) おどおど

ขี้เกียจ [キーキアッ] (英 be lazy) 怠ける

ขี้โกง [キーコーング] (英 sly) ずるい

ขี้ขลาด [キークラーッ]
(英 coward / weak-minded)
臆病 / 意気地なし

ขี้ไคล [キークライ] (英 grime) 垢

ขี่จักรยาน [キーチャックラヤーン]
(英 cycling) サイクリング

ขี้เซา [キーサウ] (英 late riser) 寝坊

ขีดจำกัด [キーッチャムカッ] (英 limit)
限度 / 限り

ขีดสุด [キーッスッ] (英 the peak) 限界

ขีดเส้นใต้ [キーッセンタイ]
(英 underline) 下線

ขีดเส้นแบ่ง [キーッセンベング]
(英 draw a dividing line) 区切る

ขี้ตื่น [キートゥーン] (英 be timid) おどおど

ขี้ผง [キーポング] (英 dust) くず

ขี่ม้า [キーマー] (英 ride a horse)
乗馬する

ขี้ลืม [キールーム] (英 forgetful) 度忘れ

ขี้หึง [キーフング] (英 jealous) 嫉妬深い

ขี้เหนียว [キーニアゥ] (英 stinginess)
けち

ขี้โอ่ [キーオー] (英 showy) 気障

ขี้อ้อน [キーオーン] (英 clingy)
甘える / かまってほしい

ขึง [クング] (英 spread) 張る

ขึงขัง [クングカング] (英 grave) 厳か

ขึ้นกับ [クンカプ] (英 depend on)
〜次第で

ขึ้นเครื่องบิน [クンクルアングビン]
(英 board the plane) 搭乗する

ขึ้นเงินเดือน [クンングンドゥアン]
(英 raise one's salary) 昇給する

ขึ้นฉ่าย [クンチャーイ] (英 celery) セロリ

ขึ้นที่สูง [クンティースーング] (英 go up) 上る

ขึ้นบก [クンボク] (英 land) 上陸する

ขึ้นไปบนรถ [クンパイボンロッ]
(英 board (a car)) 乗り込む

ขึ้นฝั่ง [クンファング] (英 go on shore)
上陸する

ขึ้นรถ [クンロッ] (英 get in a car /
get on a train) 乗車する

ขึ้นราคา [クンラーカー] (英 raise a price)
値上げする

ขึ้นสนิม [クンサニム] (英 be rusted)
錆びる

ขึ้นหนาแน่น [クンナーネン]
(英 grow thick) 茂る

ขึ้นอยู่กับ [クンユーカプ] (英 according to)
次第

ขุด [クッ] (英 dig) 掘る

ขุดพบ [クッポプ] (英 excavate) 発掘する

ขุดแร่ [クッレー] (英 mine) 採掘する

ขุ่น [クン] (英 get muddy) 濁る

ขุนนาง [クンナーング] (英 aristocrat) 貴族

ขูด [クーッ] (英 scratch) 掻く / 擦る

ขูดเบา ๆ [クーッバウバウ]
(英 graze / scratch lightly) かする

ขูดออก [クーッオーク] (英 shave) 削る

เข็ดหลาบ [ケッラープ] (英 very afraid of doing something again) 懲りる

เขต [ケーッ] (英 area / zone)
～帯 / 地帯 / 区画

เขตแดน [ケーッデーン] (英 border)
区域 / 境

เขตท้องที่ [ケーットーングティー]
(英 district) 地区

เขตที่อยู่อาศัย [ケーッティーユーアーサイ]
(英 residential area[district, zone, quarter]) 住宅地

เขตน่านน้ำ [ケーッナーンナム]
(英 territorial waters) 領海

เขตร้อน [ケーッローン] (英 the tropics)
熱帯

เขตหนาว [ケーッナーゥ]
(英 frigid zones) 寒帯

เขตอบอุ่น [ケーッオプウン]
(英 temperate zone) 温帯

เข็ม [ケム] (英 needle) 針

เข้ม [ケム] (英 dark / deep / rich) 濃い

เข็มกลัด [ケムクラッ] (英 brooch)
ブローチ

เข็มขัด [ケムコッ] (英 belt) ベルト

เข็มขัดนิรภัย [ケムカッニンラパイ]
(英 seat belt) シートベルト

เขม็ง [カメング] (英 gazingly)
じっと（見る）

เข้มงวด [ケムングアッ] (英 strict)
厳しい / 厳重 / 厳格

เขย่า [カヤゥ] (英 shake)
振る / 揺さぶる

เขย่าออกจากรู [カヤゥオークチャークルー]
(英 shake out) 振り出す

เขา [カゥ] (英 he / horn) 彼 / 角（つの）

เข้า [カゥ] (英 enter) 入る

เข้ากัน [カゥカン] (英 match)
合う / 似合う

เข้ากับคนง่าย [カゥカプコンンガーィ]
(英 sociable) 気さく

เข้าใกล้ [カゥクライ] (英 get close to)
接近する / 近付く

เข้าข่าย [カゥカーィ]
(英 be within the scope) 該当する

เข้างาน [カゥンガーン] (英 go to work)
入社する

เข้าโจมตี [カゥチョームティー]
(英 assault) 襲う

เข้าใจ [カゥチャイ] (英 understand)
納得する

เข้าใจกัน [カゥチャイカン]
(英 understand each other) 通じる

เข้าใจผิด [カゥチャイピッ]
(英 misunderstand)
勘違いする / 誤解する

เข้าใจแล้ว [カゥチャイレーゥ]
(英 understood) 了解しました

เข้าแถว [カゥテーゥ] (英 queue) 並ぶ

เข้าที่เข้าทาง [カゥティーカゥターング]
(英 be settled) 片付く

เข้าประชุม [カゥプラチュム]
(英 attend a meeting) 出席する

เข้าประเทศ [カゥプラテーツ]
(英 immigrate) 入国する

เข้าเป้า [カゥパゥ] (英 accurate)
命中する / 正確な

เข้าไปพูดคุย [カゥパイプークゥイ]
(英 speak to) 話し掛ける

เข้าร่วม [カゥルゥム] (英 participate)
参加する / 合流する / 加わる

เข้ารับการรักษา [カゥラプカーンラクサー]
(英 see[consult] a doctor) 受診する

เข้ารับตำแหน่ง [カゥラプタムネング]
(英 be inaugurated / take office)
就任する

เข้ารูปเข้ารอย [カゥループカゥローイ]
(英 fall into place) 収まる

เข้าเรียน [カゥリアン]
(英 attend a class) 入学する / 出席する

เข้าสนามแข่ง [カゥサナームケング]
(英 enter (the stadium)) 入場する

เข้าสอบ [カゥソープ] (英 take an exam)
受験する

เข้าหา [カゥハー] (英 approach)
アプローチする

เข้าออก [カゥオーク] (英 go in and out)
出入り

เขินอาย [クーンアーイ] (英 be shy)
恥じらう

เขี่ย [キア] (英 flick off) つつく / 弾く

เขียน [キアン] (英 write) 書く

เขียนข้อมูล [キアンコームーン]
(英 write the information) 記入する

เขียนโดย [キアンドーイ] (英 written by) 著

เขียนที่อยู่ [キアンティーユー]
(英 write the address) 宛てる

เขียนเรื่อง [キアンルアング] (英 write)
執筆する

เขี่ยเล่น [キアレン] (英 pick at) 突っつく

เขียว [キアゥ] (英 green) 青い

เขี้ยว [キアゥ] (英 fang) 牙

เขื่อน [クアン] (英 dam) ダム

แขก [ケーク] (英 guest) 客

แขกที่เข้าพัก [ケークティーカゥパク]
(英 guest) 宿泊客

แขกที่มาเยือน [ケークティーマーユアン]
(英 visitor) 来客

แขกรับเชิญ [ケークラプチューン]
(英 guest) ゲスト

แข็ง [ケング] (英 hard) ハード / 固い

แข็งกร้าว [ケングクラーゥ] (英 strong)
強硬

แข็งแกร่ง [ケングクレング] (英 strongly)
がっちり

แข็งแกร่งขึ้น [ケングクレングクン]
(英 grow strong) 強まる

แข็งขัน [ケングカン] (英 actively) 活発

แข่งขัน [ケングカン] (英 compete) 競う

แข่งขันกีฬา [ケングカンキーラー]
(英 compete in sports) 競技する

แข็งขึ้น [ケンククン] (英 get hard) 固まる

แข็งตัวเป็นน้ำแข็ง [ケンクトゥアペンナムケンク] (英 freeze) 凍る

แข็งแรง [ケンクレーンク] (英 strong) 丈夫な / 強い / 健全な

แข็งแรงดี [ケンクレーンクディー] (英 be in good health) 健在

แข็งแรงบึกบึน [ケンクレーンクブックブン] (英 robust) たくましい

แขน [ケーン] (英 arm) 腕

แขนง [カネーンク] (英 genre) 境地 / ジャンル / 分野

แขนเทียม [ケーンティアム] (英 artificial arm) 義手

แขนเสื้อ [ケーンスァ] (英 sleeves) 袖

แขวน [クウェーン] (英 hang on) 掛ける / 吊る / 吊るす

แขวนห้อย [クウェーンホーイ] (英 hang) 下げる

โขดหิน [コーッヒン] (英 rock) 岩石

ไข [カイ] (英 screw) ねじる

ไข่ [カイ] (英 egg) 卵

ไข้ [カイ] (英 fever) 熱

ไขควง [カイクワンク] (英 screwdriver) ねじまわし

ไข่แดง [カイデーンク] (英 yolk) 黄身

ไข่ต้ม [カイトム] (英 boiled egg) ゆで卵

ไขมัน [カイマン] (英 fat) 脂肪

ไข้มาลาเรีย [カイマーラーリア] (英 malaria) マラリア

ไข่มุก [カイムク] (英 pearl) 真珠

ไข่ยัดไส้ [カイヤッサイ] (英 omelet) オムレツ

ไขว้กัน [クァイカン] (英 cross) 交差

ไข้หวัด [カイワッ] (英 flu) 風邪

ไข้หวัดใหญ่ [カイワッヤイ] (英 influenza) インフルエンザ

ค

คงจะ...เป็นแน่ [コンクチャ ... ペンネー] (英 probably) 恐らく

คงที่ [コンクティー] (英 fixed) 一定

คงไว้แบบนั้น [コンクワイベープナン] (英 leave it as it is) そのまま

คงสภาพ [コンクサパープ] (英 maintain) 保つ

คณะ [カナ] (英 faculty) 学部

คณะการแสดง [カナカーンサデーンク] (英 theatrical company) 劇団

คณะรัฐมนตรี [カナラッタモントリー] (英 cabinet) 内閣

คณะละคร [カナラコーン] (英 theatrical company) 劇団

คณิตศาสตร์ [カニッタサーッ] (英 mathematics) 数学

คดี [カディー] (英 case) 事件 / 件

คดีความ [カディークワーム] (英 lawsuit) 訴訟

คดีอื้อฉาว [カディーウーチャゥ]
(㊀ scandal) 不祥事

คติชาวบ้าน [カティチャーゥバーン]
(㊀ folklore) 民俗

คน [コン] (㊀ person) 人 / 〜人

คนขับรถ [コンカブロッ] (㊀ driver) 運転手

คนขี้ขลาด [コンキークラーッ]
(㊀ coward) 弱虫

คนไข้ฉุกเฉิน [コンカイチュクチューン]
(㊀ emergency case) 急患

คนค้ำประกัน [コンカムプラカン]
(㊀ guarantor) 身元保証人 / 保証人

คนงาน [コンガーン] (㊀ worker) 工員

คนใช้ [コンチャイ] (㊀ employee) 使用人

คนญี่ปุ่น [コンイープン]
(㊀ Japanese (people)) 日本人

คนเดินเท้า [コンドゥーンタゥ]
(㊀ pedestrian) 歩行者

คนเดียว [コンディアゥ] (㊀ one person) 一人

คนแถวบ้าน [コンテゥバーン]
(㊀ neighbor) 隣人

คนไทย [コンタイ] (㊀ Thai (people)) タイ人

คนนำเที่ยว [コンナムティアゥ]
(㊀ tour conductor) 添乗員

คนนี้ [コンニー] (㊀ this person) この人

คนผิวขาว [コンピゥカーゥ]
(㊀ Caucasian) 白人

คนผิวดำ [コンピゥダム] (㊀ black) 黒人

ค้นพบ [コンポブ] (㊀ discover) 発見する

คนพิการ [コンピカーン] (㊀ disabled [handicapped] person) 障害者

คนมาร่วม [コンマールアム]
(㊀ participant) 寄り

คนรวย [コンルァイ] (㊀ rich person) 富豪

คนรัก [コンラク] (㊀ lover) 恋人

คนรู้จัก [コンルーチャク]
(㊀ acquaintance) 知人

คนไร้บ้าน [コンライバーン]
(㊀ homeless) ホームレス

คนเลว [コンレゥ] (㊀ bad fellow) 悪者

คนเลี้ยงเด็ก [コンリアングデク]
(㊀ babysitting) 子守

คนโลภ [コンローブ] (㊀ greedy) 欲張り

คนว่างงาน [コンワーングンガーン]
(㊀ the unemployed) 失業者

คนวางท่าขี้โอ่ [コンワーングターキーオー]
(㊀ snob) 気取り屋

คนส่วนใหญ่ [コンスアンヤイ]
(㊀ majority) 大方

คนสวย [コンスァイ]
(㊀ beautiful woman) 美人

คนหนุ่มสาว [コンヌムサーゥ]
(㊀ youngster) 若者 / 青少年

ค้นหา [コンハー] (㊀ search) 検索する / 捜索する

คบยาก [コブヤーク]
(㊀ difficult person) 気むずかしい

คบหา [コッパー] (英 get along) 付き合う

คบหาดูใจ [コッパードゥーチャイ] (英 date with) 付き合う / 交際する

คม [コム] (英 be sharp) 切れる

คมนาคม [カマナーコム] (英 transportation) 交通

ครบถ้วน [クロップトゥアン] (英 complete) 整う

ครอง [クローング] (英 take up) 占める

ครอบ [クローブ] (英 cover) 被る

ครอบครอง [クロープクローング] (英 own) 所有する / 所持する

ครอบครัว [クロープクルァ] (英 family) 一家 / 家族 / 家庭

ครอบคลุมถึง [クロープクルムトゥング] (英 reach to) 及ぶ

ครอบงำ [クロープンガム] (英 dominate) 支配する

คร่อม [クローム] (英 sit astride) またがる

ครั้ง [クラング] (英 time(s)) 回 / 遍

ครั้งก่อน [クラングコーン] (英 last[previous] time) 前回

ครั้งนี้ [クラングニー] (英 this time) 今回

ครั้งแรก [クラングレーク] (英 first time) 初め

ครั้งหน้า [クラングナー] (英 the next time) 次回

ครัวเรือน [クルァルァン] (英 household) 世帯

คราว [クラーゥ] (英 one's turn) 番

คร่าว ๆ [クラーゥクラーゥ] (英 roughly) おおまか

คราวนี้ [クラーゥニー] (英 this time) 今回

คร่ำครวญ [クラムクルァン] (英 grieve) 嘆く

คริสต์มาส [クリッスマーッ] (英 Christmas) クリスマス

คริสต์ศักราช [クリッサクカラーッ] (英 A.D.) 西暦

คริสตัล [クリッスタン] (英 crystal) 結晶

ครีม [クリーム] (英 cream) クリーム

ครีมกันแดด [クリームカンデーッ] (英 sunscreen) サンオイル / 日焼け止め

ครีมโกนหนวด [クリームコーンヌァッ] (英 shaving cream) シェービングクリーム

ครีมทาผิว [クリームターピゥ] (英 skin cream) クリーム

ครีมนวดผม [クリームヌァッポム] (英 conditioner) リンス

ครีมโลชั่นน้ำนม [クリームローチャンナムノム] (英 milky lotion) 乳液

ครีมสด [クリームソッ] (英 fresh cream) 生クリーム

ครึกครื้น [クルックルーン] (英 bustling) 賑やか

ครึ่ง [クルング] (英 half) 半ば / 半分

ครึ่ง ๆ กลาง ๆ
[クルングクルングクラーングクラーング]
(英 halfway) 中途半端

ครึ่งทาง
[クルングターング] (英 halfway) 中途

ครึ่งปีแรก [クルングピーレーク]
(英 the first half of the year) 上半期

ครึ่งปีหลัง [クルングピーラング]
(英 the second half of the year) 下半期

ครึ่งราคา [クルングラーカー]
(英 half price) 半額

ครึ่งแรก [クルングレーク]
(英 the first half) 前半

ครึ่งวัน [クルングワン] (英 half a day) 半日

ครึ่งหลัง [クルングラング]
(英 the second half) 後半 / 後期

ครื้นเครง [クルンクレング] (英 liven up)
盛り上がる

ครู [クルー] (英 teacher) 先生 / 教師

ครูฝึก [クルーフク] (英 instructor)
インストラクター

ครูใหญ่ [クルーヤイ] (英 principal) 校長

คฤหาสน์ [カルハーッ] (英 mansion) 屋敷

คลอง [クローング] (英 canal) 運河

คล่อง [クローング] (英 fluency) 流暢

คลอดลูก [クロートルーク]
(英 give a birth) 出産する

คล้อยตาม [クローイターム]
(英 conform) 同調する

คลั่ง [クラング] (英 go ballistic) 暴れる

คลั่งไคล้ [クラングクライ]
(英 be crazy about) 情熱を持つ

คลัตช์รถยนต์ [クラッロッヨン]
(英 clutch) クラッチ

คลาดเคลื่อน [クラーックルァン]
(英 be inaccurate)
ずれる / 誤作動する / 外れる

คลาน [クラーン] (英 crawl) 這う

คล้าย [クラーイ] (英 be similar to) 似る

คล้าย ๆ จะ... [クラーイクラーイチャ...]
(英 slightly tending to) ～気味（ぎみ）

คล้ายคลึงกัน [クラーイクルングカン]
(英 resemble / resemblance)
似通う / 類似

คลายปม [クラーイポム] (英 untie) 解く

คลายออก [クラーイオーク] (英 loosen)
解ける

คลำหา [クラムハー]
(英 feel around for) 探る

คลินิก [クリニク] (英 clinic)
医院 / 診療所

คลี่คลายไป [クリークラーイパイ]
(英 resolve) 展開する

คลึง [クルング] (英 knead) 練る

คลื่น [クルーン] (英 wave) 波

คลื่นยักษ์สึนามิ [クルーンヤクスナーミ]
(英 tsunami) 津波

คลื่นสัญญาณ [クルーンサンヤーン]
(英 radio wave) 電波

คลุมเครือ [クルムクルァ] (英 vague)
あやふや / 漠然

ควบคุมดูแล [クワブクムドゥーレー]
(⊛ control) コントロールする / 管理する

ควบคุมบังคับ [クワブクムバンクカブ]
(⊛ steer) 操縦する

ควบคู่กัน [クワブクーカン] (⊛ parallel)
並行する

ควบคู่กับ [クワブクーカブ]
(⊛ be together with) 兼ねる

ควบรวม [クワブルアム] (⊛ include)
合併する / 合同する / 複合する

ควัน [クワン] (⊛ smoke) 煙

ควันคลุ้ง [クワンクルング] (⊛ smoky)
煙たい

ควานหา [クワーンハー] (⊛ search)
捜す / 探る

ความกดดัน [クワームコッダン]
(⊛ pressure) 重圧 / プレッシャー

ความกดอากาศ [クワームコッアーカーッ]
(⊛ atmospheric pressure) 気圧

ความกดอากาศต่ำ
[クワームコッアーカーッタム]
(⊛ atmospheric depression) 低気圧

ความกดอากาศสูง
[クワームコッアーカーッスーング]
(⊛ high-atmospheric pressure) 高気圧

ความกตัญญู [クワームカタンユー]
(⊛ gratitude) 孝行

ความกระตือรือร้น
[クワームクラトゥールーロン]
(⊛ eagerness) 積極 / 熱意 / 意欲

ความกรุณา [クワームカルナー]
(⊛ gratitude) お陰

ความกลัว [クワームクルア] (⊛ fear) 恐怖

ความกล้า [クワームクラー]
(⊛ courage) 勇気

ความกว้าง [クワームクワーング]
(⊛ width) 幅 / 広さ

ความกังวล [クワームカングウォン]
(⊛ concern) 懸念

ความกังวลใจ [クワームカングウォンチャイ]
(⊛ anxiety) 悩み / 不安

ความเกลียดชัง [クワームクリアッチャング]
(⊛ hatred) 嫌悪

ความโกรธ [クワームクローッ]
(⊛ anger) 怒り

ความเข้มข้น [クワームケムコン]
(⊛ density) 濃度

ความเข้าใจ [クワームカウチャイ]
(⊛ understanding) 理解

ความคม [クワームコム] (⊛ sharpness)
切れ味

ความคลุ้มคลั่ง [クワームクルムクラング]
(⊛ madness) 狂気

ความคาดหวัง [クワームカーッワング]
(⊛ expectation) 期待 / 見込み

ความคิด [クワームキッ] (⊛ thinking)
考え / 構想

ความคิดต่าง [クワームキッターング]
(⊛ different view) 異見

ความคิดเห็น [クワームキッヘン]
(⊛ opinion) 意見, 意思 / 見解

ความคืบหน้า [クワームクーブナー]
(⊛ progress) 進捗状況 / 進展

ควบคุมดูแล ➡ ความคืบหน้า   701

ความเคยชิน [クワームクーイチン]
(英 habit) 慣れ

ความเครียด [クワームクリアッ]
(英 stress) ストレス

ความใคร่ [クワームクライ] (英 desire)
欲求

ความงาม [クワームンガーム]
(英 beauty) 美

ความจริง [クワームチング] (英 truth)
真実 / 誠 / 真理

ความจริงใจ [クワームチングチャイ]
(英 sincerity) 真心 / 誠意

ความจำ [クワームチャム] (英 memory)
記憶力

ความจำเจ [クワームチャムチェー]
(英 mannerism) マンネリ

ความจุ [クワームチュ] (英 capacity) 容積

ความเจ็บแค้น [クワームチェブケーン]
(英 grudge) 恨み

ความเจ็บปวด [クワームチェブプアッ]
(英 pain) 痛み / 苦痛

ความฉลาด [クワームチャラーッ]
(英 intelligence) 知性

ความชอบ [クワームチョーブ]
(英 preference) 好み

ความชั่ว [クワームチュア] (英 evil) 悪

ความชื้น [クワームチューン]
(英 humidity) 湿気 / 湿度 / 水気

ความชื่นชอบ [クワームチューンチョーブ]
(英 liking) 嗜好

ความชุ่มชื้น [クワームチュムチューン]
(英 moisture) 水分

ความเชื่อ [クワームチュア] (英 belief)
信仰 / 信念

ความเชื่อใจ [クワームチュアチャイ]
(英 trust) 信頼

ความซื่อสัตย์ [クワームスーサッ]
(英 faithfulness) 忠実

ความดันน้ำ [クワームダンナム]
(英 water pressure) 水圧

ความต้องการ [クワームトーングカーン]
(英 desire) 欲望 / 欲

ความต่อเนื่อง [クワームトーヌアング]
(英 continuance) 持続

ความตั้งใจ [クワームタングチャイ]
(英 intention) 意図 / 意志

ความต่าง [クワームターング]
(英 difference) 差

ความตาย [クワームターイ] (英 death)
死 / 死亡

ความแตกต่าง [クワームテークターング]
(英 difference) 相違 / 格差

ความถนัด [クワームタナッ]
(英 aptitude) 適性

ความถ่วงจำเพาะ
[クワームトウアングチャムポ]
(英 specific gravity) 比重

ความถูกต้อง [クワームトゥークトーング]
(英 justice) 正義

ความทรงจำ [クワームソングチャム]
(英 memory) 思い出 / 記憶 / 記念

ความทรมาน [クワームトラマーン] (英 torment) 苦心

ความทุกข์ [クワームトゥック] (英 agony) 苦悩

ความเที่ยงตรง [クワームティアンクトロング] (英 precision) 精度

ความนิยม [クワームニヨム] (英 popularity) 人気

ความนึกคิด [クワームヌクキッ] (英 thinking) 思考

ความแน่นขนัด [クワームネンカナッ] (英 crowd) 雑踏

ความบกพร่อง [クワームボックプローング] (英 deficiency) 欠如

ความบริสุทธิ์ [クワームボーリスッ] (英 purity) 清純

ความประทับใจ [クワームプラタップチャイ] (英 impression) 印象 / 感激

ความประพฤติ [クワームプラプルッ] (英 etiquette) 行儀

ความประสงค์ [クワームプラソンク] (英 intention) 意向

ความปรารถนา [クワームプラートタナー] (英 wish) 願望 / 志望 / 望み

ความเป็นกรด [クワームペンクロッ] (英 acidity) 酸性 / 酸味

ความเป็นจริง [クワームペンチング] (英 reality) 現実

ความเป็นเด็ก [クワームペンデク] (英 childish) 幼稚

ความเป็นไป [クワームペンパイ] (英 flow) 歩み / 形勢

ความเป็นไปได้ [クワームペンパイダイ] (英 probability) 可能性

ความเป็นมา [クワームペンマー] (英 details) 経緯

ความเปรี้ยว [クワームプリアウ] (英 sourness) 酸味

ความผันแปร [クワームパンプレー] (英 fluctuation) 推移

ความผิด [クワームピッ] (英 crime) 罪

ความผิดพลาด [クワームピッププラーッ] (英 error) 過ち / 過失

ความฝัน [クワームファン] (英 dream) 夢

ความใฝ่ฝัน [クワームファイファン] (英 desire) 志望

ความใฝ่รู้ [クワームファイルー] (英 inquisitive) 向学心

ความพยายาม [クワームパヤーヤーム] (英 effort) 努力

ความพร้อม [クワームプローム] (英 preparations) 態勢

ความภาคภูมิใจ [クワームパークプームチャイ] (英 pride) 誇り

ความมหัศจรรย์ [クワームマハッサチャン] (英 wonder) 驚異

ความมั่นใจ [クワームマンチャイ] (英 confidence) 自信 / 信用

ความมีน้ำใจ [クワームミーナムチャイ] (英 kindness) 心遣い

ความมืด [クワームムーッ] (英 darkness) 闇

ความมุ่งมั่น [クワームムングマン]
(英 determination) 意志 / 志

ความไม่ประสา [クワームマイプラサー]
(英 ignorance) 無知

ความยั่งยืน [クワームヤングユーン]
(英 sustainability) 持続

ความยากจน [クワームヤークチョン]
(英 destitution) 窮乏

ความยาว [クワームヤーウ] (英 length)
長さ / 縦 / 長短

ความยิ่งใหญ่ [クワームインゲヤイ]
(英 magnificence) 壮大

ความยินดี [クワームインディー] (英 joy)
喜び

ความยืดหยุ่น [クワームユーッユン]
(英 elasticity) 弾力

ความยุ่งยาก [クワームユングヤーク]
(英 trouble) 手数 / 厄介 / トラブル

ความยุติธรรม [クワームユティタム]
(英 justice) 正義

ความร่วมมือ [クワームルアムムー]
(英 cooperation) 協力

ความรัก [クワームラッ] (英 love)
愛情 / 恋愛

ความรับผิดชอบ [クワームラップピッチョープ]
(英 responsibility) 責任 / 義務

ความร่ำรวย [クワームラムルアィ]
(英 wealth) 富

ความรุ่งเรือง [クワームルングルアング]
(英 prosperity) 繁栄

ความรู้ [クワームルー] (英 knowledge)
知識

ความรู้เบื้องต้น [クワームルーブアングトン]
(英 introduction) 入門

ความรู้วิชา [クワームルーウィチャー]
(英 scholastic ability) 学力

ความรู้สึก [クワームルースク]
(英 feeling) 感じ

ความรู้สึกช้า [クワームルースクチャー]
(英 dull) 鈍感

ความรู้สึกดี [クワームルースクディー]
(英 good feeling) 気持ちのよい

ความรู้สึกนึกคิด [クワームルースクヌクキッ]
(英 thinking) 観念

ความรู้สึกในใจ [クワームルースクナイチャイ]
(英 one's feelings) 心情

ความรู้สึกร่วม [クワームルースクルアム]
(英 sympathy) 共感

ความรู้สึกหลอน [クワームルースクローン]
(英 hallucination) 幻覚

ความเร็ว [クワームレゥ] (英 speed)
スピード / 速度

ความเร็วลม [クワームレゥロム]
(英 wind velocity[speed]) 風速

ความเร็วสูง [クワームレゥスーング]
(英 high speed) 高速

ความเรียง [クワームリアング] (英 essay)
随筆

ความละอาย [クワームラアーィ]
(英 shame) 恥

ความลับ [クワームラップ] (英 secret)
内緒 / 秘密 / 機密

ความลำบาก [クワームラムバーク]
(英 toil) 苦労 / 差し支え

ความลึก [クワームレク] (英 depth) 深さ

ความโลภ [クワームローブ] (英 greed)
欲張り / 欲

ความว่างเปล่า [クワームワーングプラウ]
(英 emptiness) 空 (から)

ความวุ่นวาย [クワームウンワーイ]
(英 trouble) 騒動 / 手数

ความไว้วางใจ [クワームワイワーングチャイ]
(英 trust) 信任

ความสงบ [クワームサンゴブ] (英 peace)
和やかさ

ความสงบสุข [クワームサンゴブスク]
(英 peace) 平和

ความสงสาร [クワームソングサーン]
(英 sympathy) 情け

ความสนุก [クワームサヌク] (英 fun)
楽しみ

ความสมดุล [クワームソムドゥン]
(英 balance) バランス

ความสะดวก [クワームサドゥアク]
(英 convenience) 都合 / 便宜 / 便利

ความสัมพันธ์ [クワームサムパン]
(英 relationship) 関係

ความสามารถ [クワームサーマーツ]
(英 ability) 技能 / 能力

ความสุกงอม [クワームスクンゴーム]
(英 maturity) 成熟

ความสุข [クワームスク] (英 happiness)
幸福

ความสูง [クワームスーング] (英 height)
丈 / 高さ

ความสูญเสีย [クワームスーンシーア]
(英 loss) 損失

ความเสมอภาค [クワームサムーパーク]
(英 equality) 平等

ความเสี่ยง [クワームスィアング] (英 risk)
リスク

ความเสียใจ [クワームスィアチャイ]
(英 apology) 謝罪 / 詫び

ความเสียหาย [クワームスィアハーイ]
(英 damage) 危害 / 損害 / 被害

ความหนาแน่น [クワームナーネン]
(英 density) 密度

ความหนาว [クワームナーウ]
(英 coldness) 寒さ

ความหมาย [クワームマーイ]
(英 meaning) 意義

ความหลงใหล [クワームロングライ]
(英 admiration) 憧れ

ความหลากหลาย [クワームラークラーイ]
(英 diversity) 多種多様

ความหวัง [クワームワング] (英 hope)
希望 / 望み

ความหึงหวง [クワームフングファング]
(英 jealousy) やきもち

ความเห็น [クワームヘン] (英 comment)
コメント

ความเห็นต่าง [クワームヘンターング]
(英 objection) 異論

ความเหนื่อยยาก [クワームヌァイヤーク]
(英 toil) 苦労

ความเหนื่อยล้า [クワームヌァイラー]
(英 fatigue) 疲れ

ความอดทน [クワームオットン]
(英 endurance) 根気 / 辛抱 / 忍耐

ความอบอุ่น [クワームオプウン]
(英 warm) 暖か

ความอับอาย [クワームアプアーイ]
(英 shame) 羞恥心

ความอึด [クワームウッ] (英 stamina)
持久力

ความอุตสาหะ [クワームウッサーハ]
(英 diligence) 勤勉さ

คว่ำบาตร [クワムバーッ] (英 boycott)
ボイコット

ควิซ [クウィッ] (英 quiz) クイズ

คอ [コー] (英 neck) 首

ค็อกเทล [コクテーゥ] (英 cocktail)
カクテル

ค้อน [コーン] (英 hammer) 金づち

คอนกรีต [コーンクリーッ] (英 concrete)
コンクリート

ค่อนข้าง [コーンカーング]
(英 comparatively) 比較的

คอนแทคเลนส์ [コーンテクレン]
(英 contact lens) コンタクトレンズ

คอนเสิร์ต [コンスーッ] (英 concert)
コンサート

คอปกเสื้อ [コーポクスァ] (英 collar) 襟

คอมพิวเตอร์ [コームピゥター]
(英 computer) コンピューター

คอมพิวเตอร์ส่วนตัว [コームピウタースァントゥア]
(英 personal computer) パソコン

ค่อย ๆ [コーィコーィ] (英 gradually)
しだいに / そうっと

ค่อย ๆ มอดลง [コーィコーィモーッロング]
(英 die down) 下火

คอร์สเรียน [コースリアン] (英 course)
コース / 講座

คอลเล็กชั่น [コーレクチャン]
(英 collection) コレクション

คอลัมน์ [コーラム] (英 column) 欄

คอเลสเตอรอล [コレーッサトーローン]
(英 cholesterol) コレステロール

คอแห้ง [コーヘーング] (英 be thirsty) 渇く

คะแนนเต็ม [カネーンテム]
(英 perfect score) 満点

คะแนนเสียง [カネーンスィアング]
(英 vote) 票

คัดค้าน [カッカーン] (英 object to)
反対する

คัดแยก [カッイェーク] (英 sort and separate)
区別する / 分別する

คัดลอก [カッローク] (英 make a copy)
写す / 書き取る

คัดลอกคำพูด [カッロークカムプーッ]
(英 transcribe) 書き取る

คัดลอกบางส่วน [カッロークバーングスァン]
(英 excerpt) 抜粋する

706 ความเห็นต่าง ➡ คัดลอกบางส่วน

คัดลอกใหม่ [カッローㇰマイ]
(英 make a new copy) 清書する

คัดเลือก [カッルァㇰ] (英 select)
選考する / 採択する

คัดออก [カッオーㇰ] (英 cut off)
切り捨てる

คัตเตอร์ [カッター] (英 cutter) カッター

คัน [カン] (英 itchy) かゆい

คั่น [カン] (英 partition)
仕切る / 挟まる / 挟む

คั้น [カン] (英 squeeze) 絞る

คันจิ [カンチ] (英 kanji) 漢字

คันธนู [カンタヌー] (英 bow) 弓

คันนา [カンナー] (英 ridge) 畔

คั้นน้ำ [カンナム] (英 squeeze) 搾取する

คันโยก [カンヨーㇰ] (英 lever)
(操作) レバー

คั่นระหว่าง [カンラワーンㇰ]
(英 be between) 挟まる

คันเร่ง [カンレンㇰ] (英 gas pedal)
アクセル

คันเหยียบ [カンイアㇷ] (英 pedal) ペダル

คับ [カㇷ] (英 tight) きつい

คับแคบ [カㇷケーㇷ] (英 tight) 窮屈

คัมภีร์กุรอ่าน [カムピークラアーン]
(英 the Koran) コーラン

คัมภีร์ไบเบิล [カムピーバイブン]
(英 Bible) 聖書

คั่ว [クァ] (英 roast) 煎る

ค่า [カー] (英 value) 価値

ค่าขนส่ง [カーコンソンㇰ]
(英 shipping charge) 送料

ค้าของเถื่อน [カーコーンㇰトゥアン]
(英 smuggle) 密輸する

ค้าขาย [カーカーィ] (英 trade)
商売する / 取り引きする

ค้าขายรุ่งเรือง [カーカーィルンㇰルアンㇰ]
(英 prosper) 繁盛する

ค่าครองชีพ [カークローンㇰチーㇷ]
(英 the cost of living) 物価 / 生活費

ค่าความผันแปร [カークワームパンプレー]
(英 variation) 誤差

คาง [カーンㇰ] (英 chin) 顎

ค้าง [カーンㇰ] (英 remain) 残る

ค้างคาว [カーンㇰカーゥ] (英 bat)
こうもり

ค้างจ่าย [カーンㇰチャーィ]
(英 fail to pay) 滞納する

ค้างไว้ก่อน [カーンㇰワイコーン]
(英 owe *sb sth* / withhold) 保留する

ค่าจ้าง [カーチャーンㇰ] (英 pay) 賃金

ค่าจ้างรายวัน [カーチャーンㇰラーィワン]
(英 daily wage[pay]) 日給

ค่าจ้างรายสัปดาห์
[カーチャーンㇰラーィサㇷダー]
(英 weekly wage[pay]) 週給

ค่าเช่าบ้าน [カーチャゥバーン]
(英 house rent) 家賃

ค่าเชื้อเพลิง [カーチュアプルーング]
(英 fuel costs) 燃料費

ค่าใช้จ่าย [カーチャイチャーイ]
(英 expense) 経費 / 出費 / 費用

คาดการณ์ [カーッカーン] (英 predict)
予期する / 予測する

คาดคะเน [カーッカネー] (英 assume)
推測する

คาดเดาไปเอง [カーッダウパイエーング]
(英 assume) 思い込む

คาดเดาล่วงหน้า [カーッダウルアングナー]
(英 forecast) 予想する

คาดไม่ถึง [カーッマイトゥング]
(英 unexpected) 思い掛けない

คาดหวัง [カーッワング] (英 wish) 望む

ค่าเดินทาง [カードゥーンターング]
(英 transportation expenses) 交通費

ค่าโดยสาร [カードーイサーン] (英 fare)
運賃

ค่าตัวนักแสดง [カートゥアナクサデーング]
(英 performance fee) ギャラ

ค่าตัวเลข [カートゥアレーク] (英 figure)
数値

ค่าธรรมเนียม [カータムニアム]
(英 handling charge) 手数料

คาน [カーン] (英 beam) 土台 / 梁

ค่านิยม [カーニヨム] (英 value) 価値観

คาบเกี่ยวกัน [カープキアウカン]
(英 overlap) ダブる

คาบที่ [カープティー] (英 period) 時間目

ค่าบริการ [カーボーリカーン]
(英 service charge) サービス料金

คาบเรียน [カープリアン] (英 a class) 授業

คาบไว้ที่ปาก [カープワイティーパーク]
(英 put *sth* in one's mouth) くわえる

คาบสมุทร [カープサムッ]
(英 peninsula) 半島

คาบสมุทรมาเลย์ [カープサムッマレー]
(英 the Malay Peninsula) マレー半島

คาบสมุทรอินโดจีน
[カープサムッインドーチーン] (英 the Indochina Peninsula) インドシナ半島

ค้าประเวณี [カープラウェーニー]
(英 prostitution) 売春

ค่าผ่านประตู [カーパーンプラトゥー]
(英 admission[entrance] fee) 入場料

ค่ามัดจำ [カーマッチャム] (英 deposit) 内金

ค่าย [カーイ] (英 camp) 陣

คาร์บอน [カーボーン] (英 carbon)
炭素 / 木炭

คาร์โบไฮเดรต [カーボーハイドレーッ]
(英 carbohydrate) 炭水化物

คาราโอเกะ [カーラーオーケ]
(英 karaoke) カラオケ

ค่าแรง [カーレーング] (英 labor costs)
人件費

ค่าเล่าเรียน [カーラウリアン]
(英 tuition fees) 学費 / 授業料

ค่าส่ง [カーソング] (英 shipping fee) 送料

ค่าสมาชิก [カーサマーチク]
(英 membership fee) 会費

708 ค่าเชื้อเพลิง ➡ ค่าสมาชิก

ค่าสินค้า [カースィンカー] (㊥ price) 代金

คาสิโน [カースィノー] (㊥ casino) カジノ

คำ [カム] (㊥ word) 語

คำกลอน [カムクローン] (㊥ verse) 詩

คำกล่าว [カムクラーゥ] (㊥ speech) スピーチ

คำแก้ตัว [カムゲートゥア] (㊥ excuse) 言い訳

คำขวัญ [カムクワン] (㊥ slogan) 標語

คำขอ [カムコー] (㊥ request) 願い

คำขอร้อง [カムコーローング] (㊥ request) 依頼

คำค้นหา [カムコンハー] (㊥ searched word) 検索ワード

คำคม [カムコム] (㊥ saying) 格言

คำจีน [カムチーン] (㊥ Chinese word) 漢語

ค้ำจุนดูแล [カムチュンドゥーレー] (㊥ support) 扶養する

คำเฉลย [カムチャルーイ] (㊥ solution) 解答

คำช่วย [カムチュアイ] (㊥ postpositional particle) 助詞

คำตอบ [カムトープ] (㊥ answer) 回答 / 返事

คำถาม [カムターム] (㊥ question) 質問 / 疑問

คำแถลง [カムタレーング] (㊥ statement) 声明

คำทำนาย [カムタムナーイ] (㊥ prediction) 予言

คำนวณ [カムヌアン] (㊥ calculate) 計算する

คำนวณรวม [カムヌアンルアム] (㊥ total) 集計する

คำนาม [カムナーム] (㊥ noun) 名詞

คำนึงถึงคนอื่น [カムヌングトゥングコンウーン] (㊥ be considerate) 配慮する

คำแนะนำ [カムネナム] (㊥ advice) アドバイス / 指図

คำบ่น [カムボン] (㊥ complain) 文句

คำใบ้ [カムバイ] (㊥ hint) ヒント

ค้ำประกัน [カムプラカン] (㊥ insure) 保証する

คำประสม [カムプラソム] (㊥ compound words) 熟語

คำพ้องความ [カムポーングクワーム] (㊥ synonym) 同義語 / 類義語

คำพิพากษา [カムピパークサー] (㊥ judgment) 判決

คำพูดติดปาก [カムプーッティッパーク] (㊥ favorite phrase) 口癖

คำยกยอ [カムヨクヨー] (㊥ flattery) 世辞

คำย่อ [カムヨー] (㊥ abbreviation) 略語

คำเยินยอ [カムユーンヨー] (㊥ flattery) お世辞

คำร้อง [カムローング] (㊥ appeal) 訴え

คำราม [カムラーム] (㊥ roar) うなる

ค

คำและวลี [カムレワリー]
(㊇ words and phrases) 語句

คำวิเศษณ์ [カムウィセーッ] (㊇ adverb)
副詞

คำศัพท์ [カムサッ] (㊇ vocabulary)
語彙 / 単語

คำศัพท์เฉพาะ [カムサッチャポ]
(㊇ term) 用語

คำสแลง [カムサレーング] (㊇ slang) 俗語

คำสอน [カムソーン] (㊇ teaching) 教え

คำสั่ง [カムサング] (㊇ order)
命令 / 指図 / 指示 / 指令

คำสั่งซื้อ [カムサンクスー] (㊇ order)
オーダー

คำสั่งอพยพ [カムサンクオプパヨプ]
(㊇ evacuation order) 避難命令

คำสันธาน [カムサンターン]
(㊇ conjunction) 接続詞

คำสาปแช่ง [カムサープチェーング]
(㊇ curse) 呪い

คำอธิบาย [カムアティバーイ]
(㊇ explanation) 説明

คำอธิษฐาน [カムアティッターン]
(㊇ prayer) 祈り

คิด [キッ] (㊇ think) 思う / 考える

คิดเงิน [キッングン] (㊇ check)
勘定する / 精算する

คิดเงินเพิ่ม [キッングンプーム]
(㊇ surcharge) 割増

คิดถึง [キットゥング] (㊇ miss)
恋しい / 懐かしい / 慕う

คิดถึงบ้านเกิด [キットゥングバーンクーッ]
(㊇ be homesick) 郷愁を覚える

คิดถึงวันเก่า ๆ [キットゥングワンカウカウ]
(㊇ longing (for the past)) 懐かしい

คิดทบทวน [キットブトゥアン]
(㊇ reflect on) 繰り返し反省する

คิดบวก [キッブアク] (㊇ optimistic)
楽天的

คิดบัญชี [キッバンチー] (㊇ settle)
精算する

คิดเพ้อฝัน [キップーファン]
(㊇ fantasize) 幻想する

คิดฟุ้งซ่าน [キッフンクサーン]
(㊇ have fanciful ideas) 妄想する

คิดว่า...เสียอีก [キッワー ... スィアイーク]
(㊇ I thought ... / surely) てっきり

คิดเอาแต่ได้ [キッアウテーダイ]
(㊇ calculated) 打算する

คิ้ว [キウ] (㊇ eyebrow) 眉

คีม [キーム] (㊇ pliers) ペンチ

คีย์การ์ด [キーカーッ] (㊇ key card)
カードキー

คีย์บอร์ด [キーボーッ] (㊇ keyboard)
キーボード

คึกคัก [クッカッ] (㊇ lively) 活発

คืน [クーン] (㊇ return) 返す

คืนกลับไป [クーンクラッパイ]
(㊇ return) 返る

คืนก่อน [クーンコーン]
(㊇ the night before yesterday) 昨晩

คืนกำไร [クーンカムライ]
(英 return profits) 還元する

คืนของ [クーンコーング] (英 return)
返却する

คืนเงินกู้ [クーンングンクー]
(英 pay a loan) 返済する

คืนชีพ [クーンチープ] (英 revive)
よみがえる

คืนดี [クーンディー] (英 reconcile)
仲直りする

คืนนี้ [クーンニー] (英 tonight) 今夜

คือว่า [クーワー]
(英 that is to say / I mean) つまり

คุก [クッ] (英 prison) 刑務所

คุกกี้ [クッキー] (英 cookie) クッキー

คุกคาม [クッカーム]
(英 threaten / menace) おびやかす

คุณ [クン] (英 you) あなた

คุณ... [クン...] (英 Mr. / Ms.) 〜さん

คุณคนนั้น [クンコンナン]
(英 that person) あの方

คุณครู [クンクルー] (英 teacher) 先生

คุณค่า [クンカー] (英 value) 値 / 価値

คุณตา [クンター] (英 (maternal) grandfather) 祖父 (母方)

คุณธรรม [クンタム] (英 moral) 義理

คุณนาย [クンナーイ] (英 Mrs.) 夫人

คุณป้า [クンパー] (英 aunt) おばさん

คุณปู่ [クンプー] (英 (paternal) grandfather) 祖父 (父方)

คุณผู้หญิง [クンプーインヤ]
(英 Madame) 女史 / 奥さん

คุณพ่อ [クンポー] (英 father) 父

คุณภาพ [クンナパープ] (英 quality)
質 / 品質

คุณภาพดี [クンナパープディー]
(英 high-quality[grade]) 良質 / 上質

คุณภาพน้ำ [クンナパープナム]
(英 water quality) 水質

คุณแม่ [クンメー] (英 mother) 母

คุณย่า [クンヤー] (英 (paternal) grandmother) 祖母 (父方)

คุณยาย [クンヤーイ] (英 (maternal) grandmother) 祖母 (母方)

คุณลักษณะ [クンナラッサナ]
(英 characteristic) 性質

คุณและโทษ [クンレートーッ]
(英 advantages and disadvantages) 利害

คุณสมบัติ [クンソムバッ]
(英 qualification) 資格 / 性質

คุณหญิง [クンインヤ] (英 Mrs.) 夫人

คุณหนูผู้ชาย [クンヌープーチャーイ]
(英 young master) 坊ちゃん

คุ้น [クン] (英 be used to) 懐く

คุ้นเคย [クンクーイ]
(英 be used to / familiar / familiarity)
慣れる / 親しむ / 親しみ

คุ้นตา [クンター] (英 familiar) 見慣れる

คุมกำเนิด [クムカムヌーッ] (愛 control birth) 避妊する

คุ้มครอง [クムクローング] (愛 protect) 保護する / 保障する

คุย [クィ] (愛 talk) しゃべる

คุยง่าย [クィンガーイ] (愛 amiable) 親しみ

คุยโทรศัพท์ [クィトーラサッ] (愛 talk on the phone) 通話する

คุยโว [クィウォー] (愛 boast of) 自慢する

คุยสัพเพเหระ [クィサッペーヘーラ] (愛 chat) 雑談する

คู่ [クー] (愛 pair) 足 / 対 (つい) / ペア

คู่กรณี [クーカラニー] (愛 opponent) 相手

คู่แข่ง [クーケング] (愛 rival) ライバル

คู่คบหา [クーコッパハー] (愛 dating partner) 交際相手

คูณเลข [クーンレーク] (愛 multiply (numbers)) かけ算する

คู่แต่งงานใหม่ [クーテングンガーンマイ] (愛 just-married) 新婚

คูน้ำ [クーナム] (愛 canal) 堀 / 溝

คู่ปรับ [クープラッ] (愛 rival) 対抗相手

คูปอง [クーポング] (愛 coupon) 回数券 / クーポン

คู่มือ [クームー] (愛 guidebook) 手引き / ガイドライン

คู่รัก [クーラック] (愛 lover) 愛人

คู่สมรส [クーソムロッ] (愛 spouse) 配偶者

คู่หมั้น [クーマン] (愛 fiancé (man) / fiancée (woman)) 婚約者

เค้ก [ケーク] (愛 cake) ケーキ

เคเบิลทีวี [ケーブンティーウィー] (愛 cable TV[television]) ケーブルテレビ

เค็ม [ケム] (愛 salty) 塩辛い / しょっぱい

เคร่งขรึม [クレングクルム] (愛 solemn) 厳 (おごそ) か

เคร่งครัด [クレングクラッ] (愛 strict) 厳か / 厳密 / 厳重 / 厳格

เครดิต [クレーディッ] (愛 credit) クレジット

เครา [クラゥ] (愛 beard) 顎鬚

เคราะห์ดี [クロディー] (愛 fortunate) 幸い

เคราะห์ร้าย [クロラーィ] (愛 misfortunate) 不幸

เครื่องกระเบื้อง [クルアングクラブアング] (愛 ceramics) セラミック

เครื่องเขียน [クルアングキアン] (愛 stationery) 文房具

เครื่องคิดเลข [クルアングキッレーク] (愛 calculator) 電卓

เครื่องจักร [クルアングチャク] (愛 machine) 機械

เครื่องจับเวลา [クルアングチャブウェーラー] (愛 timer) タイマー

เครื่องช่วยฟัง [クルアングチュアィファング] (愛 hearing aid) 補聴器

เครื่องชั่งตวงวัด [クルアングチャングトゥアングワッ] (愛 measuring device) 計器

เครื่องชั่งน้ำหนัก [クルァングチャングナムナㇰ]
(英 scale) 秤 / 重量計

เครื่องชูรส [クルァングチューロッ]
(英 seasoning) 調味料

เครื่องใช้ [クルァングチャイ] (英 utensil)
用品

เครื่องซักผ้า [クルァングサㇰパー]
(英 washing machine) 洗濯機

เครื่องเซรามิก [クルァングセーラーミㇰ]
(英 porcelain) 磁器

เครื่องดนตรี [クルァングドントリー]
(英 musical instrument) 楽器

เครื่องดับเพลิง [クルァングダㇷ゚プルーング]
(英 fire extinguisher) 消火器

เครื่องดื่ม [クルァングドゥーㇺ]
(英 beverage) 飲物

เครื่องตรวจนับ [クルァングトルァッナㇷ゚]
(英 counter) カウンター

เครื่องแต่งกาย [クルァングテングカーィ]
(英 clothes) 服装 / 衣装 / 衣類

เครื่องถอนตะปู [クルァングトーンタプー]
(英 nail puller) 釘抜き

เครื่องถ่ายเอกสาร
[クルァングターィエーㇰカサーン]
(英 copy machine) コピー機

เครื่องทำลายเอกสาร
[クルァングタムラーィエーㇰカサーン]
(英 shredder) シュレッダー

เครื่องเทศ [クルァングテーッ] (英 spices)
香辛料

เครื่องโทรศัพท์ [クルァングトーラサㇷ゚]
(英 telephone) 電話機

เครื่องนอน [クルァングノーン]
(英 bedding) 夜具

เครื่องใน [クルァングナイ] (英 entrails)
内臓

เครื่องบิน [クルァングビン] (英 airplane)
飛行機

เครื่องบินจัมโบ้ [クルァングビンチャㇺボー]
(英 jumbo jet) ジャンボジェット機

เครื่องบินเจ็ท [クルァングビンチェッ]
(英 jet plane) ジェット機

เครื่องบินเช่าเหมาลำ
[クルァングビンチャゥマウラㇺ]
(英 charter plane) チャーター機

เครื่องแบบ [クルァングベーㇷ゚]
(英 uniform) 制服

เครื่องแบบทหาร [クルァングベーㇷ゚タハーン]
(英 military uniform) 軍服

เครื่องประดับ [クルァングプラダㇷ゚]
(英 accessory) アクセサリー

เครื่องปรับอากาศ [クルァングプラㇷ゚アーカーッ]
(英 air conditioner)
クーラー / 冷房 / エアコン

เครื่องปรุงกลิ่น [クルァングプルングクリン]
(英 fragrance) 香料

เครื่องปรุงรส [クルァングプルングロッ]
(英 seasoning) 調味料

เครื่องปั้นดินเผา [クルァングパンディンパゥ]
(英 pottery) 瀬戸物 / 陶器

เครื่องเป่าผม [クルァングパゥポㇺ]
(英 dryer) ドライヤー

เครื่องแปลงไฟ [クルァングプレーングファイ]
(英 transformer) 変圧器

ค

เครื่องชั่งน้ำหนัก ➡ เครื่องแปลงไฟ 713

เครื่องพิมพ์ดีด [クルアングピムディーッ]
(英 typewriter) タイプライター

เครื่องพิสูจน์ [クルアングピスーッ]
(英 proof) 証し

เครื่องฟอกอากาศ
[クルアングフォークアーカーッ]
(英 air filter[cleaner]) 空気清浄器

เครื่องมือ [クルアングムー] (英 tool)
装置 / 道具

เครื่องมือช่าง [クルアングムーチャーング]
(英 tool) 工具

เครื่องยนต์ [クルアングヨン] (英 engine)
エンジン

เครื่องราง [クルアングラーング]
(英 talisman) お守り

เครื่องเรือน [クルアングルアン]
(英 furniture) 家具

เครื่องสำอาง [クルアングサムアーング]
(英 cosmetics) 化粧 / 化粧品

เครื่องสูบน้ำ [クルアングスープナム]
(英 pump) ポンプ

เครื่องสูบลม [クルアングスープロム]
(英 air pump) 空気入れ

เครื่องแสดง [クルアングサデーング]
(英 indicator) 現れ

เครื่องหนัง [クルアングナング]
(英 leather product) 皮革製品

เครื่องหมาย [クルアングマーイ]
(英 symbol) 印 / 符号 / シンボル

เครื่องหอม [クルアングホーム]
(英 perfume) 香料

เคล็ดขัดยอก [クレッカッヨーク]
(英 sprain) 捻挫

เคล็ดลับ [クレッラッ] (英 key / secret)
秘訣 / こつ

เคลื่อน [クルアン] (英 move) 動く

เคลื่อนที่ [クルアンティー] (英 move)
移行 / 移動 / 動き

เคลื่อนย้าย [クルアンヤーイ]
(英 transfer) 動かす

เคลื่อนไหว [クルアンワイ] (英 move) 動く

เคลือบสี [クルアブスィー]
(英 coat with paint) 塗装する

เคอร์เซอร์ [カーソー] (英 cursor)
カーソル

เค้าโครง [カウクローング] (英 outline)
概要 / 概論 / 筋

เค้าโครงเรื่อง [カウクローングルアング]
(英 plot) あらすじ

เคาน์เตอร์ [カウター] (英 counter)
カウンター

เคารพ [カウロッ] (英 respect)
敬意を払う / 尊ぶ

เคารพตนเอง [カウロッブトンエーング]
(英 have self-respect) 自尊心を持つ

เคาะ [コ] (英 knock) ノック

เคียว [キィアゥ] (英 sickle) 鎌

เคี่ยว [キアゥ] (英 simmer) 煮込む

เคี้ยว [キアゥ] (英 chew) かむ

แคชเชียร์ [ケーッチィア] (英 cashier)
レジ

แค็ตตาล็อก [キャタロク]
(英 catalogue) カタログ

แค้น [ケーン] (英 hate) 憎む

แคบ [ケープ] (英 narrow) 狭い

แคปซูล [ケープスーン] (英 capsule)
カプセル

แคมป์ [ケーム] (英 camp) キャンプ

แคมปัส [ケームパッ] (英 campus)
キャンパス

แคร์ [ケー] (英 care about) 構う

แครอท [ケローッ] (英 carrot) 人参

แคลเซียม [クレースィアム] (英 calcium)
カルシウム

แคลอรี่ [ケロリー] (英 calorie) カロリー

แค่ไหนก็ตาม [ケナイコーターム]
(英 no matter how) どんなに

โคคาโคล่า [コーカーコーラー]
(英 Coca Cola) コーラ

โค้ง [コーング] (英 curve) カーブ

โค้งคำนับ [コーングカムナプ]
(英 bow / make a bow) お辞儀

โค้งงอ [コーンインゴー] (英 be curved)
反る

โค้ช [コーッ] (英 coach) コーチ

โคนม [コーノム] (英 dairy cattle) 乳牛

โค่นล้ม [コーンロム]
(英 knock sth down) 倒す

โคมไฟ [コームファイ] (英 lamp)
電灯 / ランプ

โคมไฟตั้งโต๊ะ [コームファイタングトッ]
(英 lamp) スタンド

โครงกระดูก [クローングクラドゥーク]
(英 skeleton) 骨格

โครงการ [クローンガーン] (英 plan) 計画

โครงงาน [クローンガンガーン]
(英 project) プロジェクト

โครงร่าง [クローングラーング] (英 frame)
骨格

โครงเรื่อง [クローングルアング]
(英 outline) 大筋

โครงสร้าง [クローングサーング]
(英 structure) 構造 / 体制

โครโมโซม [クローモーソーム]
(英 chromosome) 染色体

โคลน [クローン] (英 mud) 泥

โคลนตม [クローントム] (英 mud) ぬかるみ

ใคร [クライ] (英 who) 誰 / どなた

ฆ

ฆ่า [カー] (英 kill) 殺す

ฆ่าเชื้อ [カーチュア] (英 disinfect)
消毒する / 殺菌する

ฆาตกร [カータコーン] (英 murder) 殺人

ฆ่าตัวตาย [カートゥアターイ]
(英 commit suicide) 自殺する

โฆษก [コーソック] (英 announcer)
アナウンサー

โฆษณา [コーサナー]
(英 advertisement) 広告 / 宣伝

แค็ตตาล็อก ➡ โฆษณา　715

ง

งง [ンゴンゲ] (英 be confused) まごつく

งงงัน [ンゴンゲンガン] (英 stupefied) ぼう然

งด [ンゴッ] (英 cancel) 中止する

งดงาม [ンゴッンガーム] (英 elegance) 素敵 / 見事 / 優美 / 華麗

งดเดินเรือ [ンゴッドゥーンルア] (英 cancel the sail) 欠航する

งดบรรยาย [ンゴッバンヤーイ] (英 cancel one's lecture) 休講する

งดออกเสียง [ンゴッオークスィアンゲ] (英 abstain from) 棄権する

งบดุล [ンゴッドゥン] (英 balance sheet) バランスシート

งบประมาณ [ンゴッブプラマーン] (英 budget) 予算

ง่วงนอน [ングアンゲノーン] (英 sleepy) 眠い / 眠たい

งอ [ンゴー] (英 warp) ねじれる

งอกขึ้น [ンゴーククン] (英 grow) 生える

งั้น ๆ [ンガンンガン] (英 so-so) まあまあ

งา [ンガー] (英 sesame / tusk) 胡麻 / 牙

งาช้าง [ンガーチャーンゲ] (英 ivory) 象牙

งาน [ンガーン] (英 work) 作業 / 仕事 / 職

งานกฐิน [ンガーンカティン] (英 Katin Festival) カティン祭り

งานก่อสร้าง [ンガーンコーサーンゲ] (英 construction) 工事

งานกิจกรรม [ンガーンキッチャカム] (英 event) イベント

งานเขียน [ンガーンキアン] (英 (literary)work) 著書

งานฉลอง [ンガーンチャローンゲ] (英 celebration) お祝い

งานช้างสุรินทร์ [ンガーンチャーンゲスリン] (英 Surin Elephant Festival) スリン象祭り

งานถักไหมพรม [ンガーンタックマイプロム] (英 knitting) 編み物

งานทั่ว ๆ ไป [ンガーントゥアトゥアバイ] (英 general affairs) 庶務

งานทางการ [ンガーンターンゲカーン] (英 formality) 儀式

งานทำบุญบั้งไฟพญานาค [ンガーンタムブンバンゲファイパヤーナーク] (英 Rocket Festival) 火の玉祭り

งานที่ใช้แรงงาน [ンガーンティーチャイレーンゲンガーン] (英 physical labor) 肉体労働

งานที่รับผิดชอบ [ンガーンティーラップピッチョープ] (英 charge) 担当

งานเทศกาล [ンガーンテーッサカーン] (英 festival) 祭り

งานธุรการ [ンガーントゥラカーン] (英 office work) 事務 / 庶務

งานบ้าน [ンガーンバーン] (英 housework) 家事

งานบุคคล [ンガーンブッコン] (英 personnel affairs) 人事

716 งง ➡ งานบุคคล

งานฝีมือ [ンガーンフィームー]
(英 handicraft) 工芸 / 工作 / 細工

งานพิธี [ンガーンピティー]
(英 ceremony) 儀式

งานพิเศษ [ンガーンピセーッ]
(英 part-time job) アルバイト

งานราชการ [ンガーンラーッチャカーン]
(英 public (state) service) 公務

งานลอยกระทง [ンガーンローイクラトン グ]
(英 Loy Krathong Festival) 灯籠流し

งานเลี้ยง [ンガーンリアング] (英 party)
宴会 / パーティー

งานศพ [ンガーンソップ] (英 funeral) 葬式

งานเสริมรายได้ [ンガーンスームラーイダイ]
(英 side business) 兼業

งานแสดง [ンガーンサデーング]
(英 event) 催し

งานหัตถกรรม [ンガーンハッタカム]
(英 handicrafts) 手芸品

งานอดิเรก [ンガーンアディレーク]
(英 hobby) 趣味

งามสง่า [ンガームサガー] (英 elegant)
上品

ง่าย [ンガーイ] (英 simple) 簡単 / 易しい

ง่าย ๆ [ンガーインガーイ]
(英 easygoing) 安易 / 気楽

ง่ายดาย [ンガーイダーイ] (英 easy) 容易

งีบหลับ [ンギープラップ] (英 take a nap)
仮眠する

งู [ングー] (英 snake) 蛇

งู ๆ ปลา ๆ [ングーングープラープラー]
(英 babbling) かたこと

เงยหน้ามอง [ングイナーモーング]
(英 look up) 見上げる

เงอะงะ [ングンガ] (英 clumsy) まごまご

เงา [ンガウ] (英 shadow) 影

เงาคน [ンガウコン] (英 silhouette) 人影

เงางาม [ンガウンガーム] (英 shiny)
きらびやか

เงาะ [ンゴ] (英 rambutan) ランブータン

เงิน [ングン] (英 money) お金 / 銀 / 金銭

เงินก้อนโต [ングンコーントー]
(英 sum of money) 大金

เงินกู้ [ングンクー] (英 loan) 借金

เงินค่าขนม [ングンカーカノム]
(英 pocket money) 小遣い

เงินค่าไถ่ [ングンカータイ] (英 ransom)
身代金

เงินค่าปรับ [ングンカープラップ] (英 fine)
罰金

เงินค้ำประกัน [ングンカムプラカン]
(英 deposit) 保証金

เงินชดเชย [ングンチョッチューイ]
(英 compensation) 補償金

เงินช่วยเหลือ [ングンチュアイルア]
(英 financial aid) 義援金

เงินเชื่อ [ングンチュア] (英 credit)
クレジット

เงินดาวน์ [ングンダーウ]
(英 down payment) 頭金

งานฝีมือ ➡ เงินดาวน์　717

เงินเดือน [ングンドゥアン] (英 salary) 月給 / 給料

เงินตรา [ングントラー] (英 currency) 貨幣

เงินทอน [ングントーン] (英 change) おつり

เงินที่จ่าย [ングンティーチャーイ] (英 payout) 支払金

เงินที่ทางบ้านส่งให้ [ングンティーターンクバーンソングハイ] (英 money sent from home) 仕送り

เงินทุน [ングントゥン] (英 fund) 資金 / 資本

เงินบริจาค [ングンボーリチャーク] (英 donation) 献金

เงินบำนาญ [ングンバムナーン] (英 pension) 年金

เงินประกันตัว [ングンプラカントゥア] (英 bail) 保釈

เงินฝากธนาคาร [ングンファークタナーカーン] (英 deposit) 預金

เงินฝากเผื่อเรียก [ングンファークプアリアク] (英 savings[deposit] account) 普通預金

เงินพิเศษ [ングンピセーッ] (英 bonus) ボーナス

เงินเฟ้อ [ングンフー] (英 inflation) インフレーション

เงินมัดจำ [ングンマッチャム] (英 deposit) 前金

เงินเยน [ングンイエン] (英 yen) 円

เงินรางวัล [ングンラーングワン] (英 reward) 賞金

เงินลงทุน [ングンロングトゥン] (英 investment) 投資

เงินสด [ングンソッ] (英 cash) 現金 / 金銭

เงินสำรองจ่าย [ングンサムローングチャーイ] (英 reserve money) 仮払い

เงินอิเล็กทรอนิกส์ [ングンイレクトローニッ] (英 e-money) 電子マネー

เงียบ [ンギアブ] (英 quiet) 静か / 沈黙

เงียบ ๆ [ンギアブンギアブ] (英 quietly) 静か

เงียบกริบ [ンギアブクリブ] (英 silently) シーンと

เงียบขรึม [ンギアブクルム] (英 quiet) 地味

เงียบลง [ンギアブロング] (英 become quiet) 静まる

เงื่อนไข [ングアンカイ] (英 condition) 条件 / 制約

เงื่อนไขแรงงาน [ングアンカイレーンクンガーン] (英 terms of employment) 労働条件

เงื่อนไขสำคัญ [ングアンカイサムカン] (英 requirement) 必要条件

โง่เขลา [ンゴークラウ] (英 stupid) 愚か

จ

จงใจ [チョンクチャイ] (英 on purpose) わざと

จงรักภักดี [チョンクラクパクディー] (英 loyalty) 忠誠

จงอยปาก [チャンゴーイパーク] (英 bird's bill / beak) くちばし

จด [チョッ] (英 transcribe) 書き取る

จดจ่อ [チョッチョー↓] (㊥ focus) 凝らす / 耽る

จดหมาย [チョッマーイ] (㊥ letter) 手紙

จนถึง [チョントゥング] (㊥ till) 〜まで

จนถึงที่สุด [チョントゥングティースッ]
(㊥ to the end) あくまでも

จบ [チョプ] (㊥ conclusion / end)
終わる / 終える

จบสิ้น [チョプスィン] (㊥ come to an end)
完了する / 完成する

จม [チョム] (㊥ sink) 沈む

จมน้ำ [チョムナム] (㊥ drown) 溺れる

จมหาย [チョムハーイ] (㊥ sink) 沈没する

จมูก [チャムーク] (㊥ nose) 鼻

จรวด [チャルアッ] (㊥ rocket) ロケット

จระเข้ [チョーラケー] (㊥ crocodile) ワニ

จริง [チング] (㊥ real) 真

จริง ๆ [チングチング] (㊥ really)
本当 / 実に

จริงจัง [チングチャング] (㊥ serious)
真剣 / 本気 / 真面目 / 一筋

จริงจังมาก [チングチャングマーク]
(㊥ very earnest) 生真面目

จริงใจ [チングチャイ] (㊥ sincere)
率直 / 誠実

จริยธรรม [チャーリヤタム] (㊥ morals) 倫理

จลาจล [チャラーチョン] (㊥ riot) 暴動

จวน [チュアン] (㊥ soon) もうすぐ / 今に

จวนจะถึง [チュアンチャトゥング]
(㊥ shortly) 間もなく

จอ [チョー] (㊥ screen) スクリーン

จอกเหล้า [チョクラウ] (㊥ sake cup)
杯 (さかずき)

จอง [チョーング] (㊥ reserve) 予約する

จ้อง [チョーング] (㊥ stare) 見詰める

จ้องมอง [チョーングモーング] (㊥ glare at)
眺める / にらむ

จอแจ [チョーチェー]
(㊥ bustle / bustling) にぎわう / 騒ぎ

จอด [チョーッ] (㊥ stop / park)
(車を) 停める

จอดรถ [チョーッロッ] (㊥ park a car)
駐車する

จอภาพ [チョーパープ] (㊥ screen) 画面

จะต้อง... [チャトーング..]
(㊥ necessarily) 必ず

จะทำก็ทำ...ไม่ได้
[チャタムコータム... マイダイ]
(㊥ can hardly do) ろくに〜ない

จักจั่น [チャクカチャン] (㊥ cicada) 蝉

จักจี้ [チャクカチー] (㊥ tickle)
くすぐったい

จักรยาน [チャククラヤーン] (㊥ bicycle)
自転車

จักรยานยนต์ [チャククラヤーンヨン]
(㊥ motorbike) バイク

จักรเย็บผ้า [チャクイェプパー]
(㊥ sewing machine) ミシン

จดจ่อ ➡ จักรเย็บผ้า   719

จักษุแพทย์ [チャクスペーッ]
(英 ophthalmologist) 眼科医

จังหวะ [チャンワワ]
(英 tempo / rhythm) テンポ / リズム

จังหวะเวลา [チャンワワウェーラー]
(英 timing) タイミング

จังหวัด [チャンワワッ] (英 province)
県 / 州

จัด [チャッ] (英 arrange (flower))
活ける

จัดกระเป๋า [チャックラパウ]
(英 pack a bag) 荷造りする

จัดการ [チャッカーン] (英 manage) 営む

จัดการจนอยู่หมัด [チャッカーンチョンユーマッ]
(英 suppress) 鎮圧する

จัดการดูแล [チャッカーンドゥレー]
(英 undertake) 手掛ける

จัดการแสดง [チャッカーンサデーング]
(英 give a performance) 興行する

จัดการให้เสร็จสิ้น [チャッカーンハイセッスィン]
(英 finish up) 始末する

จัดงานแสดง [チャッンガーンサデーング]
(英 hold) 催す

จัดแจง [チャッチェーング]
(英 arrangement) 手回し

จัดซื้อ [チャッスー] (英 purchase)
購入する

จัดตั้ง [チャッタング] (英 set up) 設ける

จัดเตรียม [チャットリアム] (英 prepare)
備える / 整える

จัดทำ [チャッタム] (英 prepare) 作成する

จัดทำขึ้น [チャッタムクン] (英 make)
作成する

จัดเรียง [チャッリアング]
(英 put in order) 配列する

จัดส่งตามบ้าน [チャッソングタームバーン]
(英 deliver) 配達する

จัดส่งออกไป [チャッソングオークパイ]
(英 send out) 発送する

จัดสรร [チャッサン] (英 allocate)
割り当てる

จัดแสดง [チャッサデーング] (英 display)
陳列する

จัดหา [チャッハー] (英 procure) 調達する

จัดให้ครบ [チャッハイクロプ]
(英 complete a set) 揃える

จับ [チャプ] (英 hold) いじる / 握る

จับกุม [チャプクム] (英 arrest)
逮捕する / 取り締まる

จับเข้าชุดกัน [チャプカウチュッカン]
(英 combine) 組み合わせる

จับไข้ [チャプカイ] (英 get a fever)
発熱する

จับคู่ [チャプクー] (英 match)
マッチする / 組む

จับคู่กับ [チャプクーカプ] (英 pair up) 組む

จับคู่ให้ [チャプクーハイ] (英 pair with)
くっつける

จับใจความ [チャプチャイクワーム]
(英 catch (the meaning)) 捕える

จับฉลาก [チャプチャラーク]
(英 drawing lots) くじ引き

จับตาดู [チャブター ドゥー] (英 keep an eye on) 見張る

จับตามอง [チャブター モーング] (英 keep an eye on) 着目する / 注目する

จับนอนลง [チャブノーンロング] (英 lay down) 寝かせる

จับมือทักทาย [チャブムータックターイ] (英 handshake) 握手

จับไว้ [チャブワイ] (英 grasp) つかむ

จับหัน [チャブハン] (英 turn *sth*) 振り向ける

จับให้ถูก [チャブハイトゥーク] (英 apply) 当てる

จับให้แน่น [チャブハイネン] (英 hold *sth* tight) 把握

จับให้มั่น [チャブハイマン] (英 catch firmly) 捕まえる / 捕まる

จับให้เอียง [チャブハイイアング] (英 incline) 傾ける

จ้า [チャー] (英 dazzling) まぶしい (光)

จาก... [チャーク..] (英 from) 〜から

จากนั้น [チャークナン] (英 then) そうして

จากนี้ [チャークニー] (英 from now on) 今後

จากนี้ไป [チャークニーパイ] (英 from now on) これから

จากไป [チャークパイ] (英 leave) 去る

จากไปไกล [チャークパイクライ] (英 be far away from) 離れる

จ้าง [チャーング] (英 hire / employ) 雇う / 採用する

จ้างงาน [チャーングンガーン] (英 employ / hire) 雇用する

จาน [チャーン] (英 plate) 皿

จาม [チャーム] (英 sneezing) くしゃみ

จ่าย [チャーイ] (英 pay) 払う

จ่ายคืน [チャーイクーン] (英 pay back) 払い戻す

จ่ายเงิน [チャーイングン] (英 pay) 支払う

จ่ายไป [チャーイパイ] (英 pay up) 払い込む

จ่ายล่วงหน้า [チャーイルアングナー] (英 pay in advance) 前払いする

จารีตประเพณี [チャーリートプラペーニー] (英 custom) 慣例

จำ [チャム] (英 memorize) 覚える

จำกัด [チャムカッ] (英 limit) 限る

จำกัดความเร็ว [チャムカックワームレウ] (英 speed limit) 速度制限

จำกัดเฉพาะ [チャムカッチャポ] (英 restrict) 限定する

จำกัดอิสรภาพ [チャムカッイッサラパープ] (英 limit one's freedom) 束縛する

จำคุก [チャムクク] (英 imprisonment) 懲役

จำต้อง [チャムトング] (英 necessity) 必然

จำนวน [チャムヌアン] (英 number) 数 / 数詞

จำนวนเกินครึ่ง [チャムヌアンクーンクルング]
(英 majority) 過半数

จำนวนคน [チャムヌアンコン]
(英 the number of people) 人数

จำนวนครั้ง [チャムヌアンクラング]
(英 number of times) 回数

จำนวนเงิน [チャムヌアングン]
(英 amount of money) 金額

จำนวนฉบับ [チャムヌアンチャバプ]
(英 the number of copies) 部数

จำนวนน้อย [チャムヌアンノーイ]
(英 a small number) 少数

จำนวนผืน [チャムヌアンプーン]
(英 number of sheets) 枚数

จำนวนแผ่น [チャムヌアンペン]
(英 number of sheets) 枚数

จำนวนมาก [チャムヌアンマーク]
(英 many) 幾多 / 大勢 / 多数

จำนวนรวม [チャムヌアンルアム]
(英 total amount) 合計額 / 計

จำนวนรับได้ [チャムヌアンラプダイ]
(英 capacity) 定員

จำนอง [チャムノーング] (英 mortgage)
担保する

จำแนกประเภท [チャムネークプラペーッ]
(英 categorize) 分類する

จำเป็น [チャムペン] (英 essential) 不可欠

จำเป็นขาดไม่ได้ [チャムペンカーッマイダイ]
(英 necessity) 必要不可欠

จำเป็นต้องใช้ [チャムペントーングチャイ]
(英 necessary) 必要な

จำศีล [チャムスィーン] (英 hibernate)
冬眠する

จำหน่าย [チャムナーイ] (英 selling) 販売

จิก [チク] (英 pick) つつく

จิ้งจก [チングチョク] (英 house lizard)
やもり

จิ้งหรีด [チングリーッ] (英 cricket)
こおろぎ

จิตใจ [チッチャイ] (英 state of mind)
心理 / 気 / 気風

จิตใจมุ่งมั่น [チッチャイムングマン]
(英 determination) 一心

จิตใจห่อเหี่ยว [チッチャイホーヒアゥ]
(英 depression) 憂鬱

จิตตก [チットク] (英 depress) 落ち込む

จิตแพทย์ [チッタペーッ]
(英 psychiatrist) 精神科医

จิตรกร [チッタコーン] (英 painter) 画家

จิตวิญญาณ [チッウィンヤーン]
(英 spirit) 精神 / 気

จินตนาการ [チンタナーカーン]
(英 imagine) 想像する / 空想する

จิปาถะ [チプパータ] (英 miscellany) 雑

จิ้ม [チム] (英 dip) ちょっと浸す

จี้ [チー] (英 hijack) 乗っ取る

จี้เครื่องบิน [チークルアングビン]
(英 hijacking) ハイジャック

จีบ [チープ] (英 talk *sb* into doing)
口説く

722 จำนวนเกินครึ่ง ➡ จีบ

จี้ห้อยคอ [チーホーイコー] (英 locket)
ロケット

จุก [チュク] (英 be choked) 詰まる

จุกก๊อก [チュクコック] (英 cork) 栓

จุด [チュッ] (英 point) 点 / 地点 / ポイント

จุดกลับรถ [チュックラップロッ]
(英 U-turn) Uターン

จุดกำเนิด [チュッカムヌーッ]
(英 the starting point) 原点

จุดจบ [チュッチョプ] (英 ending) 結末

จุดเชื่อมต่อ [チュッチュアムトー]
(英 point of contact) 接点

จุดเด่น [チュッデン] (英 strong point)
特長 / 長所

จุดเด่นจุดด้อย [チュッデンチュッドーイ]
(英 strengths and weaknesses) 長短

จุดตาย [チュッターイ] (英 vital organ)
急所

จุดที่น่าสนใจ [チュッティーナーソンチャイ]
(英 places of interest) 見どころ

จุดที่สูงที่สุด [チュッティースーングティースッ]
(英 peak) 峠

จุดบริการแท็กซี่ [チュッボーリカーンテクスィー]
(英 taxi stand[terminal]) タクシー乗り場

จุดบอด [チュッボーッ] (英 blind spot)
盲点

จุดประสงค์ [チュップラソング]
(英 purpose) 目的

จุดโฟกัส [チュッフォーカッ] (英 focus)
焦点

จุดไฟ [チュッファイ] (英 ignite) 点火する

จุดมุ่งหมาย [チュムングマーイ]
(英 objective) 趣旨

จุดย้ำ [チュッヤム] (英 emphasis) 重点

จุดยืน [チュッユーン] (英 standpoint)
立場 / 主張

จุดยุทธศาสตร์ [チュッユッタサーッ]
(英 focal point) 拠点

จุดเริ่มต้น [チュッルームトン]
(英 beginning) 始まり / 発足

จุดแวะพักรถ [チュッウェパクロッ]
(英 rest area) ドライブイン

จุดศูนย์ถ่วง [チュッスーントゥアング]
(英 center of gravity) 重心

จุดศูนย์รวม [チュッスーンルアム]
(英 focus) 焦点

จุดสังเกต [チュッサングケーッ]
(英 mark) 目印

จุดสำคัญ [チュッサムカン]
(英 key point) 重点 / 急所

จุดสูงสุด [チュッスーングスッ]
(英 the summit) 頂上 / 頂点

จุดหมาย [チュッマーイ] (英 goal) 当て

จุดอ่อน [チュッオーン] (英 shortcoming)
欠点 / 弱点 / 短所 / 欠陥

จุ้นจ้าน [チュンチャーン] (英 meddling)
お節介

จุ่ม [チュム] (英 submerge) 浸 (ひた) す

จุลชีพ [チュンラチープ] (英 microbe)
微生物

จุลินทรีย์ [チュリンスィー]
(英 microorganism) 微生物

จู่ ๆ [チューチュー] (英 suddenly) 急に

จูง [チューング] (英 lead (an animal))
手引きする

จู่โจม [チューチョーム] (英 assault)
襲撃する

จู่โจมกลับ [チューチョームクラプ]
(英 counterattack) 反撃する

จูนคลื่น [チューンクルーン] (英 tune)
同調する

จูบ [チュープ] (英 kiss) キスする

เจ็ด [チェッ] (英 seven) 7

เจ็ดสิบ [チェッスィプ] (英 seventy) 70

เจดีย์ [チェディー] (英 pagoda) 仏塔

เจตนา [チェータナー] (英 intention) 志向

เจตนาดี [チェータナーディー]
(英 good intentions) 善意

เจ็บ [チェプ] (英 sore) 痛い / 痛む

เจ็บแค้น [チェプケーン]
(英 have a grudge (against)) 恨む

เจ็บใจ [チェプチャイ] (英 be hurt) 悔しい

เจ็บช้ำใจ [チェプチャムチャイ]
(英 feel hurt) 傷付く

เจ็บปวด [チェププアッ] (英 be in pain)
苦しい

เจ็บแสบ [チェプセープ] (英 bitter) 痛切

เจรจาต่อรอง [チェーラチャートーローング]
(英 negotiate) 交渉する

เจรจาธุรกิจ [チェーラチャートゥラキッ]
(英 negotiate with) 商談する

เจริญ [チャルーン] (英 prosper)
栄える / 盛ん

เจริญเติบโต [チャルーントゥープトー]
(英 grow) 成長する / 発育する / 発達する

เจริญรุ่งเรือง [チャルーンルングルアング]
(英 prosperous) 発展する

เจอ [チュゥ] (英 see) 会う

เจ้าของ [チャウコーング] (英 owner)
オーナー

เจ้าของที่ดิน [チャウコーングティーディン]
(英 landowner) 地主

เจ้าของบ้าน [チャウコーングバーン]
(英 house-owner) 家主

เจ้าของบ้านเช่า [チャウコーングバーンチャウ]
(英 landlord) 大家

เจ้าชาย [チャウチャーイ] (英 prince) 王子

เจ้าชู้ [チャウチュー] (英 flirtatious) 浮気

เจ้าตัว [チャウトゥア] (英 oneself)
当人 / 本人

เจ้านาย [チャウナーイ] (英 boss) 上司 / 主

เจ้านายผู้สูงศักดิ์
[チャウナーイプースーングサク] (英 lord)
殿様

เจ้าบ้าน [チャウバーン] (英 homeowner)
主人

เจ้าระเบียบ [チャウラビアプ]
(英 meticulous) 几帳面

เจ้าเล่ห์ [チャウレー] (英 tricky)
ずるい / 偽善

เจ้าสาว [チャウサーウ] (英 bride) 花嫁 / 嫁

เจ้าหญิง [チャウイング] (英 princess) 王女

เจ้าหน้าที่ [チャウナーティー] (英 staff) 係 / スタッフ

เจ้าหน้าที่ตำรวจ [チャウナーティータムルアッ] (英 police officer) 警官 / 警察

เจ้าหน้าที่ธุรการ [チャウナーティートゥラカーン] (英 office worker) 事務員

เจ้าหน้าที่รัฐ [チャウナーティーラッ] (英 government officer) 役人 / 官僚

เจ้าหนูน้อย [チャウヌーノーイ] (英 boy) 坊や

เจาะจง [チョチョング] (英 specify) 指定する / 指名する

เจาะจงตัวบุคคล [チョチョングトゥアブッコン] (英 designate) 指名する

เจี๊ยวจ๊าว [チアゥチャーウ] (英 noisy) 騒がしい

เจือจาง [チュアチャーング] (英 dilute) 薄める

แจก [チェーク] (英 distribute) 配る

แจ็กเกต [ジャクケッ] (英 jacket) 上着

แจกจ่าย [チェークチャーイ] (英 distribute) 配給する / 配布する

แจกแจงบัญชี [チェークチェーングバンチー] (英 breakdown) 内訳

แจกันดอกไม้ [チェーカンドークマイ] (英 flower vase) 花瓶

แจ้ง [チェーング] (英 inform) 知らせる / 告げる

แจ้งข่าว [チェーングカーウ] (英 report) 通報する

แจ้งความร้องทุกข์ [チェーングクワームローングトゥック] (英 file a claim[damage report]) 被害届を出す

แจ้งเตือน [チェーングトゥアン] (英 admonish) 勧告する

แจ้งเรื่อง [チェーングルアング] (英 notify) 届けを出す

แจ้งล่วงหน้า [チェーングルアングナー] (英 notice) 予告

แจ้งให้ทราบ [チェーングハイサーブ] (英 announce) 知らせる

แจ่มแจ้ง [チェームチェーング] (英 clear) 明らか

แจ่มแจ้งชัดเจน [チェームチェーングチャッチェン] (英 obvious) 明白

แจ๋ว [チェウ] (英 cool) クール

โจ๊ก [チョク] (英 rice porridge) 粥

โจ่งแจ้ง [チョーングチェーング] (英 obvious) 露骨

โจมตี [チョームティー] (英 attack) 攻撃する

โจร [チョーン] (英 robber) 強盗 / 泥棒

โจรกรรม [チョーラカム] (英 robbery) 盗難

โจรสลัด [チョーンサラッ] (英 pirate) 海賊

ใจกล้า [チャイクラー] (英 brave) 強気

ใจกว้าง [チャイクワーング] (英 generosity) 寛大

ใจแข็ง [チャイケング] (英 firm) 強気

เจ้าสาว ➡ ใจแข็ง 725

ใจคอไม่ดี [チャイコーマイディー]
(英 weird) 気味の悪い

ใจจดจ่อ [チャイチョッチョー]
(英 enthusiasm) 熱中

ใจจดใจจ่อ [チャイチョッチョイチョー]
(英 wait eagerly) 待ち遠しい

ใจจริง [チャイチング] (英 real intention)
本音

ใจชื้น [チャイチューン]
(英 be encouraging) 心強い

ใจดำ [チャイダム] (英 cold-hearted) 冷淡

ใจดี [チャイディー] (英 kind) 親切な

ใจเย็น [チャイイェン] (英 easygoing)
のん気

ใจร้าย [チャイラーイ] (英 unkind) 不親切

ใจลอย [チャイローイ]
(英 absented-mindedly) ぼんやり

ฉ

ฉบับ [チャバプ] (英 volume) 巻 / 冊

ฉบับปฐมฤกษ์ [チャバプパトムマルーク]
(英 first issue) 創刊

ฉบับร่าง [チャバプラーング] (英 draft)
下書き

ฉบับสำเนา [チャバプサムナウ] (英 copy)
複写

ฉลอง [チャローング] (英 celebrate) 祝う

ฉลากพัสดุ [チャラークパサドゥ]
(英 label) 荷札

ฉลาด [チャラーッ] (英 smart) 賢い / 利口

ฉลาม [チャラーム] (英 shark) 鮫

ฉ้อโกง [チョーコーング]
(英 commit a fraud) 詐欺を働く

ฉัน [チャン] (英 I) 私

ฉันทามติ [チャンターマティ]
(英 consensus) 同感

ฉับไว [チャプワイ] (英 fast) 速い

ฉาก [チャーク] (英 scene / scenario / screen) 場面 / シナリオ / スクリーン

ฉีก [チーク] (英 tear) 裂く

ฉีกขาด [チークカーッ] (英 get torn)
破れる

ฉีกออก [チークオーク] (英 tear) 裂ける

ฉีดยา [チーッヤー] (英 inject) 注射する

ฉุกเฉิน [チュクチューン] (英 emergency)
非常 / 緊急

ฉุดรั้ง [チュッラング]
(英 keep *sb* from leaving) 引き止める

ฉูดฉาด [チューッチャーッ] (英 gaudy)
派手

เฉ [チェー] (英 slanting) ずれる

เฉพาะกิจ [チャポキッ] (英 specific) 臨時

เฉพาะหน้า [チャポナー]
(英 for the present) 当面

เฉลย [チャルーイ] (英 answer) 正解

เฉลิมฉลอง [チャルームチャローング]
(英 celebrate) 祝う / 祝賀する

เฉลียง [チャリアング] (英 balcony)
バルコニー

เฉอะแฉะ ［チョチェ］（英 wet / muddy）
湿る / 湿った

เฉา ［チャウ］（英 wither）枯れる

เฉียง ［チアング］（英 askew）斜め

เฉียดใกล้เข้ามา ［チアックライカウマー］
（英 come near）近寄る

เฉียดฉิว ［チアッチウ］（英 barely）
辛うじて

เฉียบคม ［チアブコム］（英 sharp）鋭い

แฉ ［チェー］（英 disclose）暴露する

แฉะ ［チェ］（英 watery）水っぽい

ช

ชดเชย ［チョッチューイ］
（英 compensate）補う / 付け加える

ชดเชย(วัน) ［チョッチューイ（ワン）］
（英 make up (day)）振り替える

ชดใช้(กรรม) ［チョッチャイ（カム）］
（英 pay the price (idiom)）
償う / 弁償する

ชน ［チョン］（英 crash / hit）衝突する

ชนกัน ［チョンカン］（英 collide with）
衝突する

ชนแก้ว ［チョンケーウ］（英 make a toast）
乾杯する

ชนชาติ ［チョンチャーッ］（英 race）民族

ชนบท ［チョンーボッ］（英 the country）
田舎

ชนเผ่า ［チョンパウ］（英 race）民族

ชนะ ［チャナ］（英 victory）勝ち

ชนะประมูล ［チャナプラムーン］
（英 win a bid for）落札する

ชนะรางวัล ［チャナラーンワワン］
（英 win a prize）入賞する

ชนะเลิศ ［チャナルーッ］（英 win the first prize / win the championship）優勝する

ชนิด ［チャニッ］（英 type）種類 / 品種 / 類

ชมการแข่งขัน ［チョムカーンケンゲカン］
（英 watch games）観戦する

ชมดอกซากุระ ［チョムドークサークラ］
（英 appreciate the cherry blossoms）
花見をする

ชมเมือง ［チョムムアング］
（英 go sightseeing）見物する

ชมรม ［チョムロム］（英 club）
クラブ / サークル

ชมวิว ［チョムウィウ］（英 go sightseeing）
観覧する

ชรา ［チャラー］（英 grow old）老いる

ชลประทาน ［チョンラプラターン］
（英 irrigation）灌漑

ช่วง ［チュアング］（英 section）区間

ช่วง... ［チュアング...］（英 duration）時期

ช่วงชิง ［チュアンゲチング］（英 snatch）奪う

ช่วงเช้า ［チュアンゲチャウ］
（英 the morning）午前

ช่วงนี้ ［チュアンゲニー］（英 recently）
この頃 / 最近

ช่วงบ่าย ［チュアンゲバーイ］
（英 afternoon）午後

ช

ช่วงว่าง [チュアングワーング] (英 space)
空き

ช่วงเวลา [チュアングウェーラー]
(英 period) 期 / 期間 / 節 (せつ)

ช่วงเวลาสั้น ๆ [チュアングウェーラーサンサン]
(英 a short term) 短期間

ช่วงอายุ... [チュアングアーユ...] (英 age)
年代

ช่วยกรุณา [チュアイカルナー]
(英 ask for *sth* / ask to do *sth* (polite form))
(〜して) 下さい

ช่วยงาน [チュアインガーン]
(英 help *sb* with) 手伝う

ช่วยชีวิต [チュアイチーウィッ]
(英 rescue) 救助する

ช่วยไม่ได้ [チュアイマイダイ]
(英 cannot help) 仕方がない

ช่วยเหลือ [チュアイルア] (英 help) 助ける

ช่วยให้รอดพ้น [チュアイハイローッポン]
(英 save *sb*) 救う

ช็อก [チョッ] (英 shock) ショック

ช็อกโกแลต [チョークコーレッ]
(英 chocolate) チョコレート

ช่องเก็บตั๋ว [チョングゲプトゥア]
(英 ticket collecting (barrier)) 改札

ช่องแคบ [チョンゲーブ] (英 channel)
海峡

ช่องทวาร [チョングタワーン] (英 anus)
肛門

ช่องทวารหนัก [チョングタワーンナッ]
(英 rectum) 直腸

ช่องรอยต่อ [チョーングローイトー]
(英 gap) 切れ目 / 間

ช่องรายการ [チョングラーイカーン]
(英 channel) チャンネル

ช่องว่าง [チョングワーング] (英 gap /
interval / space) 隙間 / 間隔 / 空間

ช่องโหว่ [チョングウォー]
(英 hole / blind spot) 隙 / 盲点

ช่อดอกไม้ [チョードークマイ]
(英 bouquet) 花束 / ブーケ

ช้อน [チョーン] (英 spoon) 匙 / スプーン

ช้อนโต๊ะ [チョーントッ] (英 tablespoon)
大匙

ช้อนออก [チョーンオーク] (英 scoop)
すくう

ชอบ [チョーブ] (英 like) 好む / 気に入る

ชอบกล [チョーブコン] (英 weird) 物好き

ชอบช่วยเหลือผู้อื่น
[チョーブチュアイルアプーウーン]
(英 helpful) 世話好き

ชอบมาก [チョーブマーク]
(英 like very much) 大好き

ชอบไม่ชอบ [チョーブマイチョーブ]
(英 likes and dislikes) 好き嫌い

ช็อปปิ้ง [チョップピング] (英 shopping) 買物

ชอล์ก [ショーク] (英 chalk) チョーク

ชะตา [チャター] (英 destiny) 宿命

ชะตากรรม [チャターカム] (英 destiny)
因縁 / 宿命

ชะลอเวลา [チャローウェーラー]
(英 defer) 遅らせる

ชะล่าใจ [チャラーチャイ] (英 careless)
不注意

ชักกระตุก [チャックラトゥック] (英 twitch)
痙攣する

ชักโครก [チャッククローク]
(英 flush toilet) 水洗トイレ

ชักจูง [チャックチューング] (英 mislead)
勧誘する

ชักชวน [チャックチュアン] (英 invite)
誘う / 勧誘する

ชั่ง [チャング] (英 weigh) 計る（重さ）

ชั่ง ตวง วัด [チャングトゥアングワッ]
(英 measure) 計る

ชัดเจน [チャッチェン] (英 clear)
明瞭 / 明らか / はっきり

ชั้น [チャン] (英 floor) 階 / 階層

ชั้น(อาคาร...ชั้น)[チャン(アーカーン...チャン)]
(英 storied (...storied building)) 建て

ชั้นต้น [チャントン] (英 beginner level)
初級 / 初歩

ชั้นธุรกิจ [チャントゥラキッ]
(英 business class) ビジネスクラス

ชั้นนำ [チャンナム] (英 top-ranking) 一流

ชั้นประหยัด [チャンプラヤッ]
(英 economy class) エコノミークラス

ชั้นปีที่เรียน [チャンピーティーリアン]
(英 school year) 学年

ชั้นผิวดิน [チャンプーンディン] (英 land)
土壌

ชั้นเยี่ยม [チャンイアム] (英 superiority)
上等 / 最上

ชั้นเรียน [チャンリアン] (英 class)
クラス / 組

ชั้นเลิศ [チャンルーッ] (英 superiority)
優秀 / 上等

ชั้นวางของ [チャンワーングコーング]
(英 shelf) 棚

ชั้นวางหนังสือ[チャンワーングナングスー]
(英 bookshelf) 本棚

ชั้นสูง [チャンスーング] (英 high class) 高級

ชั้นสูตรศพ [チャンスーッソプ]
(英 do postmortem) 解剖する

ชั้นหนึ่ง [チャンヌング] (英 first class)
ファーストクラス

ชัยชนะ [チャイチャナ] (英 victory) 勝利

ชั่วกาลนาน [チュアカーンラナーン]
(英 everlasting) 永い

ชั่วขณะ [チュアカナ] (英 moment)
瞬間 / 束の間

ชั่วคราว [チュアクラーウ] (英 temporary)
仮 / 一時的

ชั่วชีวิต [チュアチーウィッ] (英 lifetime)
一生 / 生涯

ชั่วโมงที่... [チュアモーングティー ...]
(英 ...th period) 〜時間目

ชั่วโมงเร่งด่วน[チュアモーングレングドゥアン]
(英 rush hour) ラッシュアワー

ชั่ววูบ [チュアウープ] (英 spasm) 発作

ชา [チャー] (英 tea) 茶

ช้า [チャー] ([英] slow) 鈍い / 遅い

ช้า ๆ [チャーチャー] ([英] slowly) ゆっくり

ชาเขียว [チャーキアゥ] ([英] green tea) 緑茶

ช่าง [チャーング] ([英] mechanic / technician) 技師

ช้าง [チャーング] ([英] elephant) 象

ช่าง...นี่กระไร [チャーング... ニークライ] ([英] How...! / What...!) 何と

ช่าง...เสียจริง [チャーング... スィアチング] ([英] how) さぞ

ช่างก่อสร้าง [チャーングコーサーング] ([英] builder) 大工

ช่างคุย [チャーングクイ] ([英] nonstop talker) おしゃべり

ช่างแต่งตัว [チャーングテングトゥア] ([英] fashionable / stylish) おしゃれ

ช่างเทคนิค [チャーングテークニク] ([英] technician) 専門技術者

ช่างเป็น...นี่กระไร [チャーングペン_ニークライ] ([英] really / as if) さも

ช่างฝีมือ [チャーングフィームー] ([英] artisan) 職人

ช่างภาพ [チャーングパーブ] ([英] photographer / camera man) カメラマン

ช่างเสริมสวย [チャーングスームスアイ] ([英] beautician) エステティシャン / 美容師

ช่างเหล็ก [チャーングレク] ([英] smith) 鍛冶

ชาญฉลาด [チャーンチャラーッ] ([英] smart) 巧妙

ชาติกำเนิด [チャーッカムヌーッ] ([英] lineage) 素性

ชาถุงสำเร็จ [チャートゥングサムレッ] ([英] tea bag) ティーバッグ

ชานชาลา [チャーンチャーラー] ([英] platform) プラットホーム / ホーム

ชานม [チャーノム] ([英] milk tea) ミルクティー

ชานเมือง [チャーンムアング] ([英] the suburbs) 近郊

ชาฝรั่ง [チャーファラング] ([英] tea) 紅茶

ชาม [チャーム] ([英] bowl) 丼 / 椀 / 器

ชามข้าว [チャームカーゥ] ([英] rice bowl) 茶碗

ชามะนาว [チャーマナーゥ] ([英] lemon tea) レモンティー

ชามะลิ [チャーマリ] ([英] jasmine tea) ジャスミンティー

ชาย [チャーイ] ([英] hem) 裾

ชายแดน [チャーイデーン] ([英] national border) 国境

ชายฝั่ง [チャーイファング] ([英] shore) 沿岸 / 岸

ชายหาด [チャーイハーッ] ([英] beach) 海岸 / 渚 / 浜 / 浜辺

ชาร์จไฟ [チャーッファイ] ([英] charge) 充電する

ช้าลง(สมอง) [チャーロング (サモーング)] ([英] become less perceptive) 鈍る

ชาวกัมพูชา [チャーゥカムプーチャー] ([英] Cambodian (people)) カンボジア人

ชาวเกาหลี [チャーゥカゥリー]
(英 Korean (people)) 韓国人

ชาวจีน [チャーゥチーン]
(英 Chinese (people)) 中国人

ชาวต่างชาติ [チャーゥターングチャーッ]
(英 foreigner) 外国人

ชาวเนปาล [チャーゥネーパーン]
(英 Nepali (people)) ネパール人

ชาวบังกลาเทศ [チャーゥバングクラーテーッ]
(英 Bangladesh (people))
バングラデシュ人

ชาวบ้าน [チャーゥバーン]
(英 the masses) 大衆

ชาวบ้านที่อาศัย [チャーゥバーンティーアーサイ]
(英 residents) 住民

ชาวบ้านธรรมดา [チャーゥバーンタムマダー]
(英 the common people) 庶民

ชาวประมง [チャーゥプラモング]
(英 fisherman) 漁師

ชาวฝรั่งเศส [チャーゥファラングセーッ]
(英 Frenchmen / Frenchwomen)
フランス人

ชาวพม่า [チャーゥパマー]
(英 Burmese (people)) ミャンマー人

ชาวมองโกล [チャーゥモーングコーン]
(英 Mongol / Mongolian (people))
モンゴル人

ชาวมาเลเซีย [チャーゥマーレースィア]
(英 Malaysian (people)) マレーシア人

ชาวมุสลิม [チャーゥムッサリム]
(英 Muslim (people)) イスラム教徒

ชาวเมือง [チャーゥムアング] (英 citizen) 市民

ชาวลาว [チャーゥラーゥ]
(英 Lao / Laotian (people)) ラオス人

ชาวเวียดนาม [チャーゥウィアッナーム]
(英 Vietnamese (people)) ベトナム人

ชาวสเปน [チャーゥスペーン]
(英 Spanish (people)) スペイン人

ชาวอเมริกัน [チャーゥアメーリカン]
(英 American (people)) アメリカ人

ชาวออสเตรเลีย
[チャーゥオーストレーリア]
(英 Australian (people)) オーストラリア人

ชาวอังกฤษ [チャーゥアングクリッ]
(英 British (people)) イギリス人

ชาวอาหรับ [チャーゥアーラプ]
(英 Arabian (people)) アラブ人

ชาวอิตาลี [チャーゥイーターリー]
(英 Italian (people)) イタリア人

ชาวอินเดีย [チャーゥインディア]
(英 Indian (people)) インド人

ชาวอินโดนีเซีย
[チャーゥインドーニースィア]
(英 Indonesian (people)) インドネシア人

ชาวเอเชีย [チャーゥエーチア]
(英 Asian (people)) アジア人

ชาสมุนไพร [チャーサムンプライ]
(英 herb tea) ハーブティー

ช่ำชอง [チャムチョーング] (英 proficient)
器用 / 手際 / 得意

ชำนาญ [チャムナーン] (英 skillful)
巧み / 技量

ชำระเงิน [チャムラングン] (英 pay) 支払う

ช

ชาวเกาหลี ➡ ชำระเงิน 731

ชำระเงินคืน [チャムラングンクーン]
(英 refund) 払い戻す

ชำระล้าง [チャムララーング] (英 rinse) 濯ぐ

ชำระสะสาง [チャムラササーング]
(英 clear up) 精算する

ชำระหนี้ [チャムラニー] (英 pay a debt)
返済する

ชำรุด [チャムルッ] (英 be out of order)
故障した

ชิงชัง [チングチャング] (英 hate) 恨む

ชิงตัวไป [チングトゥアパイ] (英 snatch)
誘拐する

ชิ้น [チン] (英 a piece) 切れ / 個

ชินกันเซน [チンカンセーン]
(英 the Shinkansen) 新幹線

ชิ้นงาน [チンンガーン] (英 production)
作 / 作品

ชิ้นเล็ก ๆ [チンレクレク] (英 small piece)
微塵

ชิ้นส่วน [チンスアン] (英 parts) 部品

ชิม [チム] (英 taste) 味わう

ชิมรส [チムロッ] (英 taste) 味見する

ชี้ [チー] (英 point) 指す

ชี้ขาด [チーカーッ] (英 judge) 裁く

ชี้นิ้ว [チーニゥ] (英 point) 指差す

ชี้แนะ [チーネ] (英 suggest) 指示する

ชี้เปรี้ยง [チープリアング] (英 right out)
ずばり

ชีพจร [チーッパチョン] (英 pulse) 脈 / 脈拍

ชีวิต [チィーウィッ] (英 life) 命 / 人生 / 生命

ชีวิตความเป็นอยู่ [チーウィックワームペンユー]
(英 living) 暮し / 生活

ชีวิตมนุษย์ [チーウィッツマヌッ]
(英 human life) 人命

ชีส [チーッ] (英 cheese) チーズ

ชี้ให้เห็น [チーハイヘン] (英 point out)
指摘する

ชื้น [チューン] (英 get soggy) 湿気る

ชื่นชม [チューンチョム] (英 admire)
感心する

ชื่อ [チュー] (英 name) 名前

ชื่อคน [チューコン] (英 a person's name)
人名

ชื่อจริง [チューチング] (英 real name) 本名

ชื่อที่อยู่ผู้รับ [チューティーユープーラッ]
(英 recipient's address) 宛名

ชื่อปลอม [チューブローム]
(英 false name) 偽名

ชื่อย่อ [チューヨー] (英 abbreviation) 省略形

ชื่อเล่น [チューレン] (英 nickname) 愛称

ชื่อสถานที่ [チューサターンティー]
(英 name of a place) 地名

ชื่อเสียง [チュースィアング] (英 reputation)
評判 / 面目

ชุด [チュッ] (英 set) セット / 着 / 組

ชุดกระโปรง [チュックラブローング]
(英 dress) ドレス

732　ชำระเงินคืน ➡ ชุดกระโปรง

ชุดกันฝน [チュッコンフォン] (英 raincoat) 雨具

ชุดกิโมโน [チュッキモーノー] (英 kimono) 着物

ชุดชั้นใน [チュッチャンナイ] (英 underwear) 下着 / 肌着

ชุดทางการ [チュッターングカーン] (英 formal wear[dress]) 礼服

ชุดนอน [チュッノーン] (英 pajamas) ねまき / パジャマ

ชุดยูนิฟอร์ม [チュッユーニフォーム] (英 uniform) 制服

ชุดลำลอง [チュッラムローング] (英 casual wear) 普段着

ชุดวอร์ม [チュッウォーム] (英 training [sweat] suit) トレーニングウエア

ชุดว่ายน้ำ [チュッワーイナム] (英 swim suit) 水着

ชุดไว้ทุกข์ [チュッワイトゥク] (英 mourning dress) 喪服

ชุดหูฟังหัวใจ [チューフーファングファチャイ] (英 stethoscope) 聴診器

ชุน [チュン] (英 mend) 繕う

ชุ่มฉ่ำ [チュムチャム] (英 fresh) 瑞々しい

ชุ่มชื้น [チュムチューン] (英 be moist) 潤う

ชุ่มน้ำ [チュムナム] (英 watery) 水っぽい

ชุมนุมพบปะ [チュムヌムポプパ] (英 assemble) 会合する

ชู [チュー] (英 raise) 掲げる

เช็ค [チェク] (英 check) 小切手

เช็คเดินทาง [チェクドゥーンターング] (英 traveler's check) トラベラーズチェック

เช็คอิน [チェクイン] (英 check-in) チェックイン

เช็คเอาท์ [チェクアウ] (英 check-out) チェックアウト

เช็ด [チェッ] (英 wipe) 拭く

เช่นเคย [チェンクーイ] (英 as usual) 相変わらず

เช่นนั้น [チェンナン] (英 like that) あんな

เชฟ [シェーフ] (英 chef) コック

เชลย [チャルーイ] (英 captive) 捕虜

เช่า [チャウ] (英 rent) 借りる

เช้า [チャウ] (英 morning / early) 朝 / 早い

เช้ามืด [チャウムート] (英 dawn) 明け方

เชาวน์ [チャウ] (英 intelligence) 知能

เช้าวันรุ่งขึ้น [チャウワンルングクン] (英 the next morning) 翌朝

เชิงปฏิเสธ [チューングパティセーッ] (英 negative) 否定的

เชิงวิพากษ์ [チューングウィパーク] (英 critical) 批判的

เชิงสัมพัทธ์ [チューングサムパッ] (英 relative) 相対的

เชิญ [チューン] (英 invite) 招く

เชิญชวน [チューンチュアン] (英 persuade) 勧める

เชียร์ [チア] (英 cheer) 応援する

เชี่ยวชาญ [チアゥチャーン] (英 skillful) 巧妙

เชือก [チュアク] (英 string) 紐

เชือกไนล่อน [チュアクナイローン] (英 rope) ロープ

เชือกป่าน [チュアクパーン] (英 rope) 縄

เชือกราวตากผ้า [チュアクラーウターゥパー] (英 clothesline) 洗濯ロープ

เชื่อง [チュアング] (英 become tame) 馴れる / 懐く

เชื่องช้า [チュアングチャー] (英 slow) のろのろ

เชื้อเชิญ [チュアチューン] (英 invite) 招待する / 招く

เชื่อถือ [チュアトゥー] (英 believe / trust / accredit) 信じる

เชื่อถือได้ [チュアトゥーダイ] (英 credible) 信頼できる

เชื้อเพลิง [チュアプルーング] (英 fuel) 燃料

เชื่อม [チュアム] (英 join) 結ぶ / 繋ぐ

เชื่อมต่อ [チュアムトー] (英 be connected) 繋がる

เชื่อมเป็นลูกโซ่ [チュアムペンルーゥソー] (英 happen one after another) 連鎖する

เชื่อมโยงกัน [チュアムヨーングカン] (英 be associated with) 結び付く

เชื้อรา [チュアラー] (英 mold) 黴

เชื้อโรค [チュアローク] (英 germs) 菌 / ばい菌 / 細菌

เชื้อสาย [チュアサーイ] (英 descent) 系 / 系統

แช่ [チェー] (英 soak) 浸ける / 漬ける

แช่แข็ง [チェーケング] (英 freeze) 冷凍

แชมพู [チェームプー] (英 shampoo) シャンプー

แช่เย็น [チェーイェン] (英 cool) 冷やす

โชค [チョーク] (英 fortune) 福

โชคชะตา [チョークチャター] (英 destiny) 運命

โชคดีที่... [チョークディーティー...] (英 fortunately) 幸い

โชคไม่ดี [チョークマイディー] (英 misfortune) 不運 / 不吉

โชคร้ายที่... [チョークラーイティー...] (英 unfortunately) あいにく

โชควาสนา [チョークワーッサナー] (英 good fortune) 幸運

โชยุ [チョーユ] (英 soy sauce) 醤油

ใช่ [チャイ] (英 yes) はい

ใช้ [チャイ] (英 use) 使う

ใช้กันทั่วไป [チャイカントゥアパイ] (英 commonly used) 慣用

ใช้งานได้จริง [チャインガーンダイチング] (英 practical) 実用的

ใช้ง่าย [チャインガーイ] (英 convenience) 便利

ใช้จ่าย [チャイチャーイ] (英 spend) 支出する

ใช้จ่าย(จากเงิน...)
[チャイチャーイ(チャーックグン...)] (英 pay) 賄う

ใช้เฉพาะ [チャイチャポ]
(英 use exclusively) 専用する

ใช้ได้ [チャイダイ] (英 pass) 可

ใช้ได้หลายทาง [チャイダイラーイターング]
(英 combined use) 兼用

ใช้แต่น้อย [チャイテーノーイ]
(英 moderate) 控え目

ใช้แทนกัน [チャイテーンカン]
(英 substitute) 代用する

ใช้ในทางที่ผิด [チャイナイターングティーピッ]
(英 misuse) 濫用する

ใช้ในราชการ [チャイナイラーッチャカーン]
(英 official use) 公用

ใช้ประโยชน์ [チャイプラヨーッ]
(英 make use of) 利用する

ใช้เป็นประจำ [チャイペンプラチャム]
(英 use regularly) 重宝する

ใช้ไปทำธุระ [チャイパイタムトゥラ]
(英 ask *sb* to do an errand)
お使いをさせる

ใช้แพร่หลาย [チャイプレーラーイ]
(英 be widely used) 普及する

ใช้มือหมุน [チャイムームン]
(英 manually rotated) 手回し

ใช้ไม่ได้ [チャイマイダイ] (英 invalid) 無効

ใช้ร่วมกัน [チャイルアムカン]
(英 share (things)) 共有する

ใช้ส่วนตัว [チャイスアントゥア]
(英 private use) 私用

ใช้สิ้นเปลือง [チャイスィンプルアング]
(英 waste) 無駄遣いする

ใช้หนี้คืน [チャイニークーン]
(英 pay one's debt) 借りを返す

ไชน่าทาวน์ [チャイナーターゥ]
(英 Chinatown) チャイナタウン

ไชโย [チャイヨー] (英 toast) 万歳 / 乾杯

ซ

ซ่อน [ソーン] (英 hide) 隠す / 隠れる

ซ้อนกัน [ソーンカン] (英 pile up)
重なる / 重ねる

ซอมซ่อ [ソームソー] (英 shabby)
見苦しい / みすぼらしい

ซ่อมบำรุง [ソームバムルング]
(英 maintenance) メンテナンス / 手入れ

ซ้อมฝึกฝน [ソームフクフォン]
(英 practice) 稽古する

ซอย [ソーイ] (英 alley) 路地

ซอส [ソーッ] (英 sauce) ソース

ซอสถั่วเหลือง [ソーットゥアルアング]
(英 soy sauce) 醤油

ซอสมะเขือเทศ [ソーッマクアテーッ]
(英 ketchup) ケチャップ

ซัก [サク] (英 wash clothes) 洗濯する

ซักถาม [サクターム] (英 inquire) 質疑する

ซักรีด [サクリーッ] (英 laundry)
クリーニング

ซักล้าง [サクラーング] (英 wash)
洗浄する / すすぐ

ซักแห้ง [サクヘーング] (英 dry-clean) ドライクリーニング

ซัด [サッ] (英 attack) やっつける

ซับซ้อน [サブソーン] (英 complicated) ややこしい

ซากปรักหักพัง [サークプラクハクパング] (英 ruin) 遺跡

ซากศพ [サークソブ] (英 dead body) 死体

ซากอาคารร้าง [サークアーカーンラング] (英 ruins) 廃墟

ซากุระ [サークラ] (英 cherry blossoms) 桜

ซาชิมิ [サーシミ] (英 sashimi) 刺身

ซานตาคลอส [サーンタークロース] (英 Santa Claus) サンタクロース

ซาบซึ้ง [サーブスング] (英 be touched) 感動する

ซามูไร [サームーライ] (英 samurai) 侍 / 士

ซ้าย [サーィ] (英 left) 左

ซ้ายขวา [サーィクワー] (英 right and left) 左右

ซาวข้าว [サーゥカーゥ] (英 wash(rice)) 研ぐ

ซาวน่า [サゥナー] (英 sauna) サウナ

ซ้ำกัน [サムカン] (英 overlap) 重複する

ซ้ำซ้อนกัน [サムソーンカン] (英 overlap) ダブる

ซ้ำซากจำเจ [サムサークチャムチェー] (英 monotony) 単調

ซิการ์ [スィカー] (英 cigar) 葉巻

ซิป [スィブ] (英 zipper) ファスナー

ซิมการ์ด [スィムカーッ] (英 SIM card) SIM カード

ซีดจาง [スィーッチャーング] (英 fade) 褪せる

ซีดเผือด [スィーッブァッ] (英 pale) 青白い

ซีเมนต์ [スィーメンッ] (英 cement) セメント

ซีรีส์ [スィーリー] (英 series) シリーズ

ซึ่งกันและกัน [スンケカンレカン] (英 each other) 互いに

ซึ่งเลี่ยงไม่ได้ [スンケリアンケマイダイ] (英 inevitable) 必然的

ซึม [スム] (英 soak into) にじむ / 染みる

ซึมเศร้า [スムサゥ] (英 depression) 憂鬱

ซื้อ [スー] (英 buy) 買う

ซื้อขาย [スーカーィ] (英 trade) 売買する

ซื่อตรง [スートロング] (英 sincere) 誠実

ซื่อบื้อ [スーブー] (英 be dull) 鈍い / 鈍感

ซื่อสัตย์ [スーサッ] (英 faithful) 誠実

ซุกซน [スクソン] (英 joke / trick / naughty) いたずら

ซุป [スプ] (英 soup) スープ

ซุปเต้าเจี้ยว [スプタウチャウ] (英 miso soup) 味噌汁

ซุ่มซ่าม [スムサーム] (英 careless) そそっかしい

ซูชิ [スーシ] ([英] sushi) 寿司

ซูบเซียว [スープスィアウ] ([英] grow very thin) げっそり

ซูเปอร์มาร์เก็ต [スープパーマーケッ] ([英] supermarket) スーパーマーケット

ซูโม่ [スーモー] ([英] sumo wrestling) 相撲

เซ็กซี่ [セクスイー] ([英] sexy) セクシー

เซ็ท [セッ] ([英] set) セット

เซนติเมตร [センティメッ] ([英] centimeter) センチ / センチメートル

เซรามิก [セーラーミッ] ([英] ceramics) セラミック

เซล [セーン] ([英] cell) 細胞

เซ้าซี้ [サウスィー] ([英] grumble) しつこい / くどい

แซงหน้า [セーンナー] ([英] overtake) 追い越す

แซนด์วิช [セーンウィッ] ([英] sandwich) サンドイッチ

แซยิด [セーイッ] ([英] celebration for 60th birthday) 還暦

แซว [セーウ] ([英] tease *sb* / make fun of *sb*) からかう

โซ่ [ソー] ([英] chain) 鎖

โซเซ [ソーセー] ([英] stagger) フラフラする

โซดา [ソーダー] ([英] soda) ソーダ

โซฟา [ソーファー] ([英] sofa) ソファー

ไซเรน [サイレン] ([英] siren) サイレン

ญ

ญาณวิเศษ [ヤーンウィセーッ] ([英] sixth sense) 勘

ญาติ [ヤーッ] ([英] relative) 親戚 / 親類

ญี่ปุ่น [イープン] ([英] Japan) 日本

ญี่ปุ่น-จีน [イープン・チーン] ([英] Japanese-Chinese) 日中

ฐ

ฐาน [ターン] ([英] base) ベース

ฐานทัพ [ターンタッ] ([英] base) 基地

ฐานที่มั่น [ターンティーマン] ([英] base) 基盤

ฐานอาคาร [ターンアーカーン] ([英] foundation) 土台

ด

ดนตรี [ドントリー] ([英] music) 音楽

ดนตรีคลาสสิก [ドントリークラーッスィク] ([英] classic music) クラシック音楽

ดนตรีแจ๊ส [ドントリーチェッ] ([英] jazz) ジャズ

ดม [ドム] ([英] smell) 嗅ぐ

ดรรชนี [ダッチャニー] ([英] index) 索引

ดวงดาว [ドゥアンダーウ] ([英] star) 星

ดวงตา [ドゥアンター] ([英] eye) 目

ดวงไฟ [ドゥアンファイ] ([英] electric bulb) 電球

ด่วน [ドゥアン] ([英] urgent / express) 緊急の / 速達

ญ ฐ ด

ด่วนมาก [ドゥアンマーク]
(英 immediate) 早急

ด้วยกัน [ドゥアイカン] (英 together)
〜と共に

ด้วยตนเอง [ドゥアイトンエーング]
(英 by oneself) 自ら / 自主

ด้วยตัวมันเอง [ドゥアイトゥアマンエーング]
(英 oneself) 自手から

ด้วยเหตุนี้ [ドゥアイヘーッニー]
(英 consequently) したがって / 故に

ดวลแข่ง [ドゥアンケング] (英 duel)
決闘する

ดอกกะหล่ำ [ドークカラム]
(英 cauliflower) カリフラワー

ดอกตูม [ドークトゥーム] (英 bud) つぼみ

ดอกเตอร์ [ドークター] (英 doctor) 博士

ดอกทานตะวัน [ドークターンタワン]
(英 sunflower) ひまわり

ดอกเบี้ย [ドークビア] (英 interest)
利子 / 利息 / 金利

ดอกไม้ [ドークマイ] (英 flower) 花

ดอกไม้ไฟ [ドークマイファイ]
(英 fireworks) 花火

ดอง [ドーング] (英 pickle) 漬ける

ด้อม ๆ มอง ๆ [ドムドムモーングモーング]
(英 loiter) うろうろ

ด้อยกว่า [ドーイクワー] (英 inferiority)
劣勢

ด้อยลง [ドーイロング] (英 be inferior)
劣る

ดั้ง [ダング] (英 nasal ridge) 鼻筋

ดัง(กริ่ง) [ダング (クリング)] (英 ring)
鳴る

ดังก้อง [ダングコーング] (英 echo) 響く

ดั้งเดิม [ダングドゥーム] (英 original)
元来 / オリジナル

ดังนั้น [ダングナン] (英 therefore)
それゆえ / よって

ดัด [ダッ] (英 bend) 反る

ดัดงอ [ダッンゴー] (英 bend) 曲げる

ดันเข้าไป [ダンカゥパイ] (英 thrust)
押し入れる

ดันทุรัง [ダントゥラング] (英 obstinacy)
強情

ดับ [ダブ] (英 put out) 消える

ดับเพลิง [ダブプルーング]
(英 extinguish) 火を消す

ดาดฟ้า [ダーッファー] (英 rooftop) 屋上

ดาดฟ้าเรือ [ダーッファールァ]
(英 deck) 甲板

ด้าน [ダーン] (英 side / aspect) 方面 / 様相

ด้านข้าง [ダーンカーング] (英 side)
脇 / 側面 / 傍ら

ด้านเดียว [ダーンディァゥ] (英 one side)
半面 / 一方的

ด้านนอก [ダーンノーク] (英 outside) 外部

ด้านนี้ [ダーンニー] (英 this side) こちら

ด้านหนึ่ง [ダーンヌング] (英 one side)
一面

ด้านหลัง [ダーンラング] (英 behind)
裏 / 裏面 / 後方

ดาบ [ダープ] (英 sword) 剣

ดาบญี่ปุ่น [ダーブイープン]
(英 Japanese sword) 刀

ด้าย [ダーイ] (英 thread) 糸

ดารา [ダーラー] (英 star) スター

ดาว [ダーウ] (英 star) 星

ดาวเคราะห์ [ダーウクロ] (英 planet)
惑星

ดาวตก [ダーウトッ] (英 shooting star)
流星 / 流れ星

ดาวตลก [ダーウタロク] (英 comedian)
コメディアン

ดาวเทียม [ダーウティアム] (英 satellite)
衛星

ดาวน์โหลด [ダーウローッ]
(英 download) ダウンロード

ดาวอังคาร [ダーウアンゲカーン]
(英 Mars) 火星

ดำ [ダム] (英 black) 黒

ดำน้ำ [ダムナム] (英 diving)
ダイビング / 潜る

ดำเนินการ [ダムヌーンカーン]
(英 operate) 実施する

ดำเนินงาน [ダムヌーンガーン]
(英 conduct / action) 行う / 決行

ดำเนินชีวิต [ダムヌーンチーウィッ]
(英 live) 暮らす

ดำเนินต่อ [ダムヌーントー]
(英 be continued) 続く

ดำเนินธุรกิจ [ダムヌーントゥラキッ]
(英 run a business) 営業する

ดำเมี่ยม [ダムミアム] (英 black as coal)
真っ黒

ดำรงชีวิต [ダムロンゲチーウィッ]
(英 live) 生きる

ดำรงอยู่ต่อไป [ダムロングユートーパイ]
(英 sustain) 存続する

ดิ่งพสุธา [ディンゲパスター]
(英 straight down) 墜落する

ดิจิตอล [ディチトン] (英 digital) デジタル

ดิฉัน [ディチャン] (英 I(female)) 私 (女性)

ดิน [ディン] (英 soil) 土壌

ดินแดน [ディンデーン] (英 territory)
領地 / 領土 / 領域

ดินปืน [ディンプーン] (英 gunpowder)
火薬

ดินฟ้าอากาศ [ディンファーアーカーッ]
(英 weather) 気象 / 天気 / 天候

ดิ้นรน [ディンロン] (英 struggle) もがく

ดินสอ [ディンソー] (英 pencil) 鉛筆

ดินสอกด [ディンソーコッ]
(英 mechanical pencil) シャープペンシル

ดินเหนียว [ディンニアウ] (英 clay) 粘土

ดิบ [ディプ] (英 raw) 生 (なま)

ดี [ディー] (英 good) 良い

ด

ด้านหลัง ➡ ดี 739

ดีกว่า［ディークワー］（英 better than）
いっそ / 勝る / 増し

ดีใจ［ディーチャイ］（英 joy / be glad）
嬉しい / 喜ぶ

ดีชั่ว［ディーチュア］（英 good and evil）
清濁

ดีด［ディーッ］（英 play）弾く

ดีเด่น［ディーデン］（英 excellent）優

ดีที่สุด［ディーティースッ］（英 best）
ベスト / 最上

ดียิ่งขึ้น［ディーイングクン］（英 better）
より良い

ดีเลิศ［ディールーッ］（英 marvelous）
優れた

ดึก ๆ ดื่น ๆ［ドゥクドゥクドゥーンドゥーン］
（英 late at night）夜更け

ดึกดำบรรพ์［ドゥクダムバン］
（英 primitive）原始

ดึกดื่น［ドゥクドゥーン］（英 late at night）
深夜

ดึง［ドゥング］（英 pull）引く / 引っ張る

ดึงขึ้น［ドゥングクン］（英 pull up）
引き上げる

ดึงดัน［ドゥングダン］（英 pushy）強引

ดึงออก［ドゥングオーク］（英 pull out）
抜く / はぐ / 毟る

ดื่ม［ドゥーム］（英 drink）飲む

ดื่มชา［ドゥームチャー］（英 drink tea）
お茶を飲む

ดื่มด่ำ［ドゥームダム］（英 enjoy）
陶酔する / 味わう

ดื่มเหล้ากับ［ドゥームラウカプ］
（英 drink together with *sb*）
酌み交わす

ดื้อดึง［ドゥードゥング］（英 obstinate）
頑固 / 意地

ดื้อรั้น［ドゥーラン］（英 stubbornness）
強情

ดุ［ドゥッ］（英 scold）叱る

ดุเดือด［ドゥドゥアッ］（英 furious）猛烈

ดุน［ドゥン］（英 push）突く

ดู［ドゥー］（英 watch）見る

ดูแก่［ドゥーケー］（英 look old）老ける

ดูด［ドゥーッ］（英 suck）しゃぶる

ดูดซับ［ドゥーッサプ］（英 absorb）吸収する

ดูดซึม［ドゥーッスム］（英 absorb）滲みる

ดูดวง［ドゥードゥアング］
（英 forecast/tell *sb's* fortune）占う

ดูดี［ドゥーディー］（英 cool）
シック / かっこいい

ดูถูก［ドゥートゥーク］（英 look down）
見下ろす

ดูเผิน ๆ［ドゥープーンプーン］
（英 at a glance）一見

ดูพื้นที่［ドゥープンーンティー］（英 survey / preview / preliminary inspection）
下見する

ดูไม่มีราคา［ドゥーマイミーラーカー］
（英 look cheap）安っぽい

740 ดีกว่า ➡ ดูไม่มีราคา
ด

ดูราวกับ [ドゥーラーゥカプ] (英 as if)
いかにも

ดูแลเด็กเล็ก [ドゥーレーデクレク]
(英 take care of small children)
保育する

ดูแลใส่ใจ [ドゥーレーサイチャイ]
(英 care) 育てる

ดูแลเอาใจใส่ [ドゥーレーアゥチャイサイ]
(英 take care of) 世話する

ดูหมิ่น [ドゥーミン] (英 disrespect)
軽蔑する

ดูเหมือน... [ドゥームァン...] (英 like)
〜みたい

ดูเหมือนว่า... [ドゥームァンワー...]
(英 look like) どうも / どうやら

เด็ก [デク] (英 child) 子供

เด็กกำพร้า [デクカムプラー] (英 orphan)
孤児

เด็กชาย [デクチャーィ] (英 boy) 男子

เด็กทารก [デクターロク] (英 baby)
赤ちゃん

เด็กน้อย [デクノーィ] (英 small child)
(小さな) 子ども

เด็กผู้ชาย [デクプーチャーィ] (英 boy)
男の子 / 少年

เด็กผู้หญิง [デクプーイング] (英 girl)
女の子 / 女子

เด็กเล็ก [デクレク] (英 child / infant) 幼児

เด็กหลงทาง [デクロングターング]
(英 lost child) 迷子

เด็กอ่อน [デクオーン] (英 infant)
乳児 / 赤ん坊

เด็ด [デッ] (英 pick) 摘む

เด็ดเดี่ยว [デッディァゥ] (英 resolute)
強硬 / 一筋

เด่นชัด [デンチャッ] (英 clear) はっきり
した

เดิน [ドゥーン] (英 walk) 歩く

เดิน(เครื่องจักร) [ドゥーン(クルアングチャク)]
(英 operate) 作動する

เดินขบวน [ドゥーンカブァン]
(英 march / parade) 行進する

เดินเครื่อง [ドゥーンクルアング]
(英 operation) 稼働 / オペレーション

เดินเท้า [ドゥーンタゥ] (英 go on foot)
歩く

เดินพาเหรด [ドゥーンパレーッ]
(英 parade) パレードする

เดินเรือ [ドゥーンルァ] (英 sail) 航海する

เดินเล่น [ドゥーンレン] (英 stroll) 散歩

เดินสวนกัน [ドゥーンスァンカン]
(英 pass each other) すれ違う

เดี่ยว [ディァゥ] (英 single) 単

เดี่ยว [ディァゥ] (英 alone) 単独 / 単一

เดียวกัน [ディァゥカン] (英 same)
同じ / 同一

เดียวดาย [ディァゥダーィ] (英 lonely)
孤独

เดี๋ยวนั้นเลย [ディァゥナンルーィ]
(英 promptly) 真っ先 / 即座

ดูราวกับ ➡ เดี๋ยวนั้นเลย 741

เดี๋ยวนี้ [ディアゥニー] (英 right now)
すぐに

เดือด [ドゥアッ] (英 boil) 沸騰する

เดือดร้อน [ドゥアッローン]
(英 be in trouble) 困る

เดือน [ドゥアン] (英 months)
～か月 / 月

เดือนที่แล้ว [ドゥアンティーレーゥ]
(英 last month) 先月

เดือนนี้ [ドゥアンニー] (英 this month)
今月

เดือนปี [ドゥアンピー]
(英 years and months) 年月

เดือนรอมฎอน [ドゥアンロームマドーン]
(英 Ramadan) ラマダン

เดือนหน้า [ドゥアンナー]
(英 next month) 来月

แดง [デーング] (英 red) 赤い

แดงเข้ม [デーングケム] (英 deep red)
真っ赤

แดงแจ๋ [デーングチェー] (英 bright red)
真っ赤

แดงเรื่อ [デーングルーア] (英 turn red)
赤らむ

แดดเผา [デーッパゥ] (英 sunburn) 日焼け

แดนไกล [デーンクライ] (英 faraway)
遠方

โด่งดัง [ドーングダング]
(英 very popular) 大人気

โดดเด่น [ドーッデン] (英 outstanding)
目覚ましい / 抜群

โดดเดี่ยว [ドーッディアゥ]
(英 isolation) 孤立

โดดเรียน [ドーッリアン] (英 absent without leave (AWOL)) サボる

โดน [ドーン] (英 hit *sth*) 当たる

โดนกัก [ドーンカッ] (英 be caught)
引っ掛かる

โดยเฉพาะ [ドーイチャポッ]
(英 especially) とりわけ

โดยเฉลี่ย [ドーイチャリア] (英 average)
平均

โดยใช้ปัญญา [ドーイチャイパンヤー]
(英 intellectual) 知的

โดยด่วน [ドーイドゥアン] (英 urgent) 至急

โดยตรง [ドーイトロング] (英 directly)
じかに

โดยทันที [ドーイタンティー]
(英 immediately) ただちに

โดยทั่วไป [ドーイトゥアパイ]
(英 generally) 一般的

โดยเนื้อแท้ [ドーイヌアテー]
(英 originally) 本来

โดยบังเอิญ [ドーイバングウーン]
(英 by chance) 偶然 / たまたま

โดยปกติ [ドーイパカティ] (英 usual) 通常

โดยพลการ [ドーイパラカーン]
(英 without permission) 無断

โดยมาก [ドーイマーク] (英 mostly) 大概

โดยไม่ได้ตั้งใจ [ドーイマイダイタングチャイ]
(英 by chance) 偶然

โดยไม่ได้รู้ตัว [ドーイマイダイルートゥア]
(英 unintentionally) 思わず

โดยไม่มี [ドーイマイミー] (英 without)
抜き

โดยไม่ใส่ใจ [ドーイマイサイチャイ]
(英 careless) 疎か

โดยเร็ว [ドーイレゥ] (英 speedy) 速やか

โดยเร็วไว [ドーイレゥワイ] (英 quickly)
さっさと

โดยละเลย [ドーイラルーイ]
(英 negligent) 疎か

โดยลำพัง [ドーラムパング] (英 alone)
一人で

โดยส่วนตัว [ドーイスァントゥア]
(英 oneself) 自身

โดยสังเขป [ドーイサングケープ]
(英 roughly) 大まか

โดยสิ้นเชิง [ドーイスィンチューング]
(英 completely) ことごとく

โดยหยาบ ๆ [ドーイヤープヤープ]
(英 roughly / more or less) ざっと

โดยอิสระ [ドーイッサラ]
(英 independence) 自主

ได้ [ダイ] (英 OK) よろしい

ได้กลิ่น [ダイクリン] (英 smell) におう

ได้กำไร [ダイカムライ] (英 get a profit)
儲かる

ได้งานทำ [ダインガーンタム]
(英 get a job) 就職する

ไดโนเสาร์ [ダイノーサゥ] (英 dinosaur)
恐竜

ได้เปรียบ [ダイプリアプ]
(英 advantageous) 有利

ได้โปรด [ダイプロープ] (英 please)
どうか / どうぞ

ได้ผล [ダイポン] (英 be effective) 効く

ได้มา [ダイマー] (英 acquire) 取得する

ได้ยิน [ダイイン] (英 hear) 聞こえる

ได้รับ [ダイラプ] (英 receive / obtain /
get / gain) 得る / 獲得する

ได้รับเงิน [ダイラプングン]
(英 receive money) 領収する

ได้รับมอบ [ダイラプモープ]
(英 be given) 賜わる

ได้รับเลือกตั้ง [ダイラプルアクタング]
(英 be elected as) 当選する

ได้รับไว้ [ダイラプワイ] (英 receive)
受領する

ได้เวลา [ダイウェーラー]
(英 at last / finally) いよいよ

ต

ตก [トク] (英 fall into / fall)
降る / 落ちる

ตกกระป๋อง [トククラポーング]
(英 fall from power) 失脚する

ตกใจ [トクチャイ] (英 be surprised)
びっくりする

ตกตะลึง [トクタルング]
(英 astonishment) 驚き

ตกต่ำ [トクタム] (英 fall in) 落ち込む

ตกต่ำลง [トクタムロング] (英 decline)
低下 / 衰える

ตกแต่ง [トクテング] (英 decorate) 飾る

ตกแต่งภายใน [トクテングパーイナイ]
(英 interior) インテリア

ตกปลา [トクプラー] (英 fish) 釣る

ตกราง [トクラーング] (英 derail) 脱線する

ตกลง [トクロング]
(英 make an agreement) 合意する

ตกลงใจ [トクロングチャイ]
(英 make up one's mind) 意を決する

ตกลงมา [トクロングマー] (英 fall from)
落下する

ตกสำรวจ [トクサムルァッ]
(英 be left out) 漏れる

ต้นกล้า [トンクラー] (英 seedling)
苗木 / 苗

ต้นกำเนิด [トンカムヌーッ] (英 origin)
起源 / 原産地 / 生まれ

ต้นขา [トンカー] (英 thigh) 腿 / 太もも / 股

ต้นฉบับ [トンチャバブ] (英 manuscript)
原稿

ต้นเดือน [トンドゥァン] (英 the beginning of a month) 上旬 / 初旬

ต้นตำรับ [トンタムラブ] (英 origin) 本場

ต้นทาง [トンターング]
(英 the first departure) 始発

ต้นทุน [トントゥン] (英 cost) コスト

ต้นบ๊วย [トンブァイ]
(英 Japanese apricot) 梅

ต้นแบบ [トンベーブ] (英 original)
原型 / オリジナル

ต้นปาล์ม [トンパーム] (英 palm tree)
椰子

ต้นเฟิร์นซีดาร์ [トンファーンスィーダー]
(英 fern) シダ

ต้นเมเปิล [トンメーブン] (英 maple tree)
楓

ต้นไม้ [トンマイ] (英 tree) 樹木 / 木

ต้นไม้กระถาง [トンマイクラターング]
(英 potted plant) 植木

ต้นไม้ตามแนวถนน [トンマイタームネゥタノン]
(英 roadside trees) 並木

ต้นไม้ใหญ่ [トンマイヤイ] (英 big tree)
大木

ต้นสน [トンソン] (英 pine) 松

ต้นสนซีดาร์ [トンソンスィーダー]
(英 cedar) 杉

ต้นหอม [トンホーム] (英 scallion) ねぎ

ต้นอ่อน [トンオーン] (英 bud) 芽 / 苗

ตนเอง [トンエーング] (英 I)
我 / 自身 / 自己

ตบ [トブ] (英 hit / pat) たたく

ตบตา [トブター] (英 deceive)
ごまかす / 欺く

ต้ม [トム] (英 boil / boiled) 茹でる / 煮る

ต้มเดือด [トムドゥァッ] (英 boil) 沸かす

ต้มตุ๋น [トムトゥン] (英 deceive)
詐欺を働く

ต้มสุก [トムスク] (英 be boiled / boil) 煮える / 煮る

ตรง [トロング] (英 straight) まっすぐ

ตรงกลาง [トロングクラーング] (英 middle) 中間 / 中程 / 真ん中

ตรงกัน [トロングコン] (英 agreement) 一致 / 応ずる

ตรงนั้นเลย [トロングナンルーイ] (英 promptness) 即座

ตรงไป [トロングパイ] (英 go straight) まっすぐ行く

ตรงไปตรงมา [トロングパイトロングマー] (英 frank) 率直

ตรงหน้า [トロングナー] (英 front) 正面

ตรวจการณ์ [トルアッカーン] (英 inspect) 視察する

ตรวจข้อสอบ [トルアッコーソープ] (英 check the test) 採点する

ตรวจไข้ [トルアッカイ] (英 give a medical examination) 診察する

ตรวจค้น [トルアッコン] (英 inspect) 捜索する

ตรวจเช็ค [トルアッチェク] (英 check) 点検する

ตรวจตรา [トルアットラー] (英 inspect) 監視する

ตรวจประเมิน [トルアップラムーン] (英 evaluate beforehand) 事前審査する

ตรวจปัสสาวะ [トルアッパッサーワ] (英 urine test) 尿検査

ตรวจพิสูจน์ [トルアッピスーッ] (英 verify) 検証する

ตรวจรักษา [トルアッラクサー] (英 give a medical examination) 診療する

ตรวจโรค [トルアッローク] (英 examine) 診る

ตรวจแล้ว [トルアッレーウ] (英 checked) 済み

ตรวจสอบ [トルアッソープ] (英 inspect) 検査する / チェックする / 調べる

ตรวจสอบสื่อ [トルアッソープスー] (英 censor) 検閲する

ตรอก [トローク] (英 alley) 路地

ตระการตา [トラカーンター] (英 brilliant / spectacular) 華々しい

ตระเตรียม [トラトリアム] (英 arrange) 支度する

ตระหนักรู้ [トラナクルー] (英 be aware of) 意識する

ตราตรึงใจ [トラートルングチャイ] (英 impression) 感銘

ตราประทับ [トラープラタップ] (英 seal) 印鑑 / 判子

ตราสารเครดิต [トラーサーンクレディッ] (英 letter of credit) 信用状

ตริกตรอง [トルクトローング] (英 contemplate) 熟慮する

ตรุษจีน [トゥッチーン] (英 Chinese New Year) 旧暦の正月 / 春節

ตลก [タロク] (英 funny) 滑稽

ต

ตลอด [トローッ] (英 all the time)
ずっと / 始終

ตลอดกาล [トローッカーン] (英 eternity)
永遠 / 永久

ตลอดทั้งวัน [トローッタングワン]
(英 all day) 終日

ตลอดปี [トローッピー] (英 all year) 年中

ตลอดไป [トローッパイ] (英 forever)
いつまでも / ずっと

ตลอดเวลา [トローッウェーラー]
(英 always) 常に

ตลับเทป [タラップテープ]
(英 cassette tape) カセットテープ

ตลาด [タラーッ] (英 market)
市場 / マーケット / 売れ行き

ตลาดเกิดใหม่ [タラーックーッマイ]
(英 emerging market) 新興市場

ตลาดหลักทรัพย์ [タラーッラッサッ]
(英 stock[equity] market) 株式市場

ตลิ่ง [タリング] (英 bank) 土手

ต่อ [トー] (英 against / connect)
対する / 繋ぐ

ตอก [トーック] (英 hit) 打つ

ตอกลงไป [トーックロングパイ]
(英 drive in) 打ち込む

ต่อเข้าด้วยกัน [トーカウドゥアイカン]
(英 connect) 接続する

ต่อเครื่อง [トークルアング]
(英 transfer to) 乗り継ぐ

ต้อง...ไม่ผิดแน่ [トーング... マイピッネー]
(英 must) ～違いない

ต้องการ [トーングカーン] (英 want)
要る / 欲しい / 求める

ต้องทำ [トーングタム] (英 must)
～しなければならない

ต้องไม่... [トーングマイ...] (英 must not)
(～しては) ならない

ต้องห้าม [トーングハーム] (英 prohibited)
禁止された

ต่อจาก... [トーチャーク...]
(英 come after) 次ぐ

ต่อจากนั้น [トーチャークナン] (英 then)
すると

ต่อต้าน [トーターン] (英 go against)
抵抗する / 反抗する

ตอน [トーン] (英 chapter) 章 / 部分

ตอนกลางคืน [トーンクラーングクーン]
(英 at night) 夜間

ตอนกลางวัน [トーンクラーングワン]
(英 daytime) 昼間

ตอนต้น [トーントン] (英 beginning) 冒頭

ตอนต่อไป [トーントーパイ]
(英 continuation) 続き

ตอนนั้น [トーンナン] (英 at that time)
その頃

ตอนนั้นเลย [トーンナンルーイ]
(英 promptness) 即座

ตอนนี้ [トーンニー] (英 now) 今

ตอนย่ำรุ่ง [トーンヤムルング] (英 dawn)
夜明け

ต้อนรับ [トーンラップ] (英 welcome)
歓迎する

ต้อนรับขับสู้ [トーンラプカプスー]
(英 warmly welcome) 手厚くもてなす

ต้อนรับแขก [トーンラプケーク]
(英 welcome) 応接する

ตอนแรก [トーンレーク]
(英 the beginning) 最初

ต่อเนื่องกัน [トーヌアンクカン]
(英 continuous) 連続 / 連続した

ตอบ [トープ] (英 answer) 答える

ตอบแทน [トープテーン] (英 give back)
返す

ตอบเมลกลับ [トープメーンクラプ]
(英 reply) 返信する

ตอบรับ [トープラプ] (英 answer) 応じる

ตอไม้ [トーマイ] (英 stump) 切り株 / 株

ต่อย [トーイ] (英 punch) 殴る

ต่อรถ [トーロッ] (英 transfer) 乗り換える

ต่อรองราคา [トーローンクラーカー]
(英 haggle (over the price) / bargain /
discount) 値切る / 値引きする

ต่อราคา [トーラーカー]
(英 haggle (over the price)) 値引きする

ต่อเรือ [トールア] (英 build a ship)
造船する

ต่อสู้ [トースー] (英 fight) 戦う / 争う

ต่อหน้า [トーナー] (英 be in front of)
対面する

ตอแหล [トーレー] (英 lie) ごまかす

ต่ออายุ [トーアーユ] (英 renew) 更新する

ต่ออายุสัญญา [トーアーユサンヤー]
(英 extension of contract) 契約延長

ต่ออายุอัตโนมัติ [トーアーユアットノーマッ]
(英 renew automatically)
自動更新する

ตะกร้า [タクラー] (英 woven basket)
かご

ตะกร้าซื้อของ [タクラースーコーンク]
(英 shopping bag) 買物かご

ตะกอน [タコーン] (英 precipitate)
沈澱

ตะกั่ว [タクア] (英 lead) 鉛

ตะเกียง [タキアンク] (英 lamp) ランプ

ตะเกียบ [タキアプ] (英 chopsticks) 箸

ตะแกรง [タクレーンク] (英 sieve) ざる

ตะโกนใส่ [タコーンサイ] (英 shout)
怒鳴る

ตะคริว [タクリウ] (英 cramp) 痙攣

ตะไบ [タバイ] (英 file) やすり

ตะปุ่มตะป่ำ [タプムタパム] (英 bumpy)
凸凹

ตะปู [タプー] (英 nail) 釘

ตะปูควง [タプークワンク] (英 screw) ねじ

ตะวันตก [タワントク] (英 West) 西洋 / 西

ตะวันออก [タワンオーク] (英 east) 東

ตะวันออกเฉียงใต้ [タワンオークチアンクタイ]
(英 the south-east) 東南

ตัก [タク] (英 scoop) すくう

ตั๊กแตน [タッカテーン] (英 grasshopper) ばった

ตั๊กแตนตำข้าว [タッカテーンタムカーウ] (英 (praying) mantis) かまきり

ตักน้ำ [タクナム] (英 dip up) 汲む

ตั้งขึ้น [タングクン] (英 set up) 立てる

ตั้งครรภ์ [タングカン] (英 become pregnant) 妊娠する

ตั้งค่า [タングカー] (英 set up) 設定する

ตั้งคำถาม [タングカムターム] (英 ask) 問う

ตั้งใจ [タングチャイ] (英 intend to) 志す / 熱心に (〜する)

ตั้งใจจะทำ [タングチャイチャ (タム)] (英 intend to (do)) 〜するつもりだ

ตั้งฉาก [タングチャーク] (英 perpendicular) 垂直

ตั้งชื่อ [タングチュー] (英 name) 名付ける

ตั้งชื่อเรื่อง [タングチュールアング] (英 name a title) 題する

ตั้งด่านตรวจ [タングダーントルアッ] (英 conduct an inspection point) 検問する

ตั้งแต่... [タングテー...] (英 since) 〜以来

ตั้งแต่ต้น [タングテートン] (英 initially) 元々

ตั้งแต่ต้นจนจบ [タングテートンチョンチョブ] (英 from start to finish) 始終 / 終始

ตั้งแต่นั้นมา [タングテーナンマー] (英 since) 以降

ตั้งท่า [タングター] (英 get ready) 構える

ตั้งนานมาแล้ว [タングナーンマーレーウ] (英 since long ago) 予(かね)て

ตั้งปลุก [タングプルク] (英 set the alarm) アラームをセットする

ตั้งเรียง [タングリアング] (英 line up) 並べる

ตัณหา [タンハー] (英 lust) 情念

ตัด [タッ] (英 cut) カットする

ตัด(หญ้า) [タッ (ヤー)] (英 mow) 刈る

ตัดกัน [タッカン] (英 contrast with / intersect with) 交差する

ตัดขวาง [タックワーング] (英 cross) 横断する

ตัดขาด [タッカーッ] (英 cut the relationship) 切断する

ตัดข้าม [タッカーム] (英 cross) 横切る

ตัดคะแนน [タッカネーン] (英 deduct points) 減点する

ตัดใจ [タッチャイ] (英 give up) 断念する

ตัดต้นไม้ [タットンマイ] (英 logging) 伐採

ตัดตอน [タットーン] (英 excise) 省略する

ตัดทอน [タットーン] (英 reduce) 削減する

ตัดน้ำ [タットナーム] (英 suspend water supply) 断水する

ตัดบัญชีอัตโนมัติ [タッパンチーアットノーマッ] (英 automatic withdrawal) 自動引き落とし

ตัดเย็บ [タッイェブ] (英 tailor) 仕立てる

ตัดสิน [タッスィン] (英 judge) 判定

ตัดสินใจ [タッスィンチャイ] (英 decide) 決心する

ตัดสินใจไม่ถูก [タッスィンチャイマイトゥーク] (英 have a roving eye) 目移りする

ตัดสินอย่างเด็ดขาด [タッスィンヤーングデッカーッ] (英 make a final decision) 決断する

ตัดออก [タッオーク] (英 deduct) 差し引く / 省く / 削る

ตัน [タン] (英 ton) トン

ตับ [タブ] (英 liver) 肝臓

ตับห่าน [タブハーン] (英 foie gras) フォアグラ

ตับอ่อน [タブオーン] (英 pancreas) 膵臓

ตั๋ว [トゥア] (英 ticket) 切符 / 券 / チケット

ตัว(หน่วยนับ) [トゥア (ヌアイナブ)] (英 counter for animals) 匹 / 体

ตัวเครื่อง [トゥアクルアング] (英 body) 本体

ตั๋วเครื่องบิน [トゥアクルアングビン] (英 airline ticket) 航空券

ตั๋วเงิน [トゥアングン] (英 draft) 手形

ตัวชูโรง [トゥアチューローング] (英 the leading star) 主役

ตัวด้วง [トゥアドゥアング] (英 beetle) かぶとむし

ตั๋วเดือน [トゥアドゥアン] (英 commuter pass / season ticket) 定期券

ตัวต่อ [トゥアトー] (英 wasp / hornet) すずめばち

ตัวตุ่น [トゥアトゥン] (英 mole) もぐら

ตั๋วเที่ยวเดียว [トゥアティアウディアウ] (英 one-way ticket) 片道切符

ตัวแทน [トゥアテーン] (英 representative) 代表 / 代理

ตัวบุ้ง [トゥアブング] (英 hairy caterpillar) 毛虫

ตัวประกัน [トゥアプラカン] (英 hostage) 人質

ตั๋วไปกลับ [トゥアパイクラブ] (英 round-trip ticket) 往復切符

ตัวผู้ [トゥアプー] (英 male animal) 雄

ตัวพยาธิ [トゥアパヤーッ] (英 parasite) 寄生虫

ตัวพิมพ์ [トゥアピム] (英 a printing type) 活字

ตัวพิมพ์ใหญ่ [トゥアピムヤイ] (英 capital letter) 大文字

ตัวเมือง [トゥアムアング] (英 downtown) 下町

ตัวล็อค [トゥアロク] (英 lock) 錠

ตัวละครในเรื่อง [トゥアラコーンナイルアング] (英 character) 人物

ตัวละครเอก [トゥアラコーンエーク] (英 main character) 主人公

ตัวเลข [トゥアレーク] (英 number) 数字 / 数

ตัวเลขดำในบัญชี [トゥアレークダムナイバンチー] (英 surplus) 黒字

ตัวเลือก [トゥアルアク] (英 option) 選択肢

ตั๋วแลกเงิน [トゥアレークングン] (英 bill of exchange) 為替手形

ตัดสินใจ ➡ ตั๋วแลกเงิน 749

ตัวเศษ(เศษส่วน) [トゥアセーッ(セーッスアン)]
(英 numerator) 分子

ตัวสั่น [トゥアサン] (英 chill / shiver)
震える

ตัวสำรอง [トゥアサムローング]
(英 substitute) 補欠

ตัวหนังสือ [トゥアナングスー]
(英 alphabet) アルファベット

ตัวหลัก [トゥアラク]
(英 the leading role) 主役

ตัวอย่าง [トゥアヤーング] (英 sample)
サンプル / 例 / 用例

ตัวอย่างจริง [トゥアヤーングチング]
(英 real-world example) 実例

ตัวอย่างเช่น... [トゥアヤーングチェン...]
(英 for example) 例えば

ตัวอย่างที่มีมาก่อน
[トゥアヤーングティーミーマーコーン]
(英 precedent) 前例

ตัวอย่างสินค้า [トゥアヤーングスィンカー]
(英 sample) 見本

ตัวอย่างอาหาร [トゥアヤーングアーハーン]
(英 food sample) 試食する

ตัวอักษร [トゥアアクソーン] (英 letter)
字 / 文字

ตัวเอก [トゥアエーク]
(英 leading character) 主演

ตัวเอง [トゥアエーング] (英 self) 自分 / 自己

ตากแห้ง [タークヘーング] (英 dry)
乾かす / 乾燥 / 乾燥した

ตากให้แห้ง [タークハイヘーング]
(英 dry[dried]to dry)
乾燥した / 乾燥 / 干す

ตาข่าย [ターカーイ] (英 net) 網

ต่างจังหวัด [ターングチャンワッ]
(英 rural) 地方

ต่างจิตต่างใจ [ターングチッターングチャイ]
(英 a matter of taste) 好き好き

ต่างประเทศ [ターングプラテーッ]
(英 abroad) 海外 / 外国

ต่างฝ่ายก็ [ターングファーイコー]
(英 each) 互い

ต่างฝ่ายต่าง [ターングファーイターング]
(英 each / each other) それぞれ

ต่างหากล่ะ [ターングハークラ] (英 for sure (emphasize preceding word))
～こそ

ตาชั่ง [ターチャング] (英 scale) 秤 (はかり)

ตาดำ [ターダム]
(英 the pupil (of the eye)) 瞳

ตาทวด [タートゥアッ] (英 (maternal) great-grandfather) 曾祖父 (母方)

ต้าน [ターン] (英 resist) 逆らう

ตาบอด [ターボーッ] (英 blindness) 盲目

ตามใจชอบ [タームチャイチョープ]
(英 being able to do as one desires)
自在

ตามตรง [タームトロング] (英 frankly)
ありのまま

ตามตัวมา [タームトゥアマー]
(英 summon) 呼び出す

ตามตื๊อ [タームトゥー] (® persistent)
しつこい

ตามที่เป็นจริง [タームティーペンチング]
(® honestly / as it is / frankly)
ありのまま

ตามไปด้วย [タームパイドゥワイ]
(® accompany) お供する

ตามแผน [タームペーン]
(® on schedule) 予定通り

ตามรอย [タームローイ]
(® pursue / follow) たどる

ตามฤดูกาล [タームルドゥーカーン]
(® season) 旬

ตามลำดับ [タームラムダブ] (® in order)
順々に

ตามสบาย [タームサバーイ] (® be at one's
convenience / relax / at home) くつろぐ

ตามอำเภอใจ [タームアムプーチャイ]
(® as one likes it) 勝手

ตาย [ターイ] (® die) 死ぬ / 亡くなる

ตายยาก [ターイヤーク] (® tough)
しぶとい

ตารางแผนงาน [ターラーングペーンンガーン]
(® schedule) 予定表

ตารางราคา [ターラーングラーカー]
(® price list) 料金表

ตารางเวลา [ターラーングウェーラー]
(® schedule) 時間割 / 時刻表

ตาลาย [ターラーイ] (® dizziness) めまい

ต่ำ [タム] (® low) 低い

ต่ำกว่า [タムクワー] (® under) 未満

ต่ำช้าที่สุด [タムチャーティースッ]
(® lowest) 最低

ต่ำทราม [タムサーム] (® vulgar)
卑しい

ตำนาน [タムナーン] (® legend) 伝説

ตำบล [タムボン] (® district) 郡 / 区

ตำรวจ [タムルアッ] (® police officer)
警察官

ตำราเรียน [タムラーリアン]
(® textbook) 教科書 / テキスト

ต่ำลง [タムロング] (® go down) 下がる

ตำหนิ [タムニ] (® blame) 非難する

ตำแหน่ง [タムネング] (® post)
位置 / ポスト / 格 / 位

ตำแหน่งที่ [タムネングティー]
(® position) 〜地点

ตำแหน่งบริหาร [タムネングボーリハーン]
(® managerial position) 役職

ตำแหน่งเริ่มต้น [タムネングルームトン]
(® the starting point)
起点 / 振り出し / 原点

ตำแหน่งหน้าที่ [タムネングナーティー]
(® position) ポジション

ติด [ティッ] (® stick) 付く

ติด ๆ กันทุกวัน [ティッティッカントゥックワン]
(® day after day) 連日

ติดเข้าไป [ティカウパイ] (® join a
thing) 接 (つ) ぐ

ติดใจสงสัย [ティッチャイソングサイ]
(® have doubts) 危ぶむ

ตามตื๊อ ➡ ติดใจสงสัย   731

ติดเชื้อ [ティッチュア] (英 be infected)
感染する / 伝染する

ติดต่อ [ティットー] (英 contact)
コンタクトする

ติดต่อธุรกิจ [ティットートゥラキッ]
(英 transact) 交易する

ติดต่อไม่ได้ [ティットーマイダイ]
(英 interruption) 不通

ติดต่อสื่อสาร [ティトースーサーン]
(英 communicate)
コミュニケーションをとる

ติดตั้ง [ティッタング] (英 install)
据える / 取り付ける

ติดตั้งเครื่อง [ティッタングクルアング]
(英 set up / install)
インストールする / 設置する

ติดตั้งให้พร้อม [ティタングハイプローム]
(英 equip) 備え付ける

ติดตามเก็บเงิน [ティッタームケブングン]
(英 demand payment)
(税金を) 取り立てる

ติดเต็มไปหมด [ティッテムパイモッ]
(英 covered all over) 〜まみれ

ติดแน่น [ティッネン] (英 stick) くっつく

ติดไฟ [ティッファイ] (英 light up) 点ける

ติดลบ [ティッロブ] (英 minus) マイナス

ติดไว้กับที่ [ティッワイカブティー]
(英 fix) 据え付ける

ติดหนี้ [ティッニー] (英 be in debt)
借りがある

ติดอาวุธ [ティッアーウッ]
(英 be armed with) 帯びる

ติดอุปกรณ์ [ティッウブパコーン]
(英 be equipped with) 装備する

ติเตียน [ティティアン] (英 blame) 咎める

ตี [ティー] (英 hit) ぶつ / 叩く

ตีความ [ティークワーム] (英 interpret)
解釈する

ตีนเขา [ティーンカウ]
(英 the foot (of a mountain)) 麓

ตีแผ่ [ティーペー] (英 disclose) 明かす

ตีพิมพ์ [ティーピム] (英 publish)
出版する / 刊行する

ตึก [トゥク] (英 building)
塔 / ビルディング / 家屋

ตึกระฟ้า [トゥクラファー] (英 high-rise)
高層

ตึกสร้างใหม่ [トゥクサーングマイ]
(英 new building) 新築

ตึกสูง [トゥクスーング] (英 skyscraper)
高層ビル

ตึกอาคาร [トゥクアーカーン]
(英 building) 建物

ตื่น [トゥーン] (英 wake up)
覚める / 起きる

ตื้น [トゥーン] (英 shallow) 浅い

ตื้นตันใจ [トゥーンタンチャイ] (英 be touched / overwhelmed) 感激する

ตื่นตัว [トゥーントゥア] (英 be aware of / be cautious of) 興奮する

ตื่นเต้น [トゥーンテン] (英 be excited)
興奮する

ตื่นนอน [トゥーンノーン] (英 get up)
起床する

ตื่นสาย [トゥーンサーイ]
(英 oversleeping) 朝寝坊

ตื้อ [トゥー] (英 be tenacious)
(頭が) 鈍い

ตื๊อ [トゥー] (英 coax a person to) ねだる

ตุ๊กแก [トゥッケー] (英 gecko) とかげ

ตุ๊กตา [トゥッカター] (英 doll) 人形

ตุ๊กตายัดนุ่น [トゥッカターヤッヌン]
(英 stuffed doll) ぬいぐるみ

ตุน [トゥン] (英 stock up) 貯蔵する

ตุ๋น [トゥン] (英 stewed) 煮込んだ / 煮込む

ตุ่ม [トゥム] (英 lump) でき物 / 発疹

ตุรกี [トゥラキー] (英 Turkey) トルコ

ตุลาการ [トゥラーカーン] (英 judge)
司法 / 判事

ตุลาคม [トゥラーコム] (英 October) 十月

ตู้จดหมาย [トゥーチョッマーイ]
(英 mailbox) (家の) ポスト

ตู้โทรศัพท์ [トゥートーラサプ]
(英 telephone booth) 電話ボックス

ตู้นิรภัย [トゥーニラパイ] (英 safety box)
金庫 / セーフティボックス

ตู้ไปรษณีย์ [トゥープライサニー]
(英 postbox) (投函用) ポスト

ตู้เย็น [トゥーイェン] (英 fridge) 冷蔵庫

ตู้รับจดหมาย [トゥーラプチョッマーイ]
(英 mailbox) 郵便受け

ตู้ล็อกเกอร์ [トゥーロックアー] (英 locker)
ロッカー

ตู้ล็อคเกอร์หยอดเหรียญ
[トゥーロックカーヨーッリアン]
(英 coin-operated locker) コインロッカー

ตู้ใส่ของ [トゥーサイコーング]
(英 cupboard) 戸棚

เต้น [テン] (英 dance) 舞う

เต็นท์ [テンッ] (英 tent) テント

เต้นรัว [テンルア] (英 beat fast) ドキドキ

เต้นรำ [テンラム] (英 dance) 踊る

เต็ม [テム] (英 full) 満ちる

เต็มถัง [テムタング] (英 fill up) 満タン

เต็มเปี่ยม [テムピアム]
(英 be completely full of) 充実する

เต็มไปด้วย [テムパイドゥアイ]
(英 be full of) 〜だらけ / 〜ずくめ

เต็มไปด้วยควัน [テムパイドゥアイクワン]
(英 smoky) 煙い

เต็มยศ [テムヨッ] (英 fully decorated)
本格的な / 正装の

เต็มรูปแบบ [テムルーブベーブ]
(英 full-option) 本格

เตร็ดเตร่ [トレットレー] (英 wander)
彷徨 (さまよ) う / ぶらぶらする

เตรียมกำลังพล [トリアムカムラングポン]
(英 prepare troops) 軍備

เตรียมข้าวของ [トリアムカーゥコーング]
(英 prepare the stuff) 準備する

เตรียมตั้งท่า [トリアムタングター]
(英 be prepared for) 構え

เตรียมตัว [トリアムトゥア] (英 prepare)
用意する

เตรียมบทเรียน [トリアムボッリアン]
(英 prepare for lessons) 予習する

เตรียมพร้อม [トリアムプローム]
(英 get ready) 構える

เตรียมไว้แล้ว [トリアムワイレーゥ]
(英 be equipped) 備わる

เตรียมสำรอง [トリアムサムローング]
(英 reserve) 予備を持つ

เตรียมอุปกรณ์ [トゥリアムウブパコーン]
(英 prepare (device)) 整備する

เตะ [テ] (英 kick) 蹴る

เตะกระเด็น [テクラデン]
(英 kick off (topic)) 蹴飛ばす

เตะตา [テター] (英 eye-catching)
目立つ / 派手

เตา [タゥ] (英 stove) ストーブ

เต่า [タゥ] (英 turtle) 亀

เต้าเจี้ยวญี่ปุ่น [タゥチャゥイープン]
(英 miso) 味噌

เตาน้ำมันหอม [タゥナムマンホーム]
(英 incense burner) 香炉

เตารีด [タゥリーッ] (英 iron) アイロン

เต้าเสียบ [タゥスィアッブ] (英 plug)
コンセント

เต้าหู้ [タゥフー] (英 tofu) 豆腐

เตาอบไมโครเวฟ [タゥオブマイクローウェーブ]
(英 microwave oven) 電子レンジ

เติบโตขึ้น [トゥーブトークン]
(英 grow up) 育つ

เติม [トゥーム] (英 add) 添える / 付け加える

เติมเต็ม [トゥームテム] (英 fulfill) 満たす

เติมน้ำมัน [トゥームナムマン]
(英 add fuel) 給油

เติมส่วนที่ขาด [トゥームスアンティーカーッ]
(英 fill a gap) 補給する

เติมสี [トゥームスィー] (英 colorize)
着色する

เติมให้เต็ม [トゥームハイテム] (英 fulfill)
補給する

เติมอีก [トゥームイーク] (英 refill)
おかわり

เตียงคู่ [ティアングクー] (英 double bed)
ダブルベッド

เตียงนอน [ティアングノーン] (英 bed)
寝台 / ベッド / 寝床

เตียงเสริม [ティアングスーム]
(英 extra bed) エキストラベッド

เตือน [トゥアン] (英 warn)
警戒する / 警告する

แต่ [テー] (英 but) でも / けれども

แตก [テーク] (英 crack / be damaged)
割れる / 壊れる

แตกกระจาย [テーククラチャーイ]
(英 be broken) 砕ける

แตกเงินปลีก [テークングンプリーク]
(英 change) 崩す

แตกตัว [テークトゥア] (英 decompose)
分解する

แตกตา [テークター] (英 germinate)
発芽する

แตกต่าง [テークターング]
(英 differ from) 異なる / 違う

แตกต่างกันไป [テークターングカンパイ]
(英 various) まちまち

แตกเป็นผุยผง [テークペンプィポング]
(英 be crumbled) 砕ける

แตกแยก [テークイェーク] (英 break up)
分裂する

แต่ก่อน [テーコーン] (英 before)
以前 / かつて

แต่ง(หนังสือ) [テング (ナングスー)]
(英 author) 著す

แตงกวา [テングクワー] (英 cucumber)
きゅうり

แต่งกายสวยงาม [テングカーイスアインガーム]
(英 dress up) 着飾る

แต่งงาน [テングンガーン] (英 marry)
結婚する

แต่งงานแล้ว [テングンガーンレーゥ]
(英 married) 既婚

แต่งงานใหม่ [テングンガーンマイ]
(英 marry again) 再婚する

แต่งตัวเก่ง [テングトゥアケング]
(英 fashionable / stylish) おしゃれ

แต่งตัวไปงานเลี้ยง
[テングトゥアパインガーンリアング]
(英 be dressed up) 盛装する

แต่งตัวสวย [テングトゥアスアイ]
(英 dress up) おしゃれする

แต่งตัวหรูหรา [テングトゥアルーラー]
(英 be dressed up) 盛装する

แตงโม [テーングモー] (英 watermelon)
すいか

แต่งเล็บเท้า [テングレプタウ]
(英 pedicure) ペディキュア

แต่ทว่า [テータワー] (英 but)
しかし / ところが

แต่เนิ่น ๆ [テーヌーンヌーン]
(英 in advance) 前もって

แต้ม [テム] (英 point) ポイント

แต่ละ... [テーラ...] (英 each) 各々 / ずつ

แต่ละคน [テーラコーン] (英 each)
各自 / 銘々

แต่ละชนิด [テーラチャニッ]
(英 each kind of) 各種

แต่ละเดือน [テーラドゥアン]
(英 every month) 毎月

แต่ละท้องที่ [テーラトーングティー]
(英 at each place) 各地

แต่ละแห่ง [テーラヘング]
(英 each place) 各地

แต่ละอัน [テーラアン] (英 one by one)
一々

แตะ [テ] (英 touch) 触れる

แตะต้อง [テトーング] (英 touch) 触る

ต

โต [トー] (㊥ big) 大きい

โต้กลับ [トークラブ] (㊥ react against) 反論する

โตขึ้น [トークン] (㊥ grow) 伸びる

โต้คารม [トーカーロム] (㊥ debate) 弁論

โตเต็มวัย [トーテムワイ] (㊥ maturity) 成熟

โต้เถียง [トーティアング] (㊥ argue) 論争する

โต้แย้ง [トーイェーング] (㊥ argue) 論じる

โต้วาที [トーワーティー] (㊥ debate) 討論する

โต๊ะ [ト] (㊥ desk / table) 机 / テーブル

โต๊ะวาง [トワーング] (㊥ stand) 台

โต๊ะอาหาร [トアーハーン] (㊥ dining table) 食卓

ใต้ดิน [タイディン] (㊥ underground) 地下

ใต้ปราสาท [タイプラーサーッ] (㊥ under the castle) 城下

ไต [タイ] (㊥ kidney) 腎臓

ไต้ฝุ่น [タイフン] (㊥ typhoon) 台風

ไตร่ตรอง [トライトロング] (㊥ consider) 考える

ไตรมาส [トライマーッ] (㊥ quarter) 四半期

ถ

ถกเถียง [トクティアング] (㊥ argue) 議論する

ถดถอย [トットーイ] (㊥ degrade) 退化する

ถนน [タノン] (㊥ road) 道路 / 通り / 車道

ถนนเดินเล่น [タノンドゥーンレン] (㊥ a walk) 遊歩道

ถนนในเมือง [タノンナイムアング] (㊥ the streets) 市街

ถนนสายหลัก [タノンサーイラク] (㊥ the main road) 大通り / 幹線

ถนอม [スーム] (㊥ preserve) 保存する

ถนัด [タナッ] (㊥ proficient) 上手 / 得意

ถนัดซ้าย [タナッサーイ] (㊥ left-handedness) 左利き

ถ่วงน้ำ [トゥアングナム] (㊥ send to the bottom) 沈める

ถ้วย [トゥアイ] (㊥ glass) コップ

ถ้วย(หน่วยนับ) [トゥアイ (ヌアイナプ)] (㊥ classification of glass[cup]) 杯 (はい)

ถ้วยกาแฟ [トゥアイカフェー] (㊥ coffee cup) カップ

ถ้วยชา [トゥアイチャー] (㊥ tea cup) 湯飲み

ถวาย [タワーイ] (㊥ offer) 差し上げる

ถวายดอกไม้ [タワーイドークマイ] (㊥ offer flowers) 花を供える

ถอดใจ [トーッチャイ] (㊥ resignation) 諦め

ถอดออก [トーッオーク] (㊥ remove) 脱ぐ / 外す

ถอน [トーン] (㊥ pull) 毟 (むし) る

ถอนเงิน [トーングン]
([英] withdraw money) 引き出す

ถอนตัว [トーントゥア] ([英] withdrawal)
辞退 / 脱退

ถอนหายใจ [トーンハーイチャイ]
([英] sigh) ため息をつく

ถ่อมตัว [トームトゥア] ([英] be humble)
謙虚 / へりくだる

ถอย [トーイ] ([英] draw back)
退く / 退ける / 引っ込む

ถ่อย [トーイ] ([英] be vulgar) 卑しい

ถ้อยแถลง [トーイタレーング]
([英] statement) 声明

ถอยหลัง [トーイラング] ([英] regress)
後退する

ถอยหลังกลับ [トーイラングクラップ]
([英] return) 引き返す

ถัก [タック] ([英] knit) 編む

ถังเก็บน้ำ [タングケップナム] ([英] tank) タンク

ถังขยะ [タングカヤ] ([英] trash can) ゴミ箱

ถังน้ำ [タングナム] ([英] water tank) 水槽

ถังน้ำมัน [タングナムマン]
([英] gasoline tank) ガソリンタンク

ถังใส่น้ำ [タングサイナム] ([英] bucket)
バケツ

ถัดไป [タッパイ] ([英] next) 明くる / 次の

ถั่ว [トゥア] ([英] bean / nuts) 豆 / ナッツ

ถั่วแระ [トゥアレ] ([英] green soybeans)
枝豆

ถั่วลันเตา [トゥアランタウ]
([英] green pea) えんどう豆

ถั่วลิสง [トゥアリソング] ([英] peanut)
ピーナッツ

ถั่วเหลือง [トゥアルアング] ([英] soybean)
大豆

ถ้า [ター] ([英] if) もし / もしも

ถ้าเช่นนั้น [ターチェンナン] ([英] then)
それでは / それなら / では

ถาด [タート] ([英] tray) 盆

ถาโถม [タートーム] ([英] rush in)
押し寄せる

ถ่าน [ターン] ([英] charcoal) 炭

ถ่านแบตเตอรี่ [ターンベーッテリー]
([英] dry cell battery) 乾電池

ถ่านไฟฉาย [ターンファイチャーイ]
([英] battery) 電池

ถ่านไม้ [ターンマイ] ([英] charcoal) 木炭

ถ่านหิน [ターンヒン] ([英] coal) 石炭 / 炭鉱

ถ้าเผื่อว่า [タープァワー]
([英] by any chance if ...) 万が一

ถาม [ターム] ([英] ask) 尋ねる

ถามตอบ [タームトープ] ([英] questions and answers) 問答する / 質疑応答する

ถามหา [タームハー] ([英] ask for) 求める

ถ่าย [ターイ] ([英] take a photo)
写る / 写す

ถ่ายทอด [ターイトーッ] ([英] inform)
伝える

ถ่ายทอดมา [ターイトーッマー]
(英 be handed down) 伝わる

ถ่ายทอดสด [ターイトーッソッ] (英 live broadcast) 中継する / 中継放送する

ถ่ายทำ [ターイタム] (英 take a shoot) 撮影する

ถ่ายเทอากาศ [ターイテーアーカーッ]
(英 ventilate) 換気する

ถ่ายภาพ [ターイパープ]
(英 take a picture) 撮影する

ถ่ายรูป [ターイループ]
(英 take a picture) 撮る

ถ่ายเอกสาร [ターイエークカサーン]
(英 copy) 複写する

ถาวร [ターウォン] (英 eternal) 永久

ถ้ำ [タム] (英 cave) 洞窟

ถิ่นกำเนิด [ティンカムヌーッ]
(英 the place of origin) 原産地

ถี่ [ティー] (英 frequently) 頻繁に

ถี่ถ้วน [ティートゥアン] (英 precision) 精密

ถึง [トゥング] (英 reach)
達する / 着く / 至る

ถึงก่อน [トゥングコーン] (英 arrive first)
先に着く

ถึงขีดสุด [トゥングキーッスッ]
(英 reach an extreme) 極まる

ถึงคราว... [トゥングクラーウ ...]
(英 time to (do sth)) いざ

ถึงแม้ว่า [トゥングメーワー]
(英 although / even if) たとえ〜でも

ถึงไหน [トゥングナイ] (英 where to) どこまで

ถึงอย่างไรก็... [トゥングヤーングライコー ...]
(英 anyhow) どうせ

ถือ [トゥー] (英 hold) 持つ

ถือครอง [トゥークローング] (英 possess)
所持する

ถือตัว [トゥートゥア] (英 smug) 気障

ถือเสมือนว่า [トゥーサムアンワー]
(英 regard sb as) 見なす

ถือโอกาสทำ [トゥーオーカーッタム]
(英 incidentally / while you're at it)
ついでに

ถุงกระดาษ [トゥングクラダーッ]
(英 paper bag) 紙袋

ถุงขยะ [トゥングカヤ] (英 trash bag) ゴミ袋

ถุงเท้า [トゥングタウ] (英 socks) 靴下

ถุงน่อง [トゥングノーング] (英 stockings)
ストッキング

ถุงนอน [トゥングノーン]
(英 sleeping bag) 寝袋

ถุงพลาสติก [トゥングプラーッサティク]
(英 plastic bag) ビニール袋

ถุงมือ [トゥングムー] (英 gloves) 手袋

ถุงยางอนามัย [トゥングヤーングアナーマイ]
(英 condom) コンドーム

ถู [トゥー] (英 scrub) こする / 擦(さす)る

ถูกกระทำ [トゥーククラタム]
(英 passiveness) 受け身

ถูกกำหนด [トゥークカムノッ]
(英 be decided) 決まる

ถูกจังหวะ [トゥークチャングワ]
(英 timely) タイムリー

ถูกใจ [トゥークチャイ] (英 like) 好ましい

ถูกโฉลก [トゥークチャローク]
(英 be congenial to) 気のあった

ถูกชะตา [トゥークチャター]
(英 compatible) 相性がいい

ถูกต้อง [トゥークトーング] (英 correct)
正しい / 正確な

ถูกปลูก [トゥークプルーク]
(英 be planted) 植わっている

ถูกเผง [トゥークペング]
(英 absolutely correct) ぴったり

ถูกย้อม [トゥークヨーム] (英 be dyed)
染まる

ถูกหนีบ [トゥークニープ]
(英 get jammed in) 挟まる

ถูกอุด [トゥークウッ] (英 be blocked)
塞がる

ถูลู่ถูกัง [トゥールートゥーカング]
(英 dragging) ずるずる

เถ้าถ่าน [タウターン] (英 ash(es)) 灰

แถบ [テープ] (英 stripe) しま

แถมยัง [テームヤング]
(英 besides / also) かつ

แถว [テーウ] (英 line) 列

แถว ๆ [テーウテーウ]
(英 around / vicinity) 辺り / 辺

แถวบ้าน [テーウバーン]
(英 the neighborhood) 近所

โถ [トー] (英 pot) 壺

โถส้วม [トースアム] (英 toilet bowl) 便器

ไถถาม [タイターム] (英 inquire after sb's health) (容態を) 尋ねる

ไถหว่าน [タイワーン] (英 cultivate) 耕す

ท

ทดแทน [トッテーン] (英 replace)
取って代わる

ทดน้ำ [トッナム] (英 irrigate) 灌漑する

ทดลอง [トッローング] (英 try) 試みる / 試す

ทดลองชิม [トッローングチム]
(英 have a food sample) 試食する

ทดลองใช้ [トッローングチャイ]
(英 try (the product)) 試用する

ทดลองดื่ม [トッローングドゥーム]
(英 have a drink sample) 試飲する

ทดลองทำ [トッローングタム] (英 try)
試行する

ทน [トン] (英 endure) 耐える

ทนทาน [トンターン] (英 sturdy)
がっしり / 頑丈

ทนทานต่อ... [トンタートー...]
(英 withstand) 堪える

ทนไม่ได้ [トンマイダイ] (英 cannot stand / be unbearable / irresistible) たまらない

ทนายความ [タナーイクワーム]
(英 attorney) 弁護士

ทยอย [タヨーイ] (英 little by little) 徐々に

ทรง [ソング] (英 model) 型

ทรงผม [ソングポム] ([英] hairstyle)
ヘアスタイル

ทรงพลัง [ソングパラング] ([英] forceful)
勢い

ทรมาน [トラマーン] ([英] torment)
苦しい / 辛い

ทรยศ [トーラヨッ] ([英] betray)
背く / 裏切る

ทรหดอดทน [トーラホッオットン]
([英] stamina) 持久力

ทรัพย์สมบัติ [サプソムバッ]
([英] property) 財産

ทรัพย์สิน [サプスィン] ([英] wealth) 財

ทรัพย์สินส่วนตัว [サプスィンスアントゥア]
([英] personal belongings) 私物 / 所有物

ทรัพยากร [サプパヤーコーン]
([英] resources) 資源

ทรัพยากรธรรมชาติ
[サプパヤーコーンタムマチャーッ]
([英] natural resources) 天然資源

ทรัพยากรบุคคล [サプパヤーコーンブクコン]
([英] human resource) 人材

ทราย [サーイ] ([英] sand) 砂

ทฤษฎี [トリッサディー] ([英] theory)
学説 / 定理

ทฤษฎีบท [トリッサディーボッ]
([英] theorem) 定理

ทลาย [タラーイ] ([英] break) 崩す

ทวงถาม [トゥアングターム]
([英] question) 追求する

ท่วม [トゥアム] ([英] flooding) 氾濫

ท่วมล้น [トゥアムロン] ([英] overflow)
溢れる

ทว่า [タワー] ([英] but) 但し

ทวารหนัก [タワーンナク] ([英] anus) 肛門

ทวีป [タウィーブ] ([英] continent)
大陸 / 州

ทหาร [タハーン] ([英] soldier)
兵士 / 兵隊 / 軍

ท่อ [トー] ([英] pipe) パイプ / 管 / 筒

ทอง [トーング] ([英] gold) 黄金

ท้อง [トーング] ([英] the stomach / belly / stomach) 腹 / 胃

ทองคำ [トーングカム] ([英] gold) 黄金

ท่องจำ [トングチャム] ([英] memorize)
暗記する

ทองแดง [トーングデーング] ([英] copper) 銅

ท้องถิ่น [トーングティン] ([英] local) 地方

ท้องที่ [トーングティー] ([英] local) 現地

ท้องทุ่ง [トーングトゥング] ([英] field)
原っぱ / 原

ท่องเที่ยว [トングティアゥ] ([英] travel)
観光 / 旅行

ทองแท้ [トーングテー] ([英] pure gold)
純金

ท้องนา [トーングナー] ([英] rice field)
田んぼ

ท่องบทสวด [トーングボッスアッ]
([英] recite) 唱える

ท้องผูก [トーングプーク] (英 constipate)
便秘する

ท้องฟ้า [トーングファー] (英 the sky)
上空 / 空

ท้องฟ้าแจ่มใส [トーングファーチェームサイ]
(英 clear (sky)) 晴天 / のどか

ท้องว่าง [トーングワーング]
(英 empty stomach) 空腹

ท่องสำรวจ [トングサムルアッ]
(英 explore) 探検する

ท้องเสีย [トーングスィア] (英 diarrhea)
下痢

ท่องอาขยาน [トングアーカヤーン]
(英 read aloud) 朗読する

ทอด [トーッ] (英 fry) 揚げる / 揚げた

ท้อถอย [トートーイ] (英 be depressed)
挫折する

ท้อแท้ [トーテー] (英 feel low)
がっかり / がっくり

ท่อนไม้ [トーンマイ] (英 wood) 材木

ท่อนเหล็ก [トーンレク] (英 iron bar)
鉄の棒

ท่อน้ำ [トーナム] (英 water pipe) 水道管

ท่อน้ำทิ้ง [トーナムティング] (英 sewer)
下水道

ทอผ้า [トーパー] (英 weave) 織る

ทะเบียนบ้าน [タビアンバーン]
(英 family register) 戸籍

ทะยาน [タヤーン] (英 dash) 駆ける

ทะลวง [タルアング] (英 penetrate)
突破する

ทะลัก [タラク] (英 gush) 湧く

ทะลึ่ง [タルング] (英 obscene / nasty)
いやらしい

ทะลุเข้า [タルカウ] (英 break through)
突破する

ทะเล [タレー] (英 sea) 海 / 海洋

ทะเลทราย [タレーサーイ] (英 desert) 砂漠

ทะเลสาบ [タレーサープ] (英 lake) 湖

ทะเลาะ [タロ] (英 argue / quarrel)
喧嘩する

ทักทาย [タクターイ] (英 greet) 挨拶する

ทักษะ [タクサ] (英 skill) 技量

ทักษะความชำนาญ
[タッサクワームチャムナーン]
(英 proficiency) 熟練

ทั้ง ๆ ที่ [タングタングティー]
(英 although) 〜にもかかわらず / 〜のに

ทั้งก้อน [タングコーン] (英 entirely) 丸ごと

ทั้งคู่ [タングクー] (英 both) 両方

ทั้งปวง [タングプアング] (英 completely)
諸に

ทั้งมวล [タングムアン] (英 every) あらゆる

ทั้งหมด [タングモッ] (英 altogether)
全部 / すっかり / いずれ

ทั้งหลาย [タングラーイ] (英 all) もろもろの

ทัดเทียม [タッティアム]
(英 be the equal of) 匹敵

ท้องผูก ➡ ทัดเทียม 761

ทันตกรรม [タンタカム] (英 dentistry)
歯科

ทันตแพทย์ [タンタペーッ] (英 dentist)
歯医者 / 歯科医

ทันท่วงที [タントゥアングティー]
(英 just in time) ちょうど

ทันที [タンティー] (英 immediately)
即座に

ทันทีทันใด [タンティータンダイ]
(英 suddenly) 突如 / 突然

ทันเวลา [タンウェーラー] (英 be in time)
間に合う

ทันสมัย [タンサマイ] (英 modern) モダン

ทับ [タブ] (英 run over) ひく

ทั่วทุกที่ [トゥアトゥクティー]
(英 everywhere) あちらこちら

ทั่วบริเวณ [トゥアボーリウェーン]
(英 entire) 一帯

ทั่วประเทศ [トゥアプラテーッ]
(英 the whole country) 全国

ทั่วไป [トゥアパイ] (英 general)
一般 / 普通 / 普遍

ทัวร์ [トゥア] (英 tour) ツアー

ทั่วร่างกาย [トゥアラーングカーイ]
(英 the whole body) 全身

ทั่วโลก [トゥアローク] (英 worldwide)
全世界

ทัศนวิสัย [タッサナウィサイ]
(英 perspective) 見通し

ทัศนศาสตร์ [タッサナサーッ]
(英 optics) 光学

ทัศนศึกษา [タサナスクサー]
(英 study tour) 見学

ทัศนะ [タッサナ] (英 view) 見解 / 説

ทัศนะส่วนตัว [タッサナサァントゥア]
(英 personal opinion) 主観

ทัศนาจร [タッサナーチョン]
(英 sightseeing tour) 見物する

ทัศนียภาพ [タッサニヤパーブ] (英 view)
眺望

ทา [ター] (英 paint) 塗る

ทางกลับบ้าน [ターングクラッブバーン]
(英 homeward) 帰路

ทางข้าม [ターングカーム]
(英 pedestrian crossing) 横断歩道

ทางข้ามรถไฟ [ターングカームロッファイ]
(英 railroad crossing) 踏み切り

ทางเข้า [ターングカウ] (英 entrance) 入口

ทางเข้าออก [ターングカウオーク]
(英 entrance and exit) 出入口

ทางช้างเผือก [ターングチャーングプアク]
(英 the Milky Way) 銀河

ทางด่วน [ターングドゥアン]
(英 expressway) 高速道路

ทางด้าน [ターングダーン] (英 field)
方向 / 方面

ทางเดิน [ターングドゥーン] (英 passage)
通路

ทางตัน [ターングタン] (英 reach a deadlock)
行き詰る / 突き当たり

ทางทะเล [ターングタレー] (英 marine)
海上

ทางเท้า [ターンクタウ] (英 pavement) 歩道

ทางนั้น [ターンクナン] (英 there) そちら

ทางน้ำ [ターンクナム] (英 waterway) 運河

ทางนี้ [ターンクニー] (英 this way) こちら

ทางม้าลาย [ターンクマーラーイ]
(英 pedestrian crossing) 横断歩道

ทางรถไฟ [ターンクロッファイ]
(英 railway) 鉄道

ทางรถวิ่ง [ターンクロッウィング]
(英 roadway) 車道

ทางระบายน้ำ [ターンクラバーイナム]
(英 drain) 溝

ทางลัด [ターンクラッ] (英 shortcut) 近道

ทางลาดชัน [ターンクラーッチャン]
(英 steep slope) 斜面

ทางเลี่ยงเมือง [ターンクリアンクムアング]
(英 bypass) バイパス

ทางวกวน [ターンクウォックウォン]
(英 labyrinth) 迷路

ทางสัญจร [ターンクサンチョーン]
(英 pedestrian traffic) 人通り

ทางสายหลัก [タノンサーイラッ]
(英 main road) 幹線

ทางหลวง [ターンクルアング] (英 national highway[route, road]) 街道 / 国道

ทางไหน [ターンクナイ]
(英 which direction) どっち

ทางออก [ターンクオーッ] (英 exit) 出口

ทางออกฉุกเฉิน [ターンクオーックチュックチューン]
(英 emergency exit[door]) 非常口

ทางออกด้านหลัง [ターンクオーックダーンランク]
(英 back door) 裏口

ทางอ้อม [ターンクオーム]
(英 indirect / detour) 間接 / 回り道

ท่าทาง [ターターンク] (英 pose) 姿勢

ท่าทางไม่เต็มใจ [ターターンクマイテムチャイ]
(英 reluctant) 嫌々

ท่าทางลนลาน [ターターンクロンラーン]
(英 agitated) 慌ただしい

ท้าทาย [タータイ] (英 challenge)
挑戦する

ท่าที [ターティー] (英 manner) 態度

ท่าทีเป็นมิตร [ターティーペンミッ]
(英 amiable) 愛想

ท่าเทียบเรือ [ターティアプルア]
(英 port of call) 寄航地

ทานได้ไม่อั้น [ターンダイマイアン]
(英 all-you-can-eat) 食べ放題

ท่านทั้งหลาย [ターンタンクラーイ]
(英 ladies and gentlemen) 方々 / 諸君

ท่านนี้ [ターンニー] (英 this person)
この方

ท่านผู้หญิง [ターンプーイング] (英 Lady)
夫人

ท่ามกลาง [タームクラーンク]
(英 in the midst) 最中

ทายใจ [ターイチャイ] (英 guess) 察する

ท้ายที่สุด [ターイティースッ] (英 finally)
結局

ทารก [ターロッ] (英 baby) 赤ん坊

ทารุณกรรม [ターㇽンナカム] (英 abuse) 虐待する

ท่าเรือ [ターㇽァ] (英 port) 港

ทาเล็บ [ターレッブ] (英 manicure) マニキュア

ทาส [タース] (英 slave) 奴隷

ทาสี [タースィー] (英 paint) ペンキ

ทำ [タム] (英 do) する

ทำกำไร [タムカムライ] (英 get a profit) 儲ける

ทำเกินไป [タムクーンパイ] (英 overdo) 過ぎる

ทำไขสือ [タムカイスー] (英 play innocent) とぼける

ทำควบคู่ [タムクァブクー] (英 doing together) 両立

ทำความเข้าใจ [タムクワームカゥチャイ] (英 grasp) 把握

ทำความคุ้นเคย [タムクワームクンクーイ] (英 get sb accustomed to) 慣らす

ทำงาน [タムンガーン] (英 work) 働く

ทำงานแข็งขัน [タムンガーンケンヶカン] (英 be hard working) 活躍する

ทำงานชั่วคราว [タムンガーンチュアクラーゥ] (英 part time job) パートタイム

ทำงานเป็นทีม [タムンガーンペンティーム] (英 teamwork) 共同作業する

ทำงานล่วงเวลา [タムンガーンルァンヶウェーラー] (英 work overtime) 残業する

ทำซ้ำ [タムサム] (英 repeat) 複製する

ทำด้วยมือ [タムドゥァイムー] (英 handmade) 手作り

ทำตก [タムトㇰ] (英 drop) 落とす

ทำต่อเนื่อง [タムトーヌァンヶ] (英 in a row) 続けて

ทำต่อไป [タムトーパイ] (英 continue) 続ける

ทำตาม [タムターム] (英 follow) 従う / 沿う

ทำแตก [タムテーㇰ] (英 break) 壊す

ทำโทษ [タムトーッ] (英 punish) 制裁する

ทำธุรกิจ [タムトゥラキッ] (英 do business) 商売する

ทำนบกั้นน้ำ [タムノッブカンナム] (英 bank) 堤防

ทำนอง [タムノーンヶ] (英 melody) メロディー

ทำนองเดียวกัน [タムノーンヶディアゥカン] (英 similar) 同様

ทำนาย [タムナーイ] (英 tell sb's fortune) 占う

ทำนู่นบ้างนี่บ้าง [タムヌーンバーンヶニーバーンヶ] (英 this and that) とかくする

ทำเนียน [タムニアン] (英 smooth acting) 何気ない

ทำบัญชี [タムバンチー] (英 accounting) 経理

ทำบุญ [タムブン] (英 accumulate good deeds) 功徳を積む

ท

764　　ทารุณกรรม ➡ ทำบุญ

ทำไปพลาง [タムパイプラーング] (英 while) ながら

ทำผิด [タムピッ] (英 make a mistake) 間違える / 背く

ทำผิดกฎ [タムピッコッ] (英 break a rule) 違反する / 犯す

ทำพลาด [タムプラーッ] (英 make a mistake) しくじる

ทำพัง [タムパング] (英 break) 壊す

ทำฟาร์มโคนม [タムファームコーノム] (英 do a dairy farm) 酪農

ทำไม [タムマイ] (英 why) どうして / なぜ

ทำไร่ทำนา [タムライタムナー] (英 farm) 耕作する

ทำลาย [タムラーイ] (英 destroy) 壊す

ทำลายทิ้ง [タムラーイティング] (英 destroy) 破棄する

ทำลายล้าง [タムラーイラーング] (英 ruin) 滅ぼす

ทำลายสิ้นซาก [タムラーイスィンサーク] (英 terminate) 絶滅させる

ทำวิจัย [タムウィチャイ] (英 research) 研究する

ทำเสีย [タムスィア] (英 ruin) 損なう

ทำหก [タムホク] (英 spill) こぼす

ทำหน้าที่ [タムナーティー] (英 play a role) 役をする

ทำหล่น [タムロン] (英 drop) 落とす

ทำหาย [タムハーイ] (英 lose) 無くす

ทำให้กระจ่าง [タムハイクラチャーング] (英 explain) 明かす

ทำให้แข็ง [タムハイケング] (英 make *sth* hard) 固める

ทำให้แข็งแกร่ง [タムハイケングクレング] (英 strengthen) 強める

ทำให้แข็งแรงขึ้น [タムハイケングレーングクン] (英 strengthen) 強化する

ทำให้คงที่ [タムハイコングティー] (英 level) 固定する

ทำให้คอย [タムハイコーイ] (英 make *sb* wait) 待たせる

ทำให้คืบหน้า [タムハイクープナー] (英 put forward) 進める

ทำให้เจ็บ [タムハイチェプ] (英 cause *sb* pain) 苦しめる

ทำให้เดือดร้อน [タムハイドゥアッローン] (英 trouble) 悩ます

ทำให้ทุกข์ [タムハイトゥク] (英 torment) 悩ます

ทำให้นุ่มนวล [タムハイヌムヌアン] (英 soften) 和らげる

ทำให้ปรากฏ [タムハイプラーコッ] (英 show) 現す

ทำให้ปั่นป่วน [タムハイパンプアン] (英 ravage) 荒らす

ทำให้เป็นกลาง [タムハイペンクラーング] (英 neutralize) 中和する

ทำให้เป็นจริง [タムハイペンチング] (英 make it come true) 実現する

ท

ทำให้เป็นแผล [タムハイペンプレー]
(英 wound) 傷付ける

ทำให้เปียก [タムハイピアク] (英 wet)
濡らす

ทำใหม่ [タムマイ] (英 redo) 改める

ทำให้เย็นลง [タムハイイェンロング]
(英 cool *sth* down) 冷ます

ทำให้วุ่นวาย [タムハイウンワーィ]
(英 disturb) 乱す

ทำให้สั้นลง [タムハイサンロング]
(英 shorten) 縮める / 略す / 略する

ทำให้สำเร็จ [タムハイサムレッ]
(英 complete) やり遂げる

ทำให้เสร็จ [タムハイセッ] (英 finish)
終わらせる / 仕上げる

ทำให้เสร็จสมบูรณ์ [タムハイセッソムブーン]
(英 complete) 仕上げる

ทำให้หมดไป [タムハイモッパイ]
(英 abolish) 無くする

ทำให้แหว่ง [タムハイウェーング]
(英 chip) 欠く

ทำให้อ่อนแอ [タムハイオーンエー]
(英 weaken) 弱める

ทำอย่างต่อเนื่อง [タムヤーングトーヌアング]
(英 continue) 継続する

ทำอะไรไม่ถูก [タムアライマイトゥーク]
(英 be puzzled / be lost) 戸惑う

ทำอาหาร [タムアーハーン] (英 cook)
調理する

ทำอาหารกินเอง [タムアーハーンキンエーング]
(英 cook food by[for] oneself) 自炊する

ทำอีกรอบ [タムイークローブ]
(英 do something again) 再び

ทำโอที [タムオーティー]
(英 work overtime) 残業する

ทิ้ง [ティング] (英 throw away) 捨てる

ทิฐิ [ティティ] (英 obstinate) 意地

ทิป [ティブ] (英 tip) チップ

ทิ่ม [ティム] (英 stick) 刺さる

ทิ่มแทง [ティムテーング] (英 pierce) 刺す

ทิวทัศน์ [ティウタッ] (英 scenery)
風景 / 見晴らし / 景色

ทิศใต้ [ティッタイ] (英 south) 南

ทิศทาง [ティッターング] (英 direction)
方角

ทิศทางลม [ティッターングロム]
(英 the direction of the wind) 風向き

ทิศที่หัน [ティッティーハン]
(英 turning direction) 向き

ที่ [ティー] (英 part / place)
〜における / 〜において / 箇所

ที่กรอง [ティークローング] (英 filter)
フィルター

ที่กำบัง [ティーカムバング] (英 shield) 盾

ที่กำลังเติบโต
[ティーカムラングトゥーブトー]
(英 growing) 新興

ที่กำหนดไว้ [カーンカムノッワイ]
(英 designated) 所定の

ที่เก็บของ [ティーケブコーング]
(英 warehouse) 蔵

ที่โกยขยะ [ティーコーイカヤ]
(英 dustpan) ちり取り

ที่ขนานไปกับ [ティーカナーンパイカブ]
(英 paralleled) 沿い

ที่ขายตั๋ว [ティーカーイトゥァ]
(英 ticket office) 切符売り場

ที่เขี่ยบุหรี่ [ティーキアブリー]
(英 ash tray) 灰皿

ที่คลุม [ティークルム] (英 cover) カバー

ที่คั่นหนังสือ [ティーカンナングスー]
(英 bookmark) 栞 (しおり)

ที่จริง [ティーチング] (英 truly) 実に

ที่จริงแล้ว [ティーチングレーゥ]
(英 in fact) 実は

ที่จอดรถ [ティーチョーッロッ]
(英 parking lot) 駐車場

ที่จะถึง [ティーチャトゥーング]
(英 coming (time)) きたる

ที่จับ [ティーチャブ] (英 handle) 取っ手

ที่จ่ายเงิน [ティーチャーイングン]
(英 cashier) レジ

ที่ช้อนรองเท้า [ティーチョーンローングタゥ]
(英 shoehorn) 靴べら

ที่ดิน [ティーディン] (英 land) 土地

ที่ดีที่สุด [ティーティーティースッ]
(英 best) 最善

ที่ตั้ง [ティータング] (英 the location)
所在 / 基地

ที่ทำงาน [ティータムンガーン]
(英 one's workplace) 職場

ที่นอน [ティーノーン] (英 bedding) 布団

ที่นั่ง [ティーナング] (英 seat)
腰掛 / 座席 / 席 / シート

ที่นั่งติดทางเดิน [ティーナングティッターングドゥーン]
(英 an aisle seat) 通路側席

ที่นั่งเต็ม [ティーナングテム]
(英 full of people) 満員

ที่นั่งที่กำหนด [ティーナングティーカムノッ]
(英 reserved seat) 指定席

ที่นั่งริมหน้าต่าง [ティーナングリムナーターング]
(英 window seat) 窓側席

ที่นั่งว่าง [ティーナングワーング]
(英 vacancy) 空席

ที่นั่งสำหรับเด็ก [ティーナングサムラブデク]
(英 child seat) チャイルドシート

ที่นั่งสำหรับผู้ชม
[ティーナングサムラブプーチョム]
(英 audience seats) 客席

ที่นัดรวมพล [ティーナッルァムポン]
(英 meeting place) 集合場所

ที่นั่น [ティーナン] (英 there / over there)
そこ

ที่นี่ [ティーニー] (英 here / this place) ここ

ที่โน่น [ティーノーン] (英 there)
あそこ / あちら

ที่ปรึกษา [ティープルクサー] (英 adviser)
顧問

ที่ปัดน้ำฝน [ティーパッナムフォン]
(英 (windshield) wipers) ワイパー

ที่เก็บของ ➡ ที่ปัดน้ำฝน   767

ที่เปิดกระป๋อง [ティープークラポーング] (英 can opener) 缶切り

ที่เปิดขวด [ティープークワッ] (英 bottle opener) 栓抜き

ที่ผ่านมา [ティーパーンマー] (英 until now) 経過 / 今まで

ที่ผ่านมาในอดีต [ティーパーンマーナイアディーッ] (英 in the past) 従来

ที่พัก [ティーパク] (英 inn / hotel) 宿

ที่พักอาศัย [ティーパクアーサイ] (英 residence) 居住

ทีม [ティーム] (英 team) チーム / 隊

ทีมเวิร์ก [ティームウーク] (英 teamwork) チームワーク

ที่มั่น [ティーマン] (英 base) 拠点

ที่มา [ティーマー] (英 origin) 由来 / 背景

ที่มาที่ไป [ティーマーティーパイ] (英 circumstances) 経緯

ที่ยุ่งยาก [ティーユングヤーク] (英 troublesome) 厄介

ที่เย็บกระดาษ [ティーイェプクラダーッ] (英 stapler) ホチキス

ที่รดน้ำ [ティーロッナーム] (英 watering can / watering pot) じょうろ

ที่ระลึก [ティーラルク] (英 commemoration) 記念

ที่ราบ [ティーラープ] (英 plain) 平野

ที่ราบลุ่ม [ティーラープルム] (英 basin) 盆地

ที่ราบสูง [ティーラープスーング] (英 highland) 高原 / 台地

ที่รู้จักกันในนามว่า [ティールーチャクカンナイナームワー] (英 is known as / what is called / the so called) いわゆる (文語)

ที่เรียกกันว่า [ティーリアクカンワー] (英 as known as) いわゆる

ที่เรียกว่า... [ティーリアクワー ...] (英 so-called) という

ทีละขั้นตอน [ティーラカントーン] (英 step by step) 着々

ทีละคน [ティーラコン] (英 one by one) 一人一人 / 個々

ทีละน้อย [ティーラノーイ] (英 little by little) 少しずつ

ทีละนิด [ティーラニッ] (英 little by little) 少しずつ / しだいに

ทีละราย [ティーララーイ] (英 separately / one by one) 個々

ที่ลาด [ティーラーッ] (英 slope) 坂

ที่แลกเงิน [ティーレークングン] (英 money exchange booth) 両替所

ที่ว่าง [ティーワーング] (英 space) 空き

ที่สัมพันธ์กัน [ティーサムパンカン] (英 be related to) 相対の

ที่สุด [ティースッ] (英 the most) 最 / 最も / 究極

ที่ใส่ [ティーサイ] (英 container) 入れ物

ที่หนึ่ง [ティーヌング] (英 No.1) 第一

ที่เหลือ [ティールァ] (英 rest) 残り / 余地

ทีโหล่ [ティーロー] (英 the last) ビリ

ท

ที่ไหน [ティーナイ] (英 where) 何処

ที่อยู่ [ティーユー] (英 address)
住所 / アドレス / 宛先

ที่อยู่ของผู้รับ [ティーユーコーンクプーラップ]
(英 address) 送り先

ที่อยู่ติดต่อ [ティーユーティットー]
(英 contact address) 連絡先

ที่อยู่รอบตัว [ティーユーローブトゥア]
(英 around oneself) 身の回り

ที่อยู่อาศัย [ティーユーアーサイ]
(英 residence) 住い / 住居 / 住宅

ที่อื่น [ティーウーン] (英 another place)
よそ

ทึกทัก [トゥクタク] (英 assume) 思い込む

ทึม ๆ [トゥムトゥム] (英 dim) 薄暗い

ทุก [トゥク] (英 each) 各

ทุก ๆ [トゥクトゥク] (英 every)
～ごと / 毎～

ทุก ๆ... [トゥクトゥク...]
(英 every ... time[day]) ～おき

ทุกข์ทรมาน [トゥクトラマーン]
(英 suffering) 苦痛

ทุกข์ยาก [トゥクヤーク] (英 miserable)
あさましい

ทุกคน [トゥクコン] (英 everybody)
一同 / 皆

ทุกครั้ง [トゥククラング] (英 every time)
毎度 / 毎回

ทุกครั้งที่ [トゥククラングティー]
(英 every time that) ～度に

ทุกคืน [トゥククーン] (英 every night)
毎晩

ทุกเช้า [トゥクチャウ]
(英 every morning) 毎朝

ทุกเดือน [トゥクドゥアン]
(英 every month) 毎月

ทุกท่าน [トゥクターン] (英 everybody)
皆さん

ทุกปี [トゥクピー] (英 every year) 毎年

ทุกเมื่อ [トゥクムア] (英 anytime) いつでも

ทุกวัน [トゥクワン] (英 every day) 毎日

ทุกสัปดาห์ [トゥクサプダー]
(英 every week) 毎週

ทุกหนทุกแห่ง [トゥクホントゥクヘング]
(英 everywhere) 至る所

ทุกอย่าง [トゥクヤーング]
(英 everything) 何でも / いっさい

ทุ่ง [トゥング] (英 field) 野

ทุ่งนา [トゥングナー] (英 field) 田園 / 畑

ทุ่งราบ [トゥングラープ] (英 plain) 平野

ทุ่งหญ้า [トゥングヤー] (英 grassland)
草地 / 草原

ทุจริต [トゥチャリッ] (英 corrupt) 不正

ทุนการศึกษา [トゥンカーンスクサー]
(英 scholarship) 奨学金

ทุ่มเท [トゥムテー] (英 throw oneself
into (work)) 尽くす / 励む / 打ち込む

ทุเรียน [トゥリアン] (英 durian) ドリアン

เท่ [テー] (英 cool) クール

เทคนิค [テークニク] (㊧technique)
手法 / 技 / 技術 / 巧み

เทคโนโลยี [テークノーローイー]
(㊧technology) テクノロジー

เทิ้ง [テーティング] (㊧pour out) 流す

เทนนิส [テンニッ] (㊧tennis) テニス

เทพเจ้า [テーブパチャウ] (㊧god) 神

เทพนิยาย [テープニヤーイ]
(㊧mythology) 神話

เทศกาลกินเจ [テーサカーンキンチェー]
(㊧Vegetarian Festival) ベジタリアン祭り

เทศกาลแข่งเรือหางยาว
[テーサカーンケングルアハーンヤーウ]
(㊧Long Boat Race Festival)
ロングボート祭り

เทศกาลดอกไม้ [テーサカーンドークマイ]
(㊧Buddha's Birthday Festival) 花祭り

เทศกาลทุ่งบัวตอง
[テーサカーントゥングブアトーング]
(㊧Bua Tong Blossom Festival)
ニトベギク祭り

เทศกาลประกวดนกเขา
[テーサカーンプラクァッノクカウ]
(㊧Bird-singing contest)
チョウショウバト長鳴きコンテスト

เทศกาลผีตาโขน [テーサカーンピーターコーン]
(㊧Phi Ta Khon Festival)
ピーターコーン祭り

เทศกาลแม่น้ำแคว [テーサカーンメーナムクェー]
(㊧River Kwai Festival) クウェー川祭り

เทศกาลแห่เทียนเข้าพรรษา
[テーサカーンヘーティアンカウパンサー]
(㊧Candle Festival) ろうそく祭り

เทศน์ [テーッ] (㊧preach) 説教する

เทศบาล [テーッサバーン]
(㊧municipality) 自治体

เทอม [トゥーム] (㊧term) 学期

เทอะทะ [トゥタ] (㊧be bulky) かさばる

เท้า [ターウ] (㊧foot) 足

เท่า ๆ กัน [タウタウカン]
(㊧the same amount) 一律

เท่ากัน [タウカン] (㊧equal / same)
等しい

เท่ากับ [タウカプ] (㊧equal to) イコール

เท่าตัว [タウトゥア] (㊧double) 倍

เท่าที่จะทำได้ [タウティーチャタムダイ]
(㊧as ... as possible) なるべく

เท่าเทียม [タウティアム] (㊧equal) 対等

เท่านั้น [タウナン] (㊧only) ～ずくめ

เท้าเปล่า [タウプラウ] (㊧bare-foot)
裸足

เท่าไหร่ [タウライ]
(㊧how much / how many) いくら

เทิดทูนบูชา [トゥーットゥーンブーチャー]
(㊧worship) 崇拝する

เที่ยงวัน [ティアウワン] (㊧noon) 正午

เทียนไข [ティアンカイ] (㊧candle)
ろうそく

เทียบเคียง [ティアプキアング]
(㊧compare) 対比する

เทียบเท่า [ティアプタウ] (㊧be compatible with / fit / be true) あてはまる

ท

เทียบให้ตรงกัน [ティアプハイトロンクカン] (英 compare) 照合する

เทียม [ティアム] (英 artificial) 人工

เที่ยว [ティアウ] (英 travel) 旅行する

เที่ยวชม [ティアウチョム] (英 tour) 周遊

เที่ยวเดียว [ティアウディアウ] (英 one way) 片道

เที่ยวบิน [ティアウビン] (英 flight) 便（びん）/ フライト / 航空

เที่ยวบินตรง [ティアウビントロング] (英 direct[non-stop] flight) 直行便

เที่ยวบินต่างประเทศ [ティアウビンターングプラテーッ] (英 international flight) 国際線

เที่ยวบินที่มีการต่อเครื่อง [ティアウビンティーミーカーントークルアング] (英 connecting flight) 接続便

เที่ยวบินภายในประเทศ [ティアウビンパーイナイプラテーッ] (英 domestic flight) 国内線

เทือกเขา [トゥアックカウ] (英 mountains) 山岳

แท้ [テー] (英 real) 真

แท็กซี่ [テクスィー] (英 taxi) タクシー

แทง [テーング] (英 pierce) 刺さる / 刺す

แทงก์น้ำ [テンクナーム] (英 water tank) 水槽

แทงทะลุ [テーングタル] (英 pierce) 貫く

แท้งบุตร [テーングブッ] (英 miscarry) 流産する

แท่งไม้ [テーングマイ] (英 stick) 棒

แท้จริง [テーチング] (英 real) 本格

แท่น [テーン] (英 stand) 台

แทนที่ [テーンティー] (英 take the place of / replace) 代える / 代わる / 交互に

แทบจะไม่ [テープチャマイ] (英 seldom) 滅多に

แทบทั้งหมด [テープタングモッ] (英 entirely) 専ら

แทบแย่ [テープイェー] (英 with difficulty) 辛うじて

แทรก [セーク] (英 insert) 介入する

แทรกเข้ามา [セークカウマー] (英 squeeze into) 割り込む

แทรกซึม [セークスム] (英 infiltrate) 染み込む

แทรกแซง [セークセーング] (英 interfere) 干渉する

แทะ [テ] (英 gnaw) かじる

โทรทัศน์ [トーラタッ] (英 television) テレビ

โทรพิมพ์ [トーラピム] (英 telex) テレックス

โทรเลข [トーラレーク] (英 telegram) 電報

โทรศัพท์ [トーラサプ] (英 telephone) 電話

โทรศัพท์มือถือ [トーラサプムートゥー] (英 cell phone) 携帯電話

โทรสาร [トーラサーン] (英 facsimile) ファックス

ท

ธ

ธง [トング] (英 flag) 旗

ธงชาติ [トングチャーッ]
(英 national flag) 国旗

ธงชาติญี่ปุ่น [トングチャーッイープン]
(英 Japanese national flag) 日の丸

ธนบัตร [タナバッ]
(英 banknote / paper money) 紙幣

ธนาคาร [タナーカーン] (英 bank)
銀行 / バンク

ธนู [タヌー] (英 arrow) 矢

ธรรมชาติ [タムマチャーッ] (英 nature)
自然 / 素質 / 天然

ธรรมดาทั่วไป [タムマダートゥアパイ]
(英 be common / commonplace)
ありふれた / 月並みな

ธรรมดาสามัญ [タムマダーサーマン]
(英 common) 平凡

ธรรมเนียม [タムニアム] (英 custom)
慣習 / 習慣

ธัญพืช [タンヤプーッ] (英 grain) 穀物

ธันวาคม [タンワーコム] (英 December)
十二月

ธาตุ [ターッ] (英 element) 元素

ธุรกิจ [トゥラキッ] (英 business)
ビジネス / 商業

ธุรกิจค้าปลีก [トゥラキッカープリーク]
(英 the retail industry) 小売業

ธุระ [トゥラ] (英 business)
用件 / 用事 / 用

ธุระด่วน [トゥラドゥアン]
(英 urgent business) 急用

ธูป [トゥープ] (英 incense stick) 線香

เธอ [トゥー] (英 she) 彼女

น

นก [ノク] (英 birds) 鳥

นกกระจอก [ノククラチョーク]
(英 sparrow) 雀

นกกระจอกเทศ [ノククラチョークテーッ]
(英 ostrich) だちょう

นกน้อย [ノクノーイ] (英 little bird) 小鳥

นกนางนวล [ノクナーングヌアン]
(英 seagull / gull) かもめ

นกนางแอ่น [ノクナーングエン]
(英 swallow) 燕

นกเป็ดน้ำ [ノクペッナム] (英 teal) 鴨

นกพิราบ [ノクピラープ] (英 pigeon) 鳩

นกยูง [ノクユーング]
(英 peacock / peahen) 孔雀

นกอพยพ [ノクオップパヨプ]
(英 migratory bird) 渡り鳥

นกฮูก [ノクフーク] (英 owl) ふくろう

นม [ノム] (英 milk) 牛乳 / ミルク

นมข้นหวาน [ノムコンワーン]
(英 condensed milk) コンデンスミルク

นมผง [ノムポング] (英 powdered milk)
粉ミルク

นมแม่ [ノムメー] (英 breast milk)
乳 / 母乳

นโยบาย [ナヨーバーイ] (英 policy)
方針 / 政策

นรก [ナロク] (英 hell) 地獄

นวด(แป้ง) [ヌアッ（ペング）] (英 knead)
練る

นวดตัว [ヌアットゥア] (英 massage
one's body) マッサージする

นวนิยาย [ナワニヤーイ] (英 fiction) 小説

นวัตกรรม [ナワッタカム]
(英 innovation) 革新

นอกใจ [ノークチャイ]
(英 having an affair) 不倫 / 浮気

นอกเมือง [ノークムアング]
(英 the suburbs) 郊外

นอกหลักสูตร [ノークラクスートゥ]
(英 extracurricular) 課外

นอกเหนือจาก [ノークヌアチャーク]
(英 other than) 〜以外 / 他

นอกอาคาร [ノークアーカーン]
(英 outdoor) 野外

น้อง... [ノーング...] (英 little...(courtesy
title for calling younger person))
〜ちゃん

น้องชาย [ノーングチャーイ]
(英 younger brother) 弟

น้องสาว [ノーングサーウ]
(英 younger sister) 妹

น้องใหม่ [ノーングマイ]
(英 new member) 新人

นอน [ノーン] (英 sleep) 寝る

นอนกลางวัน [ノーンクラーングワン]
(英 take a nap) 昼寝する

นอนคว่ำ [ノーンクワム] (英 on one's
stomach / face down) うつ伏せ

นอนพลิกตัว [ノーンプリクトゥア]
(英 turn[roll] over) 寝返りを打つ / 寝返る

นอนพัก [ノーンパク] (英 rest in bed) 安静

นอนไม่พอ [ノーンマイポー]
(英 lack of sleep) 寝不足

นอนเล่น [ノーンレン] (英 lie down) 寝転ぶ

นอนเลยเวลา [ノーンルーイウェーラー]
(英 oversleep) 寝過ごす

นอนหลับ [ノーンラプ] (英 fall asleep)
眠る

นอบน้อม [ノープノーム] (英 modest)
控え目

น้อมรับ [ノームラプ] (英 accept)
受け止める

น้อย [ノーイ] (英 very few) 少ない

น้อยกว่า [ノーイクワー] (英 less than)
以下 / 弱

น้อยสุด [ノーイスッ] (英 minimum) 最小

นักการทูต [ナクカーントゥート]
(英 diplomat) 外交官

นักกีฬา [ナクキーラー] (英 player) 選手

นักข่าว [ナクカーウ] (英 journalist) 記者

นักดับเพลิง [ナクダププルーング]
(英 firefighter) 消防士

นักท่องเที่ยว [ナクトーングティアウ]
(英 tourist) 旅人 / 観光客

นโยบาย ➡ นักท่องเที่ยว   773

นักโทษ [ナクトーッ] (英 prisoner) 囚人

นักธุรกิจ [ナクトゥラキッ] (英 businessperson) 実業家 / ビジネスパーソン

นักบวช [ナクブアッ] (英 clergyman) 牧師

นักบิน [ナクビン] (英 pilot) パイロット

นักแปล [ナクプレー] (英 translator) 訳者

นักมังสวิรัติ [ナクマンクサウィラッ] (英 vegetarian) ベジタリアン

นักรบซามูไร [ナクロブサームーライ] (英 samurai) 武士

นักร้อง [ナクローング] (英 singer) 歌手

นักเรียน [ナクリアン] (英 student) 学生 / 生徒

นักเรียนประถม [ナクリアンプラトム] (英 elementary school student) 小学生

นักเรียนมัธยมปลาย [ナクリアンマッタヨムプラーイ] (英 high school student) 高校生

นักเรียนใหม่ [ナクリアンマイ] (英 new student) 新入生

นักล้วงกระเป๋า [ナクルアンクラパウ] (英 pickpocket) すり

นักวิชาการ [ナクウィチャーカーン] (英 scholar) 学者

นักศึกษา [ナクスクサー] (英 university student) 大学生

นักศึกษาต่างชาติ [ナクスクサーターンクチャーッ] (英 foreign student) 留学生

นักสืบ [ナクスーブ] (英 detective) 探偵

นักแสดง [ナクサデーング] (英 actor / actress) タレント / 俳優 / 芸人

นักแสดงนำ [ナクサデーングナム] (英 leading actor (actress)) 主演

นักแสดงหญิง [ナクサデーングイング] (英 actress) 女優

นั่ง [ナング] (英 sit down) 座る

นั่งเข้าไป(ใน) [ナングカウパイナイ] (英 get into) 乗り込む

นั่งยอง ๆ [ナングヨーングヨーング] (英 squat) しゃがむ

นั่งลง [ナングロング] (英 sit down) 腰掛ける / 着席する

นั่งเลยสถานี [ナングルーイサターニー] (英 ride past one's stop) 乗り越す

นั่งสมาธิ [ナングサマーティ] (英 meditate) 瞑想する

นัดก่อน [ナッコーン] (英 prior engagement) 先約

นัดดูตัว [ナッドゥートゥア] (英 set up a marriage meeting) 見合いをする

นัดพบ [ナッポブ] (英 arrange to meet) 待ち合わせる

นัดพบกัน [ナッポブカン] (英 arrange to meet) 待ち合わせる

นัดมารวมกัน [ナッマールアムカン] (英 assemble) 集合する

นัดหมาย [ナッマーイ] (英 appointment) アポイントメント

นัดหยุดงาน [ナッユッンガーン] (英 go on strike) ストライキをする

นับ [ナプ] (英 count) 数える

นับตั้งแต่ [ナプタンケテー] (英 since)
〜来 / 以来

นับถือ [ナプトゥー] (英 respect)
尊敬する / 尊重する

นัยน์ตา [ナイター] (英 eyeball) 眼球

นา [ナー] (英 rice field) 田

น่ากลัว [ナークルァ] (英 scary) 恐ろしい

น่าเกลียด [ナークリアッ] (英 ugly) 醜い

น่าเกลียดชัง [ナークリアッチャング]
(英 hateful) 憎らしい

นาข้าว [ナーカーウ] (英 rice field) 田んぼ

น่าเขย่าขวัญ [ナーカヤックワン]
(英 ghastly) 物凄い

นาง [ナーング] (英 Mrs.) ミセス

นางแบบ [ナーングベープ]
(英 model(female)) モデル（女性）

นางพยาบาล [ナーングパヤーバーン]
(英 nurse) 看護師（女性）

นางฟ้า [ナーングファー] (英 angel) 天使

นางสาว [ナーングサーウ] (英 Miss) ミス

น่าจะ [ナーチャ] (英 ought to do) 筈

น่าเจ็บใจ [ナーチェプチャイ] (英 hurtful)
忌々しい

นาดำ [ナーダム] (英 paddy field) 水田

นาที [ナーティー] (英 minute) 分 (ふん)

นาน ๆ ครั้ง [ナーンナーンクラング]
(英 occasionally) たま / たまに

นานมาแล้ว [ナーンマーレーウ]
(英 long ago) とっくに

นานแล้ว [ナーンレーウ] (英 long) 久しい

นานาชาติ [ナーナーチャーッ]
(英 international) 国際的

น่าเบื่อหน่าย [ナーブアナーイ]
(英 boring) 詰まらない

น่าพอใจ [ナーポーチャイ]
(英 satisfactory) 好ましい / 結構

นามธรรม [ナームタム]
(英 abstraction) 抽象

นามบัตร [ナームバッ] (英 name card)
名刺

นามสกุล [ナームサクン] (英 surname)
姓 / 名字

นายกเทศมนตรี [ナーヨックテーッサモントリー]
(英 mayor) 市長

นายกรัฐมนตรี [ナーヨックラッタモントリー]
(英 prime minister) 首相 / 総理大臣

นายแบบ [ナーイベープ]
(英 model(male)) モデル（男性）

นายหน้า [ナーイナー] (英 broker) 斡旋

น่ายินดี [ナーインディー] (英 happy)
めでたい

น่ารัก [ナーラック] (英 cute)
かわいい / かわいらしい

น่ารังเกียจ [ナーラングキアッ]
(英 disgusting) 嫌 / 忌々しい

น่ารำคาญ [ナーラムカーン]
(英 annoying) うるさい

นับ ➡ น่ารำคาญ　775

น่าเวทนา [ナーウェータナー] (英 pitiful)
情けない / 悲惨な / 哀れな

น่าเศร้า [ナーサゥ] (英 sad) 悲しい

น่าสงสัย [ナーソンヶサイ] (英 doubtful)
不審 / 怪しい

น่าสงสาร [ナーソンヶサーン] (英 pitiful)
かわいそう / 気の毒

น่าสมเพช [ナーソムペーッ] (英 pity)
みじめ / 哀れ

น่าสะพรึงกลัว [ナーサプルンヶクルァ]
(英 frightening) 不気味

น่าสับสน [ナーサブソン] (英 confusing)
紛らわしい

น่าเสียดาย [ナースィアダーィ]
(英 regrettable) 残念

น่าหวาดกลัว [ナーワーックルァ]
(英 scary) 物騒

นาฬิกา [ナーリカー] (英 clock) 時計

นาฬิกาข้อมือ [ナーリカーコームー]
(英 watch) 腕時計

นาฬิกาปลุก [ナーリカーブルヶ]
(英 alarm clock) 目覚まし時計

น่าอับอาย [ナーアブアーィ]
(英 shameful) みっともない

น่าอาย [ナーアーィ] (英 shameful)
恥ずかしい

น่าอิจฉา [ナーイッチャー] (英 envious)
羨ましい

นำ [ナム] (英 lead) 率いる

น้ำ [ナム] (英 water) 水

นำกลับคืน [ナムクラブクーン]
(英 recover) 取り戻す

น้ำของผลไม้ [ナムコーングポンラマイ]
(英 juice) 汁

น้ำขึ้นสูง [ナムクンスーング]
(英 high water) 満潮

นำเข้าสินค้า [ナムカゥスィンカー]
(英 import) 輸入する

น้ำแข็ง [ナムケンヶ] (英 ice) 氷

น้ำแข็งแห้ง [ナムケンヶヘンヶ]
(英 dry ice) ドライアイス

น้ำค้าง [ナムカーンヶ] (英 dew) 霜 / 露

น้ำเงิน [ナムングン] (英 blue) 青い

น้ำจืด [ナムチューッ] (英 fresh water)
淡水

น้ำเชื่อม [ナムチュアム] (英 syrup) シロップ

น้ำซุป [ナムスプ] (英 soup) 汁

น้ำดื่ม [ナムドゥーム] (英 drinking water)
飲料水

น้ำตก [ナムトヶ] (英 waterfall) 滝

น้ำตา [ナムター] (英 tears) 涙

น้ำตาล [ナムターン] (英 sugar) 砂糖

น้ำท่วม [ナムトゥアム] (英 flood)
大水 / 洪水

น้ำทะเล [ナムタレー] (英 sea water) 海水

นำทาง [ナムターンヶ] (英 guide a way)
誘導する / 引率する

น้ำทิ้ง [ナムティンヶ] (英 sewage)
廃液 / 下水

776　น่าเวทนา ➡ น้ำทิ้ง

น้ำบาดาล [ナムバーダーン]
(英 ground water) 地下水

นำไป [ナムパイ] (英 bring along)
連れる / 持って行く / 連れて行く

นำไปใช้ [ナムパイチャイ] (英 adopt)
採用する

นำไปใช้ได้ [ナムパイチャイダイ]
(英 apply to) 適用する

นำไปด้วย [ナムパイドゥァイ] (英 bring)
持参する

นำไปปฏิบัติ [ナムパイパティバッ]
(英 act) 実行する / 決行する

น้ำผลไม้ [ナムポンラマイ] (英 juice)
ジュース

น้ำผึ้ง [ナムプン゚] (英 honey) 蜂蜜 / 蜜

น้ำพุ [ナムプ] (英 fountain) 泉 / 噴水

น้ำมัน [ナムマン] (英 oil) オイル / 石油

น้ำมันก๊าด [ナムマンカーッ]
(英 kerosene) 灯油

น้ำมันดิบ [ナムマンディブ] (英 crude oil)
原油

น้ำมันดีเซล [ナムマンディーセゥ]
(英 diesel) 軽油

น้ำมันเบนซิน [ナムマンベンスィン]
(英 gasoline) ガソリン

น้ำมันมะกอก [ナムマンマコーク]
(英 olive oil) オリーブオイル

น้ำมันหมด [ナムマンモッ]
(英 out of gas) ガス欠

นำมา [ナムマー] (英 bring) もたらす

นำมาใกล้ [ナムマークライ]
(英 bring sth close) 近付ける

นำมาใช้ [ナムマーチャイ] (英 adopt)
導入する / 採択する

นำมาใช้กับ... [ナムマーチャイカブ...]
(英 apply) 充てる

นำมาใช้ใหม่ [ナムマーチャイマイ]
(英 reuse) 再利用する

นำมาให้ดู [ナムマーハイドゥー]
(英 show) 見せる

น้ำมูก [ナムムーク] (英 nasal mucus) 鼻水

น้ำร้อน [ナムローン] (英 hot water)
熱湯 / 湯

น้ำรั่ว [ナムルァ] (英 leak (water))
漏水する

น้ำแร่ [ナムレー] (英 mineral water)
ミネラルウォーター

น้ำลง [ナムロング] (英 the ebb) 干潮

น้ำลาย [ナムラーイ] (英 saliva) 唾 / 唾液

น้ำวน [ナムウォン] (英 whirlpool) 渦

นำส่ง [ナムソング] (英 report) 届ける

น้ำส้ม [ナムソム] (英 orange juice)
オレンジジュース

น้ำส้มสายชู [ナムソムサーイスー]
(英 vinegar) 酢

นำสมัย [ナムサマイ] (英 trendy) 先端

น้ำสลัด [ナムサラッ] (英 dressing)
ドレッシング

นำเสนอ [ナムサヌー] (英 present)
提示する

น้ำบาดาล ➡ นำเสนอ　777

นำเสนองาน [ナムサヌーンガーン]
(英 presentation) プレゼンテーション

น้ำเสีย [ナムスィア] (英 sewage) 下水

น้ำเสียง [ナムスィアング]
(英 tone of voice) 口調

น้ำหนัก [ナムナク] (英 weight)
重量 / 目方

นำหน้า [ナムナー] (英 lead) リード

น้ำหอม [ナムホーム] (英 perfume) 香水

น้ำอัดลม [ナムアッロム] (英 soft drink)
清涼飲料水

นิกาย [ニカーイ] (英 sect) 〜派

นิกายเซน [ニカーイセン] (英 Zen) 禅

นิ่งเงียบ [ニングンギアプ]
(英 fall silent / silent) 黙る

นิ่งเฉย [ニングチューイ] (英 be stalled)
滞る

นิดหน่อย [ニッノーイ] (英 a few)
少し / 若干

นิตยสาร [ニッタヤサーン]
(英 magazine) 雑誌

นิติบัญญัติ [ニティバンヤッ]
(英 legislation) 立法

นิติศาสตร์ [ニティサーッ]
(英 jurisprudence) 法学

นิทรรศการ [ニタッサカーン]
(英 exhibition) 展覧会

นินทา [ニンター] (英 gossip) 悪口

นิยาม [ニヤーム] (英 definition) 定義

นิรนาม [ニンラナーム] (英 anonymity)
匿名

นิรันดร์ [ニランッ] (英 forever)
永遠 / 永い

นิ้ว [ニゥ] (英 finger) 指

นิ้วกลาง [ニゥクラーング]
(英 the middle finger) 中指

นิ้วก้อย [ニゥコーイ] (英 the little finger /
the fifth toe) 小指

นิวเคลียส [ニゥクリアッ] (英 nucleus) 核

นิ้วชี้ [ニゥチー] (英 the index finger)
人差し指

นิ้วนาง [ニゥナーング] (英 the ring finger /
the fourth toe) 薬指

นิ่วในไต [ニゥナイタイ]
(英 kidney stone) 結石

นิ้วโป้ง [ニゥポーング]
(英 the thumb / the big toe) 親指

นิเวศวิทยา [ニウェーッウィッタヤー]
(英 ecology) エコロジー

นิสัย [ニサイ] (英 personality)
性格 / 気性

นิสัยของคน [ニサイコーングコン]
(英 personality) 人柄

นิสัยใจคอ [ニサイチャイコー]
(英 temperament) 気質

นิสัยดี [ニサイディー] (英 goodness) 善良

นิสัยติดตัว [ニサイティットゥア]
(英 habit) 癖

นี่ [ニー] (英 hey) ねえ

778 นำเสนองาน ➡ นี่

นี่ไง [ニーンガイ] (英 Here.) さあ

นี่แหละ [ニーレ] (英 See? / I told you.)
～こそ

นึกเดา [ヌクダウ] (英 guess) 察する

นึกไปถึง [ヌクパイトゥング] (英 recall)
浮べる

นึกไม่ถึง [ヌクマイトゥング]
(英 unexpected) とんだ

นึกโยงไปถึง [ヌクヨーングパイトゥング]
(英 associate) 連想する

นึกให้ออก [ヌクハイオーク] (英 recall)
思い出す

นึ่ง [ヌング] (英 steam / steamed)
蒸す / 蒸した

นุ่ม [ヌム] (英 soft) 柔らか

นุ่มนวล [ヌムヌアン] (英 gentle) 温和

นุ่มนิ่ม [ヌムニム] (英 soft) 柔らかい

นุ่มละมุน [ヌムラムン]
(英 mild and gentle) そっとやさしく

นุ่มลื่น [ヌムルーン] (英 smooth) なめらか

เนคไท [ネクタイ] (英 necktie) ネクタイ

เน้นย้ำ [ネンヤム] (英 emphasize)
強調する

เน้นอย่างหนักแน่น [ネンヤーングナクネン]
(英 stress) 強める

เนย [ヌーイ] (英 butter) バター

เนรเทศ [ネーラテーッ] (英 banish)
追放する

เนอสเซอรี่ [ヌーッセーリー] (英 nursery)
保育園

เน่า [ナウ] (英 rotten)
腐る / 朽ちる / 腐った

เนิน [ヌーン] (英 mound) 丘 / 坂

เนินเขา [ヌーンカウ] (英 hill) 丘陵 / 山腹

เนื้อ [ヌア] (英 meat) 肉

เนื้อแกะ [ヌアケ] (英 mutton / lamb)
マトン / ラム

เนื้อไก่ [ヌアカイ] (英 chicken) 鶏肉

เนื้อความ [ヌアクワーム] (英 content)
本文

เนื้อความโดยย่อ [ヌアクワームドーイヨー]
(英 summarized content) 概要 / 概略

เนื่องจาก... [ヌアングチャーク...] (英 as)
～ので

เนื้องอก [ヌアンゴーク] (英 tumor) 腫瘍

เนื้อดี [ヌアディー] (英 benignancy) 良性

เนื้อติดมัน [ヌアティッマン]
(英 fatty meat) 脂身

เนื้อบด [ヌアボッ] (英 minced meat)
ひき肉

เนื้อผ้า [ヌアパー] (英 cloth) 生地

เนื้อเพลง [ヌアプレーング] (英 lyrics) 歌詞

เนื้อแพะ [ヌアペ] (英 goat meat)
ヤギの肉

เนื้อร้าย [ヌアラーイ] (英 malignant) 悪性

เนื้อลูกวัว [ヌアルークウア] (英 veal)
仔牛肉

เนื้อวัว [ヌアウア] (® beef) 牛肉

เนื้อหมู [ヌアムー] (® pork) 豚肉

เนื้อหา [ヌアハア] (® contents)
内容 / 中身

แน่น [ネン] (® be crowded) 混む

แน่นขนัด [ネーンカナッ] (® crowded)
混んだ

แน่นด้วยสาระ [ネンドゥァイサーラ]
(® be full of knowledge) 充実する

แน่นอน [ネーノーン] (® absolutely)
絶対 / もちろん / 確実

แน่นอนอยู่แล้ว [ネーノーンユーレーゥ]
(® of course) 無論

แน่นเอี๊ยด [ネンイアッ]
(® tightly / densely) ぎっしり

แนบกันสนิท [ネープカンサニッ]
(® tightly) ぴったり

แนบมาด้วย [ネープマードゥァイ]
(® be enclosed) 同封する

แนบมาในซอง [ネープマーナイソーング]
(® enclosed) 同封した

แนวเขา [ネゥカウ]
(® mountain range) 山脈

แนวคิด [ネゥキッ] (® concept / idea /
thought / viewpoint)
概念 / 思想 / 考え方

แนวดิ่ง [ネゥディング] (® vertical (ly))
垂直

แนวตั้ง [ネゥタング] (® vertical) 縦

แนวทาง [ネゥターング] (® course) 針路

แนวนโยบาย [ネゥナヨバーイ]
(® guideline) ガイドライン

แนวนอน [ネゥノーン]
(® horizontality) 水平

แน่วแน่ [ネゥネー]
(® devote oneself to) 徹する

แนวโน้ม [ネゥノーム] (® tendency)
傾向 / 動向

แนวหน้า [ネゥナー] (® the forefront)
最前線

แนะนำตัว [ネナムトゥア]
(® introduce oneself) 自己紹介する

แนะนำทาง [ネナムターング] (® guide)
導く / 案内する

แนะนำให้รู้จัก [ネナムハイルーチャク]
(® introduce) 紹介する

แนะแนวทาง [ネネゥターング]
(® guide) 指導する

โน้ตเพลง [ノーップレーング] (® score)
楽譜

โน่นบ้างนี่บ้าง [ノーンバーングニーバーング]
(® one or another / this or that)
あれこれ

โนว์ฮาว [ノーゥハーゥ] (® know-how)
ノウハウ

ในกำกับดูแล [ナイカムカプドゥーレー]
(® control) 管轄

ในขณะที่... [ナイカナティー ...]
(® meanwhile) 途端

ในขั้นนี้... [ナイカンニー ...]
(® for the present) ひとまず

ในคราวเดียวกัน [ナイクラーゥディアゥカン]
(英 at the same time) 一度に

ในความเป็นจริง [ナイクワームペンチング]
(英 actually) 実際

ในเครือเดียวกัน [ナイクルァディアゥカン]
(英 affiliated) 付属

ในชั่วพริบตา [ナイチュアプリッター]
(英 instant) あっという間

ในตอนท้าย [ナイトーンターィ]
(英 at the end) 終いに

ในตอนนั้น [ナイトーンナン]
(英 at that time) 当時

ในตอนแรก [ナイトーンレーク]
(英 at the beginning) 始めに

ในทันที [ナイタンティー] (英 right away)
早速

ในทัศนะของ... [ナイタッサナコーング...]
(英 according to) ～によると

ในทางกลับกัน [ナイターングクラップカン]
(英 on the contrary) 却って

ในท้ายที่สุด [ナイターイティースッ]
(英 in the end) 挙げ句 / 終いに

ในที่สุด [ナイティースッ]
(英 at last / finally) とうとう / ようやく

ในทุก ๆ ด้าน [ナイトゥクトゥクダーン]
(英 all-out) 全面的

ในเบื้องต้น [ナイブァングトン]
(英 at first) 取り敢えず

ในมือ [ナイムー] (英 at hand) 手元

ในไม่ช้า [ナイマイチャー]
(英 before long) やがて

ในไม่ช้านี้ [ナイマイチャーニー]
(英 soon) 近いうちに

ในลำดับแรก [ナイラムダプレーク]
(英 first of all) 取り敢えず

ในโลก [ナイローク] (英 in the world)
世の中

ในเวลาปกติ [ナイウェーラーパカティ]
(英 in normal time) 日頃

ในอนาคต [ナイアナーコッ]
(英 in the future) 今後

ในอัตราส่วน [ナイアットラースアン]
(英 at the ratio of) ～の割りで

ในอีกด้านหนึ่ง [ナイイークダーンヌング]
(英 on the other hand) 一方 / 反面

ไนโตรเจน [ナイトローチェン]
(英 nitrogen) 窒素

ไนท์คลับ [ナイックラブ]
(英 nightclub) ナイトクラブ

ไนล่อน [ナイローン] (英 nylon) ナイロン

ใ

บก [ボク] (英 land) 陸

บกพร่อง [ボクプローング]
(英 deficiency) 不足 / 欠如

บ่งชี้ [ボングチー] (英 specify) 特定する

บท [ボッ] (英 script / chapter)
脚本 / 課 / 章

บทความ [ボックワーム] (英 article) 記事

บทคัดย่อ [ボッカッヨー] (英 abstract)
要旨

บ

บทบรรณาธิการ [ボッバンナーティカーン] (英 editorial) 社説

บทบาท [ボッバーッ] (英 role) 役割 / 役

บทปริทัศน์ [ボッパリタッ] (英 book review) 書評

บทพูด [ボッブーッ] (英 one's lines) 台詞

บทเพลง [ボッブレーンッ] (英 tune) 曲

บทภาพยนตร์ [ボッパーブパヨン] (英 scenario) シナリオ

บทเรียน [ボッリアン] (英 lesson) レッスン

บทเรียนสอนใจ [ボッリアンソーンチャイ] (英 the teachings) 教訓

บทลงโทษ [ボッロングトーッ] (英 punishment) 制裁

บทละคร [ボッラコーン] (英 script) 台本

บทวิจารณ์ [ボッウィチャーン] (英 review article) 批評文

บทสนทนา [ボッソンタナー] (英 conversation) 会話 / 対話

บน [ボン] (英 on the top) 上

บ่น [ボン] (英 grumble) ぼやく / 愚痴

บนบก [ボンボッ] (英 the land) 陸上

บ่นพึมพัม [ボンプムパム] (英 murmur) つぶやく

บนภาคพื้นดิน [ボンパークプーンディン] (英 ground) 地上

บนล่าง [ボンラーング] (英 top and bottom) 上下

บรรจุขวด [バンチュクアッ] (英 bottled) 瓶詰め

บรรจุคน [バンチュコン] (英 accommodate people[person]) 収容する

บรรจุใส่ [バンチュサイ] (英 pack) 詰める

บรรณาธิการ [バンナーティカーン] (英 editor) 編集者

บรรดา [バンダー] (英 post-fix for plural marker) たち (文語)

บรรทัดฐาน [バンタッターン] (英 norm) 規範

บรรเทา [バンタウ] (英 relieve) 緩和する / 軽減する

บรรเทาทุกข์ [バンタウトゥック] (英 relieve from suffering) 救済する

บรรพชน [バンパチョン] (英 ancestor) 祖先

บรรพบุรุษ [バンパブルッ] (英 ancestor) 先祖 / 祖先

บรรยากาศ [バンヤーカーッ] (英 atmosphere) 雰囲気 / 空気 / 風土

บรรยาย [バンヤーイ] (英 describe / give a lecture) 講演する / 講義する

บรรลุผล [バンルポン] (英 achieve) 遂げる

บรรเลงดนตรี [バンレングドントゥリー] (英 play (the musical instrument)) 演奏する

บร็อคโคลี่ [ブロッコーリー] (英 broccoli) ブロッコリー

บรั่นดี [ブランディー] (英 brandy) ブランデー

บริกร［ボーリコーン］（英 service person）
給仕

บริการตนเอง［ボーリカーントンエーング］
（英 self-service）セルフサービス

บริการทางเพศ［ボーリカーンターングペーッ］
（英 sexual service）風俗

บริการพิเศษ［ボーリカーンピセーッ］
（英 special service）サービス

บริการส่งถึงบ้าน［ボーリカーンソングトゥングバーン］
（英 home delivery service）宅配便

บริจาค［ボーリチャーク］（英 donate）
寄付する / 寄贈する

บริจาคเลือด［ボーリチャークルアッ］
（英 donate blood）献血する

บริบท［ボーリボッ］（英 context）文脈

บริบาลดูแล［ボーリバーンドゥーレー］
（英 nurse）養護する

บริบาลผู้ป่วย［ボーリバーンプープァイ］
（英 nurse）介護する

บริเวณ［ボーリウェーン］（英 around）
辺 / 辺り

บริเวณเท้า［ボーリウェーンタゥ］
（英 around the feet）足元

บริษัท［ボーリサッ］（英 company）
会社 / 企業 / オフィス

บริษัทขนส่ง［ボーリサッコンソング］
（英 transportation company）運送会社

บริษัทค้าขาย［ボーリサッカーカーィ］
（英 trading company）商社

บริษัทในท้องถิ่น［ボーリサッナイトーングティン］
（英 local company）現地法人

บริษัทมหาชนจำกัด
［ボーリサッマハーチョンチャムカッ］
（英 a stock company）株式会社

บริษัทแม่［ボーリサッメー］
（英 head office）本社

บริษัทเรา［ボーリサッラゥ］
（英 our company）弊社

บริษัทลูก［ボーリサッルーク］
（英 subsidiary）子会社

บริสุทธิ์［ボーリスッ］（英 pure）純粋

บริหาร［ボーリハーン］（英 organize）
運営する

บริหารธุรกิจ［ボーリハーントゥラキッ］
（英 administration）経営

บล็อกที่［ブロクティー］
（英 block (in an address)）～丁目

บวก［ブァク］（英 plus）プラス

บวกเลข［ブァクレーク］（英 plus the numbers）
足し算する / 足す

บวงสรวง［ブァングスァング］（英 deify）
祀る

บวม［ブァム］（英 swell）腫れる

บ๊วยเค็ม［ブァイケム］
（英 salty dried plum）干し梅

บ๊วยดอง［ブァイドーング］
（英 pickled plum）梅干し

บอก［ボーク］（英 announce）告げる

บอกเป็นนัย［ボークペンナイ］（英 imply）
暗示する

บอกให้รู้［ボークハイルー］（英 tell）
告知する

บ่อน้ำ [ボーナム] (🇬🇧 water well) 井戸 / 池

บ่อน้ำพุร้อน [ボーナムプローン]
(🇬🇧 hot spring) 温泉

บ่อย [ボーイ] (🇬🇧 often) よく

บ่อย ๆ [ボーイボーイ] (🇬🇧 often) しばしば

บ่อยครั้ง [ボーイクラング]
(🇬🇧 often / frequently) たびたび

บ๋อยเสิร์ฟอาหาร [ボーイスーフアーハーン]
(🇬🇧 waiter) ボーイ

บอลลูน [ボーンルーン] (🇬🇧 balloon) 気球

บะหมี่กึ่งสำเร็จรูป [バミークングサムレッループ]
(🇬🇧 instant noodles)
インスタントラーメン

บะหมี่ถ้วยกึ่งสำเร็จรูป
[バミートゥアイクングサムレッループ]
(🇬🇧 cup noodles) カップラーメン

บังคับ [バングカブ] (🇬🇧 force)
強行する / 強いる

บังคับใช้ [バングカブチャイ] (🇬🇧 enforce)
施行する

บังคับให้ทำ [バングカブハイタム]
(🇬🇧 force sb to do sth) 強制する

บัญชาการ [バンチャーカーン]
(🇬🇧 command) 統率

บัญชี [バンチー] (🇬🇧 accounts) 会計

บัญชีธนาคาร [バンチータナーカーン]
(🇬🇧 bank account) 銀行口座

บัญญัติ [バンヤッ] (🇬🇧 enact) 制定する

บัณฑิต [バンティッ]
(🇬🇧 university graduate) 学士

บัตร [バッ] (🇬🇧 card) カード

บัตรกำนัล [バッカムナン]
(🇬🇧 gift certificate[voucher]) 商品券

บัตรเครดิต [バックレディッ]
(🇬🇧 credit card) クレジットカード

บัตรเงินสด [バングングンソッ]
(🇬🇧 cash card) キャッシュカード

บัตรเติมเงิน [バットゥームングン]
(🇬🇧 prepaid card) プリペイドカード

บัตรนักเรียน [バッナックリアン]
(🇬🇧 student ID card) 学生証

บัตรประจำตัว [バップラチャムトゥア]
(🇬🇧 Identification card) 身分証明書

บัตรผ่านประตู [バッパーンプラトゥー]
(🇬🇧 admission ticket) 入場券

บันดาลโทสะ [バンダーントーサ]
(🇬🇧 get mad) 頭にくる

บันได [バンダイ] (🇬🇧 stairs) 階段

บันไดลิง [バンダイリング] (🇬🇧 ladder)
はしご

บันไดเลื่อน [バンダイルアン]
(🇬🇧 escalator) エスカレーター

บันไดหนีไฟ [バンダイニーファイ]
(🇬🇧 fire escape) 非常階段

บันทึก [バントゥク] (🇬🇧 record)
記録する / 記載する

บันทึกข้อความ [バントゥクコークワーム]
(🇬🇧 memorandum) 記載する

บันทึกภาพ [バントゥクパープ]
(🇬🇧 take a photograph) 録画する

บันทึกย่อ [バントゥクヨー]
(英 make a note) メモ

บันทึกเสียง [バントゥクスィアンッ]
(英 record sound) 録音する

บั้นปลายชีวิต [バンプラーイチーウィッ]
(英 late in life) 晩年

บัลเล่ต์ [バンレー] (英 ballet) バレエ

บ่า [バー] (英 shoulder) 肩

บาง [バーンッ] (英 thin) 薄い / 細い

บ้าง [バーンッ] (英 some) 或る / 微か

บางคน [バーンッコン] (英 somebody)
誰か

บางครั้ง [バーンックランッ]
(英 sometimes) 時折 / 時々

บางที [バーンッティー] (英 perhaps) 多分

บางที...คงจะ [バーンッティー ... コンッチャ]
(英 maybe) 〜だろう

บางส่วน [バーンッスァン] (英 part)
一部分 / 幾分

บาดเจ็บ [バーッチェプ] (英 be injured)
負傷する

บาดหมางกัน [バーッマーンッカン]
(英 have a dispute) もめる

บาน [バーン] (英 bloom) 咲く

บ้าน [バーン] (英 home) 家 / 自宅 / 家屋

บ้านเกิด [バーンクーッ] (英 hometown)
郷土 / 故郷 / 実家 / 地元 / 出身

บ้านใกล้เรือนเคียง [バーンクライルアンキアンッ]
(英 the neighborhood) 近所

บ้านเช่า [バーンチャゥ]
(英 rental house) 貸家

บ้านเรือน [バーンルアン] (英 residence)
住居

บ้านเลขที่ [バーンレークティー]
(英 house number) 番地

บ้าบอ [バーボー] (英 nonsense)
馬鹿馬鹿しい / 馬鹿らしい

บาป [バープ] (英 sin) 罪

บายพาส [バーイパーッ] (英 bypass)
迂回路

บาร์ [バー] (英 bar) バー / 酒場

บาสเกตบอล [バーッケーッボーン]
(英 basketball) バスケットボール

บำรุงรักษา [バムルンッラクサー]
(英 maintain) メンテナンスする

บำรุงเล็บ [バムルンッレプ] (英 nail care)
ネイルケア

บิด [ビッ] (英 twist)
絞る / 締める / ねじる / ねじれる

บิดเบี้ยว [ビッビアゥ] (英 be twisted)
屈折する

บิน [ビン] (英 fly) 飛ぶ

บินขึ้น [ビンクン] (英 take off) 離陸する

บินลงต่ำ [ビンロンッタム] (英 fly down)
降下する

บิล [ビン] (英 bill) 伝票

บี้ [ビー] (英 crush) つぶす

บีบรัด [ビープラッ] (英 tighten) 締める

บ

บีบอัด [ビープアッ] (英 compression)
圧縮

บี้แบน [ビーベーン] (英 flatten)
つぶす / 平らにする

บุกเข้าไป [ブクカゥパイ] (英 invade)
進入する

บุกบั่น [ブクバン] (英 go through)
遣(や)り抜く

บุกเบิก(ตลาด) [ブクブーク（タラーッ）]
(英 pioneer a market) 進出する

บุกเบิกพัฒนา [ブクブークパッタナー]
(英 pioneer) 開拓する

บุกรุก [ブクルク] (英 invade / invasion)
侵害する

บุคคลอื่น [ブクコンウーン] (英 others)
他人

บุคลิก [ブクカリク] (英 posture) 姿勢

บุคลิกภาพ [ブクカリカパープ]
(英 character) 人格

บุญคุณ [ブンクン] (英 indebtedness)
恩 / 恩恵

บุตรบุญธรรม [ブッブンタム]
(英 adopted child) 養子

บุ๋ม [ブム] (英 get dented) へこむ

บุ่มบ่าม [ブムバーム] (英 recklessly) 無茶

บุรุษไปรษณีย์ [ブルップライサニー]
(英 postman) 集配人

บุรุษพยาบาล [ブルッパヤーバーン]
(英 male nurse) 看護師（男性）

บุหรี่ [ブリー] (英 tobacco / cigarette)
たばこ

บูชา [ブーチャー] (英 worship) 捧げる

บูด [ブーッ] (英 rotten) 腐った

บูม [ブーム] (英 boom) ブーム

บูรณะ [ブーラナ] (英 reconstruct)
復旧する

เบคอน [ベーコーン] (英 bacon) ベーコン

เบน [ベーン] (英 turn away) 転じる

เบรก [ブレーク] (英 brake) ブレーキ

เบราเซอร์ [ブラーゥサー] (英 browser)
ブラウザ

เบลอ [ブルー] (英 be hazy) ぼやける

เบสบอล [ベースボーン] (英 baseball) 野球

เบอร์ [ブー] (英 number) 号

เบอร์โทรสายด่วน [ブートーサーィドゥアン]
(英 hotline) ホットライン

เบอร์ภายใน [ブーパーィナイ]
(英 extension) 内線

เบา [バゥ] (英 light) 軽い

เบาลง [バゥロング] (英 become quiet)
静まる

เบาสบาย [バゥサバーィ] (英 relaxed) 軽快

เบาะรองนั่ง [ボローンクナング]
(英 floor cushion) 座布団

เบาะแส [ボセー] (英 clue) 手掛り

เบิกถอน [ブークトーン] (英 withdraw)
引き出す

เบียดเสียด [ビアッスィアッ] (英 crowd)
混雑する

เบียร์ [ビア] (英 beer) ビール

เบียร์สด [ビアソッ] (英 draft beer) 生ビール

เบี้ยว [ビアゥ] (英 distort / break a promise) 歪む

เบื้องต้น [ブアーイトン] (英 elementary) 初歩

เบื้องบน [ブアンブボン] (英 right above) 真上

เบื้องล่าง [ブアングラーング] (英 right under) 真下

เบื้องหน้า [ブアングナー] (英 right in front) 真ん前

เบือนหน้าหนี [ブアンナーニー] (英 look away from) 背ける

เบื่อระอา [ブーアラアー] (英 be tired of) 飽きる

เบื่อหน่าย [ブーアナーイ] (英 be bored) 退屈する

แบกรับภาระ [ベークラッブパーラ] (英 bear) 負う

แบกไว้บนหลัง [ベークワイボンラング] (英 bear / carry sth on one's back / piggyback ride) おんぶ

แบกหาม [ベークハーム] (英 shoulder) 背負う / 担ぐ

แบคทีเรีย [ベークティーリア] (英 bacteria) バクテリア / 細菌

แบ่ง [ベング] (英 divide) 分ける / 仕切る

แบ่งเขต [ベングケーッ] (英 divide (area)) 区画（する）/ 境界を決める

แบ่งงาน [ベングンガーン] (英 share work) 分担する

แบ่งเท่ากัน [ベングタゥカン] (英 divided equally) 等分

แบ่งประเภท [ベングプラテーッ] (英 categorize) 区分する

แบ่งปัน [ベングパン] (英 share) 配分する

แบ่งแยก [ベングイェーク] (英 separate / discriminate) 差別する

แบ่งแยกกัน [ベングイェークカン] (英 separate from) 分離する

แบ่งสรรปันส่วน [ベングサンパンスアン] (英 aport) 分配する

แบ่งหน้าที่ [ベングナーティー] (英 divide responsibility) 分担する

แบตเตอรี่ [ベッテリー] (英 battery) バッテリー / 電池

แบนราบ [ベーンラーブ] (英 flat) 平ら

แบบ [ベーブ] (英 way / model / style) 〜流 / 機種

แบบขนาน [ベーブカナーン] (英 parallel) 並列

แบบจำลอง [ベーブチャムローング] (英 model) 標本 / 模型

แบบญี่ปุ่น [ベーブイーブン] (英 Japanese style) 和風

แบบดั้งเดิม [ベーブダングドゥーム] (英 original) 原始

แบบเดิม [ベーブドゥーム] (英 former) 旧

แบบเดียวกัน [ベーブディアウカン] (英 unanimously) 一様

แบบตะวันตก [ペーブタワントク]
(英 Western style) 洋風

แบบนี้ [ペーブニー] (英 such / like this)
こんな / こう

แบบฟอร์ม [ペーブフォーム] (英 form)
様式

แบบเรียน [ペーブリアン] (英 textbook)
教材

แบบสอบถาม [ペーブソープターム]
(英 questionnaire) アンケート

แบบใหม่ [ペーブマイ]
(英 the newest[latest]) 最新

แบบไหน [ペーブナイ]
(英 what kind of) どんな

แบบอย่าง [ペーブヤーング] (英 model)
手本

แบบอย่างที่ดี [ペーブヤーングティーディー]
(英 good example) 模範

แบบอัตโนมัติ [ペーブアットノーマッ]
(英 automatic type) オートマチック式

โบก [ボーク] (英 wave) 振る

โบกพัด [ボークパッ] (英 fan) 扇ぐ

โบนัส [ボーナッ] (英 bonus) ボーナス

โบราณกาล [ボーラーンナカーン]
(英 ancient times) 古代

โบราณคดีศึกษา [ボーラーンカディースクサー]
(英 archeology) 考古学

โบสถ์ [ボーッ] (英 church) 教会

ใบ(หน่วยนับ) [バイ (ヌァイナプ)]
(英 counter (for sth flat)) 枚

ใบขนสินค้า [バイコンスィンカー]
(英 customs declaration) 税関申告書

ใบขับขี่ [バイカブキー]
(英 driver's license) 運転免許証

ใบคำร้อง [バイカムローング]
(英 petition) 願書

ใบแจ้งหนี้ [バイチェーングニー] (英 bill)
請求書

ใบปลิว [バイプリゥ] (英 leaflet) ビラ

ใบพัด [バイパッ] (英 propeller) プロペラ

ใบมีด [バイミーッ] (英 blade) 刃

ใบเมเปิล [バイメープン] (英 maple leaf)
紅葉

ใบไม้ [バイマイ] (英 leaf) 葉

ใบไม้ร่วง [バイマイルアング]
(英 dead leaves) 落葉

ใบรับรอง [バイラブローング]
(英 certificate) 証明書

ใบส่งของ [バイソングコーング]
(英 delivery note) 納品書

ใบสมัคร [バイサマク] (英 application)
願書

ใบสั่งยา [バイサングヤー]
(英 prescription) 処方箋

ใบสั่งสินค้า [バイサングスィンカー]
(英 order form) 発注書

ใบเสนอราคา [バイサヌーラーカー]
(英 estimate) 見積り書

ใบเสร็จรับเงิน [バイセッラブングン]
(英 receipt) 領収書

ใบหน้า [バイナー] (英 face) 顔

ใบโหระพา [バイホーラパー] (英 basil) バジル

ใบอนุญาต [バイアヌヤーッ] (英 license) 免許 / 免許証

ป

ปก [ポク] (英 cover) カバー

ปกครอง [ポクコーング] (英 govern) 統治する / 治める

ปกครองตนเอง [ポククローングトンエーング] (英 self-govern) 自治する

ปกคลุม [ポククルム] (英 cover) 被せる / 覆う

ปกติ [パカティ] (英 normality) 正規 / 普段 / 平常 / 日常

ปกติวิสัย [パカティウィサイ] (英 normality) 正常

ปกป้อง [ポクポーング] (英 protect) 庇う

ปฏิญญา [パティンヤー] (英 declare) 宣言 / 布告

ปฏิทรรศน์ [パティタッ] (英 paradox) 逆説

ปฏิทิน [パティティン] (英 calendar) カレンダー / 暦

ปฏิบัติการ [パティバッカーン] (英 operate) 取り組む

ปฏิบัติต่อ [パティバットー] (英 treat) 扱う

ปฏิบัติหน้าที่ [パティバッナーティー] (英 be fit) 務まる

ปฏิภาณไหวพริบ [パティパーンワイプリプ] (英 tact) 要領

ปฏิรูป [パティループ] (英 reform) 改革する

ปฏิวัติ [パティワッ] (英 make a revolution) 革命を起こす

ปฏิสังขรณ์ [パティナンコーン] (英 restore) 復旧する

ปฏิเสธ [パティセーッ] (英 refuse / deny / reject) 拒絶する / 否定する / 打ち消す

ปฏิเสธข้อเสนอ [パティセーッコーサヌー] (英 refuse an offer) 謝絶する

ปฏิเสธเงื่อนไข [パティセーッングァンカイ] (英 refuse) 断る / 辞退する

ปฐมนิเทศ [パトムニテーッ] (英 orientation) オリエンテーション

ปฐมพยาบาล [パトムパヤーバーン] (英 first aid) 救急処置

ปณิธาน [パニターン] (英 volition / aspiration) 意志

ปน [ポン] (英 mix) 交える / 混ぜる

ปนกัน [ポンカン] (英 mix) 交える

ปนเป [ポンペー] (英 get mixed up) 紛れる

ป่นละเอียด [ポンライアッ] (英 be broken to pieces) こなごなになる

ปมด้อย [ポムドーイ] (英 inferiority complex) コンプレックス / 劣等感

ปมผูก [ポムプーク] (英 knot) 結び

ปรบมือ [プロッムー] (㊥ clap (hands))
拍手する

ปรมาณู [ポラマーヌー] (㊥ atom) 原子

ปรสิต [パラスィッ] (㊥ parasite) 寄生虫

ปรองดอง [プローングドーング]
(㊥ harmonious) 円滑

ปรอทวัดไข้ [パローッワッカイ]
(㊥ clinical thermometer) 体温計

ประกบคู่ [プラコックー] (㊥ pair)
組み合わせる

ประกบติด [プラコッティッ] (㊥ stick / make *sth* stick / put together) くっつける

ประกอบกัน [プラコーブカン]
(㊥ combination) 組み合せ

ประกอบการ [プラコーブカーン]
(㊥ do enterprise) 従事する

ประกอบขึ้น [プラコーブクン]
(㊥ put together) 組み立てる

ประกอบด้วย [プラコーブドゥアイ]
(㊥ be made up of) 成り立つ

ประกอบอาชีพ [プラコーブアーチーブ]
(㊥ work as) 就業する

ประกันตัว [プラカントゥア] (㊥ bailout)
保釈する

ประกันภัย [プラカンパイ]
(㊥ insurance) 保険

ประกันสุขภาพ [プラカンスクカパーブ]
(㊥ health insurance) 健康保険

ประกาย [プラカーイ] (㊥ spark) ひらめき

ประกายไฟ [プラカーイファイ]
(㊥ spark) 火花

ประกาศ [プラカーッ] (㊥ announce)
掲示する / 知らせる

ประกาศเตือนภัย [プラカーットゥアンパイ]
(㊥ alarm) 警報する

ประกาศนียบัตร [プラカーッサニヤバッ]
(㊥ certificate) 卒業証書 / 資格証書

ประกาศให้ทราบ [プラカーッハイサーブ]
(㊥ announce) 知らせる

ประจบสอพลอ [プラチョブソーブロー]
(㊥ flatter) ちやほやする

ประจำเดือน [プラチャムドゥアン]
(㊥ menstruation) 月経

ประจำวัน [プラチャムワン] (㊥ daily) 日常

ประชัน [プラチャン] (㊥ compete)
対抗する

ประชากร [プラチャーコーン]
(㊥ population) 人口

ประชาชน [プラチャーチョン]
(㊥ citizens) 人民 / 国民 / 庶民

ประชาธิปไตย [プラチャーティッパタイ]
(㊥ democracy) 民主

ประชามติ [プラチャーマティ]
(㊥ public opinion) 世論

ประชุม [プラチュム] (㊥ meeting)
会議 / ミーティング

ประชุมหารือ [プラチュムハールー]
(㊥ consult) 協議する

ประณีต [プラニーッ] (㊥ delicacy)
精巧 / 繊細

ประดักประเดิด [プラダックプラドゥーッ]
(㊥ embarrassed / awkward) きまり悪い

ประดับตกแต่ง [プラダップトクテング]
(英 decorate) 装飾する

ประดับประดา [プラダップラダー]
(英 decorate) 修飾する / デコレーションをする / 飾る

ประดิษฐ์ [プラディッ] (英 invent)
創作する / 創造する

ประดิษฐ์คิดค้น [プラディッキッコン]
(英 invent) 発明する

ประเด็นปัญหา [プラデンパンハー]
(英 problem) 問題点

ประเด็นสำคัญ [プラデンサムカン]
(英 essence) 核心

ประเด็นหลัก [プラデンラク]
(英 (important) point) 要点

ประติมากรรม [プラティマカム]
(英 sculpture) 彫刻

ประตู [プラトゥー] (英 door)
ドア / 扉 / 門 / ゲート

ประตูหน้า [プラトゥーナー]
(英 front gate) 正門

ประท้วง [プラトゥアング] (英 protest)
抗議する

ประทับใจ [プラタップチャイ] (英 be impressed with) 気に入る / 感動する

ประทาน [プラターン] (英 bestow)
恵む / 下さる

ประเทศ [プラテーッ] (英 country) 国

ประเทศชาติ [プラテーッチャーッ]
(英 nation) 国家

ประธานบริษัท [プラターンボーリサッ]
(英 (company) president) 社長

ประธานาธิบดี [プラターナーティボディー]
(英 president) 大統領

ประนาม [プラナーム] (英 condemn) 罵る

ประนีประนอม [プラニープラノーム]
(英 compromise) 妥協する / 譲歩する

ประปา [プラパー] (英 tap water) 水道

ประพฤติ [プラプルッ] (英 behave)
振る舞う

ประเพณี [プラペーニー] (英 customs) 風俗

ประภาคาร [プラパーカーン]
(英 light house) 灯台

ประเภท [プラペーッ] (英 type)
タイプ / カテゴリー / 項目 / 種類

ประเภทหนึ่ง [プラペーッヌング]
(英 kind) 一種

ประมง [プラモング] (英 fishery)
漁業 / 水産 / 水産業

ประมวลผล [プラムアンポン]
(英 process) 処理する

ประมาณ... [プラマーン...] (英 around) 頃

ประมาณการณ์ [プラマーンカーン]
(英 estimate) 推定する

ประมาณตน [プラマーントン]
(英 know one's ability) 節制する

ประมาท [プラマーッ] (英 be careless)
油断する

ประมาทเลินเล่อ [プラマートルーンルー]
(英 imprudence) 不注意 / 油断

ประดับตกแต่ง ➡ ประมาทเลินเล่อ　791

ประมูล [プラムーン] (英 auction)
競る / 入札する

ประเมิน [プラムーン] (英 evaluate)
評価する / 査定する / 判定する

ประเมินราคา [プラムーンラーカー]
(英 estimate the price) 見積もる

ประยุกต์ใช้ [プラユゥクチャイ] (英 apply)
応用する / 活用する

ประโยค [プラヨーゥク] (英 sentence)
文 / 文章

ประโลม [プラローム] (英 caress) 撫でる

ประวัติการทำงาน [プラワッカーンタムンガーン]
(英 resume) 経歴

ประวัติการศึกษา [プラワッカーンスゥクサー]
(英 educational background) 学歴

ประวัติผลงาน [プラワッポンガーン]
(英 achievements) 業績

ประวัติผู้ป่วย [プラワップーブァイ]
(英 medical history) 病歴

ประวัติศาสตร์ [プラワッサーッ]
(英 history) 歴史

ประวัติศาสตร์โลก [プラワッティサーッロークs]
(英 world history) 世界史

ประวัติส่วนตัว [プラワッスァントゥア]
(英 curriculum vitae (CV))
履歴 / 履歴書

ประสบ(ภัย) [プラソッブ (パイ)] (英 come
across (a catastrophe or tragedy))
遭遇する / ぶつかる

ประสบการณ์ [プラソッブカーン]
(英 experience) 経験 / 体験

ประสาท [プラサーッ] (英 nerve) 神経

ประสาทการฟัง [プラサーッカーンファング]
(英 sense of hearing) 聴覚

ประสาทสัมผัส [プラサーッサムパッ]
(英 sense) 感覚 / センス

ประสาน [プラサーン] (英 connect)
合わせる

ประสานกัน [プラサーンカン]
(英 combine) 結合する / 合成する

ประสิทธิผล [プラスィッティポン]
(英 effect) 効果 / 効力

ประสิทธิภาพ [プラスィッティパープ]
(英 efficiency) 能率 / 性能

ประหม่า [プラマー] (英 get nervous)
緊張する

ประหยัด [プラヤッ]
(英 economize / save)
節約する / 倹約する

ประหยัดพลังงาน [プラヤッパランンガーン]
(英 energy-saving) 省エネ

ประหยัดไฟ [プラヤッファイ]
(英 power-saving) 節電する

ประหลาด [プララーッ] (英 odd) 奇妙

ประหลาดใจ [プララーッチャイ]
(英 be surprised) 驚く

ปรัชญา [プラッチャヤー]
(英 philosophy) 哲学

ปรับขึ้น [プラップクン] (英 raise)
アップ / プラス

ปรับโครงสร้าง [プラップクローンクサーンク]
(英 restructuring) リストラ

792　ประมูล ➡ ปรับโครงสร้าง

ปรับตัว ［プラップトゥア］（[英] adjust to）適応する

ปรับตัวได้ ［プラップトゥアダイ］（[英] be able to adjust）融通する

ปรับปรุงแก้ไข ［プラッププルングケーカイ］（[英] revise (a book)）改訂する

ปรับปรุงซ่อมแซม ［プラッププルングソームセーム］（[英] renovate）改修する

ปรับปรุงตกแต่งใหม่ ［プラッププルングトックテーングマイ］（[英] remodel）改装する

ปรับปรุงให้ดีขึ้น ［プラッププルングハイディークン］（[英] improve）改良する

ปรับปรุงอาคาร ［プラッププルングアーカーン］（[英] rebuild）改築する

ปรับเปลี่ยน ［プラッププリアン］（[英] switch）切り替える

ปรับพื้นผิว ［プラッププーンピウ］（[英] pave the ground）舗装する

ปรับให้สอดคล้อง ［プラップハイソーックローング］（[英] adjust）順応する

ปรับให้เหมาะสม ［プラップハイモソム］（[英] adjust / adapt）適合させる

ปรากฏตัว ［プラーコットゥア］（[英] show up）登場

ปรากฏให้เห็น ［プラーコッハイヘン］（[英] appear）出現する

ปรากฏการณ์ ［プラーコッカーン］（[英] phenomenon）現象

ปรากฏขึ้น ［プラーコックン］（[英] appear）現れる

ปราชญ์ ［プラーッ］（[英] philosopher）秀才

ปราชัย ［プラーチャイ］（[英] be defeated）敗北する

ปราบ ［プラーブ］（[英] beat）討つ / 負かす

ปรารถนา ［プラーッタナー］（[英] wish）望む

ปรารถนาดี ［プラーッタナーディー］（[英] goodwill）好意

ปราศจาก ［プラーッサチャーク］（[英] without / no ...）欠ける（～がない）

ปราสาท ［プラーサーッ］（[英] castle）城

ปริญญา ［パリンヤー］（[英] degree）学位

ปริแตก ［パリテーク］（[英] split up）裂く

ปริมาณ ［ポリマーン］（[英] quantity）分量 / 量 / 数量 / 容積

ปริมาณความจุ ［ポリマーンクワームチュ］（[英] capacity）容量

ปริมาณน้อย ［パリマーンノーイ］（[英] a small amount[quantity]）少量

ปริมาณน้อยนิด ［パリマーンノーイニッ］（[英] very small quantity）微量

ปริมาณน้ำฝน ［パリマーンナムフォン］（[英] rainfall）降水量

ปริมาณมาก ［パリマーンマーク］（[英] a large quantity[number, amount]）大量

ปริมาตร ［パリマーッ］（[英] volume）体積

ปริศนา ［パリッサナー］（[英] mystery）謎

ปริศนาคำทาย ［パリッサナーカムターイ］（[英] riddle）なぞなぞ

ปรึกษา [プルクサー] (英 consult)
相談する

ปรุงรส [プルングロッ] (英 season)
加味する

ปลง [プロング] (英 realize) 悟る

ปลงใจ [プロングチャイ]
(英 resign oneself to) 覚悟する

ปลดเกษียณ [プロッカスィアン]
(英 retire) 隠居する

ปลดประจำการ [プロッブラチャムカーン]
(英 discharge) 除隊する

ปลดล็อก [プロッロク] (英 unlock)
解除する

ปล้น [プロン] (英 plunder) 略奪

ปล้นจี้ [プロンチー] (英 rob) 強盗する

ปลอกคอ [プロークコー] (英 collar) 首輪

ปล่องไฟ [プロングファイ] (英 chimney)
煙突

ปลอดโปร่ง [プロートプローング]
(英 clear / feeling refreshed) すっきり

ปลอดภัย [プロートパイ] (英 safety)
安全 / 無事 / 無難

ปลอดภาษี [プロートパースィー]
(英 duty free) 免税

ปลอบใจ [プロープチャイ] (英 comfort)
慰める

ปลอมตัว [プロームトゥア] (英 disguise
(as) / disguise) 化ける / 変装

ปล่อย [プロイ] (英 release) 逃す / 離す

ปล่อยกู้ [プロイグー] (英 lease money)
融資する

ปล่อยของเสีย [プロイコーングスィア]
(英 discharge) 排出する

ปล่อยทิ้งไว้ [プロイティングワイ]
(英 leave *sth* behind) 放置する

ปล่อยน้ำทิ้ง [プロイナムティング]
(英 sewage) 排水する

ปล่อยไป [プロイパイ] (英 let *sth* go) 放す

ปล่อยลอยน้ำ [プロイローイナム]
(英 set afloat) 浮べる

ปล่อยให้กลับไป [プロイハイクラブパイ]
(英 release) 帰す

ปล่อยให้รั่ว [プロイハイルア]
(英 let out) 漏らす

ปล่อยให้ลอยไป [プロイハイローイパイ]
(英 set *sth* adrift) 流す

ปล่อยให้หนีไป [プロイハイニーパイ]
(英 let *sb* free) 逃がす

ปล่อยออกมา [プロイオークマー]
(英 emit / release) 放出する

ปลั๊กไฟตัวเมีย [プラクファイトゥアミア]
(英 socket / outlet) コンセント

ปลา [プラー] (英 fish) 魚

ปลากระเบน [プラークラベーン] (英 ray)
えい

ปลากะพงขาว [プラーカポングカーウ]
(英 sea bream) 鯛

ปลาคอด [プラーコーッ] (英 cod) 鱈

ปลาคาร์พ [プラーカープ] (英 carp) 鯉

ปลาซาร์ดีน [プラーサーディーン]
(英 sardine) 鰯

ปลาแซลมอน [プラーサーモーン]
(英 salmon) 鮭

ปลาดิบ [プラーディッブ] (英 raw fish) 刺身

ปลาตาเดียว [プラーターディアウ]
(英 sole) 舌平目 / 平目

ปลาทอง [プラートーング] (英 goldfish)
金魚

ปลาทูน่า [プラートゥーナー] (英 tuna) 鮪

ปลาย [プラーイ] (英 end) 端 / 末

ปลายเดือน [プラーイドゥアン]
(英 the last decade of) 下旬

ปลายทาง [プラーイターング]
(英 destination) 果て / 終点

ปลายเทอม [プラーイトゥーム]
(英 the end of a term) 期末

ปลายแหลม [プラーイレーム] (英 spike)
穂

ปลาลิ้นหมา [プラーリンマー]
(英 flatfish) 鰈 (かれい)

ปลาวาฬ [プラーワーン] (英 whale) 鯨

ปลาหมึก [プラームック] (英 squid) 烏賊

ปลาไหล [プラーライ] (英 eel) 鰻

ปลาโอ [プラーオー] (英 bonito) 鰹

ปลาเฮริง [プラーヘーリング]
(英 herring) 鰊 (にしん)

ปลีกย่อย [プリークヨーイ] (英 detail)
細かい

ปลุก [プルック] (英 awake) 覚ます / 起こす

ปลุกให้ตื่น [プルックハイトゥーン]
(英 wake *sb* up) 起こす

ปลูก [プルーク] (英 plant) 植える

ปลูกข้าว [プルークカーウ] (英 farm the rice) 田植えをする / 稲作をする

ปลูกฝัง [プルークファング] (英 cultivate oneself) 教養を高める / 教養を積む

ปลูกสร้าง [プルークサーング]
(英 construct) 建造する

ปวงชน [プアングチョン] (英 everybody)
万人

ปวด [プアッ] (英 painful) 痛い / 痛む

ปวดท้อง [プアットーング]
(英 stomachache) 腹痛 / 胃痛

ปวดประสาท [プアッブラサーッ]
(英 neuralgia) 神経痛

ปวดฟัน [プアッファン] (英 toothache)
歯痛

ปวดร้าว [プアッラーウ] (英 anguish) 苦悩

ปวดศีรษะ [プアッスィーサ]
(英 have a headache) 頭痛がする

ปวดหลัง [プアッラング] (英 backache)
腰痛

ปวดเอว [プアッエーウ] (英 backache)
腰痛

ป่วนเปี้ยน [プアンピアン] (英 be in confusion / be restless / loiter) うろうろ

ป่วยกระทันหัน [プアイクラタンハン]
(英 sudden sickness[illness]) 急病

ป่วยหนัก [ファィナク] (英 critically ill) 重病

ปศุสัตว์ [パスサッ] (英 animal farming) 家畜

ปอ [ポー] (英 hemp) 麻

ปอก [ポーク] (英 peel) 剥く

ปอกออกได้ [ポークオークダイ] (英 able to be peeled off) 剥ける

ป้องกัน [ポーングカン] (英 prevent) 防ぐ

ป้องกันตนเอง [ポンクカントンエーング] (英 defend oneself) 自衛する

ป้องกันตัว [ポーンクカントゥア] (英 defend) 守備する

ป้องกันประเทศ [ポーンクカンプラテーッ] (英 defend one's country) 国防

ป้องกันไฟไหม้ [ポーンクカンファイマイ] (英 fire protection) 防火する

ป้องกันภัย [ポーンクカンパイ] (英 prevent from danger[disaster]) 防衛する

ป้องกันล่วงหน้า [ポーンクカンルアンクナー] (英 prevent) 予防する

ปอด [ポーッ] (英 lung) 肺

ป้อนข้อมูล [ポーンコームーン] (英 input) 入力する

ป้อนสินค้า [ポーンスィンカー] (英 supply goods) 供給する

ป้อมตำรวจ [ポムタムルアッ] (英 police box) 交番

ปะการัง [パカーラング] (英 coral) 珊瑚

ปะชุน [パチュン] (英 darn) 繕う

ปะติด [パティッ] (英 stick) 貼る / 付ける

ปะทะ [パタ] (英 collide) ぶつかる

ปะทะกับ [パタカップ] (英 versus) 〜対〜

ปะปนกัน [パポンカン] (英 mix) 混同する

ปัก [パク] (英 sew) 挿す / 縫う

ปักผ้า [パクパー] (英 embroider) 刺繍する

ปักลงไป [パクロングパイ] (英 implant) 埋め込む

ปัจจัย [パッチャイ] (英 factor) 要因

ปัจจุบัน [パッチュバン] (英 present) 現〜 / 現在

ปัจฉิมลิขิต [パッチムリキッ] (英 postscript) 追伸

ปัญญาชน [パンヤーチョン] (英 the elite) エリート

ปัญญาดี [パンヤーディー] (英 good sense) 良識

ปัญหา [パンハー] (英 trouble) トラブル / 問題

ปัญหาที่ยาก [パンハーティーヤーク] (英 difficult problem[question]) 難問

ปัดกวาด [パックワーッ] (英 clean) 清掃する

ปัดทิ้ง [パッティング] (英 round down fractions to a whole number / sweep out) (計算で) 切り捨てる / 掃き出す

ปัดฝุ่น [パッフン] (英 dust) はたく

ปัดออก [パッオーク] (英 flick) 弾く

ปั้นจั่น [パンチャン] (英 crane) クレーン

ปั่นด้าย [パンダーイ] (英 spin)
糸を紡ぐ / 紡績

ปั่นป่วน [パンプアン] (英 be in turmoil)
荒れる

ปั้นให้กลม [パンハイクロム]
(英 make sth round) 丸める

ปั๊มน้ำมัน [パムナムマン] (英 gas[petro]
station) ガソリンスタンド

ปัสสาวะ [パッサーワ] (英 urine) 小便 / 尿

ป่า [パー] (英 forest) 森林

ป้า [パー] (英 aunt) 叔母

ปาก [パーク] (英 mouth) 口

ปากกา [パークカー] (英 pen) ペン

ปากกาเมจิก [パッカーメーチク]
(英 felt-tip pen) サインペン

ปากกาลูกลื่น [パークカールークルーン]
(英 ballpoint pen) ボールペン

ปากเปล่า [パークプラウ] (英 oral) 口述

ปากร้าย [パークラーイ]
(英 sharp tongue) 毒舌

ปาฏิหาริย์ [パーティハーン] (英 miracle)
奇跡

ป่าเถื่อน [パートゥアン]
(英 undeveloped) 未開

ป่าน [パーン] (英 hemp) 麻

ป่านนี้ [パーンニー] (英 by now) 今頃

ป่านนี้แล้ว [パーンニーレーウ]
(英 at this late date) 今さら

ป่าไม้ [パーマイ] (英 forest) 森

ป้าย [パーイ] (英 label) ふだ / ラベル

ป้ายจราจร [パーイチャラーチョーン]
(英 traffic signs) 道路標識

ป้ายชื่อ [パーイチュー] (英 name card)
名札

ป้ายทะเบียนรถ [パーイタビアンロッ]
(英 car license[number] plate)
ナンバープレート

ป้ายประกาศ [パーイプラカーツ]
(英 signboard) 看板 / 掲示板

ป้ายรถเมล์ [パーイロッメー]
(英 bus stop) バス停

ป้ายราคา [パーイラーカー]
(英 price tag) 値札

ป่าละเมาะ [パーラモ] (英 woods) 林

ปิกนิก [ピクニク] (英 picnic) ピクニック

ปิ้ง [ピン] (英 grill) 炙る / 焼く

ปิงปอง [ピンポーン] (英 ping pong)
ピンポン / 卓球

ปิด [ピッ] (英 close)
閉まる / 閉める / 塞がる / 塞ぐ

ปิดกั้น [ピッカン] (英 block) 閉鎖する

ปิดกิจการ [ピッキッチャカーン]
(英 close down) 閉鎖する

ปิดงบบัญชี [ピッンゴッバンチー]
(英 settle the accounts) 決算する

ปิดทำการ [ピッタムカーン]
(英 close shop) 閉店

ปิดบริการ [ピッボーリカーン] (英 halt)
休業する

ปิดบัง [ピッバング] (英 cover) 被せる

ปิดประชุม [ピッブラチュム] (英 close a meeting) 閉会する

ปิดปาก [ピッパーク] (英 keep a secret) 沈黙する

ปิดปากเงียบ [ピッパークンギアブ] (英 keeping one's mouth shut) 無言

ปิดผนึก [ピッパヌック] (英 seal) 封をする

ปิดรับ [ピッラブ] (英 close) 締め切る

ปิดร้าน [ピッラーン] (英 closed) 閉店

ปิดล้อม [ピッローム] (英 blockade) 封鎖する

ปี [ピー] (英 year) 年

ปี(หน่วยนับ) [ピー (ヌァイナブ)] (英 years) 年間

ปีก [ピーク] (英 wing) 翼 / 羽

ปีก่อน [ピーコーン] (英 the previous year) 前年

ปีงบประมาณ [ピーンゴップラマーン] (英 budget year) 年度

ปีที่แล้ว [ピーティーレーゥ] (英 last year) 去年 / 昨年

ปีน [ピーン] (英 climb) 登る

ปีนเขา [ピーンカウ] (英 climb a mountain) 登山する

ปีนี้ [ピーニー] (英 this year) 今年

ปีแรก [ピーレーク] (英 the first year) 元年

ปีศาจ [ピーサーッ] (英 devil) 悪魔

ปีหน้า [ピーナー] (英 next year) 来年

ปืน [プーン] (英 gun) 銃 / 鉄砲

ปืนสั้น [プーンサン] (英 pistol) ピストル

ปืนใหญ่ [プーンヤイ] (英 cannon) 大砲

ปุ่ม [プム] (英 button) (機械の) ボタン

ปุ๋ย [プイ] (英 fertilizer) 肥料

ปู [プー] (英 crab) 蟹

ปู่ [プー] (英 (fraternal) grandfather) 祖父(父方)

ปูทางไว้ก่อน [プーターングワイコーン] (英 lay the groundwork) 根回し

ปูพื้นฐาน [プープーンターン] (英 give basic knowledge) 下地を作る

ปูมหลัง [プームラング] (英 background) 背景

ปูรอง [プーローング] (英 spread) 敷く

เป็นกลาง [ペンクラーング] (英 be neutral) 中立する

เป็นชุด [ペンチュッ] (英 set) セット

เป็นชุดกัน [ペンチュッカン] (英 a set of) 揃い

เป็นด่าง [ペンダーング] (英 alkali) アルカリ

เป็นต้น [ペントン] (英 and so on) 等

เป็นต่อ [ペントー] (英 predominate) 優勢

เป็นตัวของตัวเอง [ペントゥアコーングトゥアエーング] (英 originality) 独自性

เป็นตาย [ペンターイ] (英 life or death) 生死

เป็นทางการ [ペンターンッカーン]
(英 official) 公式 / 公認 / 正式

เป็นที่คาดหวัง [ペンティーカーッワング]
(英 desirable) 望ましい

เป็นที่ชื่นชอบ [ペンティーチューンチョープ]
(英 be favorable) もてる

เป็นที่ตกลงกัน [ペンティートッロングカン]
(英 be decided) 決まる

เป็นที่นิยม [ペンティーニヨム]
(英 become popular) 流行する

เป็นที่ยอมรับ [ペンティーヨームラッブ]
(英 be accepted) 通用する

เป็นปกติดังเดิม [ペンパカティダンッドゥーム]
(英 be restored) 直る

เป็นประกาย [ペンプラカーイ]
(英 glittering) きらびやかな / 映える

เป็นประจำ [ペンプラチャム]
(英 regularly) 定期 / 定期的

เป็นประโยชน์ [ペンプラヨーッ]
(英 useful) 役に立つ / 有益な

เป็นไปได้ [ペンパイダイ] (英 possible)
可能

เป็นไปไม่ได้ [ペンパイマイダイ]
(英 impossible) 不可能 / 無理

เป็นพิษ [ペンピッ] (英 poisonous) 中毒

เป็นมงคล [ペンモングコン]
(英 auspicious) めでたい

เป็นรอง [ペンローング] (英 inferior) 劣勢

เป็นระเบียบ [ペンラビアブ] (英 orderly)
整然とした

เป็นลม [ペンロム] (英 faint)
気絶する / 失神する

เป็นสากล [ペンサーコン]
(英 international) 国際的

เป็นหนอง [ペンノーング] (英 suppurate)
化膿する

เป็นหนึ่งเดียว [ペンヌングディアウ]
(英 become united) 一体になる

เป็นห่วง [ペンファング]
(英 worry about) 心配する

เป็นเหตุเป็นผล [ペンヘーッペンポン]
(英 rationality) 合理性

เป็นแห่ง ๆ [ペンヘングヘング]
(英 in places) 所々

เป็นอย่างไร [ペンヤーングライ] (英 how)
いかが

เปราะ [プロ] (英 fragile) 脆 (もろ) い

เปรียบต่าง [プリアプターング]
(英 contrast) 対照する

เปรียบเทียบ [プリアプティアプ]
(英 compare) 比べる / 比較

เปรียบเปรย [プリアプブルーイ]
(英 metaphor) たとえ

เปรี้ยว [プリアウ] (英 sour) 酸っぱい

เปล่งประกาย [プレングプラカーイ]
(英 glisten) 輝く

เปล่งแสง [プレングセーング] (英 shine)
放射する

เปลวไฟ [プレウファイ] (英 flame) 炎

เปลหาม [プレーハーム] (英 stretcher)
担架

เป็นทางการ ➡ เปลหาม 799

เปล่า [プラゥ] (英 no / empty)
いいえ / ない

เปล่าประโยชน์ [プラゥプラヨーッ]
(英 waste) 無駄

เปลี่ยน [プリアン] (英 change)
変える / 変わる

เปลี่ยนเครื่องบิน [プリアンクルァングビン]
(英 transit) トランジット

เปลี่ยนใจ [プリアンチャイ]
(英 change one's mind) 気が変わる

เปลี่ยนทิศ [プリアンティッ]
(英 change the direction) 転回する

เปลี่ยนแทน [プリアンテーン]
(英 exchange) 取り替える / 換える

เปลี่ยนแปลง [プリアンプレーング]
(英 change) 変える / 変わる

เปลี่ยนผัน [プリアンパン] (英 change)
転換する

เปลี่ยนรถ [プリアンロッ] (英 transfer)
乗り換える

เปลี่ยนเรื่องพูด [プリアンルァングプーッ]
(英 by the way) ところで

เปลี่ยนเสื้อ [プリアンスァ]
(英 change clothes) 着替える

เปลี่ยนใหม่ [プリアンマイ]
(英 be changed) 改まる

เปลี่ยวใจ [プリアゥチャイ] (英 lonely)
寂しい

เปลือก [プルァク] (英 shell) 殻

เปลือกตา [プルァクター] (英 eyelid) 瞼

เปลือกนอก [プルァクノーク]
(英 surface) 表面

เปลือกหอย [プルァクホーイ] (英 shell)
貝殻

เปลือย [プルゥイ] (英 naked) 裸

เป้สะพายหลัง [ペーサパーィラング]
(英 backpack) リュックサック

เปอร์เซนต์ [パーセン] (英 percent)
パーセント

เป๊ะ [ペ] (英 exact) ピタリ

เป่า [パゥ] (英 blow) 吹く

เป่าเครื่องดนตรี [パゥクルァングドントリー]
(英 play (a wind instrument)) 吹奏する

เป้าประสงค์ [パゥプラソング] (英 aim)
ねらい

เป่ายิ้งฉุบ [パゥイングチュブ]
(英 rock-paper-scissors) じゃんけん

เป้าหมาย [パゥマーイ] (英 target)
目標 / ゴール

เปิด [プーッ] (英 open) 開ける / 開く

เปิดกิจการ [プーッキッチャカーン]
(英 start a business) オープン / 開店

เปิดแก่คนทั่วไป [プーッケーコントゥァパイ]
(英 open for public) 開放する

เปิดงาน [プーングガーン]
(英 open an event) 開催する

เปิดทาง [プーッターング]
(英 let *sb* have a chance)
譲る / 身を引く

เปิดทำการ [プーッタムカーン]
(英 open (for business)) 営業中

เปิดทิ้งไว้ [プーッティングワイ]
(英 leave open) 開放する

เปิดโปง [プーッポーング] (英 expose)
暴露する

เปิดเผย [プーップーイ] (英 frankness)
オープン / 率直

เปิดเผยต่อสาธารณะ
[プーッブーイトーナーターラナ] (英 reveal
to public) 公開する / 公表する

เปิดร้าน [プーッラーン]
(英 open a shop) 開店する

เปิดเส้นทางสัญจร
[プーッセンターングサンチョーン]
(英 open to traffic) 開通する

เปิดออก [プーッオーゥ] (英 open) 開く

เปียก [ピアゥ] (英 get wet / get soaked)
ずぶ濡れ / 濡れる

เปียกชื้น [ピアゥチューン]
(英 moisten / moist) 湿る / 湿った

เปียกโชก [ピアゥチョーゥ]
(英 get soaked through) びっしょり

เปียโน [ピアノー] (英 piano) ピアノ

เปื้อน [プァン] (英 get dirty) 汚れる

เปื่อย [プァイ] (英 rot) 腐る

แป้ง [ペーング] (英 flour) 粉

แป้งข้าวสาลี [ペーングカーゥサーリー]
(英 flour) 小麦粉

แป้งโด [ペーングドー]
(英 uncooked dough) 生地

แป้งมัน [ペーングマン] (英 starch) 片栗粉

แป้งโมจิ [ペーングモーチ]
(英 mochi flour) 餅粉

แปด [ペーッ] (英 eight) 8

แปดสิบ [ペーッスィッ] (英 eighty) 80

แปรง [プレーング] (英 brush) ブラシ / 磨く

แปรงทาสี [プレーングターレィー]
(英 brush) 刷毛

แปรงสีฟัน [プレーングスィーファン]
(英 toothbrush) 歯ブラシ

แปรปรวน [プレーブルァン]
(英 whimsicality) 気紛れ

แปล [プレー] (英 translate) 訳す

แปลก [プレーゥ] (英 strange)
変 / 珍しい / 特有

แปลกประหลาด [プレーゥプララーッ]
(英 strange) 不思議

แปลกพิลึก [プレーゥピルゥ] (英 strange)
おかしい

แปลกหน้า [プレーゥナー] (英 strange)
妙 / 未知

แปลงดอกไม้ [プレーングドーゥマイ]
(英 flower garden) 花壇

แปะ [ペ] (英 stick) 貼る

แปะติด [ペティッ] (英 stick *sth* to)
貼り付ける

โป่ง [ポーング] (英 swell) 膨らむ

โปรแกรม [プロクレム] (英 program)
プログラム

โปรแกรมทัวร์เสริม [プロークレームトゥアスーム]
(英 optional tour) オプショナルツアー

โปรแกรมฝึกอบรม [プロークレームフゥオブロム]
(英 training program) 研修プログラム

โปร่ง [プローング] (英 clear) 透き通る

โปร่งใส [プローングサイ]
(英 transparency) 透明

โปรเจกต์ [プローチェク] (英 project)
企画 / 事業

โปรดปราน [プロープラーン] (英 like)
好む

โปรตีน [プロティーン] (英 protein) 蛋白質

โปรโมชั่น [プロモーチャン]
(英 promotion) プロモーション

โปรย [プローイ] (英 scatter)
ばら撒く / 散らかす

โปสการ์ดภาพ [ポーッスカーッパーブ]
(英 picture postcard) 絵はがき

โปสเตอร์ [ポーッター] (英 poster)
ポスター

ไป [パイ] (英 go) 行く

ไปกลับ [パイクラップ]
(英 make a round trip) 往復する

ไปก่อน [パイコーン] (英 go ahead)
先行する

ไปช้า ๆ [パイチャーチャー]
(英 go slowly) 徐行する

ไปได้ดี [パイダイディー] (英 smooth) 快調

ไปต้อนรับ [パイトーンラッ]
(英 welcome) 出迎え

ไปตามลำดับ [パイタームラムダブ]
(英 in order) 次第に

ไปทำงาน [パイタムンガーン]
(英 go to work) 出勤する

ไปบริษัท [パイボーリサッ]
(英 go to the company) 出社する

ไปพบ [パイポッ] (英 go and see (the superior)) 訪ねる / 訪れる / 訪問

ไปมาหาสู่ [パイマーハースー]
(英 be in contact) 接触する

ไปรษณีย์ [プライサニー] (英 post) 郵便

ไปรษณียบัตร [プライサーニヤバッ]
(英 post card) 葉書

ไปรษณียภัณฑ์ [プライサニーヤパン]
(英 mail) 郵便物

ไปรษณีย์อากาศ [プライサニーアーカーッ]
(英 airmail) エアメール

ไปรับ [パイラッ] (英 go to pick *sb* up)
迎えに行く

ไปโรงเรียน [パイローングリヤン]
(英 commute school) 通学する

ไปวัด [パイワッ] (英 visit a temple for worship) お寺に参る

ไปสาย [パイサーイ] (英 late)
遅い / 遅れる

ผ

ผง [ポング] (英 powder) 粉末

ผงซักฟอก [ポングサクフォーク]
(英 detergent) 洗剤

ผงหมึก [ポングムク] (英 toner) トナー

ผจญภัย [パチョンパイ] (英 adventure)
冒険する

802　　โปรแกรมฝึกอบรม ➡ ผจญภัย

ผด [ポッ] (英 rash) 発疹

ผนวก [パヌアク] (英 append) 付加する

ผนวกกับ [パヌアクカブ]
(英 together with) 相まって

ผนวกเข้าด้วยกัน [パヌアクカウドゥアイカン]
(英 combine with) 統合する

ผนึกกำลัง [パヌックカムラング]
(英 band together) 結束する

ผม [ポム] (英 I) 俺

ผมขาว [ポムカーウ] (英 gray hair) 白髪

ผมชี้ [ポムチー] (英 wavy hair) 癖毛

ผมร่วง [ポムルアング] (英 hair loss) 脱毛

ผมหงอก [ポムンゴーク] (英 gray hair) 白髪

ผล [ポン] (英 nut / result) 実 / 結果

ผลการเรียน [ポンカーンリアン]
(英 school record) 成績

ผลกำไร [ポンカムライ] (英 profit) 採算

ผลเก็บเกี่ยว [ポンケブキアウ]
(英 harvesting) 収穫

ผลของต้นไม้ [ポンコーングトンマイ]
(英 nut) 木の実

ผลข้างเคียง [ポンカーングキアング]
(英 side effect) 副作用

ผลคะแนน [ポンカネーン] (英 score)
点数 / 得点

ผลงานชิ้นเอก [ポンガーンチンエーク]
(英 masterpiece) 名作

ผลงานต้นฉบับ [ポンガーントンチャバブ]
(英 the original) 原作

ผลงานที่ผ่านมา [ポンガーンティーパーンマー]
(英 actual results) 実績

ผลงานที่ไร้ค่า [ポンガーンティーライカー]
(英 trash) 駄作

ผลงานศิลปะ [ポンガーンスィンラパッ]
(英 artwork) 芸術

ผลเชอร์รี่ [ポンチャリー] (英 cherry)
さくらんぼ

ผลได้ผลเสีย [ポンダイポンスィア]
(英 loss and benefit) 利害

ผลต่าง [ポンターング] (英 difference) 差

ผลประกอบการ [ポンプラコーブカーン]
(英 operation result) 業績

ผลผลิต [ポンパリッ] (英 product) 産物

ผลผลิตไม่ดี [ポンパリッマイディー]
(英 bad harvest) 凶作

ผลผลิตอุดมสมบูรณ์
[ポンパリッウドムソムブーン]
(英 abundant harvest) 豊作

ผลพวง [ポンプアング]
(英 outcome / result) 所産

ผลไม้ [ポンラマイ] (英 fruit) 果実 / 果物

ผลไม้อบแห้ง [ポンラマイオブヘーング]
(英 dried fruit) ドライフルーツ

ผลรวม [ポンルアム] (英 the total) 合計

ผลร้าย [ポンラーイ] (英 harm) 害

ผลลัพธ์ [ポンラブ] (英 result) 結果 / 成果

ผลสรุป [ポンサルブ] (英 conclusion) 決着

ผลสัมฤทธิ์ [ポンサムリッ] (英 effect)
効き目

ผด ➡ ผลสัมฤทธิ์ 803

ผลักดัน [プラクダン] (英 push) 推進する

ผลัด [プラッ] (英 take the place of) 代わる

ผลัดกลางคืน [プラックラーンククーン] (英 night shift[duty]) 夜勤

ผลัดกัน [プラッカン] (英 by turns) 代わる代わる

ผลัดเวร [プラッウェン] (英 shift) 交代する

ผลิต [パリッ] (英 manufacture) 製作する / 製造する

ผลิตขึ้น [パリックン] (英 manufacture) 創作する

ผลิตที่ [パリッティー] (英 made in) 〜製

ผลิตเป็นจำนวนมาก [パリッペンチャムヌアンマーク] (英 mass-produce) 量産する

ผลิตไฟฟ้า [パリッファイファー] (英 generate electricity) 発電する

ผลิตภัณฑ์ [パリッタパン] (英 product) 製品 / 〜産

ผลิตภัณฑ์การเกษตร [パリッタパンカーンカセーッ] (英 agricultural products) 農産物

ผลิตภัณฑ์ทางทะเล [パリッタパンターンクタレー] (英 marine products) 水産物

ผลิตภัณฑ์ที่ทำจากนม [パリッタパンティータムチャークノム] (英 dairy product) 乳製品

ผลิตภัณฑ์ใหม่ [パリッタパンマイ] (英 new product) 新製品

ผลิตภัณฑ์อาหาร [パリッタパンアーハーン] (英 food products) 食品 / 食料品

ผลิตเหล็ก [パリッレク] (英 produce iron) 鉄を生産する

ผลิตออกมา [パリッオークマー] (英 produce) 産出する

ผลึก [パルク] (英 crystal) 結晶

ผลุนผลัน [プルンプラン] (英 suddenly) いきなり

ผสม [パソム] (英 mix) 取り混ぜる / 混ざる / 混ぜる

ผสมกัน [パソムカン] (英 mix) 混合する

ผสมปนเป [パソムポンペー] (英 be mixed with) 混じる

ผสมผสาน [パソムパサーン] (英 combine) 合成する

ผ่อนคลาย [ポーンクラーイ] (英 make oneself at ease / relax) くつろぐ / リラックス

ผ่อนปรน [ポーンプロン] (英 loosen) (規制を) 緩める

ผ่อนผัน [ポーンパン] (英 ease the conditions) 緩和する

ผ่อนรายเดือน [ポーンラーイドゥアン] (英 pay monthly) 月賦払い

ผอม [ポーム] (英 become lean) 痩せる

ผอมบาง [ポームバーング] (英 slim) 細い

ผัก [パク] (英 vegetable) 野菜

ผักกาดแก้ว [パッカーッケウ] (英 lettuce) レタス

ผักกาดขาว [パックカーッカーゥ]
(英 Chinese cabbage) 白菜

ผักโขม [パックコーム] (英 spinach)
ほうれん草

ผักชีฝรั่ง [パックチーファラング]
(英 culantro) クラントロ

ผักดอง [パクドーング] (英 pickles)
ピクルス

ผัด [パッ] (英 stir-fry) 炒める

ผัดผ่อน [パッポーン]
(英 give *sb* a grace period) 猶予する

ผัดไว้ก่อน [パッワイコーン]
(英 postponement) 後回し

ผันไปสู่ [パンパイスー] (英 turn into)
転じる

ผันผวน [パンプアン] (英 fluctuate)
変動する

ผ้า [パー] (英 cloth) 布

ผ้ากอซ [パーコーッ] (英 gauze) ガーゼ

ผ้ากันน้ำลาย [パーカンナムラーイ]
(英 bib) よだれかけ

ผ้ากันเปื้อน [パーカンプアン] (英 apron)
エプロン

ผ้าขนหนู [パーコンヌー] (英 towel)
タオル / 手拭い

ผ้าขี้ริ้ว [パーキーリゥ] (英 rag)
雑巾 / 布巾 / ぼろ

ผ้าคลุมเตียง [パークルムティアング]
(英 bedcover) ベッドカバー

ผ้าคลุมที่นอน [パークルムティーノーン]
(英 quilt) 掛け布団

ผ่าชำแหละ [パーチャムレ]
(英 dissect) 解剖する

ผ้าเช็ดหน้า [パーチェッナー]
(英 handkerchief) ハンカチ

ผ่าตัด [パータッ] (英 do surgery) 手術する

ผ่าทางตัน [パーターングタン]
(英 break through) 打開する

ผ้าที่ตากไว้ [パーティーターックワイ]
(英 dried thing) 干し物

ผ่าน [パーン] (英 pass)
～過ぎ / 通る / 越す

ผ่าน ๆ [パーンパーン] (英 roughly)
一通り / ざっと

ผ่านเข้ามาใกล้ [パーンカウマークライ]
(英 come near to) 差し掛かる

ผ่านไป [パーンパイ] (英 pass) 経つ / 経る

ผ่านไปพอดี [パーンパイポーディー]
(英 happen to pass by) 通り掛かる

ผ่านเลยไป [パーンレーイパイ]
(英 go past) 通り過ぎる

ผ่านแล้ว [パーンレーゥ] (英 passed) 済み

ผ้านวมปูนอน [パーヌアムプーノーン]
(英 bedding) 布団

ผ่านเวลา [パーンウェーラー] (英 spend)
過ごす

ผ้าปู [パープー] (英 sheet)
敷き布 / テーブルクロス

ผ้าปูที่นอน [パープーティーノーン]
(英 sheet) シーツ

ผ้าพันคอ [パーパンコー]
(英 scarf / muffler) スカーフ / マフラー

ผ

ผักกาดขาว ➡ ผ้าพันคอ 805

ผ้าพันแผล [パーパンプレー]
(英 bandage) 包帯

ผ้าม่าน [パーマーン] (英 curtain) カーテン

ผายลม [パーイロム] (英 fart)
おならをする

ผ้าห่ม [パーホム] (英 blanket) 毛布

ผ้าไหม [パーマイ] (英 silk) 絹

ผ้าอนามัย [パーアナーマイ]
(英 sanitary napkin[pad])
生理用ナプキン / ナプキン

ผ่าออก [パーオーク] (英 incise) 切開する

ผ้าอ้อมเด็ก [パーオームデック] (英 diaper)
おむつ

ผิด [ピッ] (英 make a mistake) 間違う

ผิดกฎ [ピッコッ] (英 foul) 反則

ผิดกฎหมาย [ピッコッマーイ]
(英 illegal) 非合法

ผิดคาด [ピッカーッ] (英 unexpected)
意外

ผิดถูกและชั่วดี [ピットゥークレチュアディー]
(英 right and wrong) 善し悪し

ผิดปกติ [ピッパカティ] (英 abnormal)
異常な / 狂う

ผิดสัญญา [ピッサンヤー]
(英 break one's promise) 約束を破る

ผิดหวัง [ピッワング]
(英 be disappointed at) 失望する

ผิดหูผิดตา [ピッフーピッター]
(英 considerably) めっきり

ผิว [ピウ] (英 skin) 肌

ผิวปาก [ピウパーク] (英 whistle) 口笛

ผิวหนัง [ピウナング] (英 skin) 皮 / 皮膚

ผิวหนังเป็นผื่น [ピウナングペンプーン]
(英 rash) 湿疹

ผี [ピー] (英 ghost) 幽霊

ผีเสื้อ [ピースァ] (英 butterfly) 蝶

ผึ้ง [プング] (英 bee) 蜂

ผึ่งแดด [プングデーッ] (英 dry) 干す

ผื่น [プーン] (英 rash) 吹出物 / 発疹

ผืนดิน [プーンディン] (英 earth) 土

ผุกร่อน [プクローン] (英 rot) 腐食

ผุดขึ้นมา [プッケンマー]
(英 come to mind) 思い付く

ผุพัง [プパング] (英 crumble) 朽ちる

ผุยผง [プィポング] (英 fragmented) 粉々

ผูก [プーク] (英 tie) 縛る / 結ぶ

ผูกขาด [プークカーッ] (英 monopolize)
独占する

ผูกมัด [プークマッ] (英 bind) 拘束する

ผู้กระทำ [プークラタム] (英 the subject)
主体

ผู้ก่อการร้าย [プーコーカーンラーイ]
(英 terrorist) テロリスト

ผู้ขาย [プーカーイ] (英 seller) 売り手

ผู้เขียน [プーキアン] (英 author)
作家 / 筆者

ผู้ค้า [プーカー] (英 trader) 業者

ผู้คุ้มกัน [プークムコン]
(㊥ guard officer) 護衛官

ผู้คุมเรือนจำ [プークムルアンチャム]
(㊥ warden) 看守

ผู้คุมวง [プークムウォンッ]
(㊥ conductor) 指揮者

ผู้จัดการ [プーチャッカーン]
(㊥ manager) 支配人

ผู้จัดงาน [プーチャッンガーン]
(㊥ organizer) 幹事

ผู้ชนะ [プーチャナ] (㊥ winner) 勝者

ผู้ชม [プーチョム] (㊥ audience) 観衆

ผู้ช่วย [プーチュアイ] (㊥ assistant)
助～ / 助手 / アシスタント

ผู้ชาย [プーチャーイ] (㊥ man)
男性 / 男の人 / ～君

ผู้ช่ำชอง [プーチャムチョーング]
(㊥ veteran) ベテラン

ผู้เชี่ยวชาญ [プーチアウチャーン]
(㊥ expert) 玄人 / マスター / 達人

ผู้ใช้ [プーチャイ] (㊥ user) ユーザー

ผู้ใช้แรงงาน [プーチャイレーンッンガーン]
(㊥ worker) 労働者

ผู้ดู [プードゥー] (㊥ audience) 観客

ผู้ดูแล [プードゥーレー] (㊥ caretaker)
管理人

ผู้ดูแลไซต์งาน [プードゥーレーサインガーン]
(㊥ site supervisor) 現場監督

ผู้โดยสาร [プードーイサーン]
(㊥ passenger) 乗客

ผู้ตกเป็นเหยื่อ [プートックペンユア]
(㊥ victim) 犠牲者

ผู้ตาย [プーターイ] (㊥ the deceased)
故人

ผู้แต่ง [プーテンッ] (㊥ author) 著者

ผู้ถือหุ้น [プートゥーフン]
(㊥ shareholder) 株主

ผู้ทะนงตัว [プータノンットゥア]
(㊥ egoist) エゴイスト

ผู้แทน [プーテーン] (㊥ representative)
代表者

ผู้นับถือ [プーナップトゥー] (㊥ believer)
信者

ผู้นำ [プーナム] (㊥ leader)
リーダー / 首脳

ผู้นำทาง [プーナムターング] (㊥ guide)
ガイド

ผู้นำหลัก [プーナムラック]
(㊥ the main leader) 主導

ผู้บงการ [プーボンッカーン]
(㊥ mastermind) 黒幕

ผู้บรรยาย [プーバンヤーイ] (㊥ narrator)
ナレーター

ผู้บริจาค [プーボーリチャーク] (㊥ donor)
ドナー

ผู้บริโภค [プーボーリポーク]
(㊥ consumer) 消費者

ผู้บริหาร [プーボーリハーン]
(㊥ manager) 経営者

ผู้ปกครอง [プーポックローング]
(㊥ guardian) 保護者

ผ

ผู้ประกอบการ [プープラコープカーン]
(英 enterprise) 企業 / 業者

ผู้ประกาศข่าว [プープラカーッカーゥ]
(英 news announcer) アナウンサー

ผู้ประสบภัย [プープラソップパイ]
(英 casualty) 被害者

ผู้ป่วย [プープァイ] (英 patient) 患者

ผู้ป้อนสินค้า [プーポーンスィンカー]
(英 supplier) サプライヤー

ผู้ผลิต [プーパリッ] (英 maker)
メーカー / 生産者

ผู้ฝึกซ้อม [プーフクソーム] (英 trainer)
トレーナー

ผู้ฝึกสอน [プーフクソーン] (英 coach)
コーチ

ผู้ฟัง [プーファング] (英 audience)
聴衆 / 観客

ผู้มาเยือน [プーマーユアン] (英 visitor)
訪問者

ผู้มีตระกูลสูง [プーミートラクーンスーング]
(英 the noble) 貴族

ผู้มีพระคุณ [プーミープラクン]
(英 benefactor) 恩人

ผู้ร่วมอุดมการณ์ [プールアムウドムカーン]
(英 comrade) 同志

ผู้รอดชีวิต [プーローッチーウィッ]
(英 survivor) 生存者

ผู้รอบรู้ [プーロープルー] (英 guru) 師

ผู้รับของ [プーラプコーング]
(英 recipient) 受取人

ผู้รับจ้างช่วง [プーラプチャーングチュアング]
(英 subcontractor) 下請業者

ผู้รับใช้ [プーラプチャイ] (英 servant)
使用人

ผู้รับผิดชอบ [プーラプピッチョープ]
(英 person in charge) 責任者 / 担当者

ผู้ลี้ภัย [プーリーパイ] (英 refugees) 難民

ผู้เล่น [プーレン] (英 player) 選手

ผู้ส่ง [プーソング] (英 sender) 差出人

ผู้สมัคร [プーサマク] (英 candidacy) 候補

ผู้สร้างสรรค์ผลงาน
[プーサーングサンポンンガーン]
(英 the author) 作者

ผู้สืบตำแหน่ง [プースープタムネング]
(英 successor) 後継ぎ

ผู้สื่อข่าว [プースーカーゥ] (英 reporter)
ジャーナリスト / 記者

ผู้สูงอายุ [プースーングアーユ]
(英 the elderly) 年寄り / 高齢者

ผู้เสียชีวิต [プースィアチーウィッ]
(英 the dead) 死者

ผู้เสียภาษี [プースィアパースィー]
(英 taxpayer) 納税者

ผู้หญิง [プーイング] (英 woman) 女性

ผู้เห็นแก่ตัว [プーヘンケートゥア]
(英 selfish person) エゴイスト

ผู้เห็นเหตุการณ์ [プーヘンヘーッカーン]
(英 eyewitness) 目撃者

ผู้ใหญ่ [プーヤイ] (英 adult) おとな / 成人

ผู้อพยพ [プーオッパヨッ]（㊧ emigrant）移民 / 難民

ผู้อยู่อาศัย [プーユーアーサイ]（㊧ resident）住人

ผู้อ่าน [プーアーン]（㊧ reader）読者

ผู้อารักขา [プーアーラックカー]（㊧ bodyguard）ボディガード

ผู้อาวุโส [プーアーウソー]（㊧ elders）目上 / 老人

ผู้อำนวยการ [プーアムヌアイカーン]（㊧ director）所長

เผชิญหน้า [パチューンナー]（㊧ confront）対立する / 直面する

เผชิญหน้ากัน [パチューンナーカン]（㊧ confront）対決する

เผ็ด [ペッ]（㊧ spicy）辛い

เผด็จการ [パデッカーン]（㊧ dictatorship）独裁

เผยความลับในใจ [プーイクワームラッナイチャイ]（㊧ confide）打ち明ける

เผยแผ่ศาสนา [プーイペーサーッサナー]（㊧ do missionary work）宣教する

เผยแพร่ไปทั่ว [プーイプレーパイトゥア]（㊧ popularize）普及する

เผยอยิ้ม [パユーイム]（㊧ smile）ほころびる

เผลอ [プルー]（㊧ carelessly）うっかり

เผา [パウ]（㊧ burn）燃やす / 焚く

เผาผลาญ [パウプラーン]（㊧ devour）消耗する

เผ่าพันธุ์ [パウパン]（㊧ race）人種 / 民族

เผาไหม้ [パウマイ]（㊧ burn）燃える

เผื่อว่า [プァワー]（㊧ by any chance）万一

เผื่อไว้ [プァワイ]（㊧ more or less）一応

แผ่ [ペー]（㊧ spread）張る

แผ่กว้าง [ペークワーング]（㊧ spread）広まる / 拡大

แผ่ขยายให้กว้าง [ペーカヤーイハイクワーング]（㊧ spread）広げる

แผน [ペーン]（㊧ plan）計 / 策 / 策略

แผ่น(หน่วยนับ) [ペン（ヌアイナッ）]（㊧ counter (for sth flat)）枚

แผนก [パネーク]（㊧ section）部門

แผนกจักษุ [パネークチャクス]（㊧ ophthalmology）眼科

แผนกจัดซื้อ [パネークチャッスー]（㊧ purchasing department）購買部

แผนกเด็ก [パネークデック]（㊧ pediatrics）小児科

แผ่นกระดาน [ペンクラダーン]（㊧ board）板

แผ่นกระเบื้อง [ペンクラブアング]（㊧ tile）タイル

แผนกศัลยกรรม [パネークサンヤカム]（㊧ surgery）外科

แผนกสูตินรีเวช [パネークスーティナリーウェーッ]（㊧ obstetrics and gynecology）産婦人科

ผ

แผนกหู จมูก ［パネーゥフーチャムーゥ］
（㊍ otolaryngology）耳鼻科

แผนกอายุรกรรม ［パネーゥアーユラカム］
（㊍ internal medicine）内科

แผนการ ［ペーンカーン］（㊍ scheme）計画

แผนงาน ［ペーンガーン］（㊍ plan）
企画 / 事業

แผนงานประจำวัน
［ペーンガーンプラチャムワン］
（㊍ schedule）日程

แผนชั่วร้าย ［ペーンチュアラーイ］
（㊍ conspiracy）陰謀

แผ่นดิน ［ペンディン］
（㊍ the earth[ground, land]）大地

แผ่นดินไหว ［ペンディンワイ］
（㊍ earthquake）地震

แผนที่ ［ペーンティー］（㊍ map）地図

แผนที่เส้นทาง ［ペーンティーセンターング］
（㊍ road map）路線図 / 道路地図

แผนในใจ ［ペーンナイチャイ］
（㊍ ulterior motive）下心

แผนผังองค์กร ［ペーンパングオングコーン］
（㊍ organization chart）組織図

แผ่นพับโฆษณา ［ペンパプコーサナー］
（㊍ pamphlet）パンフレット

แผนภาพ ［ペーンパープ］（㊍ diagram）図

แผนภูมิ ［ペーンプーム］（㊍ chart）
図表 / 図形

แผ่รังสี ［ペーラングスィー］（㊍ radiate）
放射する

แผลขีดข่วน ［プレーキーックァン］
（㊍ cut）切り傷

แผลฟกช้ำ ［プレーフォクチャム］
（㊍ bruise）打撲 / あざ

แผลไฟลวก ［プレーファイルアク］
（㊍ burn）火傷

แผลร้อนใน ［プレーローンナイ］
（㊍ mouth ulcer）口内炎

แผลอักเสบ ［プレーアクセープ］
（㊍ ulcer）潰瘍

โผล่พรวด ［プロープルアッ］
（㊍ rush out）飛び出す

ฝ

ฝน ［フォン］（㊍ rain）雨

ฝนซู่ ［フォンスー］（㊍ squall）スコール

ฝนตก ［フォントク］（㊍ rain）降水 / 雨天

ฝนห่าใหญ่ ［フォンハーヤイ］
（㊍ downpour）豪雨

ฝรั่ง ［ファラング］（㊍ guava）グアバ

ฝักใฝ่ ［ファクファイ］（㊍ keen on）執着する

ฝัง ［ファング］（㊍ bury / be buried）
埋める / 埋まる

ฝั่ง ［ファング］（㊍ bank / side）土手 / 面

ฝังกลบ ［ファングクロプ］（㊍ bury）埋める

ฝังเข้าไป ［ファングカゥパイ］
（㊍ implant）埋め込む

ฝังดิน ［ファングディン］（㊍ bury）埋蔵する

ฝั่งตรงข้าม ［ファングトロングカーム］
（㊍ opposite side）向かい

ฝ

ฝั่งโน้น [ファングノーン] (英 over there) 向こう

ฝั่งแม่น้ำ [ファングメーナム] (英 riverbank) 川岸

ฝังศพ [ファングソップ] (英 bury) 葬る

ฝันสลาย [ファンサラーイ] (英 be disappointed) 幻滅する

ฝา [ファー] (英 lid) 蓋

ฝาก [ファーク] (英 leave sth in sb's care) 預ける

ฝากข้อความ [ファークコークワーム] (英 leave a message) 伝言する

ฝากขาย [ファークカーイ] (英 consign) 委託する

ฝากบอก [ファークボーク] (英 leave a message) 伝言

ฝากสวัสดี [ファークサワッディー] (英 Say hello to sb.) よろしく

ฝาจุก [ファーチュク] (英 cork) 栓

ฝ่าฝืน [ファーフーン] (英 violate) 違反する

ฝาแฝด [ファーフェーッ] (英 twin) 双子

ฝ่าฟัน [ファーファン] (英 make it through) 凌ぐ

ฝ่ามือ [ファームー] (英 palm) 手のひら

ฝ่าย [ファーイ] (英 side) 側 / 方

ฝ้าย [ファーイ] (英 cotton) 綿 / 木綿

ฝ่ายเดียว [ファーイディアウ] (英 one-side[way]) 一方的

ฝ่ายไหน [ファーイナイ] (英 which) どちら

ฝีมือ [フィームー] (英 skill) 腕前

ฝึกงาน [フックガーン] (英 train) 研修する / 実習する / 見習い

ฝึกซ้อม [フックソーム] (英 train) 練習する

ฝึกทักษะ [フックタクサ] (英 train skills) 教習する

ฝึกนิสัย [フクニサイ] (英 teach somebody manners) しつける

ฝึกปรือ [フクプルー] (英 be well-trained) 訓練する

ฝึกฝน [フクフォン] (英 practice) トレーニングする / 訓練する / 修行する

ฝึกหัด [フクハッ] (英 practice) 養成する

ฝึกให้เชื่อง [フクハイチュアング] (英 train) 馴らす

ฝึกอบรม [フクオブロム] (英 train) 訓練する

ฝืน [フーン] (英 go against) 強いて（〜する）/ 逆らう

ฝืนใจ [フーンチャイ] (英 force) 強いる

ฝุ่น [フン] (英 dust) ちり / ほこり

ฝูง [フーング] (英 crowd) 群

ฝูงชน [フーングチョン] (英 crowd) 群集 / 人込み

เฝ้าบ้าน [ファウバーン] (英 house-sit) 留守番

เฝ้ายาม [ファウヤーム] (英 guard) 警護する

เฝ้ารอ [ファウロー] (英 long for) 待望する

เฝ้าระวัง [ファウラワング]
(英 guard / watch) 監視する

เฝ้าสังเกต [ファウサングケーッ]
(英 observe) 観察する

เฝ้าสังเกตการณ์ [ファウサングケーッカーン]
(英 watch) 見張る

เฝือก [フアク] (英 plaster cast) ギプス

พ

พกติดตัว [ポクティットゥア] (英 carry) 携帯する

พกพา [ポクパー] (英 carry) 身に付ける

พจนานุกรม [ポッチャナーヌクロム]
(英 dictionary) 辞書 / 辞典 / 字引き

พ้น [ポン] (英 come out) 抜ける

พนมมือไหว้ [パノムムーワイ] (英 pray) 拝む

พ่นออกมา [ポンオークマー] (英 spout) 噴出する

พนักงาน [パナックンガーン] (英 the staff) 職員 / 従業員 / 員

พนักงานขนสัมภาระ
[パナックンガーンコンサムパーラ] (英 porter) ポーター

พนักงานขาย [パナックンガーンカーィ]
(英 salesperson)
販売員 / セールスパーソン

พนักงานจ้างเต็มอัตรา
[パナックンガーンチャーンクテムアットラー]
(英 regular employee) 正社員

พนักงานชั่วคราว [パナックンガーンチュアクラーウ]
(英 part-time worker) パートタイマー

พนักงานต้อนรับบนเครื่องบิน
[パナックンガーントーンラブボンクルアンクビン]
(英 flight attendant)
キャビンアテンダント / 客室乗務員

พนักงานธนาคาร [パナックンガーンタナーカーン]
(英 bank clerk) 銀行員

พนักงานบริษัท [パナックンガーンボーリサッ]
(英 employee) 社員

พนักงานรับโทรศัพท์
[パナックンガーンラブトーラサブ]
(英 operator) オペレーター

พนักงานร้านค้า [パナックンガーンラーンカー]
(英 shopkeeper) 店員

พนักงานเสิร์ฟ [パナックンガーンスーブ]
(英 waiter) ウエイター

พนักงานเสิร์ฟหญิง
[パナックンガーンサーフイング]
(英 waitress) ウエイトレス

พนัน [パナン] (英 bet) 占う

พเนจร [パネーチョン] (英 roam) 遊牧する

พบ [ポブ] (英 meet) 会う

พบกันใหม่ [ポブカンマイ]
(英 meet again) 再会する

พบโดยบังเอิญ [ポブドーィバングウーン]
(英 come across) 出くわす

พบปะ [ポブパ] (英 meet) 出会う

พบปะพูดคุย [ポブパプークッィ]
(英 meet and talk) 面会する

พยักหน้า [パヤクナー] (英 nod) うなずく

พยัญชนะ [パヤンチャナ]
(英 consonant) 子音

812　เฝ้าระวัง ➡ พยัญชนะ

พยากรณ์ [パヤーコーン] (英 forecast)
予報する

พยากรณ์อากาศ [パヤーコーンアーカーッ]
(英 weather report) 天気予報

พยาน [パヤーン] (英 witness) 証人

พยานหลักฐาน [パヤーンラクターン]
(英 evidence) 証拠

พยาบาลผู้ป่วย [パヤーバーンプーブァイ]
(英 nurse) 看病する

พยายาม [パヤーヤーム]
(英 make efforts) 努める

พยายามเต็มที่ [パヤーヤームテムティー]
(英 as much as possible) 努めて

พยายามสู้ [パヤーヤームスー]
(英 hang on) 頑張る

พรม [プロム] (英 carpet)
カーペット / じゅうたん

พรมแดน [プロムデーン]
(英 national border) 国境

พรรค [パク] (英 party) 党

พรรคการเมือง [パクカーンムアング]
(英 political party) 政党

พรรคฝ่ายค้าน [パクファーイカーン]
(英 opposition party) 野党

พรรคฝ่ายรัฐบาล [パクファーイラッタバーン]
(英 ruling party) 与党

พรรคพวก [パクプアク] (英 company)
連中 / 仲間

พรรณนา [パンナナー] (英 description)
描写

พรวดเดียว [プルアッディアウ]
(英 all of a sudden) 一挙に

พรสวรรค์ [ポンサワン] (英 talent) 才能

พรหมลิขิต [プロムリキッ] (英 fate) 運命

พร้อมเพรียงกัน [プロームプリアングカン]
(英 all together) 一斉

พระจันทร์ [プラチャン] (英 the moon) 月

พระจันทร์เต็มดวง [プラチャンテムドウアング]
(英 full moon) 満月

พระจันทร์เสี้ยว [プラチャンスィアウ]
(英 crescent (moon)) 三日月

พระพุทธเจ้า [プラプッタチャウ]
(英 the Buddha) 釈迦 / 仏

พระพุทธรูป [プラプッタループ]
(英 statue of Buddha) 仏像 / 仏

พระมหากษัตริย์ [プラマハーカサッ]
(英 king) 国王

พระมูฮัมหมัด [プラムーハムマッ]
(英 Muhammad) ムハンマド

พระเยซูคริสต์ [プライェースークリッ]
(英 Jesus Christ) キリスト

พระราชวัง [プララーッチャワング]
(英 royal palace) 宮殿 / 王宮

พระราชา [プララーチャー] (英 king)
王 / 国王

พระสงฆ์ [プラソング] (英 monk) 僧侶

พระอาทิตย์ [プラアーティッ]
(英 the sun) 太陽

พระอาทิตย์ขึ้น [プラアーティックン]
(英 sunrise) 日の出

พยากรณ์ ➡ พระอาทิตย์ขึ้น 813

พระอาทิตย์ตก [プラアーティットゥ] (英 sunset) 日の入り / 暮れ

พระอาทิตย์ตกดิน [プラアーティットゥディン] (英 sunset) 日没

พระอาทิตย์ยามเย็น [プラアーティッヤームイエン] (英 evening sun) 夕日

พร่าตา [プラーター] (英 dazzling) まぶしい

พร่ามัว [プラームァ] (英 be hazy) 霞む

พร่ำเพรื่อ [プラムプルァ] (英 again and again) くどい

พริกแดง [プリッデーンッ] (英 chili) 唐がらし

พริกไทย [プリッタイ] (英 pepper) 胡椒

พริกหวาน [プリッワーン] (英 bell pepper) ピーマン

พรุ่งนี้ [プルンッニー] (英 tomorrow) 明日

พฤติกรรม [プルティカム] (英 behavior) 行為 / 行動

พฤศจิกายน [プルッサチカーヨン] (英 November) 十一月

พฤษภาคม [プルサパーコム] (英 May) 五月

พลตำรวจ [ポンタムルアッ] (英 police officer) 巡査

พลเมือง [ポンラムアンッ] (英 citizen) 市民

พลศึกษา [パラスッサー] (英 physical education (PE)) 体育

พละกำลัง [パラカムランッ] (英 muscular strength) 筋力

พลัง [パランッ] (英 power) 力 / 勢力

พลังกาย [パランッカーイ] (英 physical strength) 体力

พลังงาน [パランッガーン] (英 energy) エネルギー

พลังงานความร้อน [パランッガーンクワームローン] (英 heat energy) 熱量

พลังงานน้ำ [パランッガーンナム] (英 hydropower) 水力

พลังงานปรมาณู [パランッガーンパラマーヌー] (英 nuclear[atomic] energy) 原子力

พลังงานไฟฟ้า [パランッガーンファイファー] (英 electric energy) 電力

พลังใจ [パランッチャイ] (英 drive) 気迫

พลัดตก [プラットゥ] (英 fall accidently) 転落する / 転倒する

พลาด [プラーッ] (英 miss) 見逃す

พลาสติก [プラーッサティッ] (英 plastic) ビニール

พลาสเตอร์ยา [プラーッサターヤー] (英 bandage) 絆創膏

พลิกคว่ำ [プリックワム] (英 be overturned) ひっくり返る

พลิกโฉม [プリッチョーム] (英 change) 一変

พลิกด้าน [プリッダーン] (英 turn over) 裏返す

พลิกผัน [プリッパン] (英 reverse) 逆転する

พลิกให้คว่ำ [プリックハイクワム]
（㊮ turn upside down）ひっくり返す

พลุ [プル]（㊮ fireworks）花火

พลุกพล่าน [プルップラーン]（㊮ crowded）
にぎわう

พวก [プァク]
（㊮ prefix for plural marker）たち

พวกเขา [プァクカウ]（㊮ they）彼ら

พวกคุณ [プァククン]（㊮ you）あなた方

พวกเธอ [プァクトゥー]（㊮ all of you）
あなた達 / 君達

พวกผม [プァクポム]（㊮ we men[boys]）
僕達

พวกเรา [プァクラウ]（㊮ we / we men[boys]）私達 / 我々 / 僕達

พวงกุญแจ [プァングクンチェー]
（㊮ key ring）キーホルダー

พวงมาลัยรถ [プァングマーライロッ]
（㊮ steering wheel）ハンドル

พหูพจน์ [パフーポッ]（㊮ plural）複数

พ่อ [ポー]（㊮ father）父

พ่อครัว [ポークルァ]（㊮ chef）
シェフ（男性）

พ่อค้า [ポーカー]（㊮ (male)merchant）
商人（男性）

พ่อค้าขายส่ง [ポーカーカーイソング]
（㊮ wholesaler）問屋

พอง [ポーング]（㊮ swell）膨れる

พองโต [ポーングトー]（㊮ get bigger）
膨張する

พองออกมา [ポーングオークマー]
（㊮ swell out）膨らむ

พอใจ [ポーチャイ]（㊮ satisfied）
満足した / 快い / 好む

พอดิบพอดี [ポーディプポーディー]
（㊮ exactly）ぴったり

พอดี [ポーディー]（㊮ exactly）丁度

พอประมาณ [ポープラマーン]
（㊮ moderate）適当

พอผ่านไปได้ [ポーパーンパイダイ]
（㊮ manage (to do) somehow）どうにか

พ่อแม่ [ポーメー]（㊮ parent）
親 / 父母 / 両親

พ่อสื่อ [ポースー]（㊮ matchmaker）仲人

พอเสียที [ポースィアティー]（㊮ put an end to something）いい加減にする

พอเหมาะ [ポーモ]（㊮ (fit) nicely / exactly / perfectly）しっくり

พอเหมาะพอดี [ポーモポーディー]
（㊮ (fit) nicely）しっくり / きっかり

พัก [パク]（㊮ rest）休む

พักกลางวัน [パックラーングワン]
（㊮ lunch break）昼休み

พักการเรียน [パッカーンリアン]
（㊮ take a leave of absence / suspend from school）休学する

พักค้างแรม [パッカーングレーム]
（㊮ stay）泊まる

พักชั่วครู่ [パクチュアクルー]
（㊮ take a break）休憩する

พักผ่อน [パクポーン]（㊮ take a rest）休む

พักฟื้น [パクフーン] (英 recuperate)
休養する / 保養する

พักรบ [パクロプ] (英 call a truce)
休戦する

พักรอ [パクロー] (英 wait) 控える

พักแรม [パクレーム] (英 stay at) 宿泊する

พักสักครู่ [パクサックルー] (英 short rest)
一休み

พัง [パング] (英 be destroyed) 壊れる

พังทลาย [パングタラーィ] (英 collapse)
崩壊する

พังผืด [パングプート] (英 fascia) 筋膜

พัฒนาการ [パッタナーカーン]
(英 improvement) 発達する

พัฒนาดีขึ้น [パッタナーデイークン]
(英 improve) 上達する

พัฒนาให้เจริญ [パッタナーハイチャルーン]
(英 develop) 開発する

พัด [パッ] (英 Japanese paper fan / folding fan) うちわ / 扇子

พัดลม [パッロム] (英 fan) 扇風機

พัน [パン] (英 thousand) 千

พันธบัตร [パンタバッ] (英 bond) 証券

พันธบัตรรัฐบาล [パンタバッラッタバーン]
(英 government bond) 国債

พันธมิตร [パンタミッ] (英 alliance) 同盟

พันธุ์ [パン] (英 type) 品種 / 種 (しゅ)

พันธุกรรม [パントゥカム] (英 heredity)
遺伝

พันธุ์ผสม [パンパソム] (英 mix breed)
雑種

พับ [パプ] (英 fold) 折る / 畳む

พับได้ [パプダイ] (英 be bendable) 折れる

พับตลบขึ้นไป [パプタロプクンパイ]
(英 fold upward)
（上にかぶせるように）折る

พับลง [パプロング] (英 fold sth down)
折り返す

พัสดุไปรษณีย์ [パサドゥプライサニー]
(英 package) 郵便小包

พัสดุย่อย [パッサドゥヨーィ]
(英 small package) 小包

พากเพียร [パークピアン] (英 diligent)
懸命

พากย์เสียง [パークスィアング]
(英 dub into) 吹き替え

พาณิชย์ [パーニッ] (英 commerce) 商業

พาตัวหายไป [パートゥアハーイパイ]
(英 take sb / sth away) 連れ去る

พาเที่ยว [パーティアゥ] (英 guide)
案内する

พ่าย [パーィ] (英 lose) 負ける

พาย(เรือ) [パーィ (ルァ)] (英 row) 漕ぐ

พ่ายแพ้ [パーィペー] (英 lose a battle)
敗戦する

พายุ [パーユ] (英 storm) 嵐

พายุทอร์นาโด [パーユトーナードー]
(英 tornado) 竜巻

พายุหิมะ [パーユヒマ] (英 blizzard) 吹雪

พาร์ทเนอร์ [パーットナー]（英 partner）パートナー

พาสปอร์ต [パースポーッ]（英 passport）パスポート

พาสเวิร์ด [パーッスウァーッ]（英 password）パスワード

พาเหรด [パーレーッ]（英 parade）パレード

พำนักอยู่ [パムナックユー]（英 reside）滞在する

พิกัด [ピカッ]（英 coordinates）座標

พิง [ピング]（英 lean on）もたれる

พิจารณา [ピチャーラナー]（英 consider）考慮する / 検討する / 思考する

พิชิต [ピチッ]（英 conquer）克服する / 負かす

พิชิตชัย [ピチッチャイ]（英 conquer）征服する

พิซซ่า [ピッサー]（英 pizza）ピザ

พิณญี่ปุ่น [ピンイープン]（英 koto）琴

พิถีพิถัน [ピティーピタン]（英 meticulously）几帳面 / 細やか / 凝らす

พิธี [ピティー]（英 ceremony）セレモニー / 式

พิธีกร [ピティーコーン]（英 master of ceremony）司会

พิธีการ [ピティーカーン]（英 formal）正式

พิธีชงชา [ピティーチョングチャー]（英 tea ceremony）茶の湯

พิธีวิวาห์ [ピティーウィーワー]（英 wedding ceremony）結婚式

พิธีศพ [ピティーソップ]（英 funeral）葬儀

พินัยกรรม [ピナイカム]（英 will）遺言状

พินาศ [ピナーッ]（英 collapse）滅びる / 滅ぶ

พินาศย่อยยับ [カーンピナーッヨーイヤップ]（英 be wrecked）全滅する

พินิจดู [ピニッドゥー]（英 consider）観測する

พินิจพิเคราะห์ [ピニッピクロ]（英 scrutinize）吟味する

พิพากษา [ピパークサー]（英 judge）裁く

พิพิธภัณฑ์ [ピピッタパン]（英 museum）博物館

พิพิธภัณฑ์ศิลปะ [ピピタパンスインラパ]（英 art museum）美術館

พิพิธภัณฑ์สัตว์น้ำ [ピピッタパンサッナム]（英 aquarium）水族館

พิมพ์ [ピム]（英 print）印刷する

พิมพ์ครั้งแรก [ピムクラングレーク]（英 the first edition）初版

พิมพ์ดีด [ピムディーッ]（英 type）打つ

พิมพ์ผิด [ピムピッ]（英 misprint）ミスプリント

พิมพ์เผยแพร่ [ピムプーイプレー]（英 publish）刊行する

พิลึกชอบกล [ピルクチョープコン]（英 eccentric）物好き

พิศวง [ピッサウォング]（英 puzzled）驚き / 驚異

พิเศษ [ピセーッ]（英 special）特殊 / 特別

พิษ [ピッ] (英 poison) 毒

พิสดาร [ピッサダーン] (英 strange)
変わった

พี่ชาย [ピーチャーイ] (英 elder brother) 兄

พี่น้อง [ピーノーング] (英 sibling) 兄弟

พี่สาว [ピーサーウ] (英 elder sister) 姉

พี่สาวน้องสาว [ピーサーウノーングサーウ]
(英 sisters) 姉妹

พึงพอใจ [プングポーチャイ]
(英 be satisfied with) 満足する

พึ่งพาอาศัย [プングパーアーサイ]
(英 rely on) 頼る

พึ่งพิง [プングピング] (英 rely on) 依存する

พืช [プーッ] (英 plant) 植物

พืชผล [プーッポン] (英 crop) 収穫

พื้น [プーン] (英 floor) 床

พื้น ๆ [プーンプーン] (英 plain /
commonplace) 粗末 / 月並み

พื้นฐาน [プーンターン] (英 foundation)
基礎 / 基盤 / 基本

พื้นดิน [プーンディン] (英 ground) 地盤

พื้นที่ [プーンティー] (英 area)
面積 / 地域 / 領域

พื้นที่ทั้งหมด [プーンティータングモッ]
(英 whole place) 一帯

พื้นที่เพาะปลูก [プーンティーポプルーク]
(英 arable land) 耕地

พื้นที่ราบ [プーンティーラープ]
(英 flatland) 平地

พื้นที่ลาดเอียง [プーンティーラーッイアング]
(英 slope) 斜面

พื้นที่ว่าง [プーンティーワーング]
(英 space) 空間

พื้นที่อยู่อาศัย [プーンティーユーアーサイ]
(英 a residential area) 住宅地

พื้นผิวดิน [プーンピゥディン]
(英 the surface) 地面

พื้นผิวน้ำ [プーンピゥナム]
(英 water surface) 水面

พื้นแผ่นดิน [プーンペンディン] (英 land) 陸

พื้นราบ [プーンラープ] (英 plane) 平面

พุ่งชน [プングチョン] (英 knock) ぶつける

พุทธศาสนิกชน [プッタサーッサニクチャチョン]
(英 Buddhist) 仏教徒

พู่กัน [プーカン] (英 brush) 筆

พูด [プーッ] (英 say) 言う / 述べる

พูดเกลี้ยกล่อม [プークリアクローム]
(英 persuade sb to do) 口説く

พูดเกินความจริง [プーックーンクワームチング]
(英 exaggerate) 誇張する

พูดเกินจริง [プーックーンチング]
(英 exaggerated) 大げさ

พูดแก้ต่าง [プーッケーターング]
(英 speak for sb about) 代弁する

พูดคุย [プーックィ] (英 speak) 話す

พูดคุยกัน [プーックィカン] (英 talk)
話し合う

พูดจากล่าวร้าย [プーチャークラーウラーイ]
(英 speak ill of) 貶 (けな) す

818 พิษ ➡ พูดจากล่าวร้าย

พูดชี้ชัด [プーッチーチャッ]
(㊮ point out) 断言する

พูดปากเปล่า [プーッパークプラゥ]
(㊮ speak) 口で言う

พูดเป็นคำ ๆ [プーッペンカムカム]
(㊮ babbling / broken language)
かたこと

พูดไม่ออก [プーッマイオーク]
(㊮ be stumped) 閉口する

พูดเร็ว [プーッレゥ] (㊮ speak fast) 早口

พูดเล่นคำ [プーッレンカム]
(㊮ say a pun or joke) 洒落を言う

เพชร [ペッ] (㊮ diamond)
ダイヤモンド / ダイヤ

เพชรพลอย [ペーップローィ]
(㊮ jewelry) 宝石

เพดาน [ペダーン] (㊮ ceiling) 天井

เพราะฉะนั้น [プロチャナン]
(㊮ therefore) だから

เพรียวบาง [プリアゥバーング]
(㊮ slender) ほっそりした

เพลง [プレーング] (㊮ song) 歌 / 歌謡

เพลงกล่อมเด็ก [プレーングクロームデク]
(㊮ cradlesong) 童謡 / 子守唄

เพลงคลาสสิก [プレーングクラーッスイク]
(㊮ classical music) クラシック音楽

เพลงชาติ [プレーングチャーッ]
(㊮ national anthem) 国歌

เพลงพื้นบ้าน [プレーングプーンバーン]
(㊮ folk song) 民謡

เพลา [プラゥ] (㊮ shaft) 軸

เพลิดเพลิน [プルーップルーン]
(㊮ enjoy) 鑑賞する / 享受する

เพลินอยู่กับ [プルーンユーカプ]
(㊮ have fun) 興じる

เพศ [ペーッ] (㊮ sex) 性 / 性別

เพศตรงข้าม [ペーットロングカーム]
(㊮ opposite sex) 異性

เพศเมีย [ペーッミア] (㊮ female) 雌

เพศสัมพันธ์ [ペーッサムパン] (㊮ sex)
セックス

เพ้อฝัน [プーファン] (㊮ be fanciful)
空想する

เพาะปลูก [ポプルーッ] (㊮ cultivate)
栽培する

เพาะพันธุ์ [ポパン]
(㊮ breed / reproduce) 繁殖する

เพาะเลี้ยง [ポリアング] (㊮ culture) 養殖

เพิกเฉย [プークチューィ] (㊮ ignore)
無視する

เพิกเฉยต่อหน้าที่ [プークチューィトーナーティー]
(㊮ neglect) 怠る

เพิกถอน [プークトーン] (㊮ withdraw)
撤回する

เพิ่งเกิด [プングクーッ] (㊮ just started)
新興

เพิ่ม [プーム] (㊮ add) 加える

เพิ่มกำลังให้เข้มแข็งขึ้น
[プームカムランゲハイケムケングクン]
(㊮ reinforce) 増強する

เพิ่มขนาดหรือจำนวน
[プームカナーツルーチャムヌアン]
([英] enlarge) 増大する

เพิ่มขึ้น [プームクン] ([英] increase)
上昇する / 増加する / 加わる

เพิ่มจำนวน [プームチャムヌアン]
([英] increase) 増やす

เพิ่มเติม [プームトゥーム] ([英] add)
追加する

เพิ่มพูน [プームプーン] ([英] enhance)
増進する

เพิ่มลด [プームロッ] ([英] up and down)
増減する

เพิ่มสูงขึ้น [プームスーングクン] ([英] raise)
高める

เพียงแค่ [ピアンッケー] ([英] only)
～だけ / たった / ほんの

เพียงเล็กน้อย [ピアンッレクノーイ]
([英] slight) わずか / 若干

เพียงหนึ่งเดียวเท่านั้น
[ピアンッヌンッディアウタウナン]
([英] only one) 唯一

เพี้ยน [ピアン] ([英] go mad) 狂う

เพื่อ [プァ] ([英] for the sake of)
(～の) ため

พ

เพื่อการค้า [プァカーンカー]
([英] business) 商用

เพื่อน [プァン] ([英] companion)
連れ / 友人

เพื่อนเก่า [プァンカウ] ([英] old friend)
旧知 / 旧友

เพื่อนบ้าน [プァンバーン] ([英] neighbor)
隣家

เพื่อนพ้อง [プァンポーンッ]
([英] colleague) 仲間

เพื่อนร่วมงาน [プァンルアムンガーン]
([英] colleague) 同僚

เพื่อนร่วมรุ่น [プァンルアムルン]
([英] schoolmate) 同窓生

เพื่อนรุ่นเดียวกัน [プァンルンディアウカン]
([英] classmate) 同級生

เพื่อนสนิท [プァンサニッ]
([英] best friend) 親友

แพ [ペー] ([英] raft) 筏 (いかだ)

แพ้ [ペー] ([英] lose) 負ける

แพ็ค [ペク] ([英] pack) パック

แพ็คเกจทัวร์ [ペクケーットゥア]
([英] package tour) パッケージ ツアー

แพง [ペーンッ] ([英] expensive) 高い

แพ้ชนะ [ペーチャナ] ([英] win or lose)
勝敗

แพทย์ [ペーッ] ([英] doctor) 医師

แพทย์เฉพาะทาง [ペーッチャポターンッ]
([英] medical specialist) 専門医

แพทย์ทางระบบปัสสาวะ
[ペーッターンッラボブパッサーワ]
([英] urologist) 泌尿器科医

แพทย์โรคผิวหนัง [ペーッロークピウナンッ]
([英] dermatologist) 皮膚科医

แพทยศาสตร์ [ペーッタヤサーッ]
([英] medical) 医学

แพทย์หญิง [ペーッイング]
(英 female doctor) 女医

แพ้ยาก [ペーヤーク] (英 tough) しぶとい

แพร่กระจาย [プレークラチャーイ]
(英 spread) 転移

แพร่เชื้อ [プレーチュア] (英 spread)
広げる

แพร่พันธุ์ [プレーパン] (英 breed)
増殖する

แพร่ภาพ [プレーパープ]
(英 broadcast on TV) 放送する

แพร่หลาย [プレーラーイ] (英 spread)
広まる

แพะ [ペ] (英 goat) 山羊

โพรง [プローング] (英 cavity) 虚ろ／空洞

โพสท่า [ポーッター] (英 pose) ポーズ

ไพ่ [パイ] (英 cards) トランプ

ไพ่ไม้ตาย [パイマイターイ]
(英 trump card) 切り札

ฟ

ฟรี [フリー] (英 free) 無料／ただ

ฟอง [フォーング] (英 bubble) 泡

ฟ้อง [フォーング] (英 complain)
言い付ける

ฟองน้ำ [フォーングナム] (英 sponge)
スポンジ

ฟ้องร้อง [フォーングローング] (英 sue)
訴える

ฟ้องร้องดำเนินคดี
[フォーングローングダムヌーンカディー]
(英 prosecute) 起訴

ฟอนต์ [フォン] (英 font) 字体

ฟอสซิล [フォッスィン] (英 fossil) 化石

ฟักทอง [ファクトーング] (英 pumpkin)
かぼちゃ

ฟัง [ファング] (英 hear) 聞く

ฟังก์ชั่น [ファングチャン] (英 function) 機能

ฟังจับใจความ [ファングチャッチャイクワーム]
(英 catch one's words) 聞き取る

ฟังธรรมเทศนา [ファングタムテーサナー]
(英 listen to preaching) 説法を聞く

ฟัน [ファン] (英 tooth) 歯

ฟันกราม [ファンクラーム]
(英 molar tooth) 奥歯

ฟันธง [ファントング]
(英 confirm strongly) 断言する

ฟันปลอม [ファンプローム] (英 denture)
入れ歯

ฟันผุ [ファンプ] (英 tooth decay) 虫歯

ฟันหน้า [ファンナー] (英 front tooth)
前歯

ฟางข้าว [ファーングカーウ] (英 straw)
藁 (わら)

ฟาดฟัน [ファーッファン] (英 attack) 討つ

ฟ้าผ่า [ファーパー] (英 lightning) 落雷

ฟ้าฝน [ファーフォン] (英 rainy weather)
雨天

ฟาร์มเกษตร [ファームカセーッ]
(英 farm) 農場

ฟาร์มเลี้ยงสัตว์ [ファームリアングサッ]
(英 stock farm) 牧場

ฟ้าร้อง [ファーローング] (英 thunder) 雷

ฟ้าแลบ [ファーレープ] (英 thunder) 雷

ฟาสต์ฟู้ด [ファーッフーッ]
(英 fast food) ファストフード

ฟิตเนสคลับ [フィッネーックラブ]
(英 fitness club) フィットネスクラブ

ฟิลเตอร์ [フィゥター] (英 filter) フィルター

ฟิล์ม [フィム] (英 film) フィルム

ฟิล์มถ่ายรูป [フィムターイループ]
(英 negative film) ネガ

ฟิสิกส์ [フィスィック] (英 physics) 物理

ฟีบ [フープ] (英 shrivel)
しぼむ（乾燥などで）

ฟื้นตัว [フーントゥァ] (英 recover)
回復する

ฟื้นฟู บูรณะ [フーンフーブーラナ]
(英 renovate) 復興する

ฟื้นฟูปฏิสังขรณ์ [フーンフーパティサングコーン]
(英 restore) 修復する

ฟื้นฟูร่างกาย [フーンフーラーングカーイ]
(英 rehabilitation) リハビリ

ฟุตบอล [フッボーン] (英 soccer) サッカー

ฟุตบาท [フッバーッ] (英 sidewalk) 歩道

ฟุ่มเฟือย [フムファイ]
(英 extravagance) 浪費

ฟู [フー] (英 swell / puffy) ふわふわ

ฟูกนอน [フークノーン] (英 mattress)
マットレス

ฟูฟ่อง [フーフォーング]
(英 fluff up / fluffy) ふわふわ

เฟอร์นิเจอร์ [ファニチャー]
(英 furniture) 家具

เฟือง [フゥアング] (英 gear) 歯車

แฟกซ์ [フェーク] (英 fax) ファックス

แฟชั่น [フェーチャン] (英 fashion)
ファッション

แฟนสาว [フェーンサーウ]
(英 girlfriend) 彼女

แฟบ [フェープ] (英 shrivel)
しぼむ（空気が抜けて）

แฟ้ม [フェーム] (英 file) ファイル

โฟม [フォーム] (英 foam) 泡

โฟลเดอร์ [フォルダー] (英 folder)
フォルダ

ไฟ [ファイ] (英 fire) 火

ไฟกระพริบ [ファイクラプリブ]
(英 blinkers) ウィンカー

ไฟฉาย [ファイチャーイ] (英 flashlight)
懐中電灯

ไฟแช็ก [ファイチェク] (英 lighter)
ライター

ไฟดับ [ファイダブ] (英 blackout)
停電する

ไฟติด [ファイティッ] (英 catch fire) 点く

822　ฟาร์มเกษตร ➡ ไฟดับ

ไฟถนน [ファイタノン]
(英 street light|lamp]) 街灯

ไฟฟ้า [ファイファー] (英 electricity) 電気

ไฟฟ้าช็อต [ファイファーチョッ]
(英 get an electric shock) 感電する

ไฟฟ้าดับ [ファイファーダプ]
(英 blackout) 停電する

ไฟฟ้าสถิตย์ [ファイファーサティッ]
(英 static electricity) 静電気

ไฟล์ [ファイ] (英 file) ファイル

ไฟหน้า [ファイナー] (英 head light)
ヘッドライト

ไฟไหม้ [ファイマイ] (英 fire) 火事 / 火災

ภ

ภรรยา [パンラヤー] (英 wife)
妻 / 奥さん / 主婦

ภัตตาคาร [パッターカーン]
(英 restaurant) レストラン

ภัย [パイ] (英 harm) 害 / 難

ภัยพิบัติ [パイピバッ] (英 disaster)
災害 / 災難

ภัยสงคราม [パイソンゥクラーム]
(英 war damage) 戦災

ภาคการศึกษา [パークカーンスクサー]
(英 semester) 学期

ภาคผนวก [パークパヌアク]
(英 appendix) 付録

ภาคภูมิใจ [パークプームチャイ]
(英 be proud of) 誇る

ภาควิชา [パークウィチャー]
(英 department) 学科

ภาคส่วน [パークスアン] (英 part) パート

ภาคเหนือ [パークヌァ] (英 north) 北

ภาคเอกชน [パークエークカチョン]
(英 private) 民間

ภาชนะ [パーチャナ] (英 vessel)
容器 / 入れ物

ภาพ [パープ] (英 image) 映像 / 画像

ภาพเคลื่อนไหว [パープクルアンワイ]
(英 video) 動画

ภาพถ่าย [パープターイ]
(英 photograph) 写真

ภาพประกอบ [パーププラコープ]
(英 illustration) イラスト

ภาพพิมพ์ [パープピム] (英 print) 版画

ภาพยนตร์ [パープパヨン] (英 movie)
映画

ภาพลวงตา [パープルアンゥター]
(英 illusion) 錯覚 / 幻

ภาพลักษณ์ [パープラク] (英 image)
イメージ

ภาพวาด [パープワーッ]
(英 drawing picture) 絵画

ภาพสีน้ำมัน [パープスィーナムマン]
(英 oil painting) 油絵

ภายนอก [パーイノーク] (英 exterior)
外部

ภายใน [パーイナイ] (英 within / inside)
以内 / ～までに / 内部 / 内側

ภายในใจ [パーイナイチャイ]
  (英 in one's heart) 内心

ภายในประเทศ [パーイナイプラテーッ]
  (英 domestic) 国内

ภายในร้าน [パーイナイラーン]
  (英 store interior) 店内

ภายในองค์กร [パーイナイオンヶコーン]
  (英 inside) 内部

ภายหลัง [パーイラング] (英 later) あとで

ภารกิจ [パーラキッ] (英 mission)
  使命 / 任務

ภาระหน้าที่ [パーラナーティー]
  (英 responsibility) 業務

ภาระหนี้สิน [パーラニースィン] (英 debt)
  負債

ภาวนา [パーワナー] (英 heart's desire)
  念願

ภาวะที่อำนวย [パーワティーアムヌァイ]
  (英 conditions) 事情

ภาวะวิกฤต [パーワウィックリッ]
  (英 crisis) 危機

ภาวะแวดล้อม [パーワウェーッローム]
  (英 environment) 境遇

ภาษา [パーサー] (英 language)
  言語 / 言葉

ภาษากรีก [パーサークリーク]
  (英 Greek (language)) ギリシャ語

ภาษาเกาหลี [パーサーカゥリー]
  (英 Korean (language)) 韓国語

ภาษาเขมร [パーサーカメーン]
  (英 Khmer (language)) クメール語

ภาษาเขียน [パーサーキアン]
  (英 written language) 文語

ภาษาจีน [パーサーチーン]
  (英 Chinese (language)) 中国語

ภาษาญี่ปุ่น [パーサーイープン]
  (英 Japanese (language)) 日本語

ภาษาตากาล็อก [パーサーターカーロッ]
  (英 Tagalog (language)) タガログ語

ภาษาต่างประเทศ
  [パーサーターンヶプラテーッ]
  (英 foreign language) 外国語

ภาษาถิ่น [パーサーティン] (英 dialect)
  方言 / 訛り

ภาษาท่าทาง [パーサーターターンヶ]
  (英 gesture) 身振り

ภาษาไทย [パーサータイ]
  (英 Thai (language)) タイ語

ภาษาประจำชาติ
  [パーサープラチャムチャーッ]
  (英 national language) 国語

ภาษาโปรตุเกส [パーサープロートッケーッ]
  (英 Portuguese (language)) ポルトガル語

ภาษาฝรั่งเศส [パーサーファランヶセーッ]
  (英 French (language)) フランス語

ภาษาพม่า [パーサーパマー]
  (英 Burmese (language)) ミャンマー語

ภาษาพูด [パーサープーッ]
  (英 spoken language) 口語

ภาษามองโกเลีย [パーサーモーンヶコーリア]
  (英 Mongolian (language)) モンゴル語

ภาษามาเลย์ [パーサーマーレー]
  (英 Malay (language)) マレー語

ภาษามือ [パーサームー]
(英 sign language) 手話

ภาษาเยอรมัน [パーサーイュウラマン]
(英 German (language)) ドイツ語

ภาษารัสเซีย [パーサーラッスィア]
(英 Russian (language)) ロシア語

ภาษาลาว [パーサーラーゥ]
(英 Lao language) ラオス語

ภาษาเวียดนาม [パーサーウィアッナーム]
(英 Vietnamese (language)) ベトナム語

ภาษาสเปน [パーサースペーン]
(英 Spanish (language)) スペイン語

ภาษาสุภาพ [パーサースパーブ]
(英 honorific) 敬語

ภาษาอังกฤษ [パーサーアングクリッ]
(英 English) 英語

ภาษาอาหรับ [パーサーアーラッ]
(英 Arabic) アラビア語

ภาษาอิตาเลียน [パーサーイターリアン]
(英 Italian (language)) イタリア語

ภาษาอินโดนีเซีย [パーサーインドーニースィア]
(英 Indonesian (language))
インドネシア語

ภาษาฮินดี [パーサーヒンディー]
(英 Hindi) ヒンディー語

ภาษี [パースィー] (英 tax) 税 / 税金

ภาษีเงินได้ [パースィーングンダイ]
(英 income tax) 所得税

ภาษีบริโภค [パースィーボーリポーク]
(英 consumption tax) 消費税

ภาษีมูลค่าเพิ่ม [パースィームーンラカーブーム]
(英 VAT / value-added tax) 付加価値税

ภาษีศุลกากร [パースィースンラカーコーン]
(英 custom) 関税

ภูเขา [プーカゥ] (英 mountain) 山

ภูเขาไฟ [プーカゥファイ] (英 volcano) 火山

ภูเขาไฟระเบิด [プーカゥファイラブーッ]
(英 eruption) 噴火する

ภูตพราย [プーブプラーイ] (英 fairy) 妖精

ภูมิคุ้มกันโรค [プームクムカンローク]
(英 immunity) 免疫

ภูมิปัญญา [プームパンヤー]
(英 wisdom) 知恵

ภูมิแพ้ [プームペー] (英 allergy)
アレルギー

ภูมิภาค [プーミパーク] (英 region) 地域

ภูมิลำเนา [プームラムナゥ]
(英 home country) 母国

ภูมิศาสตร์ [プーミサーッ]
(英 geography) 地理

ภูมิอากาศ [プーミマーカーッ]
(英 climate) 気候 / 風土

ม

มกราคม [マッカラーコム] (英 January)
一月

มงกุฎ [モングクッ] (英 crown) 冠

มติ [マティ] (英 resolution) 議決 / 決議

มนุษย์ [マヌッ] (英 human being) 人間

มนุษย์เงินเดือน [マヌッングンドゥアン]
(㊮ office worker) サラリーマン

มนุษยชาติ [マヌッサヤチャーッ]
(㊮ human beings) 人類

มนุษย์ทำขึ้น [マヌッタムクン]
(㊮ man-made) 人造

มนุษย์ร่างใหญ่ [マヌッラーンヤイ]
(㊮ giant) 巨人

มนุษย์ศาสตร์ [マヌッサーッ]
(㊮ the humanities) 人文科学

มโนธรรม [マノータム] (㊮ conscience)
良心

มรดก [モーラドク] (㊮ legacy) 遺産

มรสุม [モンラスム] (㊮ monsoon)
モンスーン

มลพิษ [モンラピッ] (㊮ pollution) 公害

มลภาวะ [モンラパーワ] (㊮ pollution)
汚染 / 公害

มลรัฐ [モンララッ] (㊮ state) 州

ม้วน [ムアン] (㊮ wrap) 巻く

ม้วนกลิ้ง [ムアンクリング] (㊮ roll) 転がす

ม้วนพัน [ムアンパン] (㊮ wind up) 巻く

มวลชน [ムアンチョン] (㊮ the public)
大衆

มวลสาร [ムアンサーン] (㊮ mass) 質量

มวลหมู่มาก [ムアンムーマーク]
(㊮ great numbers) 衆

มหาวิทยาลัย [マハーウィッタヤーライ]
(㊮ university) 大学

มหาสมุทร [マハーサムッ] (㊮ ocean)
海 / 海洋

มหาสมุทรแปซิฟิก [マハーサムッペースイフィク]
(㊮ the Pacific Ocean) 太平洋

มหาสมุทรอินเดีย [マハーサムッインディア]
(㊮ the Indian Ocean) インド洋

มหาสมุทรแอตแลนติก
[マハーサムッエーッレーンティク]
(㊮ the Atlantic Ocean) 大西洋

มหึมา [マフマー] (㊮ huge) 巨大な

มโหฬาร [マホーラーン] (㊮ huge)
莫大 / 巨大 / 盛大 / 膨大

มองข้าม [モーンカーム] (㊮ overlook)
見落とす

มองทะลุปรุโปร่ง [モーンタルプルプローング]
(㊮ see through) 洞察する

มองย้อนกลับไป [モーンヨーンクラプパイ]
(㊮ look back) 顧みる / 振り返る

มองลงไป [モーンロンパイ]
(㊮ look down) 見下ろす

มองโลกในแง่ดี [モーンロークナインゲーディー]
(㊮ be optimistic about) 楽観する

มองโลกในแง่ร้าย
[モーンロークナインゲーラーイ]
(㊮ be pessimistic about) 悲観する

มองว่า [モーンワー] (㊮ regard *sb* as)
見なす

มองหน้ากัน [モーンナーカン]
(㊮ exchange glances) 見合わせる

มองเห็น [モーンヘン]
(㊮ come into view) 見える

มองออก [モーングオーク]
(英 see through) 見抜く

มอดไหม้ [モーットマイ] (英 burn) 焼ける

มอเตอร์ [モーター] (英 motor) モーター

มอเตอร์ไซค์ [モーターサイ]
(英 motorcycle) オートバイ

มอเตอร์ไซค์รับจ้าง
[モーターサイラッブチャーング]
(英 motorcycle taxi) バイクタクシー

มอนิเตอร์ [モーニター] (英 monitor)
モニター

มอบคืน [モーブクーン] (英 restore)
返還する

มอบตัว [モープトゥア] (英 surrender
oneself) 自首する

มอบหมายหน้าที่ [モーブマーイナーティー]
(英 assign) 任命する

มอบให้ [モーブハイ] (英 give / grant)
進呈する / 贈呈する

มอบให้ดำเนินการ [モーブハイダムヌーンカーン]
(英 assign sb a job) 任せる

มะกอก [マコーク] (英 olive) オリーブ

มะเขือเทศ [マクアテーッ] (英 tomato)
トマト

มะเขือม่วง [マクアムアング]
(英 eggplant) 茄子

มะนาว [マナーウ] (英 lemon) レモン

มะพร้าว [マプラーウ] (英 coconuts)
ココナッツ

มะม่วง [マムアング] (英 mango) マンゴー

มะเร็ง [マレング] (英 cancer) 癌

มะละกอ [マラコー] (英 papaya) パパイヤ

มักง่าย [マクンガーイ] (英 careless)
いい加減

มักจะ... [マクチャ...] (英 tend to) 〜がち

มังกร [マングコン] (英 dragon) 龍

มั่งคั่ง [マングカング] (英 rich) 豊か / 裕福な

มังคุด [マングクッ] (英 mangosteen)
マンゴスチン

มัด [マッ] (英 bundle) 束 / 束ねる

มัดจำล่วงหน้า [マッチャムルアングナー]
(英 deposit) 手付金

มัดติดกัน [マッティッカン] (英 bind)
綴じる

มัธยมปลาย [マッタヨムプラーイ]
(英 high school) 高校

มั่นคง [マンコング] (英 stable) 安定した /
安定 / がっしり / しっかり / 固い

มั่นใจ [マンチャイ] (英 be confident)
確信する

มันฝรั่ง [マンファラング] (英 potato)
ジャガいも

มั่วซั่ว [ムアスア] (英 incoherent)
滅茶苦茶

มัวเมา [ムアマウ] (英 intoxicated)
陶酔する

มัสตาร์ด [マッサターッ] (英 mustard)
マスタード

มา [マー] (英 come)
来る / いらっしゃる / 参る

ม้า [マー] (㊟ horse) 馬

มา(ภาษาสนิทสนม)
[マー (パーサーサニッサノム)]
(㊟ come) おいで

มาก [マーク] (㊟ very) とても

มากกว่า [マークワー] (㊟ more than)
以上 / 上回る

มากเกิน [マーククーン] (㊟ surplus) 過剰

มากถึง [マークトゥング] (㊟ reach to) 及ぶ

มากทีเดียว [マークティーディアゥ]
(㊟ considerably) 相当に

มากผิดปกติ [マークピッパカティ]
(㊟ awfully) 異常に

มากพอ [マークポー] (㊟ enough)
たっぷり / 足りる / 足る

มากมาย [マークマーイ] (㊟ many)
多い / たくさん / 極めて / 諸

มาเข้างาน [マーカウンガーン]
(㊟ come to the office) 出社する

มาจากข้างนอก [マーチャークカーングノーク]
(㊟ from outside) 外来

มาญี่ปุ่น [マーイープン]
(㊟ arrival in Japan) 来日

มาตรการ [マーットラカーン]
(㊟ measures) 処置 / 政策 / 方策

มาตรฐาน [マーットラターン]
(㊟ standard) 規格

มาตรฐานคร่าว ๆ
[マーットラターンクラーウクラーゥ]
(㊟ standard / aim / criterion) 目安

มาตรฐานสากล [マーットラターンサーコン]
(㊟ global standard)
グローバルスタンダード

มาตรา [マーットラー] (㊟ regulation) 条例

มาถึง [マートゥング] (㊟ arrive) 到着する

มาถึง(ไปรษณีย์) [マートゥング(プライサニー)]
(㊟ arrive) 届く

มาถึงสุดทาง [マートゥングスッターング]
(㊟ come to the end) 突き当たる

ม่าน [マーン] (㊟ curtain) 幕

ม้านั่ง [マーナング] (㊟ bench) ベンチ

มาพร้อมหน้า [マープロームナー]
(㊟ be all together) 揃う

มาเฟีย [マーフィア] (㊟ the Mafia)
マフィア

มายองเนส [マーヨーングネーッ]
(㊟ mayonnaise) マヨネーズ

มายากล [マーヤーコン] (㊟ magic) 手品

มารยาท [マーラヤーッ] (㊟ courtesy) 礼儀

มารวมกัน [マールアムカン]
(㊟ get together) 集まる

มาราธอน [マーラートーン]
(㊟ marathon) マラソン

ม้าลาย [マーラーイ] (㊟ zebra) しまうま

มาสมทบกัน [マーソムトブカン]
(㊟ join together) 合流する

มิตรภาพ [ミットラパーブ]
(㊟ friendship) 親善 / 友好 / 友情

มิเตอร์ [ミター] (㊟ meter) メーター

ม
828 ม้า ➡ มิเตอร์

มิถุนายน [ミトゥナーヨン] (英 June) 六月

มิลลิเมตร [ミンリメーッ] (英 millimeter) ミリ / ミリメートル

มี(ข้อสงสัย) [ミー (コーソングサイ)] (英 harbor doubts) 疑問を抱く

มี...ปกคลุม [ミー ... ポックルム] (英 be covered with) 掛かる

มีการตอบรับดี [ミーカーントープラプディー] (英 have a good feedback) 好評

มีกำไร [ミーカムライ] (英 gain profit) 有利

มีกำลังใจ [ミーカムラングチャイ] (英 be encouraging) 心強い

มีครอบครอง [ミークロープクローング] (英 possess) 持つ

มีควัน [ミークワン] (英 be smoky) 煙る

มีความรู้สึก [ミークワームルースク] (英 feel) 感じる

มีความสามารถ [ミークワームサーマーッ] (英 capable) 有能

มีความสุข [ミークワームスク] (英 happy) 幸せな

มีความหมาย [ミークワームマーイ] (英 meaningful) 有意義

มีความหวัง [ミークワームワング] (英 promising) 有望

มีค่า [ミーカー] (英 valuable) 貴重 / 価値のある / 有意義な

มีค่าควรแก่... [ミーカークァンケー ...] (英 be worthy of) 〜に値する

มีค่ายิ่ง [ミーカーイング] (英 precious) 尊い

มีเงินเหลือ [ミーングンルァ] (英 surplus) 黒字

มีชัย [ミーチャイ] (英 win) 勝つ

มีชีวิต [ミーチーウィッ] (英 live) 生きる

มีชีวิตชีวา [ミーチーウィッチーワー] (英 be lively) 生き生きした

มีชื่อเสียง [ミーチュースィアング] (英 become famous) 有名になる / 名高い

มีโชค [ミーチョーク] (英 good fortune) 幸運 / 幸せ

มีด [ミーッ] (英 knife) ナイフ

มีดโกน [ミーッコーン] (英 razor) 剃刀

มีดทำครัว [ミーッタムクルァ] (英 knife) 庖丁

มีตัวตนอยู่ [ミートゥァトンユー] (英 exist) 存在する

มีแต่... [ミーテー ...] (英 only) 〜ずくめ

มีโทรศัพท์เข้ามา [ミートーラサップカウマー] (英 have a call coming in) 電話が掛かってくる

มีธุระยุ่ง [ミートゥラユング] (英 busy) 多忙

มีนาคม [ミーナーコム] (英 March) 三月

มีน้ำใจ [ミーナムチャイ] (英 generosity) 寛大

มีในครอบครอง [ミーナイクロープクローング] (英 possess) 持っている

มีบทบาท [ミーボトバーッ] (英 be actively involved / play an active part) 活躍する

มีบุญ [ミーブン] (英 be blessed) 恵まれる

มีปลูกไว้ [ミープルークワイ]
(英 be planted) 植わっている

มีปัญหา [ミーパンハー]
(英 have a problem) 抱える

มีปากมีเสียง [ミーパークミースィアング]
(英 quarrel) 口げんか

มีปากเสียง [ミーパークスィアング]
(英 quarrel) 口げんか

มีปากเสียงกัน [ミーパークスィアングカン]
(英 argue[quarrel] with) 言い争う

มีผลกระทบต่อ [ミーポンクラトップトー]
(英 affect) 及ぼす

มีผลร้าย [ミーポンラーイ] (英 harmful)
害のある

มีพลัง [ミーパラング] (英 vigor) 活気 / 強力

มีพลังกล้าแกร่ง [ミーパラングクラークレング]
(英 be energetic) 活力がある

มีพิรุธ [ミーピルッ] (英 suspicious) 怪しい

มีพิษ [ミーピッ] (英 toxic) 有毒

มีมลทิน [ミーモンティン]
(英 dirty / disgusting / dirtiness)
けがらわしい

มีมาก่อนหน้า [ミーマーコーンナー]
(英 have existed or occurred before)
先行する

มีเมฆ [ミーメーク] (英 become cloudy)
曇る

มีเมตตา [ミーメーッター] (英 merciful)
情け深い

มีร่วมอยู่ด้วย [ミールアムユードゥアイ]
(英 accompany) 伴う

มีรสนิยม [ミーロッサニヨム] (英 stylish)
上品

มีระเบียบ [ミーラビアップ] (英 orderly)
ちゃんとした

มีราศี [ミーラースィー] (英 be graceful)
気品がある

มีเลือดเนื้อมีชีวิต [ミールアッヌアミーチーウィッ]
(英 living (body)) 生身

มีสติปัญญา [ミーサティパンヤー]
(英 intellectual) インテリ

มีสมาธิ [ミーサマーティ]
(英 concentrate on) 集中する

มีสายสัมพันธ์ [ミーサーイサムパン]
(英 personal relationship) 人脈

มีเสน่ห์ [ミーサネー] (英 attractive) 魅力的

มีหน้าที่ดูแล [ミーナーティードゥーレー]
(英 in charge of) 司る

มีหรือไม่มี [ミールーマイミー]
(英 have or not) 有無

มีอนาคต [ミーアナーコッ]
(英 promising) 見込みがある

มีอยู่ [ミーユー] (英 exist) ある / いる

มีอ่างอาบน้ำ [ミーアーングアーブナム]
(英 with bath) バス付き

มีอำนาจ [ミーアムナーッ] (英 powerful / influential) 強力な / 有力な

มีอิทธิพล [ミーイッティポン]
(英 powerful) 有力

มีเอกลักษณ์ [ミーエークカラク]
(英 unique) ユニーク

ม

830 มีปลูกไว้ ➡ มีเอกลักษณ์

มึนตึง [ムントゥング] (英 be befuddled)
そっけない

มืด [ムーッ] (英 cark) 暗い

มืด ๆ [ムーッムーッ] (英 dim) 薄暗い

มืดครึ้ม [ムーックルム] (英 cloudy) 曇り

มืดค่ำ [ムーッカム] (英 grow dark) 暮れる

มืดตื๊ดตื๋อ [ムーットゥットゥー]
(英 very dark) 真っ暗な (口語)

มืดสนิท [ムーッサニッ]
(英 completely dark) 真っ暗な

มือ [ムー] (英 hand) 手

มือถือ [ムートゥー] (英 cellphone) 携帯

มื้อเย็น [ムーイェン] (英 dinner)
ディナー / 夕食

มือสมัครเล่น [ムーサマクレン]
(英 amateur) アマチュア / 素人

มือใหม่ [ムーマイ] (英 novice) 初心者

มืออาชีพ [ムーアーチープ]
(英 professional) プロ

มื้ออาหาร [ムーアーハーン] (英 meal) 食事

มุกตลก [ムクタロック] (英 gag) 冗談

มุ่งไปทาง [ムングパイターング]
(英 turn one's face to) 向ける

มุ่งไปยัง [ムングパイヤング] (英 head)
向かう

มุ่งมั่น [ムングマン] (英 eagerness)
熱心 / 耽る

มุ่งสู่ [ムングスー] (英 aim) 目指す

มุ่งหน้าสู่ [ムングナースー]
(英 proceed to) 赴く

มุด [ムッ] (英 pass through (under))
くぐる

มุดใต้น้ำ [ムッタイナム] (英 submerge)
潜水する

มุดลงไป [ムッロングパイ] (英 dive) 潜る

มุม [ムム] (英 corner)
角 / コーナー / 隅 / 角度

มุมฉาก [ムムチャーク] (英 right angle)
直角

มุมมอง [ムムモーング] (英 viewpoint)
観点 / 見地 / 視点 / 見方

มูล [ムーン] (英 droppings) 糞

มูลความจริง [ムーンクワームチング]
(英 ground) 根拠

มูลค่า [ムーンカー] (英 value) 値打ち

มูลค่าที่แจ้งไว้ [ムーンラヤーティーチェーングワイ]
(英 statement amount) 申告額

มูลค่าหุ้น [ムンラカーフン]
(英 share price) 株価

มูลนิธิ [ムーンニティ] (英 foundation)
基金 / 財団

มู่ลี่ [ムーリー] (英 blind) ブラインド

เมฆ [メーク] (英 cloud) 雲

เม็ดที่ผุดขึ้น [メッティープックン]
(英 bump) でき物

เม็ดเล็ก ๆ [メッレックレック] (英 ball) 玉

เมตตา [メーッター] (英 merciful)
情け深い

เมตร [メーッ] (英 meter) メートル

เมนู [メーヌー] (英 menu) メニュー

เมนูอาหาร [メヌーアーハーン] (英 menu) 献立

เมล็ด [マレッ] (英 grain) 粒

เมล็ดพันธุ์ [マレッパン] (英 seed) 種

เมล่อน [メーローン] (英 melon) メロン

เมษายน [メーサーヨン] (英 April) 四月

เมา [マウ] (英 get drunk) 酔う / 酔っ払い / 酔った

เมาค้าง [マウカーング] (英 have a hangover) 二日酔いする

เมาเรือ [マウルア] (英 get seasick) 船酔いする

เมือก [ムアク] (英 mucus) 粘液

เมื่อก่อน [ムアコーン] (英 at one time) ひと頃

เมื่อกี้ [ムアキー] (英 a little while ago) さっき

เมื่อคราวก่อน [ムーアクラーゥコーン] (英 last time) この間

เมื่อคืน [ムアクーン] (英 last night) 夕べ

เมื่อคืนนี้ [ムアクーンニー] (英 last night) 昨晩

เมือง [ムアング] (英 city) 市 / 町

เมืองขึ้น [ムアングクン] (英 colony) 植民地

เมืองหลวง [ムアングルアング] (英 capital city) 首都 / 都会

เมืองใหญ่ [ムアングヤイ] (英 metropolitan) 都市

เมืองฮานอย [ムアングハーノーィ] (英 Hanoi) ハノイ

เมืองโฮจิมินห์ [ムアングホーチミン] (英 Ho Chi Minh City) ホーチミン

เมื่อเช้านี้ [ムアチャウニー] (英 this morning) 今朝

เมื่อไม่นานนี้ [ムアマイナーンニー] (英 recently) 先だって

เมื่อยล้า [ムアイラー] (英 tired) だるい

เมื่อเร็ว ๆ นี้ [ムアレゥレゥニー] (英 the other day) 先日

เมื่อวานซืน [ムアワーンスーン] (英 the day before yesterday) おととい

เมื่อวานนี้ [ムアワーンニー] (英 yesterday) 昨日

เมื่อสักครู่นี้ [ムアサックルーニー] (英 a little while ago) 先程

เมื่อไหร่ [ムアライ] (英 when) いつ /「いつですか？」

แม่ [メー] (英 mother) 母

แม้กระนั้น [メークラナン] (英 nevertheless) それなのに

แม่ครัว [メークルア] (英 female chef) シェフ（女性）

แมงมุม [メーングムム] (英 spider) 蜘蛛

แม้แต่ [メーテー] (英 even) 〜さえ / 〜すら

แม่นยำ [メンヤム] (英 accurate) 正確

832 เมตร ➡ แม่นยำ

แม่น้ำ [メーナム] (英 river) 河 / 川

แม่บ้าน [メーバーン] (英 housewife) 主婦

แม่ม่าย [メーマーイ] (英 widow) 未亡人

แมลง [マレーング] (英 insect) 昆虫

แมลงปีกแข็ง [マレーングピークケング]
　(英 beetles) かぶとむし

แมลงวัน [マレーングワン] (英 fly) 蠅

แมลงสาบ [マレーングサープ]
　(英 cockroach) ごきぶり

แมว [メーウ] (英 cat) 猫

แมวจรจัด [メーウチョンチャッ]
　(英 stray cat) 野良猫

แม้ว่า [メーワー] (英 even though) たとえ

แม่เหล็ก [メーレック] (英 magnet) 磁石

โมง [モーング] (英 o'clock) ～時

โมเดล [モーデーン] (英 model) 模型

โมเลกุล [モーレーグン] (英 molecule) 分子

ไม่ [マイ] (英 no) いや（否定）

ไม้ [マイ] (英 wood) 木材 / 木

ไม่...เท่าไหร่ [マイ ... タウライ]
　(英 not so much) それ程

ไม่...แม้แต่น้อย [マイ ... メーテーノーイ]
　(英 not at all) 何も

ไม่...เลย [マイ ... ルーイ] (英 never ever)
　決して～ない

ไม่...สักนิด [マイ ... サクニッ]
　(英 not at all) 少しも

ไม่กระจ่าง [マイクラチャーング]
　(英 unclear) 不明

ไม่กระฉับกระเฉง [マイクラチャップクラチェーング]
　(英 lethargic) 無気力

ไม่กระตือรือร้น [マイクラトゥールーロン]
　(英 being passive) 消極的

ไม้กวาด [マイクワーッ] (英 broom) ほうき

ไม่เก่ง [マイケング]
　(英 being poor at sth) 不得意

ไม่เกี่ยวข้อง [マイキアウコーング]
　(英 irrelevance) 無関係

ไม่ขัดข้อง [マイカッコーング]
　(英 no objection) 異議なし

ไม้ขีดไฟ [マイキーッファイ] (英 match)
　マッチ

ไม่เข้าท่า [マイカウター]
　(英 indiscriminately) やたら

ไม้แขวนเสื้อ [マイクェーンスア]
　(英 hanger) ハンガー

ไม่คงที่ [マイコングティー]
　(英 inconsistent) ムラ

ไม่ควรทำ [マイクアンタム]
　(英 should not) (～しては) いけない

ไม่ค่อย... [マイコーイ ...] (英 not so)
　大して

ไม่คาดคิด [マイカーッキッ]
　(英 unforeseen[unexpected]) 不測

ไม่คาดฝัน [マイカーッファン]
　(英 sudden) 不意

ไม้ค้ำยัน [マイカムヤン] (英 crutch)
　松葉杖

แม่น้ำ ➡ ไม้ค้ำยัน　833

ไมโครโฟน [マイクローフォン]
(英 microphone) マイク

ไม่ง่าย ๆ [マインガーインガーイ]
(英 not easily) なかなか

ไม่จำกัด [マイチャムカッ] (英 infinity)
無限

ไม่จำเป็น [マイチャムペン]
(英 not necessary) 無用

ไม่จำเป็นว่า [マイチャムペンワー]
(英 not necessary) 必ずしも

ไม่ชอบ [マイチョーブ] (英 dislike) 嫌がる

ไม่ชำนาญ [マイチャムナーン]
(英 lack of skill) 不器用 / へた

ไม่เชื่อ [マイチュア] (英 distrust)
疑惑がある

ไม่ใช่ [マイチャイ] (英 no) いいえ

ไม่ดี [マイディー] (英 bad) 悪い

ไม่เด็ดขาด [マイデッカーッ]
(英 indecisiveness) 優柔不断

ไม่เดือดร้อน [マイドゥァッローン]
(英 nonchalance) 平気

ไม่ได้ [マイダイ] (英 no good) だめ

ไม่ได้เจาะจง [マイダイチョチョング]
(英 by chance) たまたま

ไม่ได้เรื่อง [マイダイルーアング]
(英 worthless) あっけない

ไม่ตรงกัน [マイトロングカン]
(英 differ with) 不一致

ไม่ต้อง [マイトーング] (英 not required)
無用

ไม้ตีเทนนิส [マイティーテンニッ]
(英 racket) ラケット (テニス)

ไม้ตีเบสบอล [マイティーベースボーン]
(英 bat) バット

ไม้ตีแบด [マイティーベーッ]
(英 racket) ラケット (バドミントン)

ไม่ถนัด [マイタナッ] (英 not keen on) 苦手

ไม่ถึง [マイトゥング] (英 under (number))
未満

ไม่ถึงใจ [マイトゥングチャイ]
(英 unsatisfied) 物足りない

ไม่ถูกใจ [マイトゥークチャイ] (英 disliking /
dislike) 気に入らない / 嫌い

ไม่ทนทาน [マイトンターン] (英 fragile)
壊れやすい

ไม่ทัน(เวลา) [マイタン (ウェーラー)]
(英 be late) 遅れる

ไม่ทันตั้งตัว [マイタンタングトゥア]
(英 suddenly) いきなり / 不意

ไม่ทันระวัง [マイタンラワング] (英 carelessly /
without thinking) うっかり

ไม่ทันไร [マイタンライ] (英 unnoticed)
いつの間にか

ไม้ที่ปลูกในสวน [マイティープルークナイスアン]
(英 garden plant) 植木

ไม่เท่ [マイテー] (英 uncool) かっこ悪い

ไม้เท้า [マイタゥ] (英 cane) 杖

ไม่น่ารื่นรมย์ [マイナールーンロム]
(英 unpleasantness) 不愉快

ไม่น่าไว้วางใจ [マイナーワイワーングチャイ]
(英 questionable / suspicious) 胡散臭い

ไม่นิยม [マイニヨム] (英 unpopular) 不評

ไม่แน่นอน [マイネーノーン]
(英 irregularity) 不規則

ไม่แน่เสมอไปว่า [マイネーサムーパイワー]
(英 not always necessary) 必ずしも

ไม่แน่อาจจะ... [マイネーアーッチャ...]
(英 may possibly) ひょっと

ไม้บรรทัด [マイバンタッ] (英 ruler)
定規 / 物差し

ไม่บริสุทธิ์ [マイボーリスッ] (英 impure)
不潔

ไม่ประสีประสา [マイプラスィープラサー]
(英 ignorance) 無知

ไม่ปริปากพูด [マイパリパークプーッ]
(英 keeping one's mouth shut) 無言

ไม่เป็นทางการ [マイペンターンクカーン]
(英 unofficial) 非公式

ไม่เป็นธรรม [マイペンタム] (英 unjust)
不当

ไม่เป็นระเบียบ [マイペンラビアブ]
(英 untidy / be untidy)
だらしない / 散らかる

ไม่เป็นไร [マイペンライ] (英 all right)
大丈夫

ไม้ไผ่ [マイパイ] (英 bamboo) 竹

ไม่พบกันนาน [マイポブカンナーン]
(英 after a long time) 久し振り

ไม่พอ [マイポー]
(英 be lacking[insufficient, scarce])
足りない

ไม่พอใจ [マイポーチャイ]
(英 dissatisfaction) 不平 / 不満

ไม่เพียงพอ [マイピアンクポー]
(英 insufficiency) 不十分

ไม่มั่นใจ [マイマンチャイ]
(英 unconfident) 心細い

ไม่มี [マイミー] (英 without) 無い

ไม่มีชิ้นดี [マイミーチンディー]
(英 absurd) 滅茶苦茶

ไม่มีที่ติ [マイミーティーティ]
(英 flawless) 申し分無い

ไม่มีโทษ [マイミートーッ] (英 harmless)
害のない

ไม่มีน้ำใจ [マイミーナムチャイ]
(英 unkindness) 不親切

ไม่มีปี่มีขลุ่ย [マイミーピーミークルイ]
(英 suddenly) あっけない

ไม่มีผลร้าย [マイミーポンラーイ]
(英 harmless) 害のない

ไม่มีมลทิน [マイミーモンティン]
(英 innocence) 潔白

ไม่มีมารยาท [マイミーマーラヤーッ]
(英 impoliteness) 行儀が悪い

ไม่มีลวดลาย [マイミーレアッラーイ]
(英 non-patterned) 無地

ไม่มีหนทางอื่น [マイミーホンターングウーン]
(英 unavoidable) 余儀ない

ไม่มีเหตุผล [マイミーヘーッポン]
(英 unreasonable) 理不尽 / 無理

ไม่มีอะไรดี [マイミーアライディー]
(英 no good) ろくなことはない

ไม่มีอะไรพิเศษ [マイミーアライピセーッ]
(英 nothing special) 別に

ไม่แม้แต่น้อย [マイメーテノーィ]
(英 not at all) ちっとも

ไม่ย่อท้อ [マイヨートー]
(英 not give up) 頑張る

ไม่ย่อย [マイヨーィ]
(英 have indigestion) もたれる

ไม่ยับยั้งชั่งใจ [マイヤッヤンヶチャンヶチャイ]
(英 thoughtless) 無闇

ไม้ยาว [マイヤーゥ] (英 pole) 竿

ไม่ระวัง [マイラワンヶ] (英 careless) 軽率

ไม่รับข้อเสนอ [マイラッコーサヌー]
(英 reject an offer) 拒否する

ไม่ราบรื่น [マイラープルーン]
(英 unpleasant) 不調

ไม่รุ่งเรือง [マイルンケルァンケ] (英 slump)
不振

ไม่รู้จักคิด [マイルーチャッキッ]
(英 thoughtless) 無茶

ไม่รู้จักอาย [マイルーチャッアーィ]
(英 shameless) 厚かましい

ไม่รู้ทำไม... [マイルータムマイ...]
(英 somehow) なぜか

ไม่รู้สิ [マイルースィ] (英 somehow) 何だか

ไม่เร่งรีบ [マイレンケリーフ]
(英 take it easy) のんびり

ไม่ลงตัว [マイロンケトゥァ] (英 something just isn't right) しっくりこない

ไม่ลงรอยกัน [マイロンケローィカン]
(英 have conflict) 行き違う / 食い違う

ไม่เลือกหน้า [マイルァクナー]
(英 thoughtless) 無闇

ไม่ว่าใคร ๆ [マイワークライクライ]
(英 anyone) 誰でも

ไม่ว่าง [マイワーンケ] (英 occupied) 使用中

ไม่เว้นวัน [マイウェンワン]
(英 day after day) 連日

ไม่สงบ [マイサンコッフ] (英 be in turmoil)
荒れる

ไม่สดใส [マイソッサイ] (英 dull)
明るくない

ไม่สมดุล [マイソムドゥン]
(英 be unbalanced) 不均衡

ไม่สมบูรณ์ [マイソムブーン]
(英 incompleteness) 不完全

ไม่สมหวัง [マイソムワンケ]
(英 impossible) 叶わない

ไม่สม่ำเสมอ [マイサマムサムー]
(英 unevenness) むら

ไม่สะดวกสบาย [マイサドゥァクサバーィ]
(英 inconvenience) 不便

ไม่สามารถ [マイサーマーッ]
(英 unable to) 〜できない

ไม่สำคัญ [マイサムカン]
(英 unimportant) 重要ではない

ไม่เสียค่าเข้า [マイスィァカーカゥ]
(英 admission free) 入場無料

ไม่เสียภาษี [マイスィァパースィー]
(英 tax-free[exempt]) 非課税

ไม้หนีบผ้า [マイニープパー]
(英 clothes pin) 洗濯ばさみ

ไม่หยุดหย่อน [マイユッヨーン]
(英 constantly) 絶えず

ไม่เหมือนใคร [マイムアンクライ]
(英 unique) 独自

ไม่เหมือนเดิม [マイムアンドゥーム]
(英 changed) 変わった

ไม่เหลือ [マイルァ] (英 entirely) 残らず

ไม่อยากจะเชื่อ [マイヤークチャチュア]
(英 unbelievably) まさか

ไม่อยู่ [マイユー] (英 absence) 不在

ไม่อยู่บ้าน [マイユーバーン] (英 be out)
留守

ไม่อร่อย [マイアロイ] (英 bad-tasting)
まずい (口語)

ไม่เอา [マイアゥ] (英 do not want) 嫌

ย

ยกขึ้น [ヨククン] (英 raise)
上げる / 持ち上げる

ยกขึ้นมา [ヨククンマー] (英 take up)
取り上げる

ยกทรง [ヨクソン] (英 bra) ブラジャー

ยกโทษ [ヨクトーッ] (英 forgive)
勘弁する

ยกโทษให้ [ヨクトーッハイ] (英 forgive)
許す

ยกยอดไป [ヨクヨーッパイ]
(英 carry *sth* forward[over]) 繰り越す

ยกยอปอปั้น [ヨクヨーポーパン]
(英 entice / flatter) おだてる

ยกระดับให้ดีขึ้น [ヨクラダプハイディークン]
(英 improve) 向上する

ยกเลิก [ヨクルーク] (英 cancel)
消去する / 廃止する / 解除する

ยกเลิกสัญญา [ヨクルークサンヤー]
(英 terminate) 解約する

ยกเว้น [ヨクウェン] (英 exception)
免除 / 除外

ยกเว้นภาษี [ヨクウェンパースィー]
(英 tax exemption) 免税 / 税金免除

ยกให้ [ヨクハイ] (英 hand over) 譲る

ย่น [ヨン] (英 shrivel / wrinkle)
縮れる / しなびる

ย่อ [ヨー] (英 shorten) 短縮する

ย่อขนาด [ヨーカナーッ] (英 minimize)
縮小する

ย่อเข่า [ヨーカゥ] (英 do a squat)
スクワットする

ยอด [ヨーッ] (英 top) てっぺん / 頂点

ยอดขาย [ヨートカーィ] (英 sales)
売り上げ

ยอดเขา [ヨーッカゥ] (英 summit)
山頂 / 峰

ยอดคงเหลือ [ヨーッコングルァ]
(英 balance) 差額 / 残金 / 残高

ยอดฝีมือ [ヨーッフィームー] (英 expert)
名人

ยอดไม้ [ヨーッマイ]
(英 the top of a tree) 梢

ยอดเยี่ยม [ヨーッイアム] (英 excellent)
優れた / すばらしい

ยอดรวม [ヨーッルアム] (㍾ total) 合計

ย้อนกลับ [ヨーンクラブ] (㍾ return)
戻る / 戻す

ย้อนกลับไป [ヨーンクラブパイ]
(㍾ go back) 遡る

ย้อม [ヨーム] (㍾ dye) 染める

ยอมความ [ヨームクワーム]
(㍾ compromise) 譲歩する

ย่อมจะ [ヨームチャ] (㍾ ought to) 当然

ยอมจำนน [ヨームチャムノン]
(㍾ submission) 屈服

ยอมแพ้ [ヨームペー] (㍾ give up)
お手上げ / 諦める

ย่อมเยา [ヨームヤウ] (㍾ low-price) 格安

ยอมรับ [ヨームラブ] (㍾ approve) 認める

ยอมรับได้ [ヨームラブダイ]
(㍾ accept / admit) 許容する

ย่อยยับ [ヨーイヤブ] (㍾ go to ruin)
滅びる / 滅ぶ

ย่อยอาหาร [ヨーイアーハーン]
(㍾ digest) 消化する

ย่อหน้า [ヨーナー] (㍾ paragraph) 段落

ยักษ์ [ヤク] (㍾ giant) 鬼 / 巨人

ยัง [ヤング] (㍾ not yet) まだ

ยังไง ๆ ก็ [ヤングンガイヤングンガイコー]
(㍾ utterly) 到底

ยังไง ๆ ก็...ให้ดี
[ヤングンガイヤングンガイコー ... ハイディー]
(㍾ whatever) くれぐれも

ยังชีพ [ヤングチープ] (㍾ make a living)
生計を立てる

ยังใช้ได้อยู่ [ヤングチャイダイユー]
(㍾ valid) 有効

ยังไม่ชำนาญ [ヤングマイチャムナーン]
(㍾ inexperience) 未熟

ยังไม่แน่นอน [ヤングマイネーノーン]
(㍾ undecided) 未定

ยังเหมือนเดิม [ヤングムアンドゥーム]
(㍾ still) いまだ

ยัดเข้า [ヤッカウ] (㍾ push) 押し込む

ยัดใส่ [ヤッサイ] (㍾ put into) 押し入れる

ยัดให้เต็ม [ヤッハイテム] (㍾ pack) 詰める

ยับยั้ง [ヤブヤング] (㍾ bring to a stop)
停止させる

ยับยั้งชั่งใจ [ヤブヤングチャングチャイ]
(㍾ restrain) 節制する

ยั่วยวน [ユアユアン] (㍾ tempt) 誘惑する

ยั่วยุ [ユアユ] (㍾ provoke) 挑発する

ยา [ヤー] (㍾ medicine) 薬 / 薬品

ย่า [ヤー] (㍾ (paternal) grandmother)
祖母（父方）

ยาก [ヤーク] (㍾ hard)
難い / 難い / 難しい

ยากจน [ヤークチョン] (㍾ poor)
貧困 / 貧乏 / 貧しい

ยากล้วคอ [ヤークルアコー]
(㍾ mouthwash) うがい薬

ยากลำบาก [ヤークラムバーク]
(㍾ difficulty / suffering) 困難

ยากันแมลง [ヤーカンマレーング]
(英 insect repellent) 虫除け

ยากำจัดศัตรูพืช [ヤーカムチャッサットルーブーッ]
(英 pesticide) 農薬

ยาแก้ท้องเสีย [ヤーケートーングスィア]
(英 antidiarrheal medicine) 下痢止め薬

ยาแก้หวัด [ヤーケーワッ]
(英 cold medicine) 風邪薬

ยาขี้ผึ้ง [ヤーキープング] (英 ointment)
塗り薬

ยาครีม [ヤークリーム] (英 emulsion) 乳剤

ยาคุมกำเนิด [ヤークムカムヌーッ]
(英 contraceptive) 避妊薬

ยาฆ่าเชื้อ [ヤーカーチュア]
(英 antiseptic) 消毒液

ยาฆ่าแมลง [ヤーカーマレーング]
(英 insecticide) 殺虫剤

ยาง [ヤーング] (英 gum) ゴム

ย่าง [ヤーング] (英 grill) 焼く / 炙る

ย่างก้าว [ヤーングカーウ] (英 step) 歩み

ย่างเตาถ่าน [ヤーングタウターン]
(英 charcoal grilling) 炭火焼き

ยางแตก [ヤーングテーク] (英 burst)
パンクする

ยางรถยนต์ [ヤーングロッヨン] (英 tire)
タイヤ

ยางลบ [ヤーングロップ] (英 eraser)
消しゴム

ยาช่วยย่อยอาหาร
[ヤーチュアイヨーイアーハーン]
(英 digestive medicine) 胃腸薬

ยาถอนพิษ [ヤートーンピッ]
(英 antidote) 解毒剤

ยาทา [ヤーター] (英 ointment) 塗り薬

ย่านการค้า [ヤーンカーンカー]
(英 downtown) 中心街

ย่านชุมชนร้านค้า [ヤーンチュムチョンラーンカー]
(英 shopping area) 市街

ย่านที่พักอาศัย [ヤーンティーパクアーサイ]
(英 residential area[district, zone, quarter]) 住宅地 / 住宅地帯

ย่านธุรกิจการค้า [ヤーントゥラキッカーンカー]
(英 commercial area) 商業地域

ยานพาหนะ [ヤーンパーハナ]
(英 vehicle) 乗り物

ยานอนหลับ [ヤーノーンラッ]
(英 sleeping pill) 睡眠薬

ยาปฏิชีวนะ [ヤーパティチーワナ]
(英 antibiotics) 抗生物質

ยาพอก [ヤーポーク]
(英 topical medicine) 湿布薬

ยาม [ヤーム] (英 guard) 警備員

ยามเย็น [ヤームイェン] (英 twilight)
夕暮れ

ยาเม็ด [ヤーメッ] (英 pill) 錠剤

ยาย [ヤーイ] (英 maternal) grandmother)
祖母 (母方)

ย้าย [ヤーイ] (英 move) 遷す / 移る

ย้ายงาน [ヤーインガーン]
(英 change a job) 転職する

ย้ายถิ่นที่อยู่ [ヤーイティンティーユー]
(英 move a place to live) 移住する

ยากันแมลง ➡ ย้ายถิ่นที่อยู่ 839

ยายทวด [ヤーイトゥアッ] (英 (maternal) great-grandmother) 曾祖母（母方）

ย้ายที่อยู่ [ヤーィティーユー] (英 move house) 転居する

ย้ายที่อยู่ใหม่ [ヤーィティーユーマイ] (英 move into a new place) 新しいところに移る / 住所が変わる

ย้ายบ้าน [ヤーィバーン] (英 move to[in]) 引っ越す

ย้ายไป [ヤーィパイ] (英 move) 移動する

ย้ายสถานที่ [ヤーィサターンティー] (英 relocate) 移転する

ย้ายออก [ヤーィオーク] (英 move out of) 立ち退く

ยาระงับประสาท [ヤーランガッププラサーッ] (英 sedative) 鎮静剤

ยาระงับปวด [ヤーランガッブプァッ] (英 painkiller) 鎮痛剤

ยาระบาย [ヤーラバーィ] (英 laxative) 下剤

ยาลดไข้ [ヤーロッカイ] (英 antipyretic) 解熱剤

ยาว [ヤーゥ] (英 long) 長い

ยาวนานขึ้น [ヤーゥナーンクン] (英 be extended) 延びる

ยาสมุนไพร [ヤーサムンプライ] (英 herbal medicine) 薬草

ยาสมุนไพรจีน [ヤーサムンプライチーン] (英 Chinese herbal medicine) 漢方薬

ยาสระผม [ヤーサポム] (英 shampoo) シャンプー

ยาสีฟัน [ヤースィーファン] (英 toothpaste) 歯磨き粉

ยาเสพติด [ヤーセープティッ] (英 drug) 麻薬

ยาหม่อง [ヤーモーング] (英 salve) 軟膏

ยาหยอดตา [ヤーヨーッター] (英 eye drops) 目薬

ยาเหน็บ [ヤーネップ] (英 suppository) 座薬

ย้ำ [ヤム] (英 stress) 念を押す

ยำเกรง [ヤムクレーング] (英 respect) 敬う

ย้ำเตือน [ヤムトゥアン] (英 remind) 催促する

ย่ำแย่ [ヤムイェー] (英 grow worse) こじれる

ยิง [イング] (英 shoot) 撃つ

ยิ่ง ๆ ขึ้น [イングイングクン] (英 more and more) ますます

ยิ่ง...ไปใหญ่ [イングーパイヤイ] (英 all the more) なおさら

ยิ่งขึ้น [イングクン] (英 more) 一層

ยิ่งขึ้นไปอีก [イングクンパイイーク] (英 even more) 一段と

ยิ่งต้อง [イングトーング] (英 do much more) まして

ยิงปืน [イングプーン] (英 shoot) 発射する

ยิ่งไปกว่านั้น [イングパイクワーナン] (英 moreover) 更に / しかも

ยิ่งยวด [イングユアッ] (英 tremendous) ものすごい

840 ยายทวด ➡ ยิ่งยวด

ยิ่งใหญ่ [インヤイ] (英 grand / great)
偉大 / 偉い

ยินดี [インディー] (英 be glad)
喜ぶ / 嬉しい

ยินดีด้วย [インディードゥァイ]
(英 congratulations) おめでとう

ยินดีต้อนรับ [インディートーンラブ]
(英 welcome)
ようこそ / いらっしゃいませ

ยินดีที่ได้รู้จัก [インディーティーダイルーチャク]
(英 Nice to meet you.) 初めまして

ยินยอม [インヨーム] (英 recognize)
認める

ยิม [イム] (英 gym) スポーツクラブ

ยิ้ม [イム] (英 smile) 微笑 / 微笑む

ยิ้มน้อย ๆ [イムノーイノーイ]
(英 with a smile) にっこり

ยิ้มแย้ม [イムイェーム] (英 smilingly)
にこにこ

ยีราฟ [イーラーフ] (英 giraffe) きりん

ยี่สิบ [イースィブ] (英 twenty) 20

ยี่สิบเอ็ด [イースィブエッ]
(英 twenty one) 21

ยี่ห้อ [イーホー] (英 brand) ブランド

ยี่ห้อดัง [イーホーダング] (英 brand) 銘柄

ยึดถือ [ユットゥー] (英 be based on)
基づく

ยึดทรัพย์ [ユッサプ] (英 seize) 没収する

ยึดเป็นหลัก [ユッペンラク]
(英 be based on) 踏まえる

ยึดไว้ [ユッワイ] (英 grasp) 強くつかむ

ยึดไว้กับที่ [ユッワイカプティー]
(英 fix[the position]) 固定する

ยืดยาว [ユーッヤーウ]
(英 at great length) 長々

ยืดยาวขึ้น [ユーッヤーウクン]
(英 extend) 伸びる

ยืดเยื้อ [ユーッユーア]
(英 be prolonged) 長引く

ยืดเวลา [ユーッウェーラー] (英 expand)
延期する

ยืดหยุ่น [ユーッユン] (英 be flexible)
柔軟性がある

ยืดออกไป [ユーッオークパイ]
(英 extend) 延長する

ยื่น [ユーン] (英 submit) 提出する

ยืนกราน [ユーンクラーン] (英 insist)
主張する

ยืนขึ้น [ユーンクン] (英 stand up)
立ち上がる / 立つ

ยื่นใบสมัคร [ユーンバイサマク]
(英 apply) 申し込む

ยืนยัน [ユーンヤン] (英 confirm) 確認する

ยืนยันการจอง [ユーンヤンカーンチョーング]
(英 confirm the reservation) 予約確認

ยืนยันความคิด [ユーンヤンクワームキッ]
(英 assert) 主張する

ยืนยันเห็นด้วย [ユーンヤンヘンドゥァイ]
(英 affirm) 肯定する

ยืนยันให้มั่นใจ [ユーンヤンハイマンチャイ]
(英 confirm) 確かめる

ยื่นเรื่อง [ユーンルアング] (英 report) 届ける

ยื่นเสนอ [ユーンサヌー] (英 submit) 提出する

ยื่นออกไป [ユーンオークパイ] (英 hold out in front of one) 差し出す

ยืม [ユーム] (英 borrow) 借りる

ยี่ห้อ [イーホー] (英 brand) ブランド

ยุค [ユク] (英 era) 時代

ยุคกลาง [ユククラーング] (英 the Middle Ages) 中世

ยุคก่อน [ユクコーン] (英 past period / previous generation) 先代

ยุคโบราณ [ユクボーラーン] (英 ancient times) 古代

ยุง [ユング] (英 mosquito) 蚊

ยุ่ง [ユング] (英 busy) 忙しい

ยุ่งไม่เข้าเรื่อง [ユングマイカウルアング] (英 meddling) お節介

ยุ่งยาก [ユングヤーク] (英 trouble) 面倒臭い / ややこしい

ยุ่งยากใจ [ユングヤークチャイ] (英 feel uncomfortable) 困惑する

ยุ่งยากเสียเวลา [ユングヤークスィアウェーラー] (英 trouble) 手間

ยุ่งเหยิง [ユングユーング] (英 messy) 乱れる / 無茶苦茶

ยุติ [ユティ] (英 stop / cease) 途絶える

ยุติธรรม [ユティタム] (英 justice) 公正 / 公平

ยุทธศาสตร์ [ユッタサーッ] (英 strategy) 戦略

ยุยง [ユヨング] (英 incite) 挑発する

ยุโรป [ユローブ] (英 Europe) ヨーロッパ

ยูกาตะ [ユーカータ] (英 yukata) 浴衣

ยูโด [ユードー] (英 judo) 柔道

ยูเทิร์น [ユートゥーン] (英 U-turn) Uターン

ยูนิฟอร์ม [ユーニフォーム] (英 uniform) ユニフォーム / 制服

ยูเอสบี [ユーエーッビー] (英 USB) USB

เย็นชา [イェンチャー] (英 curt / blunt) そっけない

เย็นชืด [イェンチューッ] (英 get cold) 冷める

เย็นนี้ [イェンニー] (英 this evening) 今晩

เย็นยะเยือก [イェンヤユアク] (英 be frozen) 冷える / 凍える

เย็นสบาย [イェンサバーイ] (英 cool) 涼しい

เย็บ [イェブ] (英 sew) 綴じる / 縫う

เย็บปักถักร้อย [イェブパクタクローイ] (英 sew) 裁縫する

เย้ยหยัน [イーイヤン] (英 satirize) 風刺する

เยลลี่ [イェリー] (英 jelly) ゼリー

เยอะ [ユ] (英 much) たくさん / とても / 非常に

เยาวชน [ヤウワチョン] (英 juveniles) 青少年

เยาว์วัย [ヤゥワイ] (英 young) 若い

เย้าแหย่ [ヤゥイェー] (英 make fun of) ふざける

เยี่ยมไข้ [イアムカイ] (英 visit a patient) 見舞い

เยี่ยมคนไข้ [イアムコンカイ] (英 visit *sb* in hospital) 見舞う

เยี่ยมชม [イアムチョム] (英 visit) 見学する

เยี่ยมยอด [イアムヨーッ] (英 wonderful / splendid / marvelous) すばらしい

เยี่ยมเยียน [イアムイアン] (英 visit) 訪れる / 訪ねる

เยี่ยมเยือน [イアムユアン] (英 pay a visit) 訪問する

เยื่อ [ユア] (英 tissue) 膜

เยือกเย็น [ユアクイェン] (英 calm) 穏やか

เยื่อแก้วหู [ユアケーゥフー] (英 eardrum) 鼓膜

แยกกัน [イェークカン] (英 separately) 別々

แยกกันอยู่ [イェークカンユー] (英 live apart) 別居する

แยกจากกัน [イェークチャークカン] (英 separate) 別れる / 分離する

แยกชิ้นส่วน [イェークチンスアン] (英 dismantle) 解体する

แยกตัวเป็นอิสระ [イェークトゥアペンイッサラ] (英 become independent) 自立する

แยกต่างหาก [イェークターングハーク] (英 separately) 別途

แยกไม่ออก [イェークマイオーク] (英 confusing) 紛らわしい

แยกย้ายจากกัน [イェークヤーイチャークカン] (英 dissolve) 解散する

แยกวง [イェークウォング] (英 break up) 解散する

แยกออก [イェークオーク] (英 split) 裂ける

แยกออกห่าง [イェークオークハーング] (英 separate) 離す

แย่งชิง [イエーングチング] (英 compete) 競う

แย่งเอาไป [イエーングアゥパイ] (英 snatch) 奪う

แยม [イェーム] (英 jam) ジャム

แย่มาก [イェーマーク] (英 too bad) あんまり

แย่ลง [イェーロング] (英 decline) 衰える

โยก [ヨーク] (英 rock) 揺さぶる

โยกย้ายตำแหน่ง [ヨークヤーイタムネング] (英 transfer (job)) 異動

โยเกิร์ต [ヨークーッ] (英 yoghurt / yogurt) ヨーグルト

โยธาธิการ [ヨーターティカーン] (英 civil engineering / public works) 土木

โยน [ヨーン] (英 throw) 投げる

โยนเข้าไป [ヨーンカゥパイ] (英 throw in) 放り込む

โยนออกไป [ヨーンオークパイ] (英 throw out) 放り出す

เยาว์วัย ➡ โยนออกไป 343

ใยสังเคราะห์ [ヤイサングクロ]
(英 synthetic fiber) 化繊

ร

รก [ロク] (英 messy / placenta) 茂る

รณรงค์ [ロンナロング] (英 campaign)
運動する

รถ [ロッ] (英 car) 車 / 自動車

รถกระบะเทท้าย [ロックラバーターイ]
(英 dump truck) ダンプカー

รถเข็นซื้อของ [ロッケンスーコーング]
(英 shopping cart) ショッピングカート

รถเข็นนั่ง [ロッケンナング]
(英 wheelchair) 車椅子

รถจักร [ロッチャク] (英 locomotive)
機関車

รถจักรยานยนต์ [ロッチャックラヤーンヨン]
(英 motorbike) オートバイ

รถเช่า [ロッチャウ] (英 rental car)
レンタカー

รถด่วน [ロッドゥアン] (英 express train)
急行列車

รถดับเพลิง [ロッダッブプルーング]
(英 fire engine) 消防車

รถตำรวจ [ロッタムルアッ] (英 patrol car)
パトカー

รถทัวร์ [ロットゥアー]
(英 sightseeing bus) 観光バス

รถบรรทุก [ロッパントゥッ] (英 track)
トラック

รถพยาบาล [ロッパヤーバーン]
(英 ambulance) 救急車

รถไฟ [ロッファイ] (英 train)
電車 / 列車 / 汽車

รถไฟใต้ดิน [ロッファイタイディン]
(英 subway) 地下鉄

รถไฟพลังไอน้ำ [ロッファイパラングアイナム]
(英 steam train) 汽車

รถไฟสายด่วน [ロッファイサーイドゥアン]
(英 express train) 急行列車

รถไฟหัวกระสุน [ロッファイファクラスン]
(英 bullet train) 新幹線

รถไฟเอกชน [ロッファイエカチョン]
(英 private railroad) 私鉄

รถเมล์ [ロッメー] (英 bus) バス

รถยก [ロッヨク] (英 forklift)
フォークリフト

รถยนต์ [ロッヨン] (英 car) 車 / 自動車

รถราง [ロッラーング] (英 monorail)
モノレール

รถลาก [ロッラーク] (英 wrecker /
rickshaw) レッカー車 / 人力車

รถว่าง [ロッワーング] (英 empty taxi)
空車

รถสปอร์ต [ロッスポーッ] (英 sports car)
スポーツカー

รบกวน [ロブクアン] (英 interrupt)
邪魔する

รปภ [ローポーポー] (英 guard) 守衛

ร่ม [ロム] (英 umbrella) 傘

ร่มกันแดด [ロムカンデーッ] (英 parasol)
日傘

ร่มเงา [ロムンガゥ] (㊥ shade) 陰 / 日陰

ร่มชูชีพ [ロムチューチープ]
(㊥ parachute) パラシュート

รวง [ルァング] (㊥ ear (of a grain)) 穂

ร่วง [ルァング] (㊥ fall) 墜落する

ร่วงหล่น [ルァングコン]
(㊥ fall) 散る

รวดเดียว [ルァッディアゥ]
(㊥ without stopping) 一気

รวดเร็ว [ルァッレゥ] (㊥ quick) すばやい

รวบ [ルァプ] (㊥ gather together)
短縮する

รวบยอด [ルァプヨーッ] (㊥ sum) 一括

รวบรวม [ルァプルァム] (㊥ collect *sth*)
集める

รวมกลุ่ม [ルァムクルム] (㊥ gathering)
集まり

ร่วมกัน [ルァムカン] (㊥ common) 共通

รวมเข้าด้วยกัน [ルァムカゥドゥァイカン]
(㊥ bring together) 合わせる

รวมเข้าไว้ด้วย [ルァムカゥワイドゥァイ]
(㊥ include) 含める

รวมตัวกัน [ルァムトゥァカン]
(㊥ gathering) 集まり / 集会

รวมทั้ง [ルァムタング] (㊥ besides) 並びに

รวมทั้งหมด [ルァムタングモッ]
(㊥ totalize) 集計する

รวมผลงาน [ルァムポンガーン]
(㊥ collection) ～集

รวมไว้ [ルァムワイ] (㊥ include) 込める

รวมอยู่ด้วย [ルァムユードゥァイ]
(㊥ include) 含む

รสเข้มข้น [ロッケムコン]
(㊥ rich in taste[flavor]) こく

รสจืด [ロッチューッ] (㊥ plain)
あっさりした

รสชาติ [ロッチャーッ] (㊥ taste) 味 / 味わい

รสชาติแย่ [ロッチャーッイェー]
(㊥ bad-tasting) まずい

รสชาติอ่อน ๆ [ロッチャーッオーンオーン]
(㊥ lightly-seasoned) あっさり

รสนิยม [ロッサニヨム] (㊥ preference)
好み / 嗜好 / スタイル

รสฝาด [ロッファーッ] (㊥ bitter taste) 渋味

รสมัน [ロッマン] (㊥ oily) 油っこい

รสออกหวาน [ロッオークワーン]
(㊥ sweet) 甘口

รหัส [ラハッ] (㊥ code) コード

รหัสผ่าน [ラハッパーン] (㊥ password)
パスワード

รหัสลับ [ラハッラプ] (㊥ secret number)
暗証番号

รอ [ロー] (㊥ wait) 待つ

รอคอย [ローコーイ]
(㊥ look forward to) 待ち望む

ร้องขอ [ローングコー] (㊥ request)
要請する

ร้องเดี่ยว [ローングディアゥ] (㊥ solo) ソロ

ร้องตะโกน [ローングタコーン]
(愛 scream) 叫ぶ

ร้องทุกข์ [ローングトゥク]
(愛 make a complaint) 苦情を言う

รองเท้า [ローングタウ] (愛 shoes) 靴

รองเท้าแตะ [ローングタウテ]
(愛 sandals) サンダル / スリッパ

รองเท้าบูท [ローングタウブーツ]
(愛 boots) ブーツ / 長靴

รองเท้าเปิดส้น [ローングタウブーツソン]
(愛 mules) ミュール

รองพื้น [ローングプーン] (愛 foundation)
(化粧用の) ファンデーション

ร้องเพลง [ローングプレーング] (愛 sing) 歌う

ร่องรอย [ローングローイ] (愛 track) 跡

รองรับ [ローングラブ]
(愛 accommodate) 収容する

ร้องเรียน [ローングリアン]
(愛 make an appeal) 不満を言う

ร้องไห้ [ローングハイ] (愛 weep) 泣く

รอดชีวิต [ローッチーウィッ] (愛 survive)
生存する

รอดผ่าน [ローッパーン] (愛 go through)
抜ける

รอดพ้น [ローッポン] (愛 escape) 免れる

ร้อน [ローン] (愛 hot) 暑い / 熱い

ร้อนเกินไป [ローンクーンパイ]
(愛 overheat) オーバーヒート

ร้อนจัด [ローンチャッ] (愛 heat wave)
猛暑

ร้อนชื้น [ローンチューン]
(愛 hot and humid) 蒸し暑い

ร่อนลงสู่พื้นดิน [ローンロングスーブーンディン]
(愛 land) 着陸する

รอบ(ครั้ง) [ローブ (クラング)]
(愛 round(s)) 〜周

รอบคอบ [ローブコーブ] (愛 be careful)
熟慮する

รอบเวลา [ローブウェーラー] (愛 period)
周期

รอบหมุน [ローブムン] (愛 turn) 回転

ร้อย [ローイ] (愛 hundred) 百

รอยขีดข่วน [ローイキークワン]
(愛 scrape) 傷

รอยต่อ [ローイトー] (愛 joint) 継ぎ目

รอยแตกบุบ [ローイテークブブ]
(愛 damage) 破損

รอยเท้า [ローイタウ] (愛 footprint) 足跡

รอยเปื้อน [ローイプァン] (愛 dirt) 汚れ

รอยผ่า [ローイパー] (愛 a cutting line)
切れ目

รอยย่น [ローイヨン] (愛 wrinkles) 皺 (しわ)

รอยเย็บปริแตก [ローイイェブパリテーク]
(愛 come apart) ほころびる

รอยร้าว [ローイラーウ] (愛 crack) 亀裂

รอยล้อรถ [ローイローロッ]
(愛 wheel track) 轍 (わだち)

ร้อยละ [ローイラ] (愛 percentage)
パーセント

ร้อยล้าน [ローイラーン]
(英 a hundred million) 億

รอยสัก [ローイサッ] (英 tattoo) 入れ墨

รอหน่อยนะ [ローノーイナ]
(英 wait a moment) お待ちなさい

ระฆัง [ラカング] (英 bell) 鐘

ระงับ [ランガッブ] (英 stop) 停止させる

ระงับอารมณ์ [ランガッブアーロム]
(英 calm down) 抑える / 冷ます

ระดมคน [ラドムニン] (英 mobilize)
動員する

ระดับ [ラダッブ] (英 level)
程度 / レベル / 階級

ระดับความสูง [ラダッブクワームスーング]
(英 altitude) 高度

ระดับชนชั้น [ラダッブチョンチャン]
(英 class) 階層

ระดับชั้น [ラダッブチャン] (英 class)
級 / 等級

ระดับชั้นเรียน [ラダッブチャンリアン]
(英 school class) 学級

ระดับน้ำ [ラダッブナーム] (英 water level)
水位

ระดับล่าง [ラダッブラーング]
(英 low class) 低レベル

ระดับสูง [ラダッブスーング] (英 high) 高等

ระดับเสียง [ラダッブスィアング] (英 tone)
トーン

ระบบ [ラボッブ] (英 system)
システム / 制度 / 体系 / 体制

ระบบนิเวศ [ラボッブニウェーッ]
(英 ecosystem) 生態系

ระบบอัตโนมัติ [ラボッブアットノーマッ]
(英 automation) オートメーション

ระบาด [ラバーッ] (英 spread) 伝染する

ระบาย [ラバーイ] (英 let out) 漏らす

ระบายน้ำ [ラバーイナーム] (英 drain)
排水する

ระบุ [ラブ] (英 specify) 指定する

ระบุเฉพาะ [ラブチャポ] (英 specify)
特定する

ระเบิด [ラブーッ] (英 explode) 爆発する

ระเบิดออก [ラブーッオーク] (英 blast)
噴出する

ระเบียง [ラビアング] (英 balcony)
ベランダ

ระเบียงทางเดิน [ラビアングターングドゥーン]
(英 corridor) 廊下

ระเบียงไม้ [ラビアングマイ]
(英 veranda) 縁側

ระเบียบ [ラビアブ] (英 rule)
規則 / 規定 / 規律

ระเบียบการ [ラビアブカーン]
(英 procedures) 手続き

ระเบียบวินัย [ラビアブウィナイ]
(英 order) 秩序

ระมัดระวัง [ラマッラワング]
(英 be careful) 気を付ける

ระยะทาง [ラヤターング] (英 distance)
距離

ร้อยล้าน ➡ ระยะทาง　847

ร

ระยะทางวิ่ง [ラヤーターングウイング]
(英 mileage) 走行距離

ระยะมองเห็น [ラヤモーングヘン]
(英 field of view) 視野

ระยะยาว [ラヤヤーゥ] (英 long term) 長期

ระยะแรก [ラヤレーク]
(英 an early[initial] stage) 初期

ระยะสั้น [ラヤサン] (英 short term) 短期

ระยะสุดท้าย [ラヤスッターイ]
(英 last stage) 末期 / 末

ระวัง [ラワング] (英 be careful / be cautious)
注意する / 警戒する / 警告する

ระวังของแตก [ラワングコーングテーク]
(英 Fragile) 壊れ物注意

ระวังเอาใจใส่ [ラワングアウチャイサイ]
(英 caution) 用心

ระหว่าง [ラワーング] (英 between) 間

ระหว่างทาง [ラワーングターング]
(英 on one's way) 途中

ระเหย [ラフーイ] (英 evaporate) 蒸発する

ระอา [ラアー] (英 be fed up) 呆れる

รัก [ラク] (英 love) 愛する / 恋する

รักข้างเดียว [ラクカーングディアゥ]
(英 unretuned love) 片想い

รักใคร่กันดี [ラククライカンディー]
(英 be harmonious) 仲がいい

รักร่วมเพศ [ラクルアムペーッ]
(英 homosexuality) 同性愛

รักเรียน [ラクリアン] (英 desire to learn)
向学心

รักษาโรค [ラクサーローク] (英 cure) 治す

รักษาไว้ [ラクサーワイ] (英 guard) 守る

รังเกียจ [ラングキアッ] (英 hate) 嫌がる

รั้งท้าย [ラングターイ] (英 the last) ビリ

รังนก [ラングノク] (英 nest) 巣

รังวัด [ラングワッ]
(英 measure the land) 測量する

รังสี [ラングスィー] (英 ray) 光線

รัชสมัย [ラッチャサマイ] (英 reign) 年号

รัฐ [ラッ] (英 government) 官

รัฐธรรมนูญ [ラッタタムマヌーン]
(英 the constitution) 憲法

รัฐบาล [ラッタバーン] (英 government)
政府

รัฐประหาร [ラッタプラハーン]
(英 coup d'état) クーデター

รัฐเป็นเจ้าของ [ラッペンチャゥコーング]
(英 public owned) 国有

รัฐเป็นผู้บัญญัติ [ラッペンプーバンヤッ]
(英 designated by state) 国定

รัฐมนตรี [ラッタモントリー]
(英 minister) 大臣

รัฐวิสาหกิจ [ラッタウィサーハキッ]
(英 state-owned enterprise) 国有企業

รัฐสภา [ラッタサパー] (英 parliament)
国会

รัด［ラッ］（㊥ fasten）縛る

รันเวย์［ランウェー］（㊥ runway）滑走路

รับ［ラプ］（㊥ take）受ける

รับข้อความ［ラプコークワーム］（㊥ receive a message）受信する

รับเข้าทำงาน［ラプカゥタムンガーン］（㊥ employ）採用する

รับเข้ามา［ラプカゥマー］（㊥ accept）受け入れる / 取り入れる / 受け付ける

รับชม［ラプチョム］（㊥ see）観覧する

รับช่วงต่อ［ラプチュアンクトー］（㊥ take over）受け継ぐ

รับใช้［ラプチャイ］（㊥ serve）仕える

รับซื้อคืน［ラプスークーン］（㊥ trade back）下取りする

รับได้(ราคา)［ラプダイ（ラーカー）］（㊥ reasonable）手頃

รับทราบ［ラプサーブ］（㊥ be informed）了承する / 承認する

รับทราบคำสั่ง［ラプサーブカムサング］（㊥ Certainly.）かしこまりました

รับประกัน［ラププラカン］（㊥ guarantee）保証する

รับประทาน［ラププラターン］（㊥ eat）召し上がる

รับผิดชอบ［ラプピッチョーブ］（㊥ undertake）引き受ける

รับฝาก［ラプファーク］（㊥ keep）預かる

รับภาระ［ラプパーラ］（㊥ be burdened / undertake）背負う / 担う

รับภาระหน้าที่［ラプパーラナーティー］（㊥ be charged with）任務を負う

รับมรดก［ラプモーラドク］（㊥ succeed）相続する

รับมรดกสืบต่อ［ラプモーラドクスーブトー］（㊥ inherit from）継ぐ / 受け継ぐ / 受け継げる

รับมอบหมาย［ラプモーブマーイ］（㊥ undertaking）受け持ち

รับมือ［ラプムー］（㊥ handle）対応する

รับมือไม่ไหว［ラプムーマイワイ］（㊥ be overwhelmed）圧倒される

รับรอง［ラプローング］（㊥ treat）もてなす

รับรองลูกค้า［ラプローングルークカー］（㊥ treat customers）接待する

รับรู้［ラプルー］（㊥ perceive）承知する

รับรู้กลิ่น［ラプルークリン］（㊥ sense of smell）嗅覚

รับรู้ด้วยตนเอง［ラプルードゥアイトンエーング］（㊥ self realize）実感する

รับรู้ได้ช้า［ラプルーダイチャー］（㊥ dull）鈍い

รับลูกบอล［ラプルークボーン］（㊥ catch a ball）キャッチする

รับไว้［ラプワイ］（㊥ receive）収める

รับสมัคร［ラプサマク］（㊥ recruit）募る / 受け付ける

รับสมัครงาน［ラプサマクンガーン］（㊥ job offer）求人

รับหน้าที่［ラプナーティー］（㊥ undertake）受け持つ

รั่ว [ルァ] (英 leak) 漏る

รั้ว [ルァ] (英 fence) 垣根 / 塀

รั้วไม้ [ルァマイ] (英 fence) 柵

รั่วไหล [ルァライ] (英 leak out) 漏れる

รัศมี [ラッサミー] (英 radius) 半径

ราก [ラーㇰ] (英 root) 根本 / 根

รากฐาน [ラーㇰターン] (英 foundation) 地盤

รากศัพท์ [ラーㇰサプ] (英 word origin) 語源

รากเหง้า [ラーㇰンガゥ] (英 root) ルーツ / 根底

ราคา [ラーカー] (英 price) 値段

ราคาเด็ก [ラーカーデㇰ] (英 children rate) 子供料金

ราคาต้นทุน [ラーカートントゥン] (英 cost) 原価

ราคาถูก [ラーカートゥーㇰ] (英 cheap) 安い

ราคาถูกกว่าปกติ [ラーカートゥーㇰクワーパカティ] (英 bargain) 格安

ราคานักศึกษา [ラーカーナㇰスクサー] (英 student rate) 学割料金

ราคาป้าย [ラーカーパーイ] (英 price) 定価

ราคาแพง [ラーカーペーンㇰ] (英 expensive) 高価

ราคาย่อมเยา [ラーカーヨームヤゥ] (英 low price) 低価格

ร่าง [ラーンㇰ] (英 draft) 案 / プラン

ร้าง [ラーンㇰ] (英 devastation) 荒廃

ร่างกฎหมาย [ラーンㇰコッマーイ] (英 bill) 法案

ร่างกาย [ラーンㇰカーイ] (英 body) 身体

ร่างกายมนุษย์ [ラーンㇰカーイマヌッ] (英 human body) 人体

ร่างข้อเสนอ [ラーンㇰコーサヌー] (英 proposal draft) 議案

ร้างผู้คน [ラーンㇰプーコン] (英 depopulated) 過疎

ร่างภาพ [ラーンㇰパープ] (英 sketch) 写生する

รางรถไฟ [ラーンㇰロッファイ] (英 railway) 線路

รางวัล [ラーンㇰワン] (英 reward) 懸賞 / 賞 / 賞品 / 褒美

ร่างเสนอแทน [ラーンㇰサヌーテーン] (英 alternative plan) 代案

ราชา [ラーチャー] (英 king) 王様

ราชินี [ラーチニー] (英 queen) 女王

ราตรีสวัสดิ์ [ラートリーサワッ] (英 Good night.) おやすみなさい

ร้าน [ラーン] (英 shop) ショップ / 店

ร้านกาแฟ [ラーンカフェー] (英 café) カフェ / 喫茶店

ร้านข้างทาง [ラーンカーンㇰターンㇰ] (英 (street) stall) 屋台

ร้านขายของ [ラーンカーイコーンㇰ] (英 kiosk) 売店

850 รั่ว ➡ ร้านขายของ

ร้านขายของฝาก [ラーンカーイコーングファーク]
(英 souvenir shop) 土産物店

ร้านขายเนื้อ [ラーンカーイヌア]
(英 butcher's shop) 肉屋

ร้านขายผักผลไม้ [ラーンカーイパックポンラマイ]
(英 greengrocery) 八百屋

ร้านขายยา [ラーンカーイヤー]
(英 pharmacy) 薬局

ร้านขายหนังสือ [ラーンカーイナングスー]
(英 bookstore) 書店

ร้านค้า [ラーンカー] (英 shop)
商店 / 店屋 / 店舗

ร้านเครื่องเขียน [ラーンクルアングキアン]
(英 stationery store) 文房具店

ร้านซักอบรีด [ラーンサクオプリート]
(英 laundry) ランドリー

ร้านดอกไม้ [ラーンドークマイ]
(英 flower shop) 花屋

ร้านตัดผม [ラーンタッポム]
(英 barber's) 理髪店

ร้านแต่งเล็บ [ラーンテンケレプ]
(英 nail salon) ネイルサロン

ร้านน้ำชากาแฟ [ラーンナムチャーカフェー]
(英 teahouse) 喫茶店

ร้านปลอดภาษี [ラーンプロートパースィー]
(英 duty-free shop) 免税店

ร้านสะดวกซื้อ [ラーンサドゥアクスー]
(英 convenience store) コンビニ

ร้านสาขา [ラーンサーカー]
(英 branch office) 支店

ร้านเสริมสวย [ラーンスームスアイ]
(英 beauty salon) エステサロン / 美容院

ร้านหนังสือ [ラーンナングスー]
(英 bookstore) 本屋

ร้านเหล้า [ラーンラウ] (英 bar) 酒場

ราบ [ラープ] (英 flat) 平たい

ราบรื่น [ラープルーン] (英 smooth) 順調

ราบเรียบ [ラープリアプ] (英 smooth)
なめらか

ร้ายกาจ [ラーイカーッ] (英 cruel) 酷い

รายการ [ラーイカーン] (英 list)
番組 / リスト

รายงาน [ラーインガーン] (英 report)
報告する / 通報する

รายงานข่าว [ラーインガーンカーウ]
(英 report) 報じる

รายจ่าย [ラーイチャーイ]
(英 expenditure) 支出

รายชื่อ [ラーイチュー] (英 list of names)
名簿

รายได้ [ラーイダイ] (英 income)
収入 / 所得

รายได้ต่อปี [ラーイダイトーピー]
(英 annual[yearly] income) 年収

รายไตรมาส [ラーイトライマーッ]
(英 quarterly) 季刊

รายปี [ラーイピー] (英 annual) 年間

รายรับรายจ่าย [ラーイラプラーイチャーイ]
(英 income and expenses) 収支

ร้านขายของฝาก ➡ รายรับรายจ่าย   351

ร้ายแรง [ラーィレーング] (英 serious) 重大

ร้ายแรงมาก [ラーィレーングマーク] (英 intense) 強烈 / 深刻 / 激しい

รายละเอียด [ラーィライアッ] (英 details) 詳細 / 細部 / 明細

ร่าเริง [ラールーング] (英 cheerfulness) 陽気 / 明るい

ร่าเริงสดใส(นิสัย) [ラールーングソッサイ(ニサイ)] (英 cheerful) 明るい (性格) / 快活な

ร้าว [ラーゥ] (英 be cracked) 割れる

ราว ๆ [ラーゥラーゥ] (英 about) およそ / 程 / ～ぐらい

ราวกับ [ラーゥカブ] (英 as if) まるで

ราศี [ラースィー] (英 constellation) 星座

รำ [ラム] (英 dance) 舞う

ร่ำรวย [ラムルァィ] (英 wealthy) 裕福な

ริน [リン] (英 pour) 注ぐ

ริบ [リブ] (英 confiscate) 没収する

ริบบิ้น [リブビン] (英 ribbon) リボン

ริม [リム] (英 edge) 端

ริมขอบ [リムコープ] (英 rim) 縁 (へり)

ริมฝั่ง [リムファング] (英 the bank) 岸

ริมฝีปาก [リムフィーパーク] (英 the lips) 唇

ริ้ว [リゥ] (英 stripe) しま

รีไซเคิล [リーサイクン] (英 recycling) リサイクル

รีบร้อน [リーブローン] (英 rush) 焦る / 慌ただしい / 慌てる

รีโมต [リーモーッ] (英 remote control) リモコン

รีสอร์ท [リーソーッ] (英 resort) リゾート

รุก [ルク] (英 try to attack) 攻める

รุกคืบ [ルククープ] (英 move forward / advance) 踏み込む

รุกตลาด [ルクタラーッ] (英 advance a market) 進出する

รุกราน [ルクラーン] (英 invade) 侵略する

รุกล้ำ [ルクラム] (英 trespass) 侵入する

รุ้ง [ルング] (英 rainbow) 虹

รุ่งเรือง [ルングルァング] (英 prosperity) 好況

รุ่งเรืองที่สุด [ルングルァングティースッ] (英 peak) 全盛

รุ่งสาง [ルングサーング] (英 dawn) 明ける / 明け方

รุดหน้า [ルッナー] (英 go forward) 進む

รุ่น [ルン] (英 generation) 世代 / 代

รุ่นก่อน [ルンコーン] (英 the predecessor) 先代

รุ่นน้อง [ルンノーング] (英 junior) 後輩

รุ่นพี่ [ルンピー] (英 senior) 先輩

รุนแรงเกินเหตุ [ルンレーングクーンヘーッ] (英 extremeness) 過激

รุมล้อม [ルムローム] (英 cluster (together)) 群がる

รู [ルー] (英 hole) 穴

รู้ [ルー] (英 know) 知る

รู้จัก [ルーチャク] (英 be aware of) 知っている

รู้จักหน้าค่าตา [ルーチャクナーカーター] (英 be acquainted with) 面識がある

รู้แจ้ง [ルーチェーンク] (英 understand) 悟る

รู้ตัว [ルートゥア] (英 be aware of) 自覚する

รู้ทิศ [ルーティッ] (英 a sense of direction) 方向感覚

รูปการณ์ [ルーブカーン] (英 condition) 様相

รูปแกะสลัก [ルーブケサラク] (英 sculpture) 彫像

รูปไข่ [ルーブカイ] (英 oval) 楕円

รูปจำลอง [ルーブチャムローング] (英 image) 像

รูปทรง [ルーブソンク] (英 shape) 形

รูปธรรมชัดเจน [ルーブタムチャッチェン] (英 physical) 具体

รูปแบบ [ルーブベーブ] (英 format) 体裁

รูปปั้น [ルーブパン] (英 statue) 彫像 / 像

รูปปั้นเทวรูป [ルーブパンテーワルーブ] (英 cult image) 偶像

รูปภาพดิจิตอล [ルーブパーブデチトン] (英 digital image) 画像

รูปร่าง [ルーブラーング] (英 figure) 姿

รูปร่างเล็ก [ルーブラーングレク] (英 small) 小柄

รูปร่างหน้าตา [ルーブラーングナーター] (英 looks) 容姿

รูปลักษณ์ [ルーブラク] (英 appearance) 格好 / 形態

รูปวาด [ルーブワーッ] (英 painting) 絵

รูปสี่เหลี่ยม [ルーブスィーリアム] (英 square) 四角形

รูมเซอร์วิส [ルームサーウィッ] (英 room service) ルームサービス

รู้ลึก [ルールク] (英 having a good knowledge) 詳しい

รู้สึก [ルースク] (英 feel) 感じる

รู้สึกเกรงใจ [ルースククレングチャイ] (英 be disconcerted) 恐縮する

รู้สึกเจ็บปวด [ルースクチェブプアッ] (英 feel pain) 苦しむ

รู้สึกช็อก [ルースクチョク] (英 be shocked) 衝撃を受ける

รู้สึกชา [ルースクチャー] (英 get numb) 痺れる

รู้สึกซาบซึ้ง [ルースクサーブスング] (英 appreciate) ありがたい

รู้สึกต่อต้าน [ルースクトーターン] (英 feel against) 反感を抱く

รู้สึกตัว [ルースクトゥア] (英 notice) 気付く

รู้สึกทรมาน [ルースクトラマーン] (英 suffer from) 苦しむ

รู้สึกท่วมท้น [ルースクトゥアムトン] (英 be overwhelmed) 非常に感激する / 感無量

รู ➡ รู้สึกท่วมท้น 853

รู้สึกไม่สบาย [ルースクマイサバーイ]
(英 discomfort) 不快感

รู้สึกละอายใจ [ルースクラアーイチャイ]
(英 a guilty feeling) 罪悪感

รู้สึกสนุก [ルースクサヌク] (英 enjoy)
楽しむ / 興じる

รู้สึกอิจฉา [ルースクイッチャー] (英 envy)
羨む

เร่ง [レング] (英 hasten) 急かす

เร่งความเร็ว [レングクワームレウ]
(英 speed up) 加速する

เร่งเครื่อง [レングクルアング] (英 speed up)
飛ばす

เร่งด่วน [レングドゥアン] (英 urgent)
早急 / 緊急

เร่งรัด [レングラッ] (英 urge) 促す

เร่งรีบ [レングリープ] (英 hurry)
急ぐ / 駆け足

เร่งให้เร็วขึ้น [レングハイレウクン]
(英 speed up) 早める

เร่ร่อน [レーローン] (英 rove) 彷徨(さまよ)う

เร็ว ๆ นี้ [レゥレゥニー] (英 soon)
近頃 / 近々

เร้า [ラウ] (英 stimulate) 刺激する

เริ่ม [ルーム] (英 begin) 開始する

เริ่มเดินทาง [ルームドゥーンターング]
(英 depart) 発つ

เริ่มต้น [ルームトン] (英 start / begin)
スタートする

เริ่มทำ... [ルームタム…] (英 begin to do)
〜しかける

เริ่มทื่อ [ルームトゥー]
(英 become blunt) 鈍る

เริ่มเฟื่องฟู [ルームファングフー]
(英 become prosperous) 新興

เริ่มลงมือ [ルームロングムー] (英 launch)
着手する

เรียก [リアク] (英 call) 呼ぶ

เรียกเก็บ(ภาษี) [リアクケブ (パースィー)]
(英 collect (tax)) 徴収する

เรียกเก็บเงิน [リアクケブングン]
(英 charge) 請求する

เรียกเก็บภาษี [リアクケップパースィー]
(英 tax) 課税する

เรียกชื่อ [リアクチュー] (英 call) 称する

เรียกร้อง [リアクローング]
(英 demand / shut out) 呼び掛ける

เรียกให้หยุด [リアクハイユッ]
(英 call sb to stop) 呼び止める

เรียกออกมา [リアクオークマー] (英 call)
呼び出す

เรียงความ [リアングクワーム] (英 essay)
作文

เรียงคิว [リアングキウ]
(英 in turn / in order) 順番に並ぶ

เรียงต่อกันเป็นแถว [リアングトーカンペンテーウ]
(英 line up) 連なる

เรียงแถว [リアングテーウ] (英 line up)
並列する

เรียงราย [リアンぎラーイ]
(英 form a line) 並ぶ

เรียน [リアン] (英 learn) 教わる

เรียนด้วยตนเอง [リアンドゥワイトンエーンぐ]
(英 study by oneself) 自習する

เรียนต่อ [リアントー] (英 pursue higher education) 進学する

เรียนท่าน [リアンターン]
(英 Dear: (used in an address)) 御中

เรียนภาษา [リアンパーサー]
(英 study a language) 語学

เรียนรู้ [リアンルー] (英 learn)
習う / 学ぶ / 修める / 身に付ける

เรียนให้ทราบ [リアンハイサーブ] (英 tell)
申し上げる

เรียบง่าย [リアッブンガーイ] (英 simple)
簡素 / 単純 / 地味

เรียบร้อย [リアッブローイ]
(英 be in order) 整う

เรียบเรียง [リアブリアンぐ]
(英 compose / compile) 編集する

เรี่ยไรเงิน [リアライングン]
(英 raise money) 募金する

เรือ [ルア] (英 ship / boat) 船 / ボート

เรือกลไฟ [ルアコンファイ]
(英 steamboat) 汽船

เรื่อง [ルアンぐ] (英 case) 件

เรื่องโกหก [ルーアンぐコーホク] (英 lie) 嘘

เรื่องขอร้อง [ルアンぐコーローンぐ]
(英 request) 頼み

เรื่องตลก [ルアンぐタロク] (英 comedy / joke) コメディ / ジョーク

เรื่องย่อ [ルアンぐヨー] (英 synopsis) 大筋

เรื่องราว [ルアンぐラーウ] (英 matter) 事柄

เรื่องไร้สาระ [ルアンぐライサーラ]
(英 nonsense) ナンセンス

เรื่องลึกลับ [ルアンぐルクラブ]
(英 mystery) ミステリー

เรื่องเล่า [ルアンぐラウ] (英 story) 話 / 物語

เรื่องส่วนตัว [ルアンぐスアントゥア]
(英 personal business) 身の上

เรื่องสั้น [ルアンぐサン] (英 short story)
短編

เรืองแสง [ルアンぐセーンぐ]
(英 fluorescence) 蛍光

เรือเดินสมุทร [ルアドゥーンサムッ]
(英 vessel) 船舶

เรือนกระจก [ルアンクラチョク]
(英 greenhouse) 温室

เรือนร่าง [ルアンンラーンぐ] (英 body) 肉体

เรือพาณิชย์ [ルアパーニッ] (英 vessel)
船舶

เรื่อย ๆ [ルアイルアイ]
(英 one after another) 次々

เรื่อย ๆ เปื่อย ๆ [ルアイルアイプアイプアイ]
(英 apathetic) 無気力

เรือยนต์ข้ามฟาก [ルアヨンカームファーク]
(英 ferry) フェリー

เรือยอร์ช [ルアヨッ] (英 yacht) ヨット

เรือรบ [ルアロブ] (英 warship) 軍艦

เรียงราย ➡ เรือรบ   855

เรื้อรัง [ルァラング] (英 chronic) 慢性

เรือหาปลา [ルァハープラー] (英 fishing boat) 漁船

แร่ [レー] (英 mineral) 鉱物

แรกเริ่ม [レークルーム] (英 the beginning) 始め / 最初

แรกเริ่มเดิมที [レークルームドゥームティー] (英 originally) 元々

แรกสุด [レークスッ] (英 at the very beginning) 真っ先

แรง [レーング] (英 force / power / strength) 力

แรงกระตุ้น [レーングクラトゥン] (英 impulse) 衝動

แรงขับเคลื่อน [レーングカブクルアン] (英 driving force) 動力

แรงงาน [レーングンガーン] (英 labor) 労働 / 労働力

แรงดัน [レーングダン] (英 pressure) 圧力

แรงดันไฟฟ้า [レーングダンファイファー] (英 voltage) 電圧

แรงดึงดูด [レーングドゥングドゥーッ] (英 gravitational force) 引力

แรงโน้มถ่วง [レーングノームトゥアング] (英 gravity) 重力

แรงพยุงตัว [レーングパユングトゥア] (英 buoyancy) 浮力

แรงม้า [レーングマー] (英 horsepower) 馬力

แรงลม [レーングロム] (英 wind power) 風力

แรงลอยตัว [レーングローイトゥア] (英 buoyancy) 浮力

แรงสั่นสะเทือน [レーングサンサトゥアン] (英 vibrate) 振動する

แร้นแค้น [レーンケーン] (英 impoverished) 飢饉 / 窮乏

โรค [ローク] (英 disease) 病気

โรคกลัวความสูง [ローククルアクワームスーング] (英 acrophobia) 高所恐怖症

โรคคิดถึงบ้าน [ロークキットゥングバーン] (英 homesickness) ホームシック

โรคต้อกระจก [ロークトークラチョク] (英 cataract) 白内障

โรคตับอักเสบ [ロークタブアクセープ] (英 hepatitis) 肝炎

โรคนอนไม่หลับ [ロークノーンマイラブ] (英 insomnia) 不眠症

โรคน้ำกัดเท้า [ロークナムカッタウ] (英 athlete's foot) 水虫

โรคเบาหวาน [ロークバウワーン] (英 diabetes) 糖尿病

โรคเบื่ออาหาร [ロークブアアーハーン] (英 anorexia) 拒食症

โรคประจำตัว [ロークプラチャムトゥア] (英 chronic illness[disease]) 持病

โรคประสาท [ロークプラサーッ] (英 mental disorder) 精神障害

โรคปอดบวม [ロークポーッブアム] (英 pneumonia) 肺炎

โรคพิษสุนัขบ้า [ロークピッスナッバー] (英 rabies) 狂犬病

โรคแพ้แดด [ローㇰペーデーッ]
　(英 sunstroke) 日射病

โรคริดสีดวงทวาร [ローㇰリッスィードゥアンクタワーン]
　(英 hemorrhoids) 痔

โรคลมแดด [ローㇰロムデーッ]
　(英 heatstroke) 熱中症

โรคลมบ้าหมู [ローㇰロムバーㇺー]
　(英 epilepsy) 癲癇

โรควัวบ้า [ローㇰウアバー] (英 Bovine Spongiform Encephalopathy (BSE)) BSE

โรคสมองเสื่อม [ローㇰサモーンクスアㇺ]
　(英 dementia) 認知症

โรคไส้เลื่อน [ローㇰサイルゥアン]
　(英 hernia) ヘルニア

โรคหืด [ローㇰフーッ] (英 asthma) 喘息

โรคออทิสติก [ローㇰオーティスティㇰ]
　(英 autism) 自閉症

โรคเอดส์ [ローㇰエーッ] (英 AIDS) エイズ

โรงงาน [ローンクンガーン] (英 factory) 工場

โรงพยาบาล [ローンクパヤーバーン]
　(英 hospital) 病院

โรงไฟฟ้า [ローンクファイファー]
　(英 power plant[station]) 発電所

โรงภาพยนตร์ [ローンクパーブパヨン]
　(英 cinema) 映画館

โรงยิม [ローンクイㇺ] (英 gym) ジム

โรงรถ [ローンクロッ] (英 garage) 車庫

โรงเรียน [ローンクリアン] (英 school) 学校

โรงเรียนกวดวิชา [ローンクリアンクアッウィチャー]
　(英 private cramming school) 塾

โรงเรียนเก่า [ローンクリアンカウ]
　(英 alma mater) 母校

โรงเรียนประถม [ローンクリアンプラトㇺ]
　(英 elementary school) 小学校

โรงเรียนมัธยมต้น [ローンクリアンマッタヨㇺトン]
　(英 junior high school) 中学校

โรงเรียนมัธยมปลาย
　[ローンクリアンマッタヨㇺプラーイ]
　(英 high school) 高等学校

โรงเรียนสำหรับคนญี่ปุ่น
　[ローンクリアンサㇺラㇷ゚コンイープン]
　(英 Japanese school) 日本人学校

โรงเรียนอนุบาล [ローンクリアンアヌバーン]
　(英 kindergarten) 幼稚園

โรงแรม [ローンクレーㇺ] (英 hotel) ホテル

โรงละคร [ローンクラコーン] (英 theater) 劇場

โรงอาหาร [ローンクアーハーン]
　(英 cafeteria) 食堂

โรแมนติก [ローメーンティㇰ]
　(英 romantic) ロマンティック

ไร้แก่นสาร [ライケーンサーン]
　(英 senseless) 内容がない

ไร้ความรู้สึก [ライクワーㇺルースㇰ]
　(英 paralysis) 麻痺

ไร้ความสามารถ [ライクワーㇺサーマーッ]
　(英 incompetent) 無能

ไร้ความหมาย [ライクワーㇺマーイ]
　(英 meaningless) 無意味

โรคแพ้แดด ➡ ไร้ความหมาย　857

ไร้ค่า [ライカー] (英 worthless) 価値のない	ลงคะแนน [ロングカネーン] (英 vote) 投票する
ไร้เดียงสา [ライディアングサー] (英 innocence) 無邪気	ลงคะแนนตัดสิน [ロングカネーンタッスィン] (英 vote) 採決する
ไร้ฝีมือ [ライフィームー] (英 incompetent) 無能	ลงจากที่สูง [ロングチャークティースーング] (英 descend) 降下する
ไร้มารยาท [ライマーラヤーッ] (英 impoliteness) 無礼	ลงชื่อ [ロングチュー] (英 sign a name / log in) 記名する
ไร้สาย [ライサーイ] (英 wireless) 無線	ลงตีพิมพ์ [ロングティービム] (英 be published) 掲載する
ไร้สาระ [ライサーラ] (英 nonsense) くだらない	ลงทะเบียน [ロングタビアン] (英 register) 登録する
ฤดู [ルドゥー] (英 season) 季節	ลงทุน [ロングトゥン] (英 invest) 投資する
ฤดูกาล [ルドゥーカーン] (英 season) シーズン	ลงโทษ [ロングトーッ] (英 punish) 罰する
ฤดูใบไม้ผลิ [ルドゥーバイマイプリ] (英 spring) 春	ลงพื้นที่ [ロングプーンティー] (英 visit a site) 視察する
ฤดูใบไม้ร่วง [ルドゥーバイマイルアング] (英 fall) 秋	ลงมติ [ロングマティ] (英 resolve) 決議する
ฤดูฝน [ルドゥーフォン] (英 the rainy season) 雨季	ลงมา [ロングマー] (英 descend) 下りる
ฤดูร้อน [ルドゥーローン] (英 summer) 夏	ลงมือก่อสร้าง [ロングムーコーサーング] (英 start construction) 着工する
ฤดูแล้ง [ルドゥーレーング] (英 the dry season) 乾季	ลงมือปฏิบัติจริง [ロングムーパティバッチング] (英 put into action) 実現する
ฤดูหนาว [ルドゥーナーゥ] (英 winter) 冬	ลงรถ [ロングロッ] (英 get off) 下車する

ล

ลง [ロング] (英 get down) ダウンする / 下がる	ลงหนังสือ [ロングナングスー] (英 be printed) 載る
ลงข่าวใน [ロングカーゥナイ] (英 be (in news)) 載せる	ลงอาญา [ロングアーヤー] (英 impose penalty[punishment]) 刑罰を科す
ลงแข่งขัน [ロングケングカン] (英 enter the race) 出場する	ลด [ロッ] (英 reduce) 削る

858　ไร้ค่า ➡ ลด

ลดจำนวนลง [ロッチャムヌアンロング] (英 reduce) 減らす

ลดต่ำลง [ロッタムコング] (英 descent) 下降

ลดน้อยลง [ロッノーイロング] (英 reduce) 減少する

ลดน้ำหนัก [ロッナムナク] (英 diet) ダイエット

ลดภาษี [ロッパースィー] (英 reduce tax) 減税する

ลดราคา [ロッラーカー] (英 discount) 値下げする

ลดลง [ロッロング] (英 decrease) 減る / 下がる

ลดให้ต่ำลง [ロッハイタムロング] (英 reduce) 引き下げる

ล้น [ロン] (英 overflow) 溢れる

ลนลาน [ロンラーン] (英 be agitated) 慌てる / 焦る

ล้นหลาม [ロンラーム] (英 a great many / a huge amount of) おびただしい

ลบ [ロプ] (英 erase) 消す

ลบเลข [ロプレーク] (英 subtract) 引き算する

ลบหลู่ดูหมิ่น [ロプルードゥーミン] (英 disgrace) 侮辱する

ลบออก [ロプオーク] (英 delete) 削除する

ลม [ロム] (英 wind) 風

ล้มกลิ้ง [ロムクリング] (英 fall) 転がる

ล้มครืนลง [ロムクルーンロング] (英 crumble) 崩れる

ล้มทลาย [ロムタラーイ] (英 be crushed) つぶれる

ล้มป่วย [ロムプアイ] (英 fall ill) 病む / 罹患する

ลมพายุ [ロムパーユ] (英 storm) 暴風

ล้มลง [ロムロング] (英 fall down) 倒れる

ล้มละลาย [ロムララーイ] (英 go bankrupt) 倒産する

ล้มล้าง [ロムラーング] (英 overthrow) 覆す / 滅ぼす

ล้มเลิก [ロムルーク] (英 abolish) 取り消す / やめる

ล่มสลาย [ロムサラーイ] (英 corrupt) 没落する / 崩壊する

ลมหายใจ [ロムハーイチャイ] (英 breath) 息

ล้มเหลว [ロムレウ] (英 fail) 失敗する

ลวก [ルアク] (英 boiled) 茹でた

ลวก ๆ [ルアクルアク] (英 rough) 荒っぽい

ล่วงล้ำ [ルアングラム] (英 invade) 侵す

ล่วงหน้า [ルアングナー] (英 in advance) 事前 / 前もって

ลวด [ルアッ] (英 wire) 針金

ลวดลาย [ルアッラーイ] (英 pattern) 柄 / 模様

ลอกข้อสอบ [ロークコーソープ] (英 cheat) カンニングする

ลอกแบบ [ロークベープ] (英 make a copy) 写す

ลอกเลียน [ロークリアン] (㊧ counterfeit) 偽造する

ลอกเลียนแบบ [ロークリアンベープ] (㊧ imitate) 模倣する

ลอกออก [ロークオーク] (㊧ remove) はがす / はぐ

ลองกอง [ローンゲコーング] (㊧ longon) ロンゴン

ลองจิจูด [ローングチチューッ] (㊧ longitude) 経度

ล่องลง [ローングロング] (㊧ come down) 下る

ล่องลอย [ローングローイ] (㊧ drift) 漂う

ลองเสื้อผ้า [ローングスアパー] (㊧ try the clothes on) 試着する

ลอตเตอรี่ [ローッタリー] (㊧ lottery) 宝くじ

ลอบเข้าไป [ロープカゥパイ] (㊧ intrude) 侵入する

ลอบฆ่า [ロープカー] (㊧ assassinate) 暗殺する

ล็อบบี้ [ロッビー] (㊧ lobby) ロビー

ล้อมรอบ [ロームロープ] (㊧ surround) 囲む / 取り巻く

ลอย [ローイ] (㊧ float) 浮ぶ / 浮く

ล้อรถ [ローロッ] (㊧ wheel) 車輪

ล้อเล่น [ローレン] (㊧ joke) 冗談

ละ [ラ] (㊧ omit) 省く

ละคร [ラコーン] (㊧ play) 劇

ละครตลก [ラコーンタロク] (㊧ comedy) 喜劇

ละติจูด [ラティチューッ] (㊧ latitude) 緯度

ละทิ้ง [ラティング] (㊧ abandon) 放棄する

ละเมิด [ラムーッ] (㊧ violate) 侵害する

ละลาย [ララーイ] (㊧ dissolve / melt) 溶かす / 溶く / 溶ける / とろける

ละเลย [ラルーイ] (㊧ neglect) 怠る

ละเลยต่อหน้าที่ [ラルーイトーナーティー] (㊧ neglect) 疎かにする

ละเลิก [ラルーク] (㊧ break off) 断つ

ละแวกใกล้เคียง [ラウェーククライキアング] (㊧ vicinity) 付近

ละแวกนั้น [ラウェークナン] (㊧ around there) そこら

ละไว้ [ラワイ] (㊧ omit) 省略する

ละเหี่ยใจ [ラヒアチャイ] (㊧ be appalled) 呆れる

ละอาย [ラアーイ] (㊧ be shamed) 恥じる

ละเอียด [ライアッ] (㊧ detailed) 詳しい / 細やか / 微妙 / 精巧

ละเอียดประณีต [ライアップラニーッ] (㊧ meticulously) 器用

ละเอียดยิบ [ライアッイプ] (㊧ fine) 細かい

ละเอียดอ่อน [ライアッオーン] (㊧ delicacy) 繊細

ลักขโมย [ラッカモーイ] (㊧ steal) 盗む

ลักพาตัว [ラックパートゥア]（[英] kidnap）
誘拐する

ลักลอบ [ラックローブ]
（[英] in secret / secretly）こっそりと

ลักลอบเข้าไป [ラックローブカウパイ]
（[英] sneak into）潜入する

ลักลอบเข้าเมือง [ラックローブカウムアング]
（[英] illegal immigration[entry]）密入国

ลักเล็กขโมยน้อย [ラックレックカモーイノーイ]
（[英] steal）万引きする

ลักษณะ [ラックサナ]（[英] shape）格好

ลักษณะนิสัย [ラックサナニサイ]
（[英] character）気風

ลักษณะพิเศษ [ラックサナピセーッ]
（[英] special characteristic）特色

ลักษณะภายนอก [ラックサナパーイノーック]
（[英] appearance）身なり

ลักษณะภูมิประเทศ [ラックサナプーミプラテーッ]
（[英] the lay of the land）地形

ลังกระดาษ [ラングクラダーッ]
（[英] cardboard）段ボール

ลังเล [ラングレー]（[英] hesitate）ためらう

ลัทธิ [ラッティ]（[英] doctrine）
～主義 / ～教

ลั่นเอี๊ยด [ランイアッ]（[英] squeak）軋む

ลับให้คม [ラップハイコム]（[英] sharpen）研ぐ

ลา [ラー]（[英] donkey）ろば

ลาก [ラーク]（[英] drag）引きずる

ลากรถ [ラークロッ]（[英] tow）牽引する

ลาก่อน [ラーコーン]（[英] good-bye）
さようなら / バイバイ

ลาคลอด [ラークローッ]
（[英] maternity leave）産休

ล่าง [ラーング]（[英] below）下方

ล้าง [ラーング]（[英] wash）洗う

ล้างแค้น [ラーングケーン]（[英] revenge）
仕返しする

ล้างด้วยน้ำ [ラーングドゥアイナム]
（[英] rinse）水洗いする

ลางบอกเหตุ [ラーングボークヘーッ]
（[英] omen）前兆

ล้างฟิล์ม [ラーングフィーム]
（[英] develop (a film)）現像する

ล้างรถ [ラーングロッ]（[英] wash a car）
洗車する

ลางสังหรณ์ [ラーングサングホーン]
（[英] premonition）兆し / 予感 / 勘

ล้างหน้า [ラーングナー]
（[英] wash a face）洗顔する

ลาจาก [ラーチャーク]（[英] say good-by）
別れる

ล่าช้า [ラーチャー]（[英] delay）
遅延する / 遅刻する / 滞る

ลาดชัน [ラーッチャン]（[英] steep）険しい

ลาดเอียง [ラーッイアング]（[英] slope）傾斜

ลานกว้าง [ラーンクワーング]（[英] plaza）
広場

ลานแข่งซูโม่ [ラーンケングスーモー]
（[英] sumo ring）土俵

ล

ลานบิน [ラーンビン] (英 runway) 滑走路	ลำ(เรือ) [ラム (ルァ)] (英 boat) 〜隻
ล้านล้าน [ラーンラーン] (英 trillion) 兆	ลำคอ [ラムコー] (英 throat) 喉
ลานสกี [ラーンサキー] (英 ski area) スキー場	ลำดับ [ラムダブ] (英 order) 順 / 位 / 順番
ลาภ [ラープ] (英 fortune) 福	ลำดับของคำ [ラムダブコーングカム] (英 word order) 語順
ล่าม [ラーム] (英 interpret / interpreter) 通訳する / 通訳者	ลำดับขั้น [ラムダブカン] (英 step) 段階
ลามก [ラーモク] (英 obscene) いやらしい	ลำดับขั้นตอน [ラムダブカントーン] (英 order) 順序 / 手順
ลาย [ラーィ] (英 pattern) 模様	ลำดับที่ [ラムダブティー] (英 No.) 第〜
ลายขวาง [ラーィクワーング] (英 horizontal stripe) ボーダー	ลำต้น [ラムトン] (英 trunk of a tree) 幹 / 茎
ลายเซ็น [ラーィセン] (英 sign) 署名 / サイン	ลำตัว [ラムトゥァ] (英 body) 胴
ลายทาง [ラーィターング] (英 stripe) ストライプ	ลำบาก [ラムバーク] (英 be in trouble) 困る
ลายนิ้วมือ [ラーィニゥムー] (英 fingerprint) 指紋	ลำบากเดือดร้อน [ラムバークドゥァッローン] (英 inconvenience) 不自由
ลายมือ [ラーィムー] (英 calligraphy) 書	ลำโพง [ラムポーング] (英 speaker) スピーカー
ลายมือชื่อ [ラーィムーチュー] (英 signature) サイン / 署名	ลำไย [ラムヤイ] (英 longan) 竜眼
ลาเลี้ยงดูบุตร [ラーリアングドゥーブッ] (英 childcare[maternity, paternity] leave) 育児休暇	ลำแสง [ラムセーング] (英 beam) 光線
ลาวา [ラーワー] (英 lava) 溶岩	ลำไส้ [ラムサイ] (英 intestine) 腸
ล่าวาฬ [ラーワーン] (英 whale) 捕鯨	ลำไส้เล็ก [ラムサイレク] (英 the small intestine) 小腸
ล่าสุด [ラースッ] (英 the newest[latest]) 最新	ลำไส้ใหญ่ [ラムサイヤイ] (英 the large intestine) 大腸
ลาออก [ラーオーク] (英 resign) 辞職する	ลิขสิทธิ์ [リクカスィッ] (英 copyright) コピーライト / 著作権
ล่ำ [ラム] (英 strongly built) がっちりした	ลิง [リング] (英 monkey) 猿

862　ลานบิน ➡ ลิง

ลิงกอริลล่า [リンケコーリンラー]
(英 gorilla) ゴリラ

ลิงชิมแปนซี [リンケチムペーンスィー]
(英 chimpanzee) チンパンジー

ลิด [リッ] (英 trim) 摘む

ลิตร [リッ] (英 liter) リットル

ลิ้น [リン] (英 tongue) 舌

ลิ้นจี่ [リンチー] (英 litchi / lychee)
ライチ / レイシ

ลิ้นชัก [リンチャク] (英 drawer) 引き出し

ลิปสติก [リプスティク] (英 lipstick) 口紅

ลิฟต์ [リフ] (英 elevator) エレベーター

ลิ้มรส [リムロッ] (英 savor) 味わう

ลี้ภัย [リーパイ] (英 refuge) 亡命する

ลี้ลับ [リーラプ] (英 unknown) 未知

ลึก [ルク] (英 deep) 深い

ลึกเข้าไป [ルクカゥパイ]
(英 the inner part) 内部

ลึกซึ้งขึ้น [ルクスンククン]
(英 become deeper) 深まる

ลึกลับ [ルクラプ] (英 mystery) 神秘

ลื่น [ルーン] (英 slip) 滑る / 滑らか

ลื่นไถล [ルーンタライ] (英 slip) スリップ

ลืม [ルーム] (英 forget) 忘れる

ลุกที่นั่งให้ [ルクティーナンクハイ]
(英 give up a seat) 席を譲る

ลุง [ルンク] (英 uncle) おじ / おじさん

ลุ่มแม่น้ำ [ルムメーナム] (英 basin) 流域

ลูก [ルーク] (英 child / son[daughter])
お子さん

ลูกกลม ๆ [ルーククロムクロム] (英 ball)
毬 / 玉

ลูกกวาด [ルーククワーッ] (英 candy) 飴

ลูกแก้ว [ルーックケウ] (英 ball) 玉

ลูกเขย [ルーククーイ] (英 son-in-law) 婿

ลูกคนสุดท้อง [ルークコンスットーンク]
(英 the youngest child) 末っ子

ลูกครึ่ง [ルーククルンク] (英 mixed) 混血

ลูกค้า [ルーククカー] (英 client)
クライアント / 顧客

ลูกคิด [ルーククキッ] (英 abacus) そろばん

ลูกจ้าง [ルーククチャーンク] (英 employee)
従業員

ลูกเจี๊ยบ [ルーククチアップ] (英 chick) 雛

ลูกชาย [ルーククチャーイ] (英 son)
息子 / 息子さん

ลูกชายคนโต [ルーククチャーイコントー]
(英 the eldest son) 長男

ลูกตา [ルーククター] (英 eyeball) 眼球

ลูกตาดำ [ルーククターダム] (英 pupil) 瞳孔

ลูกเต๋า [ルーククタウ] (英 dice) サイコロ

ลูกท้อ [ルーククトー] (英 peach) 桃

ลูกน้อง [ルーククノーンク]
(英 subordinate) 部下 / 家来

ลูกบอล [ルーククボーン] (英 ball) 球 / ボール

ลิงกอริลล่า ➡ ลูกบอล   863

ลูกบาศก์ ［ルーㇰバーッ］（㊫ cube）立方

ลูกปืน ［ルーㇰプーン］（㊫ bullet）弾

ลูกโป่ง ［ルーㇰポーング］（㊫ balloon）風船

ลูกพลับ ［ルーㇰプラㇷ゚］（㊫ persimmon）柿

ลูกพีช ［ルーㇰピーッ］（㊫ peach）桃

ลูกพี่ลูกน้อง ［ルーㇰピールーㇰノーング］（㊫ cousin）いとこ

ลูกไม้ ［ルーㇰマイ］（㊫ lace）レース

ลูกระเบิด ［ルーㇰラブーッ］（㊫ bomb）爆弾

ลูกเรือ ［ルーㇰルア］（㊫ crew member）乗務員

ลูกศรชี้ ［ルーㇰソーン］（㊫ arrow）矢印

ลูกศิษย์ ［ルーㇰスイッ］（㊫ pupil）弟子

ลูกสะใภ้ ［ルーㇰサパイ］（㊫ bride）嫁

ลูกสาว ［ルーㇰサーゥ］（㊫ daughter）娘 / お嬢さん

ลูกสาวคนโต ［ルーㇰサーゥコントー］（㊫ the eldest daughter）長女

ลูกหลาน ［ルーㇰラーン］（㊫ descendant）子孫

ลูกเห็บ ［ルーㇰヘッㇷ゚］（㊫ hail）あられ

ลูกอม ［ルーㇰオㇺ］（㊫ candy）飴（口語）

ลูบ ［ルーㇷ゚］（㊫ stroke）撫でる

ลู่วิ่ง ［ルーウィング］（㊫ course）コース

เล็ก ［レㇰ］（㊫ small）小さい / 小さな

เล็ก ๆ น้อย ๆ ［レㇰレㇰノーイノーイ］（㊫ just）ほんの

เล็กน้อย ［レㇰノーイ］（㊫ a few）少し

เลขคณิต ［レーㇰカニッ］（㊫ arithmetic）算数

เลขคี่ ［レーㇰキー］（㊫ odd number）奇数

เลขคู่ ［レーㇰクー］（㊫ even number）偶数

เลขจำนวนเต็ม ［レーㇰチャㇺヌアンテㇺ］（㊫ integer）整数

เลขทศนิยม ［レーㇰトッサニヨㇺ］（㊫ decimal）小数

เลขที่นั่ง ［レーㇰティーナング］（㊫ seat number）座席番号

เลขศูนย์ ［レーㇰスーン］（㊫ zero）ゼロ / 零

เลขหน้า ［レーㇰナー］（㊫ page）ページ

เลขาธิการ ［レーカーティカーン］（㊫ chief officer）長官

เลขานุการ ［レーカーヌカーン］（㊫ secretary）秘書

เล็ง ［レング］（㊫ aim）狙う

เล็งจังหวะเหมาะ ［レングチャングワモ］（㊫ use one's discretion）見計らう

เล็ดลอด ［レッローッ］（㊫ let *sth* leak）漏らす

เลดี้ ［レーディー］（㊫ lady）レディー

เล่น ［レン］（㊫ play）遊ぶ

เล่นลิ้น ［レンリン］（㊫ quibble）洒落を言う

เลนส์ ［レン］（㊫ lens）レンズ

เล็บ ［レㇷ゚］（㊫ nail）爪

เล่ม [レム] ([英] volume (books)) 冊

เล่ม(ที่) [レム (ティー)] ([英] volume) 巻

เลยไป [ルーィパイ] ([英] go by) 過ぎる

เลวที่สุด [レウティースッ] ([英] worst) 最低

เลวร้าย [レウラーィ] ([英] awful) 大変

เลวร้ายลง [レウラーィロング] ([英] getting worse) 悪化

เล่ห์เหลี่ยม [レーリアム] ([英] foxiness) ずるさ

เละเทะ [レテ] ([英] in disorder) 無茶苦茶

เล่า [ラゥ] ([英] tell) 語る

เล่าเรื่อง [ラゥルアング] ([英] tell a story) 物語る

เลิก [ルーク] ([英] quit) やめる

เลิกงาน [ルークンガーン] ([英] leave work) 退社する

เลิกจ้าง [ルークチャーング] ([英] dismiss) 解雇する

เลิกทำงาน [ルークタムンガーン] ([英] retire) 辞める

เลิศ [ルーッ] ([英] excellent) 優

เลีย [リア] ([英] lick) なめる

เลี้ยงดู [リアングドゥー] ([英] bring up) 育てる / 養う

เลี้ยงดูลูก [リアングドゥールーク] ([英] take care of) 育児する

เลี้ยงดูอบรม [リアングドゥーオブロム] ([英] raise) 育成する

เลี้ยงสัตว์ [リアングサッ] ([英] take care of (a pet)) 飼う

เลี้ยงอาหาร [リアングアーハーン] ([英] treat (a meal)) 奢る

เลียนแบบ [リアンベーブ] ([英] imitate) 真似る

เลี้ยว [リアゥ] ([英] turn) 曲がる

เลือก [ルアク] ([英] select) 選ぶ

เลือกตั้ง [ルアクタング] ([英] vote for the election) 選挙する

เลือกออกมา [ルアクオークマー] ([英] select *sth* out) 取り出す

เลือด [ルアッ] ([英] blood) 血液 / 血

เลือดกำเดา [ルアッカムダゥ] ([英] nosebleed) 鼻血

เลือดคั่ง [ルアッカング] ([英] internal bleeding) 内出血

เลือดผสม [ルアッパソム] ([英] mixed parentage) 混血

เลือดออก [ルアッオーク] ([英] bleed) 出血する

เลื่อนกำหนดการ [ルアンカムノッカーン] ([英] shift / to slide / to move) ずらす

เลื่อนช้าลง [ルアンチャーロング] ([英] postpone) 遅らせる

เลื่อนตำแหน่ง [ルアンタムネング] ([英] promote) 昇進する

เลื่อนเร็วขึ้น [ルアンレウクン] ([英] bring forward) 早める

เลื่อนเวลา [ルアンウェーラー] ([英] postpone) 延ばす

ล

เลือนหาย [ルアンハーイ] (英 disappear)
消える

เลื่อย [ルァイ] (英 saw) のこぎり

แลกเงิน [レークングン]
(英 exchange money) 両替する

แลกเปลี่ยน [レークプリアン]
(英 exchange) 交換する / 引き替える

แล่น [レーン] (英 move fast) 走行する

แล่นเข้า [レーンカゥ] (英 approach)
進入する

แล่นผ่าน [レーンパーン]
(英 pass quickly) 通過する

แล้ว [レーゥ] (英 already) 既に

แล้วก็ [レーゥコー] (英 and) それと

แล้วในที่สุด [レーゥナイティースッ]
(英 at last) 遂に

และ(กับ) [レ (カブ)] (英 and) 及び / ～と

และแล้ว [レレーゥ] (英 and then)
こうして

โล่ [ロー] (英 shield) 盾

โลก [ローク] (英 world / the Earth)
世界 / 地球

โลโก้ [ローコー] (英 logo mark)
ロゴマーク

โล่ง [ローング] (英 clear) すっきり

โล่ง(อก) [ローング (オク)] (英 relieved)
すっと

โล่งใจ [ローングチャイ] (英 with relief)
ほっとする

โลชั่น [ローチャン] (英 lotion) ローション

โลภมาก [ローブマーク] (英 greedy)
欲深い

โลเล [ローレー] (英 indecisiveness)
優柔不断

โลหะ [ローハ] (英 metal) 金属

โลหะมีค่า [ローハミーカー]
(英 precious[noble] metal) 貴金属

โลหิตจาง [ローヒッチャーング]
(英 anemia) 貧血

ไล่ต้อนเข้าไป [ライトーンカゥパイ]
(英 corner) 追い込む

ไล่ตามกัน [ライタームカン] (英 follow)
追い掛ける

ไล่ทัน [ライタン] (英 catch up with)
追い付く

ไล่ให้จนตรอก [ライハイチョントローク]
(英 corner) 追い込む

ไล่ออก [ライオーク] (英 expel) 追い出す

ไล่ออกจากงาน [ライオークチャークンガーン]
(英 fire) 解雇する

ว

วง [ウォング] (英 ring) 輪

วงกลม [ウォングクロム] (英 circle) 丸 / 円

วงการ [ウォングカーン] (英 industry)
業界

วงการบันเทิง [ウォングカーンバントゥーング]
(英 entertainment industry) 芸能界

วงจร [ウォングチョン] (英 circuit / cycle)
回路 / サイクル

วงปีของต้นไม้ [ウォングピーコーングトンマイ]
(英 growth ring) 年輪

วงเล็บ [ウォングレッ] (英 parentheses) 括弧

วงเวียน [ウォングウィアン] (英 compass)
コンパス

วงสนทนา [ウォングソンタナー]
(英 a discussion) 座談会

วนรอบ [ウォンローブ] (英 circle) 巡る

วนเวียน [ウォンウィアン]
(英 circle about) 取り巻く

วรรค(กลอน) [ワク (クローン)]
(英 phrase (in a poem)) 句

วรรณกรรมโบราณ [ワンナカムボーラーン]
(英 classic literature) 古典

วรรณคดี [ワンナカディー]
(英 literature) 文学 / 文芸

วรรณศิลป์ [ワンナスィン]
(英 literary art) 文芸

วลี [ワリー] (英 phrase) 句

ว่องไว [ウォーングワイ] (英 nimble)
すばしこい

วอลเปเปอร์ [ウォーペーパァー]
(英 wallpaper) 壁紙

วอลเลย์บอล [ウァレーボーン]
(英 volleyball) バレーボール

วัคซีน [ワクスィーン] (英 vaccine) ワクチン

วัชพืช [ワッチャプーッ] (英 weed) 雑草

วัฏจักร [ワッタチャッ] (英 cycle) サイクル

วัฒนธรรม [ワッタナタム] (英 culture)
文化

วัณโรค [ワンナローク] (英 tuberculosis)
結核

วัด [ワッ] (英 temple) 寺院

วัดพุทธ [ワッブッ] (英 temple) 寺

วัตถุ [ワットゥ] (英 object) 物体 / 物質

วัตถุดิบ [ワットゥディッブ]
(英 raw material) 材料 / 原材料

วัตถุวิสัย [ワットゥウィサイ]
(英 objectivity) 客観性 / 客観

วัน [ワン] (英 day) 日 / 曜日

วันก่อน [ワンコーン]
(英 the previous day) 先日 / 前日

วันกำหนดส่ง [ワンカムノッソング]
(英 deadline) 締め切り

วันเกิด [ワンクーッ] (英 birthday) 誕生日

วันขึ้นปีใหม่ [ワンクンピーマイ]
(英 the New Year) 元日 / 正月

วันเข้าพรรษา [ワンカウパンサー]
(英 Khao Phansa Day) 入安居

วันครู [ワンクルー] (英 Teachers' Day)
教師の日

วันคืน [ワンクーン] (英 day and night)
日夜

วันเงินเดือนออก [ワンングンドゥアンオーク]
(英 payday) 給料日

วันจริง [ワンチング] (英 that day) 当日

วันจักรี [ワンチャックリー]
(英 Chakri Day) 王朝記念日

วันจันทร์ [ワンチャン] (英 Monday)
月曜日

วันฉัตรมงคล [ワンチャッヌモンケコン]
(® Coronation Day) 国王記念日

วันเด็ก [ワンデク] (® Children's day)
子供の日

วันเดือนปีเกิด [ワンドゥアンピーケーッ]
(® date of birth) 生年月日

วันถัดจากวันมะรืน
[ワンタッチャーヶワンマルーン]
(® two days after tomorrow) 明々後日

วันถัดไป [ワンタッパイ] (® next day)
翌日

วันทำการ [ワンタムカーン]
(® business day) 営業日

วันที่ [ワンティー] (® date) 日付

วันที่กำหนด [ワンティーカムノッ]
(® schedule) 期日 / 日取り

วันที่ส่งมอบ [ワンティーソングモープ]
(® delivery date) 納品日

วันธรรมดา [ワンタムダー]
(® weekday) 平日

วันนั้น [ワンナン] (® that day) その日

วันนี้ [ワンニー] (® today) 今日

วันปิยมหาราช [ワンピヤマハーラーッ]
(® Chulalongkorn Day)
チュラロンコーン大王の日

วันปีใหม่ [ワンピーマイ]
(® New Year's Day) 元旦

วันพฤหัสบดี [ワンプルハッサバディー]
(® Thursday) 木曜日

วันพ่อแห่งชาติ [ワンポーヘーンケチャーッ]
(® Father's Day) 父の日

วันพืชมงคล [ワンプーッモンコン]
(® Ploughing Ceremony) 春耕節

วันพุธ [ワンプッ] (® Wednesday) 水曜日

วันมะรืน [ワンマルーン]
(® day after tomorrow) あさって

วันมะรืนนี้ [ワンマルーンニー]
(® the day after tomorrow) 明後日

วันมาฆบูชา [ワンマーカブーチャー]
(® Makha Bucha Day) 万仏節

วันแม่แห่งชาติ [ワンメーヘーンケチャーッ]
(® Mother's Day) 母の日

วันรัฐธรรมนูญ [ワンラッタタムマヌーン]
(® Constitution Day) 憲法記念日

วันลาพักผ่อน [ワンラーパクポーン]
(® day off) 休暇

วันวิสาขบูชา [ワンウィサーカブーチャー]
(® Visakha Bucha Day) 仏誕節

วันเวย์ [ワンウェー] (® ONE WAY)
一方通行

วันเวลา [ワンウェーラー]
(® date and time) 月日 / 日時

วันศุกร์ [ワンスク] (® Friday) 金曜日

วันสงกรานต์ [ワンソンククラーン]
(® Thai New Year) タイ正月

วันส่งท้ายปีเก่า [ワンソンケターイピーカウ]
(® New Year's Eve) 大晦日

วันเสาร์ [ワンサウ] (® Saturday) 土曜日

วันหยุด [ワンユッ] (® holiday)
休日 / 休み

วันหยุดต่อเนื่อง [ワンユットーヌアンケ]
(® consecutive holidays) 連休

วันหยุดเทศกาล [ワンユッテーサカーン]
（英 holiday）祭日

วันหยุดนักขัตฤกษ์ [ワンユッナックカッタルーク]
（英 national holiday）祝日

วันหยุดประจำ [ワンユップラッチャム]
（英 regular holiday）定休日

วันออกพรรษา [ワンオークパンサー]
（英 Ok Phansa Day）出安居

วันอังคาร [ワンアングカーン]
（英 Tuesday）火曜日

วันอาทิตย์ [ワンアーティッ]
（英 Sunday）日曜日

วันอาสาฬหบูชา [ワンアーサーンハブーチャー]
（英 Asanha Bucha Day）三宝節

วัยกลางคน [ワイクラーングコン]
（英 middle age）中年

วัยรุ่น [ワイルン]（英 youth）青春 / 青年

วัว [ウァ]（英 ox）牛

วัสดุ [ワッサドゥ]（英 material）素材

ว่ากล่าว [ワークラーゥ]（英 scold）叱る

ว่าความ [ワークワーム]
（英 conduct a case）弁護する

วาง [ワーング]（英 place）置く

ว่าง [ワーング]（英 free time）暇

วางกลอุบาย [ワーングコンウバーイ]
（英 set (a trick)）仕掛ける

วางกล้าม [ワーングクラーム]
（英 haughtiness）横柄

วางข้างบน [ワーングカーングボン]
（英 be placed above）載る

วางขาย [ワーングカーイ]
（英 put *sth* on the market）売り出す

ว่างงาน [ワーングンガーン]
（英 be unemployed）失業する

วางซ้อน [ワーングソーン]（英 pile (up)）
積む

วางตลาด [ワーングタラーッ]
（英 be released）発売する

ว่างเปล่า [ワーングプラゥ]（英 empty）
空っぽ

วางแผน [ワーングペーン]（英 plan）
図る / 志す

วางเพลิง [ワーングプルーング]
（英 commit arson）放火する

วางรากฐาน [ワーングラークターン]
（英 lay the foundation）基礎を置く

วาด [ワーッ]（英 draw）描く

วาทยกร [ワータヤーコーン]
（英 conductor）指揮者

ว่านอนสอนง่าย [ワーノーンソーンガーイ]
（英 obedient）素直

ว่าไปแล้วก็ [ワーパイレーゥコー]
（英 so to speak）言わば

ว่ายน้ำ [ワーイナム]（英 swim）泳ぐ

วาระประชุม [ワーラプラチュム]
（英 program）議題

ว่าว [ワーゥ]（英 kite）凧

วาววับ [ワーゥワブ]（英 glittering）
ピカピカ

ว้าวุ่น [ワーウン]（英 be distracted）
錯乱する

ว

วันหยุดเทศกาล ➡ ว้าวุ่น 869

วาสนา [ワーッサナー] (英 destiny) 運命

วิกผม [ウィクポム] (英 wig / hairpiece) かつら

วิกฤต [ウィクリッ] (英 crisis) ピンチ

วิเคราะห์ [ウィクロ] (英 analyze) 分析する

วิ่ง [ウィング] (英 run) 走る / 駆け足

วิ่งแข่ง [ウィングケング]
(英 join a running race) ランニング

วิ่งช้าลง [ウィングチャーロング]
(英 run slowly) 徐行する

วิ่งทางเดียว [ウィングターングディアウ]
(英 one-way traffic) 一方通行

วิ่งหนี [ウィングニー] (英 run away) 逃走する

วิ่งห้อ [ウィングホー] (英 dash) 駆ける

วิจารณ์ [ウィチャーン] (英 criticize) 評論する

วิจารณญาณ [ウィチャーラナヤーン]
(英 common sense) 良識

วิชา [ウィチャー] (英 subject) 科目 / 教科

วิชาการขั้นสูง [ウィチャーカーンカンスーング]
(英 advanced academic) 学術

วิชาความรู้ [ウィチャークワームルー]
(英 knowledge) 学問

วิชาเคมี [ウィチャーケーミー]
(英 chemistry) 化学

วิชาวิทยาศาสตร์ [ウィチャーウィッタヤーサーツ]
(英 science) 理科

วิชาสัมมนา [ウィチャーサムマナー]
(英 seminar) 演習

วิชาเอก [ウィチャーエーク] (英 major) 専門

วิญญาณ [ウィンヤーン] (英 spirit) 魂 / 霊 / 幽霊

วิตกจริต [ウィトクチャリッ]
(英 nervous) 神経質

วิตามิน [ウィターミン] (英 vitamin) ビタミン

วิตามินเสริม [ウィターミンスーム]
(英 vitamin pills) ビタミン剤

วิถีโคจร [ウィティーコーチョン] (英 orbit) 軌道

วิถีแห่ง... [ウィティーヘング...] (英 way) 〜道 (どう)

วิทยากร [ウィッタヤーコーン]
(英 lecturer) 講師

วิทยาเขต [ウィッタヤーケーッ]
(英 campus) キャンパス

วิทยานิพนธ์ [ウィッタヤーニポン]
(英 thesis) 論文

วิทยาศาสตร์ [ウィッタヤーサーッ]
(英 science) 科学

วิทยุ [ウィッタユ] (英 radio) ラジオ

วิทยุเทป [ウィッタユテープ]
(英 radio-cassette recorder) ラジカセ

วิธี [ウィティー] (英 method) 方法

วิธีการ [ウィティーカーン] (英 method) 手段 / 方式

วิธีการใช้ [ウィティーカーンチャイ]
(英 how to use) 使い道

วิธีการดำรงชีวิต [ウィティーカーンダムロングチーウィッ]
(英 way of life) 生計

วิธีการผลิต [ウィティーカーンパリッ] (英 manufacturing process) 製法

วิธีชำระเงิน [ウィティーチャムラングン] (英 payment method) 支払方法

วิธีใช้ [ウィティーチャイ] (英 instruction) 用法 / 用途

วิธีทำ [ウィーティータム] (英 method) やり方

วิธีปรุงอาหาร [ウィティープルングアーハーン] (英 recipe) レシピ

วิธีพูด [ウィティープーッ] (英 way of talking) 言葉遣い

วินาที [ウィナーティー] (英 second) 秒

วินิจฉัยโรค [ウィニッチャイローク] (英 diagnose) 診断する

วิปริต [ウィパリッ] (英 uncommon) 異常

วิพากษ์วิจารณ์ [ウィパークウィチャーン] (英 criticize) 批判する

วิว [ウィゥ] (英 view) 景色 / 眺め

วิวทิวทัศน์ [ウィゥティウタッ] (英 scenery) 展望

วิวัฒนาการ [ウィワッタナーカーン] (英 evolve) 進化する

วิศวกร [ウィッサヮコーン] (英 engineer) エンジニア

วิศวกรรมศาสตร์ [ウィッサヮカムマサーッ] (英 engineering) 工学

วิเศษ [ウィセーッ] (英 wonderful / splendid / marvelous) すばらしい

วิสกี้ [ウィサキー] (英 whisky) ウイスキー

วิสัยทัศน์ [ウィサイタッ] (英 vision) 視界

วิหาร [ウィハーン] (英 shrine) 神殿

วีซ่า [ウィサー] (英 visa) ビザ

วีดีโอ [ウィーディーオー] (英 video) ビデオ

วีรบุรุษ [ウィーラブルッ] (英 hero) 英雄 / ヒーロー

วีรสตรี [ウィーラサットリー] (英 heroine) ヒロイン

วี่แวว [ウィーウェーゥ] (英 indication / feel of) 気配

วุฒิสภา [ウティサパー] (英 the Upper House) 参議院

วุ่นวาย [ウンワーイ] (英 out of order) 混乱

เวชภัณฑ์ [ウェーチャパン] (英 medicine) 医薬品

เวทมนตร์ [ウェーッモン] (英 magic) 魔法

เวที [ウェーティー] (英 stage) ステージ / 舞台

เว้นแต่ว่า [ウェンテーワー] (英 unless) ただし

เว้นระยะห่าง [ウェンラヤハーング] (英 interval) 間隔

เว็บไซต์ [ウェッサイ] (英 website) ウェブサイト

เวร [ウェン] (英 shift) 番

เวรตรวจตรา [ウェントルァットラー] (英 watch) 当番

เวลา [ウェーラー] (英 time) 時間 / 時刻

เวลาเดียวกัน [ウェーラーディアゥカン] (英 same time) 同時に

วิธีการผลิต ➡ เวลาเดียวกัน　871

เวลาถึงจุดหมาย [ウェーラートゥングチュッマーイ]
(英 arrival time) 到着時間

เวลาท้องถิ่น [ウェーラートーングティン]
(英 local time) 現地時間

เวลาที่ครบกำหนด
[ウェーラーティークロブカムノッ]
(英 deadline) 期限

เวลาที่ต้องใช้ [ウェーラーティートーングチャイ]
(英 the time required) 所要時間

เวลานี้ [ウェーラーニー] (英 now) 今頃

เวลาเปิดบริการ [ウェーラーブーッボーリカーン]
(英 business hours) 営業時間

เวลาว่าง [ウェーラーワーング]
(英 leisure) ゆとり / 余暇

เวลาออกเดินทาง [ウェーラーオークドゥーンターング]
(英 departure time) 出発時間

เวิลด์คัพ [ウァールドカッブ]
(英 the World Cup) ワールドカップ

เวียน [ウィアン]
(英 go round / circulate) 回覧する

เวียนทักษิณาวรรต [ウィアンタクスィナーワッ]
(英 clockwise the main building)
本堂を右回りに回る

แวกซ์ [ウェーク] (英 wax) ワックス

แว่นกันแดด [ウェーンカンデーッ]
(英 sunglasses) サングラス

แว่นตา [ウェーンター] (英 glasses) 眼鏡

แว่นสายตายาว [ウェーンサーイターヤーゥ]
(英 far sighted glasses) 老眼鏡

แว่บเข้ามา [ウェーブカウマー]
(英 come to mind) 思い付く

แวบเดียว [ウェーブディアゥ] (英 glance)
一目 (いちもく)

แววตา [ウェーゥター]
(英 expression in one's eyes) 目付き

แวววาว [ウェーゥワーゥ] (英 shiny)
光沢 / ピカピカ

แวะ [ウェ] (英 drop in) 立ち寄る

โวยวาย [ウォーイワーイ]
(英 make a fuss) 罵る

โวลต์ [ウォン] (英 volt) ボルト

ไว้ [ワイ] (英 grow) 生やす

ไว้ก่อน [ワイコーン] (英 for a moment) 一旦

ไวต่อความรู้สึก [ワイトークワームルースク]
(英 sensitive) 敏感

ไว้ทุกข์ [ワイトゥク] (英 be in mourning)
喪

ไวน์ [ワイ] (英 wine) ワイン

ไวยากรณ์ [ワイヤーコーン] (英 grammar)
文法

ไวรัส [ワイラッ] (英 virus) ウイルス

ไว้วางใจ [ワイワーングチャイ] (英 trust)
信じる

ไว้วางใจได้ [ワイワーングチャイダイ]
(英 trustworthy) 頼もしい

ไวโอลิน [ワイオーリン] (英 violin)
バイオリン

ศ

ศตวรรษ [サッタワッ] (英 century) 世紀

ศพ [ソブ] (英 corpse) 死体

ศรีลังกา [スィーランゲカー]
(英 Sri Lanka) スリランカ

ศักดินา [サクディナー] (英 feudal) 封建

ศักดิ์สิทธิ์ [サクスィッ] (英 sacredness) 神聖

ศัตรู [サットルー] (英 enemy) 敵

ศัตรูพืช [サットループーッ] (英 insect pest) 害虫

ศัลยแพทย์ [サンヤペーッ] (英 surgeon) 外科医／整形外科医

ศาล [サーン] (英 court) 法廷

ศาลเจ้า [サーンチャウ] (英 shrine) お宮

ศาลเจ้าชินโต [サーンチャウシントー]
(英 Shinto shrine) 神社

ศาลา [サーラー] (英 pavilion) あずまや

ศาลากลางจังหวัด
[サーラークラーンヶチャングワッ]
(英 city hall) 県庁

ศาสตร์และศิลป์ [サーッレスィン]
(英 arts and science) 学芸

ศาสตราจารย์ [サーットラーチャーン]
(英 professor) 教授

ศาสนา [サーッサナー] (英 religion) 宗教

ศาสนาคริสต์ [サーッサナークリッ]
(英 Christianity) キリスト教

ศาสนาพุทธ [サーッサナープッ]
(英 Buddhism) 仏教

ศาสนาอิสลาม [サーッサナーイッサラーム]
(英 Islamic) イスラム教

ศาสนาฮินดู [サーッサナーヒンドゥー]
(英 Hinduism) ヒンドゥー教

ศิลปพื้นบ้าน [スィンラパプーンバーン]
(英 folk craft) 民芸品

ศิลปวิทยาการ [スィンラパウィッタヤカーン]
(英 art and science) 学術

ศิลปหัตถกรรม [スィンラパハッタカム]
(英 handicraft) 手芸

ศิลปะ [スィンラパ] (英 art) 美術

ศิลปะการแสดง [スィンラパカーンサデーング]
(英 the performing arts) 芸能

ศิลาจารึก [スィラーチャールク]
(英 stone inscription) 碑

ศีรษะ [スィーサ] (英 head) 頭

ศีล [スィーン] (英 religious precepts) 戒律

ศีลธรรม [スィーンラタム] (英 morality) 道徳

ศึกษาหาความรู้ [スッサーハークワームルー]
(英 learn) 修学する

ศุลกากร [スンラカーコーン]
(英 customs) 税関

ศูนย์กลาง [スーンクラーング]
(英 center) 中央／中心

ศูนย์การค้า [スーンカーンカー]
(英 shopping mall) ショッピングモール

ศูนย์คะแนน [スーンカネーン]
(英 zero point) 零点

เศรษฐกิจ [セーッタキッ] (英 economy) 経済

เศรษฐกิจดี [セーッタキッディー]
(英 business boom) 好景気

เศรษฐกิจตกต่ำ [セーッタキットッタム]
(英 recession) 不況

ศรีลังกา ➡ เศรษฐกิจตกต่ำ 873

เศรษฐกิจไม่ดี [セーッタキッマイディー]
(英 depression) 不景気

เศรษฐี [セーッティー] (英 rich person)
金持ち

เศร้าใจ [サゥチャイ] (英 heartrending)
切ない

เศษกระดาษ [セーックラダーッ]
(英 wastepaper) 紙屑

เศษผ้า [セーッパー]
(英 a piece of cloth) 布切れ

เศษสตางค์ [セーッサターンク]
(英 small change) 小銭

เศษส่วน [セーッスアン] (英 fraction) 分数

เศษเสี้ยว [セーッスィアゥ]
(英 fragment) 破片

โศกนาฏกรรม [ソークナータカム]
(英 tragedy) 悲劇

โศกเศร้า [ソークサゥ] (英 be sad) 悲しむ

ส

สกปรก [ソカプロク] (英 dirty)
汚い / けがらわしい

สกรรมกริยา [サカムクリヤー]
(英 transitive verb) 他動詞

สก็อตเทป [サコッテープ] (英 cellophane adhesive tape) セロハンテープ

สกี [サキー] (英 skiing) スキー

สกุลเงิน [サクンンゲン] (英 currency) 通貨

สกู๊ปพิเศษ [スクープピセーッ]
(英 special feature) 特集

สเก็ต [スケッ] (英 skating) スケート

สเก็ตซ์ [サケッ] (英 sketch) 写生する

สเกล [スケーン] (英 scale) 規模

สแกน [スケーン] (英 scanning) スキャン

ส่ง [ソング] (英 send) 送る

สงกรานต์ [ソングクラーン]
(英 Songkran Festival) 水かけ祭り

ส่งกลับ [ソングクラブ]
(英 return *sth* back) 折り返す

ส่งกลับบ้าน [ソングクラブバーン]
(英 send *sb* home) 帰す

สงคราม [ソングクラーム] (英 war) 戦争

สงครามกลางเมือง
[ソングクラームクラーングムアング]
(英 civil war) 内乱

สงครามใหญ่ [ソングクラームヤイ]
(英 great war) 大戦

ส่งเงิน [ソングンゲン] (英 remit money to)
送金する

ส่งต่อ [ソングトー] (英 forward to)
転送する

ส่งถึง [ソングトゥング] (英 reach) 届く

ส่งทางไปรษณีย์ [ソングターングプライサニー]
(英 mail) 郵送する

สงบ [サンゴブ] (英 calm) 穏やか

สงบนิ่ง [サンゴブニング] (英 calmness)
落ち着き

สงบเยือกเย็น [サンゴブユアクイェン]
(英 calmness) 冷静

สงบเรียบร้อย [サンゴブリアブローイ]
(英 be at peace) 治まる

874　เศรษฐกิจไม่ดี ➡ สงบเรียบร้อย

สงบลง [サンゴプロンク] (英 calm down) 収まる / 静まる

สงบสบาย [サンゴプサバーイ] (英 peace) のどか

สงบเสงี่ยม [サンゴプサンギアム] (英 harmless / quiet) おとなしい

ส่งไปประจำที่อื่น [ソンクパイプラチャムティーウーン] (英 dispatch) 派遣する

ส่งไปให้ [ソンクパイハイ] (英 send) 寄越す

ส่งผลเสียต่อ... [ソンクポンスィアトー ...] (英 have a bad effect on) 害する

ส่งผลให้เกิด [ソンクポンハイクーッ] (英 cause) もたらす

ส่งมอบ [ソンクモープ] (英 hand over) 渡す / 引き渡す

สงสัย [ソンクサイ] (英 doubt) 疑う

ส่งเสริม [ソンクスーム] (英 promote) 振興する / 奨励する

ส่งเสริมสนับสนุน [ソンクスームサナプサヌン] (英 support) 促進する

ส่งเสียงกังวาน [ソンクスィアンクカンクワーン] (英 resonate) 共鳴する

ส่งเสียงเจี๊ยวจ๊าว [ソンクスィアンクチアウチャーウ] (英 make noise) 騒ぐ

ส่งเสียงร้อง [ソンクスィアンクローンク] (英 chirp) さえずる

ส่งใหม่ [ソンクマイ] (英 resend) 再送する

ส่งออก [ソンクオーク] (英 export) 輸出する

สง่า [サンガー] (英 noble) 気品

สง่างาม [サンガーンガーム] (英 elegant) エレガントな / 立派な / 高尚な

สง่าภูมิฐาน [サンガープームターン] (英 dignity) 貫禄

สดชื่น [ソッチューン] (英 refreshing) さっぱり / 爽やか / 清々しい

สดใหม่ [ソッマイ] (英 fresh) 瑞々しい

สตรอเบอรี่ [サトローベリー] (英 strawberry) 苺

สตรี [サトリー] (英 woman) ウーマン

สต๊อก [サトク] (英 stock) 在庫

สตาฟ [サタープ] (英 staff) スタッフ

สตาร์ตเตอร์ [サターッター] (英 starter) スターター

สติ๊กเกอร์ [サティクカー] (英 sticker) シール

สติปัญญา [サティパンヤー] (英 intelligence) 知能

สตูดิโอ [サトゥーディオー] (英 studio) スタジオ

สเต๊ก [サテク] (英 steak) ステーキ

สเตอริโอ [サトゥーリオー] (英 stereo) ステレオ

สแตนเลส [サテーンレーッ] (英 stainless steel) ステンレス

สไตรค์ [サトライ] (英 strike) ストライク (ボーリング) / スト

สไตล์ [サターイ] (英 style) スタイル

สถานการณ์ [サターナカーン]
(英 conditions) 事態 / 形勢 / 状況

สถานที่ [サターンティー] (英 place) 場所

สถานที่เกิดเหตุ [サターンティークーッヘーッ]
(英 the scene) 現場

สถานที่ขายสินค้า
[サターンティーカーイスィンカー]
(英 selling place) 売り場

สถานที่จริง [サターンティーチング]
(英 the actual place) 現地

สถานที่จัดงาน [サターンティーチャッンガーン]
(英 exhibition hall) 会場 / 式場

สถานที่ท่องเที่ยว
[サターンティートーンゲティアゥ]
(英 tourist area) 観光地

สถานที่ทำงาน [サターンティータムンガーン]
(英 place of work) 勤め先

สถานที่ผลิต [サターンティーパリッ]
(英 place of production) 産地

สถานที่ราชการ [サターンティーラーッチャカーン]
(英 public office) 役所

สถานทูตญี่ปุ่น [サターントゥーッイープン]
(英 Japanese Embassy) 日本大使館

สถานพยาบาล [サターンパヤーバーン]
(英 clinic) 診療所

สถานรับเลี้ยงเด็ก [サターンラプリアンゲデク]
(英 childcare[daycare] center) 託児所

สถานเอกอัครราชทูต
[サターンエークアクカラーッチャトゥーッ]
(英 embassy) 大使館

สถานะ [サターナ] (英 status)
地位 / 身分 / 格

สถานี [サターニー] (英 station) 駅

สถานีขนส่ง [サターニーコンソンゲ]
(英 terminal) ターミナル

สถานีขนส่งผู้โดยสาร
[サターニーコンソンゲプードーイサーン]
(英 passenger terminal complex)
旅客ターミナル

สถานีตำรวจดับเพลิง
[サターニータムルアッダプルーンゲ]
(英 fire station) 消防署

สถานีสุดท้าย [サターニースッターイ]
(英 destination) 終点

สถานีอนามัย [サターニーアナーマイ]
(英 health center) 保健所

สถาปนา [サターパナー] (英 establish)
創立する

สถิติ [サティティ] (英 statistics) 統計

สถิติใหม่ [サティティマイ]
(英 new record) 新記録

สถูป [サトゥープ] (英 stupa) 仏舎利塔

สนใจ [ソンチャイ] (英 be interested in)
関心 / 興味

สนใจไยดี [ソンチャイヤイディー]
(英 care about) 構う

สนทนาพูดคุย [ソンタナープーックィ]
(英 have a talk) 対談する

ส้นเท้า [ソンタゥ] (英 heel) かかと

สนธิสัญญา [ソンティサンヤー]
(英 treaty) 条約

สนับสนุน [サナプサヌン] (英 support)
支える / 援助する

876　สถานการณ์ ➡ สนับสนุน

สนับสนุนการเงิน [サナッブサヌヌンカーンクン]
(英 support financially) 補助する

สนับสนุนส่งเสริม [サナッブサヌヌンソングスーム]
(英 support) 振興する

สนาม [サナーム] (英 ground) グラウンド

สนามกอล์ฟ [サナームコーフ]
(英 golf course) ゴルフ場

สนามเด็กเล่น [サナームデクレン]
(英 playground) 校庭

สนามเทนนิส [サナームテンニッ]
(英 tennis court) テニスコート

สนามบิน [サナームビン] (英 airport)
空港 / 飛行場

สนามรบ [サナームロブ] (英 battlefield) 戦場

สนามโรงเรียน [サナームローングリアン]
(英 schoolyard) 校庭

สนามหญ้า [サナームヤー] (英 grass) 芝生

สนิท(หลับ) [サニッ (ラブ)]
(英 deep (sleep) / soundly) ぐっすり

สนิทสนม [サニッサノム] (英 familiar)
親しい / 親しむ

สนิม [サニム] (英 rust) 錆

สนิมเกาะ [サニムコ]
(英 get rusty / be rusted) 錆びる

สนุก [サヌッ] (英 pleasant) 楽しい

สนุกสนาน [サヌッサナーン]
(英 pleasure) 愉快

สนุกอยู่กับ [サヌッユーカブ]
(英 have fun) 興じる

สบาย [サバーイ] (英 comfort) 楽

สบาย ๆ [サバーイサバーイ]
(英 easygoing) 気楽

สบายใจ [サバーイチャイ]
(英 feel at ease) 安心する

สบายดี [サバーイディー] (英 fine (health))
元気

สบายน่ารื่นรมย์ [サバーイナールーンロム]
(英 comfortable) 心地よい

สบู่ [サブー] (英 soap) 石鹸

สปริง [サプリング] (英 spring)
スプリング / ばね

สปอตไลท์ [サポーッライ] (英 spotlight)
スポットライト

สปอร์ตคลับ [サポーックラブ]
(英 sports club) スポーツクラブ

สเปค [サペッ] (英 spec) スペック

สเปซ [サペッ] (英 space) スペース

สเปรย์ [サプレー] (英 spray) スプレー

สเปรย์ฆ่าแมลง [サプレーカーマレーング]
(英 insecticidal spray) 殺虫スプレー

สเปรย์ฉีดผม [サプレーチーッポム]
(英 hair spray) ヘアスプレー

สแปม [サペーム] (英 spam) スパム

สภาผู้แทนราษฎร [サパープーテーンラーッサドン]
(英 assembly / Lower House)
議会 / 衆議院

สภาพ [サパープ] (英 condition)
状態 / 様子 / 具合

สภาพการณ์ [サパープガーン]
(英 conditions) 情勢 / 状況

ส

สภาพจริง [サパーㇷ゚チング]
(㊮ the actual circumstances) 実情

สภาพดี [サパーㇷ゚ディー]
(㊮ good condition) 好調

สภาพที่ปรากฏ [サパーㇷ゚ティープラーコッ]
(㊮ condition) ありさま

สภาพปัจจุบัน [サパーㇷ゚パッチュバン]
(㊮ the present condition) 現状

สภาพร่างกาย [サパーㇷ゚ラーングカーイ]
(㊮ physical condition) 体調

สภาพเศรษฐกิจ [サパーㇷ゚セーッタキッ]
(㊮ economic status) 景気

สภาวะ [サパーワ] (㊮ condition) 調子

สภาวะจิตใจ [サパーワチッチャイ]
(㊮ a mental state) 境地

สภาวะลำบากใจ [サパーワラムバーㇰチャイ]
(㊮ difficulty) 苦境

ส้ม [ソム] (㊮ orange) みかん / オレンジ

สมกับ [ソムカㇷ゚] (㊮ appropriate to) 即す

สมการ [サマカーン] (㊮ equation) 方程式

สมควร [ソムクアン] (㊮ properly)
適宜 / 適切

สมจริง [ソムチング] (㊮ realistic) リアル

สมดุล [ソムドゥン] (㊮ balance) 均衡

สมดุลกัน [ソムドゥンカン] (㊮ balance)
釣り合う

สมทบ [ソムトㇷ゚] (㊮ join / add) 補充する

สมบัติ [ソムバッ] (㊮ treasure) 宝

สมบูรณ์ [ソムブーン] (㊮ complete) 完全

สมบูรณ์แบบ [ソムブーンベーㇷ゚]
(㊮ perfection) 完璧 / 完全

สมมติ [ソムムッ] (㊮ suppose) 想定

สมมติขึ้น [ソムムックン] (㊮ assume) 架空

สมมติฐาน [ソムムッティターン]
(㊮ hypothesis) 仮定

สมมุติว่า [ソムムッワー]
(㊮ assume that) 仮に

สมรรถนะสูง [サマッタナスーング]
(㊮ high performance) 高性能

สมรรถภาพ [サマッタパーㇷ゚]
(㊮ capability) 性能

สมรู้ร่วมคิด [ソムルールアムキッ]
(㊮ complicity) 共犯

สมแล้ว [ソムレーゥ] (㊮ as expected) 流石

สมหวัง [ソムワング] (㊮ be fulfilled) 叶う

สมเหตุสมผล [ソムヘーッソムポン]
(㊮ reasonable) もっとも / 道理 / 手頃

สมอง [サモーング] (㊮ brain) 頭脳 / 脳

ส้มโอ [ソムオー] (㊮ pomelo) ざぼん

สมัคร [サマㇰ] (㊮ apply)
申請する / 申し込む

สมัครเข้าร่วม [サマㇰカウルアム]
(㊮ enroll in) 加入する

สมัย [サマイ] (㊮ period) 時代

สมัยก่อน [サマイコーン] (㊮ the past) 先代

สมัยปัจจุบัน [サマイパッチュバン]
(㊮ modern times) 現代

สมัยใหม่ [サマイマイ] (㊮ modern) 近代

สมาคม [サマーコム] (英 society) 協会

สมาชิก [サマーチゥク] (英 member) 会員 / メンバー

สมาชิกสภา [サマーチゥクサパー] (英 congressman) 議員

สมาชิกใหม่ [サマーチゥクマイ] (英 new member) 新人

สมาพันธ์ [サマーパン] (英 association) 組合 / 連合 / 連盟

สมาร์ทโฟน [サマーッフォーン] (英 smartphone) スマートフォン

สมุด [サムッ] (英 notebook) 帳

สมุดคำศัพท์ [サムッカムサプ] (英 vocabulary notebook) 単語帳

สมุดจด [サムッチョッ] (英 notebook) ノート

สมุดบัญชีธนาคาร [サムッバンチータナーカーン] (英 bankbook) 通帳

สมุดภาพ [サムッパープ] (英 album) アルバム

สมุน [サムン] (英 retainer) 家来

สมุนไพร [サムンプライ] (英 herb) ハーブ

สยดสยอง [サヨッサヨーング] (英 horror) 恐ろしい

สยบ [サヨブ] (英 defeat / surrender) 降参する / 諦める / 屈服する

สรรพนาม [サッパナーム] (英 pronoun) 代名詞

สรรพสิ่ง [サッパシィング] (英 things) 物事

สรรเสริญ [サンスーン] (英 admiration) 称賛

สรวงสวรรค์ [スァングサワン] (英 paradise) 楽園

สร้อยคอ [ソーイコー] (英 necklace) 首飾り / ネックレス

สระ [サ] (英 pond) 池

สระว่ายน้ำ [サワーイナム] (英 swimming pool) プール

สร้าง [サーング] (英 build) 築く / 建てる / 作る

สร้างขึ้น [サーングクン] (英 be built) 建つ

สร้างทดแทน [サーングトッテーン] (英 make a substitute / replacing the old with the new) 代替品を作る

สร้างนิสัย [サーングニサイ] (英 train) しつける

สร้างประโยชน์ [サーングプラヨーッ] (英 contribute) 寄与する

สร้างปัญหา [サーングパンハー] (英 trouble) 問題を起こす

สร้างระบบ [サーングラボブ] (英 establishment) 確立

สร้างสรรค์ [サーングサン] (英 create) 創造する

สร้างใหม่อีกครั้ง [サーングマイイークラング] (英 rebuild / reconstruct) 建て替える

สรีระ [サリーラ] (英 physiology) 生理

สรุป [サルプ] (英 conclusion) 結び

สรุปคือ [サルプクー] (英 in short) 要するに

สรุปภาพกว้าง ๆ
[サルプパープクワーングクワーング]
(㊧ rough summary) 概説

สรุปไว้ด้วยกัน [サルプワイドゥアイカン]
(㊧ put together) まとめる

สละสิทธิ์ [サラスィッ] (㊧ withdraw)
棄権する / 放棄する

ส

สลัด [サラッ] (㊧ salad) サラダ

สลัดทิ้ง [サラッティング]
(㊧ shake off) 投げ出す

สลับ [サラプ] (㊧ alternate)
入れ替える / 交代する

สลับซับซ้อน [サラプサプソーン]
(㊧ complicacy) 複雑

สลัม [サラム] (㊧ slum) スラム

สลัว [サルァ] (㊧ become dim) うす暗い

สลาก [サラーク] (㊧ lots / label)
抽選 / ラベル

สลากกินแบ่ง [サラークキンベング]
(㊧ lottery) くじ / 宝くじ

สลาย [サラーイ] (㊧ decay) 朽ちる

สลิปเงินเดือน [サリプングンドゥアン]
(㊧ pay slip) 給与明細書

สไลด์ [サライ] (㊧ slide) スライド

สวด [スァッ] (㊧ chant) 唱える

สวดมนต์ [スァッモン]
(㊧ chant Buddhist sutra) お経を読む

สวน [スァン] (㊧ garden) 園 / 庭

ส่วน [スァン] (㊧ part) 部 / 部分

สวนกัน [スァンカン]
(㊧ pass each other) すれ違う

ส่วนเกิน [スァンクーン] (㊧ excess)
超過 / 余分 / 余剰

ส่วนงาน [スァンガーン] (㊧ division) 部

สวนดอกไม้ [スァンドークマイ]
(㊧ flower garden) 花園

ส่วนท้าย [スァンターイ] (㊧ end / rear)
後ろ / 後部

ส่วนบุคคล [スァンブクコン]
(㊧ individual) 個人

ส่วนประกอบ [スァンプラコープ]
(㊧ component) 成分

ส่วนผสม [スァンパソム] (㊧ ingredient)
原料 / 成分

สวนพฤกษชาติ [スァンプルクサチャーッ]
(㊧ botanical garden) 植物園

ส่วนมาก [スァンマーク] (㊧ mostly)
大抵 / 大部分

ส่วนลด [スァンロッ] (㊧ discount)
割り引き

สวนสนุก [スァンサヌク]
(㊧ amusement park) 遊園地

สวนสัตว์ [スァンサッ] (㊧ zoo) 動物園

สวนสาธารณะ [スァンサーターラナ]
(㊧ park) 公園

สวนสาธารณะของรัฐ
[スァンサーターラナコーングラッ]
(㊧ national park) 国立公園

ส่วนสำคัญ [スァンサムカン]
(㊧ essential) 肝心

ส่วนสูง [スァンスーング] (英 height)
身長 / 背

ส่วนหนึ่ง [スァンヌング] (英 part)
一部 / 幾分

ส่วนใหญ่ [スァンヤイ] (英 majority)
大半 / 大部 / 大方 / 多く / 過半数

สวม [スァム] (英 put on) 被る / 履く

สวมบทบาท [スァムボッバーッ] (英 act)
演じる

สวมเสื้อให้ [スァムスァハイ] (英 coat)
着せる

สวมใส่ [スァムサイ] (英 wear)
着る / 着ける

สวย [スァイ] (英 beautiful) 美しい / 綺麗

สวยสดใส [スァイソッサイ]
(英 gorgeous) 華やか

สวรรค์ [サワン] (英 heaven) 極楽 / 天国

สวรรค์ประทาน [サワンプラターン]
(英 blessing) 恵み

สวัสดิการ [サワッディカーン]
(英 welfare) 福祉

สวัสดิการพนักงาน
[サワッディカーンパナックガーン]
(英 welfare) 待遇

สวัสดี(ตอนบ่าย)[サワッディー(トーンバーィ)]
(英 good afternoon) 今日は

สวัสดีตอนเย็น [サワッディートンイェン]
(英 good evening) 今晩は

สว่าง [サワーング] (英 bright) 明るい

สว่างจ้า [サワーングチャー] (英 brightly)
煌々と

สว่างสดใส [サワーングソッサイ]
(英 be bright) 冴える

สว่าน [サワーン] (英 drill) ドリル

สวิตช์ [サウィッ] (英 switch) スイッチ

สหประชาชาติ [サハプラチャーチャーッ]
(英 the United Nations) 国連

สหพันธรัฐ [サハパンタラッ] (英 federal)
連邦

สหศึกษา [サハスクサー]
(英 coeducation) 共学

สอง [ソーング] (英 two) 2 / 2つ

สองขั้ว [ソングクァ] (英 the two poles)
両極

ส่องดู [ソーングドゥー] (英 look into)
覗きこむ

สองเดือนข้างหน้า [ソーングドゥアンカーングナー]
(英 the month after next) 再来月

สองเดือนที่แล้ว [ソーングドゥアンティーレーゥ]
(英 two months before) 先々月

สองเตียง [ソーングティアング]
(英 twin bed) ツインベッド

สองเท่า [ソーングタゥ] (英 double) 二倍

สองปีก่อน [ソーングピーコーン]
(英 the year before last) おととし

สองปีข้างหน้า [ソーングピーカーングナー]
(英 the year after next) 再来年

สองปีที่แล้ว [ソーングピーティーレーゥ]
(英 the year before last) 一昨年

สองฝั่ง [ソングファング] (英 both sides)
両側

สองสัปดาห์ข้างหน้า
[ソーングサプダーカーングナー]
(英 the week after next) 再来週

ส่องแสง [ソーングセーング] (英 shine)
射す / 照らす / 照る

สองอาทิตย์ที่แล้ว [ソーングアーティッティーレーウ]
(英 two weeks ago) 先々週

สอด [ソーッ] (英 insert[push] *sth* in)
差し込む / 挟む

สอดเข้าไป [ソーッカウパイ]
(英 fit *sth* into) 組み込む

สอดเข้ามา [ソーッカウマー] (英 stick)
突っ込む

สอดคล้อง [ソーックローング]
(英 consistent with) 辻褄が合う

สอดคล้องกับ [ソーックローングカプ]
(英 in line with) 即す

สอดรับ [ソーッラプ]
(英 conformity (with)) 適合

สอน [ソーン] (英 teach) 教える / 授ける

สอบ [ソープ] (英 take a test) テストする

สอบเข้า [ソープカウ] (英 take an entrance examination) 入試を受ける

สอบตก [ソープトク]
(英 fail in (an exam)) 落第する

สอบถาม [ソープターム] (英 inquire)
問い合わせる

สอบผ่าน [ソープパーン]
(英 pass (an exams) / passing an examination)
受かる / 合格する

สอบสวน [ソープスアン] (英 investigate)
捜査する

สอพลอ [ソープロー] (英 entice) おだてる

ส้อม [ソーム] (英 fork) フォーク

สะกดรอย [サコッローイ] (英 track)
追跡する / 追う

สะกิดใจ [サキッチャイ] (英 touch one's feeling) 心当たりがある

สะดวกสบาย [サドゥアクサバーイ]
(英 comfortable) 快適

สะดือ [サドゥー] (英 navel) へそ

สะดุด [サドゥッ] (英 stumble) つまずく

สะดุดตา [サドゥッター] (英 striking)
目立つ / 派手

สะท้อน [サトーン] (英 reflection)
反映 / 反射

สะท้อนกลับ [サトーンクラプ] (英 reflect)
照り返す

สะท้อนให้เห็น [サトーンハイヘン]
(英 be reflected) 映る

สะพาน [サパーン] (英 bridge) 橋

สะพานปลา [サパーンプラー] (英 pier)
桟橋

สะพานเหล็ก [サパーンレク]
(英 iron bridge) 鉄橋

สะเพร่า [サプラウ] (英 sloppiness) 杜撰

สะโพก [サポーク] (英 hips) 腰

สะลึมสะลือ [サルムサルー] (英 doze)
うたた寝

สะสมไว้ [サソムワイ] (英 store) 蓄える

สะสางหนี้ [ササーンクニー]
(英 settle accounts) 決済する

สะอาด [サアーッ] (英 clean)
清潔 / 清い / 綺麗

สะอึก [サウク] (英 hiccup) しゃっくりする

สักครู่ [サククルー] (英 a little) 少々

สักพักหนึ่ง [サクパクヌング]
(英 (for) a short while) 暫く

สักวันหนึ่ง [サクワンヌング]
(英 sometime) いつか

สั่ง [サング] (英 command)
命じる / 言いつける

สังกัด [サングカッ] (英 belong to)
所属する / 属する

สังเกต [サングケーッ] (英 notice) 注目する

สังคม [サングコム] (英 society) 社会 / 世間

สังคมนิยม [サングコムニヨム]
(英 communism) 共産

สังคมศาสตร์ [サングコムサーッ]
(英 social science) 社会科学

สังคมสากล [サングコムサーコン]
(英 international community) 国際社会

สั่งซื้อ [サングスー] (英 order) 注文する

สั่งซื้อมา [サングスーマー] (英 order)
取り寄せる

สั่งซื้อสินค้า [サングスースィンカー]
(英 order (stock / goods)) 仕入れる

สั่งทำ [サングタム] (英 place an order / tailor) あつらえる

สั่งสม [サングソム] (英 accumulate) 蓄積する

สั่งสอน [サングソーン] (英 teach / teach somebody manners / bring up) しつける

สัจธรรม [サッチャタム] (英 truth) 真理

สัญจรไปมา [サンチョンパイマー]
(英 pass through) 通行する

สัญชาตญาณ [サンチャーッタヤーン]
(英 instinct) 直感 / 本能

สัญชาติ [サンチャーッ] (英 nationality) 国籍

สัญญา [サンヤー] (英 pact / promise)
規約 / 契約 / 協定 / 合意

สัญญาณ [サンヤーン]
(英 sign / signal) 合図

สัญลักษณ์ [サンヤラク] (英 symbol)
記号 / 象徴 / マーク / シンボル

สัดส่วน [サッスアン] (英 proportion) 比例

สัดส่วนผกผัน [サッスアンポクパン]
(英 inverse proportion) 反比例

สัดส่วนร้อยละ [サッスアンローイラ]
(英 percentage) 比率

สัตว์ [サッ] (英 animal) 動物

สัตว์เดรัจฉาน [サッデーラッチャーン]
(英 beast) 獣

สัตว์ประหลาด [サップララーッ]
(英 monster) 怪獣

สัตว์ป่า [サッパー] (英 wild animal)
野生動物

สัตว์เลี้ยง [サッリアング] (英 pet) ペット

สัตว์สตัฟฟ์ [サッスタフ]
(英 stuffed animal) 剥製

สั่น [サン] (㊢ ring / shiver / swing)
鳴らす / 震える / 振れる / 揺らぐ

สั้น [サン] (㊢ short) 短 / 短い

สั้นกระชับ [サンクラチャプ] (㊢ concise)
簡潔

สันเขา [サンカゥ] (㊢ mountain ridge)
尾根

สันจมูก [サンチャムーク]
(㊢ nasal ridge) 鼻筋

สันติภาพ [サンティパープ] (㊢ peace) 平和

สันทนาการ [サンタナーカーン]
(㊢ recreation) レクリエーション

สันนิษฐาน [サンニッターン]
(㊢ presume) 推理する

สั่นไหว [サンワイ] (㊢ shake) 揺れる

สับ [サプ] (㊢ chop) 刻む / 切る

สับปะรด [サプパロッ] (㊢ pineapple)
パイナップル

สับเปลี่ยน [サププリアン] (㊢ shuffle)
取り替える

สับสน [サプソン] (㊢ confusion)
混乱 / 戸惑い / 錯乱

สับสนวุ่นวาย [サプソンウンワーイ]
(㊢ be disorganized) まごまご

สัปดาห์ [サプダー] (㊢ week) 週 / 週間

สัปดาห์ที่แล้ว [サプダーティーレーゥ]
(㊢ last week) 先週

สัปดาห์หน้า [サプダーナー]
(㊢ next week) 来週

สัปหงก [サプパンゴク] (㊢ doze)
居眠りする

สัมผัส [サムパッ] (㊢ touch) 接する / 触れる

สัมภาระ [サムパーラ] (㊢ baggage)
荷 / 荷物

สัมภาษณ์ [サムパーッ] (㊢ interview)
面接する

สัมมนา [サムマナー] (㊢ seminar) セミナー

สาก [サーク] (㊢ rough) ざらざらした

สากล [サーコン] (㊢ international)
インターナショナル

สาขา [サーカー] (㊢ branch office)
支社 / ジャンル / 分野 / 部門

สาขาวิชา [サーカーウィチャー]
(㊢ school subject) 学科

สาขาวิชาเอก [サーカーウィチャーエーク]
(㊢ major) 専攻

สาดส่อง [サーッソーング] (㊢ shine) 差す

สาธารณรัฐ [サーターラナラッ]
(㊢ republic) 共和 (国)

สาธารณะ [サーターラナ]
(㊢ the public) 公共 / 公衆

สาธารณูปโภค [サーターラヌーププポーク]
(㊢ infrastructure) インフラ

สาธิต [サーティッ] (㊢ demonstration)
デモンストレーション

สาบสูญ [サープスーン]
(㊢ become extinct) 絶滅する

สาบาน [サーバーン] (㊢ swear) 誓う

สาม [サーム] (㊢ three) 3

สามวันก่อน [サームワンコーン] (英 two days before yesterday) 一昨々日

สามวันถัดไป [サームワンタッパイ] (英 three days after) 明々後日

สามสิบ [サームスィブ] (英 thirty) 30

สามเหลี่ยม [サームリアム] (英 triangle) 三角

สามัคคี [サーマッキー] (英 unite) 団結する

สามัญสำนึก [サーマンサムヌック] (英 common sense) 常識

สามี [サーミー] (英 husband) 夫 / 旦那

สามีภรรยา [サーミーパンラヤー] (英 husband and wife) 夫婦 / 夫妻

สาย [サーイ] (英 being delayed) 遅れ

สาย(ไฟ) [サーイ〈ファイ〉] (英 cord) コード

สายเกินไป [サーイクーンパイ] (英 being too late) 手遅れ

สายเคเบิ้ล [サーイケーブン] (英 cable) ケーブル

สายตรง [サーイトロング] (英 direct call) 直通

สายตา [サーイター] (英 sight) 視線 / 視力 / 視野

สายตาผู้คน [サーイタープーコン] (英 public eye) 人目

สายตายาว [サーイターヤーゥ] (英 long-sightedness) 遠視

สายตาสั้น [サーイターサン] (英 myopia) 近眼 / 近視

สายพันธุ์ [サーイパン] (英 pedigree) 血統

สายฟ้าแลบ [サーイファーレープ] (英 flash of lightning) 稲光

สายไฟ [サーイファイ] (英 electrical wire) 電線

สายไม่ว่าง [サーイマイワーング] (英 busy (on a telephone)) 話し中

สายยาง [サーイヤーング] (英 hose) ホース

สายใยเกี่ยวพัน [サーイヤイキアゥパン] (英 relationship) 縁 / 間柄

สายสัมพันธ์ [サーイサムパン] (英 connection / relationship) つながり

สารกัมมันตรังสี [サーンカムマンタラングスィー] (英 radioactivity) 放射能

สารกึ่งตัวนำ [サーンクングトゥアナム] (英 semiconductor) 半導体

สารเคมี [サーンケーミー] (英 chemicals) 薬品

สารบัญ [サーラバン] (英 contents) 目次

สารบัญรายการ [サーラバンラーイカーン] (英 index) 目録

สารปรอท [サーンパローッ] (英 mercury) 水銀

สารพัด [サーラパッ] (英 miscellany) 雑

สารฟอกขาว [サーンフォークカーゥ] (英 bleach) 漂白剤

สารภาพ [サーラパープ] (英 confess) 告白する / 白状する / 打ち明ける

สารภาพผิด [サーラパープピッ] (英 confess) 自白する

สารละลาย [サーンララーイ] (英 solution) 溶液

สามวันก่อน ➡ สารละลาย 485

สารวัตร [サーラワッ]
(英 police captain) 警部

สารสกัด [サーンサカッ] (英 extract)
エキス

สารอาหาร [サーンアーハーン]
(英 nourishment) 養分

สารอินทรีย์ [サーンインスィー]
(英 organic) 有機

สาระเบื้องต้น [サーラブアングトン]
(英 introduction) 概論

สารานุกรม [サーラーヌクロム]
(英 encyclopedia) 百科事典

สาลี่ [サーリー] (英 pear) 梨

สาลี่ฝรั่ง [サーリーファラング]
(英 European pear) 洋梨

สาวเต็มตัว [サーウテムトゥア]
(英 adult woman) 年頃

สาวน้อย [サーウノーイ] (英 little girl)
少女

สาวรับใช้ [サーウラプチャイ] (英 maid)
メイド

สาวเสิร์ฟ [サーウスーフ] (英 waitress)
ウエイトレス

สาส์น [サーン] (英 message) メッセージ

สาเหตุ [サーヘーッ] (英 cause)
原因 / きっかけ

สำคัญ [サムカン] (英 important)
重要 / 主要 / 必要

สำนวน [サムヌアン] (英 idiom) 熟語

สำนวนโวหาร [サムヌアンウォーハーン]
(英 idiom) 慣用句

สำนัก [サムナク] (英 office) 事務所

สำนักงาน [サムナクンガーン] (英 office)
事務所 / 局

สำนักพิมพ์ [サムナクピム]
(英 publisher) 出版社

สำนึก [サムヌク] (英 realize)
自覚する / 認識する

สำนึกผิด [サムヌクピッ]
(英 reflect / reconsider) 反省する

สำเนา [サムナウ] (英 copy) 写し

สำมะโนครัว [サムマノークルア]
(英 family register) 戸籍

สำรวจ [サムルアッ] (英 investigate)
調べる

สำรวม [サムルアム] (英 behave oneself)
謹む

สำรองจ่าย [サムローングチャーイ]
(英 pay temporarily) 立て替える

สำราญ [サムラーン] (英 pleasure) 愉快

สำเร็จ [サムレッ] (英 succeed)
修了する / 完成する / うまくいく

สำลัก [サムラク] (英 choke) 噎(む)せる

สำลีพันก้าน [サムリーパンカーン]
(英 cotton swab) 綿棒

สำหรับ [サムラブ] (英 for) 〜にとって

สำหรับ... [サムラブ...] (英 bound for) 向け

สิ่งกีดขวาง [スィングキークワーング]
(英 obstruction) 阻止 / 障害

สิ่งของ [スィングコーング] (英 thing)
物 / 品物

สิงคโปร์ [スィンガポー] (英 Singapore)
シンガポール

สิ่งชั่วร้าย [スィングチュアラーイ]
(英 evil) 悪魔 / 鬼

สิ่งต้องห้าม [スィングトーングハーム]
(英 taboo) タブー / 禁物

สิ่งตอบแทน [スィングトーブテーン]
(英 word of thanks / present in return /
a token of gratitude) お礼

สิงโต [スィングトー] (英 lion) ライオン

สิ่งทอ [スィングトー] (英 textile) 織物

สิ่งที่ส่งมาด้วย [スィンティーソングマードゥアイ]
(英 attachment) 添付

สิ่งนั้น [スィングナン] (英 that / it) あれ / それ

สิ่งนี้ [スィングニー] (英 this) この / これ

สิ่งปลูกสร้าง [スィングプルークサーング]
(英 construction) 建築

สิ่งพิมพ์ [スィングピム]
(英 printed matter) 印刷物

สิ่งมีชีวิต [スィングミーチーウィッ]
(英 living thing) 生き物 / 生物

สิ่งเร้า [スィングラウ] (英 stimulus) 刺激

สิ่งแวดล้อม [スィングウェーッローム]
(英 environment) 環境

สิงหาคม [スィングハーコム] (英 August)
八月

สิทธิ [スィッティ] (英 privilege) 権 / 権利

สิทธิบัตร [スィッティバッ] (英 patent) 特許

สิทธิพิเศษ [スィッティピセーッ]
(英 privilege) 特権

สิทธิมนุษยชน [スィッティマヌッサヤチョン]
(英 human rights) 人権

สินค้า [スィンカー] (英 goods)
貨物 / 品物 / 商品

สินค้าขาดสต๊อก [スィンカーカーッサトッ]
(英 out of stock) 品切れ

สินค้าขึ้นชื่อ [スィンカークンチュー]
(英 well-known product) 名産

สินค้าเข้าร้าน [スィンカーカウラーン]
(英 goods arrival) 入荷する

สินค้าคงคลัง [スィンカーコングクラング]
(英 stock) 在庫

สินค้าคุณภาพไม่ดี
[スィンカークンナパープマイディー]
(英 goods of poor[bad] quality) 粗悪品

สินค้าทดลอง [スィンカートッローング]
(英 sample) 試作品

สินค้าที่บรรทุก [スィンカーティーバントゥッ]
(英 cargo) 積荷

สินค้าเบ็ดเตล็ด [スィンカーベッタレッ]
(英 general goods) 雑貨

สินค้าแบรนด์เนม [スィンカーブレーンネーム]
(英 brand-name product[goods])
ブランド品

สินค้าปลอม [スィンカープローム]
(英 fake[counterfeit] product)
コピー商品

สินค้ามีตำหนิ [スィンカーミータムニ]
(英 product with flaw) 不良品

สินค้าส่งออก [スィンカーソングオーク]
(英 exports) 輸出品

สินค้าหมด [スィンカーモッ]
(英 sold out) 売り切れ

สินค้าใหม่ [スィンカーマイ]
(英 new product) 新商品

สิ้นเดือน [スィンドゥアン]
(英 the end of the month) 月末

สินทรัพย์ [スィンサッ] (英 property) 資産

สินน้ำใจ [スィンナムチャイ] (英 tip) チップ

สินบน [スィンボン] (英 bribe) 賄賂

สิ้นปี [スィンピー]
(英 at the end of the year) 暮れ

สิ้นเปลือง [スィンプルァング] (英 waste) 浪費

สิ้นลมหายใจ [スィンロムハーイチャイ]
(英 breathe one's last) 息を引き取る

สิ้นสุด [スィンスッ] (英 come to an end) 終わりにする / 暮れる / 果てる

สิ้นหวัง [スィンワング] (英 be desperate) 絶望する

สิบ [スィブ] (英 ten) 10

สิบเก้า [スィブカウ] (英 nineteen) 19

สิบเจ็ด [スィブチェッ] (英 seventeen) 17

สิบแปด [スィブペーッ] (英 eighteen) 18

สิบสอง [スィブソーング] (英 twelve) 12

สิบสาม [スィブサーム] (英 thirteen) 13

สิบสี่ [スィブスィー] (英 fourteen) 14

สิบหก [スィブホク] (英 sixteen) 16

สิบห้า [スィブハー] (英 fifteen) 15

สิบเอ็ด [スィブエッ] (英 eleven) 11

สิว [スィウ] (英 pimple) にきび

สี [スィー] (英 color) 色

สี่ [スィー] (英 four) 4

สีขาว [スィーカーウ] (英 white) 白い

สีเขียว [スィーキアウ] (英 green) 緑 / 緑色

สีคราม [スィークラーム] (英 dark-blue / light[pale] blue) 紺 / 水色

สีเงิน [スィーングン] (英 silver (color)) 銀色

สีชมพู [スィーチョムプー] (英 pink) ピンク

สีดำ [スィーダム] (英 black) 黒い

สีดำสนิท [スィーダムサニッ]
(英 black as coal) 真っ黒 / 真っ黒い

สีแดง [スィーデーング] (英 red) 赤

สีทอง [スィートーング] (英 gold (color)) 金色

สีที่ใช้ทา [スィーティーチャイター]
(英 paint) 塗料

สีเทา [スィータウ] (英 gray) グレー / 灰色

สีน้ำเงิน [スィーナムングン] (英 blue)
ブルー / 青

สีน้ำเงินเข้ม [スィーナムングンケム]
(英 dark[deep] blue) 紺色 / 真っ青

สีน้ำตาล [スィーナムターン] (英 brown)
茶色 / 茶色い

สีน้ำตาลเข้ม [スィーナムターンケム]
(英 dark brown) こげ茶

สีเบจ [スィーベーッ] (英 beige) ベージュ

888　สินค้าหมด ➡ สีเบจ

สีพื้น [スィープーン] (英 plain) 無地

สีฟ้าอ่อน [スィーファーオーン]
(英 light[pale] blue) 水色

สีม่วง [スィームアング] (英 violet) 紫 / 紫色

สี่แยก [スィーイェーク] (英 intersection)
交差点 / 十字路

สี่ฤดู [スィールドゥー]
(英 the four seasons) 四季

สีวาดภาพ [スィーワーッパープ]
(英 paint) 絵具

สีสด [スィーソッ] (英 bright) あざやか

สีส้ม [スィーソム] (英 orange) オレンジ色

สีสัน [スィーサン] (英 color) 色彩

สี่สิบ [スィースィプ] (英 forty) 40

สีหน้า [スィーナー] (英 expression) 表情

สี่เหลี่ยม [スィーリアム] (英 square)
四角 / 四角い

สี่เหลี่ยมจัตุรัส [スィーリアムチャトゥラッ]
(英 square) 正方形

สี่เหลี่ยมผืนผ้า [スィーリアムプーンパー]
(英 rectangle) 長方形

สีเหลือง [スィールアング] (英 yellow) 黄色

สีเหลืองทอง [スィールアングトーング]
(英 amber) 琥珀

สืบ [スープ] (英 try to find out) 捜す

สืบค้น [スープコン]
(英 search / retrieve) 検索する

สืบต่อกันมา [スープトーカンマー]
(英 be handed down) 伝来する

สืบทอด [スープトーッ] (英 inherit from)
相続する

สืบสวน [スープスアン] (英 investigate)
捜査する

สื่อ [スー] (英 media) メディア

สื่อกลาง [スークラーング]
(英 mediation) 仲介

สื่อความหมาย [スークワームマーイ]
(英 get across) 通じる

สื่อสารมวลชน [スーサーンムアンチョン]
(英 mass communication) マスコミ

สื่อให้รู้ [スーハイルー]
(英 communicate) 伝達する

สุก [スク] (英 ripe) 熟した

สุกงอม [スクンゴーム] (英 ripe) 成熟した

สุขภาพ [スクカパープ] (英 health) 健康

สุขภาพดี [スクカパープディー]
(英 healthy) 達者 / 健やか

สุขา [スカー] (英 toilet) トイレ

สุขุม [スクム] (英 calm) 穏やか（人柄）

สุญญากาศ [スーンヤーカーッ]
(英 vacuum) 真空

สุด ๆ [スッスッ] (英 extremely)
至って / やたら

สุดกำลัง [スッカムラング]
(英 doing one's best) 全力

สุดขั้ว [スックア] (英 extreme) 極端

สุดโต่ง [スットーング] (英 extreme) 極端

สุดทาง [スッターンɡ] (英 the end)
突き当たり

สุดท้าย [スッターイ] (英 the last)
最後 / 最終

สุดยอด [スッヨーッ] (英 superb)
すごい / 最高

สุดสัปดาห์ [スッサッダー]
(英 weekend) 週末

สุดเหวี่ยง [スッウィアンɡ]
(英 full blast) 思いっきり

สุทธิ [スッティ] (英 net) 正味

สุนทรพจน์ [スントラポッ] (英 speech) 弁論

สุนัข [スナッ] (英 dog) 犬

สุนัขจิ้งจอก [スナッチンɡチョーッ]
(英 fox) 狐

สุนัขเฝ้ายาม [スナッファウヤーム]
(英 guard dog) 番犬

สุภาพ [スパープ] (英 polite / be modest)
丁寧 / へりくだる

สุภาพบุรุษ [スパープブルッ]
(英 gentleman) 紳士

สุภาพเรียบร้อย [スパープリアプローイ]
(英 polite) しとやか

สุภาพสตรี [スパープサットリー]
(英 lady) 婦人 / レディー

สุม [スム] (英 gather) 溜まる

สุ่มตัวอย่าง [スムトゥアヤーンɡ]
(英 sampling) サンプリング

สุรุ่ยสุร่าย [スルイスラーイ]
(英 wasting money) 無駄遣い

สุสาน [ススーン] (英 graveyard) 墓地

สุเหร่า [スラウ] (英 mosque) モスク

สู้ ๆ [スースー] (英 Go for it.) ファイト

สู้กัน [スーカン] (英 fight) 争う

สู้กับผู้อื่นได้ [スーカッブーウーンダイ]
(英 match *sb*) 敵う

สูง [スーンɡ] (英 high) 高 / 高い

สูงขึ้น [スーンɡクン] (英 rise)
上がる / 高まる / 上る

สูงขึ้น(ราคา) [スーンɡクン (ラーカー)]
(英 rise (the price)) 上り

สูงชัน [スーンɡチャン] (英 steep) 険しい

สูงต่ำ [スーンɡタム] (英 high and low) 上下

สูงระฟ้า [スーンɡラファー] (英 tower)
そびえる

สูงวัย [スーンɡワイ] (英 elder) 年長

สูงศักดิ์ [スーンɡサッ] (英 noble) 尊い

สูงส่ง [スーンɡソンɡ] (英 highness) 高尚

สูงสุด [スーンɡスッ] (英 highest)
最高 / 究極

สูญ [スーン] (英 lose) 亡くす

สูญพันธุ์ [スーンパン]
(英 become extinct) 滅亡する

สูญสิ้น [スーンスィン] (英 lose totally)
喪失する

สูญเสีย [スーンスィア] (英 lose) 失う

สูญหาย [スーンハーイ] (英 disappear)
紛失する

สูด [スーッ] (㊮ breathe) 吸う

สูดลมหายใจ [スッロムハーイチャイ] (㊮ take a breath) 呼吸する

สู้ได้ [スーダイ] (㊮ compare with) 敵う

สูตร [スーッ] (㊮ formula) 方式

สูตินรีแพทย์ [スーティナリーペーッ] (㊮ obstetrics and gynecology) 産婦人科医

สูบ [スーブ] (㊮ pump) 汲む

สูบบุหรี่ [スーブブリー] (㊮ smoke) 喫煙する

สู้ไม่ได้ [スーマイダイ] (㊮ cannot match) 敵わない

สู้ยิบตา [スーイブター] (㊮ fight to the last / struggle) 奮闘する

สู้รบ [スーロブ] (㊮ battle) 闘う

เสถียร [サティアン] (㊮ stability) 安定

เส้น [セン] (㊮ line) 線

เส้นขอบฟ้า [センコーブファー] (㊮ the horizon) 地平線 / 水平線

เส้นขีดคั่น [センキーッカン] (㊮ line break) 区切り

เส้นโค้ง [センコーング] (㊮ curve) 曲線

เส้นชัย [センチャイ] (㊮ goal) ゴール

เส้นตรง [セントロング] (㊮ straight line) 直線

เส้นทาง [センターング] (㊮ route) 経路 / 道順

เส้นทางการคมนาคม [センターングカーンコムナーコム] (㊮ transportation) 交通機関

เส้นทางการบิน [センターングカーンビン] (㊮ air route[lane]) 空路

เส้นทางเดินรถ [センターングドゥーンロッ] (㊮ traffic lane) 車線

เส้นทางเดินเรือ [センターングドゥーンルァ] (㊮ sea lane) 航路

เส้นทางในทะเล [センターングナイタレー] (㊮ seaway) 海路

เส้นทางผ่าน [センターングパーン] (㊮ transit) 経由

เส้นแนวนอน [センネゥノーン] (㊮ horizontal line) 横線

เส้นบรรทัด [センバンタッ] (㊮ ruled line) 罫線

เส้นบอกระดับ [センボークラダブ] (㊮ scale) 目盛り

เส้นแบ่งเขต [センベングケーッ] (㊮ border) 境界

เส้นประ [センプラ] (㊮ dotted line) 点線

เส้นผม [センポム] (㊮ hair) 髪の毛

เส้นผ่านศูนย์กลาง [センパーンスーンクラーング] (㊮ diameter) 直径

เส้นพาสต้า [センパーッスター] (㊮ pasta) パスタ

เส้นใย [センヤイ] (㊮ fiber) 繊維

เส้นรอบวง [センローブウォング] (㊮ circumference) 円周

ส

เส้นรุ้ง [センルング] (英 latitude) 緯度(口語)

เส้นเลือด [センルアッ]
(英 blood vessel) 血管

เส้นเลือดดำ [センルアッダム] (英 vein) 静脈

เส้นแวง [センウェーング] (英 longitude) 経度

เส้นศูนย์สูตร [センスーンスーッ]
(英 the equator) 赤道

เส้นสาย [センサーイ] (英 connection) コネ

เสน่ห์ [サネー] (英 charm) 魅力

เส้นหมี่โซบะ [センミーソーバ] (英 soba / buckwheat noodles) 蕎麦

เสนอขอ [サヌーコー] (英 request) 申し入れる

เสนอซื้อ [サヌースー] (英 bid for) 応札する

เสนอแนะ [サヌーネ] (英 suggest) 促す

เสนอให้ [サヌーハイ] (英 offer / propose) 提供する / 申し出る / 差し出す

เส้นอุด้ง [センウドング]
(英 thick white noodles) うどん

เสบียง [サビアング] (英 food) 食料

เสมหะ [セームハ] (英 phlegm) 痰

เสมอ [サムー]
(英 all the time / always) いつも

เสมอกัน [サムーカン] (英 draw) 引き分け

เสมอภาค [サムーパーク] (英 equality) 同等 / 等しい

เสร็จ [セッ] (英 end / finish) 済む / できあがる

เสร็จสมบูรณ์ [セッソムブーン]
(英 be completed) 仕上がる

เสร็จสิ้น [セッスィン] (英 complete) できあがる / 終える

เสริม [スーム] (英 add to) 補足

เสริมสวย [スームスアイ]
(英 beautify oneself) 美容

เสริมให้แข็งแกร่ง [スームハイケングクレング]
(英 reinforce) 補強する

เสริมให้ครบ [スームハイクロブ]
(英 supplement) 補充する

เสริมให้มั่นคง [スームハイマンコング]
(英 reinforce) 強化する

เสแสร้ง [セーセーング] (英 pretend) 振り / 偽善的

เสา [サウ] (英 pole) 柱

เสาโทรศัพท์ [サウトーラサブ]
(英 telephone pole) 電柱

เสาไฟฟ้า [サウファイファー]
(英 electric pole) 電柱

เสาวรส [サウワロッ] (英 passion fruit) パッションフルーツ

เสาอากาศ [サウアーカーッ]
(英 antenna) アンテナ

เสียค่าใช้จ่าย [スィアカーチャイチャーイ]
(英 charge) 有料

เสียง [スィアング] (英 sound) 音 / 声

เสี่ยง [スィアング] (英 challenge to) 挑む / あえて

เสียงกริ่ง [スィアングクリング] (英 chime)
チャイム

เสียงกรีดร้อง [スィアングクリーッローング]
(英 scream) 悲鳴

เสียงก้อง [スィアングコーング]
(英 loud sound / echo) こだま

เสียงกังวาน [スィアングカングワーン]
(英 lingering sound) 余韻

เสียงเจี๊ยวจ๊าว [スィアングチアウチャーゥ]
(英 noise) 騒ぎ

เสียงชื่นชม [スィアングチューンチョム]
(英 favorable comment) 好評

เสียงเชียร์ [スィアングチアー]
(英 cheering) 歓声

เสียงดัง [スィアングダング] (英 noisy)
騒がしい

เสียงตะโกน [スィアングタコーン]
(英 scream) 叫び

เสียงต่ำ [スィアングタム]
(英 low voice / bass) 低音 / ベース

เสียงทาย [スィアングターイ]
(英 cast lots) 占う

เสียงแทรก [スィアングセーク] (英 noise)
雑音

เสียงบรรยาย [スィアングバンヤーイ]
(英 narration) ナレーション

เสียงรบกวน [スィアングロブクアン]
(英 noise) ノイズ / 雑音

เสียงเล่าลือ [スィアングラウルー]
(英 rumor) 噂

เสียงวรรณยุกต์ [スィアングワンナユク]
(英 tone) 声調

เสียงสะท้อน [スィアングサトーン]
(英 echo) 反響

เสียงหัวเราะ [スィアングファロ]
(英 laughter) 笑い

เสียงอันตราย [スィアングアンタラーイ]
(英 take a risk) 危険を冒す

เสียใจ [スィアチャイ] (英 regret) 無念

เสียใจภายหลัง [スィアチャイパーイラング]
(英 regret) 後悔する

เสียชีวิต [スィアチーウィッ]
(英 pass away) 死去する

เสียดสี [スィアッスィー]
(英 say *sth* sarcastic) 皮肉を言う

เสียดสีกัน [スィアッスィーカン]
(英 be rubbed) 擦れる

เสียดาย [スィアダーイ] (英 regret)
惜しい / 惜しむ

เสียดายของ [スィアダーイコーング]
(英 such a waste) もったいない

เสียดายที่พลาด [スィアダーイティープラーッ]
(英 regretful) 悔しい

เสียตำแหน่งไป [スィアタムネングパイ]
(英 lose one's position) 失脚する

เสียบ [スィアブ] (英 put in / insert / stick)
挿す / 差し込む / 刺す

เสียเปรียบ [スィアプリアブ]
(英 disadvantage) 不利 / 不利益

เสียม [スィアム] (英 scoop) スコップ

เสียมารยาท [スィアマーラヤーッ]
(英 be rude) 失礼する

เสียรูป [スィアループ]
(英 lose one's shape) 崩れる

เสือ [スァ] (英 tiger) 虎

เสื้อกันฝน [スァカンフォン] (英 raincoat)
レインコート

เสื้อคลุมกันหนาว [スァクルムカンナーウ]
(英 overcoat) コート

เสื้อคลุมอาบน้ำ [スァクルムアーブナム]
(英 bathrobe) バスローブ

เสื้อโค้ท [スァコーッ] (英 overcoat)
上着 / コート

เสื้อแจ็กเก็ต [スァチェケッ] (英 jacket)
ジャンパー

เสื้อชูชีพ [スァチューチープ]
(英 life jacket) 救命胴衣

เสื้อเชิ้ต [スァチャッ] (英 shirt)
シャツ / ワイシャツ

เสื่อญี่ปุ่น [スァーイープン] (英 tatami) 畳

เสื้อถักไหมพรม [スァタクマイプロム]
(英 hand-knitted sweater)
手編みのセーター

เสื้อผ้า [スァパー] (英 clothes) 衣服 / 衣類

เสื้อผ้าที่ตาก [スァパーティーターク]
(英 clothes for drying) 干し物

เสื่อม [スァム] (英 be corrupt) 廃れる

เสื่อมถอย [スァムトーイ] (英 decline)
衰退する

เสื่อมโทรม [スァムソーム] (英 decay)
老衰する

เสื่อมสลาย [スァムサラーイ]
(英 be (morally) rotten) 腐敗する

เสื้อยืด [スァユーッ] (英 T-shirt) Tシャツ

เสื้อวอร์ม [スァウォーム]
(英 sports jacket) トレーニングウエア

เสื้อสตรี [スァサットリー] (英 blouse)
ブラウス

เสื้อสูท [スァスーッ] (英 jacket (suit))
スーツ / 背広

แสง [セーング] (英 light) 光

แสงแดด [セーングデーッ] (英 sunshine)
日当たり

แสงไฟ [セーングファイ] (英 light)
灯 / ライト

แสงสว่าง [セーングサワーング] (英 lighting / illumination) 明り / 照明

แสงอาทิตย์ [セーングアーティッ]
(英 sunlight) 日光 / 陽射し

แสดง [サデーング] (英 show / perform)
出演する / 発揮する

แสดงโชว์ [サデーングチョー] (英 show)
見せ物

แสดงบทบาท [サデーングボッバーッ]
(英 play a role) 演じる

แสดงปาฐกถา [サデーングパータカター]
(英 make an oration / make a speech)
演説する

แสดงละคร [サデーングラコーン]
(英 perform) 上演する

แสดงให้ดู [サデーングハイドゥー]
(英 show) 披露する

แสดงให้เห็น [サデーンク゚ハイヘン]
(英 display) 示す

แสดงออกมา [ナデーンク゚オークマー]
(英 indicate) 表す

แสตมป์ [ステム] (英 stamp) 切手

แสร้งทำเป็นคนดี [セーンク゚タムペンコンディー]
(英 hypocrisy) 偽善

โสด [ソーッ] (英 single) 独身

ใส [サイ] (英 clear / transparent)
透き通る

ใส่ [サイ] (英 wear / put on)
入れる / はめる / 履く

ใส่เข้าไป [サイカゥパイ] (英 put into)
投入する

ใส่ใจ [サイチャイ]
(英 be concerned about) 心掛ける

ใส่ใจสังเกต [サイチャイサンク゚ケーッ]
(英 mind) 注意する

ใสซื่อ [サイスー] (英 innocence) 純情

ใสบริสุทธิ์ [サイボーリスッ] (英 pure)
清らか

ใส่ไว้ [サイワイ] (英 load) 込める

ไส้กรอก [サイクローク] (英 sausage)
ソーセージ

ไส้ดินสอ [サイディンソー] (英 leads) 芯

ไส้ติ่ง [サイティンク゚]
(英 cecum / appendix) 盲腸

ไส้ติ่งอักเสบ [サイティンク゚アッセープ]
(英 appendicitis) 盲腸炎

ห

หก [ホッ] (英 spill / fall / six) こぼれる

หกล้ม [ホックロム] (英 fall down) 転ぶ

หกสิบ [ホックスィブ] (英 sixty) 60

หกสูง [ホックスーンク゚] (英 handstand)
逆立ち

หงส์ [ホンク゚] (英 swan) 白鳥

หงายหน้า [ンガーイナー] (英 face up)
仰向け

หญ้า [ヤー] (英 grass / weed)
草 / 芝 / 雑草

หญ้าทะเล [ヤータレー] (英 seaweed)
海草

หญิงมีครรภ์ [インク゚ミーカン]
(英 pregnant woman) 妊婦

หด [ホッ] (英 shrink)
しなびる / 縮まる / 縮む

หดเข้าไป [ホッカゥパイ]
(英 draw back) 引っ込む

หดย่อ [ホッヨー] (英 shrink) 縮まる / 縮む

หดสั้น [ホッサン] (英 become short)
短縮する

หดหู่ [ホッフー] (英 depressing)
うっとうしい

หนทาง [ホンターンク゚] (英 way) 仕方

หนทางอื่น [ホンターンク゚ウーン]
(英 another problem) 余儀

หนวกหู [ヌアックフー] (英 noisy) うるさい

หนวด [ヌアッ] (英 mustache) 髭

แสดงให้เห็น ➡ หนวด   895

หน่วยกิต [ヌアイキッ] (英 unit) 単位

หน่วยความจำ [ヌアイクワームチャム] (英 memory) メモリ

หน่วยงาน [ヌアインガーン] (英 organization) 機関

หน่วยดับเพลิง [ヌアイダブプルーング] (英 fire department[service]) 消防隊

หนอง [ノーング] (英 pus) 膿

หนองน้ำ [ノーングナム] (英 swamp) 沼

หน่อไม้ [ノーマイ] (英 bamboo shoot) 筍 (たけのこ)

หน่อไม้ฝรั่ง [ノーマイファラング] (英 asparagus) アスパラガス

หนัก [ナク] (英 heavy) 重い / 重たい

หนักใจ [ナクチャイ] (英 worry about) 案じる

หนักแน่น [ナクネン] (英 hold tight / firmly / properly) しっかり

หนักอึ้ง [ナクウング] (英 serious) 重大

หนัง [ナング] (英 leather) 革

หนังกลับ [ナングクラブ] (英 suede) スエード

หนังยาง [ナングヤーング] (英 rubber band) 輪ゴム

หนังวัว [ナングウア] (英 cowhide) 牛革

หนังสือ [ナングスー] (英 book) 書籍 / 文献

หนังสือเดินทาง [ナングスードゥーンターング] (英 passport) 旅券

หนังสือต้นฉบับ [ナングスートンチャバブ] (英 the original text) 原書 / 原典

หนังสือนำเที่ยว [ナングスーナムティアウ] (英 guidebook) ガイドブック

หนังสือพิมพ์ [ナングスーピム] (英 newspaper) 新聞

หนังสือภาพ [ナングスーパープ] (英 illustrated book) 図鑑

หนังสือรับรอง [ナングスーラブローング] (英 certificate) 〜証 / 証明書

หนังสือสัญญา [ナングスーサンヤー] (英 contract) 契約書

หนังสืออ้างอิง [ナングスーアーングイング] (英 reference book) 参考書

หนา [ナー] (英 thick) 厚い

หน้ากาก [ナーカーク] (英 mask) 覆面 / マスク

หน้าแข้ง [ナーケング] (英 shin) 脛

หน้าต่าง [ナーターング] (英 window) 窓

หน้าตาหล่อ [ナーターロー] (英 handsome) ハンサム

หน้าที่ [ナーティー] (英 duty / responsibility) 職務 / 義務 / 任務

หน้าที่การงาน [ナーティーカーンンガーン] (英 job) 勤務

หน้าที่ที่รับผิดชอบ [ナーティーティーラブピッチョープ] (英 duty) 責務

หนาแน่น [ナーネン] (英 dense) 密集

หนาแน่นเกินไป [ナーネンクーンパイ] (英 overcrowding) 過密

896　หน่วยกิต ➡ หนาแน่นเกินไป

หน้าปก [ナーポック] (英 cover) 表紙

หน้าปัดโทรศัพท์ [ナーパットーラサップ] (英 dial) ダイヤル

หน้าผา [ナーパー] (英 cliff) 崖

หน้าผาก [ナーパーク] (英 forehead) 額

หน้าฝน [ナーフォン] (英 rainy season) 梅雨

หนาม [ナーム] (英 thorn) とげ

หน้าราบ [ナーラープ] (英 level) 平面

หนาว [ナーウ] (英 cold) 寒い

หนาวเย็น [ナウイェン] (英 cold) 冷たい

หนาวสั่น [ナーウサン] (英 chill) 寒気

หนาวเหน็บ [ナーウネップ] (英 feel a chill) 凍える

หน้าหนา [ナーナー] (英 shameless) 厚かましい

หน้าอก [ナーオック] (英 chest) 胸

หนำซ้ำ [ナムサム] (英 also) それに / かつ

หนำซ้ำยัง... [ナムサムヤング...] (英 additionally) ひいては

หนี [ニー] (英 escape) 逃げる / 逃れる

หนี้ [ニー] (英 debt) 借金

หนีบ [ニープ] (英 put *sth* between) 挟む

หนีไป [ニーパイ] (英 run away) 逃げ出す

หนีภาษี [ニーパースィー] (英 tax evasion) 脱税

หนี้สิน [ニースィン] (英 debt) 債務

หนึ่ง [ヌング] (英 one) 一

หนึ่งแก้ว [ヌンゲゲーウ] (英 one glass) 一杯

หนึ่งครั้ง [ヌンゲクラング] (英 once) 一度

หนึ่งคืน [ヌンゲクーン] (英 one night) 一泊

หนึ่งชิ้น [ヌンゲチン] (英 one piece) 1つ

หนึ่งเดือน [ヌンゲドゥアン] (英 one month) ひと月

หนึ่งนาฬิกา [ヌンゲナーリカー] (英 one o'clock) 一時

หนึ่งวัน [ヌンゲワン] (英 a (one) day) 一日

หนึ่งสัปดาห์ [ヌンゲサップダー] (英 a week) 一週間

หนุ่มสาว [ヌムサーウ] (英 young) ヤング

หนู [ヌー] (英 mouse / (courtesy title for showing affection)) ねずみ / ～ちゃん

หมกมุ่น [モクムン] (英 be obsessed with) 夢中になる

หมดกำลังใจ [モッカムランゲチャイ] (英 fail / be discouraged) 挫折する

หมดไป [モッパイ] (英 run out) 尽きる

หมดเรี่ยวแรง [モッリアウレーング] (英 have no energy left) げっそり

หมดเรี่ยวหมดแรง [モッリアウモッレーング] (英 look exhausted) ぐったりする

หมดแรง [モッレーング] (英 feel depressed) 滅入る

หมดสติ [モッサティ] (英 faint) 気絶する / 失神する

ห

หน้าปก ➡ หมดสติ 897

หมดสมัย [モッサマイ] (英 be outdated) 廃れる

หมดสิทธิ์ [モッスィッ] (英 fail to) 失格する

หมดสิ้น [モッスィン] (英 cease to exist) 絶える

หมดสิ้นไป [モッスィンパイ] (英 become exterminated) 絶滅する

หมดหวัง [モッワング] (英 be hopeless) 絶望する

หมดอายุ [モッアーユ] (英 expire) 無効 / 切れる

หม่น [モン] (英 gloomy) 暗い

หมวก [ムアク] (英 hat) 帽子

หมวกกันน็อก [ムアクカンノク] (英 helmet) ヘルメット

หมวดหมู่ [ムアットムー] (英 category) 種目 / カテゴリー / セクション / 見出し

หมอ [モー] (英 doctor) 医師

หม้อ [モー] (英 pot) 鍋 / 壺

หมอก [モーク] (英 fog) 霧

หมอกควัน [モーククワン] (英 smog) スモッグ

หมอง(สี) [モーング (スィー)] (英 somber) 濁る

หมอน [モーン] (英 pillow) 枕

หมอนั่น [モーナン] (英 fellow) 奴

หม้อหุงข้าว [モースフングカーウ] (英 rice cooker) 炊飯器

หม้อเหล็กชงชา [モーレックチョングチャー] (英 iron teakettle) 釜

หมัก [マク] (英 fermented / pickle) 発酵させた / 漬ける

หมัด [マッ] (英 flea) 蚤

หมั้น [マン] (英 become engaged) 婚約する

หมั่นเพียร [マンピアン] (英 diligently) せっせと

หมากฝรั่ง [マークファラング] (英 gum) ガム

หมากรุก [マークルク] (英 Japanese chess) 将棋

หมากล้อม [マークローム] (英 the game of go) 碁

หมาจรจัด [マーチョンチャッ] (英 stray dog) 野良犬

หมายเลข [マーイレーク] (英 number) ナンバー / 番号 / 号

หมายเลขโทรศัพท์ [マーイレークトーラサプ] (英 telephone number) 電話番号

หมายเลขแฟกซ์ [マーイレークフェーク] (英 fax number) ファックス番号

หมายเลขห้อง [マーイレークホング] (英 room number) 部屋番号

หมายเหตุ [マーイヘーッ] (英 note) 注

หมิ่นประมาท [ミンプラマーッ] (英 humiliate) 中傷する

หมี [ミー] (英 bear) 熊

หมีแพนด้า [ミーペーンダー] (英 giant panda) パンダ

หมึก [ムック] (英 ink) インキ / インク

หมึกจีน [ムックチーン] (英 Chinese ink) 墨

หมื่น [ムーン] (英 ten thousand) 万

หมุด [ムッ] (英 pin) 画鋲 / ピン

หมุน [ムン] (英 rotate) 回す / 回る

หมุนไปรอบ ๆ [ムンパイロープロープ]
(英 rotation) 回り

หมุนรอบตัวเอง [ムンロープトゥアエーング]
(英 rotate) 自転する

หมุนเวียน [ムンウィアン] (英 rotate)
回転する / 転回する / 循環する

หมู [ムー] (英 pig) 豚

หมู่ [ムー] (英 group) 群れ

หมู่เกาะ [ムーコ] (英 chain of islands)
列島

หมู่นี้ [ムーニー] (英 recently)
この頃 / 最近

หมู่บ้าน [ムーバーン] (英 village) 村

หมู่บ้านการเกษตร
[ムーバーンカーンカセーッ]
(英 farming village) 農村

หมู่บ้านชาวประมง
[ムーバーンチャーウプラモング]
(英 fishing village) 漁村

หมู่เลือด [ムールアッ] (英 blood type)
血液型

หยด [ヨッ] (英 drop) しずく

หยดน้ำ [ヨッナム] (英 water drop) 水滴

หยอกล้อ [ヨークロー] (英 make fun of)
あざわらう / 冷やかす

หยอด [ヨーッ] (英 pour into) 注す

หยอดเข้าไป [ヨーッカウパイ]
(英 insert) 投入する

หย่อน [ヨーン] (英 loose) 緩やか

หย่อนคล้อย [ヨーンクローイ] (英 slack)
弛（たる）む

หย่อนยาน [ヨーンヤーン]
(英 loose / loosen) 緩い / 緩む

หยาบ [ヤープ] (英 rough)
荒い / 荒っぽい / ざらざらした

หยาบ ๆ [ヤープヤープ] (英 roughly)
大ざっぱ / おおまか

หยาบคาย [ヤープカーイ] (英 rude)
下品 / ぞんざい / 荒い / 乱暴

หยาม [ヤーム] (英 make a fool of)
なめる / 見くびる

หย่าร้าง [ヤーラーング] (英 divorce)
離婚する

หยิก [イック] (英 pinch) つねる / ひねる

หยิกเป็นลอน [イックペンローン]
(英 be wavy) 縮れる

หยิ่งยโส [インゲヤソー] (英 snob) 威張る

หยิ่งยะโส [インゲヤソー] (英 vanity)
虚栄心

หยิบ [イップ] (英 pick up) つまむ / 取る

หยิบขึ้นมา [イップクンマー] (英 take up)
取り上げる

หยึกหยัก [ユックヤック] (英 jagged) ぎざぎざ

หยุด [ユッ] ([英] stop)
止める / 止まる / とどめる / 絶える

หยุดกลางคัน [ユックラーングカン]
([英] stop halfway) 途絶える

หยุดชะงัก [ユッチャンガク] ([英] stuck)
停滞する

หยุดชั่วคราว [ユッチュアクラーゥ]
([英] pause) 一時停止する

หยุดชั่วครู่ [ユッチュアクルー] ([英] pause)
ポーズ

หยุดตก(ฝน) [ユットク (フォン)]
([英] stop) やむ

หยุดทำการ [ユッタムカーン]
([英] be closed) 休業する

หยุดนิ่ง [ユッニング] ([英] be still) 静止する

หยุดยิง [ユッイング] ([英] cease fire)
停戦する

หยุดยืน [ユッユーン]
([英] come to a stop) 立ち止まる

หยุดรถ [ユッロッ] ([英] stop a car) 停車する

หยุดระงับ [ユッランガプ]
([英] stop for a while) 休止する

หยุดอยู่ [ユッユー] ([英] stay) 留まる

หยุดอยู่กับที่ [ユッユーカプティー]
([英] stand still) 静止する / 停滞する

หรือ [ルー] ([英] or)
～か / ～とか / ～や / ないし

หรือไม่ก็ [ルーマイコー] ([英] otherwise)
もしくは

หรือว่า [ルーワー] ([英] or)
あるいは / それとも

หรือว่าบางที [ルーワーバーングティー]
([英] by any chance)
もしかして / もしかすると

หรูหรา [ルーラー] ([英] luxury)
贅沢 / 豪華 / 華麗

หลงตัวเอง [ロングトゥアエーング]
([英] narcissistic) 自惚れ

หลงทาง [ロングターング] ([英] get lost) 迷う

หลงรัก [ロングラク] ([英] fall in love) 恋する

หลงลืม [ロングルーム] ([英] forgetful) ぼける

หลงใหล [ロングライ]
([英] be crazy about) 執着する

หลงใหลได้ปลื้ม [ロングライダイプルーム]
([英] be attracted to) 憧れる

หล่น [ロン] ([英] fall) 落ちる

หลบไปที่อื่น [ロプパイティーウーン]
([英] retreat) 退ける

หลบร้อน [ロプローン] ([英] escape from the summer hot) 避暑する

หลบหน้า [ロプナー] ([英] avoid) 避ける

หลบหนี [ロプニー] ([英] escape) 脱出する

หลบหนีคดี [ロプニーカディー] ([英] escape from prosecution) 逃亡する

หลบออกไป [ロプオークパイ]
([英] slip out) 抜け出す

หลวม [ルアム] ([英] loosen) 緩む

หลวมโคร่ง [ルアムクローング]
([英] baggy) だぶだぶ

หล่อ [ロー] ([英] cool / awesome)
かっこいい

หลอกลวง [ローゥルアング] (英 fool)
欺く / ごまかす

หลอด [ローッ] (英 tube / straw)
管状の物 / ストロー

หลอดดูด [ローッドゥーッ] (英 straw)
ストロー

หลอดไฟ [ローッファイ]
(英 electric bulɔ) 電球

หลอดไฟนีออน [ローッファイニーオーン]
(英 fluorescent light) 蛍光灯

หลอดลม [ローッロム] (英 trachea) 気管

หลอดลมอักเสบ [ローッロムアクセーブ]
(英 bronchitis) 気管支炎

หลอมรวม [ロームルアム] (英 melt into)
溶け込む

หลอมเหลว [ロームレゥ] (英 be melted)
とろける

หละหลวม [ラルアム] (英 loose)
(規則に) ルーズな

หลัก [ラク] (英 main) 主

หลัก ๆ [ラクラク] (英 mainly) 主に

หลักการ [ラクカーン] (英 principle)
原理 / 建前

หลักการขั้นพื้นฐาน [ラクカーンカンプーンターン]
(英 fundamental principle) 原則

หลักคิด [ラクキッ] (英 theory) 論

หลักฐาน [ラクターン] (英 evidence) 証し

หลักตรรกะ [ラッタッカ] (英 logic) 論理

หลักทรัพย์ [ラクサブ] (英 securities)
有価証券

หลักธรรมประจำใจ [ラクタムプラチャムチャイ]
(英 belief) 信条

หลักเลข [ラクレーク] (英 digit) 桁

หลักสูตร [ラクスーッ] (英 curriculum)
課程 / カリキュラム / 講座

หลัง [ラング] (英 back) 背中 / 背

หลังคาบ้าน [ラングカーバーン] (英 roof)
屋根

หลังจาก [ラングチャーク] (英 after that) 後

หลังจากนั้น [ラングチャークナン]
(英 after that) それから

หลังจากนั้นมา [ラングチャークナンマー]
(英 after that) 以来

หลังจากนี้ [ラングチャークニー]
(英 after) 以後

หลังเท้า [ラングタゥ] (英 the top of the foot) (足の) 甲

หลังมือ [ラングムー] (英 the back of one's hand) (手の) 甲

หลังไหลเข้าไป [ラングライカゥパイ]
(英 rush) 殺到する

หลังอาหาร [ラングアーハーン]
(英 after meal) 食後

หลับนก [ラプノク] (英 nap) うたたね

หลับสนิท [ラプサニッ]
(英 sleep soundly) 熟睡する

หลากหลาย [ラークラーイ] (英 various)
いろいろ / 多様 / まちまち

หลาน [ラーン] (英 grandchild) 孫

หลานชาย [ラーンチャーイ] (英 nephew) 甥

หลอกลวง ➡ หลานชาย 501

หลานสาว [ラーンサーゥ] (英 niece) 姪

หลาย... [ラーィ ...] (英 several) 幾

หลายสัญชาติ [ラーィサンチャーッ] (英 multinational) 多国籍

หลีกเลี่ยง [リーゥリアンゥ] (英 avoid) 避ける / よける

หลีกเลี่ยงไม่ได้ [リーゥリアンゥマイダイ] (英 unavoidable) 余儀ない

ห

หลุด [ルッ] (英 come out) 抜ける

หลุดไป [ルッパイ] (英 escape) 逃れる

หลุดรอด [ルッローッ] (英 get out of) 脱する

หลุดลอก [ルッローゥ] (英 peel off) はげる

หลุดออก [ルッオーゥ] (英 come off) 外れる

หลุม [ルム] (英 hole) 穴

หลุมฝังศพ [ルムファンゥソプ] (英 grave) 墓 / 墓地

ห่วง [ファンゥ] (英 ring) 輪

ห่วงยาง [ファンゥヤーンゥ] (英 swimming tube) 浮き輪

หวด [ファッ] (英 beat) 打撃する

หวนคิดถึง [ファンキットゥンゥ] (英 look back) 振り返る

หวนคืนสู่วงการ [ファンクーンスーウォンゥカーン] (英 come back) 復活

หวนหา [ファンハー] (英 yearn for) 慕う

หวังดี [ワンゥディー] (英 goodwill) 好意

หวั่นเกรง [ワンクレンゥ] (英 fear) おそれ

หวั่นใจ [ワンチャイ] (英 nervous) ハラハラ

หวั่นไหว [ワンワイ] (英 be moved) 動揺する

หวาดกลัว [ワーックルァ] (英 be scared / become frightened) おびえる

หวาดวิตก [ワーッウィトゥ] (英 be afraid of) 危ぶむ

หวาดหวั่น [ワーッワン] (英 nervous) ハラハラ / 心細い

หวาน [ワーン] (英 sweet) 甘い

หว่าน [ワーン] (英 sow) 蒔く

หว่านล้อม [ワーンローム] (英 convince) 勧誘する

หวี [ウィー] (英 comb) くし

หวุดหวิด [ウッウィッ] (英 barely) 辛うじて

หอก [ホーゥ] (英 spear) 槍

ห่อของ [ホーコーンゥ] (英 wrap) 包み

หอคอย [ホーコーィ] (英 tower) タワー

ห้อง [ホンゥ] (英 room) 部屋

ห้องเก็บของ [ホンゥケプコーンゥ] (英 storeroom) 物置 / 倉庫

ห้องขัง [ホンゥカンゥ] (英 jail) 刑務所

ห้องขังเดี่ยว [ホンゥカンゥディアゥ] (英 solitary cell) 独房

ห้องข้างเคียง [ホンゥカーンゥキアンゥ] (英 the next room) 隣室

ห้องครัว [ホンゥクルァ] (英 kitchen) 台所 / キッチン

ห้องเช่า [ホンヶチャゥ]
(英 room for rent) 貸間

ห้องดีลักซ์ [ホンヶディーラヶ]
(英 deluxe room) デラックスルーム

ห้องเดี่ยว [ホンヶディアゥ] (英 single room) シングルルーム / 個室

ห้องตรวจโรค [ホンヶトゥルアッㇳローヶ]
(英 examination room) 診察室

ห้องเตียงคู่ [ホンヶティアンヶクー]
(英 double room) ダブルルーム

ห้องโถง [ホンヶトーンヶ] (英 hall) ホール

ห้องนอน [ホンヶノーン] (英 bedroom) 寝室

ห้องนั่งเล่น [ホンヶナンヶレン]
(英 living room) 居間 / 茶の間

ห้องน้ำ [ホンヶナム] (英 toilet / bathroom) トイレ / バスルーム

ห้องน้ำสาธารณะ [ホンヶナムサーターラナ]
(英 public lavatory) 公衆トイレ

ห้องแบ่งเช่า [ホンヶベンヶチャゥ]
(英 guesthouse) 民宿

ห้องแบบญี่ปุ่น [ホンヶベーㇷ゚イープン]
(英 Japanese-style room) 座敷

ห้องแบบสตูดิโอ [ホンヶベーㇷ゚サトゥーディオー]
(英 studio apartment) ワンルーム

ห้องปฏิบัติการศิลปะ
[ホンヶパティバッㇳカーンスィンラパッ]
(英 atelier) 工房

ห้องประชุม [ホンヶプラチュム]
(英 meeting room) 会議室

ห้องเปลี่ยนเสื้อผ้า [ホンヶプリアンスァパー]
(英 locker room) 更衣室

ห้องพักรอ [ホンヶパヶロー]
(英 waiting room) 控え室 / 待合室

ห้องไม่ว่าง [ホンヶマイワーンヶ]
(英 no vacancy) 満室

ห้องรับแขก [ホンヶラッㇷ゚ケーㇰ]
(英 drawing room / parlor) 客間

ห้องรับฝากของ [ホンヶラッㇷ゚ファーㇰコーンヶ]
(英 cloakroom) クローク

ห้องเรียน [ホンヶリアン] (英 classroom) 教室

ห้องแล็บ [ホンヶレㇷ゚] (英 laboratory) ラボ

ห้องวิจัย [ホンヶウィチャイ]
(英 laboratory) 研究室

ห้องสวีท [ホンヶスィーッㇳ] (英 suite) スイートルーム

ห้องแสดงสินค้า [ホンヶサデーンヶスィンカー]
(英 showroom) ショールーム

ห้องอาบน้ำ [ホンヶアーㇷ゚ナム]
(英 bathroom) 浴室

หอบ [ホーㇷ゚] (英 pant) 息を切らす

หอบ(ของ) [ホーㇷ゚ (コーンヶ)]
(英 carry in arms) 抱える

หอบังคับการ [ホーバンヶカッㇷ゚カーン]
(英 control tower) 管制塔

หอประชุม [ホープラチュム] (英 hall) 会館 / 講堂

หอประชุมคอนเสิร์ต
[ホープラチュムコーンスーッ]
(英 concert hall) コンサートホール

หอพัก [ホーパッㇰ] (英 dormitory) 寮

ห้องเช่า ➡ หอพัก　903

หอพักนักเรียน [ホーパクナクリアン] (英 student dormitory) 学生寮

หอมหัวใหญ่ [ホームファヤイ] (英 onion) たまねぎ

หอย [ホーイ] (英 shellfish) 貝

ห้อย [ホーイ] (英 hang) 垂れる / 下げる

หอยเชลล์ [ホーイシェル] (英 scallop) 帆立

หอยทาก [ホーイターク] (英 snail) かたつむり

หอยนางรม [ホーイナーングロム] (英 oyster) 牡蠣

หอยเป๋าฮื้อ [ホーイパウフー] (英 abalone) 鮑

หอยเม่น [ホーイメン] (英 sea urchin) 雲丹 (うに)

ห้อยลงมา [ホーイロングマー] (英 hang) ぶら下げる

หอยลาย [ホーイラーイ] (英 Japanese littleneck clam) あさり

ห่อยาผง [ホーヤーポング] (英 sachet) 薬包

ห้อเลือด [ホールアッ] (英 bruise) あざ

หอสมุด [ホーサムッ] (英 library) 図書館

ห่อหุ้ม [ホーフム] (英 pack) 包む / くるむ

ห่อเหี่ยว [ホーヒアウ] (英 gloomy / depressing / irritating) うっとうしい

หัก [ハク] (英 break) 折る / 折れる

หักกลบลบหนี้ [ハククロブロブニー] (英 subtract) 相殺する

หักคอ [ハクコー] (英 force) 押し切る

หักงอ [ハンゴー] (英 be bended) 折れる

หักลดหย่อน [ハクロッヨーン] (英 deduct) 控除する

หักล้าง [ハクラーング] (英 overturn) 覆す

หักหลัง [ハクラング] (英 betray) 裏切る

หักเห [ハクヘー] (英 be refracted) 屈折する

หักออก [ハクオーク] (英 deduct) 差し引く / 控除する

หัน [ハン] (英 turn) 振り向く / 向く

หันกลับด้าน [ハンクラブダーン] (英 turn round) 回す

หันกลับไปมอง [ハンクラブパイモーング] (英 look back on) 見返す

หันเข้าหา [ハンカウハー] (英 turn to) 臨む

หั่นละเอียด [ハンライアッ] (英 mince) 刻む

หันหน้าไปทาง [ハンナーパイターング] (英 face) 面する

หันหน้าหนี [ハンナーニー] (英 turn away) そっぽを向く

หันหนี [ハンニー] (英 turn away) 逸らす

หัว [ファ] (英 head) 球根 / 頭

หัวข้อ [ファコー] (英 topic) 課題 / 項目 / テーマ

หัวข้อข่าว [ファコーカーウ] (英 headline) 見出し

หัวข้อเรื่อง [ファコールアング] (英 title) 題 / タイトル / 表題 / 主題

หัวข้อหลัก [ファコーラク] (英 theme) 主題

หัวเข่า [ファカウ] (英 knee) 膝

หัวจุกนม [ファチュクノム]
(英 pacifier / dummy) おしゃぶり

หัวใจ [ファチャイ] (英 heart) 心 / 心臓

หัวไชเท้า [ファチャイタウ]
(英 white radish) 大根

หัวแถว [ファテーウ] (英 the lead) 先頭

หัวโบราณ [ファボーラーン]
(英 conservativeness) 保守的

หัวผักกาดฝรั่ง [ファパックカーッファラング]
(英 turnip) 蕪

หัวมุมถนน [ファムムタノン]
(英 street corner) 街角

หัวรั้น [ファラン] (英 stubborn) 頑固

หัวเราะ [ファロ] (英 laugh) 笑う

หัวเรื่อง [ファルアング] (英 topic) 主題

หัวสูง [ファスーング] (英 smug) 気障

หัวหน้า [ファナー] (英 chief)
チーフ / 首脳

หัวหน้างาน [ファナーンガーン]
(英 person in charge of) 主任

หัวหน้าแผนก [ファナーパネーク] (英 the chief of the department) 課長 / 部長

หัวหน้าฝ่าย [ファナーファーイ]
(英 a sectional head) 課長 / 部長

หัวอ่อน [ファオーン] (英 obedient) 素直

หา [ハー] (英 look for) 探す

ห้า [ハー] (英 five) 5

หากิน [ハーキン] (英 make a living)
生計を立てる (口語)

หาง [ハーング] (英 tail) 尾 / しっぽ

ห่าง [ハーング] (英 be long off) 離れる

ห่างกัน [ハーングカン] (英 be distant)
隔たる

ห้างสรรพสินค้า [ハーングサップパスィンカー]
(英 department store) 百貨店

หางเสือ [ハーングスア] (英 helm) 舵

ห่างออกไป [ハーングオークパイ]
(英 go (further) away) 遠ざかる

หางานทำ [ハーンガーンタム]
(英 job hunt) 就職活動 (する)

หาเจอ [ハーチュー] (英 be found)
見つかる

หาซื้อได้ [ハースーダイ]
(英 be available) 入手する

ห่าน [ハーン] (英 goose) がちょう

หาม [ハーム] (英 lift onto one's back)
担ぐ

ห้าม [ハーム]
(英 forbid / prohibit / ban) 禁じる

ห้ามเข้า [ハームカウ] (英 KEEP OUT)
立入禁止

ห้ามจอด [ハームチョーッ]
(英 NO PARKING) 駐車禁止

ห้ามดื่มสุรา [ハームドゥームスラー]
(英 abstinence from alcohol) 禁酒

ห้ามถ่ายรูป [ハームターイループ]
(英 NO PHOTOGRAPHY) 撮影禁止

ห

ห้ามทำ [ハームタム] (英 must not do[be]) ~してはならない

ห้ามล้อ [ハームロー] (英 brake) ブレーキ

ห้ามสูบบุหรี่ [ハームスーブブリー] (英 No Smoking) 禁煙

หามาได้ [ハーマーダイ] (英 acquire) 入手する

หาย [ハーイ] (英 disappear) 無くなる

หายใจ [ハーイチャイ] (英 breathe) 吸う

หายใจไม่ออก [ハーイチャイマイオーク] (英 suffocate) 窒息する

หายใจหอบ [ハーイチャイホープ] (英 pant) 喘ぐ

หายดี [ハーイディー] (英 get well) 治る

หายตัวไป [ハーイトゥァバイ] (英 missing) 行方不明

หายไปนาน [ハーイバイナーン] (英 long time no see) 御無沙汰

หายแล้ว [ハーイレーゥ] (英 be mended) 直る

หายาก [ハーヤーク] (英 rare) まれ

หาร [ハーン] (英 divide) 割る

หารเลข [ハーンレーク] (英 divide the numbers) 割り算する

หารือ [ハールー] (英 consult) 諮る

หารือร่วมกัน [ハールールァムカン] (英 discuss *sth* together) 合議する

หาเลี้ยงตัวเอง [ハーリァングトゥァエーング] (英 earn one's living) 生計を立てる

หาว [ハーゥ] (英 yawn) 欠伸

ห้าวหาญ [ハーゥハーン] (英 boldness) 大胆

ห้าสิบ [ハースィブ] (英 fifty) 50

หาให้พบ [ハーハイポブ] (英 find) 見つける

หิ้ง [ヒング] (英 shelf) 戸棚

หิ่งห้อย [ヒングホイ] (英 firefly) 蛍

หิน [ヒン] (英 stones and rocks) 岩石

หินปูน [ヒンプーン] (英 lime) 石灰

หินอ่อน [ヒンオーン] (英 marble) 大理石

หิมะ [ヒマ] (英 snow) 雪

หิมะถล่ม [ヒマタロム] (英 avalanche) 雪崩

หิว [ヒゥ] (英 be hungry) お腹が空く

หิวกระหาย [ヒゥクラハーイ] (英 hungry and thirsty) 飢渇

หีบห่อ [ヒーブホー] (英 wrapping) 包装

หือ? [フー] (英 huh) え / えっ

หุง [フング] (英 cook (rice)) 炊く

หุงหาอาหาร [フングハーアーハーン] (英 cook) 炊事する

หุ่น [フン] (英 physique / body build / figure) 体格 / 体つき / 姿

หุ้น [フン] (英 stock) 株式 / 証券

หุ่นดี [フンディー] (英 slim) スマート

หุ่นยนต์ [フンヨン] (英 robot) ロボット

หุบเขา [フブカゥ] (英 valley) 谷

หุ้ม [ฟุม] (愛 cover) 覆う / くるむ

หู [フー] (愛 ear) 耳

หูโทรศัพท์ [フートーラサプ]
(愛 telephone receiver) 受話器

หูฟังสวมศีรษะ [フーファングスアムスィーサ]
(愛 headphones) ヘッドホン

เหงา [ンガゥ] (愛 lonely) 寂しい

เหง้า [ンガゥ] (愛 tuber) 球根

เหงื่อ [ングア] (愛 sweat) 汗

เหงือก [ングアク] (愛 gums) 歯肉

เหงือกอักเสบ [ングアクアクセープ]
(愛 gingivitis) 歯肉炎

เห็ด [ヘッ] (愛 mushroom) きのこ

เหตุ [ヘーッ] (愛 cause) 要因

เหตุการณ์ [ヘーッカーン] (愛 event)
出来事

เหตุจำเป็น [ヘーッチャムペン]
(愛 situation) 事情

เหตุจูงใจ [ヘーッチューングチャイ]
(愛 motivation) 動機

เหตุผล [ヘーッポン] (愛 reason) 理由

เห็น [ヘン] (愛 see) 見掛ける

เห็นชอบ [ヘンチョープ] (愛 consent)
承諾する

เห็นด้วย [ヘンドゥアイ]
(愛 agree with[to]) 賛成する

เห็นตรงกัน [ヘントロングカン]
(愛 agree with[to]) 合致する / 合意する

เห็นต่างกัน [ヘンターングカン]
(愛 have different opinion) 食い違う

เหน็บแนม [ネプネーム]
(愛 make a sarcastic remark) 風刺する

เห็นพ้องต้องกัน [ヘンポーングトーングカン]
(愛 agree with) 合致する

เห็นอกเห็นใจ [ヘンオクヘンチャイ]
(愛 sympathy) 同情

เหนียมอาย [ニアムアーイ] (愛 timidity)
内気

เหนียว [ニアゥ] (愛 tenacity) 粘り

เหนียวหนึบ [ニアゥニープ] (愛 sticky)
ねばねばした / 固い

เหนือกว่า [ヌアクワー] (愛 superior to)
優れた

เหนือชั้นกว่า [ヌアチャンクワー]
(愛 superiority) 優勢

เหนื่อย [ヌアイ] (愛 tired) 疲れた

เหนื่อยล้า [ヌアイラー]
(愛 be exhausted) 疲れる / バテる

เหนื่อยหน่าย [ヌアイナーイ]
(愛 be sick of sth) うんざり

เหนืออื่นใด [ヌアウーンダイ]
(愛 above all) 何より

เห็บ [ヘプ] (愛 flea) だに / 蚤

เหม็นคาว [メンカーゥ]
(愛 fishy-smelling) 生臭い

เหม่อ [ムー] (愛 be distracted)
気が散っている

เหมาว่า...ทั้งหมด [モアー ... タングモッ]
(愛 as a whole) 一概に

หุ้ม ➡ เหมาว่า...ทั้งหมด   907

เหมาะ [モ] (英 be suitable (for)) 適する	เหยื่อล่อ [ユァロー] (英 bait) 餌（獲るための）
เหมาะกัน [モカン] (英 match) 合う	เหรียญ [リアン] (英 coin) 硬貨
เหมาะเจาะ [モチョ] (英 accurate) 的確	เหรียญเงิน [リアングン] (英 silver coin) 銀貨
เหมาะสม [モソム] (英 suitable) 相応 / 妥当 / ふさわしい	เหรียญตรา [リアントラー] (英 badge) バッジ
เหมาะสมกัน [モソムカン] (英 suit) 似合う	เหล็ก [レッ] (英 iron) 鉄
เหมืองแร่ [ムアングレー] (英 mine) 鉱山	เหล็กกล้า [レックラー] (英 steel) 鉄鋼
เหมือน [ムアン] (英 look like) 似ている / 似る	เหลว [レゥ] (英 liquid) 水っぽい
เหมือนกัน [ムアンカン] (英 the same) 同じ / 同様	เหลวไม่เป็นท่า [レゥーマイペンター] (英 become messed up) 台無しにする / 滅茶苦茶にする
เหมือนจะ... [ムアンチャ...] (英 seem like) 〜らしい	เหลวไหล [レゥライ] (英 silly) くだらない
เหมือนเดิม [ムアンドゥーム] (英 still) 相変わらず	เหล้า [ラゥ] (英 alcoholic drinks) 酒
เหมือนเป๊ะ [ムアンペ] (英 similar) そっくり	เหล้ากลั่น [ラウクラン] (英 liquor) 蒸留酒
เหยาะแหยะ [ヨイェ] (英 loose) いい加減な（性格）	เหล่านี้ [ラゥニー] (英 these) これら
เหยียดหยาม [イアッヤーム] (英 look down to) 軽蔑	เหล้าผลไม้ [ラゥポンラマイ] (英 liqueur) リキュール
เหยียดออก [イアッオーク] (英 stretch) 突っ張る	เหลาะแหละ [ロレ] (英 frivolity) 軽薄
เหยียบ [イアッ] (英 step) 踏む	เหลี่ยม [リアム] (英 corner / angle) 角度
เหยี่ยว [イアゥ] (英 hawk) 鷹	เหลือ [ルァ] (英 remain) 余る
เหยื่อ [ユーァ] (英 victims) 犠牲	เหลือกำลัง [ルァカムラング] (英 very / greatly / large amount) 余程
เหยือกเบียร์ [ユァッビア] (英 beer mug) ジョッキ	เหลือเกิน [ルァクーン] (英 awfully) やけに / 極めて
	เหลือง [ルァング] (英 yellow) 黄色い

เหลือเชื่อ [ルアチュア]
(愛 unbelievable) とんでもない

เหลือบมอง [ルアッブモーング]
(愛 glance at) ちらっと見る

เหลือพอ [ルアポー]
(愛 time or room to spare) 余裕

เหลือเฟือ [ルアフー] (愛 abundant)
ふんだん

เหลื่อมกัน [ルアムカン] (愛 slip out of the position / to slide) ずれる

เหลือไว้ [ルアワイ] (愛 leave behind) 残す

เหลืออยู่ [ルアユー] (愛 remain) 残る

เห่า [ハウ] (愛 bark) 吠える

เหี้ยมโหด [ヒアムホーッ] (愛 cruel) 冷酷

เหี่ยว [ヒァゥ] (愛 wither) しぼむ / しなびる

แห่กันกลับบ้าน [ヘーカンクラッブバーン]
(愛 rush back to one's hometown)
帰省ラッシュ

แห้ง [ヘーング] (愛 dry) 乾く

แห่งชาติ [ヘーングチャーッ]
(愛 national) 国立

แหงนมอง [ンゲーンモーング]
(愛 look up) 仰ぐ

แหนบถอนขน [ネーブトーンコン]
(愛 tweezers) 毛抜き

แหม... [メー...] (愛 because) だって

แหย่ [イェー] (愛 tease sb / make fun of sb) からかう

แหล่งกำเนิดน้ำ [レングカムヌーッナム]
(愛 the water source) 水源

แหล่งข่าว [レングカーウ] (愛 source)
消息筋

แหล่งเงินทุน [レーングングントゥン]
(愛 revenue source) 財源

แหล่งจ่ายไฟฟ้า [レーンチャーイファイファー]
(愛 power supply) 電源

แหล่งผลิต [レングパリッ]
(愛 place of origin) 原産

แหล่งพลังงาน [レングパランガーン]
(愛 energy source) エネルギー源

แหลม [レーム] (愛 cape / sharp) 岬 / 鋭い

แหลมคม [レームコム]
(愛 become sharp) 尖る

แหว่ง [ウェーング] (愛 lack) 欠ける

แหวน [ウェーン] (愛 ring) 指輪

โหดร้าย [ホーッラーイ] (愛 cruel) 残酷

โหวกเหวก [ウォークウェーク]
(愛 be noisy) 騒々しい

โหวต [ウォーッ] (愛 vote) 投票する

ให้ [ハイ] (愛 give) 与える

ให้กำเนิด [ハイカムヌーッ]
(愛 give birth to) 産む

ให้กำลังใจ [ハイカムラングチャイ]
(愛 encourage) 応援する / 激励する

ให้กู้ [ハイクー] (愛 loan) 貸す

ให้ข้อคิดเห็น [ハイコーキッヘン]
(愛 make a comment) 解説する

ให้คนขึ้นรถ [ハイコンクンロッ]
(愛 let a person get in) 乗せる

เหลือเชื่อ ➡ ให้คนขึ้นรถ 909

ให้ความสำคัญ [ハイクワームサムカン]
(英 consider *sth* important) 重んじる

ให้คะแนน [ハイカネーン]
(英 score / grade) 採点する

ให้คำตอบ [ハイカムトープ]
(英 give an answer) 返答する

ให้คำแนะนำ [ハイカムネナム]
(英 give advice) 指導する

ให้คำปรึกษา [ハイカムプルクサー]
(英 consulting) コンサルティング

ให้เช่า [ハイチャウ] (英 rental) レンタル

ใหญ่ [ヤイ] (英 big) 大きな

ใหญ่โต [ヤイトー] (英 large) 大柄

ใหญ่โตโอ่อ่า [ヤイトーオーアー]
(英 magnificence) 壮大

ใหญ่ที่สุด [ヤイティースッ]
(英 the largest[biggest, greatest]) 最大

ใหญ่เล็ก [ヤイレク]
(英 large and small) 大小

ให้ได้ [ハイダイ] (英 by all means)
是非とも

ให้ทาน [ハイターン] (英 give charity) 施す

ให้ที่พัก [ハイティーパク]
(英 put *sb* up at) 泊める

ให้โทษ [ハイトーッ] (英 harmful)
害のある

ให้น้ำเกลือ [ハイナムクルア] (英 give *sb* an intravenous drip) 点滴をする

ให้ปากคำ [ハイパークカム] (英 testify)
供述する

ให้ผ่าน [ハイパーン] (英 let *sb* pass) 通す

ใหม่ [マイ] (英 new) 新しい

ใหม่แกะกล่อง [マイケクローング]
(英 new) 新品

ใหม่สด [マイソッ] (英 fresh) 新鮮

ให้ยา [ハイヤー] (英 medication) 投薬

ให้ยืม [ハイユーム] (英 lend) 貸す

ให้ร้าย [ハイラーイ] (英 speak evil of)
中傷する

ให้เรียบร้อย [ハイリアプローイ]
(英 neatly / properly) ちゃんと

ให้เลือด [ハイルアッ] (英 transfuse)
輸血する

ให้สิทธิ์ก่อน [ハイスィッコーン]
(英 priority) 優先

ให้สินเชื่อ [ハイスィンチュア]
(英 loan on credit) 貸し出す

ไห [ハイ] (英 pot) 壺

ไหม้ [マイ] (英 become burnt) 焦る

ไหมพรม [マイプロム] (英 wool yarn) 毛糸

ไหล [ライ] (英 flow) 流れる

ไหล่ [ライ] (英 shoulder) 肩

ไหล่เขา [ライカウ] (英 hillside) 山腹

ไหว [ワイ] (英 swing) 揺らぐ

ไหวพริบ [ワイプリプ] (英 wits) 機転

ไหว้วาน [ワイワーン] (英 request)
依頼する

อ

อกตัญญู ［アカタンユー］（英 be ungrateful）親不孝する

อกรรมกริยา ［アカムクリヤー］（英 intransitive verb）自動詞

อกหัก ［オックハック］（英 be heartbroken）失恋する

อคติ ［アカティ］（英 prejudice）偏見 / 先入観

องค์กร ［オングコーン］（英 organization）組織

องค์ประกอบ ［オングプラコープ］（英 component）要素 / 構成

องศา ［オングサー］（英 degree）度

องุ่น ［アグン］（英 grapes）葡萄

อดกลั้น ［オックラン］（英 oppression）抑圧

อดทน ［オットン］（英 endurance / endure）我慢 / しのぐ

อดทนสูง ［オットンスーング］（英 perseverance）辛抱強い

อดอยาก ［オッヤーク］（英 starve）飢える

อดออม ［オッオーム］（英 economize）倹約する

อดอาหาร ［オッアーハーン］（英 fast）断食する

อดีต ［アディーッ］（英 the past）過去 / 昔

อธิบาย ［アティバーイ］（英 explain）説く

อธิษฐาน ［アティッターン］（英 pray）祈る

อนาคต ［アナーコッ］（英 future）将来 / 未来 / 前途

อนามัย ［アナーマイ］（英 hygiene）衛生

อนารยชน ［アナーラヤチョン］（英 savage）野蛮

อนึ่ง ［アヌング］（英 furthermore）なお

อนุญาต ［アヌヤーッ］（英 permit / allow）許可する

อนุมัติ ［アヌマッ］（英 approve）認可する / 承認する

อนุมาน ［アヌマーン］（英 analogize）類推する

อนุรักษ์ ［アヌラクッ］（英 conserve）保守する

อนุโลม ［アヌローム］（英 tolerate）許容する

อนุสาวรีย์ ［アヌサーワリー］（英 monument）碑

อเนกประสงค์ ［アネークプラソング］（英 multi-purpose）万能

อบ ［オプ］（英 steamed）蒸した

อบเชย ［オプチューイ］（英 cinnamon）シナモン

อบรม ［オプロム］（英 teach / train）教育する

อบรมระยะสั้น ［オプロムラヤサン］（英 take a short training）講習する

อบรมสั่งสอน ［オプロムサングソーン］（英 educate）教育する

อบอุ่น ［オプウン］（英 warm）温暖

อบอุ่นขึ้น ［オプウンクン］（英 warm）暖まる

อบไอน้ำ [オブアイナム] (英 steam bath) サウナ

อพยพ [オプパヨプ] (英 evacuate / shelter) 避難する

อภิปราย [アピプラーィ] (英 discuss) 討論する

อภิปรายผล [アピプラーィポン] (英 discuss the result) 考察する

อมไว้ในปาก [オムワイナイパーク] (英 keep in the mouth / suck / lap) しゃぶる

อเมริกา [アメーリカー] (英 America) アメリカ

อเมริกาใต้ [アメーリカータイ] (英 South America) 南米 / 南アメリカ

อเมริกาเหนือ [アメーリカーヌァ] (英 North America) 北米 / 北アメリカ

อย่าง... [ヤーング...] (英 such) ～なんて

อย่างคลั่งไคล้ [ヤーングクラングクライ] (英 passionate) 情熱的

อย่างง่าย ๆ [ヤーングンガーィンガーィ] (英 easy) 手軽

อย่างง่ายดาย [ヤーングンガーィダーィ] (英 easily / smoothly) たやすい / すんなり

อย่างจริงจัง [ヤーングチングチャング] (英 in earnest) 本格的

อย่างฉับไว [ヤーングチャップワイ] (英 speedy) 速やか

อย่างชัดเจน [ヤーングチャッチェーン] (英 clearly) きっぱり / くっきり

อย่างช้า [ヤーングチャー] (英 no later than) 遅くとも

อย่างช้า ๆ [ヤーングチャーチャー] (英 slowly) 徐々に

อย่างเช่น [ヤーングチェン] (英 such as) なんか

อย่างดื่มด่ำ [ヤーングドゥームダム] (英 deeply) しみじみ

อย่างเด็ดขาด [ヤーングデッカーッ] (英 decisively) 断然 / 絶対

อย่างต่อเนื่อง [ヤーングトーヌァング] (英 continuously) 続々

อย่างต่ำ [ヤーングタム] (英 the least) 最小

อย่างเต็มที่ [ヤーングテムティー] (英 as much as one can) 精いっぱい

อย่างถ่องแท้ [ヤーングトングテー] (英 earnest) 切実

อย่างถึงที่สุด [ヤーングトゥングティースッ] (英 extreme) 至り / 極み

อย่างถูกต้อง [ヤーングトゥークトーング] (英 correctly / rightly) 正当

อย่างทั่วถึง [ヤーングトゥアトゥング] (英 thorough) 徹底的

อย่างที่คิด [ヤーングティーキッ] (英 as expected) 案の定

อย่างที่คิดไว้ [ヤーングティーキッワイ] (英 just as I thought) やはり

อย่างที่ทราบ [ヤーングティーサープ] (英 as you know) ご存じ

อย่างแท้จริง [ヤーングテーチング] (英 exactly) 正に

อย่างน้อย [ヤーングノーィ] (英 at least) せめて

อย่างน้อยที่สุด [ヤーンヶノーイティースッ]
(英 at least) 少なくとも / 最低

อย่างนั้น [ヤーンヶナン]
(英 so / really / seeming) そう

อย่างนี้ [ヤーンヶニー] (英 like this) こう

อย่างนุ่มนวล [ヤーンヶヌムヌアン]
(英 gently) そっと

อย่างแน่แท้ [ヤーンヶネーテー]
(英 surely) 正しく

อย่างแน่นอน [ヤーンヶネーノーン]
(英 surely) きっと / 必ず

อย่างเป็นระเบียบ [ヤーンヶペンラビアブ]
(英 neatly) きちんと / 整然と

อย่างเป็นรูปธรรม [ヤーンヶペンルーブパタム]
(英 concrete / specific) 具体的

อย่างเปิดเผย [ヤーンヶプーッブーイ]
(英 openly) 公然

อย่างแผ่วเบา [ヤーンヶペウバウ]
(英 softly) そっと

อย่างพอดี [ヤーンヶポーディー]
(英 exactly) きっちり

อย่างเพียงพอ [ヤーンヶピアンヶポー]
(英 enough) 充分

อย่างมาก [ヤーンヶマーク] (英 very much)
だいぶ / 至って / 大いに / ごく

อย่างมากที่สุด [ヤーンヶマークティースッ]
(英 extremely) 極み

อย่างมากมาย [ヤーンヶマークマーイ]
(英 so much) そんなに

อย่างมีแบบแผน [ヤーンヶミーベーブペーン]
(英 customarily) 慣例的に

อย่างมุ่งมั่น [ヤーンヶムンヶマン]
(英 intently) ひたすら

อย่างไม่คิดชีวิต [ヤーンヶマイキッチーウィッ]
(英 desperate) 必死

อย่างไม่ละอาย [ヤーンヶマイラアーイ]
(英 impudent / shameless) ずうずうしい

อย่างย่อ [ヤーンヶヨー] (英 brief) 簡潔

อย่างยิ่ง [ヤーンヶインヶ] (英 greatly)
大層 / 大いに

อย่างยุติธรรม [ヤーンヶユティタム]
(英 justly) 良心的

อย่างรวดเร็ว [ヤーンヶルアッレウ]
(英 quickly) 急速 / 迅速 / 速やか

อย่างรอบคอบ [ヤーンヶローブコーブ]
(英 carefully) 慎重に

อย่างระมัดระวัง [ヤーンヶラマッラワング]
(英 cautiously / carefully)
慎重に / 注意深く

อย่างราบรื่น [ヤーンヶラーブルーン]
(英 smoothly) すんなり

อย่างรุนแรง [ヤーンヶルンレーンヶ]
(英 violently) 動的

อย่างเร่งด่วน [ヤーンヶンンヶドゥアン]
(英 urgent) 至急

อย่างเร็ว [ヤーンヶレウ] (英 swift) すっと

อย่างเรียบง่าย [ヤーンヶリアブンガーイ]
(英 simplicity) 質素 / 素朴

อย่างเรียบร้อย [ヤーンヶリアブローイ]
(英 tidily) きちんと

อย่างแรก [ヤーンヶレーク]
(英 the former) 前者

อย่างแรง [ヤーングレーング]
(英 strongly) 強く

อย่างไร [ヤーングライ] (英 how)
いかに / どう / どのように

อย่างไรก็ตาม [ヤーングライコーターム]
(英 anyway)
しかしながら / とにかく / 何とか

อย่างลับ ๆ [ヤーングラプラプ]
(英 secretly) 密か

อย่างลึกซึ้ง [ヤーングルクスング]
(英 keenly) つくづく / 切実

อย่างว่า... [ヤーングワー ...]
(英 as you know) 何しろ

อย่างสง่าผ่าเผย [ヤーングサガーパーブーイ]
(英 majestic) 堂々

อย่างสม่ำเสมอ [ヤーングサマムサムー]
(英 regular) 定期的

อย่างสิ้นเชิง [ヤーングスィンチューング]
(英 absolute) 絶対的

อย่างหนัก [ヤーングナク] (英 strictly)
厳しく

อย่างหน้าด้าน [ヤーングナーダーン]
(英 shamelessly) ずうずうしい (口語)

อย่างหน้าตาเฉย [ヤーングナーターチューイ]
(英 indifference) 平気

อย่างหลัง [ヤーングラング]
(英 the latter) 後者 / 後方

อย่างเห็นได้ชัด [ヤーングヘンダイチャッ]
(英 considerable) 著しい

อยู่ [ユー] (英 live) いる

อยู่กับที่ [ユーカプティー] (英 static) 静的

อยู่ดึก [ユードゥク] (英 stay up late)
夜更しする

อยู่ตัว [ユートゥァ] (英 be stable) 落ち着く

อยู่ที่ไหน [ユーティーナイ]
(英 whereabouts) 行方

อยู่นิ่ง ๆ [ユーニングニング] (英 stay still)
じっと (見る)

อยู่ในระหว่าง... [ユーナイラワーング...]
(英 in the process of) 途上

อยู่ร่วมกัน [ユールァムカン]
(英 live in harmony) 共生する

อยู่รอด [ユーローッ] (英 survive) 生存する

อยู่ระหว่าง [ユーラワーング]
(英 in the midst) 最中

อยู่เหนือ [ユーヌァ] (英 get over) 越える

อยู่อาศัย [ユーアーサイ] (英 live) 住む

อร่อย [アロイ] (英 delicious)
おいしい / うまい

อรุณสวัสดิ์ [アルンサワッ]
(英 good morning) おはよう

อลังการ [アラングカーン] (英 grand) 豪華

อลูมิเนียม [アルミーニアム]
(英 aluminum) アルミニウム

อวกาศ [アワカーッ] (英 space) 宇宙

อวด [ウァッ] (英 show off) 見せびらかす

อวดเก่ง [ウァッケング] (英 cocky) 生意気

อ้วน [ウァン] (英 fat / get fat)
太った / 太い / 丸々

อ้วนขึ้น [ウァンクン] (英 grow fat) 太る

914 อย่างแรง ➡ อ้วนขึ้น

อวยพร [ウァイポン]（英 bless）祝福する

อวัยวะ [アワイヤフ]（英 organ）器官

อวัยวะภายใน [アワイヤワパーィナイ]
（英 internal organ）臓器

อสังหาริมทรัพย์ [アサングハーリㇺサㇷ゚]
（英 real estate）不動産

อ๋อ [オオ]（英 Aha.）ああ

ออก(เอกสาร) [オーㇰ（エーㇰカサーン）]
（英 issue）交付する

ออกข้อสอบ [オーㇰコーソーㇷ゚]
（英 set exam questions）出題する

ออกคำสั่ง [オーㇰカㇺサング]
（英 give an order）指令する

ออกจากบริษัท [オーㇰチャーㇰボーリサッ]
（英 leave the company）退社する

ออกจากโรงพยาบาล
[オーㇰチャーㇰローングパヤーバーン]
（英 be discharged from the hospital）
退院する

ออกจากโรงเรียน [オーㇰチャーㇰローングリアン]
（英 withdraw from a school[university]）
退学する

ออกจำหน่าย [オーㇰチャㇺナーィ]
（英 (put) on the market）売り出し

ออกเช็ค [オーㇰチェㇰ]（英 issue）
振り出す

ออกซิเจน [オーㇰスィチェン]
（英 oxygen）酸素

ออกซิเดชัน [オーㇰスィデーチャン]
（英 oxidation）酸化

ออกเดท [オーㇰデーッ]
（英 go on a date）デートする

ออกเดินทาง [オーㇰドゥーンターング]
（英 depart）
出発（する）/ 発足（する）/ 発する

ออกนอกประเทศ [オーㇰノーㇰプラテーッ]
（英 leave a country）出国する

ออกนอกเรื่อง [オーㇰノーㇰルアング]
（英 digress）脱線する

ออกแบบ [オーㇰベーㇷ゚]（英 design）
設計する

ออกไปข้างนอก [オーㇰパイカーングノーㇰ]
（英 go out）外出する / 出る

ออกไปจากที่นั่น [オーㇰパイチャーㇰティーナン]
（英 leave）立ち去る

ออกไปต้อนรับ [オーㇰパイトーンラㇷ゚]
（英 welcome）出迎える

ออกผล [オーㇰポン]（英 bear fruit）
生る / 実る

ออกรถ [オーㇰロッ]（英 depart）発車する

ออกฤทธิ์ [オーㇰリッ]（英 be effective）
効く

ออกเสียง [オーㇰスィアング]
（英 pronounce）発音する

ออกห่าง [オーㇰハーング]（英 go away）
遠ざかる

อ่อน [オーン]（英 weak / soft）苦手 / 薄い

อ้อน [オーン]（英 be too dependent on somebody）甘える

อ่อน ๆ [オーンオーン]（英 light (color)）
弱い

อ่อนกำลังลง [オーンカムラングロング]
(英 get weak) 弱まる

อ่อนช้อย [オーンチョーイ] (英 gentle)
しなやか

อ่อนน้อม [オーンノーム] (英 modesty) 謙遜

อ่อนนุ่ม [オーンヌム] (英 softly) 柔らか

อ่อนเพลีย [オーンプリア]
(英 get fatigued) 疲労する

อ่อนเยาว์ [オーンヤウ]
(英 be very young) 幼い

อ่อนแรง [オーンレーング] (英 get weak)
弱る

อ่อนล้า [オーンラー] (英 get tired)
くたびれる / 弱る

ออนไลน์ [オーンライ] (英 online) オンライン

อ่อนหัด [オーンハッ]
(英 be inexperienced) 未熟

อ่อนแอ [オーンエー] (英 weak)
薄弱 / 弱い

อ้อเป็นเช่นนั้นเอง [オーペンチェンナンエーング]
(英 Got it.) なるほど

อ้อมค้อม [オームコーム] (英 indirectly) 婉曲

ออมเงิน [オームングン] (英 save money)
貯蓄する

ออมทรัพย์ [オームサプ] (英 save money)
貯金する

ออร์แกน [オーケーン] (英 pipe organ)
オルガン

ออร์เคสตรา [オーケーッサトラー]
(英 orchestra) オーケストラ

ออสเตรเลีย [オーストレーリア]
(英 Australia) オーストラリア

อพาร์ตเมนต์ [アパーッメン]
(英 apartment) アパート / マンション / 団地

อะไร [アライ] (英 what) 何

อะไร ๆ [アライアライ] (英 this and that)
何々

อะไรนะ [アライナ] (英 huh) はあ

อะไรบางอย่าง [アライバーングヤーング]
(英 something) 何か / 何とか

อะไรปานนั้น [アライバーンナン]
(英 awfully) やけに

อะลุ้มอล่วย [アルムアルアイ]
(英 compromise) 和解する / 歩み寄る

อะไหล่ [アライ] (英 parts) 部品

อักขรวิธี [アッカラウィティー]
(英 kana spelling) 仮名づかい

อักษร [アクソーン] (英 letter) 文字

อักษรจีน [アクソーンチーン]
(英 Chinese character) 漢字

อักษรเบรลล์ [アクソーンベン]
(英 braille) 点字

อักษรพิมพ์เล็ก [アクソーンピムレク]
(英 small letter) 小文字

อักษรโรมัน [アクソーンローマン]
(英 roman letter) ローマ字

อักเสบ [アクセープ] (英 inflame)
炎症を起こす

อัคคีภัย [アッキーパイ] (英 fire) 火災

อังกฤษ-ญี่ปุ่น [アングクリッ - イープン]
(英 English-Japanese) 英和

อังสะ [アンゲサ]
(英 Buddhist priest's sash) 袈裟

อัจฉริยะ [アッチャリヤ] (英 genius) 天才

อัญมณี [アンヤマニー] (英 jewelry) 宝石

อัฒจันทร์ [アッタチャン] (英 stands)
スタンド

อัดสำเนา [アッサムナウ] (英 copy)
コピーする

อัตคัด [アッタカッ] (英 destitute) 窮屈

อัตชีวประวัติ [アッタチーワプラワッ]
(英 biography) 伝記

อัตตา [アッター] (英 self) 自我

อัตโนมัติ [アットノーマッ]
(英 automatic) オートマチック / 自動

อัตรา [アットラー] (英 rate) 率

อัตราการแข่งขัน [アットラーカーンケーンゲカン]
(英 competition ratio) 倍率

อัตราการใช้น้ำมัน
[アットラーカーンチャイナームマン]
(英 mileage) 燃費

อัตราการพึ่งพาตนเอง
[アットラーカーンプンパートンエーング]
(英 self-sufficiency ratio) 自給率

อัตราการว่างงาน
[アットラーカーンワーンゲンガーン]
(英 unemployment rate) 失業率

อัตราของเสีย [アットラーコーンゲスィア]
(英 defectiveness rate) 不良率

อัตราความเป็นไปได้
[アットラークワームペンパイダイ]
(英 probability) 確率

อัตราดอกเบี้ย [アットラードークビア]
(英 interest rate) 利率

อัตราผลกำไร [アットラーポンカムライ]
(英 profit rate) 利益率

อัตราภาษี [アットラーパースィー]
(英 tax rate) 税率

อัตราเร่ง [アットラーレング]
(英 rate of acceleration) 加速度

อัตราส่วน [アットラースアン]
(英 a ratio) 割合

อัตวิสัย [アッタウィサイ]
(英 subjectivity) 主観

อันดับ [アンダプ] (英 ranking) 順位

อันดับต้น ๆ [アンダプトントン]
(英 higher rank) 上位

อันดับที่ [アンダプティー] (英 rank) 位

อันดับแรก [アンダプレーク]
(英 first of all) 初 / まず

อันดับสอง [アンダプソーング]
(英 the second) 乙

อันใดอันหนึ่ง [アンダイアンヌング]
(英 either) いずれ

อันตราย [アンタラーイ] (英 dangerous)
危険な

อันนี้ [アンニー] (英 this) これ

อันไหน [アンナイ] (英 which) どれ / どっち

อับปาง [アプパーング] (英 wreck) 沈没する

อ

อัมพาต [アムマパーッ] (㊧paralysis) 麻痺

อัยการ [アイヤカーン]
(㊧public prosecutor) 検事

อัลบั้ม [アラバム] (㊧album) アルバム

อัลลอยด์ [アンローィ] (㊧alloy) 合金

อัศเจรีย์ [アッサチェーリー]
(㊧exclamation mark) 感嘆符

อากรแสตมป์ [アーコーンステーム]
(㊧stamp) 印紙

อากัปกิริยา [アーカプキリヤー]
(㊧behavior) 態度

อาการ [アーカーン] (㊧condition) 具合 / 症

อาการคัน [アーカーンカン] (㊧itch) 痒み

อาการชา [アーカーンチャー]
(㊧numbness) 痺れ

อาการติดเป็นนิสัย [アーカーンティッペンニサイ]
(㊧personal habit) 癖

อาการบวม [アーカーンブアム]
(㊧swelling) 腫れ

อาการป่วย [アーカーンプアィ]
(㊧symptom / illness) 症状 / 病状 / 病気

อาการแพ้ท้อง [アーカーンペートーング]
(㊧morning sickness) つわり

อาการสาหัส [アーカーンサーハッ]
(㊧serious condition) 重体

อาการหนัก [アーカーンナク]
(㊧serious condition) 重体

อากาศ [アーカーッ] (㊧air) 大気 / 空気

อากาศแจ่มใส [アーカーッチェームサイ]
(㊧clear) 晴れる

อากาศดี [アーカーッディー]
(㊧fine weather) 晴天

อากาศปลอดโปร่ง
[アーカーップローップローング]
(㊧fine weather) 快晴 / 晴れ

อาคาร [アーカーン] (㊧building) 棟

อาคารชุด [アーカーンチュッ]
(㊧apartment) マンション

อาคารที่พักอาศัย [アーカーンティーパクアーサイ]
(㊧apartment complex) 団地

อาคารรัฐสภา [アーカーンラッタサパー]
(㊧the parliament hall)
議事堂 / 国会議事堂

อาคารเรียน [アーカーンリアン]
(㊧school building) 校舎

อาคารสูง [アーカーンスーング]
(㊧high-rise apartment building)
高層マンション

อาคารหลัก [アーカーンラク]
(㊧main building) 本館

อ่างล้างชาม [アーングラーングチャーム]
(㊧sink) 流し

อ่างล้างหน้า [アーングラーングナー]
(㊧basin) 洗面器 / 流し

อ้างว้าง [アーングワーング] (㊧empty)
空しい

อ่างอาบน้ำ [アーングアーブナム]
(㊧bathtub) 浴槽

อ้างอิง [アーングイング] (㊧reference)
参照

อ้างอิงตาม [アーングイングターム]
(㊧be based upon) 準じる

อาจจะ [アーッチャ] ([英] probably) ～かもしれない / 恐らく

อาจเรียกได้ว่า [アーッリアッダイワー] ([英] so to speak) 言わば

อาจหาญ [アーッハーン] ([英] dare to do) 敢えて

อาจารย์ [アーチャーン] ([英] teacher) 教員 / 教師 / 師

อาเจียน [アーチアン] ([英] vomit) 吐く

อาชญากร [アーッチャヤーコーン] ([英] criminal) 犯人

อาชญากรรม [アーチャヤーカム] ([英] crime) 犯罪

อาชีพ [アーチーㇷ゚] ([英] occupation) 職業 / キャリア

อาชีพครู [アーチーㇷ゚クルー] ([英] the teaching profession) 教職

อาชีพเสริม [アーチーㇷ゚スーム] ([英] side job) 副業

อาเซียน [アースィアン] ([英] ASEAN (Association of Southeast Asian Nations)) ASEAN

อาณาเขต [アーナーケーッ] ([英] territory) 国土

อาณานิคม [アーナーニコム] ([英] colony) 植民地

อาณาบริเวณ [アーナーボーリウェーン] ([英] area) 敷地 / 区域

อาทิตย์นี้ [アーティッニー] ([英] this week) 今週

อ่าน [アーン] ([英] reading / read) 読み / 読む

อ่านค้นคว้า [アーンコンクワー] ([英] reading) 閲覧

อ่านประกอบ [アーンプラコーㇷ゚] ([英] reference) 参考

อ่านหนังสือ [アーンナンスー] ([英] read the book) 読書する

อ่านออกเสียง [アーンオークスィアン] ([英] read aloud) 読み上げる

อาบ [アーㇷ゚] ([英] bathe) 浴びる

อาบน้ำ [アーㇷ゚ナム] ([英] take a shower / bathe) シャワーを浴びる / 入浴する

อายุ [アーユ] ([英] age) 歳 / 年齢

อายุเกษียณ [アーユカスィアン] ([英] retiring age) 定年

อายุขัย [アーユカイ] ([英] longevity / life span) 寿命

อายุเท่ากัน [アーユタウカン] ([英] the same age) 同い年

อายุยี่สิบปี [アーユイースィッピー] ([英] twenty years old) 二十歳

อายุรแพทย์ [アーユラペーッ] ([英] internist) 内科医

อารมณ์ [アーロム] ([英] emotion) 感情

อารมณ์ขัน [アーロムカン] ([英] humor) ユーモア

อารมณ์ความรู้สึก [アーロムクワームルースㇰ] ([英] human feelings) 人情

อารมณ์ดี [アーロムディー] ([英] in a good mood) 機嫌がいい

อารมณ์ร้อน [アーロムローン] ([英] short temper) 短気

อารยธรรม [アーラヤタム]
(英 civilization) 文明

อาราม [アーラーム] (英 temple) 寺院

อาละวาด [アーラワーッ]
(英 act violently / rage) 暴れる

อ่าว [アーゥ] (英 bay) 湾

อ้าว [アーゥ] (英 ah) おお / おや

อาวรณ์ [アーウォン] (英 miss) 未練 / 惜しむ

อาวุธ [アーウッ] (英 weapon) 武器

อาวุธยุทธภัณฑ์ [アーウッユッタパン]
(英 armament) 軍備

อาวุธสงคราม [アーウッソンククラーム]
(英 weapon) 兵器

อาสาสมัคร [アーサーサマッ]
(英 volunteer) ボランティア

อาหรับ [アーラップ] (英 Arab) アラブ

อาหาร [アーハーン] (英 food) 食物 / 料理

อาหารกล่อง [アーハーンクローング]
(英 boxed meal) 弁当

อาหารกลางวัน [アーハーンクラーンクワン]
(英 lunch) 昼食 / 昼飯 / ランチ

อาหารขบเคี้ยว [アーハーンコップキアゥ]
(英 snack) スナック

อาหารจานด่วน [アーハーンチャーンドゥアン]
(英 fast food) ファストフード

อาหารจำพวกเส้น [アーハーンチャムプアッセン]
(英 noodle) 麺

อาหารจีน [アーハーンチーン]
(英 Chinese food) 中華料理

อาหารชั้นยอด [アーハーンチャンヨーッ]
(英 wonderful food) 御馳走

อาหารชุด [アーハーンチュッ]
(英 set meal) 定食

อาหารเช้า [アーハーンチャゥ]
(英 breakfast) 朝ごはん / 朝食

อาหารแช่แข็ง [アーハーンチェーケング]
(英 frozen food) 冷凍食品

อาหารญี่ปุ่น [アーハーンイーブン]
(英 Japanese food) 日本料理 / 和食

อาหารทะเล [アーハーンタレー]
(英 seafood) 魚料理

อาหารบรรจุกระป๋อง [アーハーンバンチュクラポング]
(英 canned food) 缶詰め

อาหารประเภทไข่ [アーハーンプラペーッカイ]
(英 egg dish) 卵料理

อาหารประเภทเนื้อ [アーハーンプラペーッヌア]
(英 meat dish) 肉料理

อาหารประเภทผัก [アーハーンプラペーッパッ]
(英 vegetable dish) 野菜料理

อาหารเป็นพิษ [アーハーンペンピッ]
(英 food poisoning) 食中毒 / 食あたり

อาหารแปรรูป [アーハーンプレールーブ]
(英 preserved food) 保存食品

อาหารพื้นเมือง [アーハーンプーンムアング]
(英 local dish) 郷土料理

อาหารมื้อกลางวัน [アーハーンムークラーンクワン]
(英 lunch) 昼ごはん

อาหารมื้อเย็น [アーハーンムーイェン]
(英 dinner) 晩ごはん

อาหารไม่ย่อย [アーハーンマイヨーイ]
(英 dyspepsia) 消化不良

อาหารเย็น [アーハーンイェン]
(英 dinner) 夕飯

อาหารว่าง [アーハーンワーング]
(英 snack) 軽食

อาหารสัตว์ [アーハーンサッ] (英 feed) 餌

อาหารหลัก [アーハーンラッ]
(英 the staple diet) 主食

อำนวยการ [アムヌアイカーン]
(英 direct) 指揮する

อำนาจ [アムナーッ] (英 authority)
権威 / 権力 / 威力

อำนาจอธิปไตย [アムナーッアティプパタイ]
(英 sovereignty) 主権

อำพัน [アムパン] (英 amber) 琥珀

อำมหิต [アムマヒッ] (英 cruel) 冷酷

อำลาวงการ [アムラーウォングカーン]
(英 resign) 引退する

อิจฉา [イッチャー] (英 envy) 妬む

อิฐแดง [イッデーング] (英 brick) 煉瓦

อิดโรย [イッローイ] (英 be exhausted)
くたびれる

อิทธิพล [イッティポン] (英 influence)
影響 / 威力 / 権力 / 勢力

อินเตอร์เน็ต [インターネッ]
(英 Internet) インターネット

อินเตอร์เน็ตคาเฟ่ [インターネッカフェー]
(英 Internet café) インターネットカフェ

อิ่ม [イム] (英 be full / full stomach)
いっぱい / 満腹

อิ่มตัวเต็มที่ [イムトゥアテムティー]
(英 saturation) 飽和

อิเล็กทรอนิกส์ [イレクトローニッ]
(英 electronic) 電子

อิสระ [イッサラ] (英 freedom) 自由 / 自在

อิสระเสรี [イッサラセーリー] (英 free)
自由な

อีก [イーッ] (英 again / more) 又 / もっと

อีกครั้งหนึ่ง [イーックラングヌング]
(英 again) 改めて / 再び

อีกด้านหนึ่ง [イーッダーンヌング]
(英 side) 側面

อีกทั้ง [イーッタング] (英 together with)
相まって

อีกนิดเดียว [イーッニッディアウ]
(英 close) 惜しい

อีกประเดี๋ยว [イーップラディアウ]
(英 soon) そろそろ

อีกฝั่งหนึ่ง [イーッファングヌング]
(英 the other side) 他方

อีกฝ่ายหนึ่ง [イーッファーイヌング]
(英 opponent) 相手

อีกไม่นาน [イーッマイナーン] (英 soon /
before long) その内 / 間もなく

อีบุ๊ก [イーブッ] (英 E-book) 電子書籍

อีเมล [イーメーン] (英 e-mail / mail)
E メール / メール

อีเมลขยะ [イーメーンカヤ]
(英 spam mail) スパムメール

อึ้ง [ウング] (英 be stunned) ぼう然

อึด [ウッ] ([英] tough / stubborn)
しぶとい

อึดใจเดียว [ウッチャイディアゥ]
([英] just a little more effort) 一息

อึดอัด [ウッアッ] ([英] cramped)
窮屈 / きつい

อึดอัดใจ [ウッアッチャイ]
([英] feel awkward) 煙たい

อึดอัดรำคาญใจ [ウッアッラムカーンチャイ]
([英] troublesome) わずらわしい

อึมครึม [ウムクルム] ([英] gloom) 陰気

อืดอาดยืดยาด [ウーッアーッユーッヤーッ]
([英] sluggish) ぐずぐず

อื่น ๆ [ウーンウーン] ([英] and so on) その他

อื้ม [ウーム] ([英] yeah) うん

อุจจาระ [ウッチャーラ] ([英] excrements) 大便

อุณหภูมิ [ウンハプーム]
([英] temperature) 温度 / 気温

อุณหภูมิต่ำสุด [ウンハプームタムスッ]
([英] the lowest temperature) 最低気温

อุด [ウッ] ([英] close) 塞ぐ

อุด้ง [ウドンゥ] ([英] udon / thick white noodles) うどん

อุดตัน [ウッタン] ([英] be blocked) 詰まる

อุดมการณ์ [ウドムカーン] ([英] principle)
理念

อุดมคติ [ウドムカティ] ([英] ideal) 理想

อุตส่าห์ [ウッサー] ([英] kindly)
折角 / わざわざ

อุตสาหกรรม [ウッサーハカム]
([英] industry) 工業 / 産業 / 業

อุตสาหกรรมการผลิต
[ウッサーハカムカーンパリッ]
([英] the manufacturing industry) 製造業

อุตสาหกรรมป่าไม้ [ウッサーハカムパーマイ]
([英] forestry) 林業

อุทกภัย [ウトゥカパイ]
([英] flood damage) 水害

อุทิศ [ウティッ] ([英] devote) 貢献する

อุทิศตน [ウティットン] ([英] devote) 献身する

อุทิศเพื่อสังคม [ウティップァサンゥコム]
([英] social contribution) 社会貢献

อุ่น [ウン] ([英] warm) 暖かい / 生温い

อุ่น ๆ [ウンウン] ([英] lukewarm) ぬるい

อุ่นร้อน [ウンローン] ([英] heat) 熱する

อุ่นสบาย [ウンサバーィ]
([英] mild / temperate) 穏和 / 温和

อุ่นให้ร้อน [ウンハイローン] ([英] heat)
暖める

อุบัติเหตุ [ウバッティヘーッ]
([英] accident) 事故

อุบัติเหตุคนตาย [ウバッティヘーッコンターィ]
([英] fatal accident) 死亡事故

อุบาย [ウバーィ] ([英] trick)
仕掛け / 策略 / 策

อุปกรณ์การเดินทาง
[ウッパコーンカーンドゥーンターンゥ]
([英] travel goods) 旅行用品

อุปกรณ์เครื่องใช้ [ウッパコーンクルアンゥチャイ]
([英] utensil) 器具

อุปกรณ์เครื่องมือ [ウッパコーンクルアンムー] (英 instrument) 器械

อุปกรณ์เล่นสกี [ウッパコーンレンサキー] (英 ski tool) スキー用具

อุปกรณ์เสริม [ウッパコーンスーム] (英 accessory) 付属品

อุปการะ [ウッパカーラ] (英 foster) 扶養する

อุปถัมภ์ช่วยเหลือ [ウッパタムチュアイルァ] (英 foster) 世話する

อุปทาน [ウッパターン] (英 supply) 供給

อุปโภคบริโภค [ウッパポークボーリポーク] (英 consume) 消費する

อุปมาอุปไมย [ウッパマーウッパマイ] (英 metaphor) 比喩

อุปสงค์ [ウッパソング] (英 demand) 需要

อุโมงค์ [ウモーング] (英 tunnel) トンネル

อุ้ยอ้าย [ウィアーイ] (英 dilly-dally) のろのろした

อุ๊ย [ウィ] (英 Oh) あ / あら

อู่ซ่อม [ウーソーム] (英 repair shop) 修理工場

อูฐ [ウーッ] (英 camel) らくだ

เอกชน [エークカチョン] (英 private) 私立

เอ็กซ์เรย์ [エクサレー] (英 x-ray) レントゲン

เอกพจน์ [エークカポッ] (英 singular) 単数

เอกภาพ [エークカパープ] (英 unity) 統一

เอกลักษณ์ [エークカラク] (英 unique) 独自

เอกลักษณ์เฉพาะ [エークカラクチャポ] (英 uniqueness) 固有

เอกสาร [エークカサーン] (英 document) 書類 / 文書

เอกสารรายงาน [エークカサーンラーインガーン] (英 report) レポート / 報告書

เอเชีย [エーチア] (英 Asia) アジア

เอน [エーン] (英 incline) 傾く

เอนไซม์ [エンサイ] (英 enzyme) 酵素

เอ็นดู [エンドゥー] (英 have affection for) かわいがる

เอนตัวพิง [エントゥアピング] (英 lean) 寄り掛かる

เอ็นร้อยหวาย [エンローイワーイ] (英 Achilles tendon) アキレス腱

เอนเอียง [エーンイアング] (英 incline / slant) 傾く / 斜め

เอ่ยปาก [ウーイパーク] (英 say) 言い出す

เอ่ยปากชม [ウーイパークチョム] (英 praise) 褒める

เอว [エーウ] (英 waist) 腰

เอวเคล็ด [エーウクレッ] (英 back pain / strained back) ぎっくり腰

เออ [ウー] (英 yes / yeah) うん

เออ จริงสิ [ウーチンッスィ] (英 that reminds me) そう言えば

เอ่อ...คือว่า [ウー ... クーワー] (英 well / let me see) ええと

เอ่อล้น [ウーロン] (英 get spilled) こぼれる

อ

อุปกรณ์เครื่องมือ ➡ เอ่อล้น 923

เอะอะ [エア] (英 noisy) 騒がしい

เอากลับคืนที่เดิม [アゥクラップクーンティードゥーム]
(英 return) 戻す

เอาการเอางาน [アゥカーンアゥンガーン]
(英 diligent) 勤勉

เอาเข้านอน [アゥカゥノーン]
(英 put *sb* to bed) 寝かせる

เอาคืน [アゥクーン] (英 revenge) 逆襲する

เอาจริงเอาจัง [アゥチングアゥチャング]
(英 with all one's might / very hard)
懸命に

เอาชนะ [アゥチャナ] (英 overcome)
対抗する

เอาแต่...เท่านั้น [アゥテー ... タゥナン]
(英 only) 〜ばかり

เอาแต่ใจตัวเอง [アゥテーチャイトゥアエーング]
(英 selfishness) わがまま

เอาแต่ได้ [アゥテーダイ] (英 selfish) 勝手

เอาเถอะ [アゥトゥ] (英 Oh.) まあ

เอ้าท์ [アゥ] (英 out / loss) アウト

เอามาใช้ [アゥマーチャイ] (英 adopt)
採る / 採れる

เอามารวมกัน [アゥマールアムカン]
(英 put *sth* together) 折衷する

เอาเยี่ยงอย่าง [アゥイアングヤーング]
(英 follow / copy) 倣(なら)う / まねる

เอาลง [アゥロング] (英 take down)
下ろす / 下げる

เอาล่ะ [アゥラ] (英 well / now) さて

เอาเลย [アゥルーイ] (英 Come on.) さあ

เอาไว้ก่อน [アゥワイコーン] (英 secure)
確保する

เอาอกเอาใจ [アゥオクアゥチャイ]
(英 take care of / treat with) いたわる

เอาอย่าง [アゥヤーング] (英 copy) 見習う

เอาออก [アゥオーク] (英 remove) 出す
/ 外す

เอาออกมา [アゥオークマー]
(英 take out) 取り出す

เอียงไปข้างหนึ่ง [イアングパイカーングヌング]
(英 lean over) 片寄る

เอือมเต็มทน [ウーアムテムトン]
(英 be fed up with) 辟易する

เอือมระอา [ウアムラアー]
(英 be sick of *sth*) うんざり

เอื่อย ๆ [ウァイウァイ] (英 slowly)
悠々 / 緩やか

เอื้ออาทรใส่ใจ [ウァアートンサイチャイ]
(英 concern) 気遣い

เอื้ออารี [ウーァアーリー] (英 treat with)
いたわる

แอ่น [エン] (英 be warped) 反れる

แอบ ๆ ซ่อน ๆ [エープエープソーンソーン]
(英 secretly) こっそり

แอบซ่อน [エープソーン] (英 hide)
隠す / 隠れる

แอบมอง [エープモーング] (英 peep)
覗き見る

แอปเปิ้ล [エープン] (英 apple) りんご

แอพพลิเคชัน [エーププリケーチャン]
(英 application) アプリ

924　　เอะอะ ➡ แอพพลิเคชัน

แอฟริกา [エッファリカー] (英 Africa) アフリカ

แอลกอฮอล์ [エルコーホー] (英 alcohol) アルコール

แออัด [エーアッ] (英 crowded) 混んだ

แออัดเกินไป [ニーアックーンパイ] (英 overcrowding) 過密

แออัดคับคั่ง [エーアッカブカンヶ] (英 be crowded) 混雑する

โอ้ [オー] (英 oh) おお

โอกาส [オーカーッ] (英 opportunity) 機会

โอกาสเหมาะ.. [オーカーッモ...] (英 opportunity / occasion) ついで

โอเค [オーケー] (英 ok) オーケー

โอที [オーティー] (英 overtime) 残業時間

โอน [オーン] (英 transfer) 遷す / 譲渡する

โอนไป [オーンパイ] (英 transfer) 移す

โอนย้าย [オーンヤーイ] (英 be transferred) 移る

โอนย้ายงาน [オーンヤーインガーン] (英 transfer the job) 転勤する

โอลิมปิก [オーリムピッ] (英 the Olympics) オリンピック

โอเว่อร์ [オーワー] (英 exaggerated) 大げさ

โอหัง [オーハンヶ] (英 insolent) 生意気

โอ้อวด [オーウアッ] (英 show off) 自慢する

โอ๊ะ [オッ] (英 Oh.) あら

ไอ [アイ] (英 cough) 咳

ไอคอน [アイコーン] (英 icon) アイコン

ไอดอล [アイドーン] (英 idol) アイドル

ไอเดีย [アイディア] (英 idea) アイデア

ไอน้ำ [アイナム] (英 steam) 蒸気

ไอศกรีม [アイサクリーム] (英 ice cream) アイスクリーム

ฮ

ฮวบฮาบ [ファプハープ] (英 suddenly) 急激

ฮันนีมูน [ハンニームーン] (英 honeymoon) 新婚旅行

ฮัมเพลง [ハムプレーンヶ] (英 hum) 口ずさむ

ฮัลโหล [ハンロー] (英 hello) もしもし

ฮิต [ヒッ] (英 become a hit) ヒットした

ฮีตเตอร์ [ヒーッター] (英 heater) 暖房

ฮึดสู้ [フッスー] (英 enthusiasm) ファイト

เฮ้ย [フーイ] (英 hey) おい / おーい

เฮลิคอปเตอร์ [ヘリコープター] (英 helicopter) ヘリコプター

แฮม [ヘーム] (英 ham) ハム

แฮมเบอร์เกอร์ [ヘムバーカー] (英 hamburger) ハンバーガー

โฮมเพจ [ホームペーッ] (英 website) ホームページ

โฮมสเตย์ [ホームサテー] (英 homestay) ホームステイ

ไฮโดรเจน [ハイドローチェン] (英 hydrogen) 水素

แอฟริกา ➡ ไฮโดรเจน   925

日常のあいさつ

おはようございます。

อรุณสวัสดิ์ ค่ะ / อรุณสวัสดิ์ ครับ
アルン サワッ カ / アルン サワッ クラッ
Good morning.

こんにちは。

สวัสดี ค่ะ / สวัสดี ครับ
サワッディー カ / サワッディー クラッ
Hello./Good afternoon.

こんばんは。

สวัสดี ค่ะ / สวัสดี ครับ
サワッディー カ / サワッディー クラッ
Good evening.

やあ。

สวัสดี
サワッディー
Hi.

おやすみなさい。

ราตรีสวัสดิ์ ค่ะ / ราตรีสวัสดิ์ ครับ
ラートリー サワッ カ / ラートリー サワッ クラッ
Good night.

さようなら。

สวัสดี (ลาก่อน) ค่ะ / สวัสดี (ลาก่อน) ครับ
サワッディー(ラーコーン) カ / サワッディー(ラーコーン) クラッ
Goodbye.

またね。

แล้วพบกันใหม่นะ ค่ะ / แล้วพบกันใหม่นะ ครับ
レーオ ポッ カン マイ ナ カ / レーオ ポッ カン マイ ナ クラッ
See you later.

久しぶりですね。

ไม่ได้พบกันนานเลยนะ ค่ะ / ไม่ได้พบกันนานเลยนะ ครับ
マイ ダイ ポッ カン ナーン ローイナ カ / マイ ダイ ポッ カン ナーン ローイナ クラッ
Long time no see.

元気ですか？
สบายดีไหม คะ / สบายดีไหม ครับ
サバーイ　ディー　マイ　カ　/　サバーイ　ディー　マイ クラッ
How are you?

元気です。
สบายดี ค่ะ / สบายดี ครับ
サバーイ　ディー　カ　/　サバーイ　ディー クラッ
I'm fine.

まあまあです。
เรื่อย ๆ คะ / เรื่อย ๆ ครับ
ルアイ　ルアイ　カ　/　ルアイ　ルアイ クラッ
So-so.

相変わらずです。
สบายดีเหมือนเดิม ค่ะ / สบายดีเหมือนเดิม ครับ
サバーイ　ディー　ムーアン　ドゥーム　カ　/　サバーイ　ディー　ムーアン　ドゥーム クラッ
Same as usual.

調子が悪いです。
ไม่สบาย ค่ะ / ไม่สบาย ครับ
マイ　サバーイ　カ　/　マイ　サバーイ クラッ
I feel bad.

気を付けて。
ดูแลตัวเองด้วยนะ ค่ะ / ดูแลตัวเองด้วยนะ ครับ
ドゥーレー　トゥアエーング　ドゥアイ　ナ　カ　/　ドゥーレー　トゥアエーング　ドゥアイ　ナ クラッ
Take care.

ようこそ！　いらっしゃい！
ยินดีต้อนรับ ค่ะ / ยินดีต้อนรับ ครับ
インディー　トーン　ラッ　カ　/　インディー　トーン　ラッ クラッ
Welcome!

行ってらっしゃい！
ขอให้สนุกนะ ค่ะ / ขอให้สนุกนะ ครับ
コォーハイ　サヌッ　ナ　カ　/　コォーハイ　サヌッ　ナ クラッ
Have a good time!

ただいま！
กลับมาแล้ว ค่ะ / กลับมาแล้ว ครับ
クラッ　マー　レーオ　カ　/　クラッ　マー　レーオ クラッ
I'm home!

自己紹介する

お名前は何ですか？

ขอทราบชื่อหน่อย ค่ะ / ขอทราบชื่อหน่อย ครับ

コォー　サーッ　チュー　ノーイ　カ　/　コォー　サーッ　チュー　ノーイ　クラッ

May I have your name?

（女性の場合）私はプローイです。

ฉันชื่อ พลอย ค่ะ

チャン　チュー　プローイ　カ

My name is Ploy.

（男性の場合）私はエークです。

ผมชื่อ เอก ครับ

ポム　チュー　エーク　クラッ

My name is Ake.

お名前はどう書きますか？

ชื่อ(คุณ)เขียนอย่างไร คะ / ชื่อ(คุณ)เขียนอย่างไร ครับ

チュー　（クン）　キアン　ヤーング　ライ　カ　/　チュー　（クン）　キアン　ヤーング　ライ　クラッ

How do you spell your name?

お会いできてうれしいです。

ยินดีที่ได้รู้จัก ค่ะ / ยินดีที่ได้รู้จัก ครับ

インディー　ティー　ダイ　ルーチャク　カ　/　インディー　ティー　ダイ　ルーチャク　クラッ

Nice to meet you.

どちらから来ましたか？

คุณมาจากที่ไหน คะ / คุณมาจากที่ไหน ครับ

クン　マー　チャーク　ティーナイ　カ　/　クン　マー　チャーク　ティーナイ　クラッ

Where are you from?

私はタイから来ました。

ฉันมาจากไทย ค่ะ / ผมมาจากไทย ครับ

チャン　マー　チャーク　タイ　カ　/　ポム　マー　チャーク　タイ　クラッ

I'm from Thailand.

私はバンコクで生まれました。

ฉันเกิดที่กรุงเทพฯ ค่ะ / ผมเกิดที่กรุงเทพฯ ครับ

チャン　クート　ティー　クルング　テーッ　カ　/　ポム　クート　ティー　クルング　テーッ　クラッ

I was born in Bangkok.

私はバンコクに住んでいます。

ฉันอยู่ที่กรุงเทพฯ ค่ะ / ผมอยู่ที่กรุงเทพฯ ครับ

チャン　ユー　ティー　クルング　テーッ　カ　/　ポム　ユー　ティー　クルング　テーッ　クラッ

I live in Bangkok.

趣味は何ですか？

งานอดิเรกของคุณคืออะไร คะ
ンガーン　アディレーク　コーンクン　クー　アライ　カ

งานอดิเรกของคุณคืออะไร ครับ
ンガーン　アディレーク　コーンクン　クー　アライ　クラプ

What are your hobbies?

趣味は読書 です。

(ฉัน) ชอบอ่านหนังสือ ค่ะ / (ผม) ชอบอ่านหนังสือ ครับ
(チャン)　チョープ　アーン　ナングスー　カ　/　(ポム)　チョープ　アーン　ナングスー　クラプ

I like reading books.

好きなスポーツは何ですか？

(คุณ) ชอบกีฬาอะไรบ้าง คะ
(クン)　チョープ　ギーラー　アライ　バーング　カ

(คุณ) ชอบกีฬาอะไรบ้าง ครับ
(クン)　チョープ　ギーラー　アライ　バーング　クラプ

What are your favorite sports?

テニスが好きです。

(ฉัน) ชอบเทนนิส ค่ะ / (ผม) ชอบเทนนิส ครับ
(チャン)　チョープ　テンニッ　カ　/　(ポム)　チョープ　テンニッ　クラプ

I like tennis.

人を紹介する

ジェーンさんをご紹介します。

ขอแนะนำคุณเจนให้รู้จัก ค่ะ
コォー　ネナム　クン　ジェーン　ハイ　ルーチャク　カ

ขอแนะนำคุณเจนให้รู้จัก ครับ
コォー　ネナム　クン　ジェーン　ハイ　ルーチャク　クラプ

I would like to introduce Jane to you.

こちらは友達のジェーンさんです。

นี่คือเพื่อนของฉัน ชื่อเจน ค่ะ
ニー　クー　プーアン　コーング　チャン　チュー　ジェーン　カ

นี่คือเพื่อนของผม ชื่อเจน ครับ
ニー　クー　プーアン　コーング　ポム　チュー　ジェーン　クラプ

This is my friend, Jane.

誘う

食事に行きませんか？

ไปทานข้าวด้วยกันไหม คะ
パイ　ターン　カーオ　ドゥアイ　カン　マイ　カ

ไปทานข้าวด้วยกันไหม ครับ
パイ　ターン　カーオ　ドゥアイ　カン　マイ　カ

Would you like to have a meal

映画を見にいきませんか？

ไปดูหนังด้วยกันไหม คะ / ไปดูหนังด้วยกันไหม ครับ
パイ　ドゥー　ナンｸ　ドゥアイ　カン　マイ　カ / パイ　ドゥー　ナンｸ　ドゥアイ　カン　マイ　クラｯ

Would you like to go to the movies?

予定があります。

มีนัดแล้ว ค่ะ / มีนัดแล้ว ครับ
ミー　ナッ　レーオ　カ / ミー　ナッ　レーオ　クラｯ

I already have something planned.

喜んで。

ยินดี ค่ะ / ยินดี ครับ
インディー　カ / インディー　クラｯ

I would love to.

忙しいです。

ไม่ว่างเลย ค่ะ / ไม่ว่างเลย ครับ
マイワーンｸ　ローイ　カ / マイワーンｸ　ローイ　クラｯ

I'm busy.

何時がいいですか？

(สะดวก)กี่โมงดี คะ / (สะดวก)กี่โมงดี ครับ
(サドゥアッｸ)　ギー　モーンｸ　ディー　カ / (サドゥアッｸ)　ギー　モーンｸ　ディー　クラｯ

What time is good for you?

いつがいいですか？

(สะดวก)เมื่อไหร่ดี คะ / (สะดวก)เมื่อไหร่ดี ครับ
(サドゥアッｸ)　ムーアライ　ディー　カ / (サドゥアッｸ)　ムーアライ　ディー　クラｯ

When is convenient for you?

退出する

また会いたいです。

หวังว่าจะได้พบกันอีกนะ ค่ะ

ワンヶワー　チュダイポㇷ゚　カンンイーㇰ　ナ　カ

หวังว่าจะได้พบกันอีกนะ ครับ

ワンヶワー　チュダイポㇷ゚　カンンイーㇰ　ナ　カ

I hope to see you again sometime.

メールしてください。

ช่วยส่งอีเมลมาให้หน่อย ค่ะ

チュアイ　ソンヶ　イーメーウ　マー　ハイ　ノーイ　カ

ช่วยส่งอีเมลมาให้หน่อย ครับ

チュアイ　ソンヶ　イーメーウ　マー　ハイ　ノーイ　クラㇷ゚

Please E-mail me.

メールアドレスを教えてください。

ขอทราบอีเมลหน่อย ค่ะ / ขอทราบอีเมลหน่อย ครับ

コォー　サーㇷ゚　イーメーウ　ノーイ　カ　/　コォー　サーㇷ゚　イーメーウ　ノーイ　クラㇷ゚

Please let me know your E-mail address.

電話してください。

ช่วยโทรมาหน่อย ค่ะ / ช่วยโทรมาหน่อย ครับ

チュアイ　トー　マー　ノーイ　カ　/　チュアイ　トー　マー　ノーイ　クラㇷ゚

Give me a call.

連絡をとりあいましょう。

ติดต่อกันนะ ค่ะ / ติดต่อกันนะ ครับ

ティットー　カン　ナ　カ　/　ティットー　カン　ナ　クラㇷ゚

Let's keep in touch.

お話できてよかったです。

ดีใจที่ได้คุยกัน ค่ะ / ดีใจที่ได้คุยกัน ครับ

ディーチャイ　ティー　ダイ　クイ　カン　カ　/　ディーチャイ　ティー　ダイ　クイ　カン　クラㇷ゚

Nice talking to you.

お会いできてよかったです。

ดีใจที่ได้พบกัน ค่ะ / ดีใจที่ได้พบกัน ครับ

ディーチャイ　ティー　ダイ　ポㇷ゚　カン　カ　/　ディーチャイ　ティー　ダイ　ポㇷ゚　カン　クラㇷ゚

Nice meeting you.

ジェーンさんによろしくね。

ฝากความคิดถึงถึงคุณเจนด้วยนะ ค่ะ

ファーク　クワーム　キッ　トゥング　トゥング　クン　ジェーン　ドゥアイ　ナ　カ

ฝากความคิดถึงถึงคุณเจนด้วยนะ ครับ

ファーク　クワーム　キッ　トゥング　トゥング　クン　ジェーン　ドゥアイ　ナ　クラプ

Say hello to Jane.

感謝する

どうも。

ขอบคุณนะ

コプ　クン　ナ

Thanks.

ありがとうございます。

ขอบคุณ ค่ะ / ขอบคุณ ครับ

コプ　クン　カ　/　コプ　クン　クラプ

Thank you.

いろいろお世話になりました。

ขอบคุณมากสำหรับทุกอย่าง ค่ะ

コプ　クン　マーク　サムラップ　トゥックヤーング　カ

ขอบคุณมากสำหรับทุกอย่าง ครับ

コプ　クン　マーク　サムラップ　トゥックヤーング　クラプ

Thank you for everything.

来てくれてありがとう。

ขอบคุณมากที่มา ค่ะ / ขอบคุณมากที่มา ครับ

コプ　クン　マーク　ティー　マー　カ　/　コプ　クン　マーク　ティー　マー　クラプ

Thank you for coming.

誘ってくれてありがとう。

ขอบคุณมากที่ชวน ค่ะ / ขอบคุณมากที่ชวน ครับ

コプ　クン　マーク　ティー　チュアン　カ　/　コプ　クン　マーク　ティー　チュアン　クラプ

Thank you for asking me.

とても親切ですね。

ใจดีจังเลย ค่ะ / ใจดีจังเลย ครับ

チャイ　ディー　チャングローイ　カ　/　チャイ　ディー　チャングローイ　クラプ

It is kind of you.

あやまる

ごめんね。

ขอโทษนะ

コォー　トーッ　ナ

Sorry.

ごめんなさい。

ขอโทษ ค่ะ / ขอโทษ ครับ

コォー　トーッ　カ　/　コォー　トーッ　クラプ

I'm sorry.

遅れてすみません。
ขอโทษที่มาสาย ค่ะ / ขอโทษที่มาสาย ครับ
コォー　トーッ　ティー　マー　サーイ　カ　/　コォー　トーッ　ティー　マー　サーイ　クラㇷ
I'm sorry for being late.

お手数をかけてすみません。
ขอโทษที่รบกวน ค่ะ / ขอโทษที่รบกวน ครับ
コォー　トーッ　ティー　ロㇷクアン　カ　/　コォー　トーッ　ティー　ロㇷクアン　クラㇷ
I'm sorry for bothering you.

間違えました。
ทำผิด ค่ะ / ทำผิด ครับ
タㇺ　ピッ　カ　/　タㇺ　ピッ　クラㇷ
I made a mistake.

どうか許してください。
กรุณายกโทษให้ด้วย ค่ะ / กรุณายกโทษให้ด้วย ครับ
カルナー　ヨㇰトーッ　ハイ　ドゥアイ　カ　/　カルナー　ヨㇰトーッ　ハイ　ドゥアイ　クラㇷ
Please forgive me.

ほめる・喜ぶ

かっこいい！
เท่ห์
テー
Cool!

いい感じ！
น่าจะดี
ナー　チャ　ディー
Sounds great!

やったぞ！
ทำได้แล้ว
タㇺ　ダイ　レーオ
I did it!

（あなたが）やったね！
คุณทำได้แล้วนะ
クン　タㇺ　ダイ　レーオ　ナ
You did it!

わくわくする！
ตื่นเต้น
トゥーン　テン
How exciting!

すごい！　いいぞ！
ยอดเยี่ยม
ヨーッ　イアㇺ
Great!

よかったよ！
ดีมาก
ディー　マーㇰ
Well done!

とてもいい気分です！
รู้สึกดีมาก
ルースㇰ　ディー　マーㇰ
I feel great!

たいしたもんだな！ **วิเศษไปเลย** ウィセーッ パイローイ That is really something!	うれしい！ **ดีใจ** ディー チャイ I'm glad!

怒る

ひどい！ **แย่จัง** イェー チャンｇ That is disgusting!	嫌な人ね！ **น่ารำคาญ** ナー ラｍカーン You are annoying!
聞いてるの？ **ฟังอยู่หรือเปล่า** ファンｇ ユー ルー プラーオ Are you listening to me?	からかわないでよ！ **อย่าล้อเล่นนะ** ヤー ロー レン ナ Don't make fun of me!
あなたのせいですよ！ **ความผิดของคุณ** クワーｍ ピッ コーンｇ クン It's your fault!	かまわないで！ **ไปให้พ้นนะ** パイ ハイ ポン ナ Go away!
いい加減にしてよ。 **พอกันที** ポー カン ティー That is enough.	腹がたつ！ **อารมณ์เสีย** アーロｍ シア I'm upset!

驚く

本当？ **จริงหรือเปล่า** チンｇ ルー プラーオ Really?	信じられない！ **ไม่น่าเชื่อ** マイ ナー チュア Unbelievable!

悲しむ・落胆する

悲しいです。 **เสียใจ** シア チャイ I'm sad.	傷つきました。 **เจ็บใจ** チェｯプ チャイ I was really hurt.

がっかりしました。

ผิดหวัง
ピッ　ワンｸﾞ
I'm disappointed.

ずるいです。

ขี้โกง
キーコーンｸﾞ
That is not fair.

食事中に

おいしい！

อร่อย
アローイ
This is delicious!

おいしそう！

น่าทาน
ナー　ターン
It looks delicious!

これ、大好きです。

ชอบอันนี้มาก
チョーｸﾞ　アンニー　マーｸﾞ
I like this very much.

これ、嫌いです。

ไม่ชอบอันนี้
マイ　チョーｸﾞ　アンニー
I don't like this.

どうぞ食べてください。

เชิญทานนะ ค่ะ / เชิญทานนะ ครับ
チューン　ターン　ナ　カ / チューン　ターン　ナ　クラｯﾌﾟ
Please have some.

それ好きですか？

ชอบอันนั้นไหม คะ / ชอบอันนั้นไหม ครับ
チョーｸﾞ　アンナン　マイ　カ / チョーｸﾞ　アンナン　マイ　クラｯﾌﾟ
Do you like it?

乾杯！

ไชโย
チャイヨー
Cheers!

もっと召し上がりませんか？

ทานอีกไหม คะ / ทานอีกไหม ครับ
ターン　イーｸ　マイ　カ / ターン　イーｸ　マイ　クラｯﾌﾟ
Would you like some more?

私は（お酒が）飲めません。

ฉันดื่มไม่ได้ ค่ะ/ผมดื่มไม่ได้ ครับ
チャン　ドゥーﾑ　マイ　ダイ　カ / ポﾑ　ドゥーﾑ　マイ　ダイ　クラｯﾌﾟ
I can't drink alcohol.

何がおすすめですか？
มีอะไรแนะนำบ้าง คะ / มีอะไรแนะนำบ้าง ครับ
ミー アライ ネナム バーング カ / ミー アライ ネナム バーング クラプ
What would you recommend?

もう結構です。
พอแล้ว ขอบคุณ ค่ะ / พอแล้ว ขอบคุณ ครับ
ポーレーオ コプ クン カ / ポーレーオ コプ クン クラプ
No, thank you.

レストランで

これを食べてみたいです。
อยากจะลองทานอันนี้ดู ค่ะ
ヤーク チャ ローング ターン アンニー ドゥー カ
อยากจะลองทานอันนี้ดู ครับ
ヤーク チャ ローング ターン アンニー ドゥー クラプ
I would like to have this.

ちょっとすみません。
ขอโทษนะ ค่ะ / ขอโทษนะ ครับ
コォー トーッ ナ カ / コォー トーッ ナ クラプ
Excuse me.

メニューをください。
ขอเมนูหน่อย ค่ะ / ขอเมนูหน่อย ครับ
コォー メーヌー ノーイ カ / コォー メーヌー ノーイ クラプ
Please give me a menu.

会計をお願いします。
คิดเงินด้วย ค่ะ / คิดเงินด้วย ครับ
キッ ングン ドゥアイ カ / キッ ングン ドゥアイ クラプ
Check, please.

お手洗いはどこですか？
ห้องน้ำอยู่ตรงไหน คะ
ホング ナーム ユー トロング ナイ カ
ห้องน้ำอยู่ตรงไหน ครับ
ホング ナーム ユー トロング ナイ クラプ
Where is the restroom?

街頭で

~はどこですか？

~อยู่ที่ไหนคะ / ~อยู่ที่ไหนครับ
~ユー ティーナイ カ / ~ユー ティー ナイ クラッ
Where is ~?

ここはどこですか？

ที่นี่คือที่ไหนคะ / ที่นี่คือที่ไหนครับ
ティーニー クー ティーナイ カ / ティーニー クー ティーナイ クラッ
Where is here?

タクシーで

~に行きたいのです。

ฉันต้องการไปที่~ค่ะ / ผมต้องการไปที่~ครับ
チャン トンヶ カーン パイティー~ カ / ポム トンヶ カーン パイティー~ クラッ
I would like to go to ~.

空港まで行きたいです。

ฉันต้องการไปสนามบินค่ะ
チャン トンヶ カーン パイ サナーム ビン カ

ผมต้องการไปสนามบินครับ
ポム トンヶ カーン パイ サナーム ビン クラッ
I would like to go to the airport.

空港までいくらですか？

ไปสนามบิน ราคาเท่าไหร่คะ
パイ サナーム ビン ラーカー タオライ カ

ไปสนามบิน ราคาเท่าไหร่ครับ
パイ サナーム ビン ラーカー タオライ クラッ
How much is it to the airport?

駅まで行きたいです。

ฉันต้องการไปสถานีรถไฟค่ะ
チャン トンヶ カーン パイ サターニー ロッ ファイ カ

ผมต้องการไปสถานีรถไฟครับ
ポム トンヶ カーン パイ サターニー ロッ ファイ クラッ
I would like to go to the station.

駅までいくらですか？

ไปสถานีรถไฟ ราคาเท่าไหร่คะ

パイ　サターニー　ロッファイ　ラーカー　タオライ　カ

ไปสถานีรถไฟ ราคาเท่าไหร่ครับ

パイ　サターニー　ロッファイ　ラーカー　タオライ　クラㇷ゚

How much is it to the station?

この場所に行ってください。

ช่วยพาฉันไปที่นี่ได้ไหมคะ

チュアイ　パー　チャン　パイ　ティーニー　ダイ　マイ　カ

ช่วยพาผมไปที่นี่ได้ไหมครับ

チュアイ　パー　ポㇺ　パイ　ティーニー　ダイ　マイ　クラㇷ゚

Please take me to this place.

この場所までいくらですか？

ไปที่นี่ ราคาเท่าไรคะ / ไปที่นี่ ราคาเท่าไรครับ

パイ　ティーニー　ラーカー　タオライ　カ　/　パイ　ティーニー　ラーカー　タオライ　クラㇷ゚

How much is it to this place?

お店で

～はありますか？

มี～ไหมคะ / มี～ไหมครับ

ミー～　マイ　カ / ミー～　マイ　クラㇷ゚

Do you have ~?

色違いのものはありますか？

อันนี้ มีสีอื่นอีกไหมคะ / อันนี้ มีสีอื่นอีกไหมครับ

アンニー　ミー　スィー　ウーン　イーㇰ　マイ　カ　/　アンニー　ミー　スィー　ウーン　イーㇰ　マイ　クラㇷ゚

Do you have this in different colors?

サイズ違いのものはありますか？

อันนี้ มีไซส์อื่นอีกไหมคะ / อันนี้ มีไซส์อื่นอีกไหมครับ

アンニー　ミー　サイ　ウーン　イーㇰ　マイ　カ　/　アンニー　ミー　サイ　ウーン　イーㇰ　マイ　クラㇷ゚

Do you have this in different sizes?

ラッピングしてもらえますか？

ช่วยห่อให้ด้วยได้ไหมคะ / ช่วยห่อให้ด้วยได้ไหมครับ

チュアイ　ホー　ハイ　ドゥアイ　ダイ　マイ　カ　/　チュアイ　ホー　ハイ　ドゥアイ　ダイ　マイ　クラㇷ゚

Could you wrap it?

気に入りました。

ชอบค่ะ / ชอบครับ
チョープ カ / チョープ クラップ
I like it.

いくらですか?

ราคาเท่าไหร่คะ / ราคาเท่าไหร่ครับ
ラーカー タオライ カ / ラーカー タオライ クラップ
How much is it?

もっと安くしてください。

ช่วยลดราคาให้ได้ไหมคะ / ช่วยลดราคาให้ได้ไหมครับ
チュアイ ロッ ラーカー ハイ ダイ マイ カ / チュアイ ロッ ラーカー ハイ ダイ マイ クラップ
Could you give me a discount?

トラブル

助けてください!

ช่วยด้วยค่ะ! / ช่วยด้วยครับ!
チュアイ ドゥアイ カ / チュアイ ドゥアイ クラップ
Help!

交通事故にあいました。

ฉันประสบอุบัติเหตุทางจราจรค่ะ
チャン プラソップ ウバッティヘーッ ターンッ チャラーチョーン カ

ผมประสบอุบัติเหตุทางจราจรครับ
ポム プラソップ ウバッティヘーッ ターンッ チャラーチョーン クラップ
I had a traffic accident.

盗難にあいました。

ฉันถูกจี้ค่ะ / ผมถูกจี้ครับ
チャン トゥーッ ジー カ / ポム トゥーッ ジー クラップ
I got robbed.

警察を呼んでください。

ช่วยแจ้งตำรวจด้วยค่ะ
チュアイ チェーン タム ルアッ ドゥアイ カ

ช่วยแจ้งตำรวจด้วยครับ
チュアイ チェーン タム ルアッ ドゥアイ クラップ
Please call the police.

Reading Tutor©

特別協力　チュウ太プロジェクトチーム
協力　スパタナー・ウアタヴィーキアット
スニサー・ウィッタヤーパンヤーノン
ジャリヤヌソン・ジェット
株式会社ブレイン
デザイン　合原孝明
編集担当　斎藤俊樹（三修社）

ポータブル 日タイ英・タイ日英辞典

2015 年 9 月 10 日　第 1 刷発行
2020 年 1 月 10 日　第 2 刷発行

総監修者――川村よし子
監 修 者――タサニー・メーターピスィット
編 集 者――三修社編集部

発 行 者――前田俊秀
発 行 所――株式会社三修社
〒 150-0001　東京都渋谷区神宮前 2-2-22
TEL 03-3405-4511　FAX 03-3405-4522
振替 00190-9-72758
https://www.sanshusha.co.jp/

印刷製本――大日本印刷株式会社

ISBN978-4-384-05809-3 C0580

JCOPY 〈出版者著作権管理機構 委託出版物〉
本書の無断複製は著作権法上での例外を除き禁じられています。複製される場合は、そのつど事前に、出版者著作権管理機構（電話 03-5244-5088 FAX 03-5244-5089 e-mail: info@jcopy.or.jp）の許諾を得てください。